新时代法律职业教育系列教材

U0711780

SHUIFA YU BANSHUI SHIWU

税法与办税实务

主　编◎裴更生　孟　涛　郑英美

副主编◎赵　颖　宋瑞莉　支胜彦

撰稿人◎裴更生　孟　涛　郑英美　赵　颖
　　　　宋瑞莉　支胜彦　高　霞　闫兰香

中国政法大学出版社

2025 · 北京

图书在版编目（CIP）数据

税法与办税实务 / 裴更生, 孟涛, 郑英美主编.
北京：中国政法大学出版社, 2025. 8. -- ISBN 978-7
-5764-2206-1

　　Ⅰ. D922.22；F812.423
中国国家版本馆 CIP 数据核字第 2025QG3434 号

出 版 者　　中国政法大学出版社

地　　址　　北京市海淀区西土城路 25 号

邮　　箱　　fadapress@163.com

网　　址　　http://www.cuplpress.com (网络实名：中国政法大学出版社)

电　　话　　010-58908435(第一编辑部) 58908334(邮购部)

承　　印　　保定市中画美凯印刷有限公司

开　　本　　787mm×1092mm　1/16

印　　张　　26

字　　数　　717 千字

版　　次　　2025 年 8 月第 1 版

印　　次　　2025 年 8 月第 1 次印刷

印　　数　　1~4000 册

定　　价　　79.00 元

总　序

　　为深入贯彻习近平新时代中国特色社会主义思想，特别是习近平法治思想、习近平总书记关于法律职业教育的重要论述，落实《关于加强新时代法学教育和法学理论研究的意见》提出的"扶持发展法律职业教育""构建中国特色法学教材体系"的战略部署，适应法律职业教育从内容到形式、从方法到生态的全方位变革，我们组织编写了"新时代法律职业教育系列教材"。

　　"新时代法律职业教育系列教材"强调实践导向，紧密围绕法律职业岗位能力要求，以"职业性、实践性、创新性"为核心理念，构建起覆盖法律实务全链条的知识体系，以解决传统法学教育模式偏重理论灌输，与法律实务需求存在一定程度的脱节问题。教材以法律实务岗位能力培养为核心，整合司法实践中的典型案例、行业规范与新兴领域法律问题，构建"理论—实务—技能"三位一体的教材编写模式，致力于推动法律职业教育与法治工作实践的深度融合，为推进全面依法治国培养"德法技兼修"的高质量复合型法务人才：以"德"为根基，筑牢理想信念，坚定政治立场；以"法"为内核，坚持"法律+"跨专业互融，培养复合型法务人才；以"技"为特色，聚焦法律职业教育人才培养面向，突出法务技术技能培养。

　　根据编写规划，"新时代法律职业教育系列教材"将陆续出版《刑法原理与实务》《刑事诉讼法原理与实务》《国际经济法实务》《企业法律服务》《电子商务法律实务》《生态环境损害案件的法律适用》《税法与办税实务》《法律文书写作》《法律基础》《公证实务》等教材。这些教材既充分反映了新时代中国特色社会主义法治建设的最新成果和实践经验，又紧密结合了法律职业岗位的实际需求，具有很强的针对性和实用性。同时，本系列教材充分体现了新时代法律职业教育的特点和要求。在内容编排上，打破传统学科体系的束缚，以工作任务和职业能力为导向，构建以项目驱动、案例教学为主的教材体例，让学生在实际案例和项目中学习法律知识和技能，提高解决实际问题的能力。在编写形式上，注重多样化和创新性，运用图表、案例、实训等多种形式，增强教材的可读性和趣味性，激发学生的学习积极性和主动性。

　　为了确保教材的质量，我们组建了一支由高校法学教师、法律实务工作者和职业教育教学专家组成的编写团队。他们既有深厚的法学理论功底，又有丰富的法律实务经验和职业教育教学经验，坚持理论与实践紧密结合，将最新的法律知识和实践经验融入教材内容，使教材更符合新时代法律职业教育的需求和学生的学习特点。在编写过程中，团队成员深入调研法律职业岗位需求，广泛汲取一线法律工作者的实践经验，确保教材契合法律职业教育教学要求。

　　"法者，治之端也。"新时代法律职业教育肩负着为法治中国建设输送高质量复合型法务人才的重任。我们相信，"新时代法律职业教育系列教材"的出版，将为新时代法律职业教育提供有力的教学支持，为培养适应新时代需求的高质量复合型法律人才发挥积极的作用。同时，我们也希望广大师生和法律实务工作者在使用本系列教材的过程中，能够提出宝贵的意见和建议，以便我们能不断完善教材内容，提高教材质量，共同为中国特色社会主义法治建设培养优秀法务人才，为加快构建中国特色、世界一流的法律职业教育体系贡献力量。

2025 年 5 月

前　言

　　《税法与办税实务》是新时代法律职业教育研发基地开发的系列教材之一。伴随我国税法体系的不断完善和财税制度的改革，高职院校对税法教材的市场需求发生了变化。高职学生、在职人员和纳税人需要更贴近企业涉税业务的税法教材来帮助他们理解税收法律、法规，解决企业日常经营中的税务问题。特别是对于中小企业和初创企业，财税人员经验不足，对金税四期知之甚少，迫切需要应用更加便捷的税法教材来帮助他们迅速处理企业中的涉税业务。为了满足市场需求，我们编制了《税法与办税实务》教材。

　　目前，高职院校税法教材普遍存在税法内容更新不及时，操作性弱的现象，难以适应办税工作提出的新要求。随着税法的不断改革和征管手段的升级，高职税法教材应更加及时地更新内容，增加操作技能，提升业务处理能力，以适应数智化时代对财务人员提出的新要求。同时，教材内容要不断引入新技术、新理论、新法律、新准则，保持教材的先进性和适用性，更好地服务于企业。

　　为满足新税制实施以后的教学需要，落实《国家职业教育改革实施方案》（又称"职教20条"）提出"坚持知行合一、工学结合"的新要求，强化学生实践能力的培养，我们组织了具有丰富教学经验与实践经验的一线教师以及长期从事办税实务的企业专家，借鉴"项目导向""任务驱动""理实一体"等有利于增强学生实践能力的教学模式编写了本教材。

　　为全面落实党的二十大报告提出的："育人的根本在于立德。全面贯彻党的教育方针，落实立德树人根本任务，培养德智体美劳全面发展的社会主义建设者和接班人。"本教材在编写过程中注入了思政元素，将习近平新时代中国特色社会主义思想引进教材，特别是将习近平法治思想融入教材内容，培育和践行社会主义核心价值观，培养学生会计职业道德，强化学生职业素质，引导学生成长为有理想、有本领、有担当的时代新人。

　　随着数字化和信息化技术的不断发展，高职税法教材的发展趋势将更加注重数字化和信息化技术的应用，以提高教材的交互性和体验性。同时，随着税收征管方式的不断迭代升级，高职税法教材的内容也需要不断更新和完善，以适应办税岗位的变化和学生的学习需求。另外，针对不同层次和不同领域的需求，高职税法教材的个性化出版和差异化竞争也将成为未来的发展趋势，本教材融入了新媒体技术，配套有视频、动漫、思维导图等多种形式，走在了时代的前列。

　　本教材具有以下特色：

　　1. 落实立德树人根本任务，实施课程思政，加强会计职业道德教育。

　　为落实立德树人根本任务，实施课程思政，编写团队深入挖掘每个项目的思政目标，将"思政目标"放在了项目首页，同时，在教材中开辟了"思政园地"栏目，传递税收领域取得的伟大成就、典型人物、税收历史故事等思政内容，用鲜活的案例引领社会主义核心价值观培育。

　　2. 坚持职教特色，突出质量为先。

　　知识传授与技能培养并重，强化学生职业素养和职业技能培养，将专业精神、职业精神和工匠精神融入教材内容。

3. 坚持产教融合，校企双元开发。

编写团队成员均具有十年以上财税工作经验，特聘请行业企业一线财税专家支胜彦深度参与教材编写，实现产教融合，校企双元开发教材。

4. 服务产业发展，适应行业人才需求。

紧跟产业发展趋势和行业人才需求，及时将行业发展的新技术、新规范、新准则、新税法融入教材内容，全面反映报税岗位职业能力要求。

5. 应用互联网技术等现代化教育信息技术手段，打造一体化新形态教材。

围绕深化教学改革和"互联网+职业教育"发展需求，通过植入二维码等方式，提供"微课"视频、"纳税申报实操视频"等丰富教学资源，打造新形态一体化教材。

6. 编写体例、形式和内容符合职业教育特点。

本教材采用"项目导向、任务驱动"模式，强调"理实一体、学做合一"，更加突出"实践性"，利用EPC金税平台，实现情境化教学。

7. 结合"1+X"证书制度试点工作以及初级会计专业技术资格考试，在一定程度上实现"课证融通""书证融通"。

8. 教学资源丰富，质量上乘。

本教材提供微课视频、操作视频、课件、课程标准、试题库等教学资源，内容丰富，形式多样，寓教于乐。

《税法与办税实务》教材由河北政法职业学院裴更生、河北交通职业技术学院孟涛、河北政法职业学院郑英美任主编，河北政法职业学院赵颖、宋瑞莉、河北志远星辰会计师事务所（普通合伙）支胜彦任副主编。具体分工如下：裴更生编写项目二，孟涛编写项目一、项目四，郑英美编写项目三、项目八，赵颖编写项目六、项目七、项目九，宋瑞莉编写项目五。支胜彦负责本教材的实训设计、案例编纂和技能训练设计。河北政法职业学院高霞、闫兰香两位老师参与了本教材微课的录制，在此表示深深的感谢。本教材的实操部分使用了厦门网中网软件有限公司EPC金税平台内的实训资源及案例，这些资源和案例涵盖丰富税务实操场景，有效提升了教材实践性和先进性。

在编写本教材的过程中，编者参考、引用和改编了国内外出版物中的相关资料以及网络资源，在此表示深深的谢意！

尽管我们在教材的特色建设方面做出了许多努力，但由于编者的经验和水平有限，加之编写时间仓促，所以书中难免存在疏漏之处，恳请各相关教学单位和广大读者在使用过程中给予关注并提出改进意见，以便我们进一步修订和完善。

编 者

2025 年 4 月

目　录

项目一　税法认知

📋 **技能目标**

1. 能够对不同的税种进行分类。
2. 能够正确区分起征点与免征额。
3. 能根据服务企业的类型和经办业务判断应纳税种。
4. 能够利用全额累进税率和超额累进税率进行应纳税额的计算。
5. 独立识别税收的违法行为，增强法治观念，做到知法、守法。

📋 **思政目标**

1. 引导学生正确认识税收，增强制度自信。
2. 培养学生树立正确的价值观、政治观、道德观和法治观。
3. 通过学习税收发展史，深刻理解"税收，国之命脉；税收，人民之根本。"从而使学生真切体会到马克思主义的国家观、历史观和价值观，激发出学生爱国主义思想。
4. 充分认识税收取之于民、用之于民、造福于民，感悟共享发展理念的意义，激发家国情怀。
5. 引导学生深入理解习近平法治思想，形成依法纳税、诚信纳税的意识。

任务一　税法基础认知

◇ **任务引例**

中国公民李某为境内天山集团研发人员，李某在 2024 年除了取得工资薪金所得 96 400 元外，还取得了：储蓄存款利息收入 3950 元，出租住房全年租金收入 36 000 元，网约车充值获赠价值 3500 元的返券，购买福利彩票一次中奖收入 4600 元。

◇ **任务要求**

1. 判断李某是不是个人所得税纳税人？
2. 如果李某是个人所得税纳税人，李某应缴纳多少税款？

◇ **税海探知**

税收的起源，可以追溯到夏商周建立以前，从三皇五帝说起。在远古的舜帝时期，就要求臣服的部落和被保护的小部落贡献财物，同时部落内部人员也要缴纳土地出产物。到禹时，已经建立起了一套全国通行的赋税制度。"任土作贡，分田定赋，什一而税"，历史上称之为"贡"或"禹贡"。这个时候的"贡"，就和以前的"贡"不一样了。以前的"贡"，是自发的、自愿的，这属于各个氏族和部落对盟主的孝敬，没有什么义务性，更别提法律性。发展到"任土作贡"时，"贡"具有了税的性质。它是我国税收的雏形。

到了春秋时期，鲁国实行初税亩之前，按井田征收田赋，私田不向国家纳税，国家财政收入占全部农业产量的比重不断下降。公元前594年，鲁国实行了"初税亩"，规定不论公田、私田一律按亩征税，征收率为产量的10%。它标志着我国税收制度的正式形成。

中华人民共和国成立后，对税制进行了改革和调整，在全国初步统一了税制。1950年1月30日，中央人民政府政务院发布了《关于统一全国税政的决定》（已失效）的通令，决定以《全国税政实施要则》（已失效）作为今后整理和统一全国税政的具体方案，近代以来中国税政不统一的局面从此宣告结束。

建国七十多年以来，我国税收法律法规已经逐步完善并得到了长足的发展。截至2024年9月底，我国共有18个税种。其中，已经颁布实施的税法有13部，如《中华人民共和国企业所得税法》（以下简称《企业所得税法》）、《中华人民共和国个人所得税法》（以下简称《个人所得税法》）、《中华人民共和国城市维护建设税法》（以下简称《城市维护建设税法》）。国务院颁布了《中华人民共和国增值税暂行条例》（以下简称《增值税暂行条例》）、《中华人民共和国消费税暂行条例》（以下简称《消费税暂行条例》）和《中华人民共和国城镇土地使用税暂行条例》等五部暂行条例。这些法律、法规标志着我国税收体系日臻成熟。

一、税法认知

（一）什么是税法

认识税法之前，首先要明确税收的含义。税收是国家为了满足社会公共需要，凭借公共权力，按照法律所规定的标准和程序，参与国民收入分配，强制地、无偿地取得财政收入的一种形式。它是人类社会经济发展到一定历史阶段的产物。

列宁指出："所谓赋税，就是国家不付任何报酬而向居民取得的东西。"马克思指出："赋税是政府机器的经济基础，而不是其他任何东西。"这些都说明了税收对于国家经济生活和社会文明的重要作用。

对税收的内涵可以从以下几个方面来理解：

1. 税收是国家筹集财政收入的主要形式。当代世界上的绝大多数国家，取得财政收入的最主要的形式就是税收。可以说，税收在世界各国的经济生活中扮演着越来越重要的角色。

2. 国家征税的目的是满足政府为实现国家职能的支出需要。

3. 国家征税凭借的是公共权力（政治权力），是一种超经济的分配，体现了政治权力凌驾于财产权力之上的经济关系。

4. 税收必须借助法律形式进行。首先，法律体现国家意志，它能在经济问题上通过对纳税人征税使其统一起来；其次，法律具有权威的强制性和普遍的适用性，能为国家、个人和社会组织所共同接受；最后，法律具有公正性，使税收活动具有预先规定的特征，易于征管。

税收作为国家筹集财政收入的一种规范形式，具有区别于其他财政收入形式的特点。税收具有强制性、无偿性和固定性的特征，习惯上称为税收"三性"。

税收是经济学概念，税法是法学概念。税法是指有权的国家机关制定的用以调整国家与纳税人之间在征纳税方面的权利义务关系的法律规范的总称。它是以宪法为依据，调整国家与社会成员在征纳税上的权利与义务关系，并维护社会经济秩序和税收秩序的法律规范。

第一，"有权的国家机关"在我国是指全国人民代表大会及其常务委员会。在一定的法律框架和规则下，地方人民代表大会及其常委会也往往拥有一定的税收立法权，也是制定税法的主体。全国人民代表大会及其常委会还可以授权某些行政机关制定某些税法，获得授权的行政机关也属于制定税法的主体。比如，国务院公布的《国务院关于提高个人所得税有关专项附加扣除标准的通知》属于行政法规。

第二，税法的调整对象是国家与纳税人之间在征纳税方面的权利义务关系。从经济学角度讲，税收分配关系是国家参与社会剩余产品分配所形成的一种经济利益关系，包括国家与纳税人之间的税收利益分配关系和各级政府间的税收利益分配关系两个方面。税法调整的只能是税收权利义务关系，而不能直接调整为税收分配关系。税务机关与纳税人之间的权利义务关系是税法调整对象的核心，它具有不对等性，既存在于实体税法中，也存在于程序税法与诉讼税法中。

第三，税法的范围有广义和狭义之分。广义上，税法是各种税收法律规范的总和，即由税收实体法、税收程序法、税收争讼法等构成的综合法律体系。从立法层次上划分，则包括由国家最高权力机关即全国人民代表大会及其常务委员会正式立法制定的税收法律，由国务院制定的税收法规或由省级人民代表大会及其常务委员会制定的地方性税收法规，由有规章制定权的单位制定的税务部门规章；狭义上，税法指的是经过人民代表大会及其常委会正式立法制定的税收法律，如我国的《企业所得税法》《中华人民共和国税收征收管理法》（以下简称《税收征收管理法》）等。

（二）税法的特点

我国税法的特点主要包括：

1. 从立法过程来看，税法属于制定法，而不是习惯法。税法是由国家权力机关（如全国人民代表大会及其常委会）和行政机关（如国务院、财政部、国家税务总局等）通过法定程序制定并颁布的，而不是由习惯法和司法判例认可的，因此，它属于制定法的范畴。

2. 从法律性质来看，税法属于义务性法规，而不是授权性法规。义务性法规是直接要求人们从事或不从事某种行为的法规，即直接规定人们某种义务的法规，其显著特点是具有强制性，所规定的行为方式明确而肯定，不允许任何个人或机关随意改变或违反。税法直接规定纳税人应当从事或不应当从事某种行为的规范，具有强制性，属于义务性法规。

3. 从内容来看，税法具有综合性。税法满足了国家正确行使课税权力，有效实施税收管理，依法足额取得税款，保障纳税人合法权利，建立合作信赖的税收征纳关系的需要，在国家法律体系中具有重要地位。

二、税法原则

（一）税法基本原则

1. 税收法律主义。税收法律主义又称税收法定性原则。它是税法四大基本原则中最基本的原则。税收法律主义是指税法主体的权利和义务必须由法律予以规定，税法的各类构成要素都必须且只能由法律予以明确规定。税收法律主义可以概括为课税要素法定、课税要素明确和依法稽征三个具体原则。

2. 税收公平主义。税收公平主义是平等性原则在课税思想上的具体体现。它是指导税收活动的一项十分重要的原则。税收公平主义，是指政府征税要使不同纳税人承受的税收负担与其经济状况相适应，并使各个纳税人之间的负担水平保持均衡。税收公平原则有横向公平和纵向公平两层含义。横向公平，即相同经济条件的纳税人承担等量税收。纵向公平，即不同纳税能力的纳税人承担不同的税收义务，纳税能力强者多纳税，纳税能力弱者少纳税，无纳税能力者不纳税。

3. 税收效率原则。税收效率原则是指税收活动要有利于经济效率的提高，要求以最小的费用获得最大的税收收入，并利用税收的经济调控作用最大限度地促进经济的发展，或者最大限度地减轻对经济发展的妨碍。

税收效率原则包含两方面：一是经济效率，二是行政效率。前者要求税法的制定要有利于资源的有效配置和经济体制的有效运行，后者要求提高税收行政效率，节约税收征管成本。

4. 实质课税原则。实质课税原则是指应根据纳税人的真实负担能力决定纳税人的税负，不能仅考核其表面是否符合课税要件。在判断某个具体的人或事件是否满足课税要件、是否应承担纳税义务时，不能仅根据其外在的形式，而要深入研究其实质，如果实质条件满足了课税要件，就应按实质条件确认纳税义务。反之，如果仅仅是在形式上符合课税要件，而实质上并不满足纳税条件，则不能确定其负有纳税义务。它的意义是防止纳税人避税与偷税，增强税法适用的公正性。实质课税原则是适用于税收实体法的具体原则，在很多国家税法中均有规定，如德国、日本、韩国等。

（二）税法适用原则

税法适用原则是指税务行政机关和司法机关运用税收法律规范解决具体问题所必须遵循的准则。税法适用原则并不违背税法基本原则，而且在一定程度上体现着税法基本原则，是税法基本原则的具体化。税法适用原则在一定程度上体现着税法的立法原则，但相比之下，税法适用原则含有更多的法律技术性准则，更为具体化。

1. 法律优位原则。法律优位原则的基本含义是法律的效力高于行政立法的效力。法律优位原则在税法中的作用主要体现在处理不同等级税法的关系上。一般来说，税收法律的效力优于税收行政法规，税收行政法规的效力优于税收行政规章的效力。当效力低的税法与效力高的税法发生冲突时，效力低的税法即是无效的。

2. 法律不溯及既往原则。法律不溯及既往原则是指一部新法实施后，对新法实施之前人们的行为不得适用新法，而只能沿用旧法。这一原则的目的是维护税法的稳定性和可预测性，确保纳税人在知道纳税结果的前提下作出相应的经济决策，强化税收的调节作用。

3. 新法优于旧法原则。新法优于旧法原则又称为后法优于先法原则，当新法、旧法对同一事项有不同规定时，新法的效力优于旧法。新法公布时间与生效时间可能存在差异，在应用新法优于旧法原则时，以新法生效实施作为分界，新法生效实施以后准用新法，新法实施以前包括新法公布以后尚未实施这段时间，仍沿用旧法，新法不发生效力。这一原则避免了因法律修订带来的混乱，为法律的更新与完善提供了法律适用上的保障。

4. 特别法优于普通法原则。特别法优于普通法原则是指对于同一事项两部法律分别订有一般规定和特别规定时，特别规定的效力高于一般规定的效力。这一原则打破了税法效力等级的限制，即居于特别法地位级别比较低的税法，其效力可以高于作为普通法的级别比较高的税法。

5. 实体从旧，程序从新原则。实体从旧，程序从新原则是指实体法不具备溯及力，即在纳税义务的确定上，以纳税义务发生时的税法规定为准，实体性的税法规则不具有向前的溯及力。而程序性税法在特定条件下具备一定的溯及力，即对于一项新税法公布实施之前发生的纳税义务在新税法公布实施之后进入税款征收程序的，原则上新税法具有约束力。这一原则确保了税收争议发生时，程序法的优先适用，以保证国家课税权的实现。

6. 程序优于实体原则。程序优于实体原则是指在税收争议发生时，税收程序法优于税收实体法。如果纳税人想通过税务行政复议或税务行政诉讼解决争议，必须事先履行税务行政执法机关认定的纳税义务，不论这项纳税义务实际上是否完全发生。否则，税务行政复议机关或司法机关对纳税人的申诉不予受理。适用这一原则，是为了确保国家课税权的实现，不因争议的发生而影响税款的及时、足额入库。这一原则的目的是确保在税收争议解决过程中，程序法的优先适用，以维护税收法律的权威性和公正性。

这些原则共同构成了税法适用的基本框架，确保了税收法律的正确实施和税收活动的公平、公正。

【例 1-1】 下列各项中属于我国税法适用原则的有（　　）。

A. 法律不溯及既往原则　　　　　　B. 新法优于旧法原则

C. 实体从旧，程序从新原则　　　　D. 实质课税原则

解析： ABC。实质课税原则是税法基本原则，不是税法适用原则。

三、税法的分类和我国现行的税法体系

（一）税法的分类

税法体系中按税法职能作用、主权国家行使税收管辖权、税收立法权限或者法律效力、税法征税对象的不同，可分为不同类型的税法。

1. 按照税法职能作用的不同，可分为税收实体法和税收程序法。税收实体法是规定税收法律关系主体的实体权利、义务的法律规范的总称。其主要内容包括纳税主体、征税对象、计税依据、税目、税率、减免税等。税收程序法也称税收行政程序法，是指规范征税主体和纳税主体在行政程序中权利和义务的法律规范的总称。它主要包括税收管理法、纳税程序法、税务机关组织法等。例如，我国的《个人所得税法》属于税收实体法，《税收征收管理法》《中华人民共和国海关法》（以下简称《海关法》）属于程序法。

2. 按照主权国家行使税收管辖权的不同，可分为国内税法、国际税法、外国税法等。国内税法主要指本国的税收法律法规，如我国的《企业所得税法》。国际税法是指国家间形成的税收制度，主要包括双边或多边国家间的税收协定、条约和国际惯例等，一般而言，其效力高于国内税法。外国税法是指其他国家的税收法律法规。

3. 按照税收立法权限或者法律效力的不同，可以划分为税收法律、税收行政法规、税收规章和税收规范性文件等。例如，《中华人民共和国环境保护税法》（以下简称《环境保护税法》）属于法律，《增值税暂行条例》属于行政法规。

4. 按照税法征收对象的不同，可以分为货物和劳务税法、所得税法、财产税法、资源税和环境保护税法、特定目的税法。货物和劳务税法是对商品和劳务的流转额征税有关的法律规定，如《增值税暂行条例》。所得税法是对居民个人及企业的所得额征税有关的法律规范，如《个人所得税法》和《企业所得税法》。财产税法是针对具体财产征税的法律规定，如《中华人民共和国房产税暂行条例》（以下简称《房产税暂行条例》）等。

（二）我国现行的税法体系

我国现行的税法体系由税收实体法和税收程序法共同构成。

1. 税收实体法体系。税收实体法是规定税收法律关系主体的实体权利和义务的法律规范的总称。税收实体法体系主要包括各个税种的法律法规，如《企业所得税法》《中华人民共和国车船税法》（以下简称《车船税法》）、《增值税暂行条例》等。税收实体法直接影响到国家与纳税人之间权利义务的分配，是税法的核心，没有税收实体法，税法体系就不能成立。

2. 税收程序法体系。我国税收程序法体系包括《税收征收管理法》和《海关法》。

任务二 税收法律关系

◇ 任务引例

云南省昭通市个人所得税综合所得汇算清缴案例

云南省昭通市税务部门在对个人所得税综合所得汇算清缴办理情况开展事后抽查时，发现某策划公司职员陈诺未办理 2021 年度个人所得税综合所得汇算清缴，遂依法对其进行立案检查。

经查，纳税人陈某未在法定限期内办理 2021 年度个人所得税综合所得汇算清缴，少缴个人所得税。经税务部门提醒督促，陈某仍不办理汇算申报。税务部门对其立案检查。依据《个人所得税法》《税收征收管理法》《中华人民共和国行政处罚法》（以下简称《行政处罚法》）等相关法律法规规定，昭通市税务局第一稽查局对陈诺追缴税款、加收滞纳金并处罚款共计 13.35 万元。

日前，税务部门已依法送达《税务处理决定书》和《税务行政处罚决定书》，陈某已按规定缴清税款、滞纳金和罚款。

（《云南省昭通市税务局第一稽查局查处一起未依法办理个人所得税综合所得汇算清缴案件》，载 https://www.chinatax.gov.cn/chinatax/n810219/c102025/c5232140/content.htm，最后访问日期：2025 年 3 月 17 日。）

◇ 任务要求

请指出上述案例的法律关系。

◇ 税海探知

一、税收法律关系的含义

税收法律关系是税法所确认和调整的国家与纳税人之间、国家与国家之间以及各级政府之间在税收分配过程中形成的权利与义务关系。税收法律关系包括：国家与纳税人之间的税收宪法性法律关系，征税机关与纳税主体之间的税收征纳关系，相关国家机关之间的税收权限划分法律关系，国际税收权益分配法律关系，税收救济法律关系等。了解税收法律关系，对于正确理解国家税法的本质，严格依法纳税、依法征税都具有重要的意义。

二、税收法律关系的构成

税收法律关系总体上与其他法律关系一样，由主体、客体和内容三方面构成，但在三方面的内涵上，税收法律关系则具有特殊性。

（一）税收法律关系的主体

税收法律关系的主体又称为税法主体，是指在税收法律关系中享有权利和承担义务的当事人。在我国的税收法律关系中，一方是代表国家行使征税职责的税务机关，包括国家各级税务机关和海关；另一方是履行纳税义务的当事人，包括法人、自然人和其他组织，在我国境内的外国企业、组织、外籍人、无国籍人以及在我国境内的虽然没有机构、场所但有来源于我国境内所得的外国企业或组织。

在税收法律关系中主体双方的法律地位平等，但双方的权利与义务不对等。因为一方是行政管理者，另一方是被管理者，所以双方的权利与义务不对等。这是税收法律关系的一个重要特征。

（二）税收法律关系的客体

税收法律关系的客体是指税收法律关系主体的权利、义务所共同指向的对象，即征税对象。如企业所得税法律关系客体就是生产经营所得和其他所得。

税收法律关系的客体也是国家利用税收杠杆调整和控制的目标。国家通过扩大或缩小征税范围、调整征税对象等，来达到限制或鼓励国民经济中某些产业、行业发展的目的。

（三）税收法律关系的内容

税收法律关系的内容即税收法律关系主体所享有的权利和所应承担的义务。它是税收法律关系中最实质的东西，是税法的灵魂。它具体规定了主体可以有什么行为、不可以有什么行为，若违反了这些规定，须承担相应的法律责任等。

税务机关的权利主要表现在依法进行征税、税务检查以及对违章者进行处罚，其义务主要是向纳税人宣传、辅导税法，及时将征收的税款解缴国库，依法受理纳税人对税收争议的申诉等。

纳税人的权利主要有多缴税款申请退还权、延期纳税权、依法申请减免税权、申请税务行政复议和提起诉讼权等，其义务是按照税法规定办理税务登记、按期纳税申报、接受税务检查、依法缴纳税款等。

三、税收法律关系的产生、变更和消灭

税收法律关系与其他社会关系一样，处于不断发展变化之中，其发展变化过程可以概括为税收法律关系的产生、变更、消灭。

（一）税收法律关系的产生

税收法律关系的产生是指因一定税收法律事实的发生而使税收法律关系主体之间形成权利义务关系。由于税法属于义务性法律，税收法律关系的产生以引起纳税义务成立的法律事实为基本标志。

（二）税收法律关系的变更

税收法律关系的变更是指由于某一法律事实的发生，使得税收法律关系的主体、内容和客体等要素发生变化。法律事实的变化是引起税收法律关系变更的直接原因，但这种变化必须以税收法律规范为依据。引起税收法律关系变更的原因是多方面的，主要有以下几点：

1. 纳税人自身的组织状况发生变化。例如，纳税人发生改组、分设、合并、联营、迁移等情况，需要向税务机关申报办理变更登记或重新登记，从而引起税收法律关系的变更。

2. 经营或财产情况的改变。例如，幸福商店在注册时，经营范围不包括销售卷烟，现增加经销卷烟业务，经营范围发生了变化，引起税收法律关系变更。

3. 税务机关组织结构或管理方式的变化。例如，国家税务总局、地方税务局合并后，某些纳税人需要变更税务登记，引起税收法律关系的变更。

4. 税收法律规范发生变化，例如，国家修订某项税收法律，调整了税务机关的征管范围或某税种的课税要素，使得征税主体和纳税主体之间原来形成的税收法律关系随之发生变化。

5. 因不可抗力造成的破坏。例如，由于自然灾害等不可抗拒的原因，纳税人遭受重大财产损失，向主管税务机关申请减税并得到批准的，税收法律关系随之变更。

（三）税收法律关系的消灭

税收法律关系的消灭是指税收法律关系主体之间已经形成的税收法律关系，因一定的税收法律事实的发生而终止。税收法律关系消灭的原因主要有以下几个方面：

1. 纳税主体已经履行了纳税义务。纳税人依法及时足额地履行了缴纳税款义务，致使税收

法律关系消灭。这是税收法律关系消灭的最常见原因之一。

2. 纳税义务因超过期限而消灭。未征、少征税款的一般追缴期限为 3 年，超过 3 年，除《税收征收管理法》规定的特殊情况外，即使纳税人没有履行纳税义务，也不能再追缴税款，税收法律关系因此消灭。

3. 纳税义务的免除。如果纳税人符合免税条件，经税务机关审核确定以后，纳税义务免除，税收法律关系消灭。但对于税法规定不需要税务机关审核确定、自动生效的免税，通常不认为是纳税义务的免除，而是纳税义务自始没有设定。

4. 国家暂停或废止征收某些税种。例如，我国自 2008 年 10 月 9 日起暂停征收个人储蓄利息所得个人所得税，由此产生的税收法律关系归于消灭。

5. 纳税主体的消失。纳税主体消灭，没有纳税主体，纳税无法进行，税收法律关系因此而消灭。如撤销、破产等，就会使税收法律关系消灭。

任务三　我国税制要素认知

◇ **任务引例**

《增值税暂行条例》第 23 条第 1 款、第 2 款规定："增值税的纳税期限分别为 1 日、3 日、5 日、10 日、15 日、1 个月或者 1 个季度。纳税人的具体纳税期限，由主管税务机关根据纳税人应纳税额的大小分别核定；不能按照固定期限纳税的，可以按次纳税。纳税人以 1 个月或者 1 个季度为 1 个纳税期的，自期满之日起 15 日内申报纳税；以 1 日、3 日、5 日、10 日或者 15 日为 1 个纳税期的，自期满之日起 5 日内预缴税款，于次月 1 日起 15 日内申报纳税并结清上月应纳税款。"

◇ **任务要求**

请分析我国增值税的具体纳税期限。

◇ **税海探知**

税收制度，是税收法律制度的简称。税收制度是国家依照法定程序制定的征税依据和规范，调节国家和纳税人之间的权利义务关系，即征纳关系。它属于上层建筑范畴，是政府税务机关向纳税人征税的法律依据，也是纳税人履行纳税义务的法律规范。具体包括税收法律、条例、法规、实施细则、征收管理办法等。

税收制度具有广义税收制度和狭义税收制度之分。广义的税收制度是指税收的各种法律制度的总称，它包括国家的各种税收法律法规、税收管理体制、征收管理制度以及税务机关内部管理制度等。狭义税收制度是指各税种的税收制度要素，即国家设置某一具体税种的课征制度。

在任何一个国家，不论采用什么样的税收制度，税收制度要素一般包括：纳税人、征税对象、税率、减税、免税、税收附加与加成、纳税环节、纳税期限等。

一、纳税人

（一）纳税人的含义

纳税人是税法规定的直接负有纳税义务的单位和个人。它是税款的直接承担者，是构成税收制度最基本的要素之一。纳税人一般分为法人和自然人两种。法人是具有民事权利能力和民事行为能力，依法独立享有民事权利和承担民事义务的社会组织。法人有依照国家税法纳税的义务，都可以成为纳税人。作为纳税人的自然人，是指有应税收入或有应税财产，负有纳税义务的个人。自然人是纳税人的重要组成部分。自然人可划分为居民个人和非居民个人，个体经营者和其他个人等。

（二）与纳税人有关的概念

1. 负税人。负税人是税款的实际负担者。纳税人是纳税的法律主体，负税人则是纳税的经济主体。在税负不能发生转嫁的情况下，纳税人与负税人是一致的；而在税负可以发生转嫁的情况下，纳税人与负税人则是分离的。有些税种，如个人所得税等，税款由纳税人自己负担，纳税人就是负税人；相反，有些税种，如增值税、消费税等，其税款随同价格转嫁给他人负担，纳税人就不是负税人。

2. 代扣代缴义务人。代扣代缴义务人是指有义务从持有的纳税人收入中扣除其应纳税款并代为缴纳的企业、单位和个人。对税法规定的代扣代缴义务人，税务机关应向其颁发代扣代缴证书，明确其代扣代缴义务。代扣代缴义务人直接持有纳税人的收入，可从中扣除纳税人的应纳税款。例如，《个人所得税法》第9条第1款规定："个人所得税以所得人为纳税人，以支付所得的单位或者个人为扣缴义务人。"

3. 代收代缴义务人。代收代缴义务人是指虽不承担纳税义务，但依照有关规定，在向纳税人收取商品或劳务收入时，有义务代收代缴其应纳税款的单位和个人。代收代缴单位不直接持有纳税人的收入，只能在与纳税人的经济往来中收取纳税人的应纳税款并代为缴纳。例如，从事机动车交通事故责任强制保险业务的保险机构为机动车车船税的代收代缴义务人，应当依法代收代缴车船税。

4. 代征代缴义务人。代征代缴义务人是指受税务机关委托，按国家税法规定完成代征代缴义务的单位和个人。代征代缴义务人有两种类型：

（1）海关代征。对进口货物和物品应征增值税、消费税的，由海关办理报关进口时，代征代缴增值税和消费税。

（2）委托代征单位。为了加强对零星分散税款的源泉控管，方便纳税人缴税，对边远地区的零星税源，一般委托乡、村和信用社等单位代征税款。

5. 纳税单位。纳税单位是指申报缴纳税款的单位，是纳税人的有效集合。

寻法溯源

二、征税对象

征税对象又称为课税对象、征税客体，是指税法规定征税的目的物，是征纳税双方权利义务共同指向的客体或标的物，是区别一种税与另一种税的重要标志，是税收制度的基本要素之一。每种税都必须明确规定对什么征税，体现税收范围的广度。一般来说，不同的税种有着不同的征税对象，不同的征税对象决定着税种所应有的不同性质。正确选择征税对象，是实现税收制度优化的关键。

微课1-1 税收制度要素漫谈

征税对象可以用征税范围加以概括，也可以用计税依据和税目来进行具体的描述。

（一）计税依据

计税依据又称税基，是指税法中规定的据以计算各种应征税款的依据和标准。征税对象规定对什么征税，计税依据则在确定征税对象之后解决如何计量的问题。例如，消费税的征税对象是税法列举的应税消费品，而计税依据则是应税消费品的销售数量或者销售额。不同税种的计税依据是不同的，我国增值税的计税依据是货物和应税劳务的增值额，企业所得税的计税依据

是应纳税所得额。计税依据可以分为从价计征和从量计征两种类型。

（二）税目

税目是征税对象的具体化，反映具体的征税范围，是对征税对象性质的界定，反映了课税的广度。不是所有的税种都规定税目，有些税种征税对象简单、明确，没有另行规定税目的必要，如房产税、企业所得税等。有些税种具体征税对象复杂，需要界定税目，如消费税、增值税、个人所得税等。

三、税率

税率是应纳税额与计税依据之间的比例，是计算应纳税额的尺度，它体现征税的深度。税率的设置，直接反映着国家的有关经济政策，直接关系着国家财政收入的多少和纳税人的负担程度，是税收制度的核心和灵魂。合理地设计税率，正确地执行有关税率的规定，是依法治税的重要内容。我国现行税率大致可分为三种：

（一）比例税率

比例税率是指对同一征税对象不论数额大小，都按同一比例征税，税额与征税对象成正比例关系。它一般适用于对流转额的课税。

比例税率的优点表现在：同一征税对象的不同纳税人税收负担相同，能够鼓励先进、鞭策落后，有利于公平竞争；计算简便、收入稳定，有利于税收的征收管理；税率固定、负担平均，符合税收的中性原则。

比例税率的缺点表现在：比例税率不能体现能力大者多征、能力小者少征的原则，对收入的调节能力弱，不利于缓解社会分配不公现象。

比例税率在具体运用上可分为以下几种：

1. 单一比例税率，是指对同一征税对象的所有纳税人都适用同一比例税率。

2. 产品比例税率，即对不同产品规定不同税率，同一产品采用同一税率。我国现行消费税，不同的商品规定不同的税率，如小汽车、摩托车、烟、酒等，每种商品有不同的税率。

3. 行业比例税率，即对不同行业规定不同税率，同一行业采用同一税率。采用行业比例税率，有利于贯彻国家的经济政策和产业政策，并适当调节不同行业的盈利水平。比如，我国增值税中交通运输服务和金融服务，由于行业不同，税率规定不一致。

4. 地区差别比例税率，即按照同一征税对象所在的地区来分别设计不同的税率，同一地区采用同一税率。地区差别比例税率具有调节地区之间级差收入的作用。例如，城市维护建设税按纳税人所在地的不同设置不同的税率。

5. 幅度差别比例税率，即对同一征税对象，税法只规定一个税率幅度，各地可在此幅度内根据本地区实际情况，确定具体的适用税率。这种税率的分类是为了保证宏观政策的一致性和税收制度的完整性。我国契税实行3%-5%的幅度税率。

（二）累进税率

累进税率是指按征税对象数额的大小，划分若干等级，每个等级由低到高规定不同的税率。征税对象数额越小，税率越低；数额越大，税率越高。累进税率的基本特点是税率等级与征税对象的数额等级同方向变动。这一特点使其能够按纳税人的不同负担能力设计不同的税率，因此，累进税率较比例税率更符合税收公平主义原则。它对调节纳税人的收入有着明显的作用，更适于对所得额征税。累进税率因计算方法和依据的不同，又分为全额累进税率、超额累进税率、全率累进税率和超率累进税率四种。

1. 全额累进税率是将征税对象的应税数额划分为若干等级，对每个等级分别规定不同的税率，当税基超过某个级距时，征税对象的全部计税金额都按提高后级距的对应税率征税。全额累进税率计算方法简便，但税收负担不合理，特别是在划分级距的临界点附近，税负呈跳跃式递增，甚至会出现税额增加超过征税对象数额增加的不合理现象，税率设计存在缺陷，在实践中很少采用。

2. 超额累进税率是将征税对象按数额的大小分成若干等级，每一等级规定一个税率，税率依次提高，但每一位纳税人的征税对象则依所属等级同时适用几个税率分别计算，将计算结果相加后得出应纳税款，也可以采用速算扣除法计算。其特点是征税对象同时适用几个等级的税率。目前，我国对个人所得税项目的综合所得（工资薪金所得、劳务报酬所得、稿酬所得和特许权使用费所得）实行七级超额累进税率。

3. 全率累进税率是将征税对象数额按相对比率数额划分为若干级距，对每一级距制定不同的税率，纳税人的全部征税对象都按照相应级次的税率计算应纳税额的税率。全率累进税率的计算较简便，且用于累进的名义税率与实际税率相同。目前，税收实践中一般不采用这种税率。

4. 超率累进税率是按征税对象计税金额的相对率划分若干级距，每一级距分别规定不同的税率，税率依次提高，相对率每超过一个规定的级距，对超过的部分就按高一级的税率计税的一种累进税率。采用超率累进税率，首先要确定计税依据数额的相对率，然后再把相对率从低到高划分为若干级次，分别规定不同的税率。计税时，先按各级相对率计算出计税依据数额，再分别按各级适用税率计算出各级税额，最后汇总求出全部应纳税额。目前，我国土地增值税采用这种税率征收。

（三）定额税率

定额税率是税率的一种特殊形式。它不按照征税对象金额规定征收比例，而按照征税对象的计量单位直接规定固定的征税税额，所以又称为固定税额，一般适用于从量计征的税种。征税对象的计量单位可以是重量、数量、面积、体积等自然单位，也可以是专门规定的复合单位。例如，消费税中的汽油、柴油分别以升为计量单位。采用定额税率征税，税额的多少同征税对象的数量成正比。

定额税率的优点是：从量计征，而不是从价计征，有利于鼓励纳税人提高产品质量和改进包装，且计算简便。但是，其税额的规定同价格的变化相分离，在价格上涨时，不利于国家财政收入的增长；在价格下降时，则会降低纳税人生产经营的积极性。定额税率在具体运用上又分为以下几种：

1. 地区差别定额税率，即为了照顾不同地区的自然资源、生产水平和盈利水平的差别，根据各地区经济发展的不同情况，对同一征税对象分别制定不同的税额。该税率具有调节地区之间级差收入的作用，如现行税制中的城镇土地使用税、耕地占用税等。

2. 分类分项定额税率，先按某种标志将征税对象划分为几类，每一类再按一定标志划分为若干项，然后对每一项分别规定不同的征税数额。我国现行的车船税以及关税中的船舶吨税即采用这种税率。

四、减税、免税

（一）减税、免税的含义、分类

1. 减税、免税的含义。减税或免税亦称税收优惠，是对某些纳税人或征税对象的鼓励或照顾措施。减税是对应纳税额少征一部分税款，免税是对应纳税额全部免征。我国将减税免税作为税收制度的构成要素之一，是因为国家的税收制度是根据一般情况制定的，具有普遍性，不能顾及不同地区、部门、单位的特殊情况。设置减税免税，可以把税收的严肃性和必要的灵活性结合

11

起来，体现因地制宜和因事制宜的原则，从而更好地贯彻税收政策。正确制定并严格执行减免税规定，可以更好地贯彻国家的税收政策，发挥税收调节经济的作用。

2. 减税免税的分类。

（1）法定减免。凡是由各种税的基本法规定的减税、免税都称为法定减免。法定减免必须在基本法规中明确列举减免项目、减免的范围和时间。例如，我国《个人所得税法》规定第4条第1款第1项规定："下列各项个人所得，免征个人所得税：（一）省级人民政府、国务院部委和中国人民解放军军以上单位，以及外国组织、国际组织颁发的科学、教育、技术、文化、卫生、体育、环境保护等方面的奖金；"

（2）特定减免。特定减免是根据社会经济情况发展变化和发挥税收调节作用的需要，而规定的减税、免税。特定减免税可以分为无限期和有限期两种。大多数的特定减免税都是有限期的，到了规定的期限，就应该按规定恢复征税。例如，根据《残疾人专用品免征进口税收暂行规定》第2条第1款的规定，进口下列残疾人专用品，免征进口关税和进口环节增值税、消费税……根据该规定中第3条的规定，有关单位进口的国内不能生产的下列残疾人专用品，按隶属关系经民政部或者中国残疾人联合会批准，并报海关总署审核后，免征进口关税和进口环节增值税、消费税……

（3）临时减免。临时减免税是指除法定减免和特定减免以外的其他临时性减税、免税，主要是指国家为照顾纳税人某些特殊的、临时的困难或因政治经济需要而临时批准的减免税。例如，2019年6月1日起至2025年12月31日，提供社区养老、托育、家政服务取得的收入，免征增值税，这一规定属于临时性免税。

（二）起征点和免征额

与减税免税有直接关系的还有起征点和免征额两个要素。其中，起征点是指开始计征税款的界限。征税对象数额没达到起征点的不征税，达到起征点的对全部数额征税。例如，《中华人民共和国增值税暂行条例实施细则》（以下简称《增值税暂行条例实施细则》）第37条第2款规定："增值税起征点的幅度规定如下：（一）销售货物的，为月销售额5000-20 000元；（二）销售应税劳务的，为月销售额5000-20 000元；（三）按次纳税的，为每次（日）销售额300-500元。"

免征额是指在征税对象全部数额中免予征税的数额。它是按照一定标准从征税对象全部数额中预先扣除的数额，免征额部分不征税，只对超过免征额的部分征税。

起征点和免征额具有不同的作用。起征点的设置前提主要是纳税人的纳税能力，是对纳税能力小的纳税人给予的照顾。免征额的设置虽然也有照顾纳税能力弱者的意思，但其他因素却是考虑的关键因素，如个人所得税的赡养老人费用税前扣除免征额、子女教育费用税前扣除免征额等，更多考虑的是社会效益和公平原则。

此外，调节纳税人负担除上述措施外，还有附加和加成等加重纳税人负担的措施。

五、税收附加与加成

税收附加是地方附加的别称，是地方政府在正税之外，附加征收的列入地方预算外收入的一种款项。正税是指国家正式开征并纳入预算内收入的各种税收。税收附加由地方财政单独管理并按规定的范围使用，不得自行变更。例如，教育费附加只能用于发展地方教育事业。税收附加通常是以正税税款为其征税标准。如教育费附加，是以实际缴纳的增值税、消费税的税额作为计税依据，按规定的附加率计算附加额。

税收加成是加成征税的别称，根据税制规定的税率征税以后，再以应纳税额为依据加征一定成数的税额，是对特定纳税人的一种加税措施。加一成等于加正税税额的 10%，加两成等于加正税税额的 20%，依此类推。加成征收主要用于调节法定税率调节不到的高收入，它是税率的一种延伸。实行加成征收的目的在于配合党和国家的方针政策，调节纳税人某些过高的收入，或限制某些不利于社会经济发展的经营活动。

六、纳税环节

纳税环节是指税法规定的征税对象在从生产到消费的流转过程中应当缴纳税款的环节。纳税环节有广义和狭义之分。广义的纳税环节是指全部征税对象在再生产中的分布情况，如商品税分布在流通环节、所得税分布在分配环节等。狭义的纳税环节是指应税商品在流转过程中应纳税的环节，具体指每一税种的纳税环节，如消费税的征收在生产、委托加工、进口、零售和批发的各个环节。

商品从生产到消费要经过许多流转环节。例如，工业品一般要经过工业生产、商品批发和商品零售等环节；农产品则要经过农业生产、商业采购、商品批发和商品零售等环节，这就产生了在哪个流转环节纳税的问题。产品在流转中应确定在什么环节缴纳税款，这是一个比较特殊又十分重要的问题。它关系到税收制度结构和整个税收体系的布局，关系到税款能否及时足额入库，关系到地区间对税款收入的分配，关系到能否便于纳税人缴纳税款等。因此，确定纳税环节，必须和价格制度、企业财务核算制度相适应，同收入在各个环节的分布情况相适应，以利于经济发展和控制税源。

为方便税收征收管理，一般将纳税环节分为全部流转环节征税（多次课税）和特定流转环节征税（一次课税）。全部流转环节征税，即商品不论流转多少环节，每流转一次就征税一次。例如，我国增值税是多环节征税。特定流转环节征税分为生产环节征税、批发环节征税和零售环节征税等。例如，除了卷烟以外，我国消费税是单一环节征税。

七、纳税期限

纳税期限是负有纳税义务的纳税人向国家缴纳税款的最后时间限制。国家开征的每一个税种都有纳税期限的规定。纳税期限是税收的强制性、固定性在时间上的体现。任何纳税人都必须如期纳税，否则就是违反税法，会受到法律制裁。

纳税期限的确定，一是根据国民经济各部门生产经营的不同特点和不同征税对象来决定，企业所得税按全年所得额计算征收，实行按季或按月预征，年终汇算清缴，多退少补；二是根据纳税人缴纳税款数额的多少来决定，如增值税，根据企业经营情况和税额大小，分别规定不同期限，最长不超过 1 个季度；三是根据纳税行为发生的特殊情况，实行按次征收，如车辆购置税、耕地占用税以及临时经营者发生应税行为等均采取按次纳税的办法。

采取哪种形式的纳税期限缴纳税款，同征税对象的性质有密切关系。一般来说，商品课税大多采取"按期纳税"形式，企业所得税采取"按年计征，分期预缴"形式。无论采取哪种形式，如果说纳税期限的最后一天是法定节假日，或期限内有连续 3 日以上的法定节假日，都可以顺延。

◇ 思政园地

十组税收大数据折射高质量发展扎实推进

税收数据是反映经济发展形势的一张"晴雨表"。透过国家税务总局 2024 年 1 月 18 日发布的十组税收大数据可以看出，2023 年我国经济高质量发展扎实推进。

数据一：企业创新投入持续加力，申报研发费用加计扣除金额同比增长 13.6%。2023 年前三季度，全国企业申报享受研发费用加计扣除金额 1.85 万亿元，其中制造业企业受益最广，享受加计扣除政策金额占比为 58.9%。

数据二：创新产业加快成长，高技术产业销售收入同比增长 9.8%。2023 年，高技术产业销售收入保持较快增长，占全国企业销售收入比重较 2022 年提高 0.5 个百分点，且逐年提升，反映近年来创新产业产出成效显著。

数据三：高端制造创新突破，装备制造业占制造业比重提高至 44.8%。2023 年，装备制造业销售收入同比增长 6.4%，较制造业平均增速高 2.9 个百分点，占制造业比重较 2022 年提高 1.2 个百分点。

数据四：数实融合加快推进，数字经济核心产业销售收入占全部销售收入比重达 12.1%。2023 年，数字经济核心产业销售收入同比增长 8.7%，较 2022 年提高 2.1 个百分点；全国企业采购数字技术同比增长 10.1%，较 2022 年提高 3.2 个百分点，反映数实融合加快推动数字产业化、产业数字化进程。

数据五：统一大市场建设进程加快，省际贸易额占全国贸易总额比重提高至 42.7%。2023 年，衡量国内各省之间贸易联系紧密度的省际间贸易额同比增长 5.9%，占全国总贸易金额比重较 2022 年提高 0.5 个百分点，而且呈逐年提升的态势，反映经济内循环更加顺畅。

数据六：三大动力源地区带动作用增强，销售收入占全国比重提高至 54.1%。2023 年，京津冀、长三角、珠三角三大动力源地区经济总体呈现较快发展态势，销售收入合计同比增长 5.4%，占全国销售收入比重较 2022 年提高 0.3 个百分点。

数据七：产业绿色转型持续推进，高耗能制造业占制造业比重降至 30.7%。2023 年，工业企业绿色化投入增长较快，购进环保治理服务同比增长 17.7%。同时，高耗能制造业占制造业比重较 2022 年下降 1.5 个百分点。

数据八：外资企业利润再投资稳定增长，享受递延纳税的再投资金额达 1412 亿元。2023 年，外资企业境外投资者享受递延纳税的再投资金额同比增长 0.8%。自 2018 年实行外商利润再投资暂不缴纳预提所得税优惠政策以来，外商累计享受递延纳税的再投资金额已达 6603 亿元。

数据九：消费活力不断释放，商品和服务消费增长均在 10% 左右。2023 年，商品消费和服务消费销售收入同比分别增长 11.4% 和 9%。

数据十：社会保障更加有力，社会保险费收入突破 8 万亿元。2023 年，社会保险费收入达 8.2 万亿元，缴费服务人数超过 13 亿，有效助力具有鲜明中国特色、世界上规模最大的社会保障体系建设。

任务四　走进我国税收征收管理体系

◇ 任务引例

刘某学的是财税大数据应用专业，大学毕业后进入当地税务机关工作。自认为计算机水平较高，财税业务熟练，完全能够胜任税局的工作。走进税务局看到有政策法规处、货物和劳务税处、所得税处、收入规划核算处、征收管理处、稽查处、纳税服务处等十几个处室，这些处室有哪些职能呢？刘某一时怔住了。税务机构有哪些权力和义务？今天，我们就与大家作一分享。

◇ 任务要求

请你说出税务机关有哪些执法权？

◇ 税海探知

我国从 1994 年实行分税制财政管理体制改革以来，建立了分设国税、地税两套税务机构的征管体制，20 多年来取得了显著成效，为调动中央和地方积极性、建立和完善社会主义市场经济体制发挥了重要作用。但是，为了进一步理顺统一税制和分级财政的关系，提高服务效能和征管效率，国税地税合并势在必行。2018 年 6 月 15 日，全国各省（自治区、直辖市）级以及计划单列市国税局、地税局合并且统一挂牌，分设了 24 年的国税地税成为历史。省级和省级以下国税地税机构合并成某某税务局，具体承担所辖区域内的各项税收、非税收入征管等职责。国税地税合并后，实行以国家税务总局为主与省区市人民政府双重领导管理体制。国税地税合并有利于税务机关降低征管成本，提升征管效率，并为未来税费制度改革，统一政府收入体系、规范收入分配秩序创造条件。

近年来，我国税收制度改革不断深化，税收征管体制持续优化，纳税服务和税务执法的规范性、便捷性、精准性不断提升。税务部门充分运用大数据、云计算、人工智能、移动互联网等现代信息技术，稳步推进增值税发票改革，加快推进智慧税务建设。

一、税务机构设置

各地税务局，机构设置虽有差异，但主要有以下几个职能部门。

（一）政策法规处

组织实施本地区税务系统依法行政、依法治税工作方案；组织协调涉及多税种、社会保险费和有关非税收入综合性政策文件会办、起草和落实工作；组织开展综合性税收政策调研；承担重大执法决定法治审核工作；组织协调重大税务案件审理；组织办理行政复议、行政诉讼等事项；承担机关有关规范性文件的合法性审核工作，并定期进行清理、评估、反馈以及备案；负责本地区税务部门拟订的地方性税收法规、规章和规范性文件的审核；研究提出完善税收政策法规、加强税收管理的政策建议等工作。

（二）货物和劳务税处

组织实施本地区增值税、消费税、车辆购置税等和进出口税收的征收管理工作，拟订征收管理具体实施办法；对相关税种和进出口税收具体业务问题进行解释和处理；组织落实相关税种的税收优惠政策；承担增值税发票管理，组织相关信息系统的推广应用及管理；参与拟订出口退（免）税年度安排，分配下达并组织实施年度退税安排；指导相关税种和进出口税收的日常管理、日常检查；负责分管税种的纳税评估、预警指标制定及税源管理；参与相关税种和进出口税收的风险管理和纳税辅导、咨询服务、税收法律救济等工作。

（三）所得税处

组织实施本地区企业所得税和个人所得税征收管理工作；拟订企业所得税和个人所得税征收管理具体实施办法；组织实施企业所得税的季（月）度预征、汇算清缴等工作；组织实施个人所得税源泉扣缴、自行申报、汇算清缴、事后抽查等工作；组织落实分管税种的税收优惠政策；对分管税种的具体业务问题进行解释和处理；负责分管税种的政策调研，提出改进和完善相关税收制度、政策的建议；组织实施分管税种的纳税评估、税源管理、税基管理和汇算清缴后续管理；负责税收协定执行、居民和非居民跨境税收管理工作以及国际税收征管协作工作；指导分管税种的日常管理、日常检查；参与分管税种的风险管理、纳税辅导、咨询服务、税收法律救济等工作。

（四）收入规划核算处

负责拟订本地区税收、社会保险费和有关非税收入规划，参与拟订税收、社会保险费和有关非税收入预算目标并依法组织实施；牵头编制与分配年度税收计划、出口退（免）税计划，分配下达年度免抵调库计划；组织落实免抵调库年度安排；负责监督检查税款缴、退库情况；组织开展税收收入分析预测工作，检查、分析税收计划的执行情况，负责汇总分析整个地区税收会计、统计信息数据；负责税收核算及相关指标体系的建设；负责制定本地区重点税源监控管理制度，确定重点税源标准和对象，定期审核汇总和分析重点税源数据并通报重点税源企业税负情况；组织落实会统核算、缴库退库、票证管理等制度，实施会计监督。

（五）稽查处

承担本地列名企业的税务稽查、税收高风险事项应对和协查等工作；负责本地税收、社会保险费和有关非税收入违法案件的查处以及查办案件的执行工作；组织落实税务稽查法律、法规、部门规章及规范性文件，拟订具体实施办法；组织落实税收专项检查和专项整治工作；组织查办税收重大违法案件；承担推行"双随机、一公开"监管工作；承担税收违法"黑名单"公布及联合惩戒工作；组织落实税务部门和公安部门联络机制；负责拟订本地区税务稽查的统计办法、负责各类税务稽查统计报表的管理、汇总和上报；参与实施"一案双查"等工作。

（六）社会保险费和非税收入处

负责组织实施基本养老保险费、基本医疗保险费、失业保险费、工伤保险费等社会保险费以及文化事业建设费、教育费附加、地方教育附加等征收管理工作，研究制定具体实施办法；指导社会保险费和有关非税收入的日常征管、日常检查工作；参与有关社会保险费和非税收入征收的政策辅导、咨询服务、法律救济等工作。

（七）纳税服务处

组织、协调、实施和指导本系统纳税服务（含缴费服务）工作；制定纳税服务工作规范和操作规程；组织开展面向纳税人和缴费人的税法宣传、纳税辅导、咨询服务、办税服务和权益保护等工作；健全本地区12366税务咨询热线、办税服务厅建设，完善纳税服务体系和服务平台功能；承担税收信用体系建设；组织办理纳税服务投诉；组织落实纳税人权益保障规章制度及规范性文件；指导税收争议的处理等工作。

二、税务机构的执法权

税务机构主要有下列执法权：

（一）税务检查权

税务检查权是指税务机关根据国家税收政策、法规及财务会计制度，对税收管理相对人履行法定义务的情况进行审查、监督的权力。纳税人、扣缴义务人必须接受税务机关依法进行的税务检查，如实反映情况，提供有关资料，不得拒绝、隐瞒。税务检查是税收征收管理工作的一项重要内容，是确保国家财政收入和税收法律法规贯彻落实的重要手段。

税务检查形式是指税务机关开展税务检查的具体组织方式。税务机关组织税务人员对纳税人的各项涉税事宜进行的专业检查主要包括日常税务检查、专项税务检查和专案税务检查等几种形式。

1. 日常税务检查。日常税务检查是税务机关依照税收法律、法规的规定，对纳税人履行纳税义务的情况所进行的常规检查，包括日常的税务稽核、税务检查和违章处理。日常税务检查主要是检查纳税人履行纳税义务的情况，确保税款及时入库。

2. 专项税务检查。专项税务检查是税务机关根据特定的目的和要求，依据征收管理部门或其他信息部门提供的信息、数据资料，通过分类、分析，选取特定的检查对象进行某个方面的或某些方面的检查，以实现特定的检查目的。

3. 专案税务检查。专案税务检查又称"专题税务检查"，是指税务检查部门对上级指示、有关部门转办、征收管理部门提供、公民举报以及国际、省际间情报交换等案件线索进行的专门检查。这种检查形式往往适用于对重大案件的查处。

（二）税务稽查权

税务稽查权是税务机关依法对纳税人、扣缴义务人履行纳税义务及扣缴义务的情况进行税务检查和处理的一种权力，具体包括日常稽查、专项稽查和专案稽查。税务稽查的基本任务是：依照国家法律、法规，查处税收违法行为，保障税收收入，维护税收秩序，促进依法纳税，保证税法的实施。各级税务机关设立的税务稽查机构必须按照各自的税收管辖范围行使税务稽查职能。

（三）税务行政复议裁决权

税务行政复议裁决权是指征收机关的上级机关根据纳税人的申请，依照税收法律、行政法规和行政复议法的规定，防止和纠正下级机关违法或者不当的具体行政行为的权力。税务行政复议裁决权是税收执法权的有机组成部分。该权力的实现对保障和监督税务机关依法行使税收执法权，防止和纠正违法或者不适当的税务具体行政行为，保护纳税人和其他有关当事人的合法权益，发挥着积极的作用。

（四）税务行政处罚权

税务行政处罚权是指税务机关有权依照税收法律、法规有关规定，对纳税人、扣缴义务人、纳税担保人以及其他与税务行政处罚有直接利害关系的当事人违反税收法律、法规、规章的规定进行处罚的权力。税务行政处罚的种类有罚款，停止出口退税权，没收违法所得，法律、法规和规章规定的其他行政处罚。

三、税收征管范围的划分

（一）税务局征管范围

税务局主要负责征收增值税（进口环节增值税除外）、消费税（进口环节消费税除外）、城市维护建设税、教育费附加、地方教育附加、车辆购置税、企业所得税、个人所得税、资源税、城镇土地使用税、土地增值税、房产税、车船税、印花税、耕地占用税、契税、环境保护税、烟叶税、非税收入和社会保险费等的征收与管理。

（二）海关征管范围

海关征收范围包括关税、船舶吨税、进口环节增值税和消费税。

四、我国中央政府与地方政府税收收入的划分

我国税收收入划分为三类，即中央政府固定收入、地方政府固定收入、中央与地方共享收入。

（一）中央政府固定收入

中央政府固定收入包括消费税（含进口环节海关代征的部分）、车辆购置税、关税、海关代征的进口环节增值税和船舶吨税等。

（二）地方政府固定收入

地方政府固定收入包括城镇土地使用税、耕地占用税、土地增值税、房产税、车船税、契税、环境保护税和烟叶税等。

（三）中央政府与地方政府共享收入

中央政府与地方政府共享收入主要包括：

1. 增值税。国内增值税中央政府和地方政府各享有 50%。进口环节由海关代征的增值税和铁路建设基金营业税改征增值税为中央政府收入。

2. 企业所得税。企业所得税中国国家铁路集团有限公司（原中国铁路总公司）、各银行总行及海洋石油企业缴纳的部分归中央政府，其余部分中央与地方政府按 60% 与 40% 的比例分享。

3. 个人所得税。除储蓄存款利息所得的个人所得税外，其余部分中央与地方政府按 60% 与

40%的比例分享。

4. 资源税。按照现行财政管理体制的规定，除海洋石油资源税收入归属于中央外，其他资源税收入全部归属于地方，地方政府可根据经济社会发展等情况统筹安排使用。

5. 城市维护建设税。中国国家铁路集团有限公司（原中国铁路总公司）、各银行总行、各保险总公司集中缴纳的城市维护建设税归中央政府，其余部分归地方政府。

6. 印花税。从 2016 年 1 月 1 日起，证券交易印花税收入全部调整为中央收入，其他印花税收入归地方政府。

【例 1-2】下列各项中，属于中央政府与地方政府共享收入的税种有（   ）。

A. 增值税   B. 资源税   C. 个人所得税   D. 耕地占用税

解析：ABC。耕地占用税属于地方政府固定收入。

技能训练

一、单项选择题

1. 下列税收法律属于税收程序法体系的是（   ）。

A.《个人所得税法》 B.《海关法》 C.《环境保护税法》 D.《消费税暂行条例》

2. （   ）是一个税种区别于另一个税种的主要标志，是税收制度的基本要素之一。

A. 征税对象   B. 纳税人   C. 税率   D. 纳税期限

3. 下列项目中，（   ）不属于我国海关征管范围。

A. 关税   B. 船舶吨税 C. 进口环节增值税 D. 车辆购置税

4. 税目是征税对象的具体项目，以下关于税目的说法正确的是（   ）。

A. 税目具体规定一个税种的税收负担，体现征税的深度

B. 税目具体规定一个税种的征税范围，体现征税的深度

C. 税目具体规定一个税种的征税范围，体现征税的广度

D. 税目具体规定一个税种的税收负担，体现征税的广度

5. 关于税法构成要素，下列说法中不正确的是（   ）。

A. 纳税人是税法规定的直接负有纳税义务且实际负担税款的单位和个人。

B. 征税对象是税法中规定的征税的目的物，是国家征税的依据。

C. 税率是对征税对象的征收比例或征收额度，是计算税额的尺度。

D. 税目是征税对象的具体化，反映具体征税项目。

6. 下列项目中，（   ）不属于我国税务局征管范围。

A. 进口环节消费税 B. 增值税   C. 非税收入   D. 环境保护税

7. 下列税法要素中，可以作为区别不同税种的重要标志的是（   ）。

A. 税收优惠   B. 纳税期限 C. 征税对象   D. 税率

8. 税收法律关系的主体是指（   ）。

A. 各级财政部门 B. 纳税方   C. 征税方   D. 征纳双方

9. 下列各项中，不属于税法的适用原则的是（   ）。

A. 法律不溯及既往的原则   B. 实质课税原则

C. 特别法优于普通法原则   D. 程序优于实体原则

10. 下列税收中，（   ）不属于中央政府固定收入。

A. 关税   B. 车辆购置税 C. 船舶吨税   D. 环境保护税

二、多项选择题

1. 税收的"三性"是指（　　）。
A. 固定性　　　　　　B. 强制性　　　　　　C. 法定性　　　　　　D. 无偿性

2. 下列各项中属于我国税法基本原则的有（　　）。
A. 税收法律主义　　B. 税收公平主义　　C. 税收效率原则　　D. 实质课税原则

3. 按照税收立法权限或者法律效力的不同，税法可以划分为（　　）。
A. 税收法律　　　　B. 税收行政法规　　C. 税收规章　　　　D. 税收暂行条例

4. 下列税收法律属于税收实体法体系的有（　　）。
A.《企业所得税法》　　　　　　　　B.《中华人民共和国进出口关税条例》（已失效）
C.《车船税法》　　　　　　　　　　D.《增值税暂行条例》

5. 我国现行税率大致可分为（　　）。
A. 单一税率　　　　B. 累进税率　　　　C. 定额税率　　　　D. 比例税率

6. 下列各项中属于我国税法适用原则的有（　　）。
A. 法律优位原则　　　　　　　　　　B. 法律不溯及既往原则
C. 新法优于旧法原则　　　　　　　　D. 程序优于实体原则

7. 下列各项中，属于中央政府与地方政府共享收入的税种有（　　）。
A. 增值税　　　　　　B. 消费税　　　　　C. 城市维护建设税　　D. 城镇土地使用税

8. 下列各项中，属于地方政府固定收入的税种有（　　）。
A. 耕地占用税　　　　B. 土地增值税　　　C. 车辆购置税　　　　D. 环境保护税

9. 下列各项中，属于我国税务机构执法权的是（　　）。
A. 税务检查权　　　　　　　　　　　B. 税务稽查权
C. 税务行政处罚权　　　　　　　　　D. 税务行政复议裁决权

10. 我国减税免税的类型分为（　　）。
A. 固定减免　　　　　B. 法定减免　　　　C. 特定减免　　　　D. 临时减免

三、判断题

1. 截至 2024 年 9 月底，我国共有 18 个税种。其中，已经颁布实施的税法有 15 部。（　　）

2. 法定减免必须在基本法规中明确列举减免项目、减免的范围和时间。（　　）

3. 征税对象数额没达到起征点的不征税，达到起征点的，只对超过起征点数额的部分征税。
（　　）

4. 税收加成是加成征税的简称，加一成等于加正税税额的 10%。（　　）

5. 2018 年 6 月 15 日，全国各省（自治区、直辖市）级以及计划单列市国税局、地税局合并。
（　　）

6. 除储蓄存款利息所得的个人所得税外，其余部分由中央与地方政府按 50% 与 50% 的比例分享。（　　）

7. 从 2016 年 1 月 1 日起，证券交易印花税收入全部调整为中央收入，其他印花税收入归地方政府。（　　）

8. 我国增值税的纳税人就是负税人。（　　）

9. 税率是区别一种税与另一种税的重要标志，是税收制度的基本要素之一。（　　）

10. 免征额是指在征税对象全部数额中免予征税的数额，免征额部分不征税，只对超过免征额的部分征税。（　　）

项目二   增值税法与办税实务

技能目标

1. 能辨别增值税一般纳税人和小规模纳税人。
2. 能判断增值税一般纳税人和小规模纳税人适用税率、征收率。
3. 辨别增值税混合销售行为和兼营行为。
4. 能正确计算一般纳税人和小规模纳税人应纳税额。
5. 正确运用增值税的税款抵扣政策。
6. 正确计算进口环节增值税应纳税额。
7. 正确运用增值税的出口退（免）税政策。
8. 正确开具增值税的各类发票。
9. 能正确填报增值税及附加税费申报表及附表资料。
10. 会办理增值税税款缴纳工作。
11. 独立识别税收的违法行为，增强法治观念，做到知法、守法。

思政目标

1. 了解增值税改革历程，深刻理解我国税制的优越性，培养创新思维。
2. 结合马克思剩余价值理论，阐述增值税原理，让学生深刻领悟到马克思主义的立场观点方法在税法中的运用。
3. 通过增值税一般纳税人与小规模纳税人的划分标准、计税方法、征税税率的比较以及增值税税收优惠政策的解读，引导学生充分体会增值税法中的税收公平与效率原则。
4. 通过学习小规模纳税人税收优惠政策，坚定制度自信和道路自信。
5. 能够依法、依规纳税（费），客观公正，诚信守法。
6. 遵守增值税进出口政策，保护国家的经济权益，促进民族产业发展。

任务一   增值税认知

◇ **任务引例**

2024 年 9 月 1 日，甲公司取得 Y 市工商局颁发的法人营业执照，当月发生如下业务：

1. 5 日，开工建造 A 车间厂房。

2. 9 日，与乙公司签订合同，受托生产 3000 公斤 M 产品，单价为 18 元每公斤。

3. 12 日，进口生产专用设备一台，价款 596 000 元，增值税 77 480 元，已取得增值税专用发票。

4. 19 日，出租给丙公司 2 间门面房，租期 3 年，租金每年 10 000 元，签订合同时，一次性收到 30 000 元租金。

5.22 日，支付电费 5000 元，增值税 650 元，取得了增值税专用发票。

◇ 任务要求

请判断上述五项业务中哪些应当缴纳增值税？

◇ 税海探知

一、增值税的发展演变

增值税是以单位和个人在生产经营过程中取得的增值额为课税对象征收的一种流转税。

1954 年法国财政部官员莫里哀·劳莱改革原有的生产税，解决了重复征税问题，从此诞生了增值税。目前，世界上已有 140 多个国家和地区实行增值税，有法国、新西兰、阿根廷、日本、英国等。增值税计算方法逐步改进，成为简便易行的中性税种，体现了公平与效率兼顾的税收制度设计原则。

我国于 1979 年引进增值税。1984 年 9 月 18 日，国务院发布了《中华人民共和国增值税条例（草案）》（已失效），标志着增值税作为一个法定的独立税种在我国正式建立。1993 年 12 月 13 日，国务院公布了《增值税暂行条例》，12 月 15 日，财政部印发了《增值税暂行条例实施细则》，自 1994 年 1 月 1 日起施行。

为了适应经济形势的新变化，国务院、财政部及国家税务总局多次对增值税暂行条例进行修订。我国现行的《增值税暂行条例》，2017 年进行了修订。

为了进一步完善增值税，消除重复征税，经国务院批准，从 2012 年 1 月 1 日起，在上海交通运输业和部分现代服务业开展营业税改征增值税试点。营改增历时 4 年多，2016 年 5 月 1 日，在全国范围内全面推开营业税改征增值税试点，建筑业、房地产业、金融业、生活服务业等全部营业税纳税人，纳入试点范围。增值税是我国现阶段税收收入规模最大的税种，占税收收入的比重超过 30%。

二、增值税的特点

（一）不重复征税，具有税收中性的特征

所谓中性税收，是指税收对经济行为包括企业生产决策、生产组织形式等不产生影响，由市场对资源配置发挥基础性、主导性作用。政府在建立税制时，以不干扰经营者的投资决策和消费者的消费选择为原则。增值税具有中性税收的特征，因为增值税只对货物或劳务销售额中的增值部分征税，对销售额中属于转移过来的、以前环节已征过税的部分不再征税，从而有效地排除了重复征税因素。

此外，增值税税率档次少，一些国家只采取一档税率，我国采用的是三档税率，但是绝大部分货物或劳务的税负是一样的。这样增值税对生产经营活动以及消费行为基本不发生影响，从而使增值税具有了中性税收的特征。

（二）逐环节征税，逐环节扣税，最终消费者是全部税款的承担者

增值税保留了传统间接税按货物劳务全额计税和道道征税的特点，同时还实行税款抵扣制度。即在逐环节征税的同时，还实行逐环节扣税。纳税人是将从买方收取的税款抵扣自己支付给卖方的税款后的余额上缴政府，自身并没有承担增值税税款。随着各环节交易活动的进行，经营者在出售货物的同时，该货物所承担的增值税税款也随之向后转移，直到货物卖给最终消费者时，货物在以前环节已纳的税款连同本环节的税款也一并转嫁给了最终消费者。纳税人并不是增值税的真正负担者，只有最终消费者才是全部税款的负担者。

（三）税基广阔，具有征收的普遍性和连续性

从征收范围看，增值税几乎涵盖了所有行业，包括货物、劳务、服务、无形资产和不动产；从征收环节看，增值税对生产、流通、进口等环节实行逐环节征税，逐环节扣税；从计税原理上说，增值税是对商品、劳务、服务及应税行为的新增价值或商品的附加值征收的一种流转税，具有征收的普遍性和连续性。

三、增值税的类型

增值税按对外购固定资产进项税额的处理方式不同，可划分为生产型增值税、收入型增值税和消费型增值税。

（一）生产型增值税

生产型增值税，是指在计算增值税时，只允许从当期销项税额中扣除原材料等劳动对象的已纳税款，而不允许扣除固定资产所含的增值税税款，也不考虑生产经营过程中固定资产磨损的那部分转移价值（即折旧）所包含的增值税税款。从整个国民经济来看，相当于对国民生产总值（工资+租金+利息+利润+折旧）征税，所以称为生产型增值税。

（二）收入型增值税

收入型增值税，是指在计算增值税时，除扣除中间产品已纳税款外，还允许扣除固定资产折旧部分所含税款。从整个国民经济来看，相当于对国民收入（工资+租金+利息+利润）征税，所以称为收入型增值税。

（三）消费型增值税

消费型增值税，是指在计算增值税时，除扣除中间产品已纳税款外，对纳税人购入固定资产的已纳税款，允许在购置当期全部一次性扣除。从整个国民经济来看，纳税人用于生产应税产品的全部外购生产资料都不负担税款，仅对消费资料价值征税，所以称为消费型增值税。

中国从 2009 年 1 月 1 日起，在全国所有地区实施消费型增值税。

寻法溯源

四、增值税的纳税人

根据《增值税暂行条例》第 1 条的规定，在中华人民共和国境内销售货物或者加工、修理修配劳务（以下简称劳务），销售服务、无形资产、不动产以及进口货物的单位和个人，为增值税的纳税人，应当依照本条例缴纳增值税。

单位是指企业、行政单位、事业单位、军事单位、社会团体及其他单位。

个人是指个体工商户和其他个人。

微课 2-1
增值税的类型
及发展演变

单位以承包、承租、挂靠方式经营的，承包人、承租人、挂靠人（以下简称承包人）以发包人、出租人、被挂靠人（以下简称发包人）名义对外经营并由发包人承担相关法律责任的，以该发包人为纳税人。否则，以承包人为纳税人。

对报关进口的货物，以进口货物的收货人或办理报关手续的单位和个人为进口货物的纳税人。

资管产品运营过程中发生的增值税应税行为，以资管产品管理人为增值税纳税人。

五、增值税的扣缴义务人

境外单位或个人在境内销售应税劳务而在境内未设有经营机构的，其应纳税款以境内代理人为扣缴义务人；在境内没有代理人的，以购买者为扣缴义务人。

境外单位或者个人在境内发生应税行为，在境内未设有经营机构的，以购买方为扣缴义务人。财政部和国家税务总局另有规定的除外。

六、增值税纳税人身份的确定

由于增值税实行购进扣税法，因此，要求增值税纳税人会计核算健全，能够准确提供会计核算资料及进项税额、销项税额和应纳税额。为了严格执行增值税的征收管理，《增值税暂行条例》及《增值税暂行条例实施细则》将纳税人按其经营规模大小和会计核算水平划分为小规模纳税人和一般纳税人，分别采取不同的增值税计税方法。

寻法溯源

（一）增值税小规模纳税人

小规模纳税人是指年应征增值税销售额在规定标准以下，并且会计核算不健全，不能正确核算增值税的进项税额、销项税额和应纳税额，不能按规定报送有关税务资料的增值税纳税人。小规模纳税人的标准为：

微课 2-2　一般纳税人和小规模纳税人，如何界定？

1. 自 2018 年 5 月 1 日起，增值税小规模纳税人标准为年应征增值税销售额 500 万元及以下。

2. 年应税销售额超过小规模纳税人标准的其他个人（指自然人），按小规模纳税人纳税。

3. 年应税销售额超过规定标准但不经常发生应税行为的单位和个体工商户，可选择按照小规模纳税人纳税。

4. 非企业性单位、不经常发生应税行为的企业，可选择按照小规模纳税人纳税。

小规模纳税人的标准由国务院财政、税务主管部门规定。

（二）增值税一般纳税人

一般纳税人是指年应税销售额在规定标准以上，并且会计核算健全，能够准确提供会计核算资料和报送纳税资料的增值税纳税人。一般纳税人的认定标准是：

1. 年应征增值税销售额超过 500 万元的纳税人。

2. 年应税销售额超过规定标准的小规模纳税人，应当按照规定向主管税务机关申请一般纳税人资格登记。未申请办理一般纳税人资格登记的，应按销售额依照增值税税率计算应纳税额，不得抵扣增值税进项税额，也不得使用增值税专用发票。

3. 年应税销售额未超过规定标准的纳税人，会计核算健全，能够提供准确税务资料的，可以向主管税务机关办理一般纳税人资格登记，成为一般纳税人。会计核算健全是指能够按照国家统一的会计制度规定设置账簿，根据合法、有效凭证进行会计核算。

纳税人自一般纳税人生效之日起，按照增值税一般计税方法计算应纳税额，并可以按照规定领用增值税专用发票，财政部、国家税务总局另有规定的除外。

【例 2-1】 李某在小商品城开一家酒店用品批发站，会计核算不健全，去年销售额为 296 万元，请问李某今年能否申请为一般纳税人？

解析： 李某不能申请为一般纳税人。一般纳税人标准为年应征增值税销售额 500 万元以上。年应税销售额未超过 500 万元，会计核算健全，能够提供准确税务资料的，可以向主管税务机关办理一般纳税人资格登记，成为一般纳税人。本例会计核算不健全，不能申请为一般纳税人。

（三）下列纳税人不必办理一般纳税人资格登记手续

1. 年应税销售额超过规定标准的其他个人（指自然人）。

2. 全部销售免税货物的企业。

3. 非企业性单位、不经常发生应税行为的企业选择按照小规模纳税人纳税的。

4. 年应税销售额超过规定标准，但不经常发生应税行为的单位和个体工商户选择按照小规模纳税人纳税的。

任务二　增值税征税范围

◇ 任务引例

2016 年 5 月 1 日起，我国全面实施营业税改征增值税试点，将建筑业、房地产业、金融业、生活服务业等纳入试点范围，增值税征税范围包括：货物、劳务、服务、无形资产和不动产。目前，增值税是我国的第一大税种，2023 年增值税占我国税收收入总额的 38.3%。

◇ 任务要求

请说出我国增值税的具体征税范围。

◇ 税海探知

一、增值税征税范围的具体规定

根据《增值税暂行条例》第 1 条的规定，在中华人民共和国境内销售货物或者加工、修理修配劳务（以下简称劳务），销售服务、无形资产、不动产以及进口货物的单位和个人，为增值税的纳税人，应当依照本条例缴纳增值税。

（一）销售货物

销售货物是指有偿转让货物的所有权的行为。货物是指有形动产，包括电力、热力、气体等在内。有偿，是指从购买方取得货币、货物或者其他经济利益。

（二）提供加工、修理修配劳务

提供加工、修理修配劳务，是指有偿提供加工、修理修配劳务。

1. 加工是指受托加工货物，即委托方提供原材料和主要材料，受托方只代垫辅助材料，按照委托方要求进行加工并收取加工费的行为。委托加工业务，货物的所有权始终归委托方所有。

2. 修理修配是指受托方对损伤和丧失功能的货物进行修复，使其恢复原状和功能的业务。

单位或者个体工商户聘用的员工为本单位或者雇主提供加工、修理修配劳务的，不包括在内。

（三）销售服务

销售服务，是指提供交通运输服务、邮政服务、电信服务、建筑服务、金融服务、现代服务及生活服务。

1. 交通运输服务。交通运输服务，是指利用运输工具将货物或者旅客送达目的地，使其空间位置得到转移的业务活动。包括陆路运输服务、水路运输服务、航空运输服务和管道运输服务。

（1）陆路运输服务是指通过陆路（地上或者地下）运送货物或者旅客的运输业务活动，包括铁路运输服务和其他陆路运输服务。

铁路运输服务，是指通过铁路运送货物或者旅客的运输业务活动。

其他陆路运输服务，是指铁路运输以外的陆路运输业务活动，包括公路运输、缆车运输、索道运输、地铁运输、城市轻轨运输等。

出租车公司向使用本公司自有出租车的出租车司机收取的管理费用，按照陆路运输服务缴纳增值税。

（2）水路运输服务是指通过江、河、湖、川等天然、人工水道或者海洋航道运送货物或者旅客的运输业务活动。

水路运输的程租、期租业务，属于水路运输服务。

程租业务是指运输企业为租船人完成某一特定航次的运输任务并收取租赁费的业务。

期租业务是指运输企业将配备有操作人员的船舶承租给他人使用一定期限，承租期内听候承租方调遣，不论是否经营，均按天向承租方收取租赁费，发生的固定费用均由船东负担的业务。

（3）航空运输服务是指通过空中航线运送货物或者旅客的运输业务活动。

航空运输的湿租业务属于航空运输服务。湿租业务是指航空运输企业将配备有机组人员的飞机承租给他人使用一定期限，承租期内听候承租方调遣，不论是否经营，均按一定标准向承租方收取租赁费，发生的固定费用均由承租方承担的业务。

航天运输服务是指利用火箭等载体将卫星、空间探测器等空间飞行器发射到空间轨道的业务活动。

（4）管道运输服务是指通过管道设施输送气体、液体、固体物质的运输业务活动。

无运输工具承运业务，按照交通运输服务缴纳增值税。无运输工具承运业务，是指经营者以承运人身份与托运人签订运输服务合同，收取运费并承担承运人责任，然后委托实际承运人完成运输服务的经营活动。

2. 邮政服务。邮政服务是指中国邮政集团公司及其所属邮政企业提供邮件寄递、邮政汇兑和机要通信等邮政基本服务的业务活动，包括邮政普遍服务、邮政特殊服务和其他邮政服务。

（1）邮政普遍服务是指函件、包裹等邮件寄递，以及邮票发行、报刊发行和邮政汇兑等业务活动。函件是指信函、印刷品、邮资封片卡、无名址函件和邮政小包等。

（2）邮政特殊服务是指义务兵平常信函、机要通信、盲人读物和革命烈士遗物的寄递等业务活动。

（3）其他邮政服务是指邮册等邮品销售、邮政代理等业务活动。

中国邮政速递物流股份有限公司及其子公司（含各级分支机构），不属于中国邮政集团公司所属邮政企业。

3. 电信服务。电信服务是指利用有线、无线的电磁系统或者光电系统等各种通信网络资源，提供语音通话服务，传送、发射、接收或者应用图像、短信等电子数据和信息的业务活动，包括基础电信服务和增值电信服务。

（1）基础电信服务是指利用固网、移动网、卫星、互联网，提供语音通话服务的业务活动，以及出租或者出售带宽、波长等网络元素的业务活动。

（2）增值电信服务是指利用固网、移动网、卫星、互联网、有线电视网络，提供短信和彩信服务、电子数据和信息的传输及应用服务、互联网接入服务等业务活动。

卫星电视信号落地转接服务，按照增值电信服务缴纳增值税。

4. 建筑服务。建筑服务是指各类建筑物、构筑物及其附属设施的建造、修缮、装饰，线路、管道、设备、设施等的安装以及其他工程作业的业务活动，包括工程服务、安装服务、修缮服务、装饰服务和其他建筑服务。

（1）工程服务是指新建、改建各种建筑物、构筑物的工程作业，包括与建筑物相连的各种设备或者支柱、操作平台的安装或者装设工程作业，以及各种窑炉和金属结构工程作业。

（2）安装服务是指生产设备、动力设备、起重设备、运输设备、传动设备、医疗实验设备以及其他各种设备、设施的装配、安置工程作业，包括与被安装设备相连的工作台、梯子、栏杆的装设工程作业，以及被安装设备的绝缘、防腐、保温、油漆等工程作业。

固定电话、有线电视、宽带、水、电、燃气、暖气等经营者向用户收取的安装费、初装费、开户费、扩容费以及类似收费，按照安装服务缴纳增值税。

（3）修缮服务是指对建筑物、构筑物进行修补、加固、养护、改善，使之恢复原来的使用价值或者延长其使用期限的工程作业。

（4）装饰服务是指对建筑物、构筑物进行修饰装修，使之美观或者具有特定用途的工程作业。

（5）其他建筑服务是指上列工程作业之外的各种工程作业服务，如钻井（打井）、拆除建筑物或者构筑物、平整土地、园林绿化、疏浚（不包括航道疏浚）、建筑物平移、搭脚手架、爆破、矿山穿孔、表面附着物（包括岩层、土层、沙层等）剥离和清理等工程作业。

纳税人将建筑施工设备出租给他人使用并配备操作人员的，按照"建筑服务"缴纳增值税。

5. 金融服务。金融服务是指经营金融保险的业务活动。包括贷款服务、直接收费金融服务、保险服务和金融商品转让。

（1）贷款服务是指将资金贷与他人使用而取得利息收入的业务活动。

各种占用、拆借资金取得的收入，包括金融商品持有期间（含到期）利息（如保本收益、报酬、资金占用费、补偿金等）收入、信用卡透支利息收入、买入返售金融商品利息收入、融资融券收取的利息收入，以及融资性售后回租、押汇、罚息、票据贴现、转贷等业务取得的利息及利息性质的收入，按照贷款服务缴纳增值税。

融资性售后回租是指承租方以融资为目的，将资产出售给从事融资性售后回租业务的企业后，从事融资性售后回租业务的企业将该资产出租给承租方的业务活动。

以货币资金投资收取的固定利润或者保底利润，按照贷款服务缴纳增值税。

（2）直接收费金融服务是指为货币资金融通及其他金融业务提供相关服务并且收取费用的业务活动。包括提供货币兑换、账户管理、电子银行、信用卡、信用证、财务担保、资产管理、信托管理、基金管理、金融交易场所（平台）管理、资金结算、资金清算、金融支付等服务。

（3）保险服务是指投保人根据合同约定，向保险人支付保险费，保险人对于合同约定的可能发生的事故因其发生所造成的财产损失承担赔偿保险金责任，或者当被保险人死亡、伤残、疾病或者达到合同约定的年龄、期限等条件时承担给付保险金责任的商业保险行为。包括人身保险服务和财产保险服务。

人身保险服务是指以人的寿命和身体为保险标的的保险业务活动。

财产保险服务是指以财产及其有关利益为保险标的的保险业务活动。

（4）金融商品转让是指转让外汇、有价证券、非货物期货和其他金融商品所有权的业务活动。其他金融商品转让包括基金、信托、理财产品等各类资产管理产品和各种金融衍生品的转让。

纳税人购入基金、信托、理财产品等各类资产管理产品持有至到期，不属于金融商品转让。

6. 现代服务。现代服务是指围绕制造业、文化产业、现代物流产业等提供技术性、知识性服务的业务活动，包括研发和技术服务、信息技术服务、文化创意服务、物流辅助服务、租赁服务、鉴证咨询服务、广播影视服务、商务辅助服务和其他现代服务。

（1）研发和技术服务包括研发服务、合同能源管理服务、工程勘察勘探服务、专业技术服务。①研发服务，也称技术开发服务，是指就新技术、新产品、新工艺或者新材料及其系统进行研究与试验开发的业务活动。②合同能源管理服务，是指节能服务公司与用能单位以契约形式约定节能目标，节能服务公司提供必要的服务，用能单位以节能效果支付节能服务公司投入及其合理报酬的业务活动。③工程勘察勘探服务，是指在采矿、工程施工前后，对地形、地质构造、地下资源蕴藏情况进行实地调查的业务活动。④专业技术服务，是指气象服务、地震服务、海洋服务、测绘服务、城市规划服务、环境与生态监测服务等专项技术服务。

（2）信息技术服务是指利用计算机、通信网络等技术对信息进行生产、收集、处理、加工、存储、运输、检索和利用，并提供信息服务的业务活动，包括软件服务、电路设计及测试服务、信息系统服务、业务流程管理服务和信息系统增值服务。①软件服务，是指提供软件开发服务、软件维护服务、软件测试服务的业务活动。②电路设计及测试服务，是指提供集成电路和电子电路产品设计、测试及相关技术支持服务的业务活动。③信息系统服务，是指提供信息系统集成、网络管理、网站内容维护、桌面管理与维护、信息系统应用、基础信息技术管理平台整合、信息技术基础设施管理、数据中心、托管中心、信息安全服务、在线杀毒、虚拟主机等业务活动，包括网站对非自有的网络游戏提供的网络运营服务。④业务流程管理服务，是指依托信息技术提供的人力资源管理、财务经济管理、审计管理、税务管理、物流信息管理、经营信息管理和呼叫中心等服务的活动。⑤信息系统增值服务，是指利用信息系统资源为用户附加提供的信息技术服务，包括数据处理、分析和整合、数据库管理、数据备份、数据存储、容灾服务、电子商务平台等。

◇ 思政园地

服务业实现较快增长

2023年以来，服务业商务活动指数持续位于景气区间。9月份，服务业商务活动指数为50.9%，比8月份上升0.4个百分点，服务业扩张加快。从行业看，水上运输、邮政、电信广播电视及卫星传输服务、互联网软件及信息技术服务、货币金融服务等行业商务活动指数位于55.0%以上较高景气区间，业务总量增长较快。从市场预期看，业务活动预期指数为58.1%，比8月份上升0.3个百分点，服务业企业对市场恢复发展预期向好。

随着积极因素不断积累，服务业经济实现较快增长，结构优化升级稳步推进，市场预期总体向好。初步核算，2023年前三季度，服务业增加值502 993亿元，同比增长6.0%。服务业增加值占国内生产总值比重为55.1%，比上年同期上升1.4个百分点。

企业生产经营向好。9月份，服务业生产指数同比增长6.9%，增速连续两个月加快。1月份至8月份，规模以上服务业企业营业收入同比增长7.2%，其中文化、体育和娱乐业，租赁和商务服务业，信息传输、软件和信息技术服务业等行业保持两位数增长。

（李锁强：《服务业实现较快增长》，载 paper. ce. cn/pc/content/202310/20/content_282808. html，最后访问日期：2025年3月18日。）

（3）文化创意服务包括设计服务、知识产权服务、广告服务和会议展览服务。①设计服务，是指把计划、规划、设想通过文字、语言、图画、声音、视觉等形式传递出来的业务活动，包括工业设计、内部管理设计、业务运作设计、供应链设计、造型设计、服装设计、环境设计、平面设计、包装设计、动漫设计、网游设计、展示设计、网站设计、机械设计、工程设计、广告设计、创意策划、文印晒图等。②知识产权服务，是指处理知识产权事务的业务活动，包括对专利、商标、著作权、软件、集成电路布图设计的登记、鉴定、评估、认证、检索服务等。③广告服务，是指利用图书、报纸、杂志、广播、电视、电影、幻灯、路牌、招贴、橱窗、霓虹灯、灯箱、互联网等各种形式为客户的商品、经营服务项目、文体节目或者通告、声明等委托事项进行宣传和提供相关服务的业务活动，包括广告代理和广告的发布、播映、宣传、展示等。④会议展览服务，是指为商品流通、促销、展示、经贸洽谈、民间交流、企业沟通、国际往来等举办或者组织安排的各类展览和会议的业务活动。宾馆、旅馆、旅社、度假村和其他经营住宿场所提供会议场地及配套服务的活动，按照"会议展览服务"缴纳增值税。

（4）物流辅助服务包括航空服务、港口码头服务、货运客运场站服务、打捞救助服务、装卸搬运服务、仓储服务和收派服务。①航空服务，包括航空地面服务和通用航空服务。航空地面服务，是指航空公司、飞机场、民航管理局、航站等向在境内航行或者在境内机场停留的境内外飞机或者其他飞行器提供的导航等劳务性地面服务的业务活动，包括旅客安全检查服务、停机坪管理服务、机场候机厅管理服务、飞机清洗消毒服务、空中飞行管理服务、飞机起降服务、飞行通讯服务、地面信号服务、飞机安全服务、飞机跑道管理服务、空中交通管理服务等。通用航空服务，是指为专业工作提供飞行服务的业务活动，包括航空摄影、航空培训、航空测量、航空勘探、航空护林、航空吊挂播洒、航空降雨、航空气象探测、航空海洋监测、航空科学实验等。②港口码头服务，是指港务船舶调度服务、船舶通讯服务、航道管理服务、航道疏浚服务、灯塔管理服务、航标管理服务、船舶引航服务、理货服务、系解缆服务、停泊和移泊服务、海上船舶溢油清除服务、水上交通管理服务、船只专业清洗消毒检测服务和防止船只漏油服务等为船只提供服务的业务活动。港口设施经营人收取的港口设施保安费按照港口码头服务缴纳增值税。③货运客运场站服务，是指货运客运场站提供货物配载服务、运输组织服务、中转换乘服务、车辆调度服务、票务服务、货物打包整理、铁路线路使用服务、加挂铁路客车服务、铁路行包专列发送服务、铁路到达和中转服务、铁路车辆编解服务、车辆挂运服务、铁路接触网服务、铁路机车牵引服务等业务活动。④打捞救助服务，是指提供船舶人员救助、船舶财产救助、水上救助和沉船沉物打捞服务的业务活动。⑤装卸搬运服务，是指使用装卸搬运工具或者人力、畜力将货物在运输工具之间、装卸现场之间或者运输工具与装卸现场之间进行装卸和搬运的业务活动。⑥仓储服务，是指利用仓库、货场或其他场所代客贮放、保管货物的业务活动。⑦收派服务，是指接受寄件人委托，在承诺的时限内完成函件和包裹的收件、分拣、派送服务的业务活动。收件服务，是指从寄件人收取函件和包裹，并运送到服务提供方同城的集散中心的业务活动。分拣服务，是指服务提供方在其集散中心对函件和包裹进行归类、分发的业务活动。派送服务，是指服务提供方从其集散中心将函件和包裹送达同城的收件人的业务活动。

（5）租赁服务包括融资租赁服务和经营租赁服务。①融资租赁服务，是指具有融资性质和所有权转移特点的租赁活动。即出租人根据承租人所要求的规格、型号、性能等条件购入有形动产或者不动产租赁给承租人，合同期内租赁物所有权属于出租人，承租人只拥有使用权，合同期满付清租金后，承租人有权按照残值购入租赁物，以拥有其所有权。不论出租人是否将租赁物销售给承租人，均属于融资租赁。按照标的物的不同，融资租赁服务可分为有形动产融资租赁服务和不动产融资租赁服务。融资性售后回租不按照本税目缴纳增值税。②经营租赁服务，是指在约定时间内将有形动产或者不动产转让给他人使用且租赁物所有权不变更的业务活动。按照标的物的不同，经营租赁服务可分为有形动产经营租赁服务和不动产经营租赁服务。将建筑物、构筑物等不动产或者飞机、车辆等有形动产的广告位出租给其他单位或者个人用于发布广告，按照经营租赁服务缴纳增值税。车辆停放服务、道路通行服务（包括过路费、过桥费、过闸费等）等按照不动产经营租赁服务缴纳增值税。水路运输的光租业务、航空运输的干租业务，属于经营租赁。光租业务，是指运输企业将船舶在约定的时间内出租给他人使用，不配备操作人员，不承担运输过程中发生的各项费用，只收取固定租赁费的业务活动。干租业务，是指航空运输企业将飞机在约定的时间内出租给他人使用，不配备机组人员，不承担运输过程中发生的各项费用，只收取固定租赁费的业务活动。

（6）鉴证咨询服务包括认证服务、鉴证服务和咨询服务。①认证服务，是指具有专业资质的单位利用检测、检验、计量等技术，证明产品、服务、管理体系符合相关技术规范、相关技术规范的强制性要求或者标准的业务活动。②鉴证服务，是指具有专业资质的单位受托对相关事项进行鉴证，发表具有证明力的意见的业务活动，包括会计鉴证、税务鉴证、法律鉴证、职业技能鉴定、工程造价鉴证、工程监理、资产评估、环境评估、房地产土地评估、建筑图纸审核、医疗事故鉴定等。③咨询服务，是指提供信息、建议、策划、顾问等服务的活动，包括金融、软件、技术、财务、税收、法律、内部管理、业务运作、流程管理、健康等方面的咨询。翻译服务和市场调查服务按照咨询服务缴纳增值税。

（7）广播影视服务包括广播影视节目（作品）制作服务、发行服务和播映（含放映，下同）服务。①广播影视节目（作品）制作服务，是指进行专题（特别节目）、专栏、综艺、体育、动画片、广播剧、电视剧、电影等广播影视节目和作品制作的服务，包括与广播影视节目和作品相关的策划、采编、拍摄、录音、音视频文字图片素材制作、场景布置、后期的剪辑、翻译（编译）、字幕制作、片头、片尾、片花制作、特效制作、影片修复、编目和确权等业务活动。②广播影视节目（作品）发行服务，是指以分账、买断、委托等方式，向影院、电台、电视台、网站等单位和个人发行广播影视节目（作品）以及转让体育赛事等活动的报道权及播映权的业务活动。③广播影视节目（作品）播映服务，是指在影院、剧院、录像厅及其他场所播映广播影视节目（作品），以及通过电台、电视台、卫星通信、互联网、有线电视等无线或者有线装置播映广播影视节目（作品）的业务活动。

（8）商务辅助服务包括企业管理服务、经纪代理服务、人力资源服务、安全保护服务。①企业管理服务，是指提供总部管理、投资与资产管理、市场管理、物业管理、日常综合管理等服务的业务活动。物业服务企业为业主提供的装修服务，按照"建筑服务"缴纳增值税。②经纪代理服务，是指各类经纪、中介、代理服务，包括金融代理、知识产权代理、货物运输代理、代理报关、法律代理、房地产中介、职业中介、婚姻中介、代理记账、拍卖、人力资源外包服务等。货物运输代理服务，是指接受货物收货人、发货人、船舶所有人、船舶承租人或者船舶经营人的委托，以委托人的名义，为委托人办理货物运输、装卸、仓储和船舶进出港口、引航、靠泊等相关手续的业务活动。代理报关服务，是指接受进出口货物的收、发货人委托，代为办理报关手续的业务活动。③人力资源服务，是指提供公共就业、劳务派遣、人才委托招聘、劳动力外包、其他人力资源服务等服务的业务活动。④安全保护服务，是指提供保护人身安全和财产安全，维护社会治安等的业务活动。包括场所住宅保安、特种保安、安全系统监控以及其他安保服务。纳税人提供武装守护押运服务，按照"安全保护服务"缴纳增值税。

（9）其他现代服务是指除研发和技术服务、信息技术服务、文化创意服务、物流辅助服务、租赁服务、鉴证咨询服务、广播影视服务和商务辅助服务以外的现代服务。

【例2-2】下列各项中属于增值税现代服务的有（　　　　）。

A. 信息技术服务　　　　B. 商务辅助服务　　C. 物流辅助服务　　　　D. 旅游娱乐服务

解析：答案为ABC。根据增值税法律规定，现代服务包括研发和技术服务、信息技术服务、文化创意服务、物流辅助服务、租赁服务、鉴证咨询服务、广播影视服务、商务辅助服务和其他现代服务。旅游娱乐服务属于生活服务范畴。

7. 生活服务。生活服务是指为满足城乡居民日常生活需求提供的各类服务活动。包括文化体育服务、教育医疗服务、旅游娱乐服务、餐饮住宿服务、居民日常服务和其他生活服务。

（1）文化体育服务包括文化服务和体育服务。①文化服务，是指为满足社会公众文化生活需求提供的各种服务，包括文艺创作、文艺表演、文化比赛，图书馆的图书和资料借阅，档案馆的档案管理，文物及非物质遗产保护，组织举办宗教活动、科技活动、文化活动，提供游览场所。②体育服务，是指组织举办体育比赛、体育表演、体育活动，以及提供体育训练、体育指导、体育管理的业务活动。纳税人在游览场所经营索道、摆渡车、电瓶车、游船等取得的收入，按照"文化体育服务"缴纳增值税。

（2）教育医疗服务包括教育服务和医疗服务。①教育服务是指提供学历教育服务、非学历教育服务、教育辅助服务的业务活动。学历教育服务，是指根据教育行政管理部门确定或者认可的招生和教学计划组织教学，并颁发相应学历证书的业务活动，包括初等教育、初级中等教育、高级中等教育、高等教育等。非学历教育服务，包括学前教育、各类培训、演讲、讲座、报告会等。教育辅助服务，包括教育测评、考试、招生等服务。一般纳税人提供教育辅助服务，可以选择简易计税方法按照3%征收率计算缴纳增值税。②医疗服务是指提供医学检查、诊断、治疗、康复、预防、保健、接生、计划生育、防疫服务等方面的服务，以及与这些服务有关的提供药品、医用材料器具、救护车、病房住宿和伙食的业务。

（3）旅游娱乐服务包括旅游服务和娱乐服务。①旅游服务是指根据旅游者的要求，组织安排交通、游览、住宿、餐饮、购物、文娱、商务等服务的业务活动。②娱乐服务是指为娱乐活动同时提供场所和服务的业务，包括歌厅、舞厅、夜总会、酒吧、台球、高尔夫球、保龄球、游艺（包括射击、狩猎、跑马、游戏机、蹦极、卡丁车、热气球、动力伞、射箭、飞镖等）。

（4）餐饮住宿服务包括餐饮服务和住宿服务。①餐饮服务是指通过同时提供饮食和饮食场所的方式为消费者提供饮食消费服务的业务活动。提供餐饮服务的纳税人销售的外卖食品，按照"餐饮服务"缴纳增值税。②住宿服务是指提供住宿场所及配套服务等的活动，包括宾馆、旅馆、旅社、度假村和其他经营性住宿场所提供的住宿服务。纳税人以长（短）租形式出租酒店式公寓并提供配套服务的，按照住宿服务缴纳增值税。

（5）居民日常服务是指主要为满足居民个人及其家庭日常生活需求提供的服务，包括市容市政管理、家政、婚庆、养老、殡葬、照料和护理、救助救济、美容美发、按摩、桑拿、氧吧、足疗、沐浴、洗染、摄影扩印等服务。

（6）其他生活服务是指除文化体育服务、教育医疗服务、旅游娱乐服务、餐饮住宿服务和居民日常服务之外的生活服务。

纳税人提供植物养护服务，按照"其他生活服务"缴纳增值税。

（四）销售无形资产

销售无形资产是指转让无形资产所有权或者使用权的业务活动。无形资产，是指不具实物形态，但能带来经济利益的资产，包括技术、商标、著作权、商誉、自然资源使用权和其他权益性无形资产。

技术，包括专利技术和非专利技术。

自然资源使用权，包括土地使用权、海域使用权、探矿权、采矿权、取水权和其他自然资源使用权。

其他权益性无形资产，包括基础设施资产经营权、公共事业特许权、配额、经营权（包括特许经营权、连锁经营权、其他经营权）、经销权、分销权、代理权、会员权、席位权、网络游戏虚拟道具、域名、名称权、肖像权、冠名权、转会费等。

【例2-3】下列各项中，属于无形资产的有（　　）。

A. 专利技术　　　　B. 著作权　　　　C. 土地使用权　　　　D. 采矿权

解析：答案为 ABCD。根据增值税法律规定，无形资产包括技术、商标、著作权、商誉、自然资源使用权和其他权益性无形资产。自然资源使用权，包括土地使用权、海域使用权、探矿权、采矿权、取水权和其他自然资源使用权。

（五）销售不动产

销售不动产，是指有偿转让不动产，是转让不动产所有权的业务活动。不动产，是指不能移动或者移动后会引起性质、形状改变的财产，包括建筑物、构筑物等。

建筑物，包括住宅、商业营业用房、办公楼等可供居住、工作或者进行其他活动的建造物。构筑物，包括道路、桥梁、隧道、水坝等建造物。

转让建筑物有限产权或者永久使用权的，转让在建的建筑物或者构筑物所有权的，以及在转让建筑物或者构筑物时一并转让其所占土地的使用权的，按照销售不动产缴纳增值税。

（六）进口货物

进口货物是指申报进入我国海关境内的货物。《增值税暂行条例》规定，只要是报关进口的应税货物，均属于增值税的征税范围，享受国家免税政策的除外。

【例 2-4】下列项目中，属于增值税征税范围的有（　　　）。

A. 销售汽车　　　　　　B. 加工门窗　　　　　　C. 销售电力　　　　　　D. 进口化妆品

解析：ABCD。根据增值税法律制度的规定，在中华人民共和国境内销售货物、劳务、服务、无形资产、不动产以及进口货物的单位和个人，应当依法缴纳增值税。

（七）非经营活动和境内营改增销售行为的界定

1. 非经营活动的界定。销售服务、无形资产或者不动产，是指有偿提供服务、有偿转让无形资产或者不动产，但是下列非经营活动的情形除外：

（1）行政单位收取的同时满足以下条件的政府性基金或者行政事业性收费。①由国务院或者财政部批准设立的政府性基金，由国务院或者省级人民政府及其财政、价格主管部门批准设立的行政事业性收费。②收取时开具省级以上（含省级）财政部门监（印）制的财政票据。③所收款项全额上缴财政。

（2）单位或者个体工商户聘用的员工为本单位或者雇主提供取得工资的服务。

（3）单位或者个体工商户为聘用的员工提供服务。

（4）财政部和国家税务总局规定的其他情形。

2. 境内销售服务、无形资产或者不动产的界定。

（1）在境内销售服务、无形资产或者不动产，是指应税行为提供方或者接受方在中国境内。具体是指：①服务（租赁不动产除外）或者无形资产（自然资源使用权除外）的销售方或者购买方在境内。②所销售或者租赁的不动产在境内。③所销售自然资源使用权的自然资源在境内。④财政部和国家税务总局规定的其他情形。

（2）下列行为不属于在境内销售服务或者无形资产：①境外单位或者个人向境内单位或者个人销售完全在境外发生的服务。②境外单位或者个人向境内单位或者个人销售完全在境外使用的无形资产。③境外单位或者个人向境内单位或者个人出租完全在境外使用的有形动产。④境外单位或者个人为出境的函件、包裹在境外提供的邮政服务、收派服务。⑤境外单位或者个人向境内单位或者个人提供的工程施工地点在境外的建筑服务、工程监理服务。⑥境外单位或者个人向境内单位或者个人提供的工程、矿产资源在境外的工程勘察勘探服务。⑦境外单位或者个人向境内单位或者个人提供的会议展览地点在境外的会议展览服务。⑧财政部和国家税务总局规定的其他情形。

二、增值税征税范围的特殊规定

1. 货物期货，包括商品期货和贵重金属期货，在实物交割环节纳税。

2. 银行销售金银的业务，应当征收增值税。

3. 典当业死当物品销售业务。

4. 寄售业代委托人销售寄售物品的业务。

5. 缝纫业务应征收增值税。

6. 电力公司向发电企业收取的过网费，应当征收增值税。

7. 基本建设单位和从事建筑安装业务的企业附设的工厂、车间生产的水泥预制构件、其他构件或建筑材料，用于本单位或本企业建筑工程的，在移送使用时，应征收增值税。

8. 旅店业和饮食业纳税人销售非现场消费的食品应当缴纳增值税。

9. 纳税人提供的矿产资源开采、挖掘、切割、破碎、分拣、洗选等劳务，应缴纳增值税。

10. 下列项目不征收增值税：

（1）根据国家指令无偿提供的用于公益事业的铁路运输服务、航空运输服务。

（2）存款利息收入。

（3）被保险人获得的保险赔付。

（4）房地产主管部门或者其指定机构、公积金管理中心、开发企业以及物业管理单位代收的住宅专项维修资金。

（5）在资产重组过程中，通过合并、分立、出售、置换等方式，将全部或者部分实物资产以及与其相关联的债权、负债和劳动力一并转让给其他单位和个人，其中涉及的不动产、土地使用权转让行为。

（6）纳税人在资产重组过程中，通过合并、分立、出售、置换等方式，将全部或者部分实物资产以及其相关联的债权、负债和劳动力一并转让给其他单位和个人，不属于增值税的征税范围，其中涉及的货物转让不征收增值税。

三、属于增值税征税范围的特殊行为

（一）增值税视同销售行为

视同销售，是指税收上需要确认为应税收入并予以计税，而会计上并不核算其销售收入的商品或劳务的转移行为。单位或者个体工商户（不包括自然人）的下列行为，视同销售货物，征收增值税。

1. 将货物交付其他单位或者个人代销。

2. 销售代销货物。例如，新华药店为某药厂代销药品，双方均要视同销售并缴纳增值税。

3. 设有两个以上机构并实行统一核算的纳税义务人，将货物从一个机构移送至另一个机构用于销售，相关机构不在同一县（市）的应当缴纳增值税，相关机构设在同一县（市）的除外。

4. 将自产或委托加工的货物用于非增值税应税项目。

5. 将自产、委托加工的货物用于集体福利或个人消费。自产或者委托加工的货物脱离增值税的抵扣链条就要视同销售缴纳增值税。

6. 将自产、委托加工或购买的货物用于对外投资，提供给其他单位或个体工商户。

7. 将自产、委托加工或购买的货物用于分配给股东或者投资者。

8. 将自产、委托加工或购买的货物无偿赠送给其他单位或者个人。例如，甲电动车生产厂，为了推广新产品，将15辆电动车无偿送给了某电视台，这15辆电动车需要视同销售缴纳增值税。

9. 单位、个体工商户向其他单位或者个人无偿提供应税服务，但以公益活动为目的或者以社会公众为对象的除外。

【例 2-5】 村民吴某（自然人）利用自己的汽车无偿为村民提供运输服务。请问吴某需不需要缴纳增值税？如果吴某是出租车司机（个体工商户）为村民无偿提供运输服务，应不应当缴纳增值税？

解析： 前者村民吴某属于自然人，自然人无偿提供服务，不需要视同销售，不征收增值税；后者吴某是出租车司机，吴某属于个体工商户，单位或者个体工商户无偿提供服务，属于视同销售范畴，应当缴纳增值税。

10. 单位或者个人向其他单位或者个人无偿转让无形资产或者不动产，但以公益活动为目的或者以社会公众为对象的除外。

11. 财政部和国家税务总局规定的其他情形。

寻法溯源

（二）混合销售行为

一项销售行为如果既涉及货物又涉及服务，为混合销售行为。从事货物的生产、批发或者零售的单位和个体工商户的混合销售行为，按照销售货物缴纳增值税；其他单位和个体工商户的混合销售行为，按照销售服务缴纳增值税。

从事货物的生产、批发或者零售的单位和个体工商户，包括以从事货物的生产、批发或者零售为主，并兼营销售服务的单位和个体工商户在内。

微课 2-3 增值税视同销售行为辨析

判断混合销售行为的标准有两点：一是其销售行为必须是一项，由于一项行为而产生的。二是该行为必须既涉及货物又涉及服务，货物是指增值税条例中规定的有形动产，包括电力、热力和气体；服务是指营业税改征增值税范围的交通运输服务、建筑服务、邮政服务、电信服务、现代服务、金融服务等。例如，销售电梯并同时提供送货上门服务就属于混合销售行为，送货服务应按销售货物征收增值税。又例如，照相馆提供照相服务，同时又销售相框。照相是服务，销售相框是销售货物，二者具有从属关系，属于混合销售。照相馆以提供服务为主，所以，销售相框也按服务征收增值税。

自 2017 年 5 月 1 日起，纳税人销售活动板房、机器设备、钢结构件等自产货物的同时提供建筑、安装服务，不属于混合销售，应分别核算货物和建筑服务的销售额，分别适用不同的税率或者征收率。

一般纳税人销售自产机器设备的同时提供安装服务，应分别核算机器设备和安装服务的销售额，安装服务可以按照甲供工程选择适用简易计税方法计税。

【例 2-6】 甲钢材公司，生产钢结构同时提供安装服务，2024 年 9 月承揽了为乙公司盖钢结构厂房的业务，合同约定提供钢材 645 万元，安装服务费 98 万元，请问应如何开具发票？

解析： 纳税人销售活动板房、机器设备、钢结构件等自产货物的同时提供建筑、安装服务，应分别核算货物和建筑服务的销售额，安装服务可以按照甲供工程选择适用简易计税方法计税。要按照 13% 开具钢材的发票，按 3% 开具建筑服务的发票。

一般纳税人销售外购机器设备的同时提供安装服务，如果已经按照兼营的有关规定，分别核算机器设备和安装服务的销售额，安装服务可以按照甲供工程选择适用简易计税方法计税。如果纳税人未分别核算机器设备和安装服务的销售额，应按照混合销售的有关规定，确定其适用税目和税率。

纳税人对安装运行后的机械设备提供的维护保养服务,按照"其他现代服务"缴纳增值税。如,纳税人对安装运行后的电梯提供的维护保养服务,按照"其他现代服务"缴纳增值税。

(三)兼营行为

兼营行为是指纳税人的经营中既包括销售货物和劳务,又包括销售服务、无形资产和不动产的行为。通俗地讲,就是纳税人的经营活动中包括两项或多项销售行为,但是这两项或多项销售行为没有直接的关联和从属关系,业务的发生互相独立。

纳税人兼营销售货物、劳务、服务、无形资产或者不动产,适用不同税率或者征收率的,应当分别核算适用不同税率或者征收率的销售额;未分别核算的,从高适用税率和征收率。

【例 2-7】 甲饭店为增值税一般纳税人,经营范围包括:餐饮、住宿、超市和卡拉 OK 服务。请问应如何进行纳税申报?

解析: 饭店包含有餐饮、住宿、超市和卡拉 OK 服务,这些业务之间没有必然的联系,因此,属于兼营行为。应当分别核算这 4 项业务的销售额,分别适用税率;未分别核算的,从高适用税率。

纳税人兼营免税、减税项目的,应当分别核算免税、减税项目的销售额;未分别核算的,不得免税、减税。

纳税人发生应税销售行为适用免税规定的,可以放弃免税,依照《增值税暂行条例》的规定缴纳增值税。放弃免税后,36 个月内不得再申请免税。

> 寻法溯源

任务三　增值税税率和征收率

微课 2-4　如何辨别混合销售和兼营行为?

◇ **任务引例**

王某毕业于某财经大学,学的是大数据与会计专业,应聘到甲房地产公司担任会计,甲房地产公司为增值税一般纳税人。该公司销售住宅、写字楼、公寓等多种商品,王某很想了解公司的业务,想弄清这些业务适用的税率和征收率。

◇ **任务要求**

1. 该公司销售 2020 年开工,2024 年完工的商品房,增值税的税率是多少?

2. 该公司销售自行开发的房地产老项目,选择适用简易计税方法,增值税的征收率是多少?

3. 该公司销售自己使用过的固定资产,该固定资产系 2016 年 4 月 30 日前购买的,增值税的征收率是多少?

◇ **税海探知**

我国增值税税率经过三次大的调整,由 1994 年的 17%、13%,调整到目前的 13%、9%、6%,同时,出口货物适用零税率,对小规模纳税人规定了征收率。

一、我国增值税税率的一般规定

1. 基本税率。增值税的基本税率为 13%。适用范围:

(1)一般纳税人销售或者进口货物,除《增值税暂行条例》列举的外,税率均为 13%。本条款针对的是货物,大部分货物适用 13% 的税率。

(2)一般纳税人提供加工、修理修配等应税劳务,税率为 13%。

（3）一般纳税人提供有形动产租赁服务，适用13%的税率。

从上述三点，我们不难看出，货物、劳务和服务均有13%的税率。

2. 低税率。

（1）自2019年4月1日起，一般纳税人销售或者进口下列货物，按低税率9%计征增值税。①粮食等农产品、食用植物油、食用盐。农产品是指种植业、养殖业、林业、牧业、水产业生产的各种植物、动物的初级产品。初级产品，不包括深加工产品。食用盐的范围包括符合《食用盐》（GB/T 5461-2016）和《食用盐卫生标准》（GB 2721-2003）两项国家标准的食用盐。②自来水、暖气、冷气、热水、煤气、石油液化气、天然气、二甲醚、沼气、居民用煤炭制品。③图书、报纸、杂志、音像制品、电子出版物等。④饲料、化肥、农药、农机（不含农机零部件）、农膜。⑤国务院规定的其他货物。

（2）一般纳税人提供建筑服务、交通运输服务、邮政服务、基础电信服务、不动产租赁服务，销售不动产，转让土地使用权，税率为9%。

（3）一般纳税人提供增值电信服务、金融服务、现代服务（除有形动产租赁服务和不动产租赁服务外）、生活服务，销售无形资产（除转让土地使用权外），税率为6%。

3. 零税率。

（1）国家为了鼓励出口，提高国际竞争力，国务院规定：纳税人出口货物，适用零税率。但是国务院另有规定的除外。

（2）中华人民共和国境内的单位和个人销售下列服务和无形资产适用零税率：①国际运输服务。②航天运输服务。③向境外单位提供的完全在境外消费的下列服务：研发服务；合同能源管理服务；设计服务、广播影视节目（作品）的制作和发行服务；软件服务；电路设计及测试服务；信息系统服务；业务流程管理服务；离岸服务外包业务；技术转让。④财政部和国家税务总局规定的其他服务。

寻法溯源

二、增值税征收率的规定

增值税征收率适用于两种情况：一是小规模纳税人，二是一般纳税人发生应税销售行为按规定可以选择简易计税方法计税的。

小规模纳税人实行按销售额和征收率计算应纳税额的简易计税方法，不允许抵扣进项税。小规模纳税人增值税征收率为3%，财政部和国家税务总局另有规定的除外。

微课2-5　增值税税率知多少

（一）征收率的一般规定

1. 纳税人发生按简易计税方法计税的情形，除按规定适用5%征收率的以外，其应税销售行为均适用3%的征收率。

2. 适用5%征收率的情形有以下几种：

（1）一般纳税人转让其2016年4月30日前取得的不动产，选择适用简易计税方法的，征收率为5%。

（2）一般纳税人出租其2016年4月30日前取得的不动产，选择适用简易计税方法的，征收率为5%。

（3）纳税人转让2016年4月30日前取得的土地使用权，选择适用简易计税方法的，征收率为5%。

（4）房地产开发企业的一般纳税人销售自行开发的房地产老项目，选择适用简易计税方法，征收率为5%。

房地产老项目，是指《建筑工程施工许可证》注明的合同开工日期在2016年4月30日前的房地产项目。

（5）房地产开发企业（小规模纳税人）销售自行开发的房地产项目，征收率为5%。

（6）小规模纳税人销售其取得（含自建）的不动产（不含个体工商户销售购买的住房和其他个人销售不动产），按照5%的征收率征收增值税。

（7）小规模纳税人出租不动产，按照以下规定缴纳增值税：①单位和个体工商户出租不动产（不含个体工商户出租住房），按照5%的征收率征收增值税。②其他个人出租不动产（不含住房），按照5%的征收率计算缴纳增值税。

出租不动产的行为不适用个体工商户和个人出租住房。

（8）个体工商户和其他个人出租住房，按照5%的征收率减按1.5%计算缴纳增值税。

（9）一般纳税人和小规模纳税人提供劳务派遣服务、安全保护服务（含提供武装守护押运服务）选择差额纳税的，按照简易计税方法，征收率为5%。

如果劳务派遣服务、安全保护服务未选择差额纳税的，征收率为3%。所谓差额纳税就是指可以从销售额中扣除支付的人员工资和社会保险费。

（10）一般纳税人提供人力资源外包服务，选择差额纳税的，征收率为5%。

（二）征收率的特殊规定

根据增值税相关规定，适用3%征收率的某些一般纳税人和小规模纳税人可以减按2%计征增值税。

1. 纳税人销售旧货，按照简易办法依照3%征收率减按2%征收增值税。所称旧货，是指进入二次流通的具有部分使用价值的货物（含旧汽车、旧摩托车和旧游艇），但不包括自己使用过的物品。

上述规定不包括二手车经销业务。

自2020年5月1日至2027年12月31日，从事二手车经销的纳税人销售其收购的二手车，由原按照简易办法依3%征收率减按2%征收增值税，改为减按0.5%征收增值税。

2. 小规模纳税人（除其他个人外）销售自己使用过的固定资产，减按2%的征收率征收增值税。

3. 销售自己使用过的货物的增值税规定：

（1）一般纳税人销售自己使用过的属于《增值税暂行条例》第10条规定，不得抵扣且未抵扣进项税额的固定资产，按简易办法依3%征收率减按2%征收增值税。

（2）一般纳税人销售自己使用过的其他固定资产，分两种情形，一是该固定资产抵扣过进项税额的，就按适用税率征收增值税。二是该固定资产没有抵扣过进项税额，就依3%征收率减按2%征收增值税。

适用简易办法依照3%征收率减按2%征收增值税政策的，可以放弃减税，按照简易办法依照3%征收率缴纳增值税，并可以开具增值税专用发票。

（3）一般纳税人销售自己使用过的除固定资产以外的物品，应当按照适用税率征收增值税。

（4）小规模纳税人（除其他个人外）销售自己使用过的固定资产，减按2%征收率征收增值税，应开具普通发票，不得由税务机关代开增值税专用发票。

（5）个人（不包括个体工商户）销售自己使用过的物品免税。

三、增值税适用税率的特殊规定

1. 兼营不同税率项目的增值税规定。纳税人兼营不同税率的项目，应当分别核算不同税率项目的销售额；未分别核算销售额的，从高适用税率。

2. 一般纳税人销售自产的下列货物，可选择按照简易办法依照 3% 征收率计算缴纳增值税：

（1）县级及县级以下小型水力发电单位生产的电力。小型水力发电单位，是指各类投资主体建设的装机容量为 5 万千瓦以下（含 5 万千瓦）的小型水力发电单位。

（2）建筑用和生产建筑材料所用的砂、土、石料。

（3）以自己采掘的砂、土、石料或其他矿物连续生产的砖、瓦、石灰（不含黏土实心砖、瓦）。

（4）用微生物、微生物代谢产物、动物毒素、人或动物的血液或组织制成的生物制品。

（5）自来水。对属于一般纳税人的自来水公司销售自来水的，按简易办法依照 3% 征收率征收增值税，不得抵扣其购进自来水取得增值税扣税凭证上注明的增值税税款。

（6）商品混凝土（仅限于以水泥为原料生产的水泥混凝土）。

一般纳税人选择简易办法计算缴纳增值税后，36 个月内不得变更。

3. 一般纳税人销售货物属于下列情形之一的，暂按简易办法依照 3% 征收率计算缴纳增值税：

（1）寄售商店代销寄售物品（包括居民个人寄售的物品在内）。

（2）典当业销售死当物品。

（3）经国务院或国务院授权机关批准的免税商店零售的免税品。

任务四　增值税税收优惠

◇ **任务引例**

甲超市为增值税一般纳税人，2024 年 9 月销售日用百货，取得不含税销售额为 326 000 元；销售蔬菜取得不含税销售额 58 000 元；销售鲜肉、鲜蛋，取得不含税销售额 88 300 元。以上业务均分开核算。

◇ **任务要求**

1. 分析甲超市能够享受哪些税收优惠政策？

2. 请计算甲超市应税销售额？

◇ **税海探知**

一、增值税起征点的规定

纳税人销售货物、提供应税劳务或者发生应税行为的销售额未达到增值税起征点的，免征增值税；达到或超过起征点的，则全额计算缴纳增值税。

增值税起征点的适用范围仅限于个人（不包括登记为一般纳税人的个体工商户），即增值税起征点仅适用于按照小规模纳税的个体工商户和其他个人，其他个人即指自然人。增值税起征点的幅度规定如下：

1. 按期纳税的，为月销售额 5000-20 000 元（含本数）。

2. 按次纳税的，为每次（日）销售额 300-500 元（含本数）。

另外，对增值税月销售额 10 万元以下（含 10 万元）的增值税小规模纳税人，免征增值税。起征点的调整由财政部和国家税务总局规定。省、自治区、直辖市财政厅（局）和国家税务总局应在规定的幅度内，根据实际情况确定本地区适用的起征点，并报财政部、国家税务总局备案。

二、《增值税暂行条例》规定的免税项目

1. 农业生产者销售自产农业产品。农业生产者销售自产农业产品是指直接从事种植业、养殖业、林业、牧业、水产业的单位和个人销售自产的属于增值税规定范围的农业产品。对上述单位和个人销售的外购农产品，以及单位和个人外购农产品生产、加工后销售的仍然属于规定范围的农产品，不属于免税的范围，应当按照规定的税率征收增值税。

2. 避孕药品和用具。

3. 古旧图书。古旧图书是指向社会收购的古书和旧书。

4. 直接用于科学研究、科学实验和教学的进口仪器和设备。

5. 外国政府、国际组织无偿援助的进口物资和设备。

6. 由残疾人的组织直接进口供残疾人专用的物品。

7. 个人（不包括个体经营者）销售的自己使用过的物品。

除上述规定外，增值税的免税、减税项目由国务院规定。任何地区、部门均不得规定免税、减税项目。

三、《财政部、国家税务总局关于全面推开营业税改征增值税试点的通知》及有关部门规定的税收优惠政策

（一）下列项目免征增值税

1. 托儿所、幼儿园提供的保育和教育服务。超过规定收费标准的收费，以开办实验班、特色班和兴趣班等为由另外收取的费用以及与幼儿入园挂钩的赞助费、支教费等超过规定范围的收入，不属于免征增值税的收入。

2. 养老机构提供的养老服务。

3. 残疾人福利机构提供的育养服务。

4. 婚姻介绍服务。

5. 殡葬服务。

6. 残疾人员本人为社会提供的服务。

7. 医疗机构提供的医疗服务。执行至 2027 年 12 月 31 日。

本项所称的医疗服务，是指医疗机构按照不高于地（市）级以上价格主管部门会同同级卫生主管部门及其他相关部门制定的医疗服务指导价格（包括政府指导价和按照规定由供需双方协商确定的价格等）为就医者提供《全国医疗服务价格项目规范》所列的各项服务，以及医疗机构向社会提供卫生防疫、卫生检疫的服务。

8. 从事学历教育的学校提供的教育服务。

9. 学生提供勤工俭学服务。

10. 农业机耕、排灌、病虫害防治、植物保护、农牧保险以及相关技术培训业务，家禽、牲畜、水生动物的配种和疾病防治。

对动物医疗机构销售动物食品和用品，提供动物清洁、美容、代理看护等服务，应按规定缴纳增值税。

11. 纪念馆、博物馆、文化馆、文物保护单位管理机构、美术馆、展览馆、书画院、图书馆在自己的场所提供文化体育服务取得的第一道门票收入。

12. 寺院、宫观、清真寺和教堂举办文化、宗教活动的门票收入。

13. 行政单位之外的其他单位收取的同时满足以下条件的政府性基金或者行政事业性收费：

（1）由国务院或者财政部批准设立的政府性基金，由国务院或者省级人民政府及其财政、价格主管部门批准设立的行政事业性收费。

（2）收取时开具省级以上（含省级）财政部门监（印）制的财政票据。

（3）所收款项全额上缴财政。

14. 个人转让著作权。

15. 个人销售自建自用住房。

16. 台湾航运公司、航空公司从事海峡两岸海上、空中直航业务在大陆取得的运输收入。

17. 纳税人提供的直接或者间接国际货物运输代理服务。

18. 下列利息收入免征增值税。

（1）国家助学贷款。

（2）国债、地方政府债。

（3）人民银行对金融机构的贷款。

（4）住房公积金管理中心用住房公积金在指定的委托银行发放的个人住房贷款。

（5）外汇管理部门在从事国家外汇储备经营过程中，委托金融机构发放的外汇贷款。

（6）统借统还业务中，企业集团或企业集团中的核心企业以及集团所属财务公司按不高于支付给金融机构的借款利率水平或者支付的债券票面利率水平，向企业集团或者集团内下属单位收取的利息。

统借方向资金使用单位收取的利息，高于支付给金融机构借款利率水平或者支付的债券票面利率水平的，应全额缴纳增值税。

（7）自 2021 年 11 月 7 日起至 2025 年 12 月 31 日止，对境外机构投资境内债券市场取得的债券利息收入。

（8）对金融机构向小型企业、微型企业及个体工商户发放小额贷款取得的利息收入，执行至 2027 年 12 月 31 日。

（9）金融机构小微企业及个体工商户 1000 万元及以下小额贷款利息收入，执行至 2027 年 12 月 31 日。

（10）2027 年 12 月 31 日前，对经省级地方金融监督管理部门批准成立的小额贷款公司取得的农户小额贷款利息收入。

（11）对企业集团内单位（含企业集团）之间的资金无偿借贷行为，免征增值税，执行期限延长至 2027 年 12 月 31 日。

（12）金融机构向农户发放小额贷款取得的利息收入，执行至 2027 年 12 月 31 日。

19. 被撤销金融机构以货物、不动产、无形资产、有价证券、票据等财产清偿债务。除另有规定外，被撤销金融机构的所属企业、附属企业，不享受被撤销金融机构增值税免税政策。

20. 保险公司开办的一年期以上人身保险产品取得的保费收入。一年期以上人身保险，是指保险期间为一年期及以上返还本利的人寿保险、养老年金保险，以及保险期间为一年期及以上的健康保险。

21. 再保险服务。

（1）境内保险公司向境外保险公司提供的完全在境外消费的再保险服务，免征增值税。

（2）纳税人提供再保险服务（境内保险公司向境外保险公司提供的再保险服务除外），实行与原保险服务一致的增值税政策。再保险合同对应多个原保险合同的，所有原保险合同均适用免征增值税政策时，该再保险合同适用免征增值税政策。否则，该再保险合同应按规定缴纳增值税。

22. 符合规定条件的金融商品转让收入。

（1）合格境外投资者（QFII）委托境内公司在我国从事证券买卖业务。

（2）香港市场投资者（包括单位和个人）通过沪港通和深港通买卖上海证券交易所和深圳证券交易所上市 A 股，内地投资者（包括单位和个人）通过沪港通买卖香港联交所上市股票。

（3）对香港市场投资者（包括单位和个人）通过基金互认买卖内地基金份额。

（4）证券投资基金（封闭式证券投资基金和开放式证券投资基金）管理人运用基金买卖股票、债券。

（5）个人从事金融商品转让业务。

23. 金融同业往来利息收入，包括金融机构与人民银行所发生的资金往来业务、银行联行往来业务和金融机构间的资金往来业务、同业存款、同业拆借、同业代付、买断式买入返售金融商品、持有金融债券和同业存单产生的利息收入。

自 2018 年 1 月 1 日起，金融机构开展贴现、转贴现业务，以其实际持有票据期间取得的利息收入作为贷款服务销售额计算缴纳增值税。此前贴现机构已就贴现利息收入全额缴纳增值税的票据，转贴现机构转贴现利息收入继续免征增值税。

24. 国家商品储备管理单位及其直属企业承担商品储备任务，从中央或者地方财政取得的利息补贴收入和价差补贴收入。

25. 纳税人提供技术转让、技术开发和与之相关的技术咨询、技术服务。

26. 符合条件的节能服务公司实施合同能源管理项目中提供的应税服务。

（1）节能服务公司实施合同能源管理项目相关技术，应当符合国家质量监督检验检疫总局和国家标准化管理委员会发布的《合同能源管理技术通则》（GB/T 24915-2020）规定的技术要求。

（2）节能服务公司与用能企业签订节能效益分享型合同，其合同格式和内容，符合《中华人民共和国合同法》（已失效）和《合同能源管理技术通则》（GB/T 24915-2020）等规定。

27. 政府举办的从事学历教育的高等、中等和初等学校（不含下属单位），举办进修班、培训班取得的全部归该学校所有的收入。

举办进修班、培训班取得的收入进入该学校下属部门自行开设账户的，不予免征增值税。

28. 政府举办的职业学校设立的主要为在校学生提供实习场所，并由学校出资自办、由学校负责经营管理、经营收入归学校所有的企业，从事现代服务（不含融资租赁服务、广告服务和其他现代服务）、生活服务（不含文化体育服务、其他生活服务和桑拿、氧吧）业务活动取得的收入。

29. 家政服务企业由员工制家政服务员提供家政服务取得的收入。

30. 福利彩票、体育彩票的发行收入。

31. 军队空余房产租赁收入。

32. 为了配合国家住房制度改革，企业、行政事业单位按房改成本价、标准价出售住房取得的收入。

33. 将土地使用权转让给农业生产者用于农业生产。

34. 涉及家庭财产分割的个人无偿转让不动产、土地使用权。

家庭财产分割包括：离婚财产分割；无偿赠与配偶、父母、子女、祖父母、外祖父母、孙子女、外孙子女、兄弟姐妹；无偿赠与对其承担直接抚养或者赡养义务的抚养人或者赡养人；房屋产权所有人死亡，法定继承人、遗嘱继承人或者受遗赠人依法取得房屋产权。

35. 土地所有者出让土地使用权和土地使用者将土地使用权归还给土地所有者。

36. 县级以上地方人民政府或自然资源行政主管部门出让、转让或收回自然资源使用权（不含土地使用权）。

37. 随军家属就业。

（1）为安置随军家属就业而新开办的企业，自领取税务登记证之日起，其提供的应税服务3年内免征增值税。

享受上述税收优惠政策的企业，随军家属必须占企业总人数的60%（含60%）以上，并有军（含军）以上政治和后勤机关出具的证明。

（2）从事个体经营的随军家属，自办理税务登记事项之日起，其提供的应税服务3年内免征增值税。

每一名随军家属可以享受一次免税政策，但是随军家属必须有师以上政治机关出具的可以表明其身份的证明。

38. 军队转业干部就业。

（1）从事个体经营的军队转业干部，自领取税务登记证之日起，其提供的应税服务3年内免征增值税。

（2）为安置自主择业的军队转业干部就业而新开办的企业，凡安置自主择业的军队转业干部占企业总人数60%（含60%）以上的，自领取税务登记证之日起，其提供的应税服务3年内免征增值税。

享受此优惠政策的自主择业的军队转业干部必须持有师以上部队颁发的转业证件。

39. 中国邮政集团公司及其所属邮政企业提供的邮政普遍服务和邮政特殊服务，免征增值税。

40. 中国邮政集团公司及其所属邮政企业为金融机构代办金融保险业务取得的代理收入免征增值税。

41. 青藏铁路公司提供的铁路运输服务免征增值税。

42. 各党派、共青团、工会、妇联、中科协、青联、台联、侨联收取党费、团费、会费以及政府间国际组织收取会费，属于非经营活动，不征收增值税。

43. 全国社会保障基金理事会、全国社会保障基金投资管理人运用全国社会保障基金买卖证券投资基金、股票、债券取得的金融商品转让收入，免征增值税。

44. 对社保基金会、社保基金投资管理人在运用社保基金投资过程中，提供贷款服务取得的全部利息及利息性质的收入和金融商品转让收入，免征增值税。

45. 境外教育机构与境内从事学历教育的学校开展中外合作办学，提供学历教育服务取得的收入，免征增值税。

46. 纳税人取得的财政补贴收入，与其销售货物、劳务、服务、无形资产、不动产的收入或者数量直接挂钩的，应按规定计算缴纳增值税。纳税人取得的其他情形的财政补贴收入，不属于增值税应税收入，不征收增值税。

47. 2027年12月31日前，对科普单位的门票收入，以及县级及以上党政部门和科协开展科普活动的门票收入免征增值税。

48. 2027年12月31日前，对饮水工程运营管理单位向农村居民提供生活用水取得的自来水销售收入，免征增值税。

49. 对供热企业向居民个人供热取得的采暖费收入免征增值税，执行期限延长至2027年供暖期结束。

50. 2027 年 12 月 31 日前，对广播电视运营服务企业收取的有线数字电视基本收视维护费和农村有线电视基本收视费，免征增值税。

51. 2027 年 12 月 31 日前，经营性文化事业单位转制为企业，党报、党刊将其发行、印刷业务及相应的经营性资产剥离组建的文化企业，自注册之日起所取得的党报、党刊发行收入和印刷收入免征增值税。

52. 2027 年 12 月 31 日前，对经国务院批准对外开放的货物期货品种保税交割业务，暂免征收增值税。

53. 2027 年 12 月 31 日前，对国产抗艾滋病病毒药品免征生产环节和流通环节增值税。

54. 2027 年 12 月 31 日前，对边销茶生产企业销售自产的边销茶及经销企业销售的边销茶免征增值税。

55. 2027 年 12 月 31 日前，免征图书批发、零售环节增值税。

56. 财政部和国家税务总局规定的其他免税项目。

【例 2-8】 下列项目中，免征增值税的有（　　）。

A. 个人转让著作权

B. 农业生产者销售自产农业产品

C. 纳税人提供技术转让、技术开发和与之相关的技术咨询、技术服务

D. 外国政府、国际组织无偿援助的进口物资和设备

解析：ABCD。BD 是《增值税暂行条例》规定的免税项目。AC 是《财政部、国家税务总局关于全面推开营业税改征增值税试点的通知》规定的免税项目。

（二）增值税即征即退

增值税即征即退是指先按规定缴纳增值税，再由财政部门委托税务部门审批后办理退税手续。

1. 增值税一般纳税人销售其自行开发生产的软件产品，按照 13% 的税率征收增值税后，对其增值税实际税负超过 3% 的部分，实行即征即退政策。

增值税一般纳税人将进口软件产品进行本地化改造后对外销售，其销售的软件产品可享受上述增值税即征即退政策。

增值税实际税负是指纳税人当期提供应税服务实际缴纳的增值税税额与纳税人当期提供应税服务取得的全部价款和价外费用的比例。

2. 一般纳税人提供管道运输服务，对其增值税实际税负超过 3% 的部分实行增值税即征即退政策。

3. 经人民银行、国家金融监督管理总局、商务部批准经营融资租赁业务的试点纳税人中的一般纳税人提供有形动产融资租赁服务和有形动产融资性售后回租服务，对其增值税实际税负超过 3% 的部分实行增值税即征即退政策。

商务部授权的省级商务主管部门和国家经济技术开发区批准的从事融资租赁业务和融资性售后回租业务的一般纳税人，2016 年 5 月 1 日后实收资本达到 1.7 亿元的，从达到标准的当月起按照上述规定执行；2016 年 5 月 1 日后实收资本未达到 1.7 亿元但注册资本达到 1.7 亿元的，在 2016 年 7 月 31 日前仍可按上述规定执行，2016 年 8 月 1 日后开展的有形动产融资租赁业务和有形动产融资性售后回租业务不得按照上述规定执行。

4. 对安置残疾人的单位和个体工商户（以下简称纳税人），实行增值税即征即退的优惠政策。

本期应退增值税税额＝本期所含月份每月应退税额之和

月应退增值税税额＝纳税人本月安置残疾人员人数×本月月最低工资标准的 4 倍

月最低工资标准是指纳税人所在区县（含县级市、旗）适用的经省（含自治区、直辖市、计划单列市）人民政府批准的月最低工资标准。

5. 资源综合利用产品和劳务增值税即征即退政策。增值税一般纳税人销售自产的资源综合利用产品和提供资源综合利用劳务（以下简称销售综合利用产品和劳务），符合条件的，可享受增值税即征即退政策。退税比例包括30%、50%、70%和100%四个档次。

综合利用的资源名称、综合利用产品和劳务名称、技术标准和相关条件、退税比例等按照《资源综合利用产品和劳务增值税优惠目录（2022年版）》的相关规定执行。

纳税人享受增值税即征即退政策，有纳税信用级别条件要求的，以纳税人申请退税税款所属期的纳税信用级别确定。申请退税税款所属期内纳税信用级别发生变化的，以变化后的纳税信用级别确定。

6. 增值税的退还。纳税人本期已缴增值税额小于本期应退税额不足退还的，可在本年度内以前纳税期已缴增值税额扣除已退增值税额的余额中退还，仍不足退还的可结转本年度内以后纳税期退还。

年度已缴增值税额小于或等于年度应退税额的，退税额为年度已缴增值税额；年度已缴增值税额大于年度应退税额的，退税额为年度应退税额。年度已缴增值税额不足退还的，不得结转以后年度退还。

2027年12月31日前，对特定的出版物在出版环节分别执行增值税100%、50%先征后退的政策；对特定印刷、制作业务执行增值税100%先征后退的政策。

（三）扣减增值税规定

纳税人享受扣减增值税的主要规定如下：

1. 退役士兵创业就业，参见《财政部、税务总局、退役军人事务部关于进一步扶持自主就业退役士兵创业就业有关税收政策的公告》（部分失效）。

2. 重点群体创业就业，参见《财政部、税务总局、人力资源社会保障部、农业农村部关于进一步支持重点群体创业就业有关税收政策的公告》。

（四）金融企业免征增值税的规定

金融企业发放贷款后，自结息日起90天内发生的应收未收利息按现行规定缴纳增值税，自结息日起90天后发生的应收未收利息暂不缴纳增值税，待实际收到利息时按规定缴纳增值税。

上述金融企业是指银行（包括国有、集体、股份制、合资、外资银行以及其他所有制形式的银行）、城市信用社、农村信用社、信托投资公司和财务公司。

（五）个人销售自购住房免征增值税的处理

个人将购买不足2年的住房对外销售的，按照5%的征收率全额缴纳增值税；个人将购买2年以上（含2年）的住房对外销售的，免征增值税。上述政策适用于除北京市、上海市、广州市和深圳市之外的地区。

个人将购买不足2年的住房对外销售的，按照5%的征收率全额缴纳增值税；个人将购买2年以上（含2年）的非普通住房对外销售的，以销售收入减去购买住房价款后的差额按照5%的征收率缴纳增值税；个人将购买2年以上（含2年）的普通住房对外销售的，免征增值税。上述政策仅适用于北京市、上海市、广州市和深圳市。

四、财政部、国家税务总局规定的其他部分征免税项目

（一）免征蔬菜、部分鲜活肉蛋产品流通环节增值税

1. 对从事蔬菜批发、零售的纳税人销售的蔬菜免征增值税。经挑选、清洗、切分、晾晒、

包装、脱水、冷藏、冷冻等工序加工的蔬菜，属于蔬菜的范围。

2. 对从事农产品批发、零售的纳税人销售的部分鲜活肉蛋产品免征增值税。

免征增值税的鲜活肉产品是指猪、牛、羊、鸡、鸭、鹅及其整块或者分割的鲜肉、冷藏或者冷冻肉，内脏、头、尾、骨、蹄、翅、爪等组织。

免征增值税的鲜活蛋产品是指鸡蛋、鸭蛋、鹅蛋，包括鲜蛋、冷藏蛋以及对其进行破壳分离的蛋液、蛋黄和蛋壳。

上述产品中不包括《中华人民共和国野生动物保护法》所规定的国家珍贵、濒危野生动物及其鲜活肉类、蛋类产品。

纳税人既销售上述规定的免税蔬菜或部分鲜活肉蛋产品，又销售其他增值税应税货物的，应分别核算免税蔬菜或部分鲜活肉蛋产品和其他增值税应税货物的销售额；未分别核算的，不得享受增值税免税政策。

（二）粕类产品征免增值税

豆粕属于征收增值税的饲料产品，除豆粕以外的其他粕类饲料产品，均免征增值税。

（三）制种行业免征增值税

制种企业在下列生产经营模式下生产销售种子，属于农业生产者销售自产农业产品，按规定免征增值税。

1. 制种企业利用自有土地或承租土地，雇用农户或雇工进行种子繁育，再经烘干、脱粒、风筛等深加工后销售种子。

2. 制种企业提供亲本种子委托农户繁育并从农户手中收回，再经烘干、脱粒、风筛等深加工后销售种子。

（四）有机肥产品免征增值税

纳税人生产销售和批发、零售符合标准的有机肥产品免征增值税。

（五）研发机构采购国产设备的增值税处理

2027年12月31日前，内资研发机构和外资研发中心采购国产设备全额退还增值税。

（六）其他个人出租不动产的免征增值税处理

其他个人，采取一次性收取租金形式出租不动产取得的租金收入，可在对应的租赁期内平均分摊，分摊后的月租金收入未超过10万元的，免征增值税。

（七）小规模纳税人免征增值税规定

自2023年1月1日至2027年12月31日，对月销售额10万元以下（按季度纳税的，季度销售额未超过30万元，下同）的增值税小规模纳税人，免征增值税。增值税小规模纳税人适用3%征收率的应税销售收入，减按1%征收率征收增值税；适用3%预征率的预缴增值税项目，减按1%预征率预缴增值税。

五、增值税加计抵减

1. 自2023年1月1日至2027年12月31日，允许集成电路设计、生产、封测、装备、材料企业，按照当期可抵扣进项税额加计15%抵减应纳增值税税额。

2. 自2023年1月1日至2027年12月31日，对生产销售先进工业母机主机、关键功能部件、数控系统的增值税一般纳税人，允许按当期可抵扣进项税额加计15%抵减企业应纳增值税税额。

3. 自2023年1月1日至2027年12月31日，允许先进制造业企业按照当期可抵扣进项税额加计5%抵减应纳增值税税额。

任务五 一般计税方法应纳税额计算

◇ **任务引例**

甲机械厂 2024 年 9 月份发生了如下增值税业务：

1.3 日，销售 M 型车床 10 台，每台不含税金额 156 000 元，支付运费，取得增值税专用发票，注明运费 6500 元，增值税 585 元。

2.17 日，销售 N 型车床 6 台，开具普通发票，销售额 81 360 元。

3.21 日，采购钢材 10 吨，每吨不含税金额 5600 元，取得增值税专用发票，支付运费，取得增值税专用发票，注明运费 6000 元，增值税 540 元。

4.28 日，购入生产用设备两台，每台 45 000 元，支付运费，取得增值税专用发票，注明运费 3600 元，增值税 324 元。

上述取得的凭证合法并认证相符。

◇ **任务要求**

计算甲机械厂 9 月的应纳税额。

◇ **税海探知**

一、增值税计税方法认知

增值税计税方法通常有三种：一般计税方法、简易计税方法和扣缴计税方法。

（一）一般计税方法

增值税一般计税方法，我国采用的是购进扣税法，是指纳税人发生应税行为时按照销售额计算销项税额，购进货物、劳务、服务、无形资产或不动产时，以支付或负担的增值税款为进项税额，同时允许从销项税额中抵扣进项税额。当期销项税额抵扣当期进项税额后的余额为增值税应纳税额，即相当于对应税行为增值部分征税。

当销项税额小于进项税额时，不足抵扣的部分可以结转下期继续抵扣或留抵退税。

增值税一般纳税人发生应税销售行为，除适用简易计税方法的以外，均采用一般计税方法计算缴纳增值税。

（二）简易计税方法

为了方便小规模纳税人，减轻小规模纳税人的征收成本，小规模纳税人发生应税销售行为，实行按照销售额和征收率计算应纳税额的简易办法，并不得抵扣进项税额。应纳税额计算公式：

$$应纳税额 = 销售额（不含税）× 征收率$$

一般纳税人发生财政部和国家税务总局规定的特定应税行为，也可以选择适用简易计税方法计税，但不可以抵扣进项税额。

$$应纳税额 = 销售额（不含税）× 征收率$$

一般纳税人选择适用简易计税方法计税的，36 个月内不得变更。

增值税征收率一般为 3% 或 5%。

（三）扣缴计税方法

扣缴计税方法是指境外单位或个人在境内发生应税行为，在境内未设有经营机构（也没有代理人）适用的计税方法。它是增值税计税方法的一种。计算公式为：

$$应扣缴税额 = 接受方支付的价款 ÷（1+税率）× 税率$$

境外单位或者个人在境内发生应税行为，在境内未设有经营机构的，以购买方为增值税扣缴义务人。财政部和国家税务总局另有规定的除外。

下面先认识一下，增值税的计税销售额。

正确计算增值税的计税销售额是增值税计税操作中的重要内容。只有准确掌握各项法律规定，才能正确地进行计算和核算。

二、增值税计税销售额的一般规定

销售额是指纳税人销售货物、提供应税劳务或者发生应税行为向购买方收取的全部价款和价外费用。价外费用是指价外向买方收取的手续费、补贴、基金、集资费、返还利润、奖励费、违约金、滞纳金、延期付款利息、赔偿金、代收款项、代垫款项、包装费、包装物租金、储备费、优质费、运输装卸费以及其他各种性质的价外费用。凡随同销售货物、提供应税劳务或者发生应税行为向购买方收取的价外费用，无论会计制度规定如何核算，均应并入销售额计算应纳税额，价外费用均视为含税收入。销售额中不包括以下项目：

（一）向购买方收取的销项税额或增值税税额

增值税是价外税，销售额中不能包含增值税一般纳税人向买方收取的销项税额。

在许多情况下，人们说的增值税销售额指的是含税销售额，纳税人收取各种性质的价外费用、包装物押金等，通常也是含税的。例如，小规模纳税人和个人在购买货物或接受应税劳务时，通常说的价款是含增值税的。在这种情况下，必须将含税销售额换算成不含税销售额，其换算公式为：

$$不含税销售额 = 含税销售额 \div (1 + 增值税税率)$$

（二）受托加工应征消费税的消费品所代收代缴的消费税

受托加工业务是指由委托方提供原材料和主要材料，受托方按照委托方的要求进行加工并收取加工费的业务，通常指的是工业性加工。受托加工货物的所有权始终归委托方所有。加工出成品后，在委托方提货付款时，受托方收取加工费及增值税税额，属于应税消费品的，受托方还要代收代缴消费税，由于消费税是价外税，货物的已纳消费税不作为受托方增值税应税销售额的组成部分。

（三）代垫运费

增值税应税销售额不包括同时符合以下两个条件的代垫运费：

1. 承运者将运费发票开具给购货方。
2. 纳税人将运费发票转交给购货方。

运费发票的抬头是购货方，由购货方支付运费，发票又交给了购货方，这项业务与销售方无关，代垫运费不能作为销售方的销售额。

（四）政府性基金或行政事业性收费

增值税应税销售额不应包括同时符合以下条件代为收取的政府性基金或者行政事业性收费：

1. 由国务院或者财政部批准设立的政府性基金，由国务院或者省级人民政府及其财政、价格主管部门批准设立的行政事业性收费。
2. 收取时开具省级以上财政部门印制的财政票据。
3. 所收款项全额上缴财政。

上述政府性基金和行政事业性收费属于非税收入，收取时全部上缴财政，没有必要再对其征税。

（五）其他费用

销售货物的同时代办保险等而向购买方收取的保险费，以及向购买方收取的代购买方缴纳的车辆购置税、车辆牌照费等不应作为增值税应税销售额的组成部分。这些代收费用不是本单位的收入，不应由本单位缴税。

纳税人按人民币以外的货币结算销售额的，其销售额的人民币折合率可以选择销售额发生的当天或者当月 1 日的人民币汇率中间价。纳税人应事先确定采用何种折合率，确定后 1 年内不得变更。

三、特殊销售方式计税销售额的确定

企业销售时，促销手段层出不穷，销售方式丰富多彩，不同销售方式，销售额的计算是有差异的。税法对以下几种销售方式的销售额做了明确规定：

（一）采用折扣方式销售销售额的确定

企业采用现金折扣、商业折扣、销售折让方式销售货物、提供应税劳务或者发生应税行为，计算增值税应税销售额时需要严格加以区分。

1. 现金折扣。现金折扣是指销货方在销售货物、提供应税劳务或者发生应税行为后，为了鼓励购买方及早偿还货款，而协议许诺给予购货方的一种折让优惠。例如，10 天内付款，现金折扣率为 2%；30 天内付款，没有折扣，需要全价付款。现金折扣发生在销售之后，是一种融资性质的理财费用，因此，现金折扣不得从销售额中扣除，需要按全价支付增值税税款。

现金折扣仅限于价格的折让优惠，如果销货方将自产、委托加工或购买的应税销售行为用于实物折扣，就是通常所说的买多少赠多少，则该实物对应的价款不能从应税销售行为的销售额中扣除，应按《增值税暂行条例实施细则》和《财政部、国家税务总局关于全面推开营业税改征增值税试点的通知》"视同销售货物"中的赠送他人计算征收增值税。

2. 商业折扣。通常说的打折销售，是指销货方在销售货物、提供应税劳务或者发生应税行为时，因购买方购买数量较大等原因而给予购货方的价格折让。例如，购买 50 个以上，降价 1%；购买 100 个以上，降价 3%等。商业折扣是在销售时发生的，税法规定如果销售额和折扣额在同一张发票上分别注明，则可以将发票上注明的折扣额扣除，按扣除后的销售额计算缴纳增值税；如果将商业折扣额另开发票，则无论其在财务上如何处理，税法上均不得从销售额中扣除折扣额，按全额计算增值税税额。

📋 **寻法溯源**

3. 销售折让。销售折让是指货物销售后由于其质量、规格等不符合要求，销售方同意在商品价格上给予的一种减让。通常是由于产品质量上有瑕疵，而在价格上给予的优惠。销售折让应该以折让后的货款为销售额。

销售折让的税务处理：购货方未做账且未抵扣进项税的，销货方可将原发票联和抵扣联收回作废，重新按折扣后金额开具增值税专用发票；购货方已作账并抵扣进项税额的，销货方可根据从购货方主管税务机关开具的《销货退回及索取折让证明单》，就折扣金额开具红字发票。

微课 2-6 采用折扣方式销售，如何确定销售额？

【例 2-9】甲公司为增值税一般纳税人，2024 年 9 月发生如下业务：

（1）3 日，以现金折扣方式销售一批 A 产品，销售额 35 万元，增值税税额为 4.55 万元，合同规定付款条件为"2/10，n/30"，购货方于 9 月 13 日付款，甲公司收到 38.85 万元。

（2）15 日，销售 100 件 B 产品，销售额 47 万元，已开具增值税专用发票，款项尚未收到；26 日，购货方发现产品质量不符合规定，要求甲公司给予其 1 万元的折让，甲公司已同意给予折让 1 万元。

（3）28 日，甲公司销售 C 产品 100 台，销售额 150 万元，由于该笔销售达到了一定批量，免费赠送购货方 1 台 C 产品。

要求：试确定该公司 9 月份的计税销售额。

解析：

（1）以现金折扣方式销售，在确定销售额时现金折扣不得从销售额中扣除。业务（1）的计税销售额为 35 万元。

（2）业务（2）发生了销售折让，销售折让可以将折让后的销售额作为增值税计税销售额。此业务的计税销售额为 46 万元。

（3）该公司将 1 台 C 产品免费赠给了购货方，实质上是发生了实物折扣，该实物应视同销售计算征收增值税。1 台 C 产品销售额为 1.5 万元。此业务的计税销售额为 151.5 万元。

该公司 9 月份的增值税计税销售额 = 35+46+151.5 = 232.5 万元

（二）以旧换新和还本销售

1. 以旧换新，是指纳税人在销售货物时，有偿回收同类旧货物，并以折价款部分冲减新货物价款的一种销售方式。纳税人采取以旧换新方式销售货物，应按新货物的同期销售价格确定销售额，旧货物的收购价格不允许扣除，回收的商品作为购进商品处理。

对金银首饰以旧换新业务，可以按销售方实际收取的不含增值税的全部价款征收增值税。

2. 还本销售是指纳税人销售货物，到一定的期限后由销售方一次或分次退还给购货方全部或部分货款的行为。这是以货物换取资金使用价值的筹集资金的行为。纳税人采用还本销售方式销售货物时，以其销售额作为增值税计税销售额，不得从销售额中减除还本支出。

（三）以物易物方式销售

物物交换是人类社会最古老的商业贸易形式，也是现代企业易货贸易的起源。以物易物是一种较为特殊的购销活动，指购销双方不以货币结算，而以同等价值的应税销售行为相交换的销售方式。以物易物销售方式下，购销双方应各自作购销业务处理，以各自发出的应税销售行为核算销售额并计算销项税额，以各自收到的货物、劳务、服务、无形资产、不动产按规定核算购进金额并计算进项税额。

例如，甲家电有限责任公司，用本厂生产的 100 台空调向先锋机械厂换取 2 台生产用机械设备，双方要分别开具增值税专用发票，各自核算进项税额和销项税额。只要票据合法有效，就能抵扣进项税额。

（四）包装物的销售

包装物是指纳税人为包装本单位货物而储备的各种包装容器，如桶、纸箱、瓶、袋等用于储存和保管产品的各种物品。包装物既可以是一次性包装物品，也可以是反复使用的物品。包装物不论是否单独计价随同产品出售，一律并入销售额计算增值税。

一般情况下，销货方向购货方收取包装物押金，购货方在规定时间内返还包装物，销货方再将收取的押金返还给购货方，正常情况下不纳税。纳税人收取包装物押金的目的是促使购货方及早退回周转使用的包装物。纳税人为销售货物而出租、出借包装物收取的押金，单独记账核算的，时间在 1 年以内，又未逾期，不并入销售额征收增值税。但对逾期未收回包装物不再退回的押金计入价外费用，视为含税销售额，按所包装货物的适用税率征收增值税。

1. "逾期"是指按合同规定的实际逾期或以 1 年为期限，对收取 1 年以上的包装物押金，无论是否退还，均并入销售额计算销项税额。

2. 包装物押金视为含税收入，在计算应缴税额时，应先将押金换算为不含税收入并入销售额征收增值税。

3. 销售货物同时收取包装物租金的，包装物租金属于价外费用，视为含税收入，按所包装货物适用的税率计算销项税额。

4. 从 1995 年 6 月 1 日起，对销售除啤酒、黄酒外的其他酒类产品而收取的包装物押金，无论是否返还以及会计上如何核算，均应并入当期销售额征收增值税。对销售啤酒、黄酒所收取的押金，按上述一般押金的规定处理。

【例 2-10】 甲公司为一家生产型企业，增值税一般纳税人，2024 年 9 月销售一批 A 产品，开具的增值税专用发票上注明的销售额为 2 320 000 元，销项税额为 301 600 元，另外开出一张普通发票，收取包装费 22 600 元。请计算该公司本月的销售额。

解析： 甲公司收取的包装费应视为含税销售收入，在计算销售额时应换算成不含税销售额。

该公司本月的销售额＝不含税销售额＋含税销售额÷（1＋增值税税率）

＝2 320 000＋22 600÷（1＋13%）＝2 340 000 元

（五）视同销售行为销售额的确定

1. 《增值税暂行条例实施细则》的相关规定。《增值税暂行条例实施细则》规定了八种视同销售行为，它一般不以资金的形式结算，经常会出现无销售额的情况。另外，纳税人销售或者提供应税劳务价格明显偏低、又无正当理由的，主管税务机关有权按以下顺序核定销售额，计算销项税额：

（1）按纳税人最近时期同类货物的平均销售价格。

（2）按其他纳税人最近时期同类货物的平均销售价格。

（3）按组成计税价格，其计算公式为：

$$组成计税价格＝成本×（1＋成本利润率）$$

如果所售货物既征增值税，又征消费税，其组成计税价格应当包含消费税税额。

按照从价定率征收消费税的应税消费品，确定组成计税价格时，按《消费税若干具体问题的规定》中确定的成本利润率计算；除此以外的其他增值税货物或劳务，其组成计税价格中的成本利润率为 10%。

【例 2-11】 甲冰箱厂，增值税一般纳税人，2024 年 9 月共销售三批冰柜，属同一批产品，规格、质量相同，第一批 230 台，不含增值税销售价格为 1800 元，第二批 560 台，不含增值税销售价格为 1700 元，第三批 10 台，不含增值税销售价格为 1200 元。经税务机关认定，第三批销售价格明显偏低且无正当理由。计算该冰箱厂本月的增值税计税销售额。

解析： 《增值税暂行条例实施细则》规定纳税人销售货物或者提供增值税应税劳务的价格明显偏低且无正当理由的，税务机关可以按照纳税人最近时期同类货物的平均销售价格确定销售额。

本例中第三批冰柜的平均销售价格＝（1800×230＋1700×560）÷（230＋560）＝1729.11 元

该冰箱厂本月的增值税计税销售额＝1800×230＋1700×560＋1729.11×10＝1 383 291.1 元

2. 《营业税改征增值税试点实施办法》（已失效）视同销售的相关规定。纳税人发生视同销售服务、无形资产或者不动产，无销售额或者价格明显偏低或者偏高且不具有合理商业目的的，主管税务机关有权按照下列顺序确定销售额：

（1）按照纳税人最近时期销售同类服务、无形资产或者不动产的平均价格确定。

（2）按照其他纳税人最近时期销售同类服务、无形资产或者不动产的平均价格确定。

（3）按照组成计税价格确定。其组成计税价格的计算公式为：

$$组成计税价格＝成本×（1＋成本利润率）$$

成本利润率由国家税务总局确定。

（六）营业税改征增值税行业销售额的特殊规定

1. 房地产开发企业中的一般纳税人销售其开发的房地产项目（选择简易计税方法的房地产老项目除外），以取得的全部价款和价外费用，扣除受让土地时向政府部门支付的土地价款后的余额为销售额。

房地产老项目是指《建筑工程施工许可证》注明的合同开工日期在2016年4月30日前的房地产项目。

2. 贷款服务，以提供贷款服务取得的全部利息及利息性质的收入为销售额。银行提供贷款服务按期计收利息的，结息日当日计收的全部利息收入，均应计入结息日所属期的销售额，按照现行规定计算缴纳增值税。

3. 直接收费金融服务，以提供直接收费金融服务收取的手续费、佣金、酬金、管理费、服务费、经手费、开户费、过户费、结算费、转托管费等各类费用为销售额。

4. 金融商品转让，按照卖出价扣除买入价后的余额为销售额。

转让金融商品出现的正负差，按盈亏相抵后的余额为销售额。若相抵后出现负差，可结转下一纳税期与下期转让金融商品销售额相抵，但年末时仍出现负差的，不得转入下一个会计年度。

金融商品的买入价，可以选择按照加权平均法或者移动加权平均法进行核算，选择后36个月内不得变更。

金融商品转让，不得开具增值税专用发票。

5. 经纪代理服务，以取得的全部价款和价外费用，扣除向委托方收取并代为支付的政府性基金或者行政事业性收费后的余额为销售额。向委托方收取的政府性基金或者行政事业性收费，不得开具增值税专用发票。

6. 经人民银行、国家金融监督管理总局或者商务部批准从事融资租赁业务的试点纳税人，提供融资性售后回租服务，以取得的全部价款和价外费用（不含本金），扣除对外支付的借款利息（包括外汇借款和人民币借款利息）、发行债券利息后的余额作为销售额。

7. 试点纳税人提供旅游服务，可以选择以取得的全部价款和价外费用，扣除向旅游服务购买方收取并支付给其他单位或者个人的住宿费、餐饮费、交通费、签证费、门票费和支付给其他接团旅游企业的旅游费用后的余额为销售额。

选择上述办法计算销售额的试点纳税人，向旅游服务购买方收取并支付的上述费用，不得开具增值税专用发票，可以开具普通发票。

8. 航空运输企业的销售额，不包括代收的民航发展基金（原机场建设费）和代售其他航空运输企业客票而代收转付的价款。

9. 试点纳税人中的一般纳税人提供客运场站服务，以其取得的全部价款和价外费用，扣除支付给承运方运费后的余额为销售额。

四、一般计税方法应纳税额的计算

增值税一般纳税人精准掌握销项税额、进项税额和应纳税额的各项法律规定才能准确计算应纳税额。

对于增值税一般纳税人来说，销项税额与进项税额相对应，销售方收取的销项税额，就是购买方支付的进项税额。增值税一般纳税人，在其经营活动中销售货物或服务就会产生销项税额，购买货物或服务又会发生进项税额，一定时期内，二者的差额就是增值税应纳税额。

（一）销项税额

销项税额是指增值税一般纳税人销售货物、劳务、服务、无形资产或者不动产，按照计税销售额和适用的税率计算并向买方收取的增值税税额。销项税额的计算公式为：

$$销项税额 = 销售额 \times 税率$$
$$或：销项税额 = 组成计税价格 \times 税率$$

增值税的计税销售额与其销项税额应分别填列在增值税专用发票的"销售额"和"税额"栏中，这里的销售额指的是不含税销售额。纳税人采用销售额和销项税额合并定价方法的，按照下列公式计算其销售额：

$$销售额 = 含税销售额 \div (1 + 税率)$$

（二）进项税额

进项税额是指增值税一般纳税人购进货物、劳务、服务、无形资产或者不动产所支付或负担的增值税税额。增值税进项税额与销项税额是相对应的概念，在开具增值税专用发票的情况下，它们之间的对应关系是，销售方收取的销项税额，就是购买方支付的进项税额。增值税的核心就是用纳税人收取的销项税额抵扣其支付的进项税额，其余额为纳税人实际应缴纳的增值税税额。但是，并不是纳税人支付的所有进项税额都允许抵扣。

1. 准予从销项税额中抵扣的进项税额。准予从销项税额中抵扣的进项税额，限于下列凭证上注明的增值税税额或依此计算的进项税额：

（1）一般纳税人从销售方取得的增值税专用发票（含《机动车销售统一发票》）上注明的增值税税额。

（2）一般纳税人从海关取得的海关进口增值税专用缴款书上注明的增值税税额。

（3）购进农产品，自2019年4月1日起，按照以下办法扣除：

一般纳税人购进农产品，取得增值税专用发票或者海关进口增值税专用缴款书的，以增值税专用发票或海关进口增值税专用缴款书上注明的增值税额为进项税额；从按照简易计税方法依照3%征收率计算缴纳增值税的小规模纳税人取得增值税专用发票的，以增值税专用发票上注明的金额和9%的扣除率计算进项税额；取得（开具）农产品销售发票或收购发票的，以农产品销售发票或收购发票上注明的农产品买价和9%的扣除率计算进项税额。其进项税额的计算公式为：

$$进项税额 = 买价 \times 扣除率$$

对烟叶税纳税人按规定缴纳的烟叶税，准予并入烟叶产品的买价计算增值税的进项税额，并在计算缴纳增值税时予以抵扣。购进烟叶准予抵扣的增值税进项税额，按照收购烟叶实际支付的价款总额和烟叶税及法定扣除率计算。计算公式为：

$$烟叶税应纳税额 = 收购烟叶实际支付的价款总额 \times 税率$$

准予抵扣的进项税额 =（收购烟叶实际支付的价款总额 + 烟叶税应纳税额）× 扣除率

营业税改征增值税试点期间，纳税人购进用于生产销售或委托受托加工13%税率货物的农产品，按10%的扣除率计算进项税额。

纳税人从批发、零售环节购进适用免征增值税政策的蔬菜、部分鲜活肉蛋而取得的普通发票，不得作为计算抵扣进项税额的凭证。

纳税人购进农产品既用于生产销售或委托受托加工13%税率货物又用于生产销售其他货物服务的，应当分别核算用于生产销售或委托受托加工13%税率货物和其他货物服务的农产品进项税额。未分别核算的，统一以增值税专用发票或海关进口增值税专用缴款书上注明的增值税额为进项税额，或以农产品收购发票或销售发票上注明的农产品买价和9%的扣除率计算进项税额。

购进农产品增值税进项税额实行核定扣除的，按照《农产品增值税进项税额核定扣除试点实施办法》等规定执行。

（4）一般纳税人自用的应征消费税的摩托车、汽车、游艇，自2013年8月1日及以后购入的，其进项税额准予从销项税额中抵扣。

（5）一般纳税人从境外单位或者个人购进服务、无形资产或者不动产，自税务机关或者扣缴义务人取得的代扣代缴税款的完税凭证上注明的增值税额。

纳税人凭完税凭证抵扣进项税额的，应当具备书面合同、付款证明和境外单位的对账单或者发票。资料不全的，其进项税额不得抵扣。

（6）自2019年4月1日起，购进国内旅客运输服务，其进项税额允许从销项税额中抵扣。

纳税人未取得增值税专用发票的，暂按照以下规定确定进项税额：

第一，取得增值税电子普通发票的，为发票上注明的税额。

增值税电子普通发票上注明的购买方"名称""纳税人识别号"等信息，应当与实际抵扣税款的纳税人一致，否则不予抵扣。

第二，取得注明旅客身份信息的航空运输电子客票行程单的，按照下列公式计算进项税额：

$$航空旅客运输进项税额 = （票价+燃油附加费）\div（1+9\%）\times 9\%$$

第三，取得注明旅客身份信息的铁路车票的，按照下列公式计算进项税额：

$$铁路旅客运输进项税额 = 票面金额 \div（1+9\%）\times 9\%$$

第四，取得注明旅客身份信息的公路、水路等其他客票的，按照下列公式计算进项税额：

$$公路、水路等其他旅客运输进项税额 = 票面金额 \div（1+3\%）\times 3\%$$

【例2-12】根据增值税法律制度的规定，下列各项中，购进货物的进项税额准予从销项税额中抵扣的有（　　）。

A. 一般纳税人购进农产品，取得农产品收购发票

B. 一般纳税人进口产品，取得海关进口增值税专用缴款书

C. 购进一般纳税人自用的应征消费税的摩托车、汽车、游艇

D. 购进国内旅客运输服务，取得注明旅客身份信息的铁路车票

解析：ABCD。纳税人取得的增值税扣税凭证不符合法律、法规或者国家税务总局有关规定的，其进项税额不得从销项税额中抵扣。

（7）收费公路通行费增值税抵扣规定。

纳税人支付的道路、桥、闸通行费，按照以下规定抵扣进项税额：

第一，纳税人支付的道路通行费，按照收费公路通行费增值税电子普通发票上注明的增值税税额抵扣进项税额。

第二，纳税人支付的桥、闸通行费，暂凭取得的通行费发票上注明的收费金额按照下列公式计算可抵扣的进项税额：

$$桥、闸通行费可抵扣进项税额 = 桥、闸通行费发票上注明的收费金额 \div（1+5\%）\times 5\%$$

（8）按照规定不得抵扣且未抵扣进项税额的固定资产、无形资产、不动产，发生用途改变，用于允许抵扣进项税额的应税项目，可在用途改变的次月按照下列公式计算可以抵扣的进项税额：

$$可以抵扣的进项税额 = 固定资产、无形资产、不动产净值 \div（1+适用税率）\times 适用税率$$

上述可以抵扣的进项税额应取得合法有效的增值税扣税凭证。

（9）纳税人租入固定资产、不动产，既用于一般计税方法计税项目，又用于简易计税方法计税项目、免征增值税项目、集体福利或者个人消费的，其进项税额准予从销项税额中全额抵扣。

微课 2-7　准予从销项税额中抵扣的进项税额有哪些?

寻法溯源

2. 不得从销项税额中抵扣的进项税额。一般纳税人购进货物、劳务、服务、无形资产、不动产,取得的增值税扣税凭证不符合法律、行政法规或者国务院税务主管部门有关规定的,其进项税额不得从销项税额中抵扣。

增值税扣税凭证是指增值税专用发票、海关进口增值税专用缴款书、农产品收购发票和农产品销售发票、从税务机关或者境内代理人取得的解缴税款的税收缴款凭证及增值税法律法规允许抵扣的其他扣税凭证。

(1) 一般纳税人购进货物、劳务、服务、无形资产或者不动产,下列项目的进项税额不得从销项税额中抵扣:

第一,用于简易计税方法计税项目、免征增值税项目、集体福利或者个人消费。纳税人购进的固定资产、无形资产(不包括其他权益性无形资产)、不动产,如果"专用于"简易计税方法计税项目、免征增值税项目、集体福利或者个人消费,其进项税额不得抵扣。一般纳税人购进货物、劳务、服务、无形资产或者不动产用于集体福利或者个人消费,由于其改变了生产经营需要这一用途,成为最终消费品,因此,其进项税额不得抵扣。如果既用于增值税应税项目,也用于简易计税方法计税项目、免征增值税项目、集体福利或者个人消费,其进项税额可以抵扣。一般纳税人购进其他权益性无形资产无论是专用于简易计税方法计税项目、免征增值税项目、集体福利或者个人消费,还是兼用于上述不允许抵扣项目,均可以抵扣进项税额。纳税人的交际应酬消费属于个人消费。

第二,非正常损失的购进货物,以及相关的劳务和交通运输服务。非正常损失是指因管理不善造成货物被盗、丢失、霉烂变质,以及因违反法律、法规造成货物或者不动产被依法没收、销毁、拆除的情形。因不可抗力造成的损失,相应的进项税可以抵扣。

第三,非正常损失的在产品、产成品所耗用的购进货物(不包括固定资产)、劳务和交通运输服务。

第四,非正常损失的不动产以及该不动产所耗用的购进货物、设计服务和建筑服务。

第五,非正常损失的不动产在建工程所耗用的购进货物、设计服务和建筑服务。纳税人新建、改建、扩建、修缮、装饰不动产,均属于不动产在建工程。

上述第四、第五所称货物,是指构成不动产实体的材料和设备,包括建筑装饰材料和给排水、采暖、卫生、通风、照明、通讯、煤气、消防、中央空调、电梯、电气、智能化楼宇设备及配套设施。不动产、无形资产的具体范围,按照《营业税改征增值税试点实施办法》(已失效)所附的《销售服务、无形资产或者不动产注释》执行。固定资产是指使用期限超过 12 个月的机器、机械、运输工具及其他与生产经营有关的设备、工具、器具等有形动产。

第六,购进的贷款服务、餐饮服务、居民日常服务和娱乐服务。

第七,财政部和国家税务总局规定的其他情形。

【例 2-13】甲公司为增值税一般纳税人,2024 年 9 月,外购一批原材料,取得增值税专用发票,注明货款 100 万元,增值税 13 万元,同时取得运输公司开具的运费专用发票,运费 10 万元,增值税 0.9 万元,相关原材料和运费的进项税均于购入当期抵扣。由于管理不善,9 月底部分原材料被盗,经核实被盗货物 10 万元,对应的运费 1 万元。计算该公司此批原材料应转出的进项税额。

解析:税法规定非正常损失的购进货物,以及相关的劳务和交通运输服务的进项税不得抵扣。因管理不善致使货物被盗，属于非正常损失，这部分货物的进项税额及对应运费的进项税额不得从销项税额中抵扣，应做进项税转出处理。该公司此批原材料应转出的进项税额为 1.39 万元。

（2）小规模纳税人不得抵扣进项税额。

（3）适用一般计税方法的纳税人，兼营简易计税方法计税项目、免征增值税项目而无法划分不得抵扣的进项税额，按照下列公式计算不得抵扣的进项税额：

不得抵扣的进项税额=当期无法划分的全部进项税额×（当期简易计税方法计税项目销售额+免征增值税项目销售额）÷当期全部销售额

（4）已抵扣进项税额的购进货物（不含固定资产）、劳务、服务，如果事后改变用途，用于集体福利或个人消费、购进货物发生非正常损失、在产品或产成品发生非正常损失等，简易计税方法计税项目、免征增值税项目除外，应当将该项购进货物、劳务、服务的进项税额从当期进项税额中扣减（即进项税转出）；无法确定该进项税额的，按照当期外购项目的实际成本计算应扣减的进项税额。

（5）一般纳税人已抵扣进项税额的不动产，发生非正常损失，或者改变用途，专用于简易计税方法、免征增值税项目、集体福利或者个人消费的，按照下列公式计算不得抵扣的进项税额：

不得抵扣的进项税额=已抵扣的进项税额×不动产净值率

不动产净值率=（不动产净值÷不动产原值）×100%

（6）纳税人接受贷款服务向贷款方支付的与该笔贷款直接相关的投融资顾问费、手续费、咨询费等费用，其进项税额不得从销项税额中抵扣。

（7）一般纳税人购进货物因销售折让、终止或者退回而退还给卖方的增值税税额，应从发生当期的进项税额中扣减；一般纳税人销售货物因销售折让、终止或者退回而退还给购买方的增值税税额，应从发生当期的销项税额中扣减。

（8）有下列情形之一的，应当按照销售额和增值税税率计算应纳税额，不得抵扣进项税额，也不得使用增值税专用发票：①一般纳税人会计核算不健全，或者不能够准确提供税务资料的。②应当办理一般纳税人资格登记而未办理的。

（9）财政部、国家税务总局规定的其他情形。

寻法溯源

（三）应纳税额

增值税应纳税额的计算公式为：

应纳税额=当期销项税额−当期进项税额

微课 2-8 增值税不得抵扣知多少？

1. 计算应纳税额的时间限定。应纳税额的时间限定是指税务机关依照税法规定对纳税人确定的纳税期限。只有在纳税期限内实际发生的销项税额、进项税额，才是法定的当期销项税额或当期进项税额。增值税纳税人销售货物或提供了应税劳务后，什么时间计算销项税额，关系到当期销项税额的大小。增值税法律对销售货物或提供应税劳务应计算销项税额的时间作了明确的规定。详见本项目任务十中增值税纳税义务发生时间的介绍。

2. 应纳税额不足抵扣的税务处理。一般纳税人在经营过程中发生应纳税额不足抵扣的，可以将不足抵扣的部分结转下期继续抵扣。

3. 向供货方取得返还收入的税务处理。对商业企业向供货方收取的与商品销售量、销售额挂钩（如以一定比例、金额、数量计算）的各种返还收入，均应按照平销返利行为的有关规定

冲减当期增值税进项税额。当期应冲减进项税额的计算公式为：

$$当期应冲减进项税额=当期取得的返还资金÷(1+所购货物适用增值税税率)×$$
$$所购货物适用增值税税率$$

商业企业向供货方收取的各种返还收入，一律不得开具增值税专用发票。

【例2-14】甲公司为增值税一般纳税人，2024年9月，公司发生如下经济业务：

（1）2日，外购一批原材料，从供应方取得增值税专用发票，发票上注明价款1 200 000元，进项税为156 000元，同时，支付运输费用18 000元，进项税1620元，并取得运输公司开具的增值税专用发票。

（2）4日，外购一台生产用机械设备，设备价款780 000元，增值税101 400元，已取得增值税专用发票，支付运输费用10 000元，增值税900元，并取得运输公司开具的增值税专用发票，上述款项均已支付，设备已验收入库。

（3）18日，甲公司销售一批产品，取得含税收入3 164 000元，已开具增值税专用发票，款项尚未收到。

（4）23日，乙公司将一批原材料作为投资投入本公司，取得增值税专用发票注明的金额为560 000元，增值税72 800元。

（5）27日，公司购进低值易耗品，取得增值税专用发票注明的金额50 000元，增值税6500元。

该公司上月末进项税余额13 600元，计算该公司本月的应纳税额。

解析： 该公司销项税额=3 164 000÷(1+13%)×13%=364 000元

允许抵扣进项税额=156 000+1620+101 400+900+72 800+6500=339 220元

该公司本月的应纳税额=364 000-339 220-13 600=11 180元

该公司本月的应纳税额为11 180元。

【例2-15】甲建筑公司为增值税一般纳税人，2024年7月1日承接A工程，9月28日为该业务开具增值税专用发票，开票金额560万元，税额50.4万元，该项目9月发生工程成本为300万元，其中购买材料、动力等取得增值税专用发票上注明的金额为140万元，增值税18.2万元。发包方于9月28日支付了工程款300万元。甲建筑公司对该工程选择适用一般计税方法，并且无期初留抵税额。请确定该工程纳税义务发生时间并计算该公司本月的应纳税额。

解析： 税法关于增值税纳税业务发生时间的规定：纳税人发生应税行为并收讫销售款项或者取得索取销售款项凭据的当天；先开具发票的，为开具发票的当天。收讫销售款、取得索取销售款项凭据、开具发票，这三个条件采取孰先原则，只要满足其中一个条件，即发生了增值税纳税义务。28日开具了增值税专用发票，所以纳税义务发生时间为28日。

应纳税额=当期销项税额-当期进项税额

该公司本月的应纳税额=50.4-18.2=32.2万元

【例2-16】甲房地产公司，增值税一般纳税人，2024年9月销售其开发的A山庄，该项目《建筑工程施工许可证》注明的合同开工日期为2022年12月12日。该项目取得销售额11 500万元，价外费用345万元。当初取得土地成本为3553.5万元，并取得省级财政部门印制的财政票据。9月购入一批建筑材料，金额560万元，并取得增值税专用发票，注明增值税72.8万元。9月购入一台施工机械，取得增值税专用发票，注明价款68万元，增值税8.84万元。请计算该公司本月的应纳税额。

解析：

不含税销售额=[(11 500+345)-3553.5]÷(1+9%)=7606.8807万元

销项税额＝7606.8807×9%＝684.6193 万元

进项税额＝72.8+8.84＝81.64 万元

该公司本月的应纳税额＝684.6193-81.64＝602.9793 万元

【例 2-17】 甲金融公司为增值税一般纳税人，2024 年第四季度转让债券，卖出价为 53 万元（含增值税），该债券是 2023 年 10 月购入的，买入价为 49.82 万元（含增值税），2024 年 1 月取得利息 1.5 万元（含增值税），并缴纳了增值税。甲金融公司第一至三季度转让金融商品共亏损 1.06 万元（含增值税）。计算该公司 2024 年第四季度的销项税额。

解析：金融商品转让按照卖出价扣除买入价后的余额作为销售额计算增值税。转让金融商品出现的正负差，按盈亏相抵后的余额为销售额。若相抵后出现负差，可结转下一纳税期与下期转让金融商品销售额相抵，但年末时仍出现负差的，不得转入下一个会计年度。

转让债券的销售额＝53-49.82-1.06＝2.12 万元

该公司 2024 年第四季度的销项税额＝2.12÷（1+6%）×6%＝0.12万元

【例 2-18】 甲公司为增值税一般纳税人，从事认证和咨询服务。2024 年 9 月发生如下业务：

（1）3 日，向乙公司提供认证服务收入，已开具增值税专用发票，注明价款 140 000 元，增值税税额为 8400 元。

（2）4 日，购入一台经营用固定资产，已取得增值税专用发票，注明价款 36 000 元，增值税税额为 4680 元，同时支付运输费用，取得运输公司开具的增值税专用发票，注明价款 1000 元，增值税税额为 90 元。

（3）18 日，支付丙公司广告服务费，取得增值税专用发票，金额 12 000 元，增值税税额为 720 元。

（4）21 日，出售一台固定资产，系 2008 年 12 月 10 日购入，原值 70 200 元（含税），卖价 8240 元。

（5）26 日，向丁公司提供咨询服务收入，已开具增值税专用发票，注明价款 160 000 元，增值税税额为 9600 元。

已知甲公司增值税税率为 6%，征收率为 3%。请计算该公司本月的应纳税额。

解析：

销项税额＝8400+9600＝18 000 元

进项税额＝4680+90+720＝5490 元

简易计税方法的应纳税额＝8240÷（1+3%）×2%＝160元

该公司本月的应纳税额＝18 000-5490+160＝12 670 元

【例 2-19】 甲旅行社为增值税一般纳税人，2024 年 9 月承揽一批去三亚的旅游业务，共取得 302.1 万元销售额（含税），为顾客支付门票费、餐费、住宿费 181.26 万元，并取得了符合规定的凭证。本月可抵扣的进项税额为 5 万元。另外，该旅行社将 2015 年购入的门面房出租给某商业企业，本月取得租金收入 3.15 万元，开具增值税普通发票。期初留抵税额为 0。请计算该旅行社本月的应纳税额。

解析：

简易计税方法的应纳税额＝3.15÷（1+5%）×5%＝0.15万元

该旅行社本月的应纳税额＝（302.1-181.26）÷（1+6%）×6%-5+0.15＝1.99万元

任务六 简易计税方法应纳税额计算

◇ **任务引例**

甲财务咨询公司，小规模纳税人，提供财务咨询服务，适用3%的征收率。2024年9月发生一笔咨询服务，取得不含税销售额110 000元，并就此缴纳了增值税。10月该业务由于合理原因发生退款。10月该公司取得不含税应税服务金额为80 000元，11月该公司提供应税服务，取得不含税销售额为150 000元。

◇ **任务要求**

1. 计算该公司10月的应纳税额。
2. 计算该公司11月的应纳税额。

◇ **税海探知**

一、应纳税额的计算

纳税人发生应税销售行为适用简易计税方法的，应该按照销售额和征收率计算增值税应纳税额，并且不得抵扣进项税额。其应纳税额的计算公式为：

$$应纳税额=销售额（不含增值税）×征收率$$

上述销售额与增值税一般纳税人计算应纳增值税的销售额规定内容一致，是销售货物、劳务、服务、无形资产、不动产向购买方收到的全部价款和价外费用，但不包括按征收率收取的增值税税额。

小规模纳税人一律采用简易计税方法计税，但是一般纳税人发生税法规定的应税销售行为也可以选择适用简易计税方法。

二、含税销售额的换算

按简易计税方法计税的销售额不包括其应纳的增值税税额，纳税人采用销售额和应纳增值税税额合并定价方法的，按照下列公式计算销售额：

$$销售额=含税销售额÷（1+征收率）$$

【例2-20】 甲商店为增值税小规模纳税人，该商店按季进行纳税申报，2024年第三季度发生如下业务：

（1）销售厨具取得含增值税销售额206 000元，开具了普通发票。

（2）从一般纳税人购进一批办公用品，支付货款5000元，增值税税额650元，并取得增值税普通发票。

（3）销售食品取得含税销售额18 540元，没有开具发票；销售给一般纳税人两台冰柜，取得不含税销售额12 000元，税额为120元，已开具增值税专用发票。计算该商店第三季度的应纳税额。

解析：《财政部、税务总局关于增值税小规模纳税人减免增值税政策的公告》规定，增值税小规模纳税人适用3%征收率的应税销售收入，减按1%征收率征收增值税。

该商店第三季度的应纳税额=206 000÷（1+3%）×1%+18 540÷（1+3%）×1%+120=2300元

纳税人适用简易计税方法计税的，因销售折让、中止或者退回而退还给购买方的销售额，应当从当期销售额中扣减。扣减当期销售额后仍有余额造成多缴的税款，可以从以后的应纳税额中扣减。

对小规模纳税人发生上述情况而退还销售额给购买方，依照规定将所退的款项扣减当期销售额的，如果小规模纳税人已就该项业务委托税务机关为其代开了增值税专用发票的，应按规定申请开具红字专用发票。

【例 2-21】 甲公司为增值税一般纳税人，2024 年 9 月 26 日出售一栋办公楼，取得价款 5460 万元。该办公楼系 2016 年 3 月 6 日购入，价款 4368 万元，并取得《不动产销售统一发票》。甲公司销售该办公楼采用简易计税方法。计算该公司的应纳税额。

解析： 一般纳税人销售其 2016 年 4 月 30 日前取得（不含自建）的不动产，可以选择适用简易计税方法，以取得的全部价款和价外费用减去该项不动产购置原价或者取得不动产时的作价后的余额为销售额，按照 5% 的征收率计算应纳税额。

该公司的应纳税额 =（5460−4368）÷（1+5%）×5% = 52 万元

三、一般纳税人可以选择适用简易计税方法的情形

一般纳税人发生财政部和国家税务总局规定的特定应税销售行为，可以选择适用简易计税方法计税，但是不得抵扣进项税额。主要包括以下情况：

1. 一般纳税人销售自产的下列货物，可选择按照简易办法计算缴纳增值税。

（1）县级及县级以下小型水力发电单位生产的电力。小型水力发电单位，是指各类投资主体建设的装机容量为 5 万千瓦以下（含 5 万千瓦）的小型水力发电单位。

（2）建筑用和生产建筑材料所用的砂、土、石料。

（3）以自己采掘的砂、土、石料或其他矿物连续生产的砖、瓦、石灰（不含粘土实心砖、瓦）。

（4）用微生物、微生物代谢产物、动物毒素、人或动物的血液或组织制成的生物制品。

（5）自来水。

（6）商品混凝土（仅限于以水泥为原料生产的水泥混凝土）。

2. 一般纳税人销售货物属于下列情形之一的，暂按简易办法计算缴纳增值税。

（1）寄售商店代销寄售物品（包括居民个人寄售的物品在内）。

（2）典当业销售死当物品。

3. 一般纳税人的单采血浆站销售非临床用人体血液，可以按照简易办法计算增值税，但不得对外开具增值税专用发票。

4. 一般纳税人的药品经营企业销售生物制品，可以选择简易办法。

5. 一般纳税人发生下列应税行为可以选择适用简易计税方法计税。

（1）公共交通运输服务。公共交通运输服务，包括轮客渡、公交客运、地铁、城市轻轨、出租车、长途客运、班车等。

班车是指按固定路线、固定时间运营并在固定站点停靠的运送旅客的陆路运输服务。

（2）经认定的动漫企业为开发动漫产品提供的动漫脚本编撰、形象设计、背景设计、动画设计、分镜、动画制作、摄制、描线、上色、画面合成、配音、配乐、音效合成、剪辑、字幕制作、压缩转码（面向网络动漫、手机动漫格式适配）服务，以及在境内转让动漫版权（包括动漫品牌、形象或者内容的授权及再授权）。

（3）电影放映服务、仓储服务、装卸搬运服务、收派服务和文化体育服务。

（4）以纳入营改增试点之日前取得的有形动产为标的物提供的经营租赁服务。

（5）在纳入营改增试点之日前签订的尚未执行完毕的有形动产租赁合同。

6. 一般纳税人提供以下建筑服务可以选择适用简易计税方法计税。

（1）一般纳税人以清包工方式提供的建筑服务。以清包工方式提供建筑服务是指施工方不

采购建筑工程所需的材料或只采购辅助材料，并收取人工费、管理费或者其他费用的建筑服务。

（2）一般纳税人为甲供工程提供的建筑服务。甲供工程是指全部或部分设备、材料、动力由工程发包方自行采购的建筑工程。

（3）一般纳税人为建筑工程老项目提供的建筑服务。建筑工程老项目是指：《建筑工程施工许可证》注明的合同开工日期在 2016 年 4 月 30 日前的建筑工程项目；未取得《建筑工程施工许可证》的，建筑工程承包合同注明的开工日期在 2016 年 4 月 30 日前的建筑工程项目。

（4）一般纳税人跨县（市）提供建筑服务，选择适用简易计税方法计税的，应以取得的全部价款和价外费用扣除支付的分包款后的余额为销售额，按照 3% 的征收率计算应纳税额。

7. 一般纳税人销售其 2016 年 4 月 30 日前取得（不含自建）的不动产，可以选择适用简易计税方法，以取得的全部价款和价外费用减去该项不动产购置原价或者取得不动产时的作价后的余额为销售额，按照 5% 的征收率计算缴纳增值税。

8. 一般纳税人销售其 2016 年 4 月 30 日前自建的不动产，可以选择适用简易计税方法，以取得的全部价款和价外费用为销售额，按照 5% 的征收率计算应纳税额。

9. 一般纳税人出租其 2016 年 4 月 30 日前取得的不动产，可以选择适用简易计税方法，按照 5% 的征收率计算应纳税额。

10. 房地产开发企业中的一般纳税人，销售自行开发的房地产老项目，可以选择适用简易计税方法按照 5% 的征收率计税。

11. 一般纳税人销售自产机器设备的同时提供安装服务，应分别核算机器设备和安装服务的销售额，安装服务可以按照甲供工程选择适用简易计税方法计税。

一般纳税人销售外购机器设备的同时提供安装服务，如果已经按照兼营的有关规定，分别核算机器设备和安装服务的销售额，安装服务可以按照甲供工程选择适用简易计税方法计税。

12. 一般纳税人提供教育辅助服务，可以选择简易计税方法计算缴纳增值税。

13. 一般纳税人提供非学历教育服务，可以选择适用简易计税方法计算缴纳增值税。

14. 非企业性单位中的一般纳税人提供的研发和技术服务、信息技术服务、鉴证咨询服务，以及销售技术、著作权等无形资产，可以选择简易计税方法按照 3% 的征收率计算缴纳增值税。

非企业性单位中的一般纳税人提供"技术转让、技术开发和与之相关的技术咨询、技术服务"，可以参照上述规定，选择简易计税方法按照 3% 的征收率计算缴纳增值税。

15. 纳税人转让 2016 年 4 月 30 日前取得的土地使用权，可以选择适用简易计税方法，以取得的全部价款和价外费用减去取得该土地使用权的原价后的余额为销售额，按照 5% 的征收率计算缴纳增值税。

16. 一般纳税人 2016 年 4 月 30 日前签订的不动产融资租赁合同，或以 2016 年 4 月 30 日前取得的不动产提供的融资租赁服务，可以选择适用简易计税方法，按照 5% 的征收率计算缴纳增值税。

17. 一般纳税人收取试点前开工的一级公路、二级公路、桥、闸通行费，可以选择适用简易计税方法，按照 5% 的征收率计算缴纳增值税。

18. 一般纳税人提供人力资源外包服务，可以选择适用简易计税方法计算缴纳增值税。

纳税人提供人力资源外包服务，按照经纪代理服务缴纳增值税，其销售额不包括受客户单位委托代为向客户单位员工发放的工资和代理缴纳的社会保险、住房公积金。向委托方收取并代为发放的工资和代理缴纳的社会保险、住房公积金，不得开具增值税专用发票，可以开具普通发票。

19. 一般纳税人收取试点前开工的一级公路、二级公路、桥、闸通行费，可以选择适用简易计税方法，按照 5% 的征收率计算缴纳增值税。

20. 一般纳税人的自来水公司销售自来水按简易办法征收增值税，不得抵扣其购进自来水取得增值税扣税凭证上注明的增值税税额。

四、简易计税方式中可按销售差额计税的情形

1. 纳税人提供建筑服务适用简易计税方法的，以取得的全部价款和价外费用扣除支付的分包款后的余额为销售额。分包款是指支付给分包方的全部价款和价外费用。

2. 物业管理服务的纳税人，向服务接受方收取的自来水水费，以扣除其对外支付的自来水水费后的余额为销售额，按照简易计税方法依照3%的征收率计算缴纳增值税。

3. 小规模纳税人提供劳务派遣服务，可以选择差额纳税，以取得的全部价款和价外费用，扣除代用工单位支付给劳务派遣员工的工资、福利和为其办理社会保险及住房公积金后的余额为销售额，按照简易计税方法依照5%的征收率计算缴纳增值税。

选择差额纳税的纳税人，向用工单位收取用于支付给劳务派遣员工工资、福利和为其办理社会保险及住房公积金的费用，不得开具增值税专用发票，可以开具普通发票。

4. 一般纳税人提供劳务派遣服务，可以选择差额纳税，以取得的全部价款和价外费用，扣除代用工单位支付劳务派遣员工的工资、福利和为其办理社会保险及住房公积金后的余额为销售额，按照简易计税方法依照5%的征收率计算缴纳增值税。

任务七　进口环节增值税政策

◇ **任务引例**

甲商贸公司（有进出口经营权）2024年9月进口一批货物。该批货物在国外的买价为100万元，运抵我国海关前发生的包装费、运输费、保险费等共计21万元。货物报关后，公司按规定缴纳了进口环节的增值税并取得了海关开具的海关进口增值税专用缴款书。已知该货物进口关税税率为10%，增值税税率为13%。

◇ **任务要求**

1. 计算该批货物的关税完税价格。
2. 计算进口环节应缴纳的进口关税。
3. 计算进口环节应纳增值税的组成计税价格。
4. 计算进口环节增值税应纳税额。

◇ **税海探知**

一、进口环节增值税纳税人

根据《增值税暂行条例》的规定，进口货物增值税的纳税人是指进口货物的收货人或办理报关手续的单位和个人，即进口货物增值税的纳税人包括国内一切从事进口业务的企事业单位、机关团体和个人。对企业、单位和个人委托代理进口征税的货物，一律由进口代理人代缴进口环节的增值税。

跨境电子商务零售进口商品，按照货物征收关税和进口环节增值税、消费税，购买跨境电子商务零售进口商品的个人作为纳税义务人。电子商务企业、电子商务交易平台企业或物流企业可作为代收代缴义务人。

二、进口环节增值税征税范围

1. 申报进入中华人民共和国海关境内的货物，均应缴纳增值税。根据《增值税暂行条例》

的规定，申报进入中华人民共和国海关境内的货物，均应缴纳增值税。只要是报关进境的应税货物，无论是用于贸易还是自用，无论是购进，还是国外捐赠，均应按照规定缴纳进口环节的增值税（免税进口的货物除外）。

自 2018 年 6 月 1 日起，对申报进口监管方式为 1500（租赁不满一年）、1523（租赁贸易）、9800（租赁征税）的租赁飞机，海关停止代征进口环节增值税。进口租赁飞机增值税的征收管理，由税务机关按照现行增值税政策组织实施。

2. 从其他国家或地区进口《跨境电子商务零售进口商品清单》范围内的以下商品适用于跨境电子商务零售进口增值税税收政策：

（1）所有通过与海关联网的电子商务交易平台交易，能够实现交易、支付、物流电子信息"三单"比对的跨境电子商务零售进口商品。

（2）未通过与海关联网的电子商务交易平台交易，但快递、邮政企业能够统一提供交易、支付、物流等电子信息，并承诺承担相应法律责任进境的跨境电子商务零售进口商品。

不属于跨境电子商务零售进口的个人物品以及无法提供交易、支付、物流等电子信息的跨境电子商务零售进口商品，按现行规定执行。

三、进口环节增值税税率

进口货物增值税税率与增值税一般纳税人在国内销售同类货物的税率相同。

对跨境电子商务零售进口商品的单次交易限值为人民币 5000 元，个人年度交易限值为人民币 26 000 元以内进口的跨境电子商务零售进口商品，关税税率暂设为 0。

四、进口环节增值税应纳税额的计算

无论是一般纳税人还是小规模纳税人进口货物，均应按照组成计税价格和税法规定的税率计算应纳税额。组成计税价格是指在没有实际销售价格时，按照税法规定计算出作为计税依据的价格。这里强调，进口货物增值税的计税依据是组成计税价格而非其他金额，小规模纳税人进口货物使用税率计税，而不是使用征收率。

纳税人进口货物按照组成计税价格和规定的税率计算应纳税额，不得抵扣进项税额。增值税组成价格包括已缴纳的关税税额，如果进口货物属于消费税应税消费品，其组成计税价格中还要包括进口环节已缴纳的消费税税额。

1. 若进口货物不属于消费税应税消费品，组成计税价格的计算公式为：

组成计税价格＝关税完税价格＋关税

2. 若进口货物属于消费税应税消费品，组成计税价格的计算方式有以下三种：

第一，实行从量定额办法计算纳税的组成计税价格计算公式为：

组成计税价格＝关税完税价格＋关税＋消费税＝关税完税价格＋关税＋
海关核定的应税消费品的进口数量×消费税定额税率

第二，实行从价定率办法计算纳税的组成计税价格计算公式为：

组成计税价格＝关税完税价格＋关税＋消费税
＝（关税完税价格＋关税）÷（1－消费税税率）

第三，实行复合计税办法计算纳税的组成计税价格的计算公式：

组成计税价格＝（关税完税价格＋关税＋海关核定的应税消费品的进口数量×
消费税定额税率）÷（1－消费税比例税率）

按照《海关法》和《中华人民共和国进出口关税条例》（已失效）的规定，一般贸易下进口货物的关税完税价格是以海关审定的成交价格为基础的到岸价格（CIF）作为完税价格。所谓成交价

格是一般贸易项下进口货物的买方为购买该项货物向卖方实际支付或应当支付的价格；到岸价格包括货价，加上货物运抵我国关境内输入地点起卸前的包装费、运费、保险费和其他劳务费等费用构成的一种价格。

特殊贸易项下进口的货物，由于进口时没有"成交价格"可作依据，为此，《中华人民共和国进出口关税条例》（已失效）对这些进口货物制定了确定其完税价格的具体办法。

进口环节增值税应纳税额的计算公式为：

$$关税税额 = 关税完税价格 × 进口关税税率$$
$$进口环节增值税应纳税额 = 组成计税价格 × 增值税税率$$

进口货物在海关缴纳的增值税，符合抵扣范围的，凭借海关进口增值税专用缴款书，可以从当期销项税额中抵扣。

【例2-22】 甲铝业集团为增值税一般纳税人，2024年9月该公司进口一批铝锭，关税完税价格为360万元，已缴纳关税18万元。计算甲铝业集团进口铝锭业务的组成计税价格。

解析： 组成计税价格 = 关税的完税价格 + 关税 + 消费税。由于铝锭不属于应税消费品，不需要缴纳消费税，组成计税价格为前两项之和。

组成计税价格 = 360 + 18 = 378万元。

【例2-23】 甲化妆品公司，增值税一般纳税人，2024年9月从韩国进口一批高档化妆品，买价220万元，境外运费及保险费共计3.15万元。海关于9月5日开具了进口增值税专用缴款书。甲化妆品公司按规定缴纳了进口环节税金。计算该化妆品公司进口环节应缴纳的增值税税额。（关税税率为10%，消费税税率为15%，增值税税率为13%）

解析：

关税完税价格 = 220 + 3.15 = 223.15万元

组成计税价格 = （关税完税价格 + 关税）÷（1 - 消费税税率）

$$= 223.15 × (1 + 10\%) ÷ (1 - 15\%) = 288.7824万元$$

进口环节增值税应纳税额 = 288.7824 × 13% = 37.5417万元

五、进口环节增值税优惠政策

为了减轻纳税人负担，国家出台了一系列进口环节增值税优惠政策。

1. 自2021年1月1日至2030年12月31日，对卫生健康委委托进口的抗艾滋病病毒药物，免征进口环节增值税。

2. 为深入实施科教兴国战略、创新驱动发展战略，支持科技创新，自2021年1月1日至2025年12月31日，实施下列进口环节增值税优惠政策：

（1）对科学研究机构、技术开发机构、学校、党校（行政学院）、图书馆进口国内不能生产或性能不能满足需求的科学研究、科技开发和教学用品，免征进口环节增值税。

（2）对出版物进口单位为科研院所、学校、党校（行政学院）、图书馆进口用于科研、教学的图书、资料等，免征进口环节增值税。

3. 自2021年1月1日至2025年12月31日，对公众开放的科技馆、自然博物馆、天文馆（站、台）、气象台（站）、地震台（站），以及高校和科研机构所属对外开放的科普基地，进口以下商品免征进口环节增值税：

（1）为从境外购买自用科普影视作品播映权而进口的拷贝、工作带、硬盘，以及以其他形式进口自用的承载科普影视作品的拷贝、工作带、硬盘。

（2）国内不能生产或性能不能满足需求的自用科普仪器设备、科普展品、科普专用软件等科普用品。

4. 自 2021 年 1 月 1 日至 2025 年 12 月 31 日，对符合《进口种子种源免征增值税商品清单（第二批）》的进口种子种源免征进口环节增值税。

六、进口环节增值税的征收管理

进口环节增值税纳税义务发生的时间为报关进口的当天，应当由报关人或其代理人向报关地海关申报纳税。其纳税期限应当自海关填发海关进口环节增值税专用缴款书之日起 15 日内缴纳税款。进口环节的增值税由海关代征。

任务八 出口环节增值税政策

◇ **任务引例**

甲公司是一家生产企业，生产的产品出口东南亚地区兼内销，出口产品实行"免、抵、退"办法，增值税征税率为 13%，增值税出口退税率为 9%。当期出口货物 300 万美元，汇率为 1：7.25，当期可抵扣的进项税为 240 万元。另外，当期免税进口价值 120 万美元的料件（含关税等），用于生产出口产品。期初无留抵税额。假设当期内销货物不含增值税销售额分别是 2800 万元、1700 万元和 360 万元。

◇ **任务要求**

分别计算上述三种情况下，甲公司当期的免、抵、退税额。

◇ **税海探知**

一国对出口货物、劳务和跨境应税行为实行退（免）税是国际贸易中通常采用的方法，并被世界各国普遍接受，是各国为了鼓励出口和跨境业务公平竞争的一种退还和免征间接税的税收措施。

我国对出口货物、劳务和跨境应税行为实行退（免）增值税是指在国际贸易中，对我国报关出口的货物、劳务和跨境应税行为退还或免征其在国内生产和流通环节按税法规定缴纳的增值税，即对应征收增值税的货物、劳务和跨境应税行为实行零税率，国务院另有规定的除外。

对增值税出口货物、劳务和跨境应税行为实行零税率，一是指对本环节生产或销售货物、劳务和跨境应税行为的增值税部分免征，二是对出口货物、劳务和跨境应税行为前道环节所含的进项税额进行退还。由于各种货物、劳务和跨境应税行为出口政策不同，出口前涉及征免税的情况也有所差异，我国在遵循"征多少，退多少""未征不退"和"彻底退税"的基本原则的基础上，规定了不同的增值税退（免）税务处理办法。

一、出口货物、劳务和跨境应税行为增值税的退（免）税政策认知

各国为了鼓励本国货物出口，在遵循世界贸易组织（WTO）基本规则的前提下，一般都采取优惠的税收政策。有的国家采取对该货物出口前所前包含的税金在出口后予以退还的政策即出口退税；有的国家采取对出口的货物在出口前给予免税的政策。我国采取了出口退税并免税相结合的政策。目前，我国出口货物、劳务和跨境应税行为增值税的退（免）税政策有以下三种形式：

（一）出口免税并退税

出口免税是指对货物、劳务和跨境应税行为在出口销售环节免征增值税，这是由于国家鼓励出口而给予出口销售环节免征增值税的优惠；出口退税是指对货物、劳务和跨境应税行为在

出口前实际负担的增值税税额，按规定的增值税出口退税率计算后予以退还。

（二）出口免税不退税

出口免税即出口环节不征收增值税。出口不退税是指适用这一政策的出口货物、劳务和跨境应税行为因在前一生产、销售环节或进口环节是免税的，因此，出口时该货物、劳务和跨境应税行为的价格中本身就不含增值税，也不需要退还增值税。

（三）出口不免税也不退税

出口不免税是指对国家限制或禁止出口的某些货物、劳务和跨境应税行为的出口环节视同内销环节，照常征税；出口不退税是指对这些货物、劳务和跨境应税行为出口不退还出口前的购买环节实际负担的增值税税额。

寻法溯源

二、出口货物、劳务和跨境应税行为增值税的退（免）税政策

对下列出口货物、劳务和跨境应税行为，除适用《财政部、国家税务总局关于出口货物劳务增值税和消费税政策的通知》（部分失效）第6条（适用增值税免税政策的出口货物和劳务）和第7条（适用增值税征税政策的出口货物和劳务）规定的外，实行免征和退还增值税政策，简称"增值税退（免）税"政策。

微课2-9 出口政策三选一，总有一款适合您

1. 出口企业出口货物。出口企业是指依法办理工商登记、税务登记、对外贸易经营者备案登记，自营或委托出口货物的单位或个体工商户，以及依法办理工商登记、税务登记但未办理对外贸易经营者备案登记，委托出口货物的生产企业。

出口货物，是指向海关报关后实际离境并销售给境外单位或个人的货物，分为自营出口货物和委托出口货物两类。

生产企业是指具有生产能力（包括加工修理修配能力）的单位或个体工商户。

2. 出口企业或其他单位视同出口货物。

（1）出口企业对外援助、对外承包、境外投资的出口货物。

（2）出口企业经海关报关进入国家批准的出口加工区、保税物流园区、保税港区、综合保税区、珠澳跨境工业区（珠海园区）、中哈霍尔果斯国际边境合作中心（中方配套区域）、保税物流中心（B型）（以下简称特殊区域）并销售给特殊区域内单位或境外单位、个人的货物。

（3）免税品经营企业销售的货物（国家规定不允许经营和限制出口的货物、卷烟和超出免税品经营企业《企业法人营业执照》规定经营范围的货物除外）。

（4）出口企业或其他单位销售给用于国际金融组织或外国政府贷款国际招标建设项目的中标机电产品（以下简称中标机电产品），包括外国企业中标再分包给出口企业或其他单位的机电产品。

（5）出口企业或其他单位销售给国际运输企业用于国际运输工具上的货物。上述规定暂仅适用于外轮供应公司、远洋运输供应公司销售给外轮、远洋国轮的货物，国内航空供应公司生产销售给国内和国外航空公司国际航班的航空食品。

（6）出口企业或其他单位销售给特殊区域内生产企业生产耗用且不向海关报关而输入特殊区域的水（包括蒸汽）、电力、燃气（以下简称输入特殊区域的水电气）。

3. 生产企业出口视同自产货物。生产企业出口视同自产货物，免征增值税，相应的进项税额抵减应纳增值税额（不包括适用增值税即征即退、先征后退政策的应纳增值税额）。未抵减完的部分予以退还。视同自产货物的具体范围包括：

（1）持续经营以来从未发生骗取出口退税、虚开增值税专用发票或农产品收购发票、接受虚开增值税专用发票（善意取得虚开增值税专用发票除外）行为且同时符合下列条件的生产企业出口的外购货物，可视同自产货物适用增值税退（免）税政策：①已取得增值税一般纳税人资格。②持续经营2年及2年以上。③纳税信用等级为A级。④上一年度销售额5亿元以上。⑤外购出口的货物与本企业自产货物同类型或具有相关性。

（2）持续经营以来从未发生骗取出口退税、虚开增值税专用发票或农产品收购发票、接受虚开增值税专用发票（善意取得虚开增值税专用发票除外）行为但不能同时符合上述第（1）条规定的条件之一的，可视同自产货物适用增值税退（免）税政策：

一是生产企业出口外购的产品，与本企业生产的产品名称、性能相同，使用本企业注册商标或外商提供给本企业使用的商标，且出口给进口本企业自产产品外商的。

二是生产企业外购的与本企业所生产的产品配套出口的产品，若出口给进口本企业自产产品的外商，用于维修与本企业出口的自产产品的工具、零部件、配件，或不经过本企业加工或组装，出口后能直接与本企业自产产品组合成成套产品的。

三是经集团公司总部所在地的地级以上国家税务总局认定的集团公司，其控股的生产企业之间收购的自产货物以及集团公司与其控股的生产企业之间收购的自产货物。

四是生产企业委托加工收回的产品与本企业生产的货物名称、性能相同，或者是用本企业生产的货物再委托深加工收回的货物，出口给进口本企业自产货物的外商的（委托方与受托方必须签订委托加工协议）。

五是用于本企业中标项目下的机电产品。

六是用于对外承包工程项目下的货物。

七是用于境外投资的货物。

八是用于对外援助的货物。

九是生产自产货物的外购设备和原材料（农产品除外）。

4. 出口企业对外提供加工修理修配劳务。对外提供加工修理修配劳务是指对进境复出口货物或从事国际运输的运输工具进行的加工修理修配。

5. 融资租赁货物出口退税。对融资租赁企业、金融租赁公司及其设立的项目子公司，以融资租赁方式租赁给境外承租人且租赁期限在5年（含5年）以上，并向海关报关后实际离境的货物，试行增值税出口退税政策。

融资租赁出口货物的范围，包括飞机、飞机发动机、铁道机车、铁道客车车厢、船舶及其他货物，具体应符合《增值税暂行条例实施细则》第21条"固定资产"的相关规定。

6. 增值税一般纳税人提供零税率的应税服务、跨境应税行为实行增值税退（免）税办法。

三、增值税出口退税率的规定

增值税出口退税率（以下简称退税率）是出口货物的实际退税额与退税计税依据之间的比例，是出口退税的中心环节。

1. 除财政部、国家税务总局根据国务院决定而明确的退税率外，出口货物、服务和无形资产的退税率为其适用税率。现行我国退税率有13%、10%、9%、6%和零税率。

2. 退税率的特殊规定：

（1）外贸企业购进按简易办法征税的出口货物、从小规模纳税人购进的出口货物，其退税率分别为简易办法实际执行的征收率、小规模纳税人征收率。上述出口货物取得增值税专用发票的，退税率按照增值税专用发票上的税率和出口货物的退税率孰低的原则确定。

（2）出口企业委托加工修理修配货物，其加工修理修配费用的退税率，为出口货物的退税率。

（3）中标机电产品、出口企业向海关报关进入特殊区域销售给特殊区域内生产企业生产耗用的列名原材料、输入特殊区域的水电气，其退税率为适用税率。如果国家调整列名原材料的退税率，列名原材料应当自调整之日起按调整后的退税率执行。

3. 适用不同退税率的货物、劳务及跨境应税行为，应分开报关、核算并申报退（免），未分开报关、核算或划分不清的，从低适用退税率。

四、增值税"免、抵、退"税和"免、退"税的计算

出口货物、劳务和跨境应税行只有在适用免税并且退税的政策时，才会涉及如何计算退税的问题。出口退税的计算方法有"免、抵、退"和"免、退"两种方法。

1. 生产企业出口货物、劳务和跨境应税行为的增值税实行"免、抵、退"税，按下列公式计算。

（1）当期应纳税额的计算：

当期应纳税额＝当期销项税额－（当期进项税额－当期不得免征和抵扣税额）

当期不得免征和抵扣税额＝当期出口货物离岸价×外汇人民币折合率×

（出口货物适用税率－退税率）－当期不得免征和抵扣税额抵减额

当期不得免征和抵扣税额抵减额＝当期免税购进原材料价格×

（出口货物适用税率－退税率）

（2）当期"免、抵、退"税额的计算：

当期"免、抵、退"税额＝当期出口货物离岸价×外汇人民币折合率×

退税率－当期"免、抵、退"税额抵减额

当期"免、抵、退"税额抵减额＝当期免税购进原材料价格×退税率

（3）当期应退税额和免抵税额的计算：

第一，当期期末留抵税额≤当期"免、抵、退"税额，则

当期应退税额＝当期期末留抵税额

当期免抵税额＝当期"免、抵、退"税额－当期应退税额

第二，当期期末留抵税额>当期"免、抵、退"税额，则

当期应退税额＝当期"免、抵、退"税额

当期免抵税额＝0

当期期末留抵税额为当期增值税纳税申报表中"期末留抵税额"。

（4）当期免税购进原材料价格包括当期国内购进的无进项税额且不计提进项税额的免税原材料的价格和当期进料加工保税进口料件的价格，其中当期进料加工保税进口料件的价格为进料加工出口货物耗用的保税进口料件金额，其计算公式为：

进料加工出口货物耗用的保税进口料件金额＝进料加工出口货物人民币离岸价格×

进料加工计划分配率

计划分配率＝计划进口总值÷计划出口总值×100%

计算不得免征和抵扣税额时，应按照当期全部出口货物的销售额扣除当期全部进料加工出口货物耗用的保税进口料件金额后的余额乘以征税率和退税率之差。

进料加工出口货物收齐有关凭证申报"免、抵、退"税时，以收齐凭证的进料加工出口货物人民币离岸价扣除其耗用的保税进口料件金额后的余额计算"免、抵、退"税额。

【例2-24】甲公司是一家自营出口的生产企业,增值税一般纳税人,2024年9月份有如下业务发生:

(1) 3日,购入生产用原料一批,取得增值税专用发票,发票上注明价款180万元,进项税额23.4万元,款项已支付。

(2) 9日,内销一批货物,已经开出增值税专用发票,发票上注明价款100万元,销项税额13万元,款项已收到。

(3) 27日,出口一批货物收到18万美元,当月1日,国家外汇中间价为1美元=7.2元人民币,当日,国家外汇中间价为1美元=7.3元人民币,货款已经收到。

已知:上期留抵税款为0;出口货物征税率为13%,退税率为10%。甲公司采用月初汇率换算。

要求:计算该公司当期免抵税额。

解析:

(1) 当期不得免征和抵扣税额=180 000×7.2×(13%-10%)=38 880元

(2) 当期应纳税额=130 000-(234 000-38 880)=-65 120元

(3) 当期"免、抵、退"税额=180 000×7.2×10%=129 600元

(4) 按规定,如当期期末留抵税额≤当期"免、抵、退"税额时:

当期应退税额=当期期末留抵税额

即该公司当月应退税额=65 120元

(5) 该公司当期免抵税额=当期"免、抵、退"税额-当期应退税额

$$=129\ 600-65\ 120=64\ 480元$$

2. 外贸企业出口货物、劳务增值税免退税,依下列公式计算:

(1) 外贸企业除出口委托加工修理修配货物以外的货物:

$$增值税应退税额=增值税退(免)税计税依据×退税率$$

(2) 外贸企业出口委托加工修理修配货物:

$$出口委托加工修理修配货物的增值税应退税额=委托加工修理修配货物的$$
$$增值税退(免)税计税依据×退税率$$

3. 融资租赁出口货物退税的计算。融资租赁出租方将融资租赁出口货物租赁给境外承租方、将融资租赁海洋工程结构物租赁给上海石油天然气开采企业,向融资租赁出租方退还其购进租赁货物所含增值税。其计算公式为:

$$增值税应退税额=购进融资租赁货物的增值税专用发票注明的金额或海关进口$$
$$增值税专用缴款书注明的完税价格×融资租赁货物适用的退税率$$

融资租赁出口货物适用的退税率,按照统一的出口货物适用的退税率执行。从增值税一般纳税人购进的按简易办法征税的融资租赁货物和从小规模纳税人购进的融资租赁货物,其适用的退税率,按照购进货物适用的征收率和退税率孰低的原则确定。

4. 退税率低于适用税率的,相应计算出的差额部分的税款计入出口货物劳务成本。

5. 出口企业既有适用增值税"免、抵、退"项目,也有增值税即征即退、先征后退项目的,增值税即征即退和先征后退项目不参与出口项目"免、抵、退"税计算。出口企业应分别核算增值税免抵退项目和增值税即征即退、先征后退项目,并分别申请享受增值税即征即退、先征后退和"免、抵、退"税政策。

用于增值税即征即退或者先征后退项目的进项税额无法划分的,按照下列公式计算:

$$无法划分进项税额中用于增值税即征即退或者先征后退项目的部分=$$

当月无法划分的全部进项税额×当月增值税即征即退或者先征后退项目销售额÷
当月全部销售额、营业额合计

6. 实行"免、抵、退"税办法的零税率应税行为提供者如同时有货物、劳务（指对外加工修理修配劳务）出口且未分别计算的，可一并计算"免、抵、退"税额。

税务机关在审批时，按照出口货物、劳务、零税率应税行为"免、抵、退"税额比例划分出口货物、零税率应税行为的退税额和免抵税额。

五、出口货物、劳务和跨境应税行为增值税免税政策

对符合下列条件的出口货物、劳务和跨境应税行为，除适用《财政部、国家税务总局关于出口货物劳务增值税和消费税政策的通知》（部分失效）第 7 条（适用增值税征税政策的出口货物和劳务）规定外，按下列规定实行增值税免税政策。

适用增值税免税政策的范围：

1. 出口企业或其他单位出口规定的货物，具体包括：

（1）增值税小规模纳税人出口的货物。

（2）避孕药品和用具，古旧图书。

（3）软件产品。具体范围是指海关税则号前四位为"9803"的货物。动漫软件出口免征增值税。

（4）含黄金、铂金成分的货物，钻石及其饰品。

（5）国家计划内出口的卷烟。

（6）非出口企业委托出口的货物。

（7）非列名生产企业出口的非视同自产货物。

（8）农业生产者自产农产品。

（9）油画、花生果仁、黑大豆等财政部、国家税务总局规定的出口免税货物。

（10）外贸企业取得普通发票、废旧物资收购凭证、农产品收购发票、政府非税收入票据的货物。

（11）来料加工复出口货物。

（12）特殊区域内的企业出口的特殊区域内的货物。

（13）以人民币现金作为结算方式的边境地区出口企业从所在省（自治区）的边境口岸出口到接壤国家的一般贸易和边境小额贸易出口货物。

（14）以旅游购物贸易方式报关出口的货物。

2. 出口企业或其他单位视同出口的下列货物和劳务：

（1）自 2011 年 1 月 1 日起，国家批准设立的免税店销售的免税货物〔包括进口免税货物和已实现退（免）税的货物〕。

（2）特殊区域内的企业为境外的单位或个人提供加工修理修配劳务。

（3）同一特殊区域、不同特殊区域内的企业之间销售特殊区域内的货物。

3. 境内的单位和个人提供的下列应税服务免征增值税，但财政部和国家税务总局规定适用零税率的除外：

（1）工程项目在境外的建筑服务。

（2）工程项目在境外的工程监理服务。

（3）工程、矿产资源在境外的工程勘察勘探服务。

（4）会议展览地点在境外的会议展览服务。本条指为客户参加在境外举办的会议、展览而

提供的组织安排服务。

（5）存储地点在境外的仓储服务。

（6）标的物在境外使用的有形动产租赁服务。

（7）在境外提供的广播影视节目（作品）的播映服务。

在境外提供的广播影视节目（作品）播映服务是指在境外的影院、剧院、录像厅及其他场所播映广播影视节目（作品）。

（8）在境外提供的文化体育服务、教育医疗服务、旅游服务。

（9）为出口货物提供的邮政服务、收派服务、保险服务。

（10）向境外单位销售的完全在境外消费的电信服务。

纳税人向境外单位或者个人提供的电信服务，通过境外电信单位结算费用的，服务接受方为境外电信单位，属于完全在境外消费的电信服务。

（11）向境外单位销售的完全在境外消费的知识产权服务。

（12）向境外单位销售的完全在境外消费的物流辅助服务（仓储服务、收派服务除外）。

（13）向境外单位销售的完全在境外消费的鉴证咨询服务。

（14）向境外单位销售的完全在境外消费的专业技术服务。

（15）向境外单位销售的完全在境外消费的商务辅助服务。

（16）向境外单位销售的广告投放地在境外的广告服务。

（17）向境外单位销售的完全在境外消费的无形资产（技术除外）。

（18）为境外单位之间的货币资金融通及其他金融业务提供的直接收费金融服务，且该服务与境内的货物、无形资产和不动产无关。

本条目主要是指为境外单位之间、境外单位和个人之间的外币、人民币资金往来提供的资金清算、资金结算、金融支付、账户管理服务。

（19）属于以下情形的国际运输服务：①以无运输工具承运方式提供的国际运输服务。②以水路运输方式提供国际运输服务但未取得《国际船舶运输经营许可证》的。③以公路运输方式提供国际运输服务但未取得《道路运输经营许可证》或者《国际汽车运输行车许可证》，或者《道路运输经营许可证》的经营范围未包括"国际运输"的。④以航空运输方式提供国际运输服务但未取得《公共航空运输企业经营许可证》，或者其经营范围未包括"国际航空客货邮运输业务"的。⑤以航空运输方式提供国际运输服务但未持有《通用航空经营许可证》，或者其经营范围未包括"公务飞行"的。

4. 对跨境电子商务综合试验区（以下简称综试区）电子商务出口企业出口未取得有效进货凭证的货物，同时符合下列条件的，试行增值税免税政策：

（1）电子商务出口企业在综试区注册，并在注册地跨境电子商务线上综合服务平台登记出口日期、货物名称、计量单位、数量、单价、金额。

（2）出口货物通过综试区所在地海关办理电子商务出口申报手续。

（3）出口货物不属于财政部和税务总局根据国务院决定明确取消出口退（免）税的货物。

5. 市场经营户自营或委托市场采购贸易经营者以市场采购贸易方式出口的货物免征增值税。

六、出口货物、劳务和跨境应税行为增值税征税政策

下列出口货物和劳务，不适用增值税退（免）税和免税政策，按下列规定及视同内销货物征税的其他规定征收增值税。适用增值税征税政策的范围：

1. 出口企业出口或视同出口财政部、国家税务总局根据国务院决定明确的取消出口退（免）

税的货物（不包括来料加工复出口货物、中标机电产品、列名原材料、输入特殊区域的水电气、海洋工程结构物）。

2. 出口企业或其他单位销售给特殊区域内的生活消费用品和交通运输工具。

3. 出口企业或其他单位因骗取出口退税被税务机关停止办理增值税退（免）税期间出口的货物。

4. 出口企业或其他单位提供虚假备案单证的货物。

5. 出口企业或其他单位增值税退（免）税凭证上有伪造或内容不实货物的情况。

6. 经主管税务机关审核不予免税核销的出口卷烟。

7. 出口企业或其他单位具有以下情形之一的出口货物和劳务：

（1）将空白的出口货物报关单、出口收汇核销单等退（免）税凭证交由除签有委托合同的货代公司、报关行，或由境外进口方指定的货代公司（提供合同约定或者其他相关证明）以外的其他单位或个人使用的。

（2）以自营名义出口，其出口业务实质上是由本企业及其投资的企业以外的单位或个人借该出口企业名义操作完成的。

（3）以自营名义出口，其出口的同一批货物既签订购货合同，又签订代理出口合同（或协议）的。

（4）出口货物在海关验放后，自己或委托货代承运人对该笔货物的海运提单或其他运输单据等上的品名、规格等进行修改，造成出口货物报关单与海运提单或其他运输单据有关内容不符的。

（5）以自营名义出口，但不承担出口货物的质量、收款或退税风险之一的，即出口货物发生质量问题不承担购买方的索赔责任（合同中有约定质量责任承担者除外）；不承担未按期收款导致不能核销的责任（合同中有约定收款责任承担者除外）；不承担因申报出口退（免）税的资料、单证等出现问题造成不退税责任的。

（6）未实质参与出口经营活动、接受并从事由中间人介绍的其他出口业务，但仍以自营名义出口的。

8. 不适应跨境应税行为适用增值税零税率和免税政策规定的出口服务和无形资产。

◇ 思政园地

2023 年货物进出口总体平稳，贸易结构持续优化

2023 年货物进出口总额 417 568 亿元，比上年增长 0.2%。其中，出口 237 726 亿元，增长 0.6%；进口 179 842 亿元，下降 0.3%。进出口相抵，贸易顺差 57 884 亿元。民营企业进出口增长 6.3%，占进出口总额的比重为 53.5%，比上年提高 3.1 个百分点。对共建"一带一路"国家进出口增长 2.8%，占进出口总额的比重为 46.6%，比上年提高 1.2 个百分点。机电产品出口增长 2.9%，占出口总额的比重为 58.6%。12 月份，货物进出口总额 38 098 亿元，同比增长 2.8%。其中，出口 21 754 亿元，增长 3.8%；进口 16 345 亿元，增长 1.6%。

（国家统计局：《2023 年国民经济回升向好 高质量发展扎实推进》，载 https://www.gov.cn/lianbo/bumen/202401/content_6926483.htm，最后访问日期：2025 年 3 月 18 日。）

任务九 增值税征收管理认知

◇ 任务引例

对涉税违法犯罪零容忍，维护公平税收秩序

2023年9月25日，税务部门曝光5起涉税案件，包括1名影视工作从业者和1名财税中介人员因偷逃税被处罚，多部门联合依法查处1起骗取出口退税团伙案件，1家加油站因虚假纳税申报被处罚，1户企业因虚开增值税专用发票并违规适用增值税加计抵减政策被查处。

严肃查处，税法权威不容侵犯

在近期演艺明星、网络主播偷逃税案件曝光后，税务部门再次曝光一起影视工作从业者偷逃税案件，表明了税务部门对相关领域涉税违法行为零容忍的态度，传递了税务部门持续加强对文娱领域和网络直播从业人员的税收监管，对偷逃税等涉税违法犯罪行为依法处理、严厉打击的明确信号。

今年以来，税务部门已公开曝光了8起文娱领域、网络直播行业偷逃税案件。无论是偷逃少缴税款超千万的网络主播、有一定影响力的明星艺人，还是偷逃税款金额不大的演艺界人士、知名度不高的小主播，只要逾越法律界限都受到了处罚，彰显了税务部门持续打击相关领域偷逃税行为的高压态势。此次曝光的这位影视工作从业者在税务部门提示提醒、督促整改、约谈警示后，仍整改不彻底，抱有侥幸心理，依法受到严肃查处，也是咎由自取。

依法纳税不仅是每个公民的基本义务，更是公众人物应尽的社会职责。税法权威不容侵犯，以身试法只能自毁前程。无论名气大小、流量高低，都应该树立依法诚信纳税理念，承担起相应的社会责任，自觉履行诚信纳税义务。

诚信纳税，否则将自食其果

近年来，税务部门陆续实名曝光了一些涉税中介违规典型案例，这些案例大多都是涉税虚假宣传信息，歪曲解读税收政策，误导社会公众，甚至教唆或直接实施偷逃税行为，扰乱正常税收秩序，侵犯了纳税人缴费人的合法权益，也妨碍了市场公平竞争。税务机关持续加大力度打击涉税中介机构违法案件并予以曝光具有重要的普法意义。

本案也给涉税中介从业人员敲响警钟。涉税中介从业人员是涉税专业服务的提供者，不仅应依法依规执业，更要坚持底线思维，诚信纳税。税务部门曝光相关案例，意在提醒广大涉税中介从业人员要增强自律意识，恪守职业道德，认真履行社会责任，加强行业自律和审核把关，带头严守国家法律法规，凭借专业优质的服务、诚信纳税，树立行业良好形象，否则必将受到法律的严惩。

合法经营，方可行稳致远

此次曝光的案件类型还有涉及虚开发票、偷逃税、骗取出口退税、骗取税费优惠政策等，充分体现了税务等部门对各类涉税违法犯罪行为"露头就打"、严惩不贷，以公正监管促公平竞争，为铤而走险的不法分子再次敲响警钟。

一系列涉税典型案件的曝光，体现出税务部门针对各种类型的偷逃税行为开展全方位精确化打击和规范化治理，规范税收经济秩序，维护社会公平正义的决心。无论经营主体还是自然人纳税人，都应诚信纳税，否则将自食其果。

(《税务部门再曝光5起涉税案件！对涉税违法犯罪零容忍，维护公平税收秩序》，载 https://www.chinatax.gov.cn/chinatax/n810219/n810780/c5214125/content.html，最后访问日期：2025年3月18日。)

◇ **任务要求**

通过上述案例，你能认识到增值税征收管理的重要性吗？

◇ **税海探知**

《增值税暂行条例》及《增值税暂行条例实施细则》明确规定了增值税的纳税义务发生时间、纳税期限、纳税地点和申报缴纳的方法，要求纳税人准确、及时地将税款缴入国库。

一、增值税纳税义务发生时间的确定

（一）纳税人销售货物或者提供应税劳务的纳税义务发生时间

增值税纳税义务发生时间是指纳税人具体发生纳税义务应当承担税款的起始时间，按销售结算方式的不同，具体规定如下：

1. 直接收款方式销售货物，不论货物是否发出，均为收讫销货款或取得索取销货款凭据的当天；先开具发票的，为开具发票的当天。

2. 托收承付、委托银行收款方式销售货物，为发出货物并办妥托收手续的当天。

3. 赊销、分期收款方式销售货物，为书面合同约定的收款日期的当天，无书面合同的或者书面合同没有约定收款日期的，为货物发出的当天。

4. 预收货款方式销售货物，为发出货物的当天，但对于生产销售生产工期超过 12 个月的大型机械设备、船舶、飞机等货物，为收到预收款或者书面合同约定的收款日期的当天。

5. 委托代销货物，为收到代销清单的当天，或者收到全部或者部分货款的当天。未收到代销清单及货款的，为发出代销货物满 180 天的当天。

6. 销售应税劳务，为提供劳务同时收讫销售款或取得索取销售款凭据的当天。

7. 发生视同销售行为的，为货物移送的当天。

8. 进口货物为报关进口的当天。

（二）纳税人发生应税行为的纳税义务发生时间

1. 纳税人发生应税行为并收讫销售款项或者取得索取销售款项凭据的当天；先开具发票的，为开具发票的当天。

收讫销售款项是指纳税人销售服务、无形资产、不动产过程中或者完成后收到款项。

取得索取销售款项凭据的当天，是指书面合同确定的付款日期；未签订书面合同或者书面合同未确定付款日期的，为服务、无形资产转让完成的当天或者不动产权属变更的当天。

2. 纳税人提供租赁服务采取预收款方式的，其纳税义务发生时间为收到预收款的当天。

3. 纳税人从事金融商品转让业务，为金融商品所有权转移的当天。

4. 纳税人发生视同销售服务、无形资产或者不动产，其纳税义务发生时间为服务、无形资产转让完成的当天或者不动产权属变更的当天。

5. 单位或个体工商户向其他单位或个体无偿提供金融服务（用于公益事业或者以社会公众为对象的除外），其纳税义务发生时间为金融服务完成的当天。

（三）增值税扣缴义务发生时间

《增值税暂行条例》和《财政部、国家税务总局关于全面推开营业税改征增值税试点的通知》均对增值税扣缴义务发生时间做了规定，增值税扣缴义务发生时间为纳税人增值税纳税义务发生的当天。

【例 2-25】下列关于增值税纳税义务发生时间的描述，符合规定的有（　　）。

A. 进口货物为报关进口的当天

B. 发生视同销售行为的，为货物移送的当天

C. 纳税人提供建筑服务、租赁服务采取预收款方式的，其纳税义务发生时间为收到预收款的当天

D. 托收承付、委托银行收款方式销售货物，为发出货物并办妥托收手续的当天

解析：ABCD。这四条均符合增值税纳税义务发生时间的规定。

二、增值税纳税期限的规定

纳税期限是指税收法律规定的，纳税人发生纳税义务后缴纳税款的法定期限。增值税纳税期限分别为 1 日、3 日、5 日、10 日、15 日、1 个月或者 1 个季度。以 1 个月或者 1 个季度为纳税期限的，期满后 15 日内申报纳税；以 1 日、3 日、5 日、10 日、15 日为纳税期限的，期满后 5 日内预缴税款，于次月 1 日起 15 日内申报纳税并结清上月税款；扣缴义务人解缴税款的期限，按照上述规定执行。

进口货物，应自海关填发海关进口增值税专用缴款书之日起 15 日内缴纳税款；出口货物，可以按月申报并办理该项出口货物的退税。

纳税人的具体纳税期限，由主管税务机关根据其应纳税额的大小分别核定；不能按固定期限纳税的，可以按次纳税；以 1 个季度为纳税期限的规定仅适用于小规模纳税人、银行、财务公司、信托投资公司、信用社，以及财政部和国家税务总局规定的其他纳税人。

三、增值税纳税地点的规定

纳税地点是指纳税人依据税法规定向征税机关申报纳税的具体地点。对增值税的纳税地点的规定有：

1. 固定业户应当向其机构所在地或者居住地主管税务机关申报纳税。总机构和分支机构不在同一县（市）的，应当分别向各自所在地的主管税务机关申报纳税；经财政部和国家税务总局或者其授权的财政和税务机关批准，可以由总机构汇总向总机构所在地的主管税务机关申报纳税。

2. 固定业户到外县（市）销售货物的或者提供应税劳务，应当向其机构所在地主管税务机关申请开具《外出经营活动税收管理证明》，向其机构所在地主管税务机关申报纳税。未开具证明的，应当向销售地或者劳务发生地主管税务机关申报纳税；未向销售地或者劳务发生地主管税务机关申报纳税的，由其机构所在地的主管税务机关补征税款。

3. 非固定业户应当向应税行为发生地的主管税务机关申报纳税；未申报纳税的，由其机构所在地或者居住地的主管税务机关补征税款。

4. 进口货物，应当由进口人或其代理人向报关地海关申报纳税。

5. 其他个人提供建筑服务，销售或者租赁不动产，转让自然资源使用权，应向建筑服务发生地、不动产所在地、自然资源所在地税务机关申报纳税。

6. 纳税人跨县（市）提供建筑服务，在建筑服务发生地预缴税款后，向机构所在地主管税务机关进行纳税申报。

自 2017 年 5 月 1 日起，纳税人在同一地级行政区范围内跨县（市、区）提供建筑服务，纳税人不再预缴增值税。

7. 纳税人销售不动产，在不动产所在地预缴税款后，向机构所在地主管税务机关进行纳税申报。

8. 纳税人租赁不动产，在不动产所在地预缴税款后，向机构所在地主管税务机关进行纳税申报。

9. 扣缴义务人应当向其机构所在地或者居住地的主管税务机关申报缴纳其扣缴的税款。

任务十　增值税发票开具

一、发票认知

发票是指在购销商品、提供或者接受服务以及从事其他经营活动中，开具、收取的收付款凭证。发票包括纸质发票和电子发票。电子发票与纸质发票具有同等法律效力。我国正在积极推广使用电子发票。发票的种类、联次、内容、编码规则、数据标准、使用范围等具体管理办法由国务院税务主管部门规定。

电子发票是指在购销商品、提供或者接受服务以及从事其他经营活动中，按照税务机关发票管理规定以数据电文形式开具、收取的收付款凭证。电子发票与纸质发票的法律效力相同，任何单位和个人不得拒收。税务机关建设电子发票服务平台，为用票单位和个人提供数字化等形态电子发票开具、交付、查验等服务。

（一）发票的印制

增值税发票由国务院税务主管部门确定的企业印制。其他发票，按照国务院税务主管部门的规定，由省、自治区、直辖市税务机关确定的企业印制。禁止私自印制、伪造、变造发票。印制发票应当使用国务院税务主管部门确定的全国统一的发票防伪专用品。禁止非法制造发票防伪专用品。发票应当套印全国统一发票监制章。全国统一发票监制章的式样和发票版面印刷的要求，由国务院税务主管部门规定。发票监制章由省、自治区、直辖市税务机关制作。禁止伪造发票监制章。

发票实行不定期换版制度。发票应当使用中文印制。民族自治地方的发票，可以加印当地一种通用的民族文字。有实际需要的，也可以同时使用中外两种文字印制。各省、自治区、直辖市内的单位和个人使用的发票，除增值税专用发票外，应当在本省、自治区、直辖市内印制；确有必要到外省、自治区、直辖市印制的，应当由省、自治区、直辖市税务机关商印制地省、自治区、直辖市税务机关同意后确定印制发票的企业。

（二）发票的领用

需要领用发票的单位和个人，应当持设立登记证件或者税务登记证件，以及经办人身份证明，向主管税务机关办理发票领用手续。领用纸质发票的，还应当提供按照国务院税务主管部门规定式样制作的发票专用章的印模。主管税务机关根据领用单位和个人的经营范围、规模和风险等级，在5个工作日内确认领用发票的种类、数量以及领用方式。

单位和个人领用发票时，应当按照税务机关的规定报告发票使用情况，税务机关应当按照规定进行查验。

（三）发票的开具与保管

销售商品、提供服务以及从事其他经营活动的单位和个人，对外发生经营业务收取款项，收款方应当向付款方开具发票；特殊情况下，由付款方向收款方开具发票。所有单位和从事生产、经营活动的个人在购买商品、接受服务以及从事其他经营活动支付款项，应当向收款方取得发票。取得发票时，不得要求变更品名和金额。不符合规定的发票，不得作为财务报销凭证，任何单位和个人有权拒收。

开具发票应当按照规定的时限、顺序、栏目，全部联次一次性如实开具，开具纸质发票应当加盖发票专用章。

任何单位和个人不得有下列虚开发票行为：

1. 为他人、为自己开具与实际经营业务情况不符的发票。

2. 让他人为自己开具与实际经营业务情况不符的发票。

3. 介绍他人开具与实际经营业务情况不符的发票。

安装税控装置的单位和个人，应当按照规定使用税控装置开具发票，并按期向主管税务机关报送开具发票的数据。使用非税控电子器具开具发票的，应当将非税控电子器具使用的软件程序说明资料报主管税务机关备案，并按照规定保存、报送开具发票的数据。单位和个人开发电子发票信息系统自用或者为他人提供电子发票服务的，应当遵守国务院税务主管部门的规定。

（四）发票的检查

税务机关在发票管理中有权进行下列检查：

1. 检查印制、领用、开具、取得、保管和缴销发票的情况。

2. 调出发票查验。

3. 查阅、复制与发票有关的凭证、资料。

4. 向当事各方询问与发票有关的问题和情况。

5. 在查处发票案件时，对与案件有关的情况和资料，可以记录、录音、录像、照相和复制。

印制、使用发票的单位和个人，必须接受税务机关依法检查，如实反映情况，提供有关资料，不得拒绝、隐瞒。税务人员进行检查时，应当出示税务检查证。

税务机关需要将已开具的发票调出查验时，应当向被查验的单位和个人开具发票换票证。发票换票证与所调出查验的发票有同等的效力。被调出查验发票的单位和个人不得拒绝接受。税务机关需要将空白发票调出查验时，应当开具收据；经查无问题的，应当及时返还。

◇ 思政园地

全国统一的新"电子税务局"将于今年扩围上线

2024年，全国税务系统将持续深化税收征管改革，稳步推进全面数字化的电子发票推广应用，扩围上线全国统一的新"电子税务局"，深化拓展税收大数据应用，提升数字化智能化治理效能。

税收数据显示，2023年，新办涉税经营主体即首次到税务部门办理税种认定、发票领用、申报纳税等涉税事项的经营主体达1687.6万户，同比增长28.3%，其中以新产业、新业态、新商业模式为核心内容的新办涉税经营主体449.4万户，占全部新办户的26.6%；新办涉税经营主体中开展跨省贸易的有460.8万户，同比增长32%。

2024年，全国税务系统将精准高效落实结构性减税降费政策，进一步深化"政策找人"，加力推进政策直达快享。围绕"高效办成一件事"，聚焦办税缴费中高频事项和纳税人缴费人反映突出的问题，持续开展"便民办税春风行动"。

（《［人民日报］全国统一的新电子税务局将于今年扩围上线》，载 http://cktsycsb. jilin. chinatax. gov. cn/art/2024/2/8/art_868_744238.html，最后访问日期：2025年3月18日。）

二、发票开具案例

为深化中共中央办公厅、国务院办公厅印发的《关于进一步深化税收征管改革的意见》要求，加大推广使用数电票力度，经国家税务总局同意，决定在部分省市自治区进行数电票试点工作。本任务发票开具以数电票开具为例。

◇ **工作情景**

涉税教学为增值税一般纳税人，2023年4月有3笔业务需要开具相关发票。具体开票信息，详见开票案例。

◇ **任务目标**

根据案例1、2的"开票申请单"，开具增值税发票。根据案例3的"销售退回说明"和"电子发票（增值税专用发票）"开具红字电子发票（增值税专用发票）。

◇ **实操引领**

【开票案例1】开具全电发票（专票），相关信息见"开票申请单"。

开票申请单

申请日期	2023-04-01					开票编号	800000025
申请开票的种类	□普通发票 □专用发票 □电子普票 □电子专用 □机动车发票 ☑全电发票（专票） □全电发票（普票）						
特定业务					卷额开票类型		
合同编号/订单号	800000025						
购/销方名称	北京市阿布乳酪酒店有限公司						
纳税人识别号	911010194965056F						
地址、电话	北京市东城区汉江街道民益路8073号010-5646993					此栏专用发票必填	
开户行及账号	中国工商银行北京市东城区支行6111010170500438						
项目名称	规格型号		单位	数量	单价（不含税）	金额	
*酒*百威啤酒	500ml*18听		捆	50	90	4500	
合计			—	—	—	￥4500	
备注：							
开票申请人	吴鸿伟			部门负责人	徐天天		
总经理	陈春沙			财务确认	杨亚兰		

图2-1　开票申请单

【实操指导】纳税人开具全电发票（专票）需进入"电子税务局"，然后点击"开票业务"，进入开票系统。如图2-2所示。

图2-2

进入开票系统后，根据经济业务信息，进行发票开具。具体步骤如下：

【第一步】单击"立即开票"，出现"立即开票"对话框。如图2-3所示。

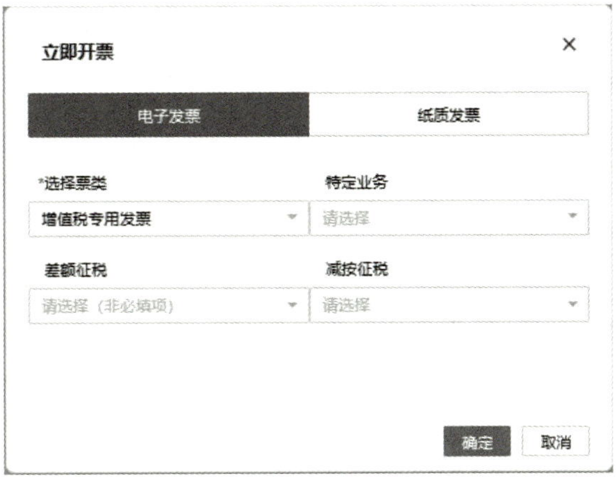

图 2-3

【第二步】在立即开票界面，根据"开票申请单"（见图 2-1）选择"票类""特定业务""差额征税""减按征税"等。选择完毕后，点击"确定"。进入蓝字发票业务的电子发票填开页面，如图 2-4 所示。

图 2-4

【第三步】根据"开票申请单"（见图 2-1）进行购买方信息、开票信息、备注信息及经办信息的填写，填写完毕后点击最下方的"发票开具"按钮，如图 2-5 所示。

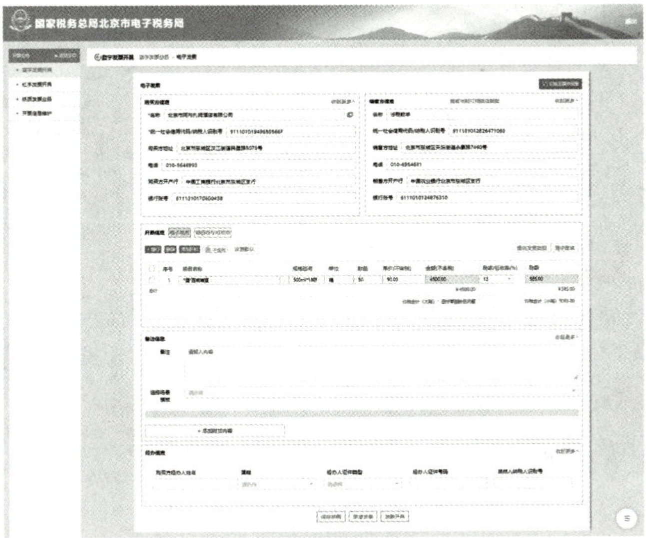

图 2-5

开票完毕，提示"开票成功"如图 2-6 所示。继续开票可以点击该页面的"继续开票"，亦可点击"退出开票"退出。

图 2-6

【开票案例 2】开具全电发票（普票），相关信息见"开票申请单"。

图 2-7　开票申请单

【实操指导】纳税人开具全电发票（普通）同样需进入"电子税务局"，然后点击"开票业务"，进入开票系统。具体步骤如下：

【第一步】进入开票系统后点击"立即开票"，出现"立即开票"对话框。在"选择票类"下拉菜单里选择"普通发票"，然后点击"确定"。如图 2-8 所示。

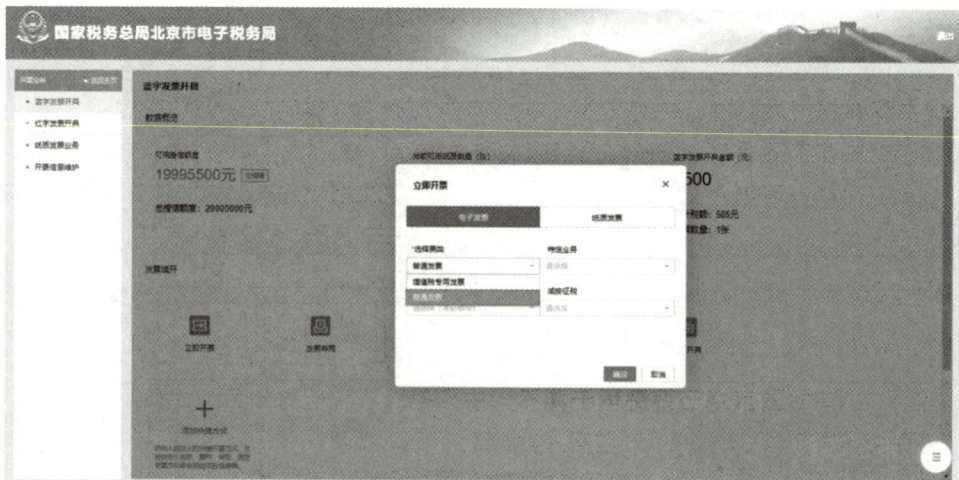

图 2-8

【第二步】根据"开票申请单"（见图 2-7）进行发票信息填写。在填写"开票信息"时，本次销售涉及 3 种货物，因此填写完第 1 种货物后需要点击"开票信息"左上角的"+增行"，增行完毕继续填写第 2 种货物信息。如图 2-9 所示。

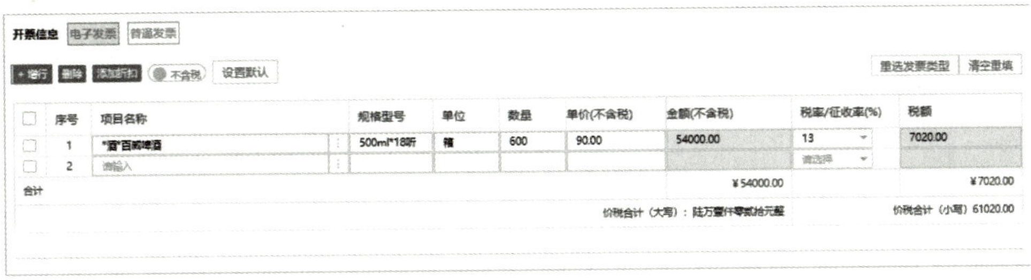

图 2-9

【第三步】再次点击"+增行"，增行完毕后继续填写第 3 种货物信息。填写完毕后点击最下方的"发票开具"按钮，如图 2-10 所示。开票完毕，提示"开票成功"。

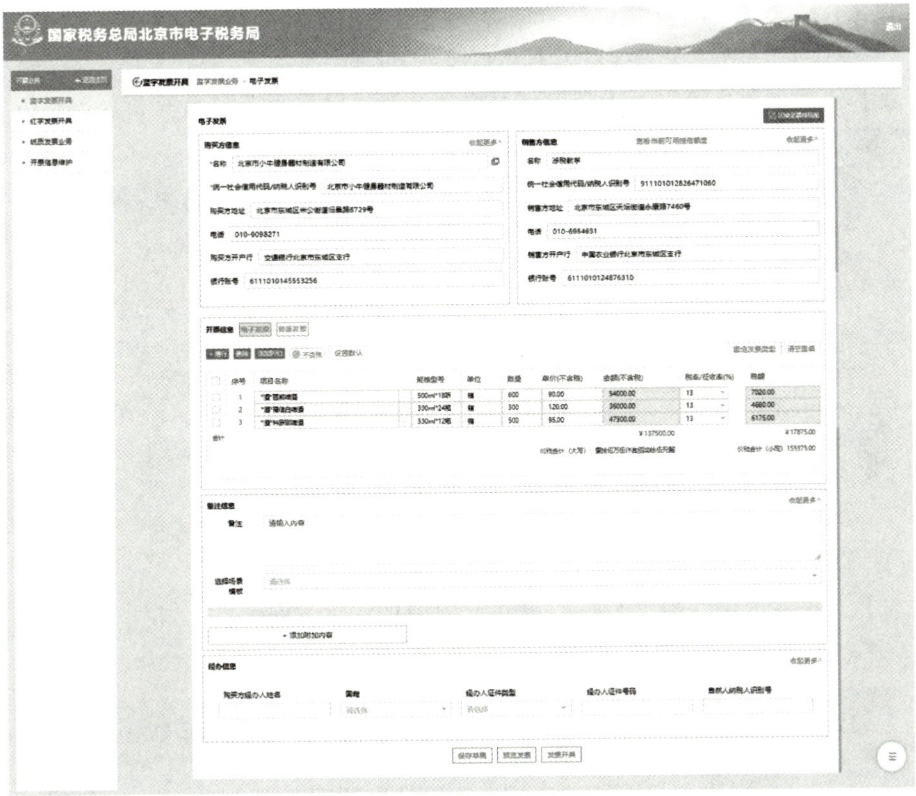

图 2-10

【开票案例 3】开具红字电子发票（增值税专用发票）。相关信息见图 2-11、图 2-12。

销售退回说明

2023年2月28日，因运输过程造成50箱百威啤酒外包装变形严重、瓶体有破碎漏酒、浸湿纸箱。经协商，将损坏的50箱百威啤酒退回公司。

图 2-11　销售退回说明

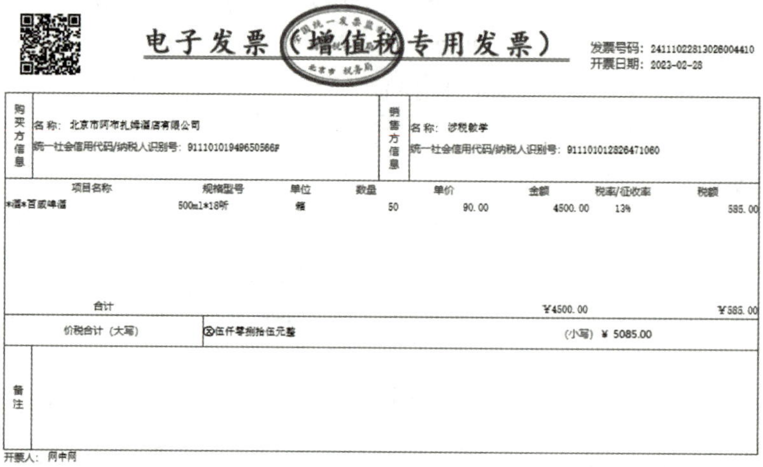

图 2-12　电子发票（增值税专用发票）

【实操指导】纳税人开具红字电子发票（增值税专用发票），同样需进入"电子税务局"，然后点击"开票业务"，进入开票系统。具体步骤如下：

【第一步】进入开票系统后点击选择红字发票业务，然后点击"红字发票确认信息录入"，进入红字发票确认信息录入界面。如图 2-13 所示。

图 2-13

【第二步】点击右下角"预览票据"，查看已开具的蓝字发票信息，如图 2-14 所示。确实是需要开具红字发票的对应蓝字发票后，关闭预览。

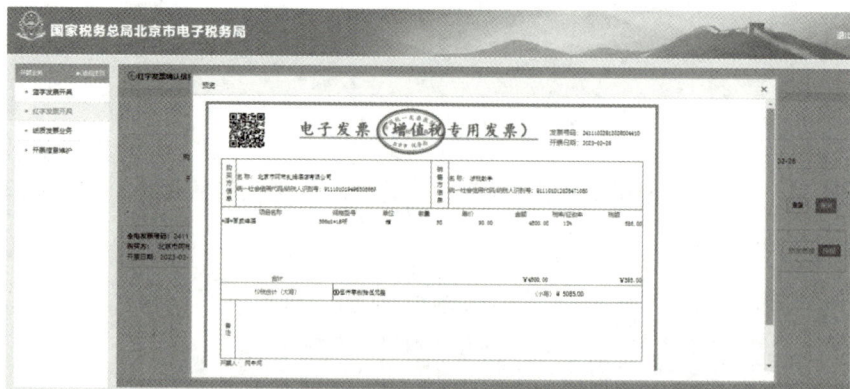

图 2-14

【第三步】点击右下角"选择"，进入红字发票确认信息录入页面，在该页面"开具红字发票原因"下拉菜单中选择"销售退回"后，点击右侧"提交"，如图 2-15 所示。

图 2-15

【第四步】提交后，出现"提交成功"提示，然后点击"关闭申请"，如图 2-16 所示。

图 2-16

【第五步】点击"红字发票确认信息处理"，进行红字发票信息确认。如图 2-17 所示。

图 2-17

【第六步】在红字发票确认信息处理页面，点击右下方"去开票"，如图 2-18 所示。

图 2-18

【第七步】进入红字发票开具页面，确认"销售方信息""购买方信息""对应蓝字发票信息""项目信息"无误后，点击下方"开具发票"如图 2-19 所示。

图 2-19

【第八步】提示"开票成功"，如图 2-20 所示。

图 2-20

【第九步】点击"查看发票"，查看刚才开具的红字发票，如图 2-21 所示。

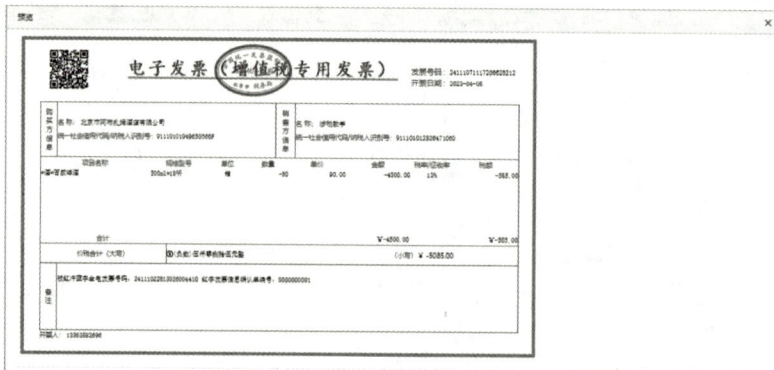

图 2-21

任务十一 增值税及附加税费纳税申报

一、增值税一般纳税人纳税申报

增值税一般纳税人应按月进行纳税申报，申报期为次月 1 日起至 15 日止。如实填写《增值税及附加税费申报表（一般纳税人适用）》。办理电子申报的纳税人登录主管国家税务总局电子申报系统办理申报纳税；未办理电子申报的纳税人到主管国家税务机关办理申报纳税。

（一）纳税申报上报资料

1. 《增值税及附加税费申报表（一般纳税人适用）》及其 5 个附表和《增值税减免税申报明细表》。

2. 使用防伪税控系统的纳税人，还必须报送当期纳税信息的 IC 卡、《增值税专用发票存根联明细表》和《增值税专用发票抵扣联明细表》。

3. 《资产负债表》和《损益表》。

4. 主管税务机关要求报送的其他资料。

经营规模大的纳税人，如上述附报资料较多、报送有困难的，经县级税务局批准，由主管国家税务机关派人到企业审核。

实行电子信息采集的纳税人，除向主管税务机关报送上述电子数据外，还需报送纸质的《增值税纳税申报表（一般纳税人适用）》（主表及附表）。

（二）纳税申报备查资料

下列备查资料是否需要在当期报送，由各省级税务局确定：

1. 已经开具的税控"机动车销售统一发票"和普通发票存根联。

2. 符合抵扣条件并且在本期申报抵扣的增值税专用发票抵扣联。

3. 海关进口货物完税凭证和收购农产品的普通发票的复印件。

4. 已经开具的农产品收购凭证的存根联或报查联。

5. 代扣代缴税款凭证存根联。

6. 主管税务机关规定的其他备查资料。

视频 一般纳税人增值税及附加税费纳税申报

◇ 申报演示

二、增值税小规模纳税人纳税申报

增值税小规模纳税人纳税申报应填报《增值税及附加税费申报表（小规模纳税人适用）》及其附列资料、《普通发票领用存月报表》、《企业财务会计报表》及其他税务机关要求报送的资料。

三、增值税一般纳税人纳税申报案例

◇ 工作情景

涉税教学公司为增值税一般纳税人，2023 年 3 月发生了纳税业务，详情请见"本期销售情况统计表""发票种类统计表""项目统计表"和"增值税申报进项抵扣汇总表"等资料，主管税务机关核定该公司于次月 15 日内按月进行增值税及附加税费纳税申报。

◇ 任务目标

请登录该公司"电子税务局"，进行增值税及附加税费纳税申报。

◇ 实操引领

【申报案例】一般纳税人申报，相关资料如下：

表 2-1　本期销售情况统计表

开票情况	应税项目	应税项目代码	金额	税率	税额	备注
电子发票（增值税专用发票）	*空调*空调	109041501	300 000.00	13%	39 000.00	—
电子发票（增值税专用发票）	*家用制冷器具*冰箱	109041401	1 640 000.00	13%	213 200.00	—
合计			1 940 000.00		252 200.00	—
电子发票（普通发票）	*空调*空调	109041501	348 000.00	13%	45 240.00	—
电子发票（普通发票）	*家用制冷器具*冰箱	109041401	800 000.00	13%	104 000.00	—
合计			1 148 000.00		149 240.00	—
未开发票	*空调*空调	109041501	180 000.00	13%	23 400.00	—
未开发票	*家用制冷器具*冰箱	109041401	45 000.00	13%	5850.00	—
合计			225 000.00		29 250.00	—
电子发票（增值税专用发票）	*运输服务*国内道路货物运输	30101020201	90 000.00	9%	8100.00	—
电子发票（普通发票）	*设计服务*电器外观设计	304030102	280 000.00	6%	16 800.00	—

表 2-2　发票种类统计表

序号	发票种类	正数发票份数	正数废票份数	负数发票份数	负数废票份数
1	电子发票（增值税专用发票）	10	0	0	0
2	电子发票（普通发票）	5	0	0	0

表 2-3　项目统计表

序号	发票种类	项目名称	合计	13%	9%	6%
1	电子发票（增值税专用发票）	实际销售金额	2 030 000.00	1 940 000.00	90 000.00	0.00
2	电子发票（增值税专用发票）	销项正数金额	2 030 000.00	1 940 000.00	90 000.00	0.00

序号	发票种类	项目名称	合计	13%	9%	6%
3	电子发票（增值税专用发票）	销项正数税额	260 300.00	252 200.00	8100.00	0.00
4	电子发票（增值税专用发票）	实际销项税额	260 300.00	252 200.00	8100.00	0.00
5	电子发票（普通发票）	实际销售税额	1 428 000.00	1 148 000.00	0.00	280 000.00
6	电子发票（普通发票）	销项正数金额	1 428 000.00	1 148 000.00	0.00	280 000.00
7	电子发票（普通发票）	销项正数税额	166 040.00	149 240.00	0.00	16 800.00
8	电子发票（普通发票）	实际销项税额	166 040.00	149 240.00	0.00	16 800.00

表 2-4　增值税申报进项抵扣汇总表

进项抵扣类型	份数	金额	税额
本期认证相符的增值税专用发票	12	1 535 919.38	141 990.02
海关进口增值税缴款书	3	2 164 420.00	281 374.60
农产品收购发票或者销售发票	0	0.00	0.00
代扣代缴税收缴款凭证	0	0.00	0.00
加计扣除农产品进项税额	0	0.00	0.00
外贸企业进项税额抵扣证明	0	0.00	0.00

关于员工福利决议

董事会决议：

　　企业领用2吨*黑色金属冶炼压延品*钢材作为用于员工宿舍装修，价税合计4520.00元。

参加人员：全体董事

日期：2023-03-30

图 2-22　关于员工福利决议

【实操指导】纳税人进行增值税及附加税费纳税申报时，需进入"电子税务局"。如图 2-23 所示。

图 2-23

【第一步】登录"电子税务局"后，进入企业需按期申报的税费清册页面。如图 2-24 所示。

图 2-24

【第二步】选择"增值税及附加税费申报表（一般纳税人）"后，单击"填写申报表"，进入报表填报界面如图 2-25 所示。

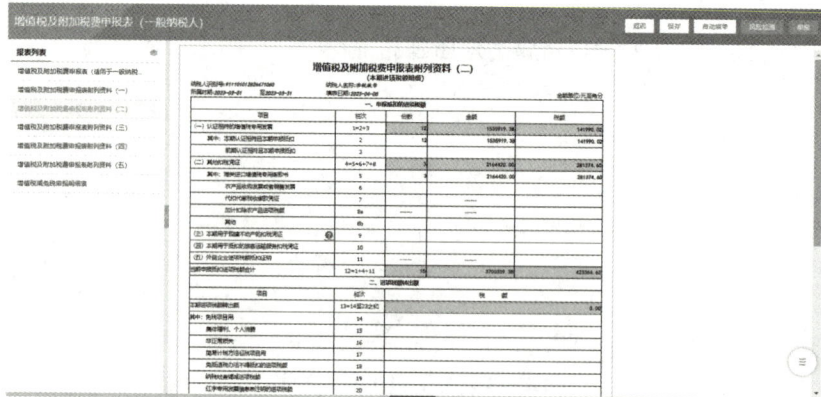

图 2-25

注意：填写时先填写附列资料（一）（二）（三）（四）后，再填写主表，最后再填写附列资料（五）。

依据企业实际发生经济业务，选择对应报表。

1. 附列资料（一）的填写。

点击"增值税及附加税费申报表附列资料（一）"进入填写界面，如图 2-26 所示。

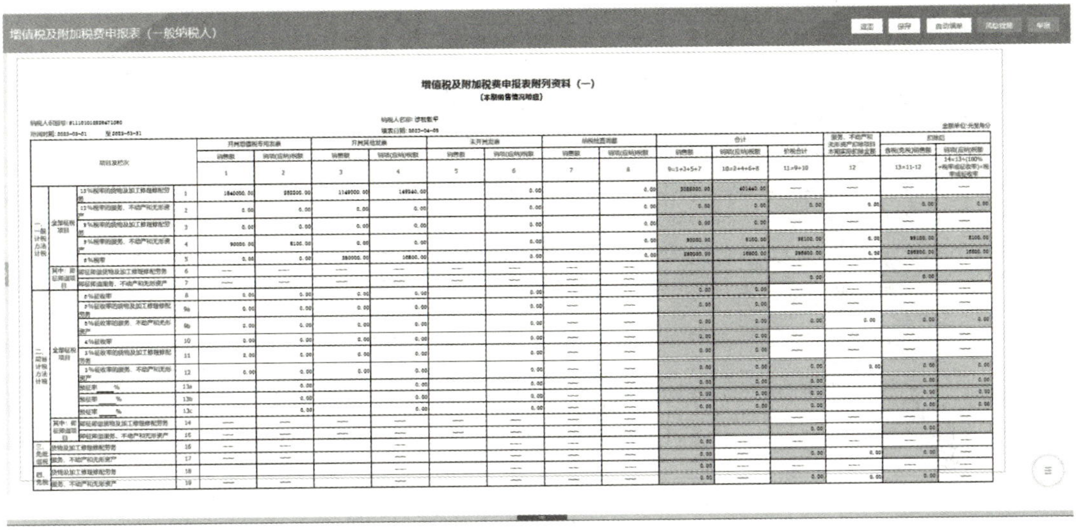

图 2-26

填表说明：根据"本期销售情况统计表"（见表 2-1）可知：

（1）本期销售货物时开具 13% 税率的增值税专用发票的金额合计为 1 940 000.00 元，税额合计为 252 200.00 元。这两个数据填入附列资料（一）的第 1 行第 1 栏、第 2 栏的位置。

（2）本期销售货物时开具 13% 税率的增值税普通发票的金额合计为 640 000.00 元，税额合计为 83 200.00 元；开具 13% 税率的增值税电子普通发票的金额合计为 508 000.00 元，税额合计为 66 040.00 元；将增值税普通发票与增值税电子普通发票的金额合计为 1 148 000.00 元，税额合计为 149 240.00 元，这两个数据填入附列资料（一）的第 1 行第 3 栏、第 4 栏的位置。

（3）本期销售货物时未开具增值税发票且商品适用税率为 13% 的金额合计为 225 000.00 元，税额合计为 29 250.00 元。这两个数据填入附列资料（一）的第 1 行第 5 栏、第 6 栏的位置。

（4）本期销售服务时开具 9% 税率的增值税专用发票的金额为 90 000.00 元，税额合计为 8100.00 元。这两个数据填入附列资料（一）的第 4 行第 1 栏、第 2 栏的位置。

（5）本期销售服务时开具 6% 税率的增值税电子普通发票的金额为 280 000.00 元，税额合计为 16 800.00 元。这两个数据填入附列资料（一）的第 5 行第 3 栏、第 4 栏的位置。

2. 附列资料（二）的填写。

点击"增值税及附加税费申报表附列资料（二）"进入填写界面。附列资料二与"增值税发票综合服务平台"所做的抵扣勾选相互关联，点击附列资料（二）时，抵扣勾选数据已经自动带出。如图 2-27 所示。

填表说明：根据"增值税申报抵扣汇总表"（见表 2-4）可知本期认证相符的增值税专用发票 12 份，金额 1 535 919.38 元，税额 141 990.02 元；海关进口增值税专用缴款书 3 份，金额 2 164 420.00 元，税额 281 374.60 元。相关数据会自动带出。

增值税及附加税费申报表（一般纳税人）

增值税及附加税费申报表附列资料（二）
（本期进项税额明细）

纳税人识别号：91110101282647060 纳税人名称：涉税教学
所属时期：2023-03-01 至2023-03-31 填表日期：2023-04-08
全额单位：元至角分

一、申报抵扣的进项税额

项目	栏次	份数	全额	税额
（一）认证相符的增值税专用发票	1=2+3	12	1535919.38	141990.02
其中：本期认证相符且本期申报抵扣	2	12	1535919.38	141990.02
前期认证相符且本期申报抵扣	3			
（二）其他扣税凭证	4=5+6+7+8	3	2164420.00	281374.60
其中：海关进口增值税专用缴款书	5	3	2164420.00	281374.60
农产品收购发票或者销售发票	6			
代扣代缴税收缴款凭证	7		——	
加计扣除农产品进项税额	8a	——	——	
其他	8b			
（三）本期用于购建不动产的扣税凭证	9			
（四）本期用于抵扣的旅客运输服务扣税凭证	10			
（五）外贸企业进项税额抵扣证明	11		——	
当期申报抵扣进项税额合计	12=1+4+11	15	3700339.38	423364.62

二、进项税额转出额

项目	栏次	税额
本期进项税额转出额	13=14至23之和	0.00
其中：免税项目用	14	
集体福利、个人消费	15	
非正常损失	16	
简易计税方法征税项目用	17	
免抵退税办法不得抵扣的进项税额	18	
纳税检查调减进项税额	19	
红字专用发票信息表注明的进项税额	20	
上期留抵税额抵减欠税	21	
上期留抵税额退税	22	
异常凭证转出进项税额	23a	
其他应作进项税额转出的情形	23b	

三、待抵扣进项税额

项目	栏次	份数	全额	税额
（一）认证相符的增值税专用发票	24	——	——	——
期初已认证相符但未申报抵扣	25			
本期认证相符且本期末申报抵扣	26			
期末已认证相符但未申报抵扣	27			
其中：按照税法规定不允许抵扣	28			
（二）其他扣税凭证	29=30至33之和	0	0.00	0.00
其中：海关进口增值税专用缴款书	30			
农产品收购发票或销售发票	31			
代扣代缴税收缴款凭证	32			
其他	33			
	34			

四、其他

项目	栏次	份数	全额	税额
本期认证相符的增值税专用发票	35	12	1535919.38	141990.02
代扣代缴税额	36	——		

图 2-27

3. 附列资料（三）的填写。点击"增值税及附加税费申报表附列资料（三）"进入填写界面，如图 2-28 所示。

增值税及附加税费申报表（一般纳税人）

增值税及附加税费申报表附列资料（三）　（服务、不动产和无形资产扣除项目明细）

纳税人识别号:91110101282647106　　纳税人名称:办税教学　　金额单位:元至角分
所属时间:2023-03-01　至2023-03-31　　填表日期:2023-04-08

项目及栏次		本期服务、不动产和无形资产价税合计额（免税销售额）	服务、不动产和无形资产扣除项目				
			期初余额	本期发生额	本期应扣除金额	本期实际扣除金额	期末余额
		1	2	3	4=2+3	5(5≤1且5≤4)	6=4-5
13%税率的项目	1	0.00			0.00		0.00
9%税率的项目	2	98100.00			0.00		0.00
6%税率的项目（不含金融商品转让）	3	296800.00			0.00		0.00
6%税率的金融商品转让项目	4				0.00		0.00
5%征收率的项目	5	0.00			0.00		0.00
3%征收率的项目	6	0.00			0.00		0.00
免抵退税的项目	7	0.00			0.00		0.00
免税的项目	8	0.00			0.00		0.00

图 2-28

填表说明：根据"本期销售情况统计表"（见表 2-1）可知本期服务、不动产和无形资产价税合计额（免税销售额）共有两个数据。一个是销售"＊运输服务＊国内道路货物运输"的价税合计金额 98 100.00 元；另一个是销售"＊设计服务＊电器外观设计"价税合计金额 296 800.00 元。因为没有扣除金额因此只需将这两个数据填入第 2 行和第 3 行的第 1 栏、第 2 栏即可。

4. 附列资料（四）的填写。点击"增值税及附加税费申报表附列资料（四）"进入填写界面，如图 2-29 所示。

增值税及附加税费申报表（一般纳税人）

增值税及附加税费申报表附列资料（四）
（税额抵减情况表）

纳税人识别号:91110101282647106　　纳税人名称:办税教学　　金额单位:元至角分
所属时间:2023-03-01　至2023-03-31　　填表日期:2023-04-08

一、税额抵减情况

序号	抵减项目	期初余额	本期发生额	本期应抵减税额	本期实际抵减税额	期末余额
		1	2	3=1+2	4≤3	5=3-4
1	增值税税控系统专用设备费及技术维护费	0.00		0.00		0.00
2	分支机构预征缴纳税款	0.00		0.00		0.00
3	建筑服务预征缴纳税款	0.00		0.00		0.00
4	销售不动产预征缴纳税款	0.00		0.00		0.00
5	出租不动产预征缴纳税款	0.00		0.00		0.00

二、加计抵减情况

序号	加计抵减项目	期初余额	本期发生额	本期调减额	本期可抵减额	本期实际抵减额	期末余额
		1	2	3	4=1+2-3	5	6=4-5
6	一般项目加计抵减额计算						
7	即征即退项目加计抵减额计算						
8	合计	0.00	0.00	0.00	0.00	0.00	0.00

图 2-29

填表说明：企业未发生税额抵减情况及加计抵减情况，因此直接点击"保存"即可。

5. "增值税减免税申报明细表"的填写。点击"增值税减免税申报明细表"进入填写界面，如图 2-30 所示。

图 2-30

填表说明：企业未发生减免税情况，因此直接点击保存即可。

6. 主表的填写。点击"增值税及附加税费申报表（一般纳税人适用）"进入填写界面，如图 2-31 所示。

图 2-31

填表说明：主表数据，如"销项税额""进项税额""上期留抵税额""进项税额转出"等报表项目，根据附列资料（一）、（二）、（三）、（四）数据自动带出并核对数据无误后，单击右上角"保存"。

注意： 此时主表第39、40、41栏无数据。

7. 附列资料（五）的填写。点击"增值税及附加税费申报表附列资料（五）"进入填写界面，如图2-32所示。

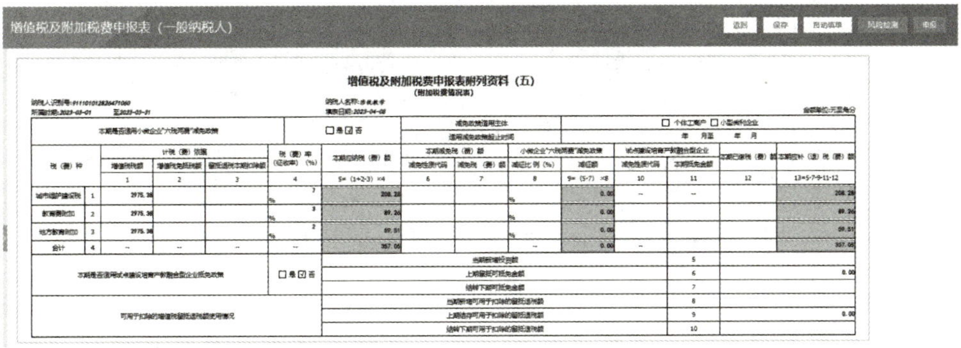

图 2-32

填表说明：附列资料（五）的数据根据主表数据自动带出，核对数据无误后，单击右上角"保存"。

【第三步】 返回主表，此时主表第39、40、41栏数据根据附列资料（五）的数据信息自动带出。主表、五个附列资料及增值税减免税申报明细表数据全部填写完毕后，点击右上角"保存"则左侧相应的附列资料变为"已保存"状态。如图2-33所示。

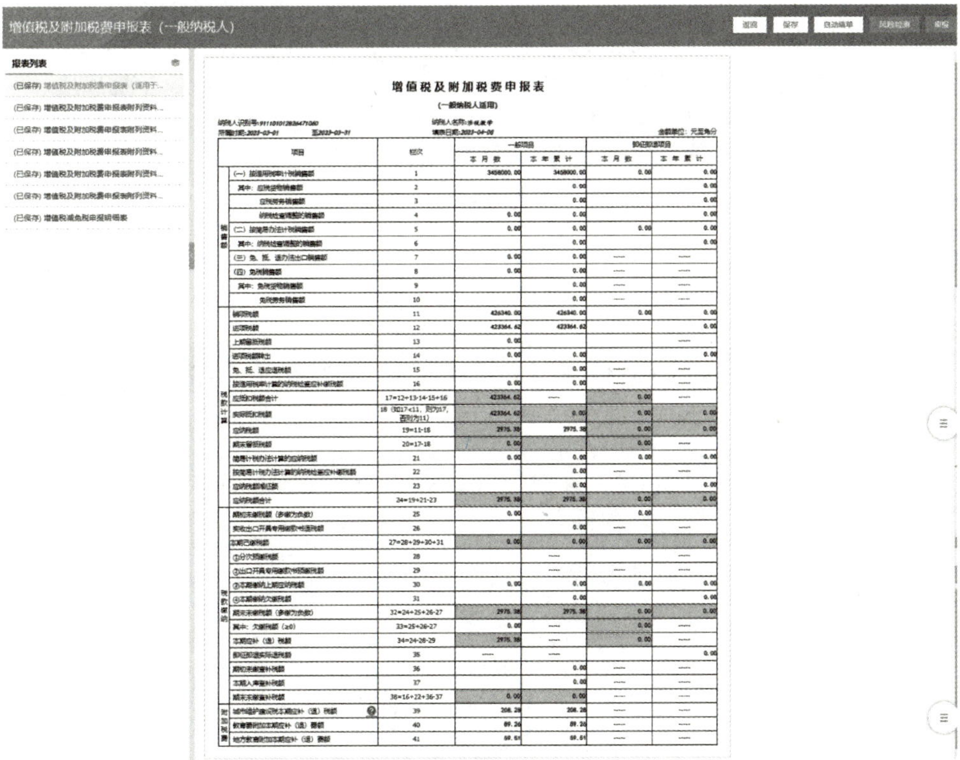

图 2-33

【第四步】保存后，提示"操作成功"，再点击右上角"申报"按钮。弹出"正式申报后将不允许修改已申报表单，确认申报？"对话框。如图2-34所示。

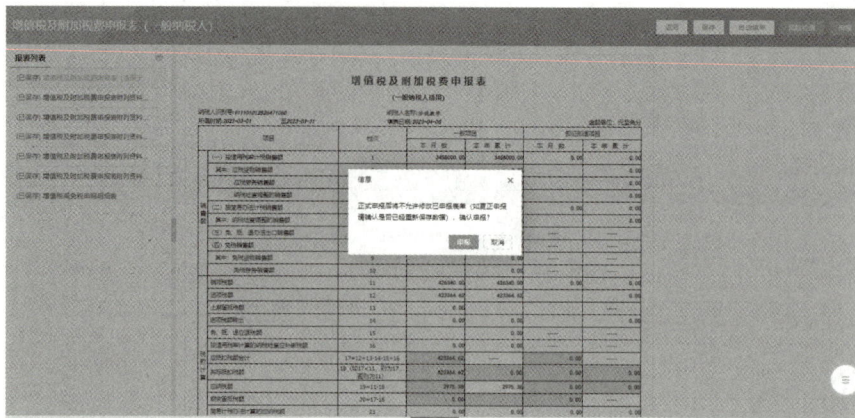

图2-34

【第五步】点击"申报"后，弹出"申报反馈"，点击"确定"。如图2-35所示。

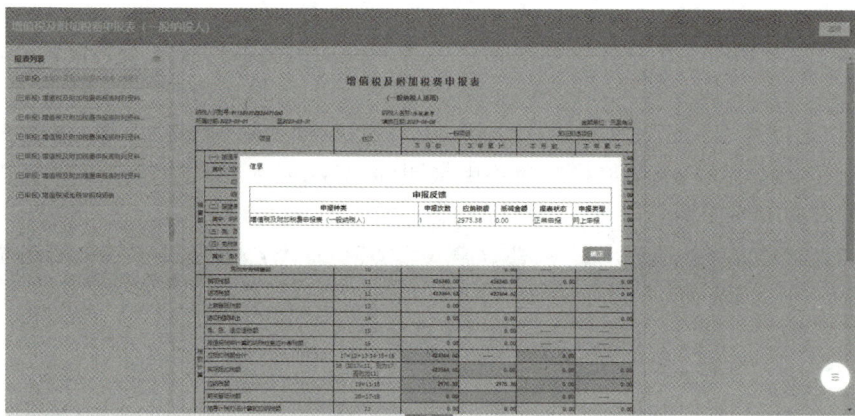

图2-35

【第六步】完成申报后，弹出"申报成功！是否现在进入税款缴纳？"对话框，单击"是"，如图2-36所示。

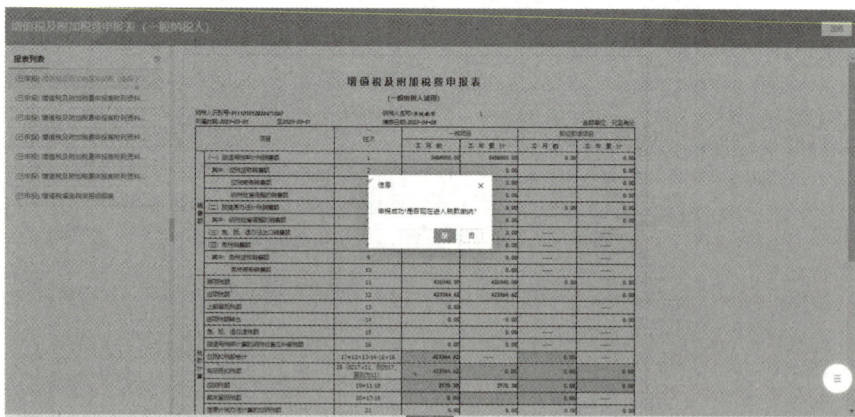

图2-36

【第七步】进入"税款缴纳"页面，在需要缴纳税款记录的左侧进行框选确认，然后单击页面下方"立即缴款"后，提示"扣款成功"完成税款缴纳。如图 2-37 所示。

图 2-37

技能训练

一、单项选择题

1. 下列关于增值税计税销售额的规定，正确的是（　　　）。
A. 以物易物方式销售货物，由多交付货物的一方以价差为计税销售额
B. 以旧换新方式销售货物，以实际收取的不含增值税的价款为计税销售额（不包含金银首饰）
C. 采取折扣方式销售货物，按照扣减折扣额后的余额作为计税销售额
D. 还本方式销售货物，以货物的销售价格为计税销售额

2. 纳税销售或进口下列（　　　）货物，按 13% 的税率计征增值税。
A. 天然气　　　　　B. 图书　　　　　C. 空调　　　　　D. 音像制品

3. 甲公司为增值税一般纳税人，2024 年 9 月，销售货物取得不含税销售额 20 万元，当月另收取含税包装费 1.13 万元。该公司上述业务计税销售额为（　　　）万元。
A. 21.13　　　　　B. 21　　　　　C. 18.7　　　　　D. 23.73

4. 下列项目中，（　　　）应确认收入实现，计算销项税额。
A. 将购买的货物投资给其他单位
B. 将购买的货物用于集体福利或个人消费
C. 将购买的货物交给加工单位委托加工后收回并继续用于生产使用
D. 将购买的货物用于职工食堂消费

5. 甲酒厂为增值税一般纳税人，2024 年 9 月销售白酒，开具的增值税专用发票上注明价款 100 万元。另开具收据收取包装物押金 1.13 万元（约定 3 个月后返还）、优质费 2.26 万元。包装物押金单独记账核算。请问该酒厂当月增值税计税销售额为（　　　）万元。
A. 101.2　　　　　B. 103　　　　　C. 103.39　　　　　D. 102.26

6. 甲金店为增值税一般纳税人，2024 年 9 月采取以旧换新的方式销售金银首饰，向顾客收取差价 11.3 万元。已知旧款金银首饰回收折价 10 万元。请问该店当月增值税销项税额为（　　　）万元。
A. 2.77　　　　　B. 2.45　　　　　C. 2.6　　　　　D. 1.3

7. 下列项目中, 不允许抵扣增值税进项税额的是 (   )。

A. 一般纳税人购进应税劳务

B. 一般纳税人销售货物时支付的运费

C. 生产企业购进已取得增值税专用发票并已认证的原材料

D. 生产企业购进尚未取得发票的货物

8. 下列说法中, 不可以登记为增值税一般纳税人的是 (   )。

A. 年应税销售额超过 500 万元的汽修厂

B. 年应税销售额超过小规模纳税人标准的自然人李某

C. 年应税销售额超过 500 万元以上的个体工商户张某

D. 年应税销售额 180 万元, 会计核算健全且能提供准确税务资料的工业企业

9. 下列各项中, (   ) 应视同销售征收增值税。

A. 王教授向其他单位无偿转让无形资产

B. 甲食品厂将外购的植物油用于本企业职工福利

C. 甲食品厂将外购的货物用于非增值税应税项目

D. 甲食品厂外购的原料发生非正常损失

10. 下列行为在计算增值税销项税额时, (   ) 应按照差额确定销售额。

A. 企业逾期未收回的包装物不再退还押金

B. 直销员将从直销企业购买的货物销售给消费者

C. 金融商品转让

D. 商业银行提供贷款服务

11. 下列物品中, 不属于免征增值税的是 (   )。

A. 由医药公司直接进口的供残疾人专用的轮椅

B. 个人销售自己使用过的摩托车

C. 直接用于科研的进口仪器、设备

D. 农业生产者销售自产农产品

12. 甲公司下列行为, (   ) 属于视同销售行为应当征收增值税。

A. 甲公司将购买的货物用于集体福利

B. 甲公司将购买的货物用于个人消费

C. 甲公司将购买的货物用于产品生产

D. 甲公司将购买的货物无偿赠送给其他单位或者个人

13. 根据增值税法律制度的规定, 一般纳税人发生的下列业务中, 允许开具增值税专用发票的是 (   )。

A. 超市零售蔬菜

B. 商场向消费者个人销售化妆品

C. 房地产开发企业向消费者个人销售商品房

D. 会计师事务所向一般纳税人提供咨询服务

14. 自 2009 年 1 月 1 日起, 我国实行的是 (   )。

A. 生产型增值税　　　B. 收入型增值税　　C. 消费型增值税　　　D. 抵扣型增值税

15. 根据增值税法律制度的规定, 下列各项中, 应按 " 现代服务——租赁服务 " 缴纳增值税的是 (   )。

A. 水路运输的程租业务　　　　　　　B. 车辆停放服务

C. 航空运输的湿租业务　　　　　　　　D. 融资性售后回租

16. 下列各项中，（　　）按9%低税率征收增值税。

A. 避孕药品和用具

B. 古旧图书、报纸、杂志

C. 外国政府、国际组织无偿援助的进口物资和设备

D. 饲料、化肥、农药、农机（不含农机零部件）、农膜

17. 根据增值税法律制度的规定，下列各项服务中，（　　）增值税税率为13%。

A. 基础电信服务　　　　　　　　　　　B. 交通运输服务

C. 有形动产租赁服务　　　　　　　　　D. 增值电信服务

18. 根据增值税法律制度的规定，下列各项中，免征增值税的是（　　）。

A. 商店零售糖果　　　　　　　　　　　B. 木材加工厂销售原木

C. 粮油店零售面粉　　　　　　　　　　D. 农民销售自产农产品

19. 甲食品公司，增值税一般纳税人，2024年9月向农民收购一批花生作为加工食用植物油的原料，开具的农产品收购发票上注明买价98 100元。因洪水导致该批花生损毁30%。已知购进农产品按9%的扣除率计算进项税额。计算该公司当月收购花生准予抵扣的进项税额的下列算式中，正确的是（　　）元。

A. 98 100×9%＝8829

B. 98 100×（1−9%）×9%＝8034. 39

C. 98 100×（1−30%）÷（1+9%）×9%＝5670

D. 98 100×（1−30%）×9%＝6180.3

20. 根据增值税法律制度的规定，下列各项中，免征增值税的是（　　）。

A. 职业培训机构提供考证培训　　　　　B. 金融同业往来利息收入

C. 商场销售植物油　　　　　　　　　　D. 烟草批发企业批发卷烟

二、多项选择题

1. 下列各项属于增值税混合销售的有（　　）。

A. 甲商场销售货物，并对外出租车位

B. 乙电梯厂销售电梯并负责安装

C. 丙餐厅向现场餐饮消费的顾客销售白酒

D. 丁照相馆为顾客照相并销售相框

2. 单位和个人提供的下列劳务中，应征收增值税的有（　　）。

A. 动力设备修理　　　B. 房屋修理　　　C. 汽车修配　　　　　D. 受托加工卷烟

3. 下列关于增值税计税销售额的说法，正确的有（　　）。

A. 航空运输服务，代收的机场建设费不计入计税销售额

B. 以现金折扣方式销售货物，折扣额不得从销售额中扣除

C. 客运场站服务，以取得的全部价款和价外费用为计税销售额

D. 贷款服务以实收利息和应收未收利息之和为计税销售额

4. 下列销售行为应征收增值税的是（　　）。

A. 销售电力、热力　　　B. 销售机器设备　　C. 缝纫业务　　　　D. 出租房屋

5. 下列业务中，（　　）属于增值税视同销售行为。

A. 公司将购进的货物作为福利发放给员工

B. 公司将委托加工收回的货物无偿赠送给关联方企业

C. 电梯维修公司向甲商场无偿提供电梯维修业务

D. 汽车厂将自产小汽车分配给股东

6. 下列行为中，（　　）属于增值税视同销售货物的行为。

A. 将自产或委托加工的货物用于非增值税应税项目

B. 将自产的货物用于对外投资

C. 销售代销货物

D. 将购买的货物用于集体福利

7. 根据增值税纳税义务发生时间的相关规定，下列说法中，正确的有（　　）。

A. 采取赊销方式销售货物，为实际收到货款的当天

B. 视同销售无形资产，为无形资产转让完成的当天

C. 采取托收承付方式销售货物，为发出货物的当天

D. 从事金融商品转让，为金融商品所有权转移的当天

8. 一般纳税人发生的下列应税行为中，可以选择简易计税方法的有（　　）。

A. 电影放映服务　　　　　　　　B. 仓储服务

C. 铁路旅客运输服务　　　　　　D. 融资性售后回租

9. 一般纳税人向购买方收取的（　　）需计入销售额计算销项税额。

A. 奖励费　　　　B. 逾期不退回的包装物押金

C. 包装物租金　　D. 代垫运费（运费发票开给购货方）

10. 下列关于增值税纳税义务发生时间的说法，正确的是（　　）。

A. 进口货物为报关进口的当天

B. 发生视同销售行为的，为货物移送的当天

C. 委托代销货物，为发出代销货物的当天

D. 直接收款方式销售货物的，不论货物是否发出，均为收讫销货款或取得销货款凭据的当天

11. 根据增值税法律制度的规定，下列应税行为中，（　　）应按照"销售无形资产"税目计算缴纳增值税。

A. 转让探矿权　　B. 转让专利技术　　C. 转让土地使用权　　D. 转让取水权

12. 下列（　　）货物适用9%的税率计征增值税。

A. 自来水　　　　B. 食用植物油　　C. 石油　　　　　D. 音像制品

13. 根据增值税法律制度的规定，一般纳税人购进货物、服务取得的下列合法凭证中，属于增值税扣税凭证的有（　　）。

A. 农产品收购发票

B. 增值税专用发票

C. 海关进口增值税专用缴款书

D. 注明旅客身份信息的国内航空运输电子客票行程单

14. 根据增值税法律制度的规定，一般纳税人收取的下列款项中，应并入销售额计算销项税额的有（　　）。

A. 手续费　　　　　　　　　　　B. 延期付款利息

C. 包装费　　　　　　　　　　　D. 受托加工应税消费品代收代缴的消费税

15. 根据增值税法律制度的规定，一般纳税人购入的下列各项服务中不予扣除进项税额的有（　　）。

A. 餐饮服务　　　　　B. 广告服务　　　　　C. 贷款服务　　　　　D. 住宿服务

三、判断题

1. 甲公司为总经理购入一辆小轿车，由于是固定资产，所以会计人员抵扣了该辆轿车的进项税。（　　）

2. 进口货物，增值税纳税义务发生时间为申报进境的当天。（　　）

3. 一般纳税人发生特定销售行为，可以选择简易计税方法计税，但不可以抵扣进项税额。（　　）

4. 纳税人提供安全保护服务，选择差额纳税的，征收率为3%。（　　）

5. 纳税人销售旧货，按照简易办法依照4%征收率减半征收增值税。（　　）

6. 纳税人购进用于生产或委托加工13%税率货物的农产品，扣除率为9%。（　　）

7. 个人（不包括个体工商户）销售自己使用过的物品免税。（　　）

8. 单位或者个体工商户聘用的员工为本单位或者雇主提供的取得工资的服务不缴纳增值税。（　　）

9. 纳税人进口货物，自海关填发海关进口增值税专用缴款书之日起1个月内缴纳税款。（　　）

10. 自2018年5月1日起，增值税小规模纳税人标准为年应征增值税销售额500万元及以下。（　　）

11. 单位或者个体工商户聘用的员工为本单位或者雇主提供加工、修理、修配劳务的，不征收增值税。（　　）

12. 财务公司增值税的纳税期限为1个月。（　　）

13. 一般纳税人选择简易办法计算缴纳增值税后，36个月内不得变更。（　　）

14. 将建筑物的广告位出租给其他单位用于发布广告，应按照"广告服务"税目计缴增值税。（　　）

15. 典当业死当销售业务和寄售商店代销寄售物品（包括居民个人寄售的物品在内）业务，暂按简易办法依照4%征收率计算缴纳增值税。（　　）

16. 对销售啤酒、黄酒而收取的包装物押金，无论是否返还，均应并入销售额计税。（　　）

17. 甲公司为增值税一般纳税人，2024年8月员工因公出差购进国内旅客运输服务，取得的注明员工身份信息的铁路车票，不可以作为进项税额的抵扣凭证。（　　）

18. 会计核算不健全，不能向税务机关准确提供增值税销项税额、进项税额以及应纳税额数据的增值税一般纳税人，可以领购增值税专用发票。（　　）

19. 纳税人提供有形动产租赁服务采取预收款方式的，其纳税义务发生时间为收到预收款的当天。（　　）

20. 个人销售自建自用住房免征增值税。（　　）

四、不定项选择题

1. 甲公司为制造业增值税一般纳税人，主要生产和销售电冰箱。2024年9月有关经济业务如下：

（1）购进一批原材料，取得增值税专用发票上注明税额为226 000元；支付运输费用，取得增值税专用发票上注明税额4050元。

（2）购进低值易耗品，取得增值税普通发票上注明的税额为 6500 元。

（3）销售 A 型电冰箱 1000 台，含增值税销售单价 8814 元每台；另收取优质费 169 500 元、包装物租金 67 800 元。

（4）采取以旧换新方式销售 A 型电冰箱 100 台，旧冰箱作价 226 元每台。

（5）为奖励优秀职工，共发放 A 型电冰箱 53 台，生产成本 5729.1 元每台。

已知：增值税税率 13%，上期留抵增值税额 26 800 元，取得的增值税专用发票已通过税务机关认证。

要求：根据上述资料，分析回答下列问题。

（1）甲公司下列增值税进项税额中，准予抵扣的是（　　　）。

A. 购进低值易耗品的进项税额 6500 元

B. 上期留抵的增值税额 26 800 元

C. 购进原材料的进项税额 226 000 元

D. 支付运输费的进项税额 4050 元

（2）甲公司当月销售 A 型电冰箱销项税额是（　　　）元。

A. $[1000×8814+169\,500÷(1+13\%)]×13\% = 1\,165\,320$

B. $(1000×8814+169\,500+67\,800)×13\% = 1\,176\,669$

C. $(1000×8814+169\,500+67\,800)÷(1+13\%)×13\% = 1\,041\,300$

D. $1000×8814×13\% = 1\,145\,820$

（3）甲公司当月以旧换新方式销售 A 型电冰箱销项税额是（　　　）元。

A. $100×8814×13\% = 114\,582$

B. $100×8814÷(1+13\%)×13\% = 101\,400$

C. $100×(8814-226)÷(1+13\%)×13\% = 98\,800$

D. $100×(8814-226)×13\% = 111\,644$

（4）甲公司当月向优秀职工发放 A 型电冰箱增值税销项税额的下列计算中，正确的是（　　　）元。

A. $53×5729.1÷(1+13\%)×13\% = 34\,932.3$

B. $53×8814×13\% = 60\,728.46$

C. $53×5729.1×13\% = 39\,473.499$

D. $53×8814÷(1+13\%)×13\% = 53\,742$

2. 甲公司为增值税一般纳税人，主要从事空气净化器的生产和销售。2024 年 9 月有关经营情况如下：

（1）甲公司采取预收货款方式向乙公司销售 M 型空气净化器 100 台，每台含税售价为 7435 元，甲公司给予每台 594.8 元折扣额的价格优惠。双方于 9 月 1 日签订销售合同，甲公司 9 月 9 日收到价款，9 月 18 日发货并向对方开具发票，销售额和折扣额在同一张发票上分别注明，乙公司 9 月 26 日收到空气净化器。

（2）甲公司销售 N 型空气净化器 300 台，每台含税售价为 8475 元。公司业务部门领用 10 台 N 型空气净化器用于奖励优秀员工，公司会议室领用 5 台 N 型空气净化器用于净化环境。

（3）甲公司购进原材料一批，取得增值税专用发票注明税额 108 000 元；向丙公司支付新产品设计费，取得增值税专用发票注明税额 6000 元；支付销售空气净化器运输费用，取得增值税专用发票注明税额 4500 元；支付招待客户餐饮费用，取得增值税普通发票并注明额为 180 元。

已知：销售货物增值税税率为 13%。取得的增值税专用发票均已通过税务机关认证。

要求：根据上述资料，不考虑其他因素，分析回答下列小题。

（1）甲公司销售 M 型空气净化器，其增值税纳税义务发生时间是（　　）。

A. 9 月 1 日　　　　　B. 9 月 26 日　　　　C. 9 月 18 日　　　　　　D. 9 月 9 日

（2）计算甲公司当月销售 M 型空气净化器增值税销项税额的下列算式中，正确的是（　　）元。

A. 100×（7435−594.8）÷（1+13%）×13% = 78 692.57

B. 100×7435÷（1+13%）×13% = 85 535.40

C. 100×（7435−594.8）×13% = 88 922.6

D. 100×7435×13% = 96 655

（3）甲公司当月销售及领用 N 型空气净化器增值税销项税额的下列算式中，正确的是（　　）元。

A. （300+10+5）×8475×13% = 347 051.25

B. 300×8475×13% = 330 525

C. （300+5）×8475÷（1+13%）×13% = 297 375

D. （300+10+5）×8475÷（1+13%）×13% = 307 125

（4）甲公司的下列进项税额中，准予从销项税额中抵扣的是（　　）。

A. 支付销售空气净化器运输费用的进项税额 4500 元

B. 支付招待客户餐饮费用的进项税额 180 元

C. 购进原材料的进项税额 108 000 元

D. 支付新产品设计费的进项税额 6000 元

3. 甲公司是一家建筑机器设备制造厂，从事设备的制造和销售业务，增值税一般纳税人。2024 年 9 月有关经营情况如下：

（1）购入原材料取得增值税专用发票注明税额 226 万元；进口生产用检测仪，取得海关进口增值税专用缴款书注明税额 39 万元。

（2）报销销售人员国内差旅费，取得网约车费增值税电子普通发票注明税额 0.27 万元；取得住宿费增值税专用发票注明税额 0.54 万元；取得注明销售人员身份信息的铁路车票，票面金额合计 8.72 万元；取得注明销售人员身份信息的公路客票，票面金额合计 6.18 万元。

（3）采取分期收款方式销售 M 型建筑机器设备一台，含增值税价款 416 万元，合同约定当月收取 60% 价款，次年 2 月再收取 40% 价款；采取预收货款方式销售 N 型建筑机器设备一台，设备生产工期 15 个月，合同约定本月应预收含增值税价款 1356 万元，甲公司当月实际收到该笔预收款。

（4）支付境外乙公司专利技术使用费，合同约定含增值税价款 318 万元，乙公司在境内未设有经营机构且无代理人。

已知：货物销售增值税税率为 13%；无形资产销售业务增值税税率为 6%；铁路旅客运输服务按照 9% 计算进项税额；公路旅客运输服务按照 3% 计算进项税额；取得的扣税凭证均符合抵扣规定。

要求：

根据上述资料，不考虑其他因素，分析回答下列小题。

（1）甲公司当月下列进项税额中，准予从销项税额中抵扣的是（　　）。

A. 网约车费用的进项税额 0.27 万元　　　　B. 住宿费的进项税额 0.54 万元

C. 原材料的进项税额 226 万元　　　　　　D. 检测仪的进项税额 39 万元

（2）计算甲公司当月铁路车票和公路客票准予抵扣进项税额的下列算式中，正确的是（　　）万元。

A. 8.72÷（1+9%）×9%+6.18×3%=0.9054

B. 8.72÷（1+9%）×9%+6.18÷（1+3%）×3%=0.9

C. 8.72×9%+6.18×3%=0.9702

D. 8.72×9%+6.18÷（1+3%）×3%=0.9648

（3）计算甲公司当月销售建筑机械设备增值税销项税额的下列算式中，正确的是（　　）万元。

A. （416×60%+1 356）÷（1+13%）×13%=184.72

B. 1356×13%=176.28

C. （416+1356）÷（1+13%）×13%=203.86

D. 416÷（1+13%）×13%=47.86

（4）计算甲公司支付专利技术使用费应代扣代缴增值税税额的下列算式中，正确的是（　　）万元。

A. 318×6%=19.08　　　　　　　　B. 318÷（1+6%）×6%=18

C. 318÷（1-6%）×（1+6%）×6%=21.52　　D. 318÷（1-6%）×6%=20.30

4. 甲建筑公司，增值税一般纳税人，主要从事建筑工程施工及预制板房的生产和安装业务。2024年9月有关经营情况如下：

（1）甲建筑公司承建的A酒店项目当月竣工结算，取得含增值税工程款2616万元，另取得奖励款16.35万元。A酒店项目适用一般计税方法计税。

（2）甲建筑公司承建的B住宅项目当月竣工结算，取得含增值税工程款7910万元；支付含增值税分包款1695万元，取得增值税普通发票注明税额49.37万元。B住宅项目选择简易计税方法计税。

（3）购进A酒店项目用工程材料，取得增值税专用发票注明税额182万元。

（4）支付B住宅项目的劳务派遣服务费，取得增值税专用发票并注明税额0.6万元。

（5）进口专用设备共用于A酒店项目和B住宅项目，取得海关进口增值税专用缴款书注明税额44.85万元。

（6）销售自产预制板房同时提供安装服务，取得预制板房含增值税价款203.4万元、安装服务含增值税价款43.6万元。

已知：货物增值税税率为13%，建筑服务增值税税率为9%，增值税征收率为3%。取得的扣税凭证均符合抵扣规定。

要求：

根据上述资料，不考虑其他因素，分析回答下列小题。

（1）甲建筑公司承建A酒店项目的增值税销项税额的下列计算中，正确的是（　　）万元。

A. （2616+16.35）÷（1+9%）×9%=217.35

B. 2616÷（1+9%）×9%=216

C. 2616÷（1+9%）×9%+16.35×9%=217.47

D. 2616×9%+16.35÷（1+9%）×9%=236.79

（2）甲建筑公司承建B住宅项目应缴纳的增值税税额的下列计算中，正确的是（　　）万元。

A. （7910-1695）×3%=186.45

B. 7910÷（1+3%）×3%=230.39

C. 7910÷(1+3%)×3%−49.37＝181.02

D. (7910−1695)÷(1+3%)×3%＝181.02

（3）甲公司的下列进项税额中，准予从销项税额中抵扣的是（　　）。

A. 支付 B 项目劳务派遣服务费的进项税额 0.6 万元

B. 支付 B 项目分包款的进项税额 49.37 万元

C. 购进 A 用工程材料的进项税额 182 万元

D. 进口专用设备的进项税额 44.85 万元

（4）甲公司当月销售自产预制板房同时提供安装服务的增值税销项税额的下列计算中，正确的是（　　）万元。

A. 203.4÷(1+13%)×13%+43.6÷(1+9%)×9%＝27

B. 203.4÷(1+13%)×13%＝23.4

C. (203.4+43.6)÷(1+13%)×13%＝28.42

D. (203.4+43.6)÷(1+9%)×9%＝20.39

5. 甲公司为增值税一般纳税人，主要从事货物运输、装卸搬运和仓储服务。2024 年 9 月有关经营情况如下：

（1）提供货物运输服务，取得含增值税价款 3 269 000 元，同时收取包装费 21 000 元。

（2）提供装卸搬运服务，取得含增值税价款 41 200 元。

（3）提供仓储服务，取得含增值税价款 82 400 元。

（4）出租一间闲置仓库，取得含增值税租金 52 500 元，该仓库系甲公司 2006 年购入。

（5）采取预收款方式向乙公司出租一辆纳入"营改增"试点之日取得的运输车辆，9 月 9 日签订有形动产租赁合同，租期 3 个月。9 月 19 日收到乙公司支付的租赁费，9 月 25 日向乙公司开具增值税专用发票，9 月 30 日向乙公司交付出租的运输车辆。

（6）将资金贷予关联企业丙公司使用，取得利息收入 298 000 元。

（7）无偿为关联企业丙公司提供仓储服务，同类仓储服务含增值税价款 3270 元。

（8）因公司车辆发生交通事故，获得保险赔付 35 600 元。

（9）取得银行存款利息 7125 元。

已知：交通运输服务增值税税率为 9%。

要求：

根据上述资料，不考虑其他因素，分析回答下列小题。

（1）下列甲公司当月提供货物运输服务增值税销项税额的算式中，正确的是（　　）元。

A. 3 269 000×9%＝294 210

B. 3 269 000÷(1+9%)×9%＝269 917.43

C. (3 269 000+21 000)÷(1+9%)×9%＝271 651.38

D. (3 269 000+21 000)×9%＝296 100

（2）甲公司提供的下列服务中，可以选择适用简易计税方法计税的是（　　）。

A. 出租闲置仓库

B. 向乙公司出租运输车辆

C. 提供仓储服务

D. 提供装卸搬运服务

（3）甲公司当月采取预收款方式出租运输车辆，增值税纳税义务发生时间是（　　）。

A. 9 月 25 日

B. 9 月 30 日

C. 9 月 19 日

D. 9 月 9 日

（4）甲公司当月发生的下列业务中，属于不征收增值税项目的是（　　　）。

A. 取得银行存款利息

B. 获得保险赔款

C. 无偿为关联企业丙公司提供仓储服务

D. 将资金贷予关联企业丙公司使用并取得利息

项目三　消费税法与办税实务

📄 **技能目标**

1. 能够确定消费税的纳税人。
2. 正确识别消费税的税目。
3. 正确选择消费税的计税方法。
4. 能够确定消费税的计税依据。
5. 根据经济业务计算消费税应纳税额。
6. 能够填制《消费税及附加税费申报表》，会办理消费税税款缴纳工作。
7. 独立获取财税信息的能力。

📄 **思政目标**

1. 鼓励学生养成绿色消费观，树立勤俭节约消费观，保护生态资源。
2. 通过电池、涂料两个税目的学习，明确消费税调节产业结构、保护生态环境等立法意图，树立正确的消费观。
3. 企业的发展离不开国家的发展，企业要有社会责任感，要有社会担当力，要树立确保申报缴纳国家税款优先到位的意识。
4. 树立绿色税收思想，倡导绿色消费，助力美丽中国建设。

任务一　消费税认知

◇ **任务引例**

甲运动器材厂 2024 年 9 月发生如下业务：

1. 3 日，销售网球拍 200 支，取得销售额 100 000 元，增值税 13 000 元。
2. 6 日，销售自己制造的高尔夫球具 100 副，收到销售款 350 000 元，增值税 45 500 元。
3. 13 日，购进用于制造高尔夫球杆的材料 2 吨，支付货款 50 000 元，增值税 6500 元。
4. 15 日，从日本购进高尔夫球具 100 副，支付货款 400 000 元，增值税 52 000 元。
5. 29 日，销售台球桌 80 张，收到货款 184 000 元，增值税 23 920 元。

◇ **任务要求**

请指出上述业务中，哪些应缴纳消费税？缴纳消费税的税额为多少元？

◇ **税海探知**

一、消费税的发展历程

1950 年 1 月，我国曾在全国范围内统一征收了特种消费税，当时的征收范围只限于对电影戏剧及娱乐、舞厅、筵席、冷食、旅馆等消费行为征税。1953 年修订税制时，将其取消。

1989 年 2 月 1 日，为了调节彩色电视机、小轿车等商品供不应求的消费矛盾，在全国范围内对彩色电视机和小轿车开征了特别消费税，1992 年 4 月 24 日取消了对彩电征收的特别消费税。

1993 年 12 月 13 日，国务院公布了《消费税暂行条例》，同年 12 月 25 日财政部、国家税务总局公布了《中华人民共和国消费税暂行条例实施细则》（以下简称《消费税暂行条例实施细则》），自 1994 年 1 月 1 日起，对 11 种需要限制或调节的消费品开征了消费税。

2006 年 4 月 1 日起，财政部和国家税务总局联合公布的《财政部、国家税务总局关于调整和完善消费税政策的通知》（部分失效）开始施行，将石脑油、润滑油、溶剂油、航空煤油、燃料油、高尔夫球及球具、高档手表、游艇、木制一次性筷子和实木地板纳入消费税征税范围，同时取消了护肤护发品税目，将税目数量调整为 14 个，并调整了白酒、小汽车、摩托车、汽车轮胎的税率。

2008 年 11 月 5 日，国务院修订通过《消费税暂行条例》；12 月 15 日，财政部、国家税务总局公布了修订后的《消费税暂行条例实施细则》，主要对两方面内容进行了修改，一是将 1994 年以来出台和调整的政策，更新到新修订的《消费税暂行条例》中；二是与《增值税暂行条例》衔接，将纳税申报期限从 10 日延长至 15 日，对消费税的纳税地点等规定进行了调整。

2009 年实施成品油税费改革，调整烟类产品消费税政策。

2014 年 11 月 28 日，国务院针对成品油等部分产品消费税税率与纳税范围进行了调整。自 2014 年 11 月 29 日起，提高汽油、石脑油、溶剂油、润滑油、柴油、航空煤油和燃料油消费税单位税额，航空煤油继续暂缓征收消费税。自 2014 年 12 月 1 日起，取消气缸容量 250 毫升（不含）以下的小排量摩托车消费税；取消汽车轮胎税目；取消酒精消费税，并按照相关消费税政策执行；取消车用含铅汽油消费税的二级子目，统一按照无铅汽油税率征收消费税。

自 2015 年 2 月 1 日起对电池、涂料征收消费税。

2016 年 10 月取消对普通美容、修饰类化妆品征收消费税，将"化妆品"税目名称更名为"高档化妆品"。征收范围包括高档美容、修饰类化妆品、高档护肤类化妆品和成套化妆品。其次，降低了消费税税率——由原来的 30% 调整为 15%。自 2016 年 12 月 1 日起，对超豪华小汽车在零售环节加征 10% 的消费税。

2022 年 11 月 1 日起，财政部、海关总署、税务总局联合制订的《财政部、海关总署、税务总局关于对电子烟征收消费税的公告》正式施行，将电子烟纳入消费税征收范围，在烟税目下增设电子烟子目。

二、消费税概念及特点

（一）消费税概念

消费税是国际上普遍采用的对特定的消费品和消费行为征收的一种间接税。在我国，消费税是对我国境内从事生产、委托加工和进口，以及销售特定消费品的单位和个人，就其销售额或销售数量在特定环节征收的一种税，即对特定的消费品和消费行为征收的一种税。

在对货物普遍征收增值税的基础上，选择部分消费品再征收一道消费税，是为了调节产品结构，引导消费方向，保证国家财政收入。征收消费税的商品不一定征收增值税。现行消费税制度是从 2009 年 1 月 1 日起施行的。目前，消费税是我国的第四大税种。

（二）消费税的特点

1. 征税范围具有选择性。消费税以税法规定的特定产品为征税对象。即国家可以根据宏观产业政策和消费政策的要求，有目的地、有重点地选择一些消费品征收消费税，以适当地限制某些特殊消费品的消费需求，税收调节具有特殊性。根据《消费税暂行条例》及其他文件的规定，现行消费税有 15 个税目。

2. 征税环节具有单一性。消费税一般是在生产（进口）、流通或消费的某一环节一次征收，而不是在消费品生产、流通或消费的每个环节多次课征（卷烟、电子烟和超豪华小汽车除外），即通常所说的一次课征制。其中，金银首饰、钻石及钻石饰品在零售环节征收消费税，对超豪华小汽车在零售环节加征一道消费税。卷烟、电子烟在批发环节加征一道消费税，其他应税消费品均在生产、委托加工或进口环节征收消费税。

3. 征收方法具有多样性。消费税的计税方法比较灵活。为了适应不同应税消费品的情况，消费税在征收方法上不力求一致，有些产品采取从价定率的征收方式，有些产品则采取从量定额的征收方式，对部分商品在实行从价定率的同时，还对其实行从量定额征收，即采取复合征收方式。比如，卷烟、白酒采用的就是复合征收方式。

4. 征收具有隐蔽性。我国消费税是价内税，应税商品的消费税包含在商品价格中，这点和增值税有明显区别，增值税是价外税，价款和税款是分离的。相对于大多数发达国家和地区在零售商品标价中价税分离的做法，我国的消费税在日常生活中明显具有隐蔽性。

5. 税收负担具有转嫁性。无论在哪个环节征收消费税，税款都由最终消费环节承担，消费税税负具有转嫁性。其转嫁性的特征，较其他商品课税形式更为突出。

寻法溯源

三、消费税的纳税人

在中华人民共和国境内生产、委托加工和进口《消费税暂行条例》规定的消费品的单位和个人，国务院确定的销售《消费税暂行条例》规定的消费品的其他单位和个人，以及在我国境内生产、进口、批发电子烟的单位和个人，为消费税的纳税人。

微课 3-1　消费税概览

单位，是指企业、行政单位、事业单位、军事单位、社会团体及其他单位。个人，是指个体工商户及其他个人。

在中华人民共和国境内，是指生产、委托加工、进口属于应当缴纳消费税的消费品的起运地或者所在地在境内。

进口应税消费品，尽管其产制地不在我国境内，但在我国境内销售或消费，为了平衡进口应税消费品与本国应税消费品的税负，必须由从事进口应税消费品的进口人或其代理人按照规定缴纳消费税。

个人携带或者邮寄入境的应税消费品的消费税，连同关税一并计征，由携带入境者或者收件人缴纳消费税。

四、消费税的代收代缴义务人

1. 委托加工的应税消费品，除受托方为个人外，由受托方在向委托方交货时代收代缴消费税，该受托方为消费税的代收代缴义务人。

2. 跨境电子商务零售进口商品按照货物征收进口环节消费税，购买跨境电子商务零售进口商品的个人作为纳税人，电子商务企业、电子商务交易平台企业或物流企业可作为代收代缴义务人。

任务二　消费税征税范围

◇ **任务引例**

　　学习了增值税，对增值税的征税范围了如指掌，包括销售和进口货物、提供加工修改修配劳务、销售服务、转让无形资产和销售不动产等，消费税也是流转税，它针对什么征税呢？

◇ **任务要求**

　　1. 请谈一谈消费税的征税范围？

　　2. 请说一说国家为什么对这些商品征收消费税？

◇ **税海探知**

一、消费税应税消费品分类

　　消费税征税范围的消费品大体上可归为四类：

　　第一类是过度消费会对身心健康、社会秩序、生态环境等方面造成危害的特殊消费品，如烟，酒，鞭炮、焰火等。

　　第二类是奢侈消费品征税，如高档化妆品、高档手表、贵重首饰及珠宝玉石等。

　　第三类是高能耗及高档消费品，如小汽车、摩托车、游艇和高尔夫球及球具等。

　　第四类是不可再生和替代的稀缺资源消费品，如成品油。

　　消费税的征税范围不是一成不变的，随着我国经济社会的发展，可以根据国家政策和经济情况及消费结构的变化适当调整。

二、消费税具体征税范围

　　依据《消费税暂行条例》和相关法规的规定，我国消费税有 15 个税目，有的税目还划分为若干个子目。

（一）烟

　　凡是以烟叶为原料加工生产的产品，不论使用何种辅料，均属于本项目的征税范围，包括卷烟（包括进口卷烟、白包卷烟、手工卷烟和未经国务院批准纳入计划的企业及个人生产的卷烟）、雪茄烟、烟丝和电子烟四个子目。

　　1. 卷烟，是指将各种烟叶切成烟丝，按照配方要求均匀混合，加入糖、酒、香料等辅料，用白色盘纸、棕色盘纸、涂布纸或烟草薄片经机器或手工卷制的普通卷烟和雪茄型卷烟。

　　卷烟分为甲类卷烟和乙类卷烟。甲类卷烟是指调拨价在 70 元（不含增值税）每条及以上的卷烟，乙类卷烟是指调拨价在 70 元（不含增值税）每条以下的卷烟。

　　2. 雪茄烟，是指以晾晒烟为原料或者以晾晒烟和烤烟为原料，用烟叶或卷烟纸、烟草薄片作为烟支内包皮，再用烟叶作为烟支外包皮，经机器或手工卷制而成的烟草制品。按内包皮所用材料的不同可分为全叶卷雪茄烟和半叶卷雪茄烟。雪茄烟的征收范围包括各种规格、型号的雪茄烟。

　　3. 烟丝，是指将烟叶切成丝状、粒状、片状、末状或其他形状，再加入辅料，经过发酵、储存，不经卷制即可供销售吸用的烟草制品。

　　凡是以烟叶为原料加工生产的产品，不论使用何种辅料，均属于本税目的征收范围。

　　4. 电子烟，是指用于产生气溶胶供人抽吸等的电子传输系统，包括烟弹、烟具以及烟弹与烟具组合销售的电子烟产品。烟弹是指含有雾化物的电子烟组件。烟具是指将雾化物雾化为可吸入气溶胶的电子装置。

（二）酒

酒是指酒精度在 1 度以上的各种酒类饮料。酒类包括白酒、黄酒、啤酒和其他酒。

1. 白酒，是指以各种粮食或各种干鲜薯类为原材料，经过糖化、发酵后，采用蒸馏方法酿制的白酒。用甜菜酿制的白酒，比照白酒征税。

2. 黄酒，是指以糯米、粳米、籼米、大米、黄米、玉米、小麦、薯类等为原料，经加温、糖化、发酵、压榨酿制的酒。黄酒分为干黄酒、半干黄酒、半甜黄酒、甜黄酒 4 类。黄酒的征收范围包括各种原料酿制的黄酒和酒度超过 12 度（含 12 度）的土甜酒。

3. 啤酒，是指以大麦或其他粮食为原料，加入啤酒花，经糖化、发酵、过滤酿制的含有二氧化碳的酒。啤酒按照杀菌方法的不同，可分为熟啤酒和生啤酒或鲜啤酒。啤酒的征收范围包括各种包装和散装的啤酒。

啤酒分为甲类啤酒和乙类啤酒。每吨出厂价（含包装物及包装物押金）3000 元（不含增值税）及以上的啤酒为甲类啤酒；每吨出厂价（含包装物及包装物押金）3000 元（不含增值税）以下的啤酒为乙类啤酒。其中包装物押金不包括重复使用的塑料周转箱的押金。

对饮食业、商业、娱乐业举办的啤酒屋（啤酒坊）利用啤酒生产设备生产的啤酒，应当征收消费税。

4. 其他酒，是指除白酒、黄酒、啤酒以外，酒度在 1 度（含 1 度）以上的各种酒。调味料酒不征消费税。葡萄酒消费税适用"酒"税目下设的"其他酒"子目。葡萄酒是指以葡萄为原料，经破碎（压榨）、发酵而成的酒精度在 1 度（含 1 度）以上的葡萄原酒和成品酒（不含以葡萄为原料的蒸馏酒）。

（三）高档化妆品

高档化妆品征收范围包括高档美容、修饰类化妆品、高档护肤类化妆品和成套化妆品。

高档美容、修饰类化妆品和高档护肤类化妆品是指生产（进口）环节销售（完税）价格（不含增值税）在 10 元每毫升（克）或 15 元每片（张）及以上的美容、修饰类化妆品和护肤类化妆品。

美容、修饰类化妆品是指香水、香水精、香粉、口红、指甲油、胭脂、眉笔、唇笔、蓝眼油、眼睫毛以及成套化妆品。

舞台、戏剧、影视演员化妆用的上妆油、卸妆油、油彩、发胶和头发漂白剂等，不属于本税目征收范围。

（四）贵重首饰及珠宝玉石

贵重首饰及珠宝玉石包括以金、银、白金、宝石、珍珠、钻石、翡翠、珊瑚、玛瑙等高贵稀有物质以及其他金属、人造宝石等制作的各种纯金银首饰及镶嵌首饰和经采掘、打磨、加工的各种珠宝玉石。

金银首饰包括金、银、金基合金、银基合金以及金银镶嵌首饰，在零售环节征税；出国人员免税商店销售的金银首饰属于征收消费税的范围。

（五）鞭炮、焰火

鞭炮又称爆竹，是用多层纸密裹火药，接以药引线制成的一种爆炸品。焰火是指烟火剂，一般系包扎品，内装药剂，点燃后烟火喷射，呈各种颜色，有的还变幻成各种景象，分平地小焰火和空中大焰火两类。

鞭炮、焰火具体包括喷花类、旋转类、旋转升空类、火箭类、吐珠类、线香类、小礼花类等。

体育比赛用的发令纸和鞭炮药引线不属于本税目征税范围。

（六）成品油

本税目包括汽油、柴油、石脑油、溶剂油、航空煤油、润滑油、燃料油7个子目。

1. 汽油，是指用原油或其他原料加工生产的辛烷值不小于66的可用作汽油发动机燃料的各种轻质油。汽油分为车用汽油和航空汽油。

以汽油、汽油组分调和生产的甲醇汽油、乙醇汽油也属于本税目征收范围。

自2023年6月30日起，对烷基化油（异辛烷）按照汽油征收消费税。

2. 柴油，是指用原油或其他原料加工生产的倾点或凝点在−50至30摄氏度的可用作柴油发动机燃料的各种轻质油和以柴油组分为主、经调和精制可用作柴油发动机燃料的非标油。

以柴油、柴油组分调和生产的生物柴油也属于本税目征收范围。

3. 石脑油又叫化工轻油，是以原油或其他原料加工生产的用于化工原料的轻质油。

石脑油的征收范围包括除汽油、柴油、航空煤油、溶剂油以外的各种轻质油。非标汽油、重整生成油、拔头油、戊烷原料油、轻烃裂解料（减压柴油VGO和常压柴油AGO）、重裂解料、加氢裂化柴油、芳烃抽余油均属轻质油，属于石脑油征收范围。

自2023年6月30日起，对混合芳烃、重芳烃、混合碳八、稳定轻烃、轻油、轻质煤焦油按照石脑油征收消费税。

4. 溶剂油，是用原油或其他原料加工生产的用于涂料、油漆、食用油、印刷油墨、皮革、农药、橡胶、化妆品生产和机械清洗、胶粘行业的轻质油。

橡胶填充油、溶剂油原料，属于溶剂油征收范围。

自2023年6月30日起，对石油醚、粗白油、轻质白油、部分工业白油（5号、7号、10号、15号、22号、32号、46号）按照溶剂油征收消费税。

5. 航空煤油也叫喷气燃料，是用原油或其他原料加工生产的用作喷气发动机和喷气推进系统燃料的各种轻质油。航空煤油暂缓征收消费税。

自2023年6月30日起，航天煤油参照航空煤油暂缓征收消费税。

6. 润滑油，是用原油或其他原料加工生产的用于内燃机、机械加工过程的润滑产品。润滑油分为矿物性润滑油、植物性润滑油、动物性润滑油和化工原料合成润滑油。

润滑油的征收范围包括矿物性润滑油、矿物性润滑油基础油、植物性润滑油、动物性润滑油和化工原料合成润滑油。

用原油或其他原料加工生产的用于内燃机、机械加工过程的润滑产品均属于润滑油征税范围。润滑脂是润滑产品，属润滑油消费税征收范围，生产、加工润滑脂应当征收消费税。

变压器油、导热类油等绝缘油类产品不属于应征消费税的润滑油，不征收消费税。

7. 燃料油，又称重油、渣油，是一种用原油或其他原料加工生产的燃料，它主要用于电厂发电、锅炉用燃料、加热炉燃料、冶金和其他工业炉燃料等领域。蜡油、船用重油、常压重油、减压重油、180CTS燃料油、7号燃料油、糠醛油、工业燃料、4-6号燃料油等油品的主要用途是作为燃料燃烧，属于燃料油征收范围。

自2012年11月1日起，催化料、焦化料属于燃料油的征收范围，应当征收消费税。

（七）摩托车

摩托车包括气缸容量为250毫升的和气缸容量在250毫升（不含250毫升）以上的两种。对最大设计时速不超过50千米，发动机气缸总容量不超过50毫升的三轮摩托车不征收消费税。

自2014年12月1日起，气缸容量250毫升（不含250毫升）以下的小排量摩托车不征收消费税。

（八）小汽车

小汽车，是指由动力驱动，具有 4 个或 4 个以上车轮的非轨道承载的车辆。

本税目征收范围包括乘用车、中轻型商用客车、超豪华小汽车。

1. 乘用车，是指含驾驶员座位在内最多不超过 9 个座位（含 9 个）的，在设计和技术特性上用于载运乘客和货物的各类乘用车。

2. 中轻型商用客车，是指含驾驶员座位在内的座位数在 10-23 座（含 23 座）的，在设计和技术特性上用于载运乘客和货物的各类中轻型商用客车。

车身长度大于 7 米（含 7 米），并且座位在 10-23 座（含 23 座）以下的商用客车，不属于中轻型商用客车征税范围，不征收消费税。含驾驶员人数（额定载客）为区间值的（如 8-10 人，17-26 人）小汽车，按其区间值下限人数确定征收范围。

对于购进乘用车或中轻型商用客车整车改装生产的汽车，应按规定征收消费税。

用排气量小于 1.5 升（含 1.5 升）的乘用车底盘（车架）改装、改制的车辆属于乘用车征收范围。

用排气量大于 1.5 升的乘用车底盘（车架）或用中轻型商用客车底盘（车架）改装、改制的车辆属于中轻型商用客车征收范围。

3. 超豪华小汽车，为每辆零售价格 130 万元（不含增值税）及以上的乘用车和中轻型商用客车，即乘用车和中轻型商用客车子税目中的超豪华小汽车。

电动汽车、沙滩车、雪地车、卡丁车、高尔夫车不属于消费税征收范围，不征收消费税。

企业购进货车或厢式货车改装生产的商务车、卫星通讯车等专用汽车不属于消费税征税范围，不征收消费税。

（九）高尔夫球及球具

高尔夫球及球具是指从事高尔夫球运动所需的各种专用装备，包括高尔夫球、高尔夫球杆及高尔夫球包（袋）、高尔夫球杆的杆头、杆身和握把等。

高尔夫球是指质量不超过 45.93 克、直径不超过 42.67 毫米的高尔夫球运动比赛、练习用球；高尔夫球杆是指被设计用来打高尔夫球的工具，由杆头、杆身和握把三部分组成；高尔夫球包（袋）是指专用于盛装高尔夫球及球杆的包（袋）。

本税目征收范围包括高尔夫球、高尔夫球杆、高尔夫球包（袋）。高尔夫球杆的杆头、杆身和握把属于本税目的征收范围。

（十）高档手表

高档手表，是指销售价格（不含增值税）每只在 10 000 元（含 10 000 元）以上的各类手表。本税目征收范围包括符合以上标准的各类手表。

（十一）游艇

游艇是指长度大于 8 米（含 8 米）小于 90 米（含 90 米），船体由玻璃钢、钢、铝合金、塑料等多种材料制作，可以在水上移动的水上浮载体。按照动力划分，游艇分为无动力艇、帆艇和机动艇。

本税目征收范围包括艇身长度大于 8 米（含 8 米）小于 90 米（含 90 米），内置发动机，可以在水上移动，一般为私人或团体购置，主要用于水上运动和休闲娱乐等非牟利活动的各类机动艇。

（十二）木制一次性筷子

木制一次性筷子，又称卫生筷子，是指以木材为原料经过锯段、浸泡、旋切、刨切、烘干、筛选、打磨、倒角、包装等环节加工而成的各类一次性使用的筷子。

本税目征收范围包括各种规格的木制一次性筷子。未经打磨、倒角的木制一次性筷子属于本税目征税范围。

（十三）实木地板

实木地板，是指以木材为原料，经锯割、干燥、刨光、截断、开榫、涂漆等工序加工而成的块状或条状的地面装饰材料。实木地板按生产工艺不同，可分为独板（块）实木地板、实木指接地板、实木复合地板三类；按表面处理状态不同，可分为未涂饰地板（白坯板、素板）和漆饰地板两类。

本税目征收范围包括各类规格的实木地板、实木指接地板、实木复合地板及用于装饰墙壁、天棚的侧端面为榫、槽的实木装饰板。未经涂饰的素板属于本税目征税范围。

（十四）电池

电池，是一种将化学能、光能等直接转换为电能的装置，一般由电极、电解质、容器、极端，通常还有隔离层组成的基本功能单元，以及用一个或多个基本功能单元装配成的电池组。范围包括原电池、蓄电池、燃料电池、太阳能电池和其他电池。

1. 原电池又称一次电池，是按不可以充电设计的电池。按照电极所含的活性物质分类，原电池包括锌原电池、锂原电池和其他原电池。

2. 蓄电池又称二次电池，是按可充电、重复使用设计的电池；包括酸性蓄电池、碱性或其他非酸性蓄电池、氧化还原液流蓄电池和其他蓄电池。

3. 燃料电池，指通过一个电化学过程，将连续供应的反应物和氧化剂的化学能直接转换为电能的电化学发电装置。

4. 太阳能电池，是将太阳光能转换成电能的装置，包括晶体硅太阳能电池、薄膜太阳能电池、化合物半导体太阳能电池等，但不包括用于太阳能发电储能用的蓄电池。

5. 其他电池，是指除原电池、蓄电池、燃料电池、太阳能电池以外的电池。自 2015 年 2 月 1 日起对电池（铅蓄电池除外）征收消费税；对无汞原电池、金属氢化物镍蓄电池（又称氢镍蓄电池或镍氢蓄电池）、锂原电池、锂离子蓄电池、太阳能电池、燃料电池、全钒液流电池免征消费税。2015 年 12 月 31 日前对铅蓄电池缓征消费税；自 2016 年 1 月 1 日起，对铅蓄电池按 4% 的税率征收消费税。

（十五）涂料

涂料是指涂于物体表面能形成具有保护、装饰或特殊性能的固态涂膜的一类液体或固体材料之总称。涂料由主要成膜物质、次要成膜物质等构成。为促进节能环保，经国务院批准，自 2015 年 2 月 1 日起对涂料征收 4% 的消费税。

对施工状态下挥发性有机物（Volatile Organic Compounds，VOC）含量低于 420 克每升（含 420 克每升）的涂料免征消费税。

【例 3-1】下列商品中，（　　）征收消费税。

A. 电子烟　　　　　　B. 高档化妆品　　　C. 一次性筷子　　　　D. 太阳能电池

解析： 答案选 AB。木制一次性筷子征收消费税，竹质一次性筷子不征收消费税，太阳能电池免征消费税。

◇ **思政园地**

厚植高质量发展绿色底色

习近平总书记在 2023 年召开的全国生态环境保护大会上强调，加快形成绿色生产方式和生活方式，厚植高质量发展的绿色底色。

2023 年，全国可再生能源装机历史性超过煤电，全国碳市场达到预期建设目标，新能源汽车产销连续 8 年居全球第一，绿色"智"造成为风口……协同推进降碳、减污、扩绿、增长，犹如势不可挡的时代大潮，推升发展的"含绿量"、增长的"含金量"。

绿色低碳经济加快构建

从西北沙漠到东海之滨，从高山峡谷到低地平原，一排排光伏板、一台台风机持续并网发电……今年以来，第一批大型风电光伏基地全部开工，第二批基地项目陆续开工，第三批基地项目清单正式印发实施。

2023 年 10 月，金沙江白鹤滩水电站累计发电量突破 1000 亿千瓦时，相当于节约标准煤约 3007 万吨，减排二氧化碳约 8240 万吨，源源不断的清洁电能输送至苏浙等地，保障长三角地区经济发展和民生用电需求。

新能源汽车产销分别完成 735.2 万辆和 728 万辆，同比分别增长 33.9% 和 37.8%。截至 9 月底，全国新能源汽车保有量达到 1821 万辆。

产业绿色化水平持续提升

2023 年以来，我国产业绿色化水平全面提升。加快淘汰落后产能、提升新兴产业占比，产业结构更绿色；大力推进节能降碳、提升资源利用效率，能源消费更绿色；工业领域创新产品设计、构建绿色产业链，制造过程更绿色。

工业和信息化部数据显示，2023 年前三季度，高技术制造业投资同比增长 11.3%，增速高于制造业投资 5.1 个百分点。太阳能电池、充电桩产量分别增长 63.2%、34.2%。产业结构持续优化，新动能领域产品保持较高增速。

截至目前，我国有 1491 家绿色工厂、104 家绿色工业园区、205 家绿色供应链管理企业上榜。《工业绿色发展白皮书》显示，绿色工厂能耗水平整体优于能效标杆水平，绿色工业园区平均固废处置利用率超 95%。

高水平保护推动高质量发展

截至目前，我国累计植树造林 10.85 亿亩、种草改良 6.6 亿亩、防沙治沙 3 亿亩、修复和新增湿地 1200 多万亩，森林覆盖率提高到 24.02%，荒漠化、沙化土地实现持续"双缩减"，为全球贡献了 1/4 的新增绿化面积。

我国共建成生态文明建设示范区 572 个，"绿水青山就是金山银山"实践创新基地 240 个。

协同推进降碳、减污、扩绿、增长，绿色发展方式和生活方式的深刻变革，正推动生态环境发生巨大变化，高质量发展迈出坚实步伐，美丽中国渐行渐近。

（《厚植高质量发展绿色底色》，载 www.gov.cn/yaowen/liebiao/202312/content_6919093.htm，最后访问日期：2025 年 3 月 19 日。）

任务三 消费税征收环节及税率

◇ **任务引例**

张某应聘到甲卷烟厂担任会计工作，了解到本厂生产甲类卷烟、乙类卷烟和烟丝，张某一时搞不清这些产品的消费税税率和征收环节。

◇ **任务要求**

请您为其介绍一下这些产品的消费税税率以及在哪些环节交税。

◇ 税海探知

一、消费税征收环节

消费税属于价内税，并实行单一环节征税，主要是在生产、委托加工和进口环节征收，在以后的批发、零售等环节一般不再缴纳消费税。消费税的纳税环节具体分为以下几种情况。

（一）生产环节

生产应税消费品企业的销售环节是消费税的主要征收环节，生产企业在销售应税消费品时缴纳消费税。消费税具有单一环节征税的特点，在生产销售环节征税以后，流通环节一般不需要再缴纳消费税。

（二）委托加工环节

委托加工应税消费品，由受托方在向委托方交货时代收代缴消费税。委托方将收回的应税消费品，以不高于受托方的计税价格出售的，不再缴纳消费税；以高于受托方的计税价格出售的，按照规定需要缴纳消费税，在计税时准予扣除受托方已代收代缴的消费税税款。委托加工应税消费品收回后用于连续生产应税消费品的，可以按规定抵扣委托加工应税消费品的已纳消费税税款。

例如，以委托加工收回的已税鞭炮、焰火为原料生产的鞭炮、焰火，因最终生产的消费品——鞭炮、焰火需缴纳消费税，因此，对受托方代收代缴的鞭炮、焰火消费税税款准予抵扣，体现税不重征原则。

（三）进口环节

进口的应税消费品，由报关者于报关进口时纳税。进口环节消费税由海关代征。

（四）零售环节

金银首饰消费税由生产销售环节征收改为零售环节征收。自2016年12月1日起，对超豪华小汽车在生产（进口）环节按现行税率征收消费税的基础上，在零售环节加征10%的消费税。

（五）批发环节

除生产环节外，对卷烟批发环节分别加征11%的从价税和0.005元每支的从量税。自2022年11月1日起，对电子烟在生产（进口）环节征收36%的消费税，批发环节加征11%的消费税。

（六）移送使用环节

纳税人自产自用的应税消费品，用于连续生产应税消费品的，不纳税；用于其他方面的，具体包括用于生产非应税消费品、在建工程、管理部门、非生产机构、提供劳务、馈赠、赞助、集资、广告、样品、职工福利、奖励等方面，于移送使用时纳税。例如，汽油生产厂，本单位后勤车队的车耗用的汽油，在移送使用时，需要缴纳消费税。

二、消费税的税率

消费税采用比例税率和定额税率两种形式，以适应不同应税消费品的实际情况。根据征税对象的具体情况来确定税率的形式。大部分应税消费品采用比例税率，如高档手表、高档化妆品、贵重首饰及珠宝玉石等。对一些供求基本平衡，价格差异不大，计量单位规范的消费品，则采用计税简便的定额税率，如啤酒、黄酒、成品油等。卷烟、白酒，则采用了比例税率和定额税率双重征收形式，即采用的是复合税率。《消费税税目税率及纳税环节统计表》见表3-1。

表 3-1　消费税税目税率及纳税环节统计表

税　目	税　率		
	生产（进口）环节	批发环节	零售环节
一、烟			
1. 卷烟			
（1）甲类卷烟	56%加 0.003 元/支	11%加 0.005 元/支	
（2）乙类卷烟	36%加 0.003 元/支	11%加 0.005 元/支	
2. 雪茄烟	36%		
3. 烟丝	30%		
4. 电子烟	36%	11%	
二、酒			
1. 白酒	20%加 0.5 元/500 克（或者 500 毫升）		
2. 黄酒	240 元/吨		
3. 啤酒			
（1）甲类啤酒	250 元/吨		
（2）乙类啤酒	220 元/吨		
4. 其他酒	10%		
三、高档化妆品	15%		
四、贵重首饰及珠宝玉石			
1. 金银首饰、铂金首饰和钻石及钻石饰品			5%
2. 其他贵重首饰和珠宝玉石	10%		
五、鞭炮、焰火	15%		
六、成品油			
1. 汽油	1.52 元/升		
2. 柴油	1.20 元/升		
3. 石脑油	1.52 元/升		
4. 溶剂油	1.52 元/升		
5. 航空煤油	1.20 元/升		
6. 润滑油	1.52 元/升		
7. 燃料油	1.20 元/升		
七、摩托车			
1. 气缸容量（排气量，下同）为 250 毫升的	3%		
2. 气缸容量在 250 毫升（不含 250 毫升）以上的	10%		

续表

税 目	税 率		
	生产（进口）环节	批发环节	零售环节
八、小汽车			
1. 乘用车			
（1）气缸容量（排气量，下同）在 1.0 升（含 1.0 升）以下的	1%		
（2）气缸容量在 1.0 升以上至 1.5 升（含 1.5 升）的	3%		
（3）气缸容量在 1.5 升以上至 2.0 升（含 2.0 升）的	5%		
（4）气缸容量在 2.0 升以上至 2.5 升（含 2.5 升的	9%		
（5）气缸容量在 2.5 升以上至 3.0 升（含 3.0 升）的	12%		
（6）气缸容量在 3.0 升以上至 4.0 升（含 4.0 升）的	25%		
（7）气缸容量在 4.0 升以上的	40%		
2. 中轻型商用客车	5%		
3. 超豪华小汽车	按照乘用车和中轻型商用客车的规定征收		10%
九、高尔夫球及球具	10%		
十、高档手表	20%		
十一、游艇	10%		
十二、木制一次性筷子	5%		
十三、实木地板	5%		
十四、电池	4%		
十五、涂料	4%		

应税消费品的具体征税范围，由财政部、国家税务总局确定。消费税税目、税率的调整，由国务院决定。

纳税人兼营不同税率应税消费品，应当分别核算不同税率应税消费品的销售额、销售数量；未分别核算销售额、销售数量，或者将不同税率的应税消费品组成成套消费品销售的，从高适用税率。

纳税人兼营不同税率应税消费品，是指纳税人生产销售两种税率以上的应税消费品。

任务四　一般计税方法应纳税额计算

◇ **任务引例**

A 市甲酒厂，2024 年 9 月从农业生产者手中收购玉米，支付收购货款 260 000 元。甲酒厂将收购玉米从收购地直接运往异地的乙酒厂生产加工白酒，白酒加工完毕，甲酒厂收回白酒 8 吨，取得乙酒厂开具的防伪税控增值税专用发票，注明加工费 168 000 元，代垫辅料价值 17 400 元，加工的白酒当地无同类产品市场价格。

◇ **任务要求**

请您代乙酒厂计算应代收代缴的消费税税额。

◇ **税海探知**

消费税实行从价定率、从量定额，或者从价定率与从量定额相结合的复合计税三种计征办法。

🔖 **寻法溯源**

一、从价定率计算法

实行从价定率办法计征消费税的，其应纳税额等于应税消费品的销售额乘以适用的比例税率。应纳税额的大小取决于销售额和比例税率两个因素。同时，消费税实行价内税，增值税实行价外税，这种情况决定了实行从价定率征收消费税的应税消费品，消费税和增值税的计税依据基本一致，即都是以含消费税而不含增值税的销售额作为计税依据。其计算公式为：

微课 3-2　消费税计税方法

$$应纳税额 = 销售额 \times 比例税率$$

（一）销售额的确定

销售额为纳税人销售应税消费品向购买方收取的全部价款和价外费用，不包括应向购买方收取的增值税税额。销售，是指有偿转让应税消费品的所有权。有偿，是指从购买方处取得货币、货物或者其他经济利益。价外费用，是指价外向购买方处收取的手续费、补贴、基金、集资费、返还利润、奖励费、违约金、滞纳金、延期付款利息、赔偿金、代收款项、代垫款项、包装费、包装物租金、储备费、优质费、运输装卸费以及其他各种性质的价外收费。

凡随同销售货物销售向购买方收取的价外费用，无论会计制度规定如何核算，均应并入销售额计算应纳税额。但下列项目不包括在内：

1. 同时符合以下条件的代垫运输费用。

（1）承运部门的运输费用发票是开具给购买方的。

（2）纳税人将该项发票转交给购买方的。

2. 同时符合以下条件代为收取的政府性基金或者行政事业性收费。

（1）由国务院或者财政部批准设立的政府性基金，由国务院或者省级人民政府及其财政、价格主管部门批准设立的行政事业性收费。

（2）收取时开具省级以上财政部门印制的财政票据。

（3）所收款项全额上缴财政。白酒生产企业向商业销售单位收取的"品牌使用费"是随着应税白酒的销售而向购货方收取的，属于应税白酒销售价款的组成部分。因此，不论企业采取何种方式以何种名义收取价款，均应并入白酒的销售额中缴纳消费税。

对啤酒生产企业销售的啤酒，不得以向其关联企业的啤酒销售公司销售的价格作为确定消费税税额的标准，而应当以其关联企业的啤酒销售公司对外的销售价格（含包装物及包装物押金）作为确定消费税税额的标准，并依此确定该啤酒消费税单位税额。

纳税人生产电子烟的，按照生产销售电子烟的销售额计算纳税。电子烟生产环节纳税人采用代销方式销售电子烟的，按照经销商（代理商）销售给电子烟批发企业的销售额计算纳税。

（二）包装物计税的规定

应税消费品连同包装物销售的，无论包装物是否单独计价以及在会计上如何核算，均应并入应税消费品的销售额中缴纳消费税。如果包装物不作价随同产品销售，而是收取押金（收取酒类产品的包装物押金除外），此项押金收取时不应并入应税消费品的销售额中征税。对于因逾期未收回的包装物不再退还的或者已收取的时间超过 12 个月的押金，应并入应税消费品的销售额，按照应税消费品的适用税率缴纳消费税。

对既作价随同应税消费品销售，又另外收取的包装物的押金，凡纳税人在规定的期限内没有退还的，均应并入应税消费品的销售额，按照应税消费品的适用税率征收消费税。

自 1995 年 6 月 1 日起，对酒类产品生产企业销售酒类产品而收取的包装物押金，无论押金是否返还，也不论在会计上如何核算，均需并入酒类产品销售额中，按照酒类产品的适用税率征收消费税。啤酒的包装物押金不包括重复使用的塑料周转箱的押金。

销售的应税消费品，以人民币以外的货币结算销售额的，其销售额的人民币折合率可以选择销售额发生的当天或者当月 1 日的人民币汇率中间价。纳税人应在事先确定采用何种折合率，折合率一经确定后在 1 年内不得变更。

（三）含税销售额的换算

《消费税暂行条例实施细则》第 12 条规定："条例第六条所称销售额，不包括应向购货方收取的增值税税款。如果纳税人应税消费品的销售额中未扣除增值税税款或者因不得开具增值税专用发票而发生价款和增值税税款合并收取的，在计算消费税时，应当换算为不含增值税税款的销售额。其换算公式为：

$$应税消费品的销售额 = 含增值税的销售额 \div (1 + 增值税税率或者征收率)"$$

如果消费税纳税人同时又是增值税一般纳税人的，适用 13% 的税率；如果消费税纳税人同时又是增值税小规模纳税人的，适用 3% 的征收率。

（四）应纳税额的计算

在从价定率计算方法下，应纳税额的大小取决于应税消费品的销售额和比例税率两个因素。其基本计算公式为：

$$应纳税额 = 销售额 \times 比例税率$$

【例 3-2】 甲化妆品生产企业为增值税一般纳税人，2024 年 9 月 5 日向某大学销售高档化妆品一批，收到货款为 452 000 元（含增值税），开具普通发票。9 月 24 日向乙商场销售高档化妆品一批，取得销售额 1 600 000 元，增值税 208 000 元，已开具增值税专用发票，货款已收到；已知高档化妆品消费税税率为 15%。问该企业当月应税消费品的销售额是多少？该企业当月的应纳税额是多少？

解析：

该企业当月应税消费品的销售额 = 452 000 \div (1 + 13%) + 1 600 000 = 2 000 000 元

该企业当月的应纳税额 = 2 000 000 \times 15% = 300 000 元

【例 3-3】 甲手表厂为增值税一般纳税人，2024 年 9 月，发生如下业务：

（1）3 日，销售 A 款手表 520 只，单价 11 800 元每只，取得不含税销售额 6 136 000 元，增值税为 797 680 元。

（2）12 日，销售 B 款手表 210 只，单价 6200 元每只，取得不含税销售额 1 302 000 元，增值税为 169 260 元。

（3）25 日，销售手表配件取得不含税销售收入 26 000 元，增值税 3380 元。假定该手表厂当月无其他应税销售业务。请计算该手表厂当月应缴纳的消费税税额。已知高档手表消费税税率为 20%。

解析：

（1）A 款手表单价超过 10 000 元，应缴纳消费税。

（2）B 款手表单价小于 10 000 元，不需要缴纳消费税。

（3）手表配件为非应税消费品，销售手表配件不需要缴纳消费税。

该手表厂当月的应纳税额 = 6 136 000×20% = 1 227 200 元

【例 3-4】 甲电子烟生产厂为增值税一般纳税人，生产 M 牌的电子烟产品，2024 年 9 月发生了如下业务：

（1）6 日，甲电子烟生产厂销售一批 M 牌电子烟产品给乙电子烟批发企业，取得不含增值税销售额为 1 350 000 元，增值税 175 500 元。

（2）17 日，甲电子烟生产厂委托经销商销售上述 M 牌电子烟产品，经销商销售给电子烟批发企业取得不含增值税销售额为 1 431 000 元，增值税 186 030 元，甲电子烟生产厂支付经销商代销费 15 000 元。

要求：

（1）请计算业务（1），该电子烟生产厂销售 M 牌电子烟的应纳税额。

（2）请计算业务（2），该电子烟生产厂委托经销商销售 M 牌电子烟的应纳税额。

解析：

（1）该电子烟生产厂直接销售 M 牌电子烟的应纳税额 = 1 350 000×36% = 486 000 元

（2）该电子烟生产厂委托经销商销售 M 牌电子烟的应纳税额 = 1 431 000×36% = 515 160 元

二、从量定额计算法

实行从量定额办法计征消费税的，其应纳税额等于销售数量乘以定额税率，应纳税额的大小取决于销售数量和单位税额两个因素。

以从量定额征税的应税消费品，通常以每单位应税消费品的重量、容积或数量为计税依据，并按每单位应税消费品规定单位税额计征消费税税额。

（一）应税数量的确定

应税数量是指纳税人生产、委托加工和进口应税消费品的数量。具体为：

1. 销售应税消费品的，为应税消费品的销售数量。

2. 自产自用应税消费品的，为应税消费品的移送使用数量。

3. 委托加工应税消费品的，为纳税人收回的应税消费品数量。

4. 进口应税消费品的，为海关核定的应税消费品进口征税数量。

（二）从量定额计量单位的换算

在实际经营中，一些纳税人往往将计量单位混用。为了规范不同产品的计量单位，《消费税暂行条例实施细则》规定，实行从量定额办法计算应纳税额的应税消费品，计量单位的换算标准如表 3-2 所示：

表 3-2 吨、升换算表

名称	换算标准	名称	换算标准
黄酒	1 吨＝962 升	石脑油	1 吨＝1385 升
啤酒	1 吨＝988 升	溶剂油	1 吨＝1282 升
汽油	1 吨＝1388 升	润滑油	1 吨＝1126 升
柴油	1 吨＝1176 升	燃料油	1 吨＝1015 升
航空煤油	1 吨＝1246 升	－	－

（三）应纳税额的计算

在从量定额计算方法下，应纳税额的大小取决于应税消费品的销售数量和定额税率两个因素。其基本计算公式为：

应纳税额＝销售数量×定额税率

【例 3-5】甲啤酒厂 2024 年 9 月销售啤酒 360 吨，每吨出厂价格 2850 元（不含增值税），另收取非重复使用的包装物押金 101 700 元。请计算该啤酒厂当月的应纳税额。

解析：

（1）啤酒定额税率的每吨出厂价格＝2850＋101 700÷（1＋13%）÷360＝3100 元。

（2）每吨出厂价在 3000 元以上，适用单位税额 250 元。

（3）该啤酒厂当月的应纳税额＝360×250＝90 000 元。

【例 3-6】甲炼油厂 2024 年 9 月份销售汽油 116 吨，收到销售额 1 014 350.4 元，增值税 131 865.55 元；销售柴油 59 吨，收到销售额 360 796.8 元，增值税 46 903.58 元。另将汽油 14 吨用于本企业运输部门。汽油每吨的生产成本为 7432.74 元。该炼油厂当月的应纳税额是多少？

解析：

该炼油厂当月的应纳税额＝（116＋14）×1388×1.52＋59×1176×1.2＝357 529.6 元

三、从价定率和从量定额复合计税法

现行消费税的征税范围中，只有卷烟和白酒采用从价定率与从量定额复合计税方法。销售额是指纳税人生产销售卷烟、白酒向购买方收取的全部价款和价外费用。销售数量是指纳税人生产、进口、委托加工、自产自用卷烟、白酒的销售数量、海关核定数量、委托方收回数量和移送使用数量。应纳税额等于应税销售额乘以比例税率再加上应税销售数量乘以定额税率。其计算公式为：

应纳税额＝销售额×比例税率+销售数量×定额税率

纳税人发生销货退回的应税消费品已缴纳的消费税税款可以办理退税。在办理退税手续时，纳税人应将开具的增值税红字发票、退税说明等资料报主管税务机关备案。主管税务机关核对无误后办理退税。

🔖 **寻法溯源**

【例 3-7】2024 年 9 月，甲酒厂销售自产白酒 120 吨，取得销售额 43 200 000 元（不含增值税），增值税 5 616 000 元。请计算该酒厂当月的应纳税额。

解析：

该酒厂当月的应纳税额＝43 200 000×20%＋120×2000×0.5＝8 760 000 元

微课 3-3 白酒消费税应纳税额的计算

四、计税依据的特殊规定

（一）自设非独立核算门市部销售应税消费品的计税规定

纳税人通过非独立核算门市部销售的自产应税消费品，应当按照门市部对外销售额或者销售数量征收消费税。

【例 3-8】 甲高档化妆品生产企业为增值税一般纳税人，2024 年 9 月将生产的高档面霜、水乳 100 套，以每套 820 元的价格销售给本企业非独立核算的门市部，门市部又以每套 1356 元的价格销售给消费者。计算该企业当月的应纳税额。

解析： 企业通过非独立核算门市部销售自产高档化妆品，应当按照门市部对外销售额征收消费税。

该企业当月的应纳税额 $= 1356 \div (1+13\%) \times 100 \times 15\% = 18\,000$ 元

（二）应税消费品用于换取生产资料和消费资料、投资入股和抵偿债务的计税规定

纳税人用于换取生产资料和消费资料、投资入股和抵偿债务等方面的应税消费品，应当以纳税人同类应税消费品的最高销售价格作为计税依据计算消费税。

（三）套装产品的计税依据

纳税人将自产的应税消费品与外购或自产的非应税消费品组成套装销售的，以套装产品的销售额（不含增值税）为计税依据计算消费税。纳税人将不同税率的应税消费品组成成套消费品销售的，从高适用税率。

（四）金银首饰的计税依据

金银首饰连同包装物销售的，无论包装物是否单独计价，也无论会计上如何核算，均应并入金银首饰的销售额计征消费税。

纳税人采用以旧换新（含翻新改制）方式销售的金银首饰，应按实际收取的不含增值税的全部价款确定计税依据征收消费税。

对既销售金银首饰，又销售非金银首饰的生产、经营单位，应将两类商品划分清楚，分别核算销售额。凡划分不清或不能分别核算的并在生产环节销售的，一律从高适用税率征收消费税；在零售环节销售的，一律按金银首饰征收消费税。

金银首饰与其他产品组成套装销售的，一律按金银首饰征收消费税。

带料加工的金银首饰，应按受托方销售的同类金银首饰的销售价格确定计税依据征收消费税。没有同类金银首饰销售价格的，按照组成计税价格计算纳税。

（五）最低计税价格的核定

纳税人应税消费品的计税价格明显偏低并无正当理由的，由主管税务机关核定其计税价格。其中，卷烟、白酒和小汽车的计税价格由国家税务总局核定，送财政部备案；其他应税消费品的计税价格由省、自治区和直辖市国家税务局核定；进口的应税消费品的计税价格由海关核定。

1. 卷烟计税价格的核定。自 2012 年 1 月 1 日起，卷烟消费税最低计税价格核定范围为卷烟生产企业在生产环节销售的所有牌号、规格的卷烟。

计税价格由国家税务总局按照卷烟批发环节销售价格扣除卷烟批发环节批发毛利核定并发布。计税价格的核定公式如下：

$$某牌号、规格卷烟计税价格 = 批发环节销售价格 \times (1 - 适用批发毛利率)$$

卷烟批发环节销售价格，按照税务机关采集的所有卷烟批发企业在价格采集期内销售的该牌号、规格卷烟的数量、销售额进行加权平均计算。其计算公式如下：

$$批发环节销售价格 = \frac{\sum 该牌号规格卷烟各采集点的销售额}{\sum 该牌号规格卷烟各采集点的销售数量}$$

未经国家税务总局核定计税价格的新牌号、新规格卷烟，生产企业应按卷烟调拨价格申报纳税。

已经国家税务总局核定计税价格的卷烟，生产企业实际销售价格高于计税价格的，按实际销售价格确定适用税率，计算缴纳消费税；实际销售价格低于计税价格的，按计税价格确定适用税率，计算缴纳消费税。

2. 白酒消费税最低计税价格的核定。自 2009 年 8 月 1 日起，对白酒消费税实行最低计税价格核定管理办法。

（1）白酒消费税最低计税价格核定范围。白酒生产企业销售给销售单位的白酒，生产企业消费税计税价格为销售单位对外销售价格（不含增值税）70% 以下的，税务机关应核定消费税最低计税价格。自 2015 年 6 月 1 日起，纳税人将委托加工收回的白酒销售给销售单位，消费税计税价格为销售单位对外销售价格（不含增值税）70% 以下的，也应核定消费税最低计税价格。

销售单位，是指销售公司、购销公司以及委托境内其他单位或个人包销本企业生产白酒的商业机构。销售公司、购销公司，是指专门购进并销售白酒生产企业生产的白酒，并与该白酒生产企业存在关联性质。包销，是指销售单位依据协定价格从白酒生产企业购进白酒，同时承担大部分包装材料等成本费用，并负责销售白酒。

对白酒生产企业设立多级销售单位销售的白酒，税务机关应按照最终一级销售单位对外销售价格核定生产企业消费税最低计税价格。

白酒生产企业应将各种白酒的消费税计税价格和销售单位销售价格，按照规定的式样及要求，在主管税务机关规定的时限内填报。白酒消费税最低计税价格由白酒生产企业自行申报，税务机关核定。

主管税务机关应将白酒生产企业申报的销售给销售单位的消费税计税价格低于销售单位对外销售价格 70% 以下、年销售额 1000 万元以上的各种白酒，按照规定的式样及要求，在规定的时限内逐级上报至国家税务总局。国家税务总局选择其中部分白酒核定消费税最低计税价格。除国家税务总局已核定消费税最低计税价格的白酒外，其他按规定需要核定消费税最低计税价格的白酒，消费税最低计税价格由各省、自治区、直辖市和计划单列市税务局核定。

（2）白酒消费税最低计税价格核定标准。①白酒生产企业销售给销售单位的白酒，生产企业消费税计税价格为销售单位对外销售价格 70% 以上（含 70%）的，税务机关暂不核定消费税最低计税价格。②白酒生产企业销售给销售单位的白酒，生产企业消费税计税价格低于销售单位对外销售价格 70% 以下的，消费税最低计税价格由税务机关根据生产规模、白酒品牌、利润水平等情况在销售单位对外销售价格 50%-70% 范围内自行核定。其中生产规模较大、利润水平较高的企业生产的需要核定消费税最低计税价格的白酒，税务机关核价幅度原则上应选择在销售单位对外销售价格的 60%-70% 范围内。自 2017 年 5 月 1 日起，白酒消费税最低计税价格核定比例由 50%-70% 统一调整为 60%，已核定最低计税价格的白酒，税务机关应按照调整后的比例重新核定。

（3）重新核定。已核定最低计税价格的白酒，销售单位对外销售价格持续上涨或下降时间达到 3 个月以上、累计上涨或下降幅度在 20%（含 20%）以上的白酒，税务机关重新核定最低计税价格。

（4）计税价格的适用。已核定最低计税价格的白酒，生产企业实际销售价格高于消费税最低计税价格的，按实际销售价格申报纳税；实际销售价格低于消费税最低计税价格的，按最低计税价格申报纳税。

白酒生产企业未按规定上报销售单位销售价格的，主管税务局应按照销售单位销售价格征收消费税。

（六）电子烟代加工业务的计税规定

电子烟生产环节纳税人从事电子烟代加工业务的，应当分开核算持有商标电子烟的销售额和代加工电子烟的销售额；未分开核算的，一并缴纳消费税。

任务五　特殊情形应纳税额计算

◇ 任务引例

甲鞭炮厂，增值税一般纳税人，2024年9月受托为乙公司加工一批鞭炮，乙公司提供的原材料金额为75万元，甲鞭炮厂收取乙公司加工费为8万元（不含增值税），代垫辅助材料1.6万元，甲鞭炮厂无同类产品市场价格。

◇ 任务要求

1. 请您帮忙计算组成计税价格。
2. 请您帮忙计算甲鞭炮厂应代收代缴的消费税税额。

◇ 税海探知

消费税的计算方法中，对于自产自用、委托加工和进口应税消费品还规定了特殊的计算方法。

一、自产自用应税消费品应纳税额的计算

自产自用应税消费品是指纳税人生产应税消费品后，不是用于直接对外销售，而是用于连续生产应税消费品或用于其他方面。例如，卷烟生产厂用自己生产的烟丝加工成卷烟，高档化妆品生产厂生产的高档化妆品给职工发放福利等。这些事项是否缴纳消费税，来看看税法的相关规定。自产自用应税消费品的消费税规定为：

（一）用于连续生产应税消费品

纳税人自产自用的应税消费品用于连续生产应税消费品的，是指纳税人将自产自用的应税消费品作为直接材料生产最终应税消费品，自产自用应税消费品构成最终应税消费品的实体，不纳税。如上述卷烟生产厂用自己生产的烟丝加工卷烟，烟丝不需要缴纳消费税，因为烟丝价格体现在卷烟的价格中，只对生产销售的卷烟征收消费税，体现税不重征的原则。

（二）用于其他方面

纳税人自产自用的应税消费品，凡用于其他方面，包括：用于在建工程、生产非应税消费品、管理部门、非生产机构、提供劳务、馈赠、赞助、集资、广告、样品、职工福利、奖励等方面视同销售的，在移送使用时缴纳消费税。例如，高档化妆品生产厂用自己生产的高档化妆品给职工发放福利，属于视同销售行为，在移送使用环节需要缴纳消费税。

（三）组成计税价格和应纳税额的计算

纳税人自产自用应税消费品，凡用于其他方面的应当按照同类消费品的销售价格计算缴纳消费税。同类消费品的销售价格是指纳税人当月销售的同类应税消费品的销售价格，如果当月销售的同类应税消费品的销售价格高低不同，应按销售数量加权平均计算。但当纳税人销售的应税消费品销售价格明显偏低又无正当理由以及无销售价格的，不得列入加权平均计算，应当按照同类应税消费品上月或最近月份的销售价格计算；如果当月无销售或者当月未完结，也应按照同类应税消费品上月或者最近月份的销售价格计算纳税；没有同类应税消费品销售价格的，按

组成计税价格计算。

寻法溯源

实行从价定率办法计算纳税的组成计税价格的计算公式为：

组成计税价格=（成本+利润）÷（1-比例税率）

应纳税额=组成计税价格×比例税率

微课 3-4 消费税
组成计税价格

实行复合计税办法计算纳税的组成计税价格的计算公式为：

组成计税价格=（成本+利润+自产自用数量×定额税率）÷（1-比例税率）

应纳税额=组成计税价格×比例税率+自产自用数量×定额税率

其中，成本是指应税消费品的产品生产成本；利润是指根据应税消费品的全国平均成本利润率计算的利润。应税消费品的全国平均成本利润率由国家税务总局确定。

表 3-3　应税消费品的全国平均成本利润率

商品名称	利润率	商品名称	利润率
甲类卷烟	10%	摩托车	6%
乙类卷烟	5%	高尔夫球及球具	10%
雪茄烟	5%	乘用车	8%
烟丝	5%	中轻型商用车	5%
粮食白酒	10%	高档手表	20%
薯类白酒	5%	游艇	10%
其他酒	5%	木制一次性筷子、实木地板	5%
高档化妆品	5%	电池	4%
鞭炮、焰火	5%	涂料	7%
贵重首饰及珠宝玉石	6%	电子烟	10%

【例 3-9】 甲卷烟厂为增值税一般纳税人，2024 年 9 月，生产一批烟丝，其中一部分对外销售，取得含增值税销售额 1 130 000 元，余下 500 000 元的烟丝继续生产卷烟。已知该烟丝适用的消费税税率为 30%。请计算该卷烟厂本月生产烟丝的应纳税额。

解析：纳税人自产自用的应税消费品，用于连续生产应税消费品的，不缴纳消费税。

该卷烟厂本月生产烟丝的应纳税额=1 130 000÷（1+13%）×30%=300 000 元

【例 3-10】 甲公司是一家高档化妆品生产厂，增值税一般纳税人，2024 年 9 月，将一批自产高档化妆品作为福利发放给员工，该批高档化妆品系新产品，无同类产品市场销售价格，其生产成本为 186 000 元，已知高档化妆品成本利润率为 5%，消费税税率为 15%。请计算该公司本月生产高档化妆品的应纳税额。

解析：

组成计税价格=成本×（1+成本利润率）÷（1-消费税税率）

=186 000×（1+5%）÷（1-15%）

=229 764.71 元

该公司本月生产高档化妆品的应纳税额=229 764.71×15%=34 464.71 元

二、委托加工应税消费品应纳税额的计算

企业、单位或个人由于设备、技术、人力等方面的局限或其他方面的原因，常常要委托其他单位代为加工应税消费品。然后，将加工好的应税消费品收回，或直接销售，或自己使用。委托加工应税消费品由受托方在向委托方交货时代收代缴消费税（受托方为个人的除外）。

（一）委托加工应税消费品的确定

委托加工是指委托方提供原材料和主要材料，受托方只代垫部分辅助材料，按照委托方要求进行加工并收取加工费的行为。在委托加工业务中，货物的所有权始终归委托方所有。

对于由受托方提供原材料和主要材料生产的应税消费品，或者受托方先将原材料卖给委托方，然后再接受加工的应税消费品以及由受托方以委托方名义购进原材料生产的应税消费品，不论财务上是否作销售处理，都不得作为委托加工应税消费品，而应当按照销售自制应税消费品缴纳消费税。

（二）代收代缴消费税的规定

委托加工应税消费品应由受托方在向委托方交货时代收代缴消费税，但是纳税人委托个人加工应税消费品的，一律由委托方收回后由委托方向机构所在地或者居住地缴纳消费税。如果受托方对委托加工的应税消费品没有代收代缴或少代收代缴消费税，对受托方应按照《税收征收管理法》的规定，承担代收代缴的法律责任。

对于受托方没有按规定代收代缴消费税税款的，并不能因此免除委托方补缴税款的责任。委托方对于没有代收代缴消费税的应税消费品补征税款的计税依据是：收回的应税消费品直接销售的，按销售额计税；收回的应税消费品尚未销售或不能直接销售的（用于连续生产的等），按组成计税价格计税。

委托方收回已代收代缴消费税的应税消费品后，以不高于受托方的计税价格出售的，不再缴纳消费税；以高于受托方的计税价格出售的，需按照规定缴纳消费税，在计税时准予扣除受托方已代收代缴的消费税税款。

（三）组成计税价格和应纳税额的计算

委托加工应税消费品，按照受托方同类应税消费品的销售价格计算缴纳消费税。同类消费品的销售价格是指受托方当月销售的同类应税消费品的销售价格，如果当月销售的同类应税消费品的销售价格高低不同，应按销售数量加权平均计算。但纳税人销售的应税消费品销售价格明显偏低又无正当理由以及无销售价格的，不得列入加权平均计算，应当按照同类应税消费品上月或最近月份的销售价格计算；如果当月无销售或者当月未完结，也应按照同类消费品上月或者最近月份的销售价格计算纳税；没有同类应税消费品销售价格的，按照组成计税价格计算。

1. 有同类消费品销售价格的，应代收代缴税额的计算公式有以下两种。

（1）从价定率计税办法的计算公式：

$$应代收代缴消费税 = 同类消费品销售额 \times 比例税率$$

（2）复合计税办法的计算公式：

$$应代收代缴消费税 = 同类消费品销售额 \times 比例税率 + 委托加工数量 \times 定额税率$$

2. 没有同类消费品销售价格，则按照组成计税价格计税。

（1）实行从价定率办法计算纳税的组成计税价格的计算公式为：

$$组成计税价格 = (材料成本 + 加工费) \div (1 - 比例税率)$$

$$应代收代缴消费税 = 组成计税价格 \times 比例税率$$

（2）实行复合计税办法计算纳税的组成计税价格的计算公式为：

$$组成计税价格＝（材料成本＋加工费＋委托加工数量×定额税率）÷（1－比例税率）$$
$$应代收代缴消费税＝组成计税价格×比例税率＋委托加工数量×定额税率$$

其中，材料成本是指委托方所提供加工材料的实际成本。委托加工应税消费品的纳税人，必须在加工合同上如实注明（或者以其他方式提供）材料成本，否则，受托方所在地主管税务机关有权核定其材料成本。加工费是指受托方受托加工应税消费品向委托方收取的全部费用（包括代垫辅助材料的实际成本，但不包括增值税税金）。

委托加工应税消费品的核定计税价格不适用于从量计税的应税消费品，从量计税时，应按委托加工收回成品数量直接计税。

【例3-11】甲地板厂，增值税一般纳税人，2024年9月受托为乙公司加工一批实木地板，委托单位提供的原材料金额为1 600 000元，收取委托单位不含增值税的加工费300 000元，甲地板厂无同类产品市场价格。实木地板消费税税率为5%。计算该厂应代收代缴消费税。

解析：

（1）组成计税价格＝（1 600 000＋300 000）÷（1－5%）＝2 000 000元

（2）该厂应代收代缴消费税＝2 000 000×5%＝100 000元

三、进口应税消费品应纳税额的计算

1993年12月，国家税务总局、海关总署联合颁发的《国家税务总局、海关总署关于进口货物征收增值税、消费税有关问题的通知》第1条规定："申报进入中华人民共和国关境内的货物均应缴纳增值税、消费税。进口货物的收货人或办理报关手续的单位和个人，为进口货物增值税、消费税的纳税义务人。"自2022年11月1日起，进口电子烟的单位和个人为电子烟进口环节纳税人。

进口应税消费品在报关进口时缴纳消费税，其消费税由海关代征。进口的应税消费品由进口人或其代理人自海关填发海关进口消费税专用缴款书之日起15日内，向报关地海关缴纳税款。

进口应税消费品消费税的税目、税率（税额），依照《消费税暂行条例》所附的《消费税税目税率表》执行。

纳税人进口应税消费品，按照组成计税价格和规定的税率计算应纳税额。

（一）从价定率计征应纳税额的计算

1. 实行从价定率办法计算纳税的组成计税价格，其计算公式为：

$$组成计税价格＝（关税完税价格＋关税）÷（1－消费税比例税率）$$

2. 应纳税额的计算公式为：

$$应纳税额＝组成计税价格×消费税比例税率$$

公式中所称"关税完税价格"，是指海关核定的关税计税价格，是指一般贸易项下进口的货物以海关审定的成交价格为基础的到岸价格作为完税价格。到岸价格是指包括货价以及货物运抵我国关境内输入地点起卸前的包装费、运费、保险费和其他劳务费等费用构成的一种价格。

【例3-12】甲贸易公司，增值税一般纳税人，2024年9月，进口160辆乘用车，每辆乘用车关税完税价格为460 000元。已知该批乘用车关税税率为10%，消费税税率为25%。计算该公司进口该批乘用车的应纳税额。

解析： 进口乘用车实行从价定率办法计算应纳消费税。

该批乘用车的关税税额＝关税完税价格×关税税率

$$＝460 000×160×10%$$

$$＝7 360 000元$$

进口该批乘用车的组成计税价格=（关税完税价格+关税）÷（1-消费税比例税率）

$$=（460\,000×160+7\,360\,000）÷（1-25\%）$$

$$=107\,946\,667元$$

进口该批乘用车的应纳税额=107 946 667×25%=26 986 666.7元

（二）实行从量定额计征应纳税额的计算

其应纳税额的计算公式为：

$$应纳税额=进口数量×消费税定额税率$$

（三）实行从价定率和从量定额复合计税办法应纳税额的计算

1. 组成计税价格的计算公式为：

组成计税价格=（关税完税价格+关税+进口数量×消费税定额税率）÷（1-消费税比例税率）

2. 应纳税额的计算公式为：

$$应纳税额=组成计税价格×消费税比例税率+进口数量×消费税定额税率$$

进口环节的消费税除国务院另有规定之外，一律不得给予减免税优惠。

四、已纳消费税扣除的计算

为了避免重复征税，现行消费税规定，将外购应税消费品和委托加工收回的应税消费品继续生产应税消费品销售的，可以将外购应税消费品和委托加工收回应税消费品已缴纳的消费税给予扣除。

（一）外购应税消费品已纳税款的扣除

外购应税消费品连续生产应税消费品。由于某些应税消费品是用外购已缴纳消费税的应税消费品连续生产出来的，在对这些连续生产出来的应税消费品计算消费税时，为避免重复征税，现行消费税法规定应当按当期生产领用数量计算准予扣除外购的应税消费品已缴纳的消费税税款。扣除范围包括：

1. 外购已税烟丝生产的卷烟。

2. 外购已税高档化妆品为原料生产的高档化妆品。

3. 外购已税珠宝、玉石为原料生产的贵重首饰及珠宝、玉石。

4. 外购已税鞭炮、焰火为原料生产的鞭炮、焰火。

5. 外购已税杆头、杆身和握把为原料生产的高尔夫球杆。

6. 外购已税木制一次性筷子为原料生产的木制一次性筷子。

7. 外购已税实木地板为原料生产的实木地板。

8. 外购已税汽油、柴油、石脑油、燃料油、润滑油为原料连续生产的应税成品油。

9. 自2015年5月1日起，从葡萄酒生产企业购进、进口葡萄酒连续生产应税葡萄酒的，准予从葡萄酒消费税应纳税额中扣除所耗用应税葡萄酒已纳消费税税款。如本期消费税应纳税额不足抵扣的，余额留待下期抵扣。

上述当期外购应税消费品已纳税款的扣除的计算公式为：

当期准予扣除的外购应税消费品已纳消费税=当期准予扣除的外购应税消费品买价×外购应税消费品适用税率

当期准予扣除的外购应税消费品买价=期初库存外购应税消费品买价+本期购进应税消费品买价-期末库存的外购应税消费品买价

其中，外购应税消费品买价是指购货发票上注明的销售额，但不包括增值税税额。

纳税人用外购的已税珠宝玉石生产的改在零售环节征收消费税的金银首饰（镶嵌首饰），在计税时一律不得扣除外购珠宝玉石的已纳税款。

在 15 个消费税税目中，雪茄烟、酒（除外购、进口葡萄酒可抵扣外）、小汽车、摩托车、游艇、高档手表、电池、涂料、溶剂油无法扣除，其他可以扣除，但仅限于在同一税目内扣除。

【例 3-13】 甲卷烟厂 2024 年 9 月初库存外购应税烟丝 300 000 元，当月又外购应税烟丝 700 000 元（不含增值税），月末库存烟丝 500 000 元，其余全部被当月生产卷烟领用。问当期准予扣除的外购烟丝已纳消费税是多少？

解析：

当期准予扣除的外购烟丝已纳消费税 =（300 000+700 000-500 000）×30%

$$=150\ 000\ 元$$

（二）委托方收回应税消费品已纳消费税的扣除

委托方收回已代收代缴消费税的应税消费品后，连续生产应税消费品的，其已纳税款按照规定准予从连续生产的应税消费品应纳消费税税额中抵扣。按照税法规定，下列连续生产的应税消费品准予从应纳消费税税额中按当期生产领用数量计算扣除委托加工收回的应税消费品已纳的消费税税额。扣除范围包括：

1. 以委托加工收回的已税烟丝为原料生产的卷烟。

2. 以委托加工收回的已税高档化妆品为原料生产的高档化妆品。

3. 以委托加工收回的已税珠宝玉石为原料生产的贵重首饰及珠宝玉石。

4. 以委托加工收回的已税鞭炮、焰火为原料生产的鞭炮、焰火。

5. 以委托加工收回的已税杆头、杆身和握把为原料生产的高尔夫球杆。

6. 以委托加工收回的已税木制一次性筷子为原料生产的木制一次性筷子。

7. 以委托加工收回的已税实木地板为原料生产的实木地板。

8. 以委托加工收回的已税汽油、柴油、石脑油、燃料油、润滑油为原料用于连续生产的应税成品油。

上述当期准予扣除委托加工收回的应税消费品已纳消费税的计算公式为：

当期准予扣除的委托加工应税消费品已纳税款 = 期初库存委托加工应税消费品已纳税款 + 本期收回委托加工应税消费品已纳税款 - 期末库存委托加工应税消费品已纳税款

委托加工应税消费品已纳税款为代扣代收税款凭证注明的受托方代收代缴的消费税。

纳税人以委托加工收回应税油品连续生产应税成品油，依据《中华人民共和国税收缴款书（代扣代收专用）》，按照现行政策规定计算扣除应税油品已纳消费税税款。

注：纳税人用委托加工收回的已税珠宝玉石生产的金银首饰改在零售环节征收消费税，一律不允许扣除委托加工收回的珠宝、玉石原料已纳消费税税款。

寻法溯源

任务六　消费税的出口退（免）税

微课 3-5　坚定绿色发展理念，树立正确的消费观

◇ **任务引例**

甲外贸公司，增值税一般纳税人，有出口经营权，2024 年 9 月从生产企业购入一批高尔夫球杆，取得的增值税专用发票上注明的价款为 650 000 元，增值税为 84 500 元，支付运输费用 10 000 元，取得运输公司开具的增值税专用发票，注明增值税为 900 元。当月将该批高尔夫球杆

全部出口，取得销售收入 780 000 元。高尔夫球及球具的消费税税率为 10%。

◇ 任务要求

请您为该公司计算出口该批高尔夫球杆应退的消费税税额。

◇ 税海探知

纳税人出口应税消费品免征消费税，并且像增值税出口货物一样，我国一般都给予退（免）税政策优惠，国务院另有规定的除外。

一、出口应税消费品退（免）税政策

我国现行出口应税消费品退（免）税政策有三种：

（一）出口应税消费品免税并且退税

该项政策使以下企业可以向税务机关申请出口退税：有出口经营权的外贸企业购进应税消费品直接出口以及外贸企业受其他外贸企业委托代理出口应税消费品可以申请退税。

注：外贸企业只有受其他外贸企业委托，代理出口应税消费品才可办理退税，外贸企业受其他非生产性企业委托，代理出口应税消费品时，不予退（免）税。

（二）出口应税消费品免税但不予退税

该项政策使以下企业可以在生产环节就地免征消费税：有出口经营权的生产企业自营出口以及生产企业委托外贸公司代理出口自产的应税消费品，依据出口数量免征消费税，但不予办理退还消费税。免征消费税是指对生产性企业按其实际出口数量免征生产环节消费税。不予办理退还消费税，是指因已免征生产环节的消费税，该应税消费品出口时，本身不含有消费税，也就无需再办理退税了。

（三）出口应税消费品不免税并且不予退税

该项政策主要适用于除生产企业、外贸企业以外的其他企业，具体是指商贸企业委托外贸公司代理出口应税消费品，一律不予退（免）税。

二、出口应税消费品的退税率

出口应税消费品的退税率即消费税的征收税率，消费税征多少退多少，能够实现彻底的退税。

兼营不同税目的或不同税率的应税消费品出口的，应分别核算销售额或销售数量，未分别核算的，从高适用征税率，但从低适用出口应税消费品的退税率。

三、出口应税消费品退税额的计算

外贸企业从生产企业购进货物直接出口或从其他外贸企业委托代理出口应税消费品的应退税额，分以下几种情况处理：

1. 属于从价定率计征消费税的应税消费品，为已征且未在内销应税消费品应纳税额中抵扣的购进出口货物金额，其计算公式为：

$$应退消费税税额＝从价定率计征消费税的退税计税依据×比例税率$$

2. 属于从量定额计征消费税的应税消费品，为已征且未在内销应税消费品应纳税额中抵扣的购进出口货物数量，其计算公式为：

$$应退消费税税额＝从量定额计征消费税的退税计税依据×定额税率$$

3. 属于复合计征消费税的应税消费品，应按从价定率和从量定额的计税依据分别确定。

应退消费税税额＝从量定额计征消费税的退税计税依据×定额税率＋从价定率计征消费税的退税计税依据×比例税率

出口货物的消费税应退税额的计税依据，按购进出口货物的消费税专用缴款书和海关进口消费税专用缴款书确定。

四、出口退（免）消费税后的管理

出口的应税消费品办理退税后发生退关，或者国外退货进口时予以免税的，报关出口者必须及时向其机构所在地或者居住地主管税务机关申报补缴已退的消费税税款。

纳税人直接出口的应税消费品办理免税后发生退关或者国外退货，进口时已予以免税的，经机构所在地或者居住地主管税务机关批准，可暂不办理补税，待其转为国内销售时，再向其主管税务机关申报补缴消费税。

任务七　消费税征收管理认知

◇ 任务引例

甲酒厂，增值税一般纳税人，主要生产白酒，其不含增值税的调拨价格为 218 元每瓶，税务机关为其核定的纳税期限为 1 个月。该酒厂 2024 年 8 月应缴消费税为 960 000 元，9 月 10 日办税员在"电子税务局"申报完税。该酒厂生产白酒每瓶都是 500 毫升，每箱 4 瓶。白酒消费税率为 20% 加 0.5 元每 500 毫升。月初库存外购高粱的买价为 2 650 000 元。月末高粱存货为 1 980 000 元。2024 年 9 月有关业务资料如下：

1. 3 日，购入生产用原料高粱，不含增值税价款为 1 360 000 元，取得了增值税专用发票。发票账单和高粱同时到达企业，该批高粱已经验收入库。

2. 12 日，将本厂生产的 60 箱白酒用作礼品，赠送给客户，其生产成本为 34 780 元。

3. 19 日，向乙商场销售 180 箱白酒，收到货款 165 600 元，增值税 21 528 元。

4. 26 日，向丙商场销售 500 箱白酒，收到货款 400 000 元，增值税 52 000 元。

◇ 任务要求

1. 请问该酒厂何时申报 2024 年 9 月的消费税？

2. 9 月应纳的消费税税额为多少元？

◇ 税海探知

一、纳税义务发生时间

消费税纳税义务发生时间按不同的销售结算方式分为以下几种情况。

1. 纳税人销售的应税消费品，其纳税义务发生的时间为：

（1）纳税人采取赊销和分期收款结算方式的，为书面合同约定的收款日期的当天，书面合同没有约定收款日期或者无书面合同的，为发出应税消费品的当天。

（2）纳税人采取预收货款结算方式的，为发出应税消费品的当天。

（3）纳税人采取托收承付和委托银行收款方式的，为发出应税消费品并办妥托收手续的当天。

（4）纳税人采取其他结算方式的，为收讫销售款或者取得索取销售款凭据的当天。

2. 纳税人自产自用应税消费品的，为移送使用的当天。

3. 纳税人委托加工应税消费品的，为纳税人提货的当天。

4. 纳税人进口应税消费品的，为报关进口的当天。

二、纳税期限

消费税的纳税期限分别为 1 日、3 日、5 日、10 日、15 日、1 个月或者 1 个季度。纳税人的具体纳税期限，由主管税务机关根据纳税人应纳税额的大小分别核定；不能按照固定期限纳税的，可以按次纳税。

纳税人以 1 个月或者 1 个季度为 1 个纳税期的，自期满之日起 15 日内申报纳税；以其他期限纳税的，自期满之日起 5 日内预缴税款，于次月 1 日起 15 日内申报纳税并结清上月税款。

纳税人进口应税消费品，应当自海关填发海关进口消费税专用缴款书之日起 15 日内缴纳税款。

三、纳税地点

消费税纳税地点分为以下几种情况。

1. 纳税人销售的应税消费品及自产自用的应税消费品，除国家另有规定外，应当向纳税人机构所在地或者居住地的主管税务机关申报纳税。

2. 纳税人到外县（市）销售或委托外县（市）代销自产应税消费品的，于应税消费品销售后，向机构所在地或者居住地主管税务机关申报纳税。

纳税人的总机构与分支机构不在同一县（市）的，应当分别向各自机构所在地的主管税务机关申报纳税；经财政部、国家税务总局或者其授权的财政、税务机关批准，可以由总机构汇总向总机构所在地的主管税务机关申报纳税。

3. 委托加工的应税消费品，除受托方为个人外，由受托方向机构所在地或者居住地的主管税务机关解缴消费税税款。

委托个人加工的应税消费品，由委托方向其机构所在地或者居住地主管税务机关申报纳税。

4. 进口的应税消费品，由进口人或由其代理人向报关地海关申报纳税。

此外，个人携带或者邮寄进境的应税消费品的消费税，连同关税由海关一并计征。具体办法由国务院关税税则委员会会同有关部门制定。

任务八　消费税及附加税费纳税申报

一、消费税及附加税费纳税申报

消费税纳税人一般应按月进行纳税申报，申报期限为次月 1 日起至 15 日。如实填写《消费税及附加税费申报表》。纳税人办理纳税申报有两种渠道：一种是到办税服务厅现场办理，另一种是登录"电子税务局"网上办理。纳税人办理消费税及附加税费申报前，应先完成消费税税种登记。

自 2021 年 8 月 1 日起，消费税与城市维护建设税、教育费附加、地方教育附加申报表整合，启用《消费税及附加税费申报表》《本期准予扣除税额计算表》《本期减（免）税额明细表》等报表。

消费税纳税申报表分为以下两类：

1. 必填表单。

（1）《消费税及附加税费申报表》。

（2）《消费税附加税费计算表》。

2. 选填表单。

（1）《本期准予扣除税额计算表》。

（2）《本期准予扣除税额计算表（成品油消费税纳税人适用）》。

（3）《本期减（免）税额明细表》。

（4）《本期委托加工收回情况报告表》。

（5）《卷烟批发企业月份销售明细清单（卷烟批发环节消费税纳税人适用）》。

（6）《卷烟生产企业合作生产卷烟消费税情况报告表（卷烟生产环节消费税纳税人适用）》。

纳税人根据自己实际业务情况选择填报上述表单。

消费税纳税人在纳税申报中除提交纳税申报表之外，特殊情况下还需提交相关申报资料。例如，烟草生产企业如果有外购已税烟丝用于连续生产卷烟的情形，还应报送"外购应税消费品增值税专用发票抵扣联复印件"及"外购应税消费品增值税专用发票（汇总填开）销货清单复印件"等资料。白酒生产企业，还应报送《已核定最低计税价格白酒清单》等。

二、消费税及附加税费纳税申报案例——烟类

◇ 工作情景

涉税教学案例是一家烟草生产企业，为消费税的纳税人，2023年第一季度发生了消费税纳税业务，详情请见消费税季度申报资料，主管税务机关核定该公司于季度终了15日内进行消费税季度纳税申报。

◇ 任务目标

请登录该公司"电子税务局"，进行烟类消费税纳税申报。

◇ 实操引领

【申报案例】企业2023年第一季度烟类消费税纳税申报相关资料如下：

表3-4　本期甲类卷烟销售统计表

应税消费品名称	单位	数量	单价	金额	备注
＊烟草制品＊甲类卷烟	条	1050	200.00	210 000.00	250条/标准箱
＊烟草制品＊甲类卷烟	条	1250	200.00	250 000.00	250条/标准箱
＊烟草制品＊甲类卷烟	条	1600	200.00	320 000.00	250条/标准箱
＊烟草制品＊甲类卷烟	条	1050	200.00	210 000.00	250条/标准箱
＊烟草制品＊甲类卷烟	条	300	200.00	60 000.00	250条/标准箱
＊烟草制品＊甲类卷烟	条	3550	200.00	710 000.00	250条/标准箱
＊烟草制品＊甲类卷烟	条	2700	200.00	540 000.00	250条/标准箱
＊烟草制品＊甲类卷烟	条	950	200.00	190 000.00	250条/标准箱
＊烟草制品＊甲类卷烟	条	50	200.00	10 000.00	250条/标准箱
合计		12 500	200.00	250 000.00	

表3-5　本期雪茄烟销售统计表

应税消费品名称	单位	数量	单价	金额	备注
＊烟草制品＊雪茄烟	支	4250	120.00	510 000.00	250支/标准箱
＊烟草制品＊雪茄烟	支	1000	120.00	120 000.00	250支/标准箱
＊烟草制品＊雪茄烟	支	3000	120.00	360 000.00	250支/标准箱

续表

应税消费品名称	单位	数量	单价	金额	备注
＊烟草制品＊雪茄烟	支	4000	120.00	480 000.00	250 支/标准箱
＊烟草制品＊雪茄烟	支	250	120.00	30 000.00	250 支/标准箱
合计		12 500	120.00	1 500 000.00	

表 3-6　外购应税消费品库存统计表

应税消费品名称	期初库存	当期购进	当期领用	期末库存	备注
＊烟草制品＊A 类烟丝	0.00	420 000.00	315 000.00	105 000.00	（含消费税）
＊烟草制品＊进口烟丝	0.00	302 400.00	141 750.00	160 650.00	（含消费税）
合计	0.00	722 400.00	456 750.00	265 650.00	……

【实操指导】纳税人进行烟类消费税纳税申报时，需进入"电子税务局"进行操作。如图 3-1 所示。

图 3-1

【第一步】登录"电子税务局"后，进入企业需按期申报的税费清册页面。如图 3-2 所示。

图 3-2

131

【第二步】选择"消费税及附加税费申报-烟类"后，单击"填写申报表"，进入报表填报界面。如图3-3所示。

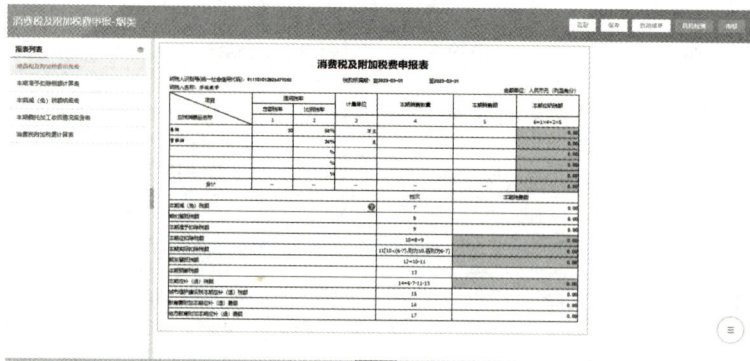

图3-3

【第三步】依据企业实际发生经济业务，进行纳税申报。在进行消费税及附加税费申报时，需要先填报"本期委托加工收回情况报告表"，再填报"本期准予扣除税额计算表"及"本期减（免）税额明细表"，然后再填报"消费税及附加税费申报表"，最后再填报"消费税附加税费计算表"。

1. "本期委托加工收回情况报告表"的填写。点击"本期委托加工收回情况报告表"进入填写界面，由于本企业本期未发生委托加工收回情况因此无需填写，直接保存即可，如图3-4所示。

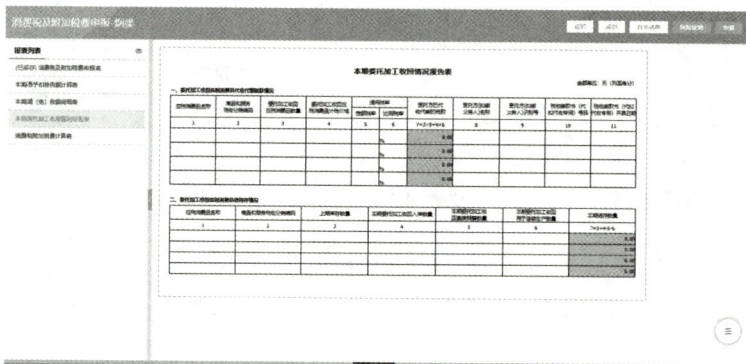

图3-4

2. "本期准予扣除税额计算表"的填写。点击"本期准予扣除税额计算表"进入填写界面，如图3-5所示。

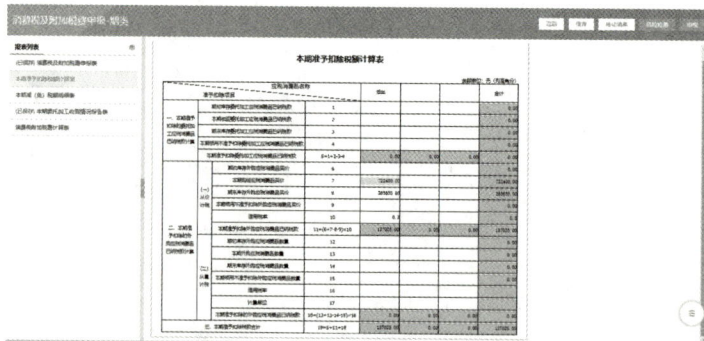

图3-5

填表说明：根据"外购应税消费品库存统计表"（见表3-6）可知

（1）当期购进烟丝722 400.00，填入第7行，同行合计栏自动带出。

（2）期末库存烟丝265 650.00，填入第8行，同行合计栏自动带出。

（3）第19行数据在前边行次数据填写完毕后自动带出。

3. "本期减（免）税额明细表"的填写。点击"本期委托加工收回情况报告表"进入填写界面，由于本企业未享受减（免）税额优惠因此无需填写，直接保存即可，如图3-6所示。

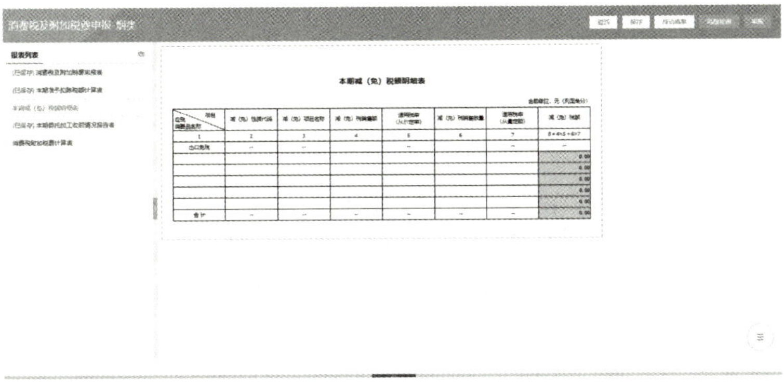

图 3-6

4. "消费税及附加税费申报表"的填写。点击"消费税及附加税费申报表"进入填写界面，如图3-7所示。

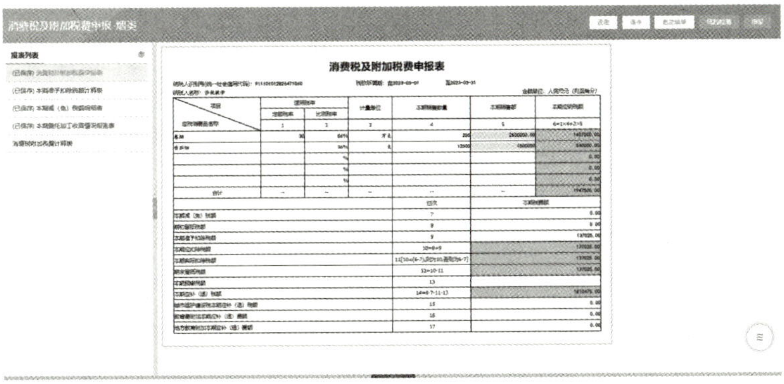

图 3-7

填表说明：

（1）根据"本期甲类卷烟销售统计表"（见表3-4）可知：卷烟销售12 500条，折合12 500×200÷10 000＝250万支，填入第1行第4栏；12 500×200＝2 500 000元，填入第1行第5栏；第1行第6栏根据前面数据自动带出。

（2）根据"本期雪茄烟销售统计表"（见表3-5）可知：雪茄烟销售12 500支，填入第2行第4栏；销售额为12 500×120＝1 500 000元，填入第2行第5栏；第2行第6栏根据前面数据自动带出。

（3）第9、10、11、12栏数据根据"本期准予扣除税额计算表"填报数据自动带出。

注意：此时本表第15、16、17栏数据还未生成，因为"消费税附加税费计算表"还未填报。

5. "消费税附加税费计算表"的填写，点击"消费税附加税费计算表"进入填写界面，如图3-8所示。

图 3-8

填表说明：当"消费税及附加税费申报表"第1-14栏填写完毕并保存后，本表数据自动生成，点开即可看到数据，因此核对无误后，直接点击"保存"即可。

6. 再次进入"消费税附加税费计算表"的填写界面，点击"消费税附加税费计算表"进入填写界面，如图3-9所示。

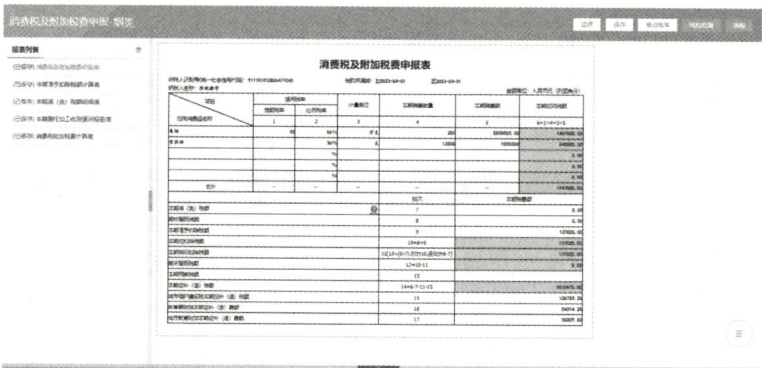

图 3-9

填表说明：此时已经完成"消费税附加税费计算表"，因此再次进入"消费税及附加税费申报表"后，本表第15、16、17栏数据已自动生成，点开即可看到数据，核对无误后，直接点击"保存"即可。

【第四步】五张报表填写完毕并保存后，点击右上角"申报"按钮。弹出"正式申报后将不允许修改已申报表单，确认申报？"对话框。如图3-10所示。

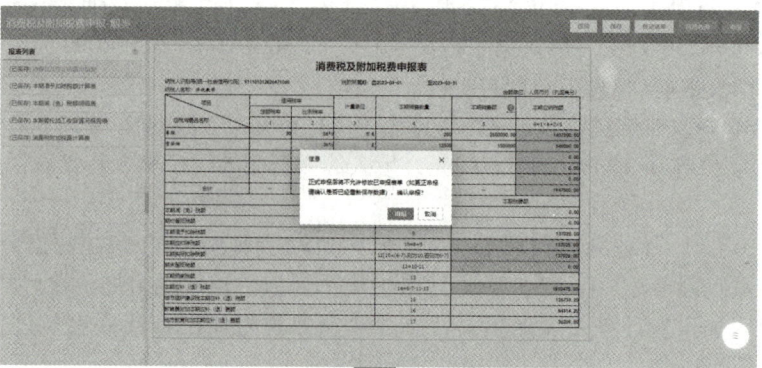

图 3-10

【第五步】点击"申报"后，弹出"申报反馈"，点击"确定"。如图 3-11 所示。

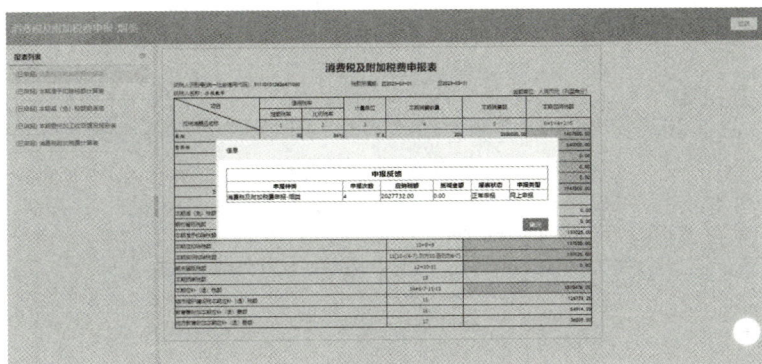

图 3-11

【第六步】完成申报后，弹出"申报成功！是否现在进入税款缴纳？"对话框，单击"是"，如图 3-12 所示。

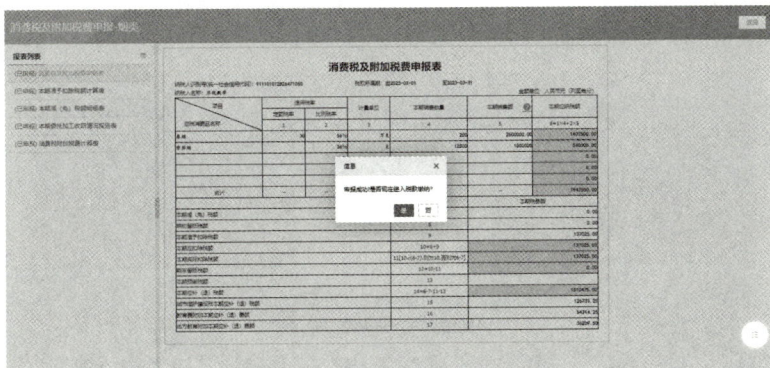

图 3-12

【第七步】进入"税款缴纳"页面，在需要缴纳税款记录的左侧进行框选确认，然后单击页面下方"立即缴款"后，提示"扣款成功"完成税款缴纳。如图 3-13 所示。

图 3-13

三、消费税及附加税费纳税申报案例——酒类

◇ 工作情景

涉税教学公司是一家酒类生产企业，为消费税的纳税人，2023 年第一季度发生了消费税纳税业务，详情请见消费税季度申报资料，主管税务机关核定该公司于季度终了 15 日内进行消费税季度纳税申报。

◇ 任务目标

请登录该公司"电子税务局",进行酒类消费税纳税申报。

◇ 实操引领

【申报案例】企业 2023 年第一季度酒类消费税纳税申报相关资料如图 3-14 所示:

本期酒类销售情况

1、本月销售夏威夷啤酒(500ml*12听)49400箱,不含税价每箱48元/箱;
其折后销售额为2371200.00元;

2、本月销售雪晶啤酒(500ml*12瓶)29640箱,不含税价每箱15元/箱;其
折后销售额为444600.00元;

3、本月销售菩提白酒(500ml*4瓶)12600箱,本月共销售菩提白酒25.2
吨,其销售额为12600000.00元;

备注:
 1、啤酒1KL=1/0.988吨
 2、白酒1KL=1吨
 3、菩提白酒属于粮食白酒

图 3-14 本期酒类销售情况

【实操指导】纳税人进行酒类消费税纳税申报时,需进入"电子税务局"进行操作。如图
3-15 所示。

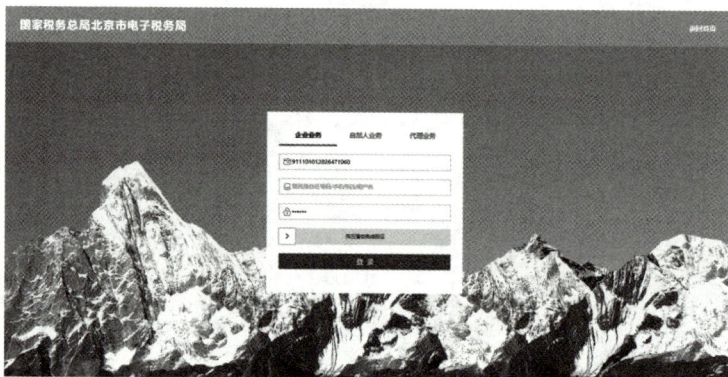

图 3-15

【第一步】登录"电子税务局"后,进入企业需按期申报的税费清册页面。如图 3-16 所示。

图 3-16

【第二步】选择"消费税及附加税费申报-酒类"后,单击"填写申报表",进入报表填报
界面。如图 3-17 所示。

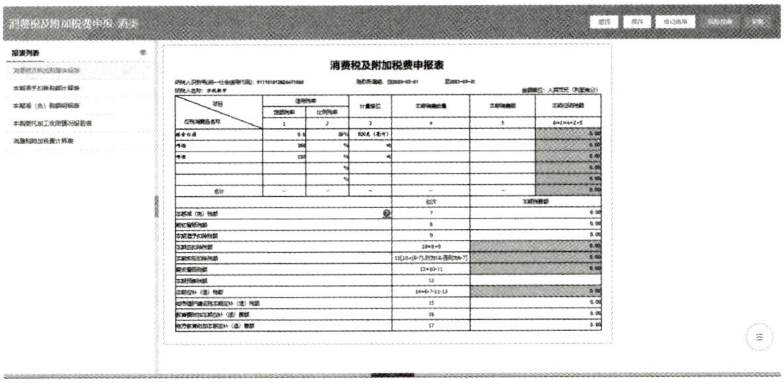

图 3-17

【第三步】依据企业实际发生经济业务，进行纳税申报。在进行消费税及附加税费申报时，需要先填报"本期委托加工收回情况报告表"，再填报"本期准予扣除税额计算表"及"本期减（免）税额明细表"，然后再填报"消费税及附加税费申报表"，最后再填报"消费税附加税费计算表"。

1."本期委托加工收回情况报告表"的填写。点击"本期委托加工收回情况报告表"进入填写界面，由于本企业本期未发生委托加工收回情况因此无需填写，直接保存即可，如图 3-18 所示。

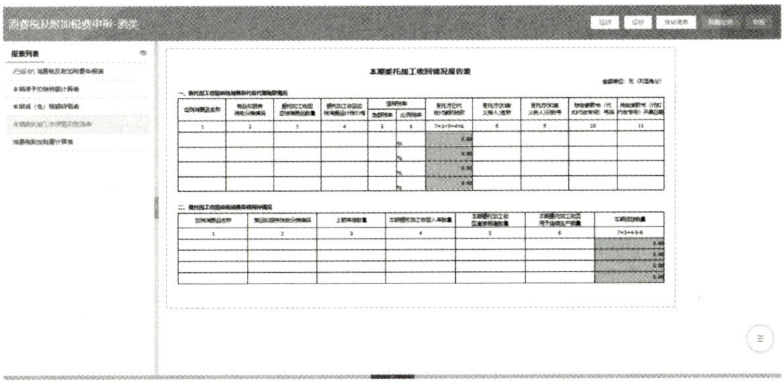

图 3-18

2."本期准予扣除税额计算表"的填写。点击"本期准予扣除税额计算表"进入填写界面，由于本企业本期未发生准予扣除税额事项因此无需填写，直接保存即可，如图 3-19 所示。

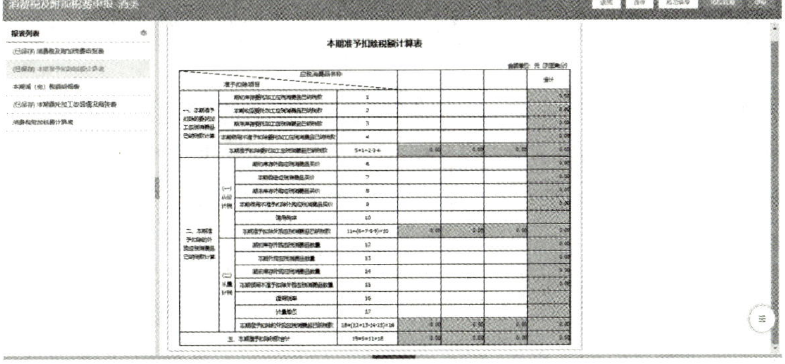

图 3-19

3."本期减（免）税额明细表"的填写。点击"本期减（免）税额明细表"进入填写界面，本企业没有减（免）税额优惠因此无需填报，直接保存即可，如图 3-20 所示。

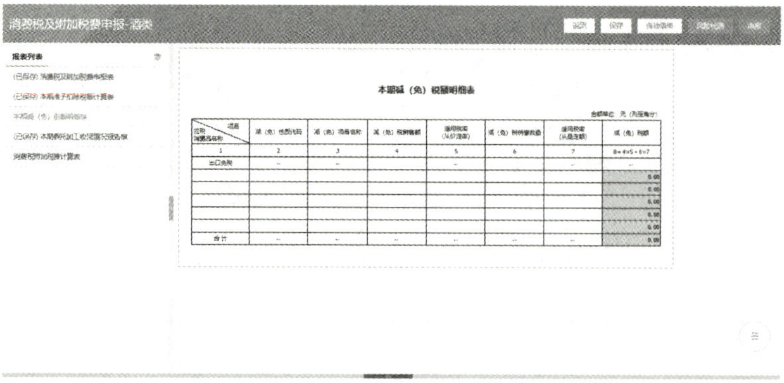

图 3-20

4. "消费税及附加税费申报表"的填写。点击"消费税及附加税费申报表"进入填写界面，如图 3-21 所示。

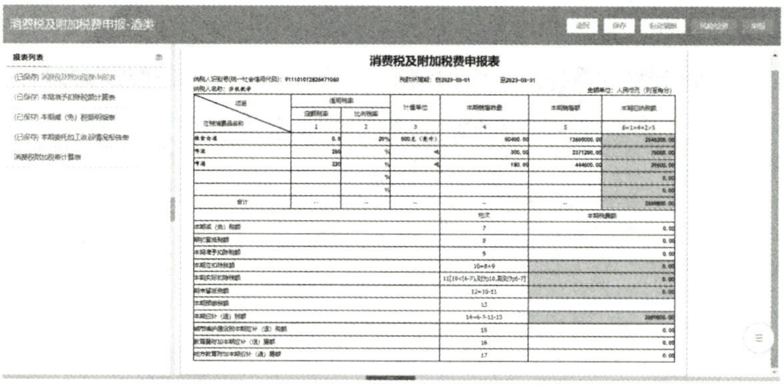

图 3-21

填表说明：根据"本期酒类销售情况"（见图 3-14）可知

（1）白酒销售 25.2 吨，折合 25.2×2000＝50 400 斤，填入第 1 行第 4 栏；销售额 12 600 000.00 元，填入第 1 行第 5 栏；第 1 行第 6 栏根据前面数据自动带出。

（2）销售夏威夷啤酒 49 400 箱，折合 49 400×500×12÷1 000 000÷0.988＝300 吨，销售额 2 371 200.00 元，每吨单价＝2 371 200.00÷300＝7904 元，7904 元>3000 元，因此适用每吨 250 元的定额税率。300 吨填入第 2 行第 4 栏；销售额 2 371 200.00 元填入第 2 行第 5 栏；第 2 行第 6 栏根据前面数据自动带出。

（3）销售雪晶啤酒 29 640 箱，折合 29 640×500×12÷1 000 000÷0.988＝180 吨，销售额 444 600.00 元，每吨单价＝444 600.00÷180＝2470 元每吨，2470 元<3000 元，因此适用每吨 220 元的定额税率。180 吨填入第 3 行第 4 栏；销售额 444 600.00 元填入第 3 行第 5 栏；第 3 行第 6 栏根据前面数据自动带出。

（4）第 9、10、11、12 栏数据根据"本期准予扣除税额计算表"填报数据自动带出。第 14 栏数据根据本表填报情况自动带出。

注意：此时本表第 15、16、17 栏数据还未生成，因为"消费税附加税费计算表"还未填报。

5. "消费税附加税费计算表"的填写。点击"消费税附加税费计算表"进入填写界面，如图 3-22 所示。

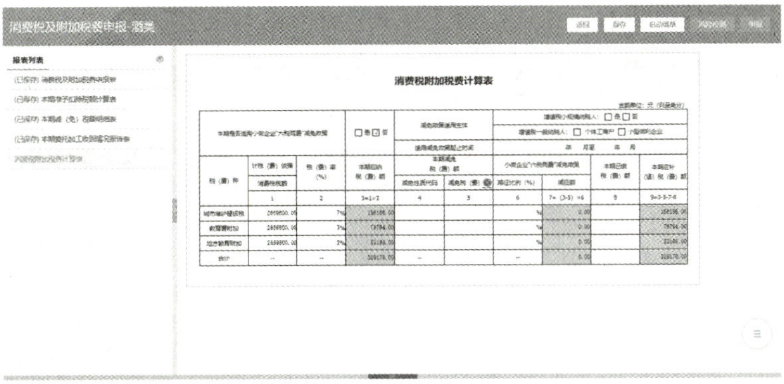

图 3-22

填表说明：当"消费税及附加税费申报表"第 1-14 栏填写完毕并保存后，本表数据自动生成，点开即可看到数据，因此核对无误后，直接点击"保存"即可。

6. 再次进入"消费税附加税费计算表"的填写界面，点击"消费税附加税费计算表"进入填写界面，如图 3-23 所示。

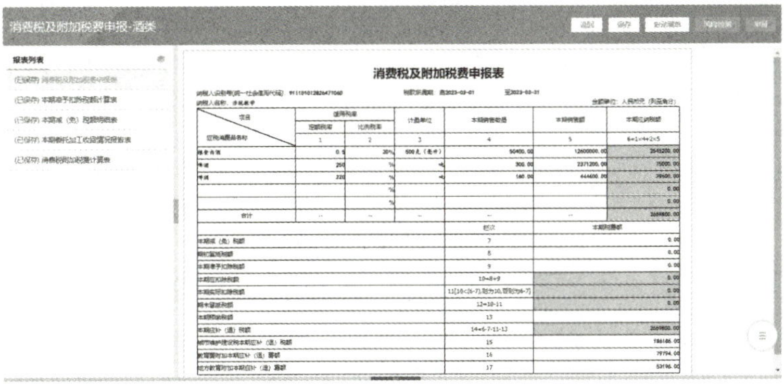

图 3-23

填表说明：此时已经完成"消费税附加税费计算表"，因此再次进入"消费税及附加税费申报表"后，本表第 15、16、17 栏数据已自动生成，点开即可看到数据，核对无误后，直接点击"保存"即可。

【第四步】五张报表填写完毕并保存后，点击右上角"申报"按钮。弹出"正式申报后将不允许修改已申报表单，确认申报？"对话框。如图 3-24 所示。

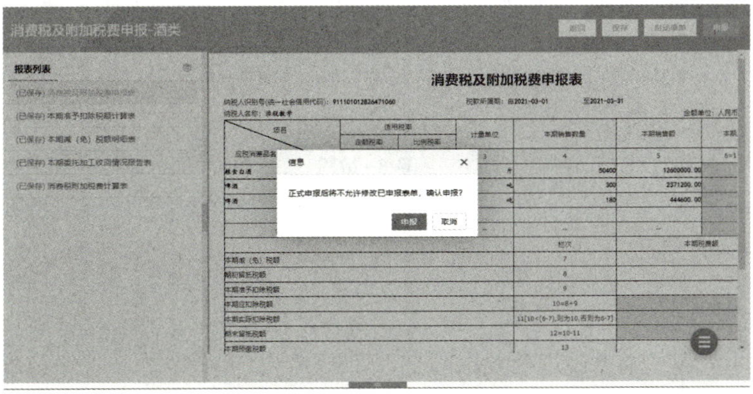

图 3-24

【第五步】点击"申报"后，弹出"申报反馈"，点击"确定"。如图 3-25 所示。

图 3-25

【第六步】完成申报后，弹出"申报成功！是否现在进入税款缴纳？"对话框，单击"是"，如图 3-26 所示。

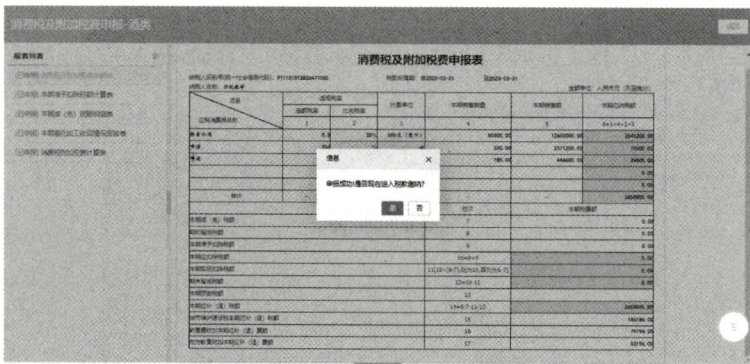

图 3-26

【第七步】进入"税款缴纳"页面，在需要缴纳税款记录的左侧进行框选确认，然后单击页面下方"立即缴款"后，提示"扣款成功"完成税款缴纳。如图 3-27 所示。

图 3-27

技能训练

一、单项选择题

1. 下列各项中，属于消费税征收范围的是（ ）。

A. 小轿车   B. 电动汽车   C. 高尔夫车   D. 沙滩车

2. 下列各项中，（　　）不征收消费税。

A. 酒厂用于交易会样品的自产白酒

B. 卷烟厂用于连续生产卷烟的自产烟丝

C. 化妆品厂用于职工奖励的自产高档化妆品

D. 地板厂用于本厂办公室装修的自产实木地板

3. 下列消费品中，实行从价定率办法征收消费税的是（　　）。

A. 黄酒　　　　　　　B. 高档化妆品　　　　C. 白酒　　　　　　　D. 柴油

4. 甲汽车厂为增值税一般纳税人，2024 年 9 月研发成功 M 型小轿车 5 台和电动汽车 8 台，其中，将 2 辆 M 型小轿车奖励给对研发有重大贡献的员工，2 辆用于汽车性能试验；本月销售电动汽车 4 辆，售价 15 万元每辆。M 型小轿车生产成本 18 万元每辆，成本利润率为 8%，消费税税率为 12%。请计算该汽车厂上述业务应纳消费税（　　）万元。

A.10.60　　　　　　B.4.67　　　　　　　C.5.30　　　　　　　D.11.87

5. 甲手表厂为增值税一般纳税人，下设一非独立核算的门市部，2024 年 9 月将自产的手表 1000 只移送至门市部，作价 11 800 元每只，门市部当月销售了 100 只，销售价格为 14 560 元每只（含税），甲手表厂该业务应缴纳的消费税（　　）万元（高档手表消费税税率为 20%）。

A.135 752.21　　　　B.208 849.56　　　　C.167 504.42　　　　D.257 699.12

6. 根据消费税法律制度的规定，下列各项中，可以按当期生产领用数量计算准予扣除外购的应税消费品已纳消费税税款的是（　　）。

A. 外购已税白酒生产的药酒　　　　　　B. 外购已税烟丝生产的卷烟

C. 外购已税翡翠生产加工的金银翡翠首饰　D. 外购已税钻石生产的高档手表

7. 下列各项中，应缴纳消费税的是（　　）。

A. 实木地板批发企业向某商场销售实木地板

B. 高档化妆品批发企业向某商场批发高档化妆品

C. 烟草批发企业向某商场批发卷烟

D. 白酒经销商将白酒批发给某商场

8. 甲化妆品厂为增值税一般纳税人，2024 年 9 月发生如下业务：6 日销售高档化妆品 500 箱，每箱不含税单价为 15 000 元；16 日销售同类高档化妆品 300 箱，每箱不含税单价为 18 000 元。本月以 100 箱同类高档化妆品与乙公司换取高档精油。该厂本月应纳消费税（　　）万元（高档化妆品消费税税率为 15%）。

A.216　　　　　　　B.220.5　　　　　　C.193.5　　　　　　D.217.69

9. 2024 年 9 月，甲烟草批发企业向乙商场销售卷烟 200 标准条，取得销售额 30 000 元；向丙烟草批发企业销售卷烟 300 标准条，取得销售额 42 000 元。以上价格均不含增值税。已知卷烟批发环节消费税比例税率为 11%，定额税率为 0.005 元每支；每标准条 200 支卷烟。甲烟草批发企业上述业务应缴纳消费税（　　）万元。

A.30 000×11%+200×200×0.005

B.30 000×11%+200×200×0.005+42 000×11%+300×200×0.005

C.30 000×11%+42 000×11%

D.42 000×11%+300×200×0.005

10. 根据消费税法律制度的规定，下列商品中，不属于消费税征税范围的是（　　）。

A. 调味料酒　　　　　B. 金银首饰　　　　　C. 汽油　　　　　　　D. 白酒

11. 根据消费税法律制度的规定，下列各项中，（　　）应按纳税人同类应税消费品的最高销售价格作为计税依据计征消费税。

A. 用于无偿赠送的应税消费品

B. 用于集体福利的应税消费品

C. 用于换取生产资料的应税消费品

D. 用于连续生产非应税消费品的应税消费品

12. 根据消费税法律制度的规定，下列情形中，（　　）应缴纳消费税。

A. 汽车 4S 店销售小汽车　　　　　　　　B. 超市零售白酒

C. 珠宝店进口钻石饰品　　　　　　　　　D. 化妆品厂销售自产高档化妆品

13. 2024 年 9 月，甲外贸公司进口一批高档手表，海关审定的关税完税价格为 325 万元，缴纳关税 32.5 万元，已知高档手表消费税税率为 20%，其应纳消费税的计算公式是（　　）。

A.（325+32.5）÷（1−20%）×20%　　　　B.（325+32.5）×20%

C. 325×20%　　　　　　　　　　　　　　D. 325÷（1−20%）×20%

14. 下列应税消费品中，（　　）在零售环节加征消费税。

A. 金银首饰　　　　B. 鞭炮、焰火　　　C. 超豪华小汽车　　　D. 成品油

15. 根据消费税法律制度的规定，下列消费品中，实行复合计税办法征收消费税的是（　　）。

A. 雪茄烟　　　　　　B. 柴油　　　　　　C. 白酒　　　　　　D. 高档手表

二、多项选择题

1. 下列情形中，在计算消费税时可以扣除委托加工收回应税消费品已纳消费税的有（　　）。

A. 以委托加工收回的已税烟丝生产的卷烟

B. 以委托加工收回的已税高档化妆品生产的高档化妆品

C. 以委托加工收回的已税鞭炮、焰火生产的鞭炮、焰火

D. 以委托加工收回的已税钻石生产的金银镶嵌首饰

2. 下列进口环节消费税的组成计税价格计算公式，正确的有（　　）。

A. 按量计算，无需组成计税价格

B. 组成计税价格=（成本+利润）÷（1−消费税比例税率）

C. 组成计税价格=（关税的完税价格+关税）÷（1−消费税比例税率）

D. 组成计税价格=（关税的完税价格+关税+进口数量×单位税额）÷（1−消费税比例税率）

3. 甲公司从事高档化妆品生产、销售、进口业务，增值税一般纳税人，机构所在地在 H 市。2024 年 9 月，在 G 市销售货物一批；在 S 市海关报关进口货物一批；接受 K 市客户委托加工应缴纳消费税的货物一批。下列关于甲公司上述业务纳税地点的表述中，正确的有（　　）。

A. 委托加工货物应向 K 市税务机关申报缴纳消费税

B. 委托加工货物应向 H 市税务机关解缴代收的消费税

C. 进口货物应向 S 市海关申报缴纳消费税

D. 销售货物应向 H 市税务机关申报缴纳消费税

4. 根据消费税法律制度的规定，下列各项中，不属于消费税征税范围的有（　　）。

A. 高档手机　　　　B. 小汽车　　　　C. 私人飞机　　　　D. 高档化妆品

5. 下列业务既征收增值税又征收消费税的有（　　）。

A. 商场销售金银首饰　　　　　　　　　　B. 商场销售高档化妆品

C. 商场销售珍珠首饰　　　　　　　　　　D. 汽车城销售超豪华小汽车

6. 根据消费税法律制度的规定，下列不属于消费税纳税人的是（　　）。

A. 白酒批发企业
B. 家电零售企业
C. 卷烟进口企业
D. 金银首饰生产企业

7. 下列各项中，符合应税消费品销售数量规定的有（　　）。

A. 生产销售应税消费品的，为应税消费品的销售数量
B. 自产自用应税消费品的，为应税消费品的移送使用数量
C. 委托加工应税消费品的，为纳税人收回的应税消费品数量
D. 进口应税消费品的，为海关核定的应税消费品进口征税数量

8. 下列各项中，不属于消费税征税范围的有（　　）。

A. 烟叶
B. 红酒
C. 体育比赛用的发令纸和鞭炮药引线
D. 太阳能电池

9. 企业销售下列酒类产品收取的包装物押金，需要计征消费税的有（　　）。

A. 葡萄酒
B. 料酒
C. 啤酒
D. 白酒

10. 下列关于委托加工应税消费品的税务处理，正确的是（　　）。

A. 委托方提供原材料但未提供材料成本的，由纳税人所在地主管税务机关核定材料成本
B. 纳税人委托个体户加工应税消费品，于委托方收回后在纳税人所在地缴纳消费税
C. 受托方代收代缴消费税后，委托方收回已税消费品又对外销售的，不再缴纳消费税
D. 委托方提供材料成本是委托方所提供加工材料的实际成本

三、判断题

1. 委托加工的应税消费品，由受托方在向委托方交货时，代收代缴消费税。（　　）

2. 对酒类产品（啤酒、黄酒除外）生产企业销售酒类产品而收取的包装物押金，无论押金是否返还，也不论在会计上如何核算，均需并入酒类产品销售额中，按照酒类产品的适用税率征收消费税。（　　）

3. 现行消费税的征税范围中，只有卷烟和白酒采用从价定率与从量定额复合计税方法。（　　）

4. 以外购高度白酒连续生产低度白酒，可以按照当期生产领用数量计算准予扣除外购白酒已纳消费税税款。（　　）

5. 用于抵偿债务的小汽车，应按同类商品的平均销售价格作为计税依据计算征收消费税。（　　）

6. 委托方收回已代收代缴消费税的应税消费品后，以不高于受托方的计税价格出售的，不再缴纳消费税。（　　）

7. 纳税人通过自设非独立核算的门市部销售的自产应税消费品，应按门市部对外销售额或者销售数量征收消费税。（　　）

8. 托收承付、委托银行收款方式销售应税消费品，其纳税义务发生时间，为发出应税消费品的当天。（　　）

9. 进口环节的消费税除国务院另有规定之外，一律不得给予减免税优惠。（　　）

10. 纳税人用于换取生产资料、消费资料、投资入股、抵偿债务等方面的自产应税消费品，应当以纳税人同类应税消费品的平均销售价格作为计税依据计算消费税（　　）。

11. 纳税人应税消费品的计税价格明显偏低并无正当理由的，由主管税务机关核定其计税价格。（　　）

12. 纳税人进口应税消费品，按照完税价格和规定的税率计算应纳消费税税额。（　　）

13. 对饮食业、商业、娱乐业开设啤酒屋（啤酒坊）利用啤酒生产设备生产的啤酒，应当征

收消费税。（　　）

14. 用外购已税消费品连续生产应税消费品销售时，按照外购数量计算准予扣除外购应税消费品已缴纳的消费税税款。（　　）

15. 委托加工组成计税价格公式中的"加工费"，是指受托方加工应税消费品向委托方收取的全部费用，含代垫辅料的成本和增值税。（　　）

四、不定项选择题

1. 甲酒厂为增值税一般纳税人，从事白酒的生产与销售，2024 年 9 月有关经营业务如下：

（1）进口设备一台，关税完税价格为 256 000 元。

（2）收回一批委托加工的酒精，支付加工费，取得的增值税专用发票注明价款为 690 000 元，税额为 89 700 元。收回的酒精全部用于生产 I 型白酒并专用于销售，共计 10 000 瓶，500 毫升每瓶，取得不含增值税销售额 2 300 000 元，同时收取包装物押金 11 300 元。

（3）将自产的一批白酒用于职工福利，为生产该批白酒购进原材料，取得的增值税专用发票注明税额 3900 元；购进一批白酒馈赠给客户，取得增值税专用发票注明税额 6500 元；购买空调用于职工食堂，取得增值税专用发票注明税额 2340 元。

已知：增值税税率为 13%，关税税率为 5%，白酒的消费税从价税率为 20%，从量税率为 0.5 元每 500 克，取得相关扣税凭证均符合规定，并于当月抵扣。

要求：

根据上述资料，不考虑其他因素，分析回答下列问题。

（1）进口设备应缴纳的增值税税额为（　　）元。

A. $[256\,000÷(1+13\%)+256\,000÷(1+13\%)×5\%]×13\%=30\,923.89$

B. $256\,000÷(1+13\%)×13\%=29\,451.33$

C. $(256\,000+256\,000×5\%)×13\%=34\,944$

D. $256\,000×13\%=33\,280$

（2）当月销售 I 型白酒应缴纳的增值税销项税额为（　　）元。

A. $2\,300\,000×13\%=299\,000$

B. $2\,300\,000÷(1+13\%)×13\%=264\,601.77$

C. $2\,300\,000×13\%+11\,300÷(1+13\%)×13\%=300\,300$

D. $(2\,300\,000-11\,300)×13\%=297\,531$

（3）计算当月销售 I 型白酒应缴纳的消费税税额（　　）元。

A. $[2\,300\,000+11\,300÷(1+13\%)]×20\%=462\,000$

B. $[2\,300\,000+11\,300÷(1+13\%)-690\,000]×20\%+10\,000×0.5=329\,00$

C. $[2\,300\,000+11\,300÷(1+13\%)]×20\%+10\,000×0.5=467\,000$

D. $2\,300\,000×20\%+10\,000×0.5=465\,000$

（4）当月准予抵扣的进项税额包括（　　）。

A. 赠送客户的白酒的进项税额　　　　　　B. 支付加工费的进项税额

C. 为生产白酒购进原材料的进项税额　　　D. 购进空调的进项税额

2. 甲公司是一家化妆品生产企业，生产和销售高档化妆品，增值税一般纳税人。2024 年 9 月有关经营情况如下：

（1）采取直接收款方式销售自产 III 型高档保湿霜，取得含增值税销售额 4 825 000 元。

（2）采取分期收款方式销售自产 III 型高档保湿霜，合同约定当月应收含增值税销售额

2 429 500 元，当月实际收取含增值税销售额 1 457 700 元。

（3）采取预收货款方式销售自产Ⅲ型高档保湿霜，取得含增值税销售额 1 977 500 元，该高档保湿霜本月尚未发出。

（4）将自产 500 瓶Ⅲ型高档保湿霜移送专柜样品展示区给客户试用，含增值税单价 700.6 元每瓶。

（5）将自产 2000 支 M 型高档口红移送给本市自设非独立核算门市部，成本价 128 元每支；门市部对外销售 1000 支，含增值税单价 288 元每支。

（6）因仓库保管不善丢失一批上月购进的高档香精，账面成本 200 000 元，其中含运费成本 6000 元，购进高档香精和支付运费的进项税额均已于上月抵扣。

已知：货物增值税税率为 13%，交通运输服务增值税税率为 9%，高档化妆品消费税税率为 15%。取得的扣税凭证均符合抵扣规定。

要求：

根据上述资料，不考虑其他因素，分析回答下列问题。

（1）下列计算甲公司当月Ⅲ型高档保湿霜增值税销项税额的算式中，正确的是（　　）元。

A.（1 457 700+1 977 500）÷（1+13%）×13%=395 200

B.（4 825 000+1 457 700+500×700.6）÷（1+13%）×13%=763 088.50

C.（4 825 000+1 977 500）×13%=884 325

D.（4 825 000+2 429 500+500×700.6）÷（1+13%）×13%=874 888.50

（2）下列计算甲公司当月Ⅲ型高档保湿霜应缴纳消费税税额的算式中，正确的是（　　）元。

A. 采用直接收款方式销售自产Ⅲ型高档保湿霜应缴纳消费税=4 825 000÷（1+13%）×15%=640 486.73

B. 移送专柜用于客户试用的自产Ⅲ型高档保湿霜应缴纳消费税=500×700.6÷（1+13%）×15%=46 500

C. 采用分期收款方式销售自产Ⅲ型高档保湿霜应缴纳消费税=2 429 500÷（1+13%）×15%=322 500

D. 采用预收货款方式销售自产Ⅲ型高档保湿霜应缴纳消费税=1 977 500÷（1+13%）×15%=262 500

（3）下列计算甲公司当月销售自产 M 型高档口红应缴纳消费税的算式中，正确的是（　　）元。

A. 1000×288÷（1+13%）×15%=38 230.09

B. 2000×288÷（1+13%）×15%=76 460.18

C. 1000×128×15%=19 200

D. 2000×128×15%=38 400

（4）下列计算甲公司当月丢失高档香精增值税进项税额转出的算式中，正确的是（　　）元。

A.（200 000-6000）×13%=25 220

B.（200 000-6000）×13%+6000×9%=25 760

C. 200 000÷（1+13%）×13%+6000×9%=23 548.85

D. 200 000÷（1+13%）×13%=23 008.85

3. 甲汽车厂为增值税一般纳税人，主要生产小汽车和中轻型商用客车，2024 年 9 月发生了如下业务：

（1）销售自产小汽车 1 辆，取得含增值税销售额 316 400 元，另外收取手续费 9040 元。

（2）甲汽车厂用 15 辆自产小汽车对外投资，小汽车生产成本 21.6 万元每辆，同类小汽车不含增值税平均销售价格 27 万元每辆，最高销售价格 29 万元每辆、最低销售价格 25 万元每辆。

（3）甲汽车厂采取预收货款方式销售给乙汽车城一批自产小汽车，3 日签订合同，10 日收到预收款，19 日发出小汽车，25 日开具发票。

（4）甲汽车厂生产中轻型商用客车 240 辆，其中 223 辆用于销售，2 辆用于本公司管理部门，5 辆用于广告，10 辆用于赞助。

已知：小汽车、中轻型商用客车增值税税率均为 13%，消费税税率均为 5%。

要求：

根据上述资料，不考虑其他因素，分析回答下列小题。

（1）下列甲汽车厂当月销售自产小汽车应缴纳消费税税额的算式中，正确的是（　　）元。

A.（316 400+9040）×5%＝16 272

B. 316 400÷（1+13%）×5%＝14 000

C.（316 400+9040）÷（1+13%）×5%＝14 400

D. 316 400×5%＝15 820

（2）下列甲汽车厂当月以自产小汽车对外投资应缴纳消费税的算式中，正确的是（　　）万元。

A. 15×29×5%＝21.75　　　　　　　　B. 15×25×5%＝18.75

C. 15×21.6×5%＝16.2　　　　　　　　D. 15×27×5%＝20.25

（3）甲汽车厂当月采取预收货款方式销售自产小汽车，消费税的纳税义务发生时间是（　　）。

A. 9 月 3 日　　　　　B. 9 月 10 日　　　　C. 9 月 19 日　　　　　D. 9 月 25 日

（4）下列甲汽车厂中轻型商用客车中，应缴纳消费税的是（　　）。

A. 用于赞助的 10 辆　　　　　　　　B. 用于销售的 223 辆

C. 用于广告的 5 辆　　　　　　　　　D. 用于本公司管理部门的 2 辆

4. 甲木材加工厂为增值税一般纳税人，主要从事实木地板的生产和销售业务，2024 年 9 月有关生产经营情况如下：

（1）向乙家具城销售自产 V 型实木地板一批，取得不含增值税价款 734 500 元，另向其收取违约金 22 035 元。

（2）受托加工 IV 型实木地板一批，委托方提供价值 260 000 元的材料，甲木材加工厂收取不含增值税加工费 78 000 元，甲木材加工厂无同类实木地板销售价格，甲木材加工厂当月加工完毕该批实木地板，委托方当月提货。

（3）甲木材加工厂将自产不含增值税销售额 86 000 元的 V 型实木地板用于本公司办公楼装修，将自产不含增值税销售额 22 000 元的 V 型实木地板用于本公司职工宿舍装修，将自产不含增值税销售额 100 000 元的 V 型实木地板无偿赠送给股东，将自产不含增值税销售额 68 000 元的 V 型实木地板用于奖励本公司职工。

已知：增值税税率 13%，实木地板消费税税率 5%。

要求：

根据上述资料，不考虑其他因素，分析回答下列问题。

（1）下列计算甲木材加工厂当月向乙家具城销售自产 V 型实木地板应缴纳消费税税额的算式中，正确的是（　　）元。

A. 734 500÷（1+13%）×5%＝32 500

B. (734 500+22 035)÷(1+13%)×5%=33 475

C. 734 500×5%=36 725

D. [734 500+22 035÷(1+13%)]×5%=37 700

（2）下列计算甲木材加工厂受托加工 IV 型实木地板应代收代缴消费税的算式中，正确的是
（　　）元。

A. 78 000×5%=3900

B. (260 000+78 000)÷(1-5%)×5%=17 789.47

C. 260 000÷(1-5%)×5%=13 684.21

D. (260 000+78 000)×5%=16 900

（3）甲木材加工厂下列业务中，需要缴纳消费税的是（　　）。

A. 将自产不含增值税销售额 22 000 元的 V 型实木地板用于本公司职工宿舍装修

B. 将自产不含增值税销售额 86 000 元的 V 型实木地板用于本公司办公楼装修

C. 将自产不含增值税销售额 100 000 元的 V 型实木地板无偿赠送给股东

D. 将自产不含增值税销售额 68 000 元的 V 型实木地板用于奖励本公司职工

（4）下列计算甲木材加工厂当月增值税销项税额的算式中，正确的是（　　）元。

A. (734 500+78 000+100 000+22 000+68 000)×13%=130 325

B. (734 500 +78 000+260 000+86 000+100 000+22 000+68 000)×13%=175 305

C. [734 500+22 035÷(1+13%)+78 000+86 000+100 000+22 000+68 000]×13%=144 040

D. [734 500+22 035÷(1+13%)+78 000+100 000+22 000+68 000]×13%=132 860

项目四　城市维护建设税法、教育费附加及地方教育附加

技能目标

1. 能够确定城市维护建设税的征税范围、税率。
2. 能判断城市维护建设税纳税人。
3. 正确运用城市维护建设税税收优惠政策。
4. 根据增值税、消费税实际缴纳数额计算城市维护建设税应纳税额。
5. 根据增值税、消费税实际缴纳数额计算应纳教育费附加、地方教育附加。
6. 会办理城市维护建设税和教育费附加、地方教育附加的税款缴纳业务。
7. 独立获取财税信息的能力。

思政目标

1. 通过城市维护建设税税制构成要素的解读与讨论，结合当前城市建设现状，深刻认识城市维护建设税在改善城市基础设施建设和促进地方经济发展中的积极作用，感受建设美丽家园的使命感，科学认识创新、协调、绿色、开放、共享的新发展理念。
2. 促使学生养成"尊重自然、顺应自然、保护自然"的良好习惯。
3. 树立"我爱城市我爱家，城市建设靠大家"的共享发展理念。
4. 国家重视对教育的投入。教导学生珍惜自己美好的大学时光，不负自己、不负国家，争取学有所成，回报社会、回馈祖国。

任务一　城市维护建设税法认知

◇ **任务引例**

甲化妆品公司位于 L 市，增值税一般纳税人，生产和销售高档化妆品，2024 年 9 月发生以下经济业务：

1. 甲化妆品公司本月购入原料支付增值税 130 000 元，取得了增值税专用发票。
2. 甲化妆品公司本月取得销售收入 3 000 000 元，收取税款 390 000 元。
3. 甲化妆品公司本月实缴增值税 250 000 元。
4. 甲化妆品公司本月缴纳消费税 450 000 元。

甲化妆品公司期初留抵税额为 10 000 元。

◇ **任务要求**

如果您是甲化妆品公司的办税员，请分析该分公司以上业务中哪些需要缴纳城市维护建设

税？缴纳城市维护建设税的金额是多少元？

◇ 税海探知

一、城市维护建设税的立法沿革

1984 年，全面工商税制改革时，首次设置了城市维护建设税，并于 1985 年 2 月 8 日由国务院发布了《中华人民共和国城市维护建设税暂行条例》。

1994 年，中国进行分税制改革，主要是将条文中的"产品税"修改为"消费税"，以适应税制改革的需求。

2016 年 5 月 1 日，全国推开"营改增"试点方案，取消了营业税，城市维护建设税的计税依据由实际缴纳的增值税、消费税和营业税三税之和调整为增值税、消费税两税之和。

2020 年 8 月 11 日中华人民共和国第十三届全国人民代表大会常务委员会第二十一次会议通过《城市维护建设税法》，并于 2021 年 9 月 1 日起施行。

二、城市维护建设税的概念及特点

城市维护建设税是对缴纳增值税、消费税的单位和个人征收的一种税。城市维护建设税属于附加税，以增值税、消费税实际缴纳的税额之和为计税依据，随增值税、消费税征收而征收。

城市维护建设税主要用于城市基础设施的建设和维护。包括城市道路、桥梁、公共交通、供水供电、燃气、集中供热系统、公园、广场等公共设施以及市容环境卫生、垃圾处理等项目。国家通过使用此项资金改善城市环境，提升城市品质。城市维护建设税的特点：一是具有附加税性质，它以纳税人实际缴纳的增值税、消费税税额为计税依据，附加于增值税、消费税税额，本身并没有特定的、独立的征税对象；二是城市维护建设税是典型的受益税，税款专款专用，是专门用于城市的公用事业和公共设施的维护建设，扩大和稳定城市维护建设的资金；三是根据城镇规模设计不同的比例税率。城镇规模大的，税率高一些，反之，就低一些，使不同地区获取不同数量的城市建设资金，因地制宜地进行城市的维护和建设。

> 寻法溯源

三、城市维护建设税的纳税人

在中华人民共和国境内缴纳增值税、消费税的单位和个人，为城市维护建设税的纳税人，应当依法缴纳城市维护建设税。包括各种性质的企业和行政单位、事业单位、军事单位、社会团体、其他单位以及个体工商户及其他个人，只要缴纳了增值税、消费税中的任何一个税种，都必须缴纳城市维护建设税。

微课 4-1　城市维护建设税概览

城市维护建设税的扣缴义务人为负有增值税、消费税扣缴义务的单位和个人，在扣缴增值税、消费税的同时扣缴城市维护建设税。

自 2010 年 12 月 1 日起，对外商投资企业、外国企业及外籍个人征收城市维护建设税。

四、城市维护建设税的征税范围

城市维护建设税的征税范围比较广。具体包括设区市的市区、县城、建制镇，以及税法规定征收增值税、消费税的其他地区。市区、县城、建制镇的范围，应以行政区划为标准，不能随意扩大或缩小各自行政区域的管辖范围。

对进口货物或者境外单位和个人向境内销售劳务、服务、无形资产缴纳的增值税、消费税税额，不征收城市维护建设税。

五、城市维护建设税的税率

城市维护建设税实行地区差别比例税率，即根据纳税人所在地区的不同而适用不同的比例税率，一律按照其纳税所在地的适用税率进行，见表4-1。

表 4-1　城市维护建设税的税率

一般规定		特殊规定 （按缴纳增值税、消费税所在地的规定税率就地缴纳城市维护建设税）
纳税人所在地	税率	1. 由受托方代扣代缴、代收代缴增值税、消费税的单位和个人，其代扣代缴、代收代缴的城市维护建设税按受托方所在地适用税率执行。
市区	7%	
县城、乡镇	5%	2. 流动经营等无固定纳税地点的单位和个人，在经营地缴纳增值税、消费税的，其缴纳城市维护建设税按经营地适用税率执行。
不在市区、县城或乡镇	1%	

市区、县城、镇按照行政区划确定。行政区划变更的，自变更完成当月起适用新行政区划对应的城市维护建设税税率，纳税人在变更完成当月的下一个纳税申报期按新税率申报缴纳。

纳税人所在地为工矿区的，应按照工矿区的行政区划级别，分别按照 7%、5%、1% 的税率缴纳城市维护建设税。

六、城市维护建设税应纳税额的计算

（一）计税依据

城市维护建设税以纳税人依法实际缴纳的增值税、消费税税额为计税依据。纳税人因违反增值税、消费税有关税法而加收的滞纳金和罚款不包括在城市维护建设税的计税依据之内，但纳税人在被查补缴增值税、消费税和被处以罚款时，应同时对其偷漏的城市维护建设税进行补缴，并征收滞纳金和罚款。

依法实际缴纳的增值税、消费税税额，是指纳税人依照增值税、消费税相关法律法规和税收政策规定计算的应当缴纳的增值税、消费税税额（不含因进口货物或境外单位和个人向境内销售劳务、服务、无形资产而缴纳的增值税、消费税额），加上增值税免抵税额，扣除直接减免的增值税、消费税税额和期末留抵退税退还的增值税税额后的金额。直接减免的增值税、消费税税额，是指依照增值税、消费税相关法律法规和税收政策规定，直接减征或免征的增值税、消费税税额，不包括实行先征后返、先征后退、即征即退办法退还的增值税、消费税税额。

对于增值税小规模纳税人更正、查补此前按照一般计税方法确定的城市维护建设税计税依据，允许扣除尚未扣除完的留抵退税额。

（二）应纳税额的计算

城市维护建设税的应纳税额由纳税人实际缴纳的增值税税额、消费税税额决定，计算公式如下：

应纳税额=（实际缴纳的增值税税额+实际缴纳的消费税税额）×适用税率

依法实际缴纳的增值税税额=纳税人依照增值税相关法律法规和税收政策规定计算应当缴纳的增值税税额+增值税免抵税额−直接减免的增值税税额−留抵退税额

依法实际缴纳的消费税税额=纳税人依照消费税相关法律法规和税收政策规定计算应当缴纳的消费税税额−直接减免的消费税税额

对实行增值税期末留抵退税的纳税人，允许其从城市维护建设税的计税依据中扣除退还的

增值税税额。

【例4-1】 甲化妆品公司，位于H市，增值税一般纳税人。2024年9月依法实际缴纳增值税200 000元，缴纳消费税250 000元，计算该公司当月城市维护建设税的应纳税额。

解析：

该公司当月城市维护建设税的应纳税额＝（200 000+250 000）×7%＝31 500元

【例4-2】 Y市W镇甲酒厂，增值税一般纳税人。2024年9月实际缴纳增值税250 000元，缴纳消费税400 000元，被查补缴增值税50 000元，补缴消费税60 000元，处以罚款25 000元，加收滞纳金5000元。计算该酒厂当月城市维护建设税的应纳税额。

解析：

该酒厂当月城市维护建设税的应纳税额＝（250 000+400 000+50 000+60 000）×5%＝38 000元

【例4-3】 Z市甲集团，增值税一般纳税人。2024年9月应缴增值税250 000元，应缴消费税180 000元，实际缴纳增值税220 000元，实际缴纳消费税150 000元，计算该集团当月城市维护建设税的应纳税额。

解析：

该集团当月城市维护建设税的应纳税额＝（220 000+150 000）×7%＝25 900元

（三）税收优惠

城市维护建设税原则上不单独规定减免税。但因城市维护建设税具有附加税性质，针对主税发生减免以及一些特殊情况，财政部和国家税务总局作出了税收优惠规定。

1. 对进口货物或者境外单位和个人向境内销售劳务、服务、无形资产缴纳的增值税、消费税税额，不征收城市维护建设税。

2. 对出口货物、劳务和跨境销售服务、无形资产以及因优惠政策退还增值税、消费税的，不退还已缴纳的城市维护建设税。

3. 对增值税、消费税实行先征后返、先征后退、即征即退办法的，除另有规定外，对随增值税、消费税附征的城市维护建设税，一律不予退（返）还。

4. 自2023年1月1日至2027年12月31日，对增值税小规模纳税人、小型微利企业和个体工商户减半征收城市维护建设税。

5. 自2023年1月1日至2027年12月31日，退役士兵创业就业、重点群体创业就业的税收优惠政策中存在扣减税额的相关规定，可扣减当年实际应缴纳的城市维护建设税。

6. 为支持国家重大水利工程建设，对国家重大水利工程建设基金免征城市维护建设税。

7. 对黄金交易所会员单位通过黄金交易所销售且发生实物交割的标准黄金，免征城市维护建设税。

8. 对上海期货交易所会员和客户通过上海期货交易所销售且发生实物交割并已出库的标准黄金，免征城市维护建设税。

9. 经中国人民银行依法决定撤销的金融机构及其分设于各地的分支机构（包括被依法撤销的商业银行、信托投资公司、财务公司、金融租赁公司、城市信用社和农村信用社），用其财产清偿债务时，免征被撤销金融机构转让货物、不动产、无形资产、有价证券、票据等应缴纳的城市维护建设税。

此外，对由于减免增值税、消费税而发生的退税，同时退还已缴纳的城市维护建设税。

七、城市维护建设税的征收管理

（一）纳税环节

城市维护建设税的纳税义务发生时间、纳税地点、纳税期限比照增值税、消费税的相应规定。城市维护建设税的纳税义务发生时间与增值税、消费税的纳税义务发生时间一致，分别与增值税、消费税同时缴纳。同时缴纳是指在缴纳增值税、消费税时，应当在增值税、消费税同一缴纳地点、同一缴纳期限内一并缴纳对应的城市维护建设税。

采用委托代征、代扣代缴、代收代缴、预缴、补缴等方式缴纳增值税、消费税的，应当同时缴纳城市维护建设税。代扣代缴，不含因境外单位和个人向境内销售劳务、服务、无形资产等代扣代缴增值税情形。

对增值税免抵税额征收的城市维护建设税，纳税人应在税务机关核准免抵税额的下一个纳税申报期内向主管税务机关申报缴纳。

（二）纳税地点

城市维护建设税因其具有附加属性，纳税人缴纳城市维护建设税的地点与缴纳增值税、消费税的地点一致。

纳税人跨地区提供建筑服务、销售和出租不动产的，应在建筑服务发生地、不动产所在地预缴增值税时，以预缴增值税税额为计税依据，并按预缴增值税所在地的城市维护建设税适用税率就地计算缴纳城市维护建设税。预缴增值税的纳税人在其机构所在地申报缴纳增值税时，以其实际缴纳的增值税税额为计税依据，并按机构所在地的城市维护建设税适用税率计算缴纳城市维护建设税。

任务二　走进教育费附加

◇ **任务引例**

甲化妆品有限公司位于 Y 省 K 市，增值税一般纳税人。2024 年 9 月依法缴纳消费税1 340 000 元，增值税 1 160 000 元，城市维护建设税 175 000 元。

◇ **任务要求**

假如您是甲化妆品有限公司的办税员，请分析该公司当月应缴纳的教育费附加。

◇ **税海探知**

一、什么是教育费附加

教育费附加，是指省、自治区、直辖市人民政府根据《中华人民共和国教育法》和国务院的有关规定，对缴纳增值税、消费税的单位和个人征收的用于教育的政府性基金。

1986 年 4 月 28 日，国务院公布《征收教育费附加的暂行规定》，规定从 1986 年 7 月 1 日起由税务机关负责征收教育费附加，教育费附加率为 1%，分别与产品税、增值税、营业税同时缴纳。1990 年 6 月，征收比率调整为 2%。1994 年 1 月 1 日至今，教育费附加率为 3%。除国务院另有规定者外，任何地区、部门不得擅自提高或者降低教育费附加率。

1990 年 6 月 7 日对《征收教育费附加的暂行规定》进行了第一次修订，2005 年 8 月 20 日对其进行了第二次修订，2011 年 1 月 8 日根据《国务院关于废止和修改部分行政法规的决定》对其进行了第三次修订。

在《2024 年政府收支分类科目》中，教育费附加列为一般公共预算收入科目的 103 类 02 款03 项，是中央和地方共用收入科目。教育费附加是一种费，不是税。

二、教育费附加的缴费人

凡缴纳增值税、消费税的单位和个人，为教育费附加的缴费人。

对外商投资企业、外国企业及外籍个人2010年12月1日（含2010年12月1日）之后发生纳税义务的增值税、消费税征收教育费附加。

三、教育费附加应缴费额的计算

教育费附加的计费依据与城市维护建设税的计税依据保持一致，以纳税人依法实际缴纳的增值税、消费税税额为计费依据，分别与增值税、消费税同时缴纳。

对海关代征的进口商品增值税、消费税，不征收教育费附加。经税务部门正式审核批准的当期免抵的增值税税额应纳入教育费附加的计征范围，按规定的附加率征收教育费附加。

应缴费额的计算公式如下：

应缴费额＝（实际缴纳的增值税税额+实际缴纳的消费税额）×征收比率

【例4-4】 T市甲化妆品公司2024年9月实际缴纳增值税320 000元，缴纳消费税200 000元，计算该公司当月教育费附加应缴费额。

解析：

该公司当月教育费附加应缴费额＝（320 000+200 000）×3%＝15 600元

四、教育费附加的优惠政策

教育费附加的减免原则上比照增值税、消费税的减免而定。当税法规定增值税、消费税可减免，则教育费附加同时减免。主要情况有：

1. 对由于减免增值税、消费税而发生退税的，可同时退还已征收的教育费附加。但对出口产品退还增值税、消费税的，不退还已征收的教育费附加。

2. 为支持国家重大水利工程建设，对国家重大水利工程建设基金免征教育费附加。

3. 自2016年2月1日起，按月纳税的月销售额或营业额不超过10万元（按季度纳税的季度销售额或营业额不超过30万元）的缴纳义务人，免征教育费附加。

4. 自2023年1月1日至2027年12月31日，对增值税小规模纳税人、小型微利企业和个体工商户减半征收教育费附加。

5. 自2023年1月1日至2027年12月31日，退役士兵创业就业、重点群体创业就业的税收优惠政策中存在扣减税额的相关规定，可扣减当年实际应缴纳的教育费附加。

◇ 思政园地

十年来党和国家优先保障教育投入的有关情况

党的十八大以来，在以习近平同志为核心的党中央的坚强领导下，新时代教育投入工作得到了前所未有的重视，取得了前所未有的成就。国家财政性教育经费支出占GDP比例连续10年保持在4%以上。习近平总书记强调，"这是很大的一件事"。4%成果的持续巩固，有力推动了以政府投入为主、多渠道筹集教育经费体制的巩固完善，有力支撑了我国举办世界最大规模教育体系，有力推动了我国教育现代化总体发展水平跨入世界中上国家行列。

国家财政性教育经费支出占GDP的比例达到4%，这是我国在2012年首次实现、又连续10年巩固的一个目标。国家财政性教育经费十年累计支出33.5万亿元，年均增长9.4%，高于同期GDP年均名义增幅（8.9%）和一般公共预算收入年均增幅（6.9%）。

全国教育经费总投入，2011年是2.4万亿元，2021年达到5.8万亿元，是2011年的2.4倍，年均增长9.3%。国家财政性教育经费，2011年不到2万亿元，2021年达到4.6万亿元，是2011年的2.5倍，年均增长9.4%。全国一般公共预算教育支出，2011年是1.6万亿元，2021年达到3.7万亿元，是2011年的2.3倍，年均增长8.8%。全国非财政性教育经费，2011年只有不到6000亿元，2021年达到1.2万亿元，是2011年的2.3倍，年均增长8.6%。

十年来，以政府投入为主、多渠道筹集教育经费的体制机制得到了进一步巩固和完善。我们将继续坚定不移贯彻落实党中央、国务院关于优先发展教育事业、优先保障教育投入的决策部署，不断完善教育投入同 GDP 同步增长机制，充分发挥教育投入在教育强国建设中的保发展、推改革、促公平、提质量政策导向作用，把教育优先发展战略落到实处。

（教育部财务司：《十年来党和国家优先保障教育投入的有关情况》，载 ht-tp://www.moe.gov.cn/fbh/live/2022/54875/sfcl/202209/t20220927_665114.html，最后访问日期：2025 年 3 月 19 日。）

任务三　地方教育附加认知

◇ 任务引例

甲酒业有限公司位于 Y 市，是增值税一般纳税人。2024 年 9 月实际缴纳增值税 462 000 元，消费税 550 000 元，城市维护建设税 70 840 元，教育费附加 30 360 元。

◇ 任务要求

假如您是该公司办税员，请计算该公司 9 月份应缴纳的地方教育费附加。

◇ 税海探知

地方教育附加是指各省、自治区、直辖市根据国家有关规定，为实施"科教兴省"战略，增加地方教育的资金投入，促进各省、自治区、直辖市教育事业发展，开征的一项地方政府性基金。该收入主要用于各地方的教育经费的投入补充。

内蒙古自治区政府于 1995 年 9 月 1 日开征地方教育附加，辽宁省于 1999 年 1 月 1 日起开征，福建省于 2002 年 1 月 1 日起开征，征收率均为 1%。此后，陆续有省、直辖市开征地方教育费附加。

为贯彻落实《国家中长期教育改革和发展规划纲要（2010-2020 年）》，财政部公布了《财政部关于统一地方教育附加政策有关问题的通知》。通知要求，各地统一征收地方教育附加，征收标准为单位和个人实际缴纳的增值税、营业税和消费税税额的 2%。文件下发后，全国已经有 20 多个省（自治区、直辖市）开征了地方教育附加。

一、地方教育附加的概念

地方教育附加是对缴纳增值税、消费税的单位和个人，以其实际缴纳的增值税、消费税税额为计费依据征收的一种附加费。

为增加地方教育的资金投入，促进河北省教育事业发展，2003 年 10 月 22 日河北省人民政府第 13 次常务会议通过了《河北省地方教育附加征收使用管理规定》，自 2003 年 12 月 1 日起施行。2010 年河北省人民政府对其进行了第一次修改。2011 年进行了第二次修订。2012 年 12 月 11 日河北省人民政府对《河北省地方教育附加征收使用管理规定》进行了第三次修订，自 2012 年 12 月 11 日起施行。

二、地方教育附加的缴费人和费率

地方教育附加是对缴纳增值税、消费税的单位和个人（包括外商投资企业、外国企业和外籍个人），以其实际缴纳的增值税、消费税税额为计费依据，计算的一种附加费。分别与增值税、消费税同时缴纳。

对外商投资企业、外国企业及外籍个人2010年12月1日（含2010年12月1日）之后发生纳税义务的增值税、消费税征收地方教育附加；对其2010年12月1日之前发生纳税义务的增值税、消费税，不征收地方教育附加。

2003年地方教育附加开征时，比率为1%。2012年12月11日河北省政府对《河北省地方教育附加征收使用管理规定》进行第三次修订时，将征收比率调整为2%。

地方教育附加应当按规定的范围和标准征收。任何单位和个人不得擅自减征或者免征地方教育费附加。

三、地方教育附加应缴费额的计算

地方教育附加计费依据与城市维护建设税计税依据一致。地方教育附加以本省行政区域内纳税人实际缴纳的增值税、消费税税额之和为计费依据，分别与增值税、消费税同时缴纳。

地方教育附加应缴费额=（依法实际缴纳的增值税税额+依法实际缴纳的消费税税额）×征收比率

【例4-5】 甲酒业有限公司位于Y市区，增值税一般纳税人，2024年9月实际缴纳增值税540 000元，缴纳消费税750 000元。计算该公司当月地方教育附加应缴费额。

解析：

该公司当月地方教育附加应缴费额=（540 000+750 000）×2%=25 800元

【例4-6】 甲商场位于S市X区，2024年9月，应缴纳增值税48万元，实际缴纳46万元，应缴纳消费税16万元，实际缴纳消费税16万元，计算该商场当月城市维护建设税的应纳税额、教育费附加应缴费额和地方教育附加应缴费额各是多少元？

解析：

该商场当月城市维护建设税应缴费额=（460 000+160 000）×7%=43 400元

该商场当月教育费附加应缴费额=（460 000+160 000）×3%=18 600元

该商场当月地方教育费附加应缴费额=（460 000+160 000）×2%=12 400元

四、地方教育附加的优惠政策

地方教育附加的减免，原则上比照增值税、消费税的减免。如果税法规定减免增值税、消费税的，则地方教育附加也相应减免。主要的减免规定有：

1. 对海关进口的产品征收的增值税、消费税，不征收地方教育附加。

2. 对由于减免增值税、消费税而发生退税的，可同时退还已征收的地方教育附加。但对出口产品退还增值税、消费税的，不退还已征的地方教育附加。

3. 为进一步加大对小微企业的扶持力度，经国务院批准，自2016年2月1日起，对按月纳税的月销售额或营业额不超过10万元（含10万元），以及按季纳税的季度销售额或营业额不超过30万元（含30万元）的缴纳义务人，免征地方教育附加。

4. 自2023年1月1日至2027年12月31日，对增值税小规模纳税人、小型微利企业和个体工商户减半征收地方教育附加。

5. 自2023年1月1日至2027年12月31日，退役士兵创业就业、重点群体创业就业的税收优惠政策中存在扣减税额的相关规定，可扣减当年实际应缴纳的地方教育附加。

五、城市维护建设税、教育费附加及地方教育附加的纳税申报

凡缴纳增值税、消费税的单位和个人，均是城市维护建设税的纳税人，都应当依照《城市维护建设税法》的规定缴纳城市维护建设税，同时也应缴纳教育费附加、地方教育附加。纳税人申报增值税、消费税时，应一并申报附征的城市维护建设税、教育费附加和地方教育附加等附加税费。增值税、消费税分别与附加税费申报表整合，因此，本部分税费申报与项目二、项目三

申报案例合并，在此不再赘述。

技能训练

一、单项选择题

1. 教育费附加的征收比率为（　　　）。

A. 7%　　　　　　　B. 5%　　　　　　　C. 3%　　　　　　　D. 1%

2. 城市维护建设税按纳税人（　　　）的不同，设置了不同税率。

A. 所在地　　　　　　　　　　　B. 生产经营规模

C. 会计制度是否健全　　　　　　D. 自然人还是法人

3. 甲公司2024年9月实际缴纳增值税520 000元，缴纳消费税360 000元。该公司应缴纳的教育费附加为（　　　）元。

A. 44 000　　　　　B. 26 400　　　　　C. 8800　　　　　D. 15 600

4. 甲公司2024年9月实际缴纳增值税260 000元，缴纳消费税340 000元。该公司应缴纳的地方教育费附加为（　　　）元。

A. 12 000　　　　　B. 18 000　　　　　C. 30 000　　　　　D. 42 000

5. 地方教育附加的征收比率为（　　　）。

A. 7%　　　　　　　B. 5%　　　　　　　C. 3%　　　　　　　D. 2%

6. 甲公司位于S市G区，2024年9月申报期，享受直接减免增值税优惠（不包含先征后退、即征即退，下同）后申报缴纳增值税52万元，9月已核准增值税免抵税额15万元（其中涉及出口货物6万元，涉及增值税零税率应税服务9万元），9月收到增值税留抵退税额8万元。该公司9月应申报缴纳城市维护建设税（　　　）万元。

A. 4.69　　　　　B. 5.25　　　　　C. 2.95　　　　　D. 4.13

7. Y县一生产企业，增值税一般纳税人。本期进口原材料一批，向海关缴纳进口环节增值税15.6万元；本期在国内销售甲产品已缴纳增值税32万元、消费税48万元，由于缴纳消费税时超过法定期限，被罚滞纳金1.2万元；本期出口乙产品一批，按规定退回增值税6.5万元。该企业本期应缴纳城市维护建设税为（　　　）万元。

A. 3.735　　　　　B. 4　　　　　C. 4.06　　　　　D. 5.6

8. 甲商场位于S市，2024年9月，应缴纳增值税15万元，实际缴纳12万元，应缴纳消费税9万元，实际缴纳消费税9万元，该商场本月应缴纳的教育费附加为（　　　）万元。

A. 1.47　　　　　B. 0.9　　　　　C. 0.36　　　　　D. 0.63

9. Y市S县一卷烟厂，2024年9月，实际缴纳消费税230 000元，缴纳增值税160 000元，被查补消费税40 000元，增值税32 000元，处以罚款35 000元，加收滞纳金8000元，该卷烟厂本期应缴纳的城市维护建设税为（　　　）元。

A. 2.31　　　　　B. 3.234　　　　　C. 2.355　　　　　D. 0.462

10. 由受托方代收代缴、代扣代缴增值税、消费税的单位和个人，其代收代缴、代扣代缴的城市维护建设税按（　　　）所在地适用税率征收。

A. 第三人　　　　B. 委托方　　　　C. 受托方　　　　D. 纳税人

二、多项选择题

1. 城市维护建设税的纳税人，包括（　　　）等，以及个体工商户及其他个人（含外籍个人）。

A. 外商投资企业　　　B. 行政单位　　　C. 事业单位　　　D. 社会团体

2. 城市维护建设税的税率包括（　　）。

A. 7%　　　　　　　　B. 5%　　　　　　　　C. 3%　　　　　　　　D. 1%

3. 下列规定符合城市维护建设税政策的有（　　）。

A. 外国企业也是城市维护建设税的纳税人

B. 个人有营业收入的，不需要缴纳城市维护建设税

C. 海关对进口货物代征增值税、消费税，但不代征城市维护建设税

D. 出口企业退还增值税、消费税，但不退还已征的城市维护建设税

4. 对海关进口的产品征收的（　　），不征收教育费附加。

A. 关税　　　　　　　B. 增值税　　　　　　C. 消费税　　　　　　D. 城市维护建设税

5. 城市维护建设税的计税依据是指（　　）。

A. 实际缴纳的增值税、消费税　　　　　B. 增值税免抵税额

C. 先征后返增值税税额　　　　　　　　D. 先征后退增值税税额

6. 下列各项中，不属于税的范畴的是（　　）。

A. 增值税　　　　　　B. 城市维护建设税C. 教育费附加　　　　D. 地方教育附加

三、判断题

1. 2020 年 8 月 11 日第十三届全国人民代表大会常务委员会第二十一次会议通过《城市维护建设税法》，自 2021 年 1 月 1 日起施行。（　　）

2. 教育费附加、地方教育附加计费依据与城市维护建设税计税依据一致。（　　）

3. 流动经营等无固定纳税地点的单位和个人，在经营地缴纳增值税、消费税的，其城市维护建设税的缴纳按经营地适用税率执行。（　　）

4. 对出口产品退还增值税、消费税的，同时退还已缴纳的城市维护建设税。（　　）

5. 城市维护建设税的计税依据应当按照规定扣除期末留抵退税退还的增值税税额。（　　）

6. 自 2019 年 1 月 1 日至 2025 年 1 月 31 日，实施支持和促进重点群体就业城市维护建设税减免。（　　）

7. 城市维护建设税的纳税义务发生时间与增值税、消费税的纳税义务发生时间一致，分别在缴纳增值税、消费税的同一缴纳地点、同一缴纳期限，一并缴纳对应的城市维护建设税。（　　）

8. 城市维护建设税以增值税、消费税税额为依据并同时征收，免征或者减征增值税、消费税时，应同时免征或者减征城市维护建设税。（　　）

9. 对进口货物或者境外单位和个人向境内销售劳务、服务、无形资产缴纳的增值税、消费税税额，在进口环节征收城市维护建设税。（　　）

10. 纳税人违反增值税、消费税有关税法而加收的滞纳金和罚款，也作为城市维护建设税的计税依据。（　　）

项目五 企业所得税法与办税实务

📑 **技能目标**

1. 能辨别居民企业和非居民企业。
2. 能正确判断企业适用税率。
3. 能正确进行资产的税务处理。
4. 能够准确计算企业所得税的应纳税所得额。
5. 能正确计算居民企业应纳税额。
6. 能正确判断小型微利企业。
7. 正确运用企业所得税的税收优惠政策。
8. 能正确填报企业所得税月（季）度纳税申报表。
9. 能够正确填制年度企业所得税的纳税申报表及附表。
10. 能办理年终企业所得税的汇算清缴，培养纳税申报技能，提高胜任能力。
11. 通过国家税务总局、省税务局等网站和公众号的介绍，引导学生学习查找税收相关政策，培养自我学习能力，以更好地适应不断变化的税收环境，提高职业技能，增强"依法纳税"的能力。

📑 **思政目标**

1. 通过了解企业所得税对国家及社会的影响，引导学生认识企业履行纳税义务的积极意义，树立正确的纳税意识，正确处理国家利益与企业利益。

2. 通过对居民企业和非居民企业纳税人的划分和纳税义务的比较，使学生了解税收管辖权与国家主权的关系，增强税收管辖的国家观念。

3. 国家为鼓励高新技术企业的发展，优惠税率为15%。从减税降费中看出国家的政策倾向，培养学生科技兴国、科技强国的意识。

4. 通过学习研发费用加计扣除政策，引导学生感知科技创新税费优惠政策可以有效支持企业技术创新和产业转型升级，为助推经济社会高质量发展注入更多能量，最终推动社会经济高质量发展、建设现代化经济体系。

5. 通过学习小型微利企业所得税税收优惠政策，引导学生感知减轻小型微利企业经营压力和成本，让学生真正了解和体会到国家"让利于企，服务于民"的税收理念。

6. 学习环境保护、节能节水项目、资源综合利用等优惠政策，帮助学生深刻理解绿色发展理念，培养学生的节能环保意识。

7. 通过学习企业所得税的一系列推动涉农产业发展、捐赠支出税前扣除、支持贫困地区基础设施建设等税收优惠政策，引导学生感知国家用政策"组合拳"全面打赢脱贫攻坚战的信念，坚定制度自信和道路自信。

8. 残疾职工工资加计扣除政策，体现了国家支持企业的扶弱。培养学生关爱弱势群体，互帮互助，尽己之力帮助他人，回报社会，不断进步的优良品德。

任务一　企业所得税认知

◇ **任务引例**

2024 年 2 月初，S 市甲公司收到税务系统通知，要求做好 2023 年度企业所得税汇算清缴准备工作。2023 年度公司主要业务如下：

1. 营业收入 5200 万元，营业成本 3000 万元。
2. 国债利息收入 1 万元。
3. 广告费 790 万元。
4. 业务招待费 30 万元。
5. 直接捐赠给瑞祥敬老院一批生活日用品 2 万元。
6. 研发费用 30 万元。

◇ **任务要求**

请判断上述六项业务中哪些业务需要在计算应纳税所得税额时进行纳税调整？

◇ **税海探知**

一、企业所得税的发展历程

1983 年，国务院决定在全国试行国营企业"利改税"，即将中华人民共和国成立后实行了 30 多年的国营企业向国家上缴利润的制度改为缴纳企业所得税的制度。1984 年 9 月，国务院公布了《中华人民共和国国营企业所得税条例（草案）》（已失效）和《国营企业调节税征收办法》（已失效）。国营企业所得税的纳税人为实行独立经济核算的国营企业，大中型企业实行 55% 的比例税率，小型企业等适用 10%-55% 的八级超额累进税率。

1985 年 4 月，国务院公布了《中华人民共和国集体企业所得税暂行条例》（已失效），实行 10%-55% 的八级超额累进税率，原来对集体企业征收的工商税（所得税部分）同时停止执行。

1988 年 6 月，国务院发布了《中华人民共和国私营企业所得税暂行条例》（已失效），税率为 35%。

1991 年 4 月，第七届全国人民代表大会将《中华人民共和国中外合资经营企业所得税法》（已失效）与《中华人民共和国外国企业所得税法》（已失效）合并，制定了《中华人民共和国外商投资企业和外国企业所得税法》（已失效），并于同年 7 月 1 日起施行。

1993 年 12 月 13 日，国务院将《中华人民共和国国营企业所得税条例（草案）》（已失效）、《国营企业调节税征收办法》（已失效）、《中华人民共和国集体企业所得税暂行条例》（已失效）和《中华人民共和国私营企业所得税暂行条例》（已失效），进行整合制定了《中华人民共和国企业所得税暂行条例》（已失效），自 1994 年 1 月 1 日起施行。在这个阶段，企业所得税分为内资企业、外资企业（包括外商投资企业和外国企业）两套税制，在税制要素，包括纳税人、扣除项目、优惠政策等方面都存在一定差异。

1993 年 11 月，中国共产党第十四届中央委员会第三次全体会议通过的《中共中央关于建立社会主义市场经济体制若干问题的决定》提出"统一企业所得税"的目标。

2007 年 3 月 16 日全国人民代表大会表决通过的《企业所得税法》是对企业所得税制度进行

的改革与完善。

二、企业所得税

企业所得税是指对我国境内除个人独资企业、合伙企业以外的企业和其他取得收入的组织，就其生产经营所得和其他所得征收的一种税。企业所得税是一种直接税，是仅次于增值税的第二大税种。目前，我国企业所得税占全部税收收入的比重超过20%。

三、企业所得税的纳税人

《企业所得税法》第1条第1款规定："在中华人民共和国境内，企业和其他取得收入的组织（以下统称企业）为企业所得税的纳税人，依照本法的规定缴纳企业所得税。"根据国际上的通行做法，我国选择了地域管辖权和居民管辖权的双重管辖权标准，将企业分为居民企业和非居民企业，最大限度地维护我国的税收利益。这里的企业不包括个人独资企业、合伙企业。

（一）居民企业

居民企业是指依法在中国境内成立，或者依照外国（地区）法律成立但实际管理机构在中国境内的企业。

依法在中国境内成立的企业，包括依照中国法律、行政法规在中国境内成立的企业、事业单位、社会团体以及其他取得收入的组织。依照外国（地区）法律成立的企业，包括依照外国（地区）法律成立的企业和其他取得收入的组织。实际管理机构，是指对企业的生产经营、人员、账务、财产等实施实质性全面管理和控制的机构。

（二）非居民企业

非居民企业是指依照外国（地区）法律成立且实际管理机构不在中国境内，但在中国境内设立机构、场所的，或者在中国境内未设立机构、场所，但有来源于中国境内所得的企业。

非居民企业在中国境内设立机构、场所的，应当就其所设机构、场所取得的来源于中国境内的所得，以及发生在中国境外但与其所设机构、场所有实际联系的所得，缴纳企业所得税。

非居民企业在中国境内未设立机构、场所的，或者虽设立机构、场所但取得的所得与其所设机构、场所没有实际联系的，应当就其来源于中国境内的所得缴纳企业所得税。

机构、场所，是指在中国境内从事生产经营活动的机构、场所，包括：

1. 管理机构、营业机构、办事机构。
2. 工厂、农场、开采自然资源的场所。
3. 提供劳务的场所。
4. 从事建筑、安装、装配、修理、勘探等工程作业的场所。
5. 其他从事生产经营活动的机构、场所。

【例5-1】根据《企业所得税法》的规定，下列企业中属于居民企业的是（　　　）。

A. 在北京注册成立的甲公司

B. 在石家庄注册成立的乙公司

C. 在上海注册成立的外商独资企业丙公司

D. 在开曼群岛注册成立管理机构设在深圳的丁公司

解析：答案为ABCD。

寻法溯源

四、企业所得税的征税对象

企业所得税的征税对象是指企业的生产经营所得、其他所得和清算所得。具体包括销售货物所得、提供劳务所得、转让财产所得、股息红利等权益性投资所得、利息所得、租金所得、特许权使用费所得、接受捐赠所得和其他所得。

微课 5-1　居民企业和非居民企业辨析

（一）居民企业的征税对象

居民企业应当就其来源于中国境内、境外的所得缴纳企业所得税。

（二）非居民企业的征税对象

1. 非居民企业在中国境内设立机构、场所。非居民企业在中国境内设立机构、场所的，应当就其所设机构、场所取得的来源于中国境内的所得，以及发生在中国境外但与其所设机构、场所有实际联系的所得，缴纳企业所得税。非居民企业通过该机构、场所对其他企业进行股权、债权等权益性投资或者债权性投资而获得股息、红利或者利息收入，就可以认定为与该机构、场所有实际联系。

实际联系，是指非居民企业在中国境内设立的机构、场所拥有据以取得所得的股权、债权，以及拥有、管理、控制据以取得所得的财产等。

在境内设立机构、场所的非居民企业，其取得的所得与其所设立的机构、场所有无实际联系，直接关系到该非居民企业的纳税义务的大小：有实际联系的，那么来源于境内、境外的所得都要缴纳企业所得税；没有实际联系的，只就来源于境内的所得缴纳企业所得税。

2. 非居民企业在中国境内未设立机构、场所。非居民企业在中国境内未设立机构、场所的，或者虽设立机构、场所但取得的所得与其所设机构、场所没有实际联系的，应当就其来源于中国境内的所得缴纳企业所得税。例如，非居民企业将境内或者境外的房产对外出租收取的租金，如果该房产是由该机构、场所拥有、管理或者控制的，那么就可以认定这笔租金收入与该机构、场所有实际联系。

（三）所得来源地的确定原则

来源于中国境内、境外的所得，按照以下原则确定：

1. 销售货物所得，按照交易活动发生地确定。
2. 提供劳务所得，按照劳务发生地确定。
3. 转让财产所得，不动产转让所得按照不动产所在地确定，动产转让所得按照转让动产的企业或者机构、场所所在地确定，权益性投资资产转让所得按照被投资企业所在地确定。
4. 股息、红利等权益性投资所得，按照分配所得的企业所在地确定。
5. 利息所得、租金所得、特许权使用费所得，按照负担、支付所得的企业或者机构、场所所在地确定，或者按照负担、支付所得的个人的住所地确定。
6. 其他所得，由国务院财政、税务主管部门确定。

五、企业所得税的税率

企业所得税税率是体现国家与企业分配关系的核心要素。税率设计的原则是兼顾国家、企业、职工个人三者利益。《企业所得税法》立法根据当时我国内、外企业所得税实际负担水平，结合国家财政承担能力，并考虑与世界大多数国家税率保持大致平衡，继续采用了比例税率。

（一）基本税率25%

适用于居民企业和在中国境内设有机构、场所且所得与机构、场所有实际联系的非居民企业。

（二）低税率 20%

适用于在中国境内未设立机构、场所的，或者虽设立机构、场所但取得的所得与其所设机构、场所没有实际联系的，但实际征税时适用税率为 10%。

此外，国家为了扶持和鼓励发展特定的产业和项目，还规定了两档优惠税率：符合条件的小型微利企业，减按 20% 的税率征收企业所得税；国家需要重点扶持的高新技术企业，减按 15% 的税率征收企业所得税。

寻法溯源

任务二　应纳税所得额的确定

微课 5-2　走近
企业所得税税率

◇ 任务引例

甲公司 2023 年取得销售收入 5000 万元，发生销售成本 2300 万元。发生销售费用 700 万元（其中广告费 210 万元），管理费用 600 万元（其中业务招待费 10 万元），财务费用 100 万元，税金及附加 100 万元，营业外支出 80 万元（其中行政罚款 2 万元、赞助支出 3 万元）。

◇ 任务要求

计算甲公司 2023 年度企业所得税应纳税所得额。

◇ 税海探知

企业所得税的计税依据是应纳税所得额。正确计算企业的应纳税所得额是企业所得税应纳税额计算过程中的重要内容。只有对企业所得税相关的法律法规进行准确地把握，才能正确地计算应纳税所得额。

《企业所得税法》第 5 条规定："企业每一纳税年度的收入总额，减除不征税收入、免税收入、各项扣除以及允许弥补的以前年度亏损后的余额，为应纳税所得额。"用公式表示为：

应纳税所得额=收入总额-不征税收入-免税收入-各项扣除-允许弥补的以前年度亏损

企业应纳税所得额的计算，以权责发生制为原则，属于当期的收入和费用，不论款项是否收付，均作为当期的收入和费用；不属于当期的收入和费用，即使款项已经在当期收付，均不作为当期的收入和费用。《中华人民共和国企业所得税法实施条例》（以下简称《企业所得税法实施条例》）和国务院财政、税务主管部门另有规定的除外。在计算应纳税所得额之前，需要明确企业的收入总额、不征税收入、免税收入、各项扣除以及允许弥补的以前年度亏损等。

一、收入总额

收入总额为企业以货币形式和非货币形式从各种来源取得的收入。包括：销售货物收入，提供劳务收入，转让财产收入，股息、红利等权益性投资收益，利息收入，租金收入，特许权使用费收入，接受捐赠收入，其他收入。

货币形式的收入，包括现金、存款、应收账款、应收票据、准备持有至到期的债券投资以及债务的豁免等。

非货币形式的收入，包括固定资产、生物资产、无形资产、股权投资、存货、不准备持有至到期的债券投资、劳务以及有关权益等。以非货币形式取得的收入，应当按照公允价值确定收入额。公允价值，是指按照市场价格确定的价值。

（一）销售货物收入

销售货物收入，是指企业销售商品、产品、原材料、包装物、低值易耗品以及其他存货取得的收入。除《企业所得税法》及《企业所得税法实施条例》另有规定外，企业销售收入的确认，必须遵循权责发生制原则和实质重于形式原则。

1. 企业销售商品同时满足下列条件的，应确认收入的实现：

（1）商品销售合同已经签订，企业已将与商品所有权相关的主要风险和报酬转移给购货方。

（2）企业对已售出的商品既没有保留通常与所有权相联系的继续管理权，也没有实施有效控制。

（3）收入的金额能够可靠地计量。

（4）已发生或将发生的销售方的成本能够可靠地核算。

2. 符合上述收入确认条件，采取下列商品销售方式的，应按以下规定确认收入实现时间：

（1）销售商品采用托收承付方式的，在办妥托收手续时确认收入。

（2）销售商品采取预收款方式的，在发出商品时确认收入。

（3）销售商品需要安装和检验的，在购买方接受商品以及安装和检验完毕时确认收入。如果安装程序比较简单，可在发出商品时确认收入。

（4）销售商品采用支付手续费方式委托代销的，在收到代销清单时确认收入。

3. 采用售后回购方式销售商品的，销售的商品按售价确认收入，回购的商品作为购进商品处理。有证据表明不符合销售收入确认条件的，例如，以销售商品方式进行融资，收到的款项应确认为负债，回购价格大于原售价的，差额应在回购期间确认为利息费用。

4. 销售商品以旧换新的，销售商品应当按照销售商品收入确认条件确认收入，回收的商品作为购进商品处理。

5. 企业为促进商品销售而在商品价格上给予的价格扣除属于商业折扣，商品销售涉及商业折扣的，应当按照扣除商业折扣后的金额确定销售商品收入金额。

债权人为鼓励债务人在规定的期限内付款而向债务人提供的债务扣除属于现金折扣，销售商品涉及现金折扣的，应当按扣除现金折扣前的金额确定销售商品收入金额，现金折扣在实际发生时作为财务费用扣除。

企业因售出商品的质量不合格等原因而在售价上给的减让属于销售折让，企业因售出商品质量、品种不符合要求等原因而发生的退货属于销售退回。企业已经确认销售收入的售出商品发生销售折让和销售退回，应当在发生当期冲减当期销售商品收入。

企业以买一赠一等方式组合销售本企业商品的，不属于捐赠，应将总的销售金额按各项商品的公允价值的比例来分摊确认各项的销售收入。

6. 企业以分期收款方式销售货物的，按照合同约定的收款日期确认收入的实现。

（二）提供劳务收入

提供劳务收入，是指企业从事建筑安装、修理修配、交通运输、仓储租赁、金融保险、邮电通信、咨询经纪、文化体育、科学研究、技术服务、教育培训、餐饮住宿、中介代理、卫生保健、社区服务、旅游、娱乐、加工以及其他劳务服务活动取得的收入。企业在各个纳税期末，提供劳务交易的结果能够可靠估计的，应采用完工进度（完工百分比）法确认提供劳务收入。

企业受托加工制造大型机械设备、船舶、飞机，以及从事建筑、安装、装配工程业务或者提供其他劳务等，持续时间超过12个月的，按照纳税年度内完工进度或者完成的工作量确认收入的实现。

1. 提供劳务交易的结果能够可靠估计，是指同时满足下列条件：

（1）收入的金额能够可靠地计量。

（2）交易的完工进度能够可靠地确定。

（3）交易中已发生和将发生的成本能够可靠地核算。

2. 企业提供劳务完工进度的确定，可选用下列方法：

（1）已完成工作的测量。

（2）已提供劳务占劳务总量的比例。

（3）发生成本占总成本的比例。

3. 企业应按照从接受劳务方已收或应收的合同或协议价款确定劳务收入总额，根据纳税期末提供劳务收入总额乘以完工进度扣除以前纳税年度累计已确认提供劳务收入后的金额，确认为当期劳务收入；同时，按照提供劳务估计总成本乘以完工进度扣除以前纳税期间累计已确认劳务成本后的金额，结转为当期劳务成本。

4. 下列提供劳务满足收入确认条件的，应按规定确认收入：

（1）安装费。安装费应根据安装完工进度确认收入。安装工作是商品销售附带条件的，安装费应在确认商品销售实现时确认收入。

（2）宣传媒介的收费。宣传媒介收费应在相关的广告或商业行为出现于公众面前时确认收入。广告的制作费，应根据制作广告的完工进度确认收入。

（3）软件费。为特定客户开发软件的收费，应根据开发的完工进度确认收入。

（4）服务费。服务费包含在商品售价内可区分的服务费，在提供服务的期间分期确认收入。

（5）艺术表演、招待宴会和其他特殊活动的收费。上述费用在相关活动发生时确认收入。收费涉及几项活动的，预收的款项应合理分配给每项活动，分别确认收入。

（6）会员费。申请入会或加入会员，只允许取得会籍，所有其他服务或商品都要另行收费的，在取得该会员费时确认收入。申请入会或加入会员后，会员在会员期内不再付费就可得到各种服务或商品，或者以低于非会员的价格销售商品或提供服务的，该会员费应在整个受益期内分期确认收入。

（7）特许权费。属于提供设备和其他有形资产的特许权费，在交付资产或转移资产所有权时确认收入；属于提供初始及后续服务的特许权费，在提供服务时确认收入。

（8）劳务费。长期为客户提供重复的劳务收取的劳务费，在相关劳务活动发生时确认收入。

（三）转让财产收入

转让财产收入，是指企业转让固定资产、生物资产、无形资产、股权、债权等财产取得的收入。

企业取得财产（包括各类资产、股权、债权等）转让收入不论是以货币形式、还是非货币形式体现，除另有规定外，均应一次性计入确认收入的年度计算缴纳企业所得税。

企业转让股权收入，应于转让协议生效、且完成股权变更手续时，确认收入的实现。转让股权收入扣除为取得该股权所发生的成本后，为股权转让所得。企业在计算股权转让所得时，不得扣除被投资企业未分配利润等股东留存收益中按该项股权所可能分配的金额。

（四）股息、红利等权益性投资收益

股息、红利等权益性投资收益，是指企业因权益性投资从被投资方取得的收入。股息、红利等权益性投资收益，除国务院财政、税务主管部门另有规定外，按照被投资方作出利润分配决定的日期确认收入的实现。

被投资企业将股权（票）溢价所形成的资本公积转为股本的，不作为投资方企业的股息、

红利收入，投资方企业也不得增加该项长期投资的计税基础。

（五）利息收入

利息收入，是指企业将资金提供他人使用但不构成权益性投资，或者因他人占用本企业资金取得的收入，包括存款利息、贷款利息、债券利息、欠款利息等收入。利息收入，按照合同约定的债务人应付利息的日期确认收入的实现。

（六）租金收入

租金收入，是指企业提供固定资产、包装物或者其他有形资产的使用权取得的收入。租金收入，按照合同约定的承租人应付租金的日期确认收入的实现。其中，如果交易合同或协议中规定租赁期限跨年度，且租金提前一次性支付的，根据《企业所得税法实施条例》规定的收入与费用配比原则，出租人可对上述已确认的收入，在租赁期内，分期均匀计入相关年度收入。

（七）特许权使用费收入

特许权使用费收入，是指企业提供专利权、非专利技术、商标权、著作权以及其他特许权的使用权取得的收入。特许权使用费收入，按照合同约定的特许权使用人应付特许权使用费的日期确认收入的实现。

（八）接受捐赠收入

接受捐赠收入是指企业接受的来自其他企业、组织或者个人无偿给予的货币性资产、非货币性资产。接受捐赠收入，按照实际收到捐赠资产的日期确认收入的实现。

（九）其他收入

其他收入包括企业资产溢余收入、逾期未退包装物押金收入、确实无法偿付的应付款项、已作坏账损失处理后又收回的应收款项、债务重组收入、补贴收入、违约金收入、汇兑收益等。

（十）视同销售

企业发生非货币性资产交换，以及将货物、财产、劳务用于捐赠、偿债、赞助、集资、广告、样品、职工福利或者利润分配等用途的，应当视同销售货物、转让财产或者提供劳务，但国务院财政、税务主管部门另有规定的除外。

寻法溯源

微课 5-3 收入
总额的确定

二、不征税收入和免税收入

（一）不征税收入

不征税收入是《企业所得税法》中新创设的一个概念，是指从企业所得税原理上讲应永久不列入征税范围的收入范畴。我国税法规定不征税收入，其主要目的是对非经营活动或非营利活动带来的经济利益流入从应税总收入中排除。目前，我国的组织机构形式多样，除企业外，有的以半政府机构（如事业单位）的形式存在，有的以公益慈善组织形式存在，还有其他复杂的社会团体和民办非企业单位，等等。这些机构严格讲是不以营利活动为目的的，其收入的形式主要靠财政拨款以及为承担行政性职能所收取的行政事业性收费，等等，对这类组织取得的非营利性收入征税没有实际意义。

收入总额中的不征税收入包括：财政拨款，依法收取并纳入财政管理的行政事业性收费、政府性基金，国务院规定的其他不征税收入。

1. 财政拨款。财政拨款，是指各级人民政府对纳入预算管理的事业单位、社会团体等组织拨付的财政资金，但国务院和国务院财政、税务主管部门另有规定的除外。

2. 行政事业性收费。行政事业性收费，是指依照法律法规等有关规定，按照国务院规定程

序批准，在实施社会公共管理，以及在向公民、法人或者其他组织提供特定公共服务过程中，向特定对象收取并纳入财政管理的费用。

3. 政府性基金。政府性基金，是指企业依照法律、行政法规等有关规定，代政府收取的具有专项用途的财政资金。

4. 国务院规定的其他不征税收入。国务院规定的其他不征税收入，是指企业取得的，由国务院财政、税务主管部门规定专项用途并经国务院批准的财政性资金。根据《财政部、国家税务总局关于专项用途财政性资金企业所得税处理问题的通知》，企业从县级以上各级人民政府财政部门及其他部门取得的应计入收入总额的财政性资金，按以下规定处理：

（1）凡同时符合以下条件的，可以作为不征税收入，在计算应纳税所得额时从收入总额中减除：①企业能够提供规定资金专项用途的资金拨付文件；②财政部门或其他拨付资金的政府部门对该资金有专门的资金管理办法或具体管理要求；③企业对该资金以及以该资金发生的支出单独进行核算。

（2）不征税收入用于支出所形成的费用，不得在计算应纳税所得额时扣除；用于支出所形成的资产，其计算的折旧、摊销不得在计算应纳税所得额时扣除。

（3）企业将符合条件的财政性资金作不征税收入处理后，在 5 年（60 个月）内未发生支出且未缴回财政部门或其他拨付资金的政府部门的部分，应计入取得该资金第 6 年的应税收入总额；计入应税收入总额的财政性资金发生的支出，允许在计算应纳税所得额时扣除。

（二）免税收入

国家对重点扶持和鼓励发展的产业和项目，给予企业所得税优惠。企业的下列收入为免税收入：

1. 国债利息收入。国债利息收入，是指企业持有国务院财政部门发行的国债取得的利息收入。根据《财政部、国家税务总局关于地方政府债券利息免征所得税问题的通知》规定，对企业取得的 2012 年及以后年度发行的地方政府债券利息收入，免征企业所得税。地方政府债券是指经国务院批准同意，以省、自治区、直辖市、计划单列市政府为发行和偿还主体的债券。

2. 符合条件的居民企业之间的股息、红利等权益性投资收益。符合条件的居民企业之间的股息、红利等权益性投资收益，是指居民企业直接投资于其他居民企业取得的投资收益。

3. 在中国境内设立机构、场所的非居民企业从居民企业取得与该机构、场所有实际联系的股息、红利等权益性投资收益。股息、红利等权益性投资收益，不包括连续持有居民企业公开发行并上市流通的股票不足 12 个月取得的投资收益。

4. 符合条件的非营利组织的收入。

（1）符合条件的非营利组织，是指同时符合下列条件的组织：①依法履行非营利组织登记手续；②从事公益性或者非营利性活动；③取得的收入除用于与该组织有关的、合理的支出外，全部用于登记核定或者章程规定的公益性或者非营利性事业；④财产及其孳息不用于分配；⑤按照登记核定或者章程规定，该组织注销后的剩余财产用于公益性或者非营利性目的，或者由登记管理机关转赠给与该组织性质、宗旨相同的组织，并向社会公告；⑥投入人对投入该组织的财产不保留或者享有任何财产权利；⑦工作人员工资福利开支控制在规定的比例内，不变相分配该组织的财产。

非营利组织的认定管理办法由国务院财政、税务主管部门会同国务院有关部门制定。符合条件的非营利组织的收入，不包括非营利组织从事营利性活动取得的收入，但国务院财政、税务主管部门另有规定的除外。

（2）非营利组织的下列收入为免税收入：①接受其他单位或者个人捐赠的收入；②除《企业所得税法》第7条规定的财政拨款以外的其他政府补助收入，但不包括因政府购买服务取得的收入；③按照省级以上民政、财政部门规定收取的会费；④不征税收入和免税收入孳生的银行存款利息收入；⑤财政部、国家税务总局规定的其他收入。

【例5-2】根据企业所得税法律制度的规定，在企业的下列收入中，属于免税收入的有（　　）。

A. 财政拨款

B. 转让不动产取得的收入

C. 国债利息收入

D. 在中国境内设立机构、场所的非居民企业从居民企业取得与该机构、场所有实际联系的股息、红利等权益性投资收益

答案： CD。财政拨款是不征税收入，转让不动产取得的收入是征税收入。国债利息收入和在中国境内设立机构、场所的非居民企业从居民企业取得与该机构、场所有实际联系的股息、红利等权益性投资收益是免税收入。

三、税前扣除项目

企业实际发生的与取得收入有关的、合理的支出，包括成本、费用、税金、损失和其他支出，准予在计算应纳税所得额时扣除。

有关的支出，是指与取得收入直接相关的支出。合理的支出，是指符合生产经营活动常规，应当计入当期损益或者有关资产成本的必要和正常的支出。

企业发生的支出应当区分收益性支出和资本性支出。收益性支出在发生当期直接扣除；资本性支出应当分期扣除或者计入有关资产成本，不得在发生当期直接扣除。除另有规定外，企业实际发生的成本、费用、税金、损失和其他支出，不得重复扣除。

（一）扣除范围

1. 成本。成本，是指企业在生产经营活动中发生的销售成本、销货成本、业务支出以及其他耗费。

2. 费用。费用，是指企业在生产经营活动中发生的销售费用、管理费用和财务费用，已经计入成本的有关费用除外。

3. 税金。税金，是指企业发生的除企业所得税和允许抵扣的增值税以外的各项税金及其附加，即纳税人按规定缴纳的消费税、关税、城市维护建设税、资源税、土地增值税、教育费附加等产品销售税金及附加，以及房产税、车船税、城镇土地使用税、印花税等。企业缴纳的增值税属于价外税，故不在扣除范围之内。

【例5-3】根据企业所得税法律制度的规定，在企业缴纳的下列税金中，可以在计算应纳税所得额时扣除的有（　　）。

A. 房产税　　　　B. 增值税　　　　C. 土地增值税　　　　D. 印花税

解析： 答案为ACD。增值税是价外税，不在企业所得税扣除范围之内。

4. 损失。损失，是指企业在生产经营活动中发生的固定资产和存货的盘亏、毁损、报废损失，转让财产损失，呆账损失，坏账损失，自然灾害等不可抗力因素造成的损失以及其他损失。

企业发生的损失，减除责任人赔偿和保险赔款后的余额，依照国务院财政、税务主管部门的规定扣除。

企业已经作为损失处理的资产，在以后纳税年度又全部收回或者部分收回时，应当计入当

期收入。

5. 其他支出。其他支出，是指除成本、费用、税金、损失外，企业在生产经营活动中发生的与生产经营活动有关的、合理的支出。

> 寻法溯源

（二）扣除标准

1. 工资薪金。工资薪金，是指企业每一纳税年度支付给在本企业任职或者受雇的员工的所有现金形式或者非现金形式的劳动报酬，包括基本工资、奖金、津贴、补贴、年终加薪、加班工资，以及与员工任职或者受雇有关的其他支出。

> 微课 5-4　确定应纳税所得额的一般原则

（1）企业发生的合理的工资薪金支出，准予扣除。合理工资薪金是指企业按照股东大会、董事会、薪酬委员会或相关管理机构制定的工资薪金制度规定实际发放给员工的工资薪金。税务机关在对工资薪金进行合理性确认时，可按以下原则：①企业制订了较为规范的员工工资薪金制度；②企业所制订的工资薪金制度符合行业及地区水平；③企业在一定时期所发放的工资薪金是相对固定的，工资薪金的调整是有序进行的；④企业对实际发放的工资薪金，已依法履行了代扣代缴个人所得税义务；⑤有关工资薪金的安排，不以减少或逃避税款为目的。

（2）企业在年度汇算清缴结束前向员工实际支付。企业年度汇算清缴结束前支付汇缴年度工资薪金税前扣除问题，企业在年度汇算清缴结束前向员工实际支付的已预提汇缴年度工资薪金，准予在汇缴年度按规定扣除。

企业安置残疾人员的，在按照支付给残疾职工工资据实扣除的基础上，按照支付给残疾职工工资的100%加计扣除。残疾人员的范围适用《中华人民共和国残疾人保障法》的有关规定。

2. 职工福利费、工会经费、职工教育经费。

（1）企业发生的职工福利费支出，不超过工资薪金总额14%的部分，准予扣除。

（2）企业拨缴的工会经费，不超过工资薪金总额2%的部分，准予扣除。

（3）除国务院财政、税务主管部门另有规定外，企业发生的职工教育经费支出，自2018年1月1日起不超过工资薪金总额8%的部分，准予扣除；超过部分，准予在以后纳税年度结转扣除。

【例5-4】甲机械厂，增值税一般纳税人，2023年支付给职工的工资薪金的合理支出为2400万元，实际发生的职工福利费为351万元，职工教育经费为180万元。试计算准予税前扣除的职工福利费和职工教育经费。

解析： 职工福利费的扣除限额 = 2400×14% = 336万元，实际发生的职工福利费351万元大于扣除限额336万元，因此，按限额336万元进行税前扣除。

职工教育经费的扣除限额 = 2400×8% = 192万元，大于实际发生的职工教育经费180万元，因此，实行发生额180万元可全额扣除。

> 寻法溯源

3. 保险费。

（1）企业依照国务院有关主管部门或者省级人民政府规定的范围和标准为职工缴纳的基本养老保险费、基本医疗保险费、失业保险费、工伤保险费、生育保险费等基本社会保险费和住房公积金，准予扣除。

> 微课 5-5　三项经费早知晓

（2）企业为投资者或者职工支付的补充养老保险费、补充医疗保险费，在国务院财政、税务主管部门规定的范围和标准内，准予扣除。

（3）企业依照国家有关规定为特殊工种职工支付的人身安全保险费和国务院财政、税务主管部门规定可以扣除商业保险费准予扣除；除此以外，企业为投资者或者职工支付的商业保险费，不得扣除。

（4）企业参加财产保险，按照规定缴纳的保险费，准予扣除。

企业职工因公出差乘坐交通工具发生的人身意外保险费支出，准予企业在计算应纳税所得额时扣除。

4. 利息支出。企业在生产经营活动中发生的下列利息支出，按以下规定扣除：

（1）非金融企业向金融企业借款的利息支出、金融企业的各项存款利息支出和同业拆借利息支出、企业经批准发行债券的利息支出。

（2）非金融企业向非金融企业借款的利息支出，不超过按照金融企业同期同类贷款利率计算的数额的部分。

（3）企业实际支付给关联方的利息支出，不超过以下规定比例（见①）和税法及其实施条例有关规定计算的部分，准予扣除，超过的部分不得在发生当期和以后年度扣除。①企业实际支付给关联方的利息支出，除符合②规定外，其接受关联方债权性投资与其权益性投资比例为：金融企业为5∶1，其他企业为2∶1。②企业如果能够按照税法及其实施条例的有关规定提供相关资料，并证明相关交易活动符合独立交易原则的；或者该企业的实际税负不高于境内关联方的，其实际支付给境内关联方的利息支出，在计算应纳税所得额时准予扣除。

（4）企业向自然人借款的利息支出的扣除。①企业向股东或其他与企业有关联关系的自然人借款的利息支出，应根据《企业所得税法》第46条及《财政部、国家税务总局关于企业关联方利息支出税前扣除标准有关税收政策问题的通知》规定的条件，计算企业所得税扣除额。②企业向股东或其他与企业有关联关系的自然人以外的内部职工或其他人员借款的利息支出，在不超过按照金融企业同期同类贷款利率计算的数额的部分准予扣除，且借款情况需同时符合两个条件。

条件一：企业与个人之间的借贷是真实、合法、有效的，并且不具有非法集资目的或其他违反法律、法规的行为。

条件二：企业与个人之间签订了借款合同。

【例5-5】甲公司2023年度"财务费用"账户中的利息支出，含有于2023年1月1日以年利率6%向银行借入的10个月期的500万元流动资金的借款利息，也包括向本企业职工借入的高于银行10个月期贷款利率的300万元流动资金的借款利息（年利率为8%）。该公司2023年度可在计算应纳税所得额时扣除的利息费用为多少万元。

解析： 企业向银行借入借款利息为500×6%×10÷12＝25万元，企业向本企业职工借入的借款利息支出，不超过按照金融企业同期同类贷款利率计算的数额的部分，可以在计算应纳税所得额时扣除，该部分扣除的利息＝300×6%×10÷12＝15万元。

该公司2023年度在计算应纳税所得额时扣除的利息费用＝25+15＝40万元

5. 借款费用。

（1）企业在生产经营活动中发生的合理的不需要资本化的借款费用，准予扣除。

（2）企业为购置、建造固定资产、无形资产和经过12个月以上的建造才能达到预定可销售状态的存货发生借款的，在有关资产购置、建造期间发生的合理的借款费用，应当作为资本性支出计入有关资产的成本，并依照本条例的规定扣除。

6. 汇兑损失。企业在货币交易中，以及纳税年度终了时将人民币以外的货币性资产、负债按照期末即期人民币汇率中间价折算为人民币时产生的汇兑损失，除已经计入有关资产成本以及与向所有者进行利润分配相关的部分外，准予扣除。

7. 业务招待费。

（1）企业发生的与生产经营活动有关的业务招待费支出，按照发生额的60%扣除，但最高不得超过当年销售（营业）收入的5‰。

（2）对从事股权投资业务的企业（包括集团公司总部、创业投资企业等），其从被投资企业所分配的股息、红利以及股权转让收入，可以按规定的比例计算业务招待费扣除限额。

（3）企业在筹建期间发生的与筹办活动有关的业务招待费支出，可按实际发生额的60%计入企业筹办费，并按有关规定在税前扣除。

【例5-6】 甲公司2023年度实际发生的与经营活动有关的业务招待费为96万元，甲公司2023年度取得的不含税销售收入为6200万元。请问该公司2023年准予税前扣除的业务招待费的金额是多少？

解析：

业务招待费发生额的60%＝96×60%＝57.6万元

业务招待费销售收入的5‰＝6200×5‰＝31万元

因此，税前准予扣除的业务招待费为31万元。

8. 广告费和业务宣传费。

（1）企业发生的符合条件的广告费和业务宣传费支出，除国务院财政、税务主管部门另有规定外，不超过当年销售（营业）收入15%的部分，准予扣除；超过部分，准予在以后纳税年度结转扣除。

（2）对化妆品制造或销售、医药制造和饮料制造（不含酒类制造）企业发生的广告费和业务宣传费支出，不超过当年销售（营业）收入30%的部分，准予扣除；超过部分，准予在以后纳税年度结转扣除。

（3）对签订广告费和业务宣传费分摊协议（以下简称分摊协议）的关联企业，其中一方发生的不超过当年销售（营业）收入税前扣除限额比例内的广告费和业务宣传费支出可以在本企业扣除，也可以将其中的部分或全部按照分摊协议归集至另一方扣除。另一方在计算本企业广告费和业务宣传费支出企业所得税税前扣除限额时，可将按照上述办法归集至本企业的广告费和业务宣传费不计算在内。

（4）烟草企业的烟草广告费和业务宣传费支出，一律不得在计算应纳税所得额时扣除。

（5）企业在筹建期间发生的广告费和业务宣传费按实际发生额，计入开办费，企业可以选择在开始生产经营之日的当年一次性扣除，也可以选择分期摊销。选择分期摊销的，摊销年限不得低于3年。

【例5-7】 甲公司2023年度取得的不含税销售收入为5100万元，实际发生的广告费和业务宣传费实际支出为720万元。上年结转广告费和业务宣传费25万元。请问该公司准予税前扣除的广告费和业务宣传费是多少万元？

解析： 扣除限额＝5100×15%＝765万元

广告费和业务宣传费当年实际支出加上年结转支出合计＝720+25＝745万元

该公司广告费和业务宣传费当年实际支出加上年结转支出共计745万元，低于扣除限额765万元，因此可全额在税前扣除。

微课 5-6　广宣
费税前扣除
规定一点通

> 寻法溯源

9. 环境保护、生态恢复等专项资金。企业依照法律、行政法规有关规定提取的用于环境保护、生态恢复等方面的专项资金，准予扣除。上述专项资金提取后改变用途的，不得扣除。

10. 租赁费。企业根据生产经营活动的需要租入固定资产支付的租赁费，按照以下方法扣除：

（1）以经营租赁方式租入固定资产发生的租赁费支出，按照租赁期限均匀扣除。

（2）以融资租赁方式租入固定资产发生的租赁费支出，按照规定构成融资租入固定资产价值的部分应当提取折旧费用，分期扣除。

11. 劳动保护支出。企业发生的合理的劳动保护支出，准予扣除。

12. 公益性捐赠支出。公益性捐赠，是指企业通过公益性社会组织或者县级以上人民政府及其部门，用于符合法律规定的慈善活动、公益事业的捐赠。

企业发生的公益性捐赠支出，在年度利润总额 12% 以内的部分，准予在计算应纳税所得额时扣除；超过年度利润总额 12% 的部分，准予结转以后 3 年内在计算应纳税所得额时扣除。企业当年发生以及以前年度结转的公益性捐赠支出，不超过年度利润总额 12% 的部分，准予扣除。

年度利润总额，是指企业依照国家统一会计制度的规定计算的年度会计利润。企业在对公益性捐赠支出计算扣除时，应先扣除以前年度结转的捐赠支出，再扣除当年发生的捐赠支出。

具体规定如下：

（1）企业通过公益性社会组织进行公益慈善事业捐赠的，该公益性社会组织要依法设立或登记并按规定条件和程序取得公益性捐赠税前扣除资格。

（2）用于符合法律规定的慈善活动、公益事业的捐赠，应当符合《中华人民共和国公益事业捐赠法》对公益事业范围的规定或者《中华人民共和国慈善法》对慈善活动范围的规定。

（3）公益性社会组织、县级以上人民政府及其部门等国家机关在接受捐赠时，应当按照行政管理级次分别使用由财政部或省、自治区、直辖市财政部门监（印）制的公益事业捐赠票据，并加盖本单位的印章。企业将符合条件的公益性捐赠支出进行税前扣除，应当留存相关票据备查。

【例 5-8】根据企业所得税法律制度的规定，在计算企业应纳税所得额时，除国务院财政、税务主管部门另有规定外，有关费用支出不超过规定比例限额的准予扣除，超过部分准予在以后纳税年度结转扣除。下列各项中，属于该有关费用的是（　　）。

A. 工会经费　　　　　　　　　　B. 公益性捐赠支出

C. 职工教育经费　　　　　　　　D. 广告费和业务宣传费

解析：BCD。企业发生的职工福利费支出，不超过工资薪金总额 14% 的部分，准予扣除。超过部分不得税前扣除。

【例 5-9】甲公司是增值税一般纳税人，2023 年实现利润总额 796 万元，通过救灾委员会向灾区捐赠 20 万元，记入"营业外支出"账户，直接向农村学校的捐赠 50 万元，也在"营业外支出"账户列支。请确定该公司在计算企业所得税时的捐赠扣除额和应纳所得税额。

解析：

利润总额 = 796 万元

该公司在计算企业所得税时捐赠额扣除额 = 796×12% = 95.52 万元

通过救灾委员会向灾区捐赠 20 万元，在限额内，可以全额扣除。直接向农村学校的捐赠 50

万元不可税前扣除，因此应调增应纳税所得额 50 万元

应纳税所得额 = 796+50 = 846 万元

该公司在计算企业所得税时应纳所得税额 = 846×25% = 211.5 万元

13. 有关资产费用。企业转让各类资产发生的费用，允许扣除。企业按规定计算的固定资产折旧费、无形资产和长期待摊费用的摊销费，准予扣除。

14. 总机构分摊的费用。非居民企业在中国境内设立的机构、场所，就其中国境外总机构发生的与该机构、场所生产经营有关的费用，能够提供总机构出具的费用汇集范围、定额、分配依据和方法等证明文件，并合理分摊的，准予扣除。

15. 资产损失。准予在企业所得税税前扣除的资产损失，是指企业在实际处置、转让资产过程中发生的合理损失，以及企业虽未实际处置、转让资产，但符合《财政部、国家税务总局关于企业资产损失税前扣除政策的通知》和《企业资产损失所得税税前扣除管理办法》（部分失效）规定条件计算确认的损失。资产是指企业拥有或者控制的、用于经营管理活动相关的资产，包括现金、银行存款、应收及预付款项（包括应收票据、各类垫款、企业之间往来款项）等货币性资产，存货、固定资产、无形资产、在建工程、生产性生物资产等非货币性资产，以及债权性投资和股权（权益）性投资。

企业向税务机关申报扣除资产损失仅需填报企业所得税年度申报表《资产损失税前扣除及纳税调整明细表》，不再报送资产损失相关资料，相关资料由企业留存备查。

16. 其他支出。其他支出是指除成本、费用、税金、损失外，企业在生产经营活动中发生的与生产经营活动有关的、合理的支出，如合理的会议费、差旅费、违约金、诉讼费用等。

（三）税前扣除凭证

税前扣除凭证，是指企业在计算企业所得税应纳税所得额时，证明与取得收入有关的、合理的支出实际发生，并据以税前扣除的各类凭证。企业发生支出，应取得税前扣除凭证，作为计算企业所得税应纳税所得额时扣除相关支出的依据。企业应在当年度《企业所得税法》规定的汇算清缴期结束前取得税前扣除凭证。

1. 税前扣除凭证在管理中遵循真实性、合法性、关联性原则。真实性是指税前扣除凭证反映的经济业务真实，且支出已经实际发生；合法性是指税前扣除凭证的形式、来源符合国家法律、法规等相关规定；关联性是指税前扣除凭证与其反映的支出相关联且有证明力。

2. 税前扣除凭证按照来源分为内部凭证和外部凭证。内部凭证是指企业自制用于成本、费用、损失和其他支出核算的会计原始凭证。内部凭证的填制和使用应当符合国家会计法律、法规等相关规定。

外部凭证是指企业发生经营活动和其他事项时，从其他单位、个人取得的用于证明其支出发生的凭证，包括但不限于发票（包括纸质发票和电子发票）、财政票据、完税凭证、收款凭证、分割单等。

3. 境内支出项目的税前扣除凭证。企业在境内发生的支出项目属于增值税应税项目的，对方为已办理税务登记的增值税纳税人，其支出以发票（包括按照规定由税务机关代开的发票）作为税前扣除凭证；对方为依法无需办理税务登记的单位或者从事小额零星经营业务的个人，其支出以税务机关代开的发票或者收款凭证及内部凭证作为税前扣除凭证，收款凭证应载明收款单位名称、个人姓名及身份证号、支出项目、收款金额等相关信息。

小额零星经营业务的判断标准是个人从事增值税应税项目经营业务的销售额不超过增值税相关政策规定的起征点。

税务总局对应税项目开具发票另有规定的，以规定的发票或者票据作为税前扣除凭证。

　　企业在境内发生的支出项目不属于增值税应税项目的，对方为单位的，以对方开具的发票以外的其他外部凭证作为税前扣除凭证；对方为个人的，以内部凭证作为税前扣除凭证。

　　4. 境外支出项目的税前扣除凭证。企业从境外购进货物或者劳务发生的支出，以对方开具的发票或者具有发票性质的收款凭证、相关税费缴纳凭证作为税前扣除凭证。

　　5. 不得作为税前扣除凭证的规定。企业取得私自印制、伪造、变造、作废、开票方非法取得、虚开、填写不规范等不符合规定的发票（以下简称不合规发票），以及取得不符合国家法律、法规等相关规定的其他外部凭证（以下简称不合规其他外部凭证），不得作为税前扣除凭证。

　　企业应当取得而未取得发票、其他外部凭证或者取得不合规发票、不合规其他外部凭证的，若支出真实且已实际发生，应当在当年度汇算清缴期结束前，要求对方补开、换开发票、其他外部凭证。补开、换开后的发票、其他外部凭证符合规定的，可以作为税前扣除凭证。

四、不得税前扣除的项目

　　在计算应纳税所得额时，下列支出不得扣除：

　　1. 向投资者支付的股息、红利等权益性投资收益款项。

　　2. 企业所得税税款。

　　3. 税收滞纳金。

　　4. 罚金、罚款和被没收财物的损失。

　　5.《企业所得税法》第 9 条规定以外的捐赠支出。

　　6. 赞助支出。

　　7. 未经核定的准备金支出。

　　8. 与取得收入无关的其他支出。

　　【例 5-10】 根据企业所得税法律制度的规定，下列各项中，在计算企业应纳税所得额时不得扣除的项目有（　　）。

　　A. 税收滞纳金

　　B. 未经核定的准备金支出

　　C. 罚金、罚款和被没收财物的损失

　　D. 企业发生的合理的劳动保护支出

　　解析：ABC。企业发生的合理的劳动保护支出可以在税前扣除。

　　寻法溯源

微课 5-7　不得
在税前扣除的
支出

五、亏损弥补

　　亏损，是指企业依照《企业所得税法》和《企业所得税法实施条例》的规定将每一纳税年度的收入总额减除不征税收入、免税收入和各项扣除后小于零的数额。

（一）一般企业亏损弥补

　　企业纳税年度发生的亏损，准予向以后年度结转，用以后年度的所得弥补，但结转年限最长不得超过五年。企业在汇总计算缴纳企业所得税时，其境外营业机构的亏损不得抵减境内营业机构的盈利。

（二）高新技术企业和科技型中小企业亏损弥补

　　自 2018 年 1 月 1 日起，当年具备高新技术企业或科技型中小企业资格的企业，其具备资格年度之前 5 个年度发生的尚未弥补完的亏损，准予结转以后年度弥补，最长结转年限由 5 年延长至 10 年。

（三）受疫情影响较大的困难行业企业的 2020 年度亏损弥补

受疫情影响较大的困难行业企业 2020 年度发生的亏损，最长结转年限由 5 年延长至 8 年。困难行业企业，包括交通运输、餐饮、住宿、旅游（指旅行社及相关服务、游览景区管理两类）四大类，具体判断标准按照现行《国民经济行业分类》执行。困难行业企业 2020 年度主营业务收入须占收入总额（剔除不征税收入和投资收益）的 50% 以上。

任务三　资产的税务处理

◇ 任务引例

甲公司，本月购入一台电子设备，买价 680 000 元，增值税税额 88 400 元，支付运费 8200元，增值税税额 738 元，以上业务均取得了增值税专用发票，电子设备于当月投入使用。

◇ 任务要求

请问甲公司该电子设备的入账价值是多少？应于什么时候开始计提折旧？

◇ 税海探知

企业的各项资产，包括固定资产、生物资产、无形资产、长期待摊费用、投资资产、存货等，以历史成本为计税基础。历史成本，是指企业取得该项资产时实际发生的支出。企业持有各项资产期间资产增值或者减值，除国务院财政、税务主管部门规定可以确认损益外，不得调整该资产的计税基础。

企业取得资产发生的支出，不允许在计算应纳税所得额时一次性扣除，只能采取分次计提折旧或摊销的方式在税前扣除，即纳税人经营活动中使用的固定资产的折旧费用、无形资产和长期待摊费用的摊销费用可以在税前扣除。

一、固定资产的税务处理

固定资产，是指企业为生产产品、提供劳务、出租或者经营管理而持有的、使用时间超过12 个月的非货币性资产，包括房屋、建筑物、机器、机械、运输工具以及其他与生产经营活动有关的设备、器具、工具等。

（一）固定资产的计税基础

1. 外购的固定资产，以购买价款和支付的相关税费以及直接归属于使该资产达到预定用途发生的其他支出为计税基础。

2. 自行建造的固定资产，以竣工结算前发生的支出为计税基础。

3. 融资租入的固定资产，以租赁合同约定的付款总额和承租人在签订租赁合同过程中发生的相关费用为计税基础，租赁合同未约定付款总额的，以该资产的公允价值和承租人在签订租赁合同过程中发生的相关费用为计税基础。

4. 盘盈的固定资产，以同类固定资产的重置完全价值为计税基础。

5. 通过捐赠、投资、非货币性资产交换、债务重组等方式取得的固定资产，以该资产的公允价值和支付的相关税费为计税基础。

6. 改建的固定资产，除已足额提取折旧的固定资产和租入的固定资产以外的其他固定资产，以改建过程中发生的改建支出增加计税基础。

（二）固定资产的折旧范围

在计算应纳税所得额时，企业按照规定计算的固定资产折旧，准予扣除。下列固定资产不得计算折旧扣除：

1. 房屋、建筑物以外未投入使用的固定资产。
2. 以经营租赁方式租入的固定资产。
3. 以融资租赁方式租出的固定资产。
4. 已足额提取折旧仍继续使用的固定资产。
5. 与经营活动无关的固定资产。
6. 单独估价作为固定资产入账的土地。
7. 其他不得计算折旧扣除的固定资产。

（三）固定资产的折旧方法

1. 固定资产按照直线法计算的折旧，准予扣除。
2. 企业应当自固定资产投入使用月份的次月起计算折旧，停止使用的固定资产，应当自停止使用月份的次月起停止计算折旧。
3. 企业应当根据固定资产的性质和使用情况，合理确定固定资产的预计净残值。固定资产的预计净残值一经确定，不得变更。

（四）固定资产的折旧年限

除国务院财政、税务主管部门另有规定外，固定资产计算折旧的最低年限如下：

1. 房屋、建筑物，为 20 年。
2. 机械和其他生产设备，为 10 年。
3. 与生产经营活动有关的器具、工具、家具等，为 5 年。
4. 飞机、火车、轮船以外的运输工具，为 4 年。
5. 电子设备，为 3 年。

从事开采石油、天然气等矿产资源的企业，在开始商业性生产前发生的费用和有关固定资产的折耗、折旧方法，由国务院财政、税务主管部门另行规定。

寻法溯源

二、生产性生物资产的税务处理

生产性生物资产，是指企业为生产农产品、提供劳务或者出租等而持有的生物资产，包括经济林、薪炭林、产畜和役畜等。

微课 5-8　固定资产折旧年限及折旧范围的税收规定

（一）生产性生物资产的计税基础

生产性生物资产按照以下方法确定计税基础：

1. 外购的生产性生物资产，以购买价款和支付的相关税费为计税基础。
2. 通过捐赠、投资、非货币性资产交换、债务重组等方式取得的生产性生物资产，以该资产的公允价值和支付的相关税费为计税基础。

（二）生产性生物资产的折旧方法

生产性生物资产按照直线法计算的折旧，准予扣除。

1. 企业应当自生产性生物资产投入使用月份的次月起计算折旧，停止使用的生产性生物资产，应当自停止使用月份的次月起停止计算折旧。
2. 企业应当根据生产性生物资产的性质和使用情况，合理确定生产性生物资产的预计净残

值。生产性生物资产的预计净残值一经确定，不得变更。

（三）生产性生物资产的折旧年限

生产性生物资产计算折旧的最低年限如下：

1. 林木类生产性生物资产，为 10 年。

2. 畜类生产性生物资产，为 3 年。

三、无形资产的税务处理

无形资产，是指企业为生产产品、提供劳务、出租或者经营管理而持有的、没有实物形态的非货币性长期资产，包括专利权、商标权、著作权、土地使用权、非专利技术、商誉等。

（一）无形资产的计税基础

无形资产按照以下方法确定计税基础：

1. 外购的无形资产，以购买价款和支付的相关税费以及直接归属于使该资产达到预定用途发生的其他支出为计税基础。

2. 自行开发的无形资产，以开发过程中该资产符合资本化条件后至达到预定用途前发生的支出为计税基础。

3. 通过捐赠、投资、非货币性资产交换、债务重组等方式取得的无形资产，以该资产的公允价值和支付的相关税费为计税基础。

（二）无形资产的摊销范围

在计算应纳税所得额时，企业按照规定计算的无形资产摊销费用，准予扣除。

下列无形资产不得计算摊销费用扣除：

1. 自行开发的支出已在计算应纳税所得额时扣除的无形资产。

2. 自创商誉。

3. 与经营活动无关的无形资产。

4. 其他不得计算摊销费用扣除的无形资产。

（三）无形资产的摊销方法及年限

无形资产按照直线法计算的摊销费用，准予扣除。无形资产的摊销年限不得低于 10 年。作为投资或者受让的无形资产，有关法律规定或者合同约定了使用年限的，可以按照规定或者约定的使用年限分期摊销。外购商誉的支出，在企业整体转让或者清算时，准予扣除。

四、长期待摊费用的税务处理

在计算应纳税所得额时，企业发生的下列支出作为长期待摊费用，按照规定摊销的，准予扣除：

1. 已足额提取折旧的固定资产的改建支出。

2. 租入固定资产的改建支出。

3. 固定资产的大修理支出。

4. 其他应当作为长期待摊费用的支出。

固定资产的改建支出，是指改变房屋或者建筑物结构、延长使用年限等发生的支出。已足额提取折旧的固定资产的改建支出，按照固定资产预计尚可使用年限分期摊销；租入固定资产的改建支出，按照合同约定的剩余租赁期限分期摊销。

固定资产的大修理支出按照固定资产尚可使用年限分期摊销。固定资产的大修理支出，是指同时符合下列条件的支出：

（1）修理支出达到取得固定资产时的计税基础 50% 以上。

（2）修理后固定资产的使用年限延长2年以上。

其他应当作为长期待摊费用的支出，自支出发生月份的次月起，分期摊销，摊销年限不得低于3年。

五、投资资产的税务处理

投资资产，是指企业对外进行权益性投资和债权性投资形成的资产。企业对外投资期间，投资资产的成本在计算应纳税所得额时不得扣除。企业在转让或者处置投资资产时，投资资产的成本，准予扣除。

（一）投资资产的成本确定

投资资产按照以下方法确定成本：

1. 通过支付现金方式取得的投资资产，以购买价款为成本。

2. 通过支付现金以外的方式取得的投资资产，以该资产的公允价值和支付的相关税费为成本。

（二）撤回或减少投资的税务处理

投资企业从被投资企业撤回或减少投资，其取得的资产中，相当于初始出资的部分，应确认为投资收回；相当于被投资企业累计未分配利润和累计盈余公积按减少实收资本比例计算的部分，应确认为股息所得；其余部分确认为投资资产转让所得。被投资企业发生的经营亏损，由被投资企业按规定结转弥补；投资企业不得调整减低其投资成本，也不得将其确认为投资损失。

六、存货的税务处理

存货，是指企业持有以备出售的产品或者商品、处在生产过程中的在产品、在生产或者提供劳务过程中耗用的材料和物料等。企业使用或者销售存货，按照规定计算的存货成本，准予在计算应纳税所得额时扣除。

（一）存货的计税基础

存货按照以下方法确定成本：

1. 通过支付现金方式取得的存货，以购买价款和支付的相关税费为成本。

2. 通过支付现金以外的方式取得的存货，以该存货的公允价值和支付的相关税费为成本。

3. 生产性生物资产收获的农产品，以产出或者采收过程中发生的材料费、人工费和分摊的间接费用等必要支出为成本。

（二）存货的成本计算方法

企业使用或者销售的存货的成本计算方法，可以在先进先出法、加权平均法、个别计价法中选用一种。计价方法一经选用，不得随意变更。

七、文物、艺术品资产的税务处理

企业购买的文物、艺术品用于收藏、展示、保值增值的，作为投资资产进行税务处理。文物、艺术品资产在持有期间，计提的折旧、摊销费用，不得税前扣除。

企业转让资产，该项资产的净值，准予在计算应纳税所得额时扣除。资产的净值和财产净值，是指有关资产、财产的计税基础减除已经按照规定扣除的折旧、折耗、摊销、准备金等后的余额。除国务院财政、税务主管部门另有规定外，企业在重组过程中，应当在交易发生时确认有关资产的转让所得或者损失，相关资产应当按照交易价格重新确定计税基础。

任务四　企业所得税税收优惠

◇ 任务引例

甲药业有限责任公司，2023 年经营业务如下：销售药品取得收入 6300 万元（含国债利息收入 156 万元），销售成本 37 200 万元，发生销售费用 1120 万元（其中广告费 900 万元），管理费用 360 万元（含业务招待费 45 万元），财务费用 36 万元，税金及附加 78 万元，营业外收入 150 万元，营业外支出 120 万元（含通过公益性社会团体向贫困山区捐款 60 万元），计入成本、费用中的实发工资总额 453 万元，拨缴职工工会经费 7 万元，发生职工福利费支出 62 万元，职工教育经费 29 万元，当年购置环保专用设备 160 万元，当即投入使用。

◇ 任务要求

1. 请问该公司可以享受到哪些税收优惠政策？
2. 请计算该公司的应纳税所得额。

◇ 税海探知

税收优惠，是指国家对某一部分特定企业和征税对象给予减轻或免除税收负担的一种措施。税法规定的企业所得税的税收优惠方式包括免税、减税、加计扣除、加速折旧、减计收入、税额抵免等。

一、所得免征、减征优惠

企业有从事农、林、牧、渔业项目、国家重点扶持的公共基础设施项目投资经营、符合条件的环境保护、节能节水项目、符合条件的技术转让所得可以免征、减征企业所得税。

（一）企业从事农、林、牧、渔业项目的所得

1. 企业从事下列项目的所得，免征企业所得税：

（1）蔬菜、谷物、薯类、油料、豆类、棉花、麻类、糖料、水果、坚果的种植。

（2）农作物新品种的选育。

（3）中药材的种植。

（4）林木的培育和种植。

（5）牲畜、家禽的饲养。

（6）林产品的采集。

（7）灌溉、农产品初加工、兽医、农技推广、农机作业和维修等农、林、牧、渔服务业项目。

（8）远洋捕捞。

2. 企业从事下列项目的所得，减半征收企业所得税：

（1）花卉、茶以及其他饮料作物和香料作物的种植。

（2）海水养殖、内陆养殖。

企业从事国家限制和禁止发展的项目，不得享受上述规定的企业所得税优惠。

【例 5-11】下列项目中，（　　）免征企业所得税。

A. 香料作物的种植　　　　　　　　B. 坚果的种植

C. 海水养殖、内陆养殖　　　　　　D. 中药材的种植

解析：BD。企业从事坚果的种植、中药材的种植取得的所得，免征企业所得税。企业从事香料作物的种植、海水养殖、内陆养殖取得的所得，减半征收企业所得税。

（二）从事国家重点扶持的公共基础设施项目投资经营的所得

国家重点扶持的公共基础设施项目，是指《公共基础设施项目企业所得税优惠目录》规定的港口码头、机场、铁路、公路、城市公共交通、电力、水利等项目。

微课 5-9　哪些所得免征、减征企业所得税？

1. 企业从事国家重点扶持的公共基础设施项目的投资经营的所得，自项目取得第一笔生产经营收入所属纳税年度起，第 1 年至第 3 年免征企业所得税，第 4 年至第 6 年减半征收企业所得税。

2. 企业承包经营、承包建设和内部自建自用上述项目，不得享受企业所得税优惠。

3. 依照规定享受减免税优惠的项目，在减免税期限内转让的，受让方自受让之日起，可以在剩余期限内享受规定的减免税优惠；减免税期限届满后转让的，受让方不得就该项目重复享受减免税优惠。

（三）从事符合条件的环境保护、节能节水项目的所得

符合条件的环境保护、节能节水项目，包括公共污水处理、公共垃圾处理、沼气综合开发利用、节能减排技术改造、海水淡化等。项目的具体条件和范围由国务院财政、税务主管部门商国务院有关部门制定，报国务院批准后公布施行。

1. 企业从事符合条件的环境保护、节能节水项目的所得，自项目取得第一笔生产经营收入所属纳税年度起，第 1 年至第 3 年免征企业所得税，第 4 年至第 6 年减半征收企业所得税。

2. 依照规定享受减免税优惠的项目，在减免税期限内转让的，受让方自受让之日起，可以在剩余期限内享受规定的减免税优惠；减免税期限届满后转让的，受让方不得就该项目重复享受减免税优惠。

（四）符合条件的技术转让所得

符合条件的技术转让所得免征、减征企业所得税，是指一个纳税年度内，居民企业技术转让所得不超过 500 万元的部分，免征企业所得税；超过 500 万元的部分，减半征收企业所得税。

1. 技术转让的范围。技术转让包括居民企业转让专利技术、计算机软件著作权、集成电路布图设计权、植物新品种、生物医药新品种，以及财政部和国家税务总局确定的其他技术。其中：专利技术，是指法律授予独占权的发明、实用新型和非简单改变产品图案的外观设计。技术转让，是指居民企业转让其拥有上述规定技术的所有权或 5 年以上（含 5 年）全球独占许可使用权的行为。

2. 技术转让应签订技术转让合同。境内的技术转让须经省级以上（含省级）科技部门认定登记，跨境的技术转让须经省级以上（含省级）商务部门认定登记，涉及财政经费支持产生技术的转让，需省级以上（含省级）科技部门审批。

3. 享受减免企业所得税优惠的技术转让应符合的条件。

（1）享受优惠的技术转让主体是《企业所得税法》规定的居民企业。

（2）技术转让属于财政部、国家税务总局规定的范围。

（3）境内技术转让经省级以上科技部门认定。

（4）向境外转让技术经省级以上商务部门认定。

（5）国务院税务主管部门规定的其他条件。

4. 符合条件的技术转让所得计算方法：

$$技术转让所得 = 技术转让收入 - 技术转让成本 - 相关税费$$

（1）技术转让收入是指当事人履行技术转让合同后获得的价款，不包括销售或转让设备、仪器、零部件、原材料等非技术性收入。不属于与技术转让项目密不可分的技术咨询、技术服务、技术培训等收入，不得计入技术转让收入。

（2）技术转让成本是指转让的无形资产的净值，即该无形资产的计税基础减除在资产使用期间按照规定计算的摊销扣除额后的余额。

（3）相关税费是指技术转让过程中实际发生的有关税费，包括除企业所得税和允许抵扣的增值税以外的各项税金及其附加、合同签订费用、律师费等相关费用及其他支出。

享受技术转让所得减免企业所得税优惠的企业，应单独计算技术转让所得，并合理分摊企业的期间费用；没有单独计算的，不得享受技术转让所得减免企业所得税优惠。

【例 5-12】 甲公司是一家居民企业，2024 年转让技术取得收入 1100 万元，相关成本费用 350 万元，转让过程中发生税金 73.92 万元，计算该公司技术转让所得应缴纳的企业所得税是多少？

解析： 符合条件的技术转让企业享受减税、免税优惠。

该公司技术转让所得应缴纳的企业所得税 =（1100-350-73.92-500）×25%×（1-50%）= 22.01 万元

二、高新技术企业优惠

高新技术企业，是指在国家重点支持的高新技术领域内，持续进行研究开发与技术成果转化，形成企业核心自主知识产权，并以此为基础开展经营活动，在中国境内注册的居民企业。

1. 国家需要重点扶持的高新技术企业，减按 15% 的税率征收企业所得税。

2. 认定为高新技术企业须同时满足的条件：

（1）企业申请认定时须注册成立一年以上。

（2）企业通过自主研发，受让，受赠、并购等方式，获得对其主要产品（服务）在技术上发挥核心支持作用的知识产权的所有权。

（3）对企业主要产品（服务）发挥核心支持作用的技术属于《国家重点支持的高新技术领域》规定的范围。

（4）企业从事研发和相关技术创新活动的科技人员占企业当年职工总数的比例不低于 10%。

（5）企业近三个会计年度（实际经营期不满三年的按实际经营时间计算，下同）的研究开发费用总额占同期销售收入总额的比例符合如下要求：①最近一年销售收入小于 5000 万元（含 5000 万元）的企业，比例不低于 5%；②最近一年销售收入在 5000 万元至 2 亿元（含 2 亿元）的企业，比例不低于 4%；③最近一年销售收入在 2 亿元以上的企业，比例不低于 3%。其中，企业在中国境内发生的研究开发费用总额占全部研究开发费用总额的比例不低于 60%。

（6）近一年高新技术产品（服务）收入占企业同期总收入的比例不低于 60%。

（7）企业创新能力评价应达到相应要求。

（8）企业申请认定前一年内未发生重大安全、重大质量事故或严重环境违法行为。

三、技术先进型服务企业优惠

1. 自 2017 年 1 月 1 日起，在全国范围内对经认定的技术先进型服务企业，减按 15% 税率征收企业所得税。

2. 技术先进型服务企业必须同时符合以下条件：

（1）在中国境内（不包括港、澳、台地区）注册的法人企业。

（2）从事《技术先进型服务业务认定范围（试行）》中的一种或多种技术先进型服务业

务，采用先进技术或具备较强的研发能力。

（3）具有大专以上学历的员工占企业职工总数的 50% 以上。

（4）从事《技术先进型服务业务认定范围（试行）》中的技术先进型服务业务取得的收入占企业当年总收入的 50% 以上。

（5）从事离岸服务外包业务取得的收入不低于企业当年总收入的 35%。

四、小型微利企业优惠

小型微利企业，是指从事国家非限制和禁止行业，且同时符合年度应纳税所得额不超过 300 万元、从业人数不超过 300 人、资产总额不超过 5000 万元等三个条件的企业。

1. 对小型微利企业减按 25% 计算应纳税所得额，按 20% 的税率缴纳企业所得税政策，延续执行至 2027 年 12 月 31 日。

2. 从业人数和资产总额指标计算

从业人数和资产总额指标，应按企业全年的季度平均值确定。具体计算公式如下：

$$季度平均值 = （季初值 + 季末值）÷ 2$$
$$全年季度平均值 = 全年各季度平均值之和 ÷ 4$$

年度中间开业或者终止经营活动的，以其实际经营期作为一个纳税年度确定上述相关指标。

小型微利企业的判定以企业所得税年度汇算清缴结果为准。

◇ 思政园地

税务总局推出 12 条新举措，助力小微企业发展

为了支持小微企业发展，壮大民营经济，税务总局再出新的服务举措。

近日，国家税务总局办公厅、中华全国工商业联合会办公厅联合发布《2024 年助力小微经营主体发展"春雨润苗"专项行动方案》（以下简称《方案》），在延续并深化以往三年"春雨润苗"行动 10 大类系列活动 36 项服务措施基础上，2024 年重点推出 12 项服务措施，核心内容是提高小微经营主体办税效率，压缩办税成本，解决"急难愁盼"问题，以推动优化民营经济发展环境。

根据税务总局数据，去年中国新办涉税经营主体达到 1687.6 万户，同比增长 28.3%。这些首次到税务部门办理税种认定、发票领用、申报纳税等涉税事项的经营主体，不少是小微企业，帮助他们做好税费辅导"开业第一课"成为此次《方案》首条举措。

《方案》明确，面向新办主体，做好开业辅导。例如，紧紧把握新办户内在需求，按照课税主体类型、经营规模、所属行业类型、申报周期、税费种认定情况等信息进行分类，将新办户适用政策及解读、操作指引、风险提醒等内容打包推送，推动税费优惠政策、便利化办税缴费服务举措、提示提醒等信息快速直达。

为了满足小微经营主体税费业务"就近办、便捷办"需求，税务总局还提出要优化自助办税终端布局，探索利用集成式自助终端为小微经营主体提供"24 小时不打烊"服务。为小微经营主体提供优质高效的线上办理服务，提高全程网办效率。优化办税服务厅区域布局，辅导进厅小微经营主体快速办理税费事项，提高办理效率，压缩办税成本等。

（陈益刊：《税务总局推出 12 条新举措，助力小微企业发展》，载 https://www.yicai.com/news/102141962.html，最后访问日期：2025 年 3 月 19 日。）

五、加计扣除优惠

加计扣除是指对企业支出在按规定给予据实税前扣除的基础上再给予一定比例追加扣除。

目前加计扣除优惠包括以下内容。

（一）一般企业研发费用加计扣除

企业开展研发活动中实际发生的研发费用，未形成无形资产计入当期损益的，在按规定据实扣除的基础上，自 2023 年 1 月 1 日起，再按照实际发生额的 100% 在税前加计扣除；形成无形资产的，自 2023 年 1 月 1 日起，按照无形资产成本的 200% 在税前摊销。研发活动，是指企业为获得科学与技术新知识，创造性运用科学技术新知识，或实质性改进技术、产品（服务）、工艺而持续进行的具有明确目标的系统性活动。

1. 研发费用归集范围。

（1）人员人工费用。直接从事研发活动人员的工资薪金、基本养老保险费、基本医疗保险费、失业保险费、工伤保险费、生育保险费和住房公积金，以及外聘研发人员的劳务费用。

（2）直接投入费用。①研发活动直接消耗的材料、燃料和动力费用。②用于中间试验和产品试制的模具、工艺装备开发及制造费，不构成固定资产的样品、样机及一般测试手段购置费，试制产品的检验费。③用于研发活动的仪器、设备的运行维护、调整、检验、维修等费用，以及通过经营租赁方式租入的用于研发活动的仪器、设备租赁费。

（3）折旧费用。用于研发活动的仪器、设备的折旧费。

（4）无形资产摊销。用于研发活动的软件、专利权、非专利技术（包括许可证、专有技术、设计和计算方法等）的摊销费用。

（5）新产品设计费、新工艺规程制定费、新药研制的临床试验费、勘探开发技术的现场试验费。

（6）其他相关费用。与研发活动直接相关的其他费用，如技术图书资料费、资料翻译费、专家咨询费、高新科技研发保险费，研发成果的检索、分析、评议、论证、鉴定、评审、评估、验收费用，知识产权的申请费、注册费、代理费，差旅费、会议费等。此项费用总额不得超过可加计扣除研发费用总额的 10%。

（7）财政部和国家税务总局规定的其他费用。

寻法溯源

2. 不适用税前加计扣除政策的行业。

（1）烟草制造业。

（2）住宿和餐饮业。

（3）批发和零售业。

（4）房地产业。

（5）租赁和商务服务业。

（6）娱乐业。

（7）财政部和国家税务总局规定的其他行业。

微课 5-10 研发费用加计扣除政策要点解析

【例 5-13】 下列项目中，（　　）不适用研发费加计扣除政策。

A. 批发和零售业　　B. 住宿和餐饮业　　C. 医药行业　　　　D. 房地产业

解析：ABD。不适用税前加计扣除政策的行业中没有医药行业。

3. 特别事项的处理。

（1）企业委托外部机构或个人进行研发活动所发生的费用，按照费用实际发生额的 80% 计入委托方研发费用并计算加计扣除，受托方不得再进行加计扣除。委托外部研究开发费用实际

发生额应按照独立交易原则确定。委托方与受托方存在关联关系的，受托方应向委托方提供研发项目费用支出明细情况。

（2）企业共同合作开发的项目，由合作各方就自身实际承担的研发费用分别计算加计扣除。

（3）企业集团根据生产经营和科技开发的实际情况，对技术要求高、投资数额大，需要集中研发的项目，其实际发生的研发费用，可以按照权利和义务相一致、费用支出和收益分享相配比的原则，合理确定研发费用的分摊方法，在受益成员企业间进行分摊，由相关成员企业分别计算加计扣除。

（4）企业为获得创新性、创意性、突破性的产品进行创意设计活动而发生的相关费用，可按照规定进行税前加计扣除。

创意设计活动是指多媒体软件、动漫游戏软件开发，数字动漫、游戏设计制作；房屋建筑工程设计（绿色建筑评价标准为三星）、风景园林工程专项设计；工业设计、多媒体设计、动漫及衍生产品设计、模型设计等。

（5）委托境外进行研发活动所发生的费用，按照费用实际发生额的80%计入委托方的委托境外研发费用。委托境外研发费用不超过境内符合条件的研发费用三分之二的部分，可以按规定在企业所得税前加计扣除。

（二）集成电路和工业母机企业研发费用加计扣除

集成电路企业是指国家鼓励的集成电路生产、设计、装备、材料、封装、测试企业。工业母机企业是指生产销售符合《先进工业母机产品基本标准》产品的企业，具体适用条件和企业清单由工业和信息化部会同国家发展改革委、财政部、国家税务总局等部门制定。

集成电路企业和工业母机企业开展研发活动中实际发生的研发费用，未形成无形资产计入当期损益的，在按规定据实扣除的基础上，在2023年1月1日至2027年12月31日期间，再按照实际发生额的120%在税前扣除；形成无形资产的，在上述期间按照无形资产成本的220%在税前摊销。

（三）安置残疾人员支付工资加计扣除

1. 企业安置残疾人员所支付的工资的加计扣除，是指企业安置残疾人员的，在按照支付给残疾职工工资据实扣除的基础上，按照支付给残疾职工工资的100%加计扣除。残疾人员的范围适用《中华人民共和国残疾人保障法》的有关规定。企业安置国家鼓励安置的其他就业人员所支付的工资的加计扣除办法，由国务院另行规定。

2. 企业享受安置残疾职工工资100%加计扣除应同时具备如下条件：

（1）依法与安置的每位残疾人签订了1年以上（含1年）的劳动合同或服务协议，并且安置的每位残疾人在企业实际上岗工作。

（2）为安置的每位残疾人按月足额缴纳了企业所在区县人民政府根据国家政策规定的基本养老保险、基本医疗保险、失业保险和工伤保险等社会保险。

（3）定期通过银行等金融机构向安置的每位残疾人实际支付了不低于企业所在区县适用的经省级人民政府批准的最低工资标准的工资。

（4）具备安置残疾人上岗工作的基本设施。

（四）企业投入基础研究加计扣除

1. 对企业出资给非营利性科学技术研究开发机构（以下简称非营利性科研机构）、高等学校和政府性自然科学基金用于基础研究的支出，在计算应纳税所得额时可按实际发生额在税前扣除，并可按100%在税前加计扣除。

对非营利性科研机构、高等学校接收企业、个人和其他组织机构基础研究资金收入，免征企业所得税。

2. 基础研究成果通常表现为新原理、新理论、新规律或新知识，并以论文、著作、研究报告等形式为主。同时，由于基础研究具有较强的探索性、存在失败的风险，论文、著作、研究报告等也可以体现为试错或证伪等成果。

上述基础研究既不包括在境外开展的研究，也不包括社会科学、艺术或人文学方面的研究。

六、创业投资企业优惠

创业投资企业从事国家需要重点扶持和鼓励的创业投资，可以按投资额的一定比例抵扣应纳税所得额。抵扣应纳税所得额，是指创业投资企业采取股权投资方式投资于未上市的中小高新技术企业 2 年以上的，可以按照其投资额的 70% 在股权持有满 2 年的当年抵扣该创业投资企业的应纳税所得额；当年不足抵扣的，可以在以后纳税年度结转抵扣。

【例 5-14】 2022 年 11 月，甲公司采取股权投资方式投资乙公司 800 万元，乙公司属于未上市的中型高新技术企业，该项投资一直未收回。2024 年甲公司的应纳税所得额为 2100 万元，计算该公司 2024 年应缴纳的企业所得税。

解析：

该公司 2024 年应缴纳的企业所得税 =（2100-800×70%）×25% = 385 万元

七、加速折旧及摊销优惠

（一）固定资产加速折旧

企业的固定资产由于技术进步等原因，确需加速折旧的，可以缩短折旧年限或者采取加速折旧的方法。可以采取缩短折旧年限或者采取加速折旧的方法的固定资产包括：由于技术进步，产品更新换代较快的固定资产以及常年处于强振动、高腐蚀状态的固定资产。采取缩短折旧年限方法的，最低折旧年限不得低于规定折旧年限的 60%；采取加速折旧方法的，可以采取双倍余额递减法或者年数总和法。集成电路生产企业的生产设备，其折旧年限可以适当缩短，最短可为 3 年（含 3 年）。

1. 生物药品制造等 6 个行业的企业固定资产加速折旧。对生物药品制造业，专用设备制造业，铁路、船舶、航空航天和其他运输设备制造业，计算机、通信和其他电子设备制造业，仪器仪表制造业，信息传输、软件和信息技术服务业等 6 个行业的企业 2014 年 1 月 1 日后新购进的固定资产，可缩短折旧年限或采取加速折旧的方法。

2. 所有行业企业专门用于研发的仪器、设备加速折旧。对所有行业企业 2014 年 1 月 1 日后新购进的专门用于研发的仪器、设备，单位价值不超过 100 万元的，允许一次性计入当期成本费用在计算应纳税所得额时扣除，不再分年度计算折旧；单位价值超过 100 万元的，可缩短折旧年限或采取加速折旧的方法。

3. 轻工、纺织、机械、汽车等四个领域重点行业的企业固定资产加速折旧。对轻工、纺织、机械、汽车等四个领域重点行业的企业 2015 年 1 月 1 日后新购进的固定资产，可由企业选择缩短折旧年限或采取加速折旧的方法。

上述行业的小型微利企业 2015 年 1 月 1 日后新购进的研发和生产经营共用的仪器、设备，单位价值不超过 100 万元的，允许一次性计入当期成本费用在计算应纳税所得额时扣除，不再分年度计算折旧；单位价值超过 100 万元的，可由企业选择缩短折旧年限或采取加速折旧的方法。

2019 年 1 月 1 日起，上述六大行业、四个领域重点行业规定固定资产加速折旧优惠的行业范围，扩大至全部制造业领域。

4. 新购进的设备、器具一次性在税前扣除。企业在 2024 年 1 月 1 日至 2027 年 12 月 31 日期间新购进的设备、器具，单位价值不超过 500 万元的，允许一次性计入当期成本费用在计算应纳税所得额时扣除，不再分年度计算折旧；单位价值超过 500 万元的，仍按《企业所得税法实施条例》《财政部、国家税务总局关于完善固定资产加速折旧企业所得税政策的通知》《财政部、国家税务总局关于进一步完善固定资产加速折旧企业所得税政策的通知》等相关规定执行。

设备、器具，是指除房屋、建筑物以外的固定资产。

（二）无形资产加速摊销

企业外购的软件，凡符合固定资产或无形资产确认条件的，可以按照固定资产或无形资产进行核算，其折旧或摊销年限可以适当缩短，最短可为 2 年（含 2 年）。

八、减计收入优惠

1. 企业综合利用资源，生产符合国家产业政策规定的产品所取得的收入，可以在计算应纳税所得额时减计收入。

减计收入，是指企业以《资源综合利用企业所得税优惠目录（2021 年版）》规定的资源作为主要原材料，生产国家非限制和禁止并符合国家和行业相关标准的产品取得的收入，减按 90% 计入收入总额。

享受减计收入税收优惠时，《资源综合利用企业所得税优惠目录（2021 年版）》内所列资源占产品原料的比例应符合《资源综合利用企业所得税优惠目录（2021 年版）》规定的技术标准。

2. 自 2019 年 6 月 1 日起至 2025 年 12 月 31 日止，为社区提供养老、托育、家政等服务的机构，提供社区养老、托育、家政服务取得的收入，在计算应纳税所得额时，减按 90% 计入收入总额。

社区是指聚居在一定地域范围内的人们所组成的社会生活共同体，包括城市社区和农村社区。

为社区提供养老服务的机构，是指在社区依托固定场所设施，采取全托、日托、上门等方式，为社区居民提供养老服务的企业、事业单位和社会组织。社区养老服务是指为老年人提供的生活照料、康复护理、助餐助行、紧急救援、精神慰藉等服务。

为社区提供托育服务的机构，是指在社区依托固定场所设施，采取全日托、半日托、计时托、临时托等方式，为社区居民提供托育服务的企业、事业单位和社会组织。社区托育服务是指为 3 周岁（含 3 周岁）以下婴幼儿提供的照料、看护、膳食、保育等服务。

为社区提供家政服务的机构，是指以家庭为服务对象，为社区居民提供家政服务的企业、事业单位和社会组织。社区家政服务是指进入家庭成员住所或医疗机构为孕产妇、婴幼儿、老人、病人、残疾人提供的照护服务，以及进入家庭成员住所提供的保洁、烹饪等服务。

九、税额抵免优惠

企业购置用于环境保护、节能节水、安全生产等专用设备的投资额，可以按一定比例实行税额抵免。

税额抵免，是指企业购置并实际使用《环境保护专用设备企业所得税优惠目录（2017 年版）》《节能节水专用设备企业所得税优惠目录（2017 年版）》和《安全生产专用设备企业所得税优惠目录（2018 年版）》规定的环境保护、节能节水、安全生产等专用设备的，该专用设备的投资额的 10% 可以从企业当年的应纳税额中抵免；当年不足抵免的，可以在以后 5 个纳税年度结转抵免。

享受上述企业所得税优惠的企业，应当实际购置并自身实际投入使用规定的专用设备；企业购置上述专用设备在 5 年内转让、出租的，<u>应当停止享受企业所得税优惠，并补缴已经抵免的企业所得税税款</u>。

【例 5-15】 企业购置用于（　　　）等专用设备的投资额，可以按该专用设备投资额的 10% 实行企业所得税税额抵免。

A. 环境保护　　　　　B. 节能节水　　　　　C. 研发　　　　　D. 安全生产

解析： 企业购置并实际使用《环境保护专用设备企业所得税优惠目录（2017 年版）》《节能节水专用设备企业所得税优惠目录（2017 年版）》和《安全生产专用设备企业所得税优惠目录（2018 年版）》规定的环境保护、节能节水、安全生产等专用设备的，该专用设备的投资额的 10% 可以从企业当年的应纳税额中抵免；当年不足抵免的，可以在以后 5 个纳税年度结转抵免。

十、民族自治地方的优惠

民族自治地方的自治机关对本民族自治地方的企业应缴纳的企业所得税中属于地方分享的部分，可以决定减征或者免征。自治州、自治县决定减征或者免征的，须报省、自治区、直辖市人民政府批准。

民族自治地方，是指依照《中华人民共和国民族区域自治法》的规定，实行民族区域自治的自治区、自治州、自治县。

对民族自治地方内国家限制和禁止行业的企业，不得减征或者免征企业所得税。

十一、非居民企业优惠

非居民企业按 10% 的税率征收企业所得税。这里非居民企业，是指在中国境内未设立机构、场所的，或者虽设立机构、场所但取得的所得与其所设机构、场所有实际联系的企业。该类非居民企业取得下列所得免征企业所得税。

1. 外国政府向中国政府提供贷款取得的利息所得。
2. 国际金融组织向中国政府和居民企业提供优惠贷款取得的利息所得。
3. 经国务院批准的其他所得。

◇ 思政园地

2023 年重庆新增减税降费及退税缓费 540 亿元

2023 年，重庆新增减税降费及退税缓费 540 亿元，惠及全市 331.5 万户（次）经营主体，进一步稳定市场预期、激发经营主体发展活力。

从企业所得税预缴申报情况来看，2023 年前三季度，重庆企业累计享受研发费用加计扣除额 199.6 亿元，同比增长 9.9%，其中制造业企业享受研发费用加计扣除额近 162.5 亿元，占比超八成。

从引导绿色发展来看，2023 年重庆落实支持绿色发展税费减免 68.4 亿元，助力美丽重庆建设。

从推动内陆开放高地建设来看，2023 年重庆推出"税路通·渝税通"跨境纳税人缴费人服务品牌等系列措施，让企业"走出去"更稳：重庆共有 2429 户企业办理出口退税约 239 亿元，同比增长 5.2%。

市税务局负责人表示，2024 年将落实好重点支持科技创新和制造业发展的结构性减税降费政策，继续优化"政策找人"，拓展"自动算税"，完善直达快享机制，提升政策支持的精准性、有效性，更好服务经济高质量发展。

（杨永芹：《2023 年重庆新增减税降费及退税缓费 540 亿元》，载 https://epaper.cqrb.cn/cqrb/2024-02/05/001/content_rb_328205.htm，最后访问日期：2025 年 3 月 19 日。）

任务五　应纳税额的计算

◇ **任务引例**

甲公司是一家居民企业，2023 年取得销售收入 3620 万元，销售成本 1960 万元。发生销售费用 810 万元（含广告费 540 万元），管理费用 586 万元（含业务招待费 36 万元），财务费用 24 万元，销售税金 210 万元（含增值税 156 万元），取得营业外收入 61 万元，发生营业外支出 48 万元（含通过公益性社会团体向贫困山区捐款 30 万元，支付税收滞纳金 3.6 万元），计入成本、费用中的实发工资总额 780 万元，拨付职工公费经费 8.6 万元，支付职工福利费 96.8 万元，发生职工教育经费 72.4 万元。

◇ **任务要求**

请计算该企业 2023 年应缴纳的企业所得税额。

◇ **税海探知**

一、居民企业应纳税额的计算

居民企业的应纳税所得额乘以适用税率，减除依照《企业所得税法》关于税收优惠的规定减免和抵免的税额后的余额，为应纳税额。计算公式如下：

$$应纳税额=应纳税所得额×适用税率-减免税额-抵免税额$$

从计算公式可以看出，计算应纳税额首先要计算应纳税所得额，再确定适用的税率。公式中的减免税额和抵免税额，是指依照《企业所得税法》和国务院的税收优惠规定减征、免征和抵免的应纳税额。应纳税所得额的计算有两种方法。

（一）直接计算法

在直接计算法下，居民企业每一纳税年度的收入总额减去不征收收入、免税收入各项扣除以及允许弥补的以前年度亏损后的余额为应纳税所得额。计算公式如下：

$$应纳税所得额=收入总额-不征税收入-免税收入-各项扣除金额-允许弥补的以前年度亏损$$

（二）间接计算法

在间接计算法下，居民企业在会计利润总额的基础上，加上纳税调整增加额，减去纳税调整减少额之后得到应纳税所得额。计算公式如下：

$$应纳税所得额=利润总额+纳税调整增加额-纳税调整减少额$$

纳税调整事项产生的原因是计算应纳税所得额遵循的税法与计算会计利润遵循的会计准则并不完全一致。纳税调整事项主要有以下几种情形：一是收入或成本费用的税法规定确认时间与会计规定不一致形成的调整事项，二是收入或成本费用的税法规定范围与标准与会计规定不一致形成的调整事项。

【例 5-16】 甲机械制造有限责任公司为居民企业，2023 年度发生如下经济业务：

（1）取得机械销售收入 3000 万元，结转机械销售成本 1800 万元。

（2）发生销售费用 600 万元，其中广告费 460 万元；管理费用 200 万元，其中业务招待费 18 万元；财务费用 10 万元。

（3）税金及附加 35 万元。

（4）营业外收入 100 万元；营业外支出 40 万元，其中通过 S 市民政部门向福利院捐款 10 万元，不具有广告性质的赞助支出 5 万元。

（5）计入成本、费用并实际发放的工资 150 万元，拨缴工会经费 3 万元，发放职工福利费 22 万元，职工教育经费 5 万元。

要求：计算该公司 2023 年度实际应缴纳的企业所得税。

解析：

（1）会计利润总额 = 3000-1800-600-200-10-35+100-4 = 451 万元

（2）广告费：

广告费税前扣除限额 = 3000×15% = 450 万元

广告费应调增应纳税所得额 = 460-450 = 10 万元

（3）业务招待费：

业务招待费税前扣除限额 1 = 3000×5‰ = 15 万元

业务招待费税前扣除限额 2 = 18×60% = 10.8 万元

业务招待费应调增应纳税所得额 = 18-10.8 = 7.2 万元

（4）公益性捐赠支出：

公益性捐赠支出扣除限额 = 451×12% = 54.12 万元

公益性捐赠支出实际发生额 10 万元未超过税前扣除限额，无需调增。

（5）赞助支出：

不具有广告性质的赞助支出应调增应纳税所得额 = 5 万元

（6）工会经费：

工会经费税前扣除限额 = 150×2% = 3 万元

拨缴工会经费 3 万元未超过税前扣除限额，无需调增。

（7）职工福利费：

职工福利费税前扣除限额 = 150×14% = 21 万元

发生的职工福利费应调增应纳税所得额 = 22-21 = 1 万元

（8）职工教育经费：

职工教育经费税前扣除限额 = 150×8% = 12 万元

发生的职工教育经费 5 万元未超过税前扣除限额，无需调增。

（9）应纳税所得额 = 451+10+7.2+5+1 = 474.2 万元

（10）该公司 2023 年度实际应缴纳的企业所得税 = 474.2×25% = 118.55 万元。

【例 5-17】 甲机械制造有限责任公司为居民企业，2023 年度发生如下经济业务：

（1）取得产品销售收入 6000 万元，其他业务收入 1000 万元，国债利息收入 10 万元。

（2）发生产品销售成本 4000 万元，其他业务成本 680 万元，缴纳税金及附加 310 万元。

（3）发生管理费用 780 万元，其中含新技术的研究开发费用 130 万元、业务招待费 20 万元。发生财务费用 20 万元；销售费用 180 万元，其中广告费 50 万元。

（4）营业外收入 200 万元；营业外支出 80 万元，其中行政罚款 3 万元，通过 S 市民政部门向某小学捐款 10 万元。

（5）计入成本、费用并实际发放的工资 250 万元，其中残疾人工资 8 万元；拨缴工会经费 5 万元；发放职工福利费 25 万元；职工教育经费 10 万元。

要求：计算该公司 2023 年度实际应缴纳的企业所得税。

解析：

（1）会计利润总额 = 6000+1000+10-4000-680-310-780-20-180+200-80 = 1160 万元

（2）国债利息收入：

国债利息收入免税，应调减所得额 10 万元。

（3）新技术的研究开发费用：

新技术的研究开发费用可以加计扣除 = 130×100% = 130 万元

（4）业务招待费：

业务招待费税前扣除限额 1 =（6000+1000）×5‰ = 35 万元

业务招待费税前扣除限额 2 = 20×60% = 12 万元

业务招待费应调增应纳税所得额 = 20-12 = 8 万元

（5）广告费：

广告费税前扣除限额 =（6000+1000）×15% = 1050 万元

广告费实际发生 50 万元，无需进行纳税调整。

（6）行政罚款：

行政罚款不能在税前扣除，应调增应纳税所得额 = 3 万元

（7）公益性捐赠支出：

公益性捐赠支出扣除限额 = 1160×12% = 139.2 万元

公益性捐赠支出实际发生额 10 万元未超过税前扣除限额，无需进行纳税调整。

（8）残疾人工资：

残疾人工资可以加计扣除 = 8×100% = 8 万元

（9）工会经费：

工会经费税前扣除限额 = 250×2% = 5 万元

拨缴工会经费 5 万元未超过税前扣除限额，无需进行纳税调整。

（10）职工福利费：

职工福利费税前扣除限额 = 250×14% = 35（万元）

发生的职工福利费 25 万元未超过税前扣除限额，无需进行纳税调整。

（11）职工教育经费：

职工教育经费税前扣除限额 = 250×8% = 20 万元

发生的职工教育经费 10 万元未超过税前扣除限额，无需进行纳税调整。

（12）应纳税所得额 = 1160-10-130+8+3-8 = 1023 万元

（13）该公司 2023 年度实际应缴纳的企业所得税 = 1023×25% = 255.75 万元。

二、境外所得抵免税额的计算

（一）抵免范围

企业取得的下列所得已在境外缴纳的所得税税额，可以从其当期应纳税额中抵免。

1. 居民企业来源于中国境外的应税所得。

2. 非居民企业在中国境内设立机构、场所，取得发生在中国境外但与该机构、场所有实际联系的应税所得。

已在境外缴纳的所得税税额，是指企业来源于中国境外的所得依照中国境外税收法律以及相关规定应当缴纳并已经实际缴纳的企业所得税性质的税款。

（二）抵免限额

抵免限额为企业取得上述抵免范围内的所得，依照《企业所得税法》规定计算的应纳税额。除国务院财政、税务主管部门另有规定外，该抵免限额应当分国（地区）不分项计算，计算公式如下：

抵免限额＝中国境内、境外所得应纳税总额×来源于某国（地区）的应纳税所得额÷中国境内、境外应纳税所得总额

超过抵免限额的部分，可以在以后5个年度内，用每年度抵免限额抵免当年应抵税额后的余额进行抵补。这里所称5个年度，是指从企业取得的来源于中国境外的所得，已经在中国境外缴纳的企业所得税性质的税额超过抵免限额的当年的次年起连续5个纳税年度。

居民企业从其直接或者间接控制的外国企业分得的来源于中国境外的股息、红利等权益性投资收益，外国企业在境外实际缴纳的所得税税额中属于该项所得负担的部分，可以作为该居民企业的可抵免境外所得税税额，在《企业所得税法》规定的抵免限额内抵免。直接控制，是指居民企业直接持有外国企业20%以上股份。间接控制，是指居民企业以间接持股方式持有外国企业20%以上股份，具体认定办法由国务院财政、税务主管部门另行制定。

企业依照《企业所得税法》的规定抵免企业所得税税额时，应当提供中国境外税务机关出具的税款所属年度的有关纳税凭证。

【例5-18】 丙公司2023年境内应纳税所得额为2400万元，适用25%的企业所得税税率。分别在甲、乙两国已设有分支机构（甲、乙两国已与我国签订避免双重征税协定），在甲、乙国分支机构的应纳税所得额分别为500万元和600万元，甲、乙两国的企业所得税税率分别为20%和30%。假设该公司在甲、乙两国的所得按我国税法计算的应纳税所得额与按甲、乙两国税法计算的应纳税所得额一致。请计算该公司当年在中国应缴纳的企业所得税是多少？

解析：

境内、境外所得按我国税法计算的应纳税额＝（2400+500+600）×25%＝875万元

甲国已纳税款＝500×20%＝100万元

甲国抵免限额＝875×[500÷（2400+500+600）]＝125万元

甲国已纳税款100万元小于允许抵免限额125万元，因此甲国已纳税款可以全额抵免。

乙国已纳税款＝600×30%＝180万元

乙国抵免限额＝875×[600÷（2400+500+600）]＝150万元

乙国已纳税款180万元大于允许抵免限额150万元，因此只能抵免150万元，超出的30万元不允许当年抵免。

该公司当年在中国应缴纳的企业所得税＝875-100-150＝625万元

三、居民企业核定征收应纳税额的计算

前面学习的居民企业应纳税额的计算方法，不论是直接法还是间接法，都是查账征收方式。当有些企业不能进行查账征收企业所得税时，就需要核定征收。为了加强企业所得税征收管理，规范核定征收企业所得税，保障国家税款及时足额入库，维护纳税人合法权益，国家税务总局根据有关规定，制定了《企业所得税核定征收办法（试行）》。

（一）核定征收企业所得税的情形

居民企业纳税人具有下列情形之一的，核定征收企业所得税：

1. 依照法律、行政法规的规定可以不设置账簿的。

2. 依照法律、行政法规的规定应当设置但未设置账簿的。

3. 擅自销毁账簿或者拒不提供纳税资料的。

4. 虽设置账簿，但账目混乱或者成本资料、收入凭证、费用凭证残缺不全，难以查账的。

5. 发生纳税义务后，未按照规定的期限办理纳税申报，经税务机关责令限期申报，逾期仍不申报的。

6. 申报的计税依据既明显偏低，又无正当理由的。

特殊行业、特殊类型的纳税人和一定规模以上的纳税人不适用上述规定。上述特定纳税人由国家税务总局另行明确。

（二）核定征收企业所得税的方式

税务机关应根据纳税人具体情况，对核定征收企业所得税的纳税人，核定应税所得率或者核定应纳所得税额。

1. 核定应税所得率。具有下列情形之一的，核定其应税所得率：

（1）能正确核算（查实）收入总额，但不能正确核算（查实）成本费用总额的。

（2）能正确核算（查实）成本费用总额，但不能正确核算（查实）收入总额的。

（3）通过合理方法，能计算和推定纳税人收入总额或成本费用总额的。

2. 核定应纳所得税额。纳税人不属于核定应税所得率情形的，核定其应纳所得税额。

采用应税所得率方式核定征收企业所得税的，应纳所得税额计算公式如下：

$$应纳所得税额＝应纳税所得额×适用税率$$
$$应纳税所得额＝应税收入额×应税所得率$$
$$或：应纳税所得额＝成本（费用）支出额÷（1-应税所得率）×应税所得率$$

（三）核定征收企业所得税的方法

税务机关采用下列方法核定征收企业所得税：

1. 参照当地同类行业或者类似行业中经营规模和收入水平相近的纳税人的税负水平核定。

2. 按照应税收入额或成本费用支出额定率核定。

3. 按照耗用的原材料、燃料、动力等推算或测算核定。

4. 按照其他合理方法核定。

采用上述一种方法不足以正确核定应纳税所得额或应纳税额的，可以同时采用两种以上的方法核定。采用两种以上方法测算的应纳税额不一致时，可按测算的应纳税额从高核定。

（四）应税所得率的确定

1. 应税所得率的幅度标准。应税所得率按下表规定的幅度标准确定：

表 5-1　各行业应税所得率统计表

行业	应税所得率（%）
农、林、牧、渔业	3-10
制造业	5-15
批发和零售贸易业	4-15
交通运输业	7-15
建筑业	8-20
饮食业	8-25
娱乐业	15-30
其他行业	10-30

2. 纳税人经营多个行业时，应税所得率的确定。实行应税所得率方式核定征收企业所得税的纳税人，经营多业的，无论其经营项目是否单独核算，均由税务机关根据其主营项目确定适用的应税所得率。

主营项目应为纳税人所有经营项目中，收入总额或者成本（费用）支出额或者耗用原材料、燃料、动力数量所占比重最大的项目。

3. 应税所得率的调整。纳税人的生产经营范围、主营业务发生重大变化，或者应纳税所得额或应纳税额增减变化达到20%的，应及时向税务机关申报调整已确定的应纳税额或应税所得率。

（五）企业所得税核定征收改为查账征收后有关资产的税务处理问题

1. 企业能够提供资产购置发票的，以发票载明金额为计税基础；不能提供资产购置发票的，可以凭购置资产的合同（协议）、资金支付证明、会计核算资料等记载金额，作为计税基础。

2. 企业核定征税期间投入使用的资产，改为查账征税后，按照折旧、摊销年限，扣除该资产投入使用年限后，就剩余年限继续计提折旧、摊销额并在税前扣除。

【例5-19】 甲公司是一家居民企业，2023年向主管税务机关申报收入总额185万元，成本费用支出总额198万元，全年亏损13万元，经税务机关检查，成本费用支出核算准确，但收入总额不能确定。税务机关对该企业采取核定征税办法，核定的应税所得率为20%。适用的企业所得税税率为25%。该公司2023年应缴纳的企业所得税是多少？

解析： 由于甲公司申报的成本费用支出核算准确而收入总额不准确，因此，采用成本（费用）数据计算应纳税所得额。

应纳税所得额＝成本（费用）支出额÷（1－应税所得率）×应税所得率

＝198÷（1－20%）×20%＝49.5万元

该公司2023年应缴纳的企业所得税＝应纳税所得额×25%

＝49.5×25%＝12.375万元

四、非居民企业应纳税额的计算

非居民企业在中国境内未设立机构、场所的，或者虽设立机构、场所但取得的所得与其所设机构、场所没有实际联系的，其来源于中国境内的所得按照下列方法计算应纳税所得额：

1. 股息、红利等权益性投资收益和利息、租金、特许权使用费所得，以收入全额为应纳税所得额。

2. 转让财产所得，以收入全额减除财产净值后的余额为应纳税所得额。

3. 其他所得，参照上述方法计算应纳税所得额。

对非居民企业取得上述所得应缴纳的所得税，实行源泉扣缴，以支付人为扣缴义务人。税款由扣缴义务人在每次支付或者到期应支付时，从支付或者到期应支付的款项中扣缴。对非居民企业在中国境内取得工程作业和劳务所得应缴纳的所得税，税务机关可以指定工程价款或者劳务费的支付人为扣缴义务人。

应当扣缴的所得税，扣缴义务人未依法扣缴或者无法履行扣缴义务的，由纳税人在所得发生地缴纳。纳税人未依法缴纳的，税务机关可以从该纳税人在中国境内其他收入项目的支付人应付的款项中，追缴该纳税人的应纳税款。

扣缴义务人每次代扣的税款，应当自代扣之日起7日内缴入国库，并向所在地的税务机关报送扣缴企业所得税报告表。

任务六 企业所得税征收管理认知

◇ 任务引例

甲公司为一家食品公司，总机构为 Y 市开发区 X 路 126 号，Y 市共有五个区，该公司在每个区设有两家营业机构，这 10 家营业机构不具法人资格，只有总机构具有法人资格。

◇ 任务要求

请问该公司应该在哪里缴纳企业所得税？

◇ 税海探知

一、纳税地点

（一）居民企业纳税地点

除税收法律、行政法规另有规定外，居民企业以企业登记注册地为纳税地点；但登记注册地在境外的，以实际管理机构所在地为纳税地点。居民企业在中国境内设立不具有法人资格的营业机构的，应当汇总计算并缴纳企业所得税。企业汇总计算并缴纳企业所得税时，应当统一核算应纳税所得额，具体办法由国务院财政、税务主管部门另行制定。

企业登记注册地，是指企业依照国家有关规定登记注册的住所地。

（二）非居民企业纳税地点

1. 以机构、场所所在地为纳税地点。非居民企业取得下列所得，以机构、场所所在地为纳税地点：

（1）非居民企业在中国境内设立机构、场所的，其所设机构、场所取得的来源于中国境内的所得。

（2）发生在中国境外但与其所设机构、场所有实际联系的所得。

非居民企业在中国境内设立两个或者两个以上机构、场所，符合国务院税务主管部门规定条件的，可以选择由其主要机构、场所汇总缴纳企业所得税。

2. 以扣缴义务人所在地为纳税地点。非居民企业在中国境内未设立机构、场所的，或者虽设立机构、场所但取得的所得与其所设机构、场所没有实际联系的，应当以扣缴义务人所在地为纳税地点。

二、纳税期限

企业所得税按纳税年度计算。纳税年度自公历 1 月 1 日起至 12 月 31 日止。

企业在 1 个纳税年度中间开业，或者终止经营活动，使该纳税年度的实际经营期不足 12 个月的，应当以其实际经营期为 1 个纳税年度。

企业依法清算时，应当以清算期间作为 1 个纳税年度。

任务七 企业所得税纳税申报

一、企业所得税月（季）度预缴申报

企业所得税分月或者分季预缴。企业所得税分月或者分季预缴，由税务机关具体核定。分月或者分季预缴企业所得税时，应当按照月度或者季度的实际利润额预缴；按照月度或者季度的实际利润额预缴有困难的，可以按照上一纳税年度应纳税所得额的月度或者季度平均额预缴，或者按照经税务机关认可的其他方法预缴。预缴方法一经确定，该纳税年度内不得随意变更。

企业在纳税年度内无论盈利或者亏损，企业应当自月份或者季度终了之日起 15 日内，向税务机关报送预缴企业所得税纳税申报表，预缴税款。

二、企业所得税年度汇算清缴申报

企业应当自年度终了之日起 5 个月内，向税务机关报送年度企业所得税纳税申报表，并汇算清缴，结清应缴应退税款。企业在报送企业所得税纳税申报表时，应当按照规定附送财务会计报告和其他有关资料。

企业在年度中间终止经营活动的，应当自实际经营终止之日起 60 日内，向税务机关办理当期企业所得税汇算清缴。

企业应当在办理注销登记前，就其清算所得向税务机关申报并依法缴纳企业所得税。

依法缴纳的企业所得税，以人民币计算。所得以人民币以外的货币计算的，应当折合成人民币计算并缴纳税款。企业所得以人民币以外的货币计算的，预缴企业所得税时，应当按照月度或者季度最后一日的人民币汇率中间价，折合成人民币计算应纳税所得额。年度终了汇算清缴时，对已经按照月度或者季度预缴税款的，不再重新折合计算，只就该纳税年度内未缴纳企业所得税的部分，按照纳税年度最后一日的人民币汇率中间价，折合成人民币计算应纳税所得额。

经税务机关检查确认，企业少计或者多计所得的，应当按照检查确认补税或者退税时的上一个月最后一日的人民币汇率中间价，将少计或者多计的所得折合成人民币计算应纳税所得额，再计算应补缴或者应退的税款。

◇ 申报演示

三、企业所得税月（季）度预缴申报案例

视频 企业
所得税年度
纳税申报

◇ 工作情景

涉税教学公司是我国居民企业，为企业所得税纳税人，2023 年第一季度发生了纳税业务，详情请见企业所得税季度申报资料，主管税务机关核定该公司于季度终了 15 日内进行企业所得税季度纳税申报。

◇ 任务目标

请登录该公司"电子税务局"，进行企业所得税季度预缴纳税申报。

◇ 实操引领

【申报案例】企业所得税月（季）度预缴申报，相关资料如下：

企业所得税季度申报资料

企业被认定为国家需要重点扶持的高新技术企业，2023 年 1 季度取得符合条件的技术转让所得 700 万元（其中 500 万元免税，另外 200 万元减半征收），收入 5000 万，成本 2000 万，利润总额 1000 万（含技术转让所得），申报 2023 年 1 季度企业所得税。（企业减按 15% 的税率征收企业所得税）

图 5-1 企业所得税季度申报资料

【实操指导】纳税人进行企业所得税季度预缴纳税申报时，需进入"电子税务局"进行操作。如图 5-2 所示。

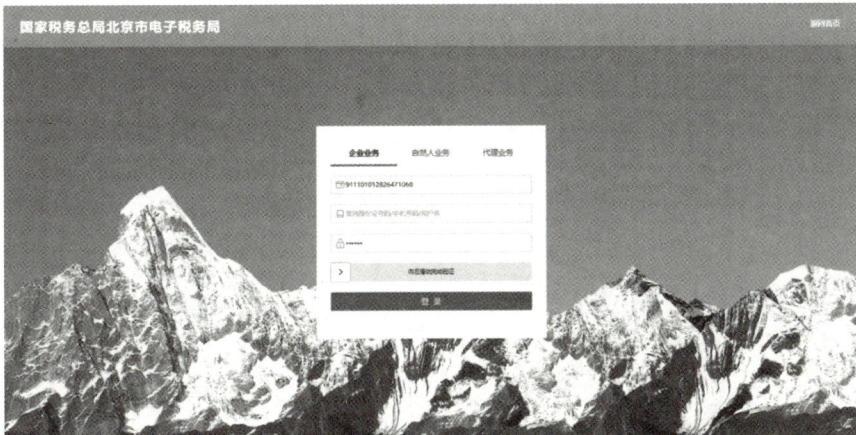

图 5-2

【第一步】登录"电子税务局"后，进入企业需按期申报的税费清册页面。如图 5-3 所示。

图 5-3

【第二步】选择"企业所得税月（季）度预缴纳税申报（A 类）"后，单击"填写申报表"，进入报表填报界面。如图 5-4 所示。

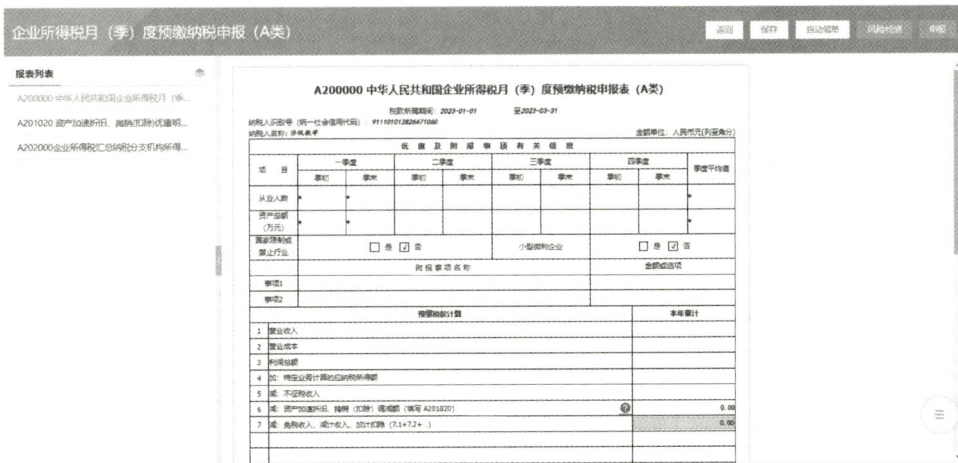

图 5-4

【第三步】依据企业实际发生经济业务，选择对应报表。

1. “A200000 中华人民共和国企业所得税月（季）度预缴申报表（A 类）”的填写。

点击“A200000 中华人民共和国企业所得税月（季）度预缴申报表（A 类）”进入填写界面，如图 5-5 所示。

A200000 中华人民共和国企业所得税月（季）度预缴纳税申报表（A类）

税款所属期间：2023-01-01　至2023-03-31

纳税人识别号（统一社会信用代码）：91110101282647106O

纳税人名称：涉税教学　　　金额单位：人民币元(列至角分)

优惠及附报事项有关信息									
项目	一季度		二季度		三季度		四季度		季度平均值
	季初	季末	季初	季末	季初	季末	季初	季末	
从业人数	*	*							*
资产总额(万元)	*	*							*
国家限制或禁止行业	□是 ☑否				小型微利企业		□是 ☑否		
	附报事项名称						金额或选项		
事项1									
事项2									

预缴税款计算		本年累计
1	营业收入	50000000.00
2	营业成本	20000000.00
3	利润总额	10000000.00
4	加：特定业务计算的应纳税所得额	
5	减：不征税收入	
6	减：资产加速折旧、摊销（扣除）调减额（填写 A201020）	0.00
7	减：免税收入、减计收入、加计扣除（7.1+7.2+...）	0.00
8	减：所得减免（8.1+8.2+...）	6000000.00
8.1	符合条件的一般技术转让项目所得减免征收企业所得税	6000000.00
9	减：弥补以前年度亏损	
10	实际利润额（3+4-5-6-7-8-9）\按照上一纳税年度应纳税所得额平均额确定的应纳税所得额	4000000.00
11	税率(25%)	25%
12	应纳所得税额（10×11）	1000000.00
13	减：减免所得税额（13.1+13.2+...）	300000.00
13.1	国家需要重点扶持的高新技术企业减按15%的税率征收企业所得税	300000.00
14	减：本年实际已缴纳所得税额	0.00
15	减：特定业务预缴（征）所得税额	
16	本期应补（退）所得税额（12-13-14-15）\税务机关确定的本期应纳所得税额	700000.00
汇总纳税企业总分机构税款计算		
17	总机构：总机构本期分摊应补（退）所得税额（18+19+20）	0.00
18	总机构：其中：总机构分摊应补（退）所得税额（16×总机构分摊比例____%）	0.00
19	总机构：财政集中分配应补（退）所得税额（16×财政集中分配比例____%）	0.00
20	总机构：总机构具有主体生产经营职能的部门分摊所得税额（16×全部分支机构分摊比例____%×总机构具有主体生产经营职能部门分摊比例____%）	0.00
21	分支机构：分支机构本期分摊比例	
22	分支机构：分支机构本期分摊应补（退）所得税额	
实际缴纳企业所得税计算		
23	减：民族自治地区企业所得税地方分享部分：□免征 ☑减征:减征幅度____%）；本年累计应减免金额[（12-13-15）×40%×减征幅度]	
24	实际应补（退）所得税额	

图 5-5

填表说明：根据“企业所得税季度申报资料”（见图 5-1）可知：

（1）收入 5000 万元，成本 3000 万元，利润总额 1000 万元。将这三个数据按顺序填入 A200000 表的前三行。

（2）2021 年第 1 季度取得符合条件的技术转让所得 700 万元（其中 500 万元免税，另外 200 万元减半征收）。减半征收的 200 万元的技术转让所得：100 万元免征，另外 100 万元征税。因此 700 万元的所得中有 600 万元免征，100 万元征税。将免征的 600 万元所得填入 A200000 表的第 8.1 行，填写完毕后，第 8 行数据自动变成 600 万元。

（3）A200000 表第 10 行实际利润额（3+4-5-6-7-8-9）400 万元为表内第 3 行数据 1000 万元与第 8 行数据 600 万元之差。

（4）A200000 表第 12 行应纳所得税额为第 10 行 400 万元与第 11 行 25%之积。

（5）A200000 表第 13.1 行国家需要重点扶持的高新技术企业减按 15% 的税率征收企业所得税 30 万元的计算过程：（1000-700）×10%。其中 1000 万元为第 1 季度利润总额、700 万元为第 1 季度取得符合条件的技术转让所得、10% 为法定税率 25% 与高新技术企业优惠税率 15% 之差。这一行计算的是高新技术企业减免的企业所得税额，因此用法定税率与优惠税率的差去计算，得到的就是减免的税额。

（6）A200000 表第 16 行本期应补（退）所得税额（12-13-14-15）为第 12 行 100 万元与第 13 行 30 万元之差，即 70 万元。

2."A201020 资产加速折旧、摊销（扣除）优惠明细表"的填写。本表适用于按照文件规定，享受资产加速折旧、摊销和一次性扣除优惠政策的纳税人填报。不享受资产加速折旧、摊销和一次性扣除优惠政策的纳税人，无需填报。本企业没有资产享受加速折旧、摊销和一次性扣除政策因此无需填报，直接保存即可，如图 5-6 所示。

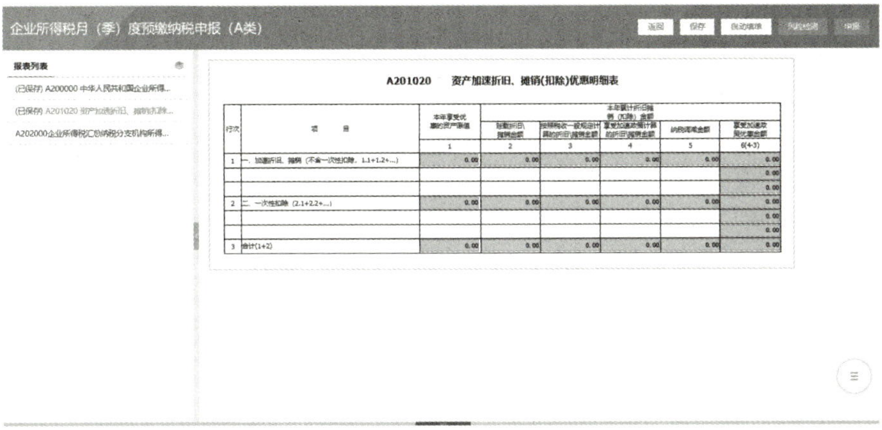

图 5-6

注：如果企业有享受资产加速折旧、摊销和一次性扣除优惠政策的，则先填报 A201020，再填报 A200000。

3."A202000 企业所得税汇总纳税分支机构所得税分配表"的填写。本表适用于跨地区经营汇总纳税企业的总机构填报。本企业不属于跨地区经营汇总纳税企业的总机构，因此无需填报，直接保存即可，如图 5-7 所示。

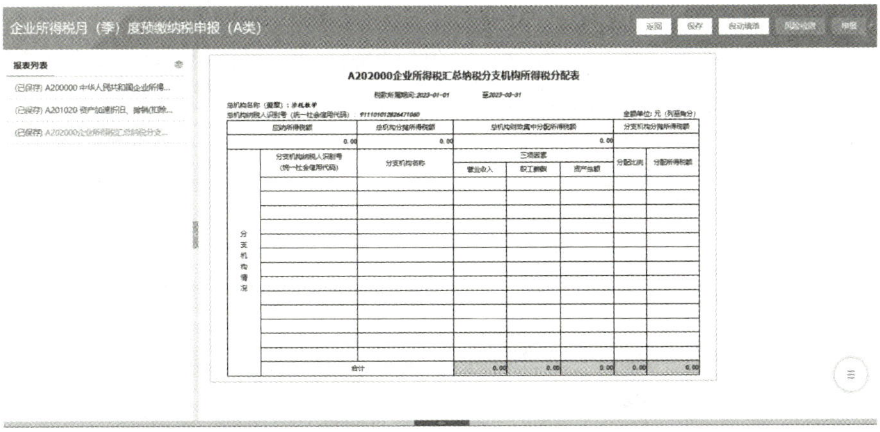

图 5-7

【第四步】三张报表填写完毕并保存后，点击右上角"申报"按钮。弹出"正式申报后将不再允许修改已申报表单，确认申报？"对话框。如图5-8所示。

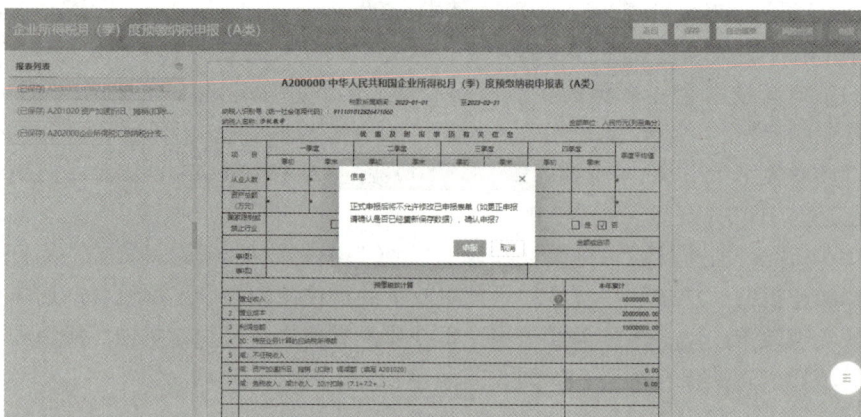

图 5-8

【第五步】点击"申报"后，弹出"申报反馈"，点击"确定"。如图5-9所示。

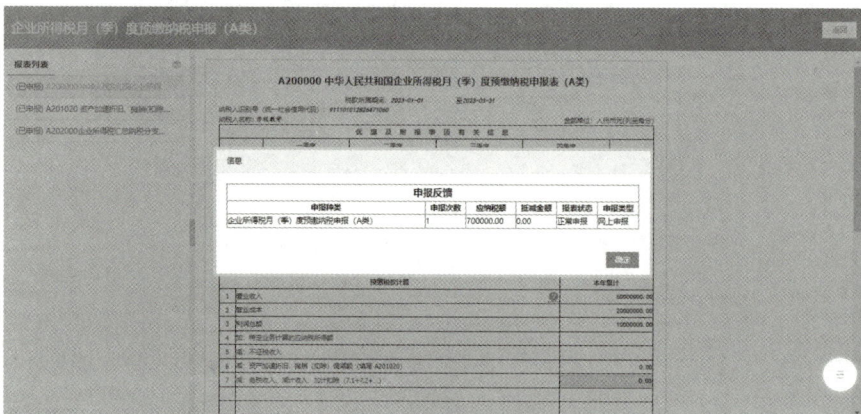

图 5-9

【第六步】完成申报后，弹出"申报成功！是否现在进入税款缴纳？"对话框，单击"是"，如图5-10所示。

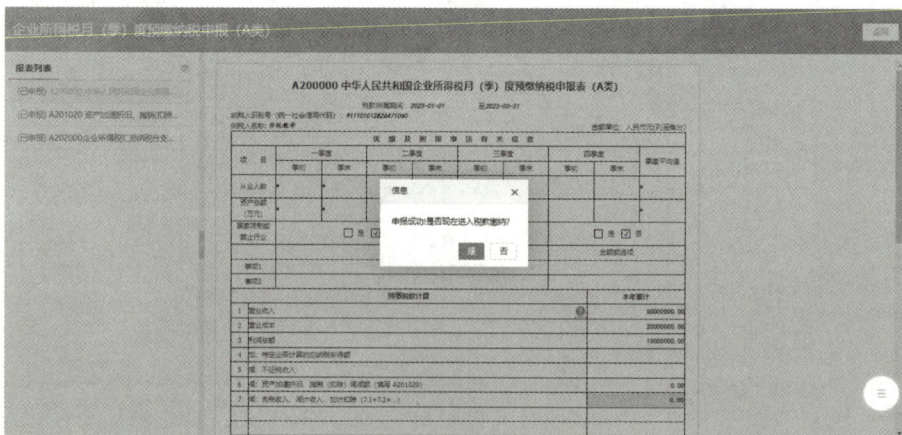

图 5-10

【第七步】进入“税款缴纳”页面，在需要缴纳税款记录的左侧进行框选确认，然后单击页面下方“立即缴款”后，提示“扣款成功”完成税款缴纳。如图 5-11 所示。

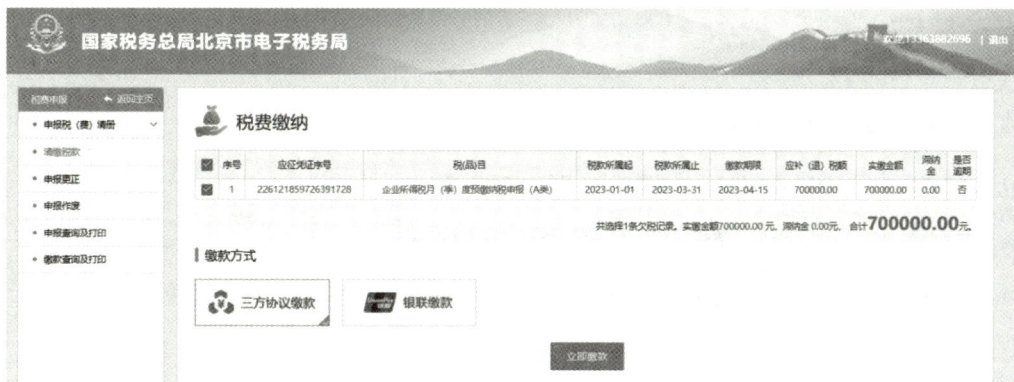

图 5-11

四、企业所得税年度汇算清缴申报案例

◇ 工作情景

涉税教学公司是我国居民企业，为企业所得税纳税人，2022 年度有关企业所得税的纳税业务事项，详见企业所得税年度申报资料。企业所得税年度汇算清缴工作需于次年 5 月 31 日前完成。

◇ 任务目标

请登录该公司“电子税务局”，进行企业所得税年度汇算清缴。

◇ 实操引领

【申报案例】企业所得税年度汇算清缴申报，相关资料如下：

基础信息表

所属行业明细代码：1761　　资产总额（万元）：6618

从业人数：34人　　国家限制或禁止行业：否

非营利组织：否　　存在境外关联交易：否

上市公司：否　　从事股权投资业务：否

企业使用的会计准则或制度：企业会计准则（一般企业）

企业无重组及递延纳税事项

股东名称	证件类型	证件号码	投资比例	国籍
黄某某	居民身份证	110xxxxxxxxxxxxxxx	60%	中国
周某某	居民身份证	110xxxxxxxxxxxxxxx	40%	中国

对外投资情况：

无

图 5-12　基础信息表

本年有关经营情况表

企业2022年有关经营情况如下：

（1）以前年度未发生亏损，当年平均从业人数为34人。

（2）企业工资、薪金支出符合合理性标准。

（3）当年广告费和业务宣传支出均列支于销售费用中，且符合扣除标准。

（4）当年发生的债券投资收益全部为国债利息收入，于半年计提一次利息。

（5）固定资产、无形资产采用直线法计提。（原值与计税基础相同，最低折旧或摊销年限为税务局规定的年限）

（6）本年不需要计提减值准备。

（7）企业仅为职工缴纳基本社会保险费，不缴纳补充养老保险、补充医疗保险。

（8）2022年计提的工资在2022年12月31日全部发放。

（9）本年累计实际已缴纳的所得税额：769500.00元。

根据背景材料，完成企业2022年所得税申报，申报截止日期为2023年05月31日，可先完成后面的申报附表。（金额需要四舍五入的保留两位小数）

图 5-13　本年有关经营情况表

表 5-2　总账汇总表

总账科目	明细科目	期初余额	本年累计借方发生额	本年累计贷方发生额	期末余额
主营业务收入	销售商品收入	0.00	45 800 000.00	45 800 000.00	0.00
合计		0.00	45 800 000.00	45 800 000.00	0.00
主营业务成本	销售商品成本	0.00	31 940 000.00	31 940 000.00	0.00
合计		0.00	31 940 000.00	31 940 000.00	0.00
营业外支出	捐赠支出	0.00	3 160 000.00	3 160 000.00	0.00
合计		0.00	3 160 000.00	3 160 000.00	0.00
应付职工薪酬	工资	0.00	1 220 000.00	1 220 000.00	0.00
	社会保险费	0.00	141 603.12	141 603.12	0.00
	住房公积金	0.00	81 600.00	81 600.00	0.00
	工会经费	0.00	28 400.00	28 400.00	0.00
	职工教育经费	0.00	37 000.00	37 000.00	0.00
	职工福利费	0.00	207 000.00	207 000.00	0.00
合计		0.00	1 715 603.12	1 715 603.12	0.00

表 5-3　期间费用明细表

总账科目	明细科目	期初余额	本年累计借方发生额	本年累计贷方发生额	期末余额
销售费用	职工薪酬	0.00	400 000.00	400 000.00	0.00
	职工福利费	0.00	95 000.00	95 000.00	0.00
	职工教育经费	0.00	12 000.00	12 000.00	0.00
	工会经费	0.00	9311.48	9311.48	0.00
	广告费	0.00	1 336 483.56	1 336 483.56	0.00
	业务宣传费	0.00	30 000.00	30 000.00	0.00
	差旅费	0.00	809 208.52	809 208.52	0.00
	社会保险费	0.00	31 996.44	31 996.44	0.00
	住房公积金	0.00	24 000.00	24 000.00	0.00
合计		0.00	2 748 000.00	2 748 000.00	0.00
管理费用	职工薪酬	0.00	560 000.00	560 000.00	0.00
	职工福利费	0.00	82 000.00	82 000.00	0.00
	职工教育经费	0.00	15 000.00	15 000.00	0.00
	工会经费	0.00	13 036.07	13 036.07	0.00
	业务招待费	0.00	687 000.00	687 000.00	0.00
	办公费	0.00	356 000.00	356 000.00	0.00
	差旅费	0.00	538 517.93	538 517.93	0.00
	折旧额	0.00	960 000.00	960 000.00	0.00
	社会保险费	0.00	61 446.00	61 446.00	0.00
管理费用	住房公积金	0.00	24 000.00	24 000.00	0.00
合计		0.00	3 297 000.00	3 297 000.00	0.00
财务费用	利息支出	0.00	1 600 000.00	1 600 000.00	0.00
	手续费	0.00	70 000.00	70 000.00	0.00
合计		0.00	1 670 000.00	1 670 000.00	0.00

注：利息支出指企业向非金融企业借款的利息支出，且符合税收规定允许税前扣除，手续费指银行手续费用。

表 5-4　固定资产折旧汇总表

固定资产类别	原值	折旧年限	月折旧额	本年折旧额	累计折旧	固定资产净值	备注
房屋及建筑物	20 000 000.00	20	79 166.67	950 000.00	1 900 000.00	18 100 000.00	净残值为0.05
机器设备	10 000 000.00	10	79 166.67	950 000.00	1 900 000.00	8 100 000.00	净残值为0.05
生产用工具	9 000 000.00	5	142 500.00	1 710 000.00	3 420 000.00	5 580 000.00	净残值为0.05

固定资产类别	原值	折旧年限	月折旧额	本年折旧额	累计折旧	固定资产净值	备注
运输工具（汽车）	800 000.00	4	15 833.33	190 000.00	380 000.00	420 000.00	净残值为0.05
电子设备	300 000.00	3	7916.67	95 000.00	190 000.00	110 000.00	净残值为0.05
合计	40 100 000.00		324 583.33	3 895 000.00	7 790 000.00	32 310 000.00	

表 5-5　利润表

项目	本期金额	上期金额
一、营业收入	45 800 000	42 600 000
减：营业成本	31 940 000	30 463 000
税金及附加	280 000	256 000
销售费用	2 748 000	2 857 000
管理费用	3 297 000	3 915 000
研发费用		
财务费用	1 670 000	1 650 000
其中：利息费用		
利息收入		
加：其他收益		
投资收益（损失以"-"号填列）	373 000	373 000
其中：对联营企业和合营企业的投资收益		
以摊余成本计量的金融资产终止确认收益（损失以"-"号填列）		
净敞口套期收益（损失以"-"号填列）		
公允价值变动收益（损失以"-"号填列）		
信用减值损失（损失以"-"号填列）		
资产减值损失（损失以"-"号填列）		
资产处置收益（损失以"-"号填列）		
二、营业利润（亏损以"-"号填列）	6 238 000	3 832 000
加：营业外收入		
减：营业外支出	3 160 000	
三、利润总额（亏损总额以"-"号填列）	3 078 000	3 832 000
减：所得税费用	769 500	958 000

续表

项目	本期金额	上期金额
四、净利润（净亏损以"-"号填列）	2 308 500	2 874 000
（一）持续经营净利润（净亏损以"-"号填列）	2 308 500	2 874 000
（二）终止经营净利润（净亏损以"-"号填列）		

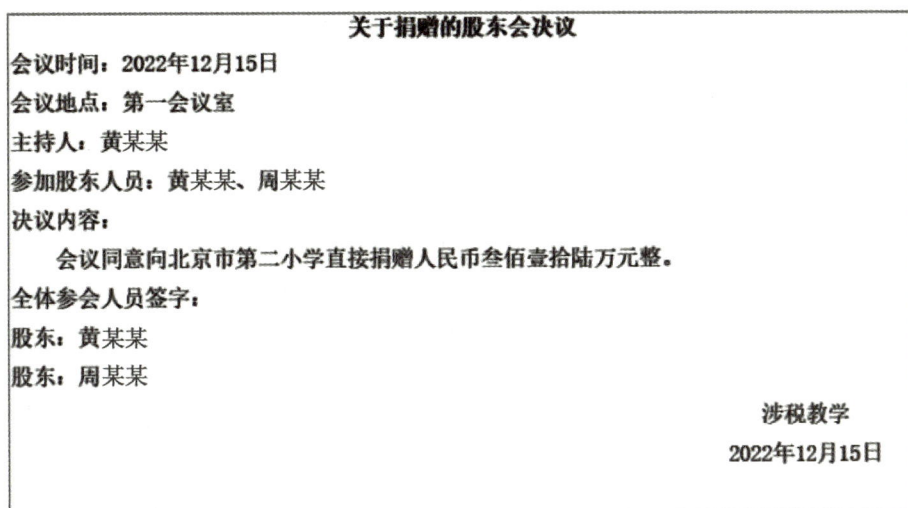

关于捐赠的股东会决议

会议时间：2022年12月15日

会议地点：第一会议室

主持人：黄某某

参加股东人员：黄某某、周某某

决议内容：

会议同意向北京市第二小学直接捐赠人民币叁佰壹拾陆万元整。

全体参会人员签字：

股东：黄某某

股东：周某某

涉税教学

2022年12月15日

图 5-14 关于捐赠的股东会决议

【实操指导】纳税人进行企业所得税年度汇算清缴纳税申报时，需进入"电子税务局"进行操作。

【第一步】登录"电子税务局"后，进入企业需按期申报的税费清册页面。如图 5-15 所示。

图 5-15

【第二步】选择"中华人民共和国企业所得税年度纳税申报表"后，单击"填写纳税申报表"。进入报表填报界面，如图 5-16 所示。

图 5-16

依据企业实际发生经济业务选择需要填报的表单。

1. "企业所得税年度纳税申报表填报表单"。A000000、A100000 两张表为必填表。系统自动勾选，其他表格企业需要根据经济业务发生情况进行勾选填报。如图 5-17 所示。

企业所得税年度纳税申报表填报表单

表单编号	表单名称	是否填报
A000000	企业所得税年度纳税申报基础信息表	√
A100000	中华人民共和国企业所得税年度纳税申报表（A类）	√
A101010	一般企业收入明细表	☑
A101020	金融企业收入明细表	☐
A102010	一般企业成本支出明细表	☑
A102020	金融企业支出明细表	☐
A103000	事业单位、民间非营利组织收入、支出明细表	☐
A104000	期间费用明细表	☑
A105000	纳税调整项目明细表	☑
A105010	视同销售和房地产开发企业特定业务纳税调整明细表	☐
A105020	未按权责发生制确认收入纳税调整明细表	☐
A105030	投资收益纳税调整明细表	☐
A105040	专项用途财政性资金纳税调整明细表	☐
A105050	职工薪酬支出及纳税调整明细表	☑
A105060	广告费和业务宣传费跨年度纳税调整明细表	☑
A105070	捐赠支出及纳税调整明细表	☑
A105080	资产折旧、摊销及纳税调整明细表	☑
A105090	资产损失税前扣除及纳税调整明细表	☐
A105100	企业重组及递延纳税事项纳税调整明细表	☐
A105110	政策性搬迁纳税调整明细表	☐
A105120	贷款损失准备金及纳税调整明细表	☐
A106000	企业所得税弥补亏损明细表	☐
A107010	免税、减计收入及加计扣除优惠明细表	☑
A107011	符合条件的居民企业之间的股息、红利等权益性投资收益优惠明细表	☐
A107012	研发费用加计扣除优惠明细表	☐
A107020	所得减免优惠明细表	☐
A107030	抵扣应纳税所得额明细表	☐
A107040	减免所得税优惠明细表	☐
A107041	高新技术企业优惠情况及明细表	☐
A107042	软件、集成电路企业优惠情况及明细表	☐
A107050	税额抵免优惠明细表	☐
A108000	境外所得税收抵免明细表	☐
A108010	境外所得纳税调整后所得明细表	☐
A108020	境外分支机构弥补亏损明细表	☐
A108030	跨年度结转抵免境外所得税明细表	☐
A109000	跨地区经营汇总纳税企业年度分摊企业所得税明细表	☐
A109010	企业所得税汇总纳税分支机构所得税分配表	☐

说明：企业应当根据实际情况选择需要填报的表单。

图 5-17

填表说明：根据企业“本年有关经营情况表”（见图 5-13）可知企业发生工资薪金支出需勾选 A105050 表，发生广告费和业务宣传费支出需勾选 A105060 表，取得国债利息收入需勾选 A107010 表，发生固定资产折旧需勾选 A105080 表；根据“关于捐赠的股东会决议”（见图 5-14）可知企业发生捐赠支出需勾选 A105070 表；根据“基础信息表”（见图 5-12）可知企业资产总额为 6618 万元，超过小型微利企业标准，因此企业需要填报 A101010、A102010 和 A104000。单击右上角保存后，勾选的报表自动显示在报表列表中。如图 5-18 所示。

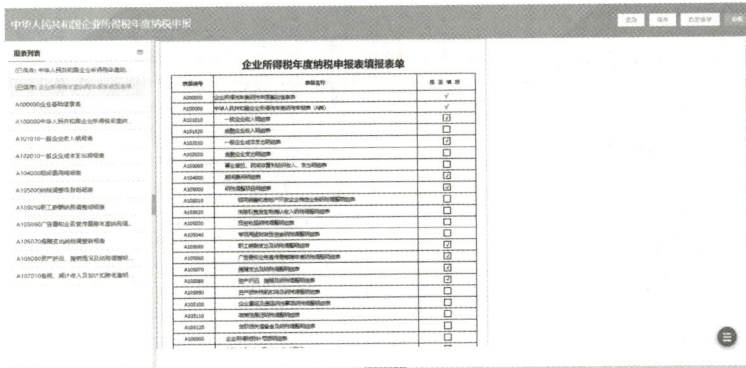

图 5-18

2. “A000000 企业所得税年度纳税申报基础信息表”。根据企业实际情况进行相关信息的填写，如图 5-19 所示。

A000000企业所得税年度纳税申报基础信息表

基础经营情况（必填项目）				
101纳税申报企业类型（填写代码）	100	102分支机构就地纳税比例（%）		
103资产总额（填写平均值，单位：万元）	6618	104从业人数（填写平均值，单位：人）		34
105所属国民经济行业（填写代码）	1210	106从事国家限制或禁止行业		○ 是 ◉ 否
107适用会计准则或会计制度（填写代码）	110	108采用一般企业财务报表格式（2019年版）		◉ 是 ○ 否
109小型微利企业	○ 是 ◉ 否	110上市公司		是（○ 境内 ○ 境外） ◉ 否
有关涉税事项情况（存在或者发生下列事项时必填）				
201从事股权投资业务	□ 是	202存在境外关联交易		□ 是
203境外所得信息	203-1选择采用的境外所得抵免方式	○ 分国（地区）不分项 ○ 不分国（地区）不分项		
	203-2 新增境外直接投资信息	○ 是（产业类别：○ 旅游业○ 现代服务业○ 高新技术产业）		
204有限合伙制创业投资企业的法人合伙人	□ 是	205创业投资企业		□ 是
206技术先进型服务企业类型（填写代码）		207非营利组织		□ 是
208软件、集成电路企业类型（填写代码）		209集成电路生产项目类型		○ 130纳米 ○ 65纳米 ○ 28纳米
210科技型中小企业	210-1　年（申报所属期年度）入库编号1		210-2入库时间1	
	210-3　年（所属期下一年度）入库编号2		210-4入库时间2	
211高新技术企业申报所属期年度有效的高新技术企业证书	211-1 证书编号1		211-2发证时间1	
	211-3 证书编号2		211-4发证时间2	
212重组事项税务处理方式	○ 一般性 ○ 特殊性	213重组交易类型（填写代码）		
214重组当事方类型（填写代码）		215政策性搬迁开始时间		年　月
216发生政策性搬迁且停止生产经营无所得年度	□ 是	217政策性搬迁损失分期扣除年度		□ 是
218发生非货币性资产对外投资递延纳税事项	□ 是	219非货币性资产对外投资转让所得递延纳税年度		□ 是
220发生技术成果投资入股递延纳税事项	□ 是	221技术成果投资入股递延纳税年度		□ 是
222发生资产（股权）划转特殊性税务处理事项	□ 是	223债务重组所得递延纳税年度		□ 是
224 研发支出辅助账样式	□ 2015 版 □ 2021 版 □ 自行设计			

主要股东及分红情况（必填项目）					
股东名称	证件种类	证件号码	投资比例	当年（决议日）分配的股息、红利等权益性投资收益金额	国籍（注册地址）
黄某某	居民身份证	110xxxxxxxxxxxxxxx	60%		中国
周某某	居民身份证	110xxxxxxxxxxxxxxx	40%		中国
其余股东合计	—	—			—

图 5-19

填表说明：根据企业"基础信息表"（见图 5-12）可知企业资产总额、从业人数、从事国家限制或禁止行业、不是上市公司及股东信息等相关资料，填入 A000000 表对应位置。

3. "一般企业收入明细表（A101010）"。根据企业实际情况进行相关信息的填写，如表 5-6 所示。

表 5-6　一般企业收入明细表（A101010）

行次	项目	金额
1	一、营业收入（2+9）	45 800 000.00
2	（一）主营业务收入（3+5+6+7+8）	45 800 000.00
3	1. 销售商品收入	45 800 000.00
4	其中：非货币性资产交换收入	0.00
5	2. 提供劳务收入	0.00
6	3. 建造合同收入	0.00
7	4. 让渡资产使用权收入	0.00
8	5. 其他	0.00
9	（二）其他业务收入（10+12+13+14+15）	0.00
10	1. 销售材料收入	0.00
11	其中：非货币性资产交换收入	0.00
12	2. 出租固定资产收入	0.00
13	3. 出租无形资产收入	0.00
14	4. 出租包装物和商品收入	0.00
15	5. 其他	0.00
16	二、营业外收入（17+18+19+20+21+22+23+24+25+26）	0.00
17	（一）非流动资产处置利得	0.00
18	（二）非货币性资产交换利得	0.00
19	（三）债务重组利得	0.00
20	（四）政府补助利得	0.00
21	（五）盘盈利得	0.00
22	（六）捐赠利得	0.00
23	（七）罚没利得	0.00
24	（八）确实无法偿付的应付款项	0.00
25	（九）汇兑收益	0.00
26	（十）其他	0.00

填表说明：根据"总账汇总表"（见表 5-2）可知企业主营业务收入为 45 800 000.00，填入 A101010 表第 3 行，本表第 1、2 行数据自动带出。

4. "一般企业成本支出明细表（A102010）"。根据企业实际情况进行相关信息的填写，如表 5-7 所示。

表 5-7　一般企业成本支出明细表（A102010）

行次	项目	金额
1	一、营业成本（2+9）	31 940 000.00
2	（一）主营业务成本（3+5+6+7+8）	31 940 000.00
3	1. 销售商品成本	31 940 000.00
4	其中：非货币性资产交换成本	0.00
5	2. 提供劳务成本	0.00
6	3. 建造合同成本	0.00
7	4. 让渡资产使用权成本	0.00
8	5. 其他	0.00
9	（二）其他业务成本（10+12+13+14+15）	0.00
10	1. 销售材料成本	0.00
11	其中：非货币性资产交换成本	0.00
12	2. 出租固定资产成本	0.00
13	3. 出租无形资产成本	0.00
14	4. 包装物出租成本	0.00
15	5. 其他	0.00
16	二、营业外支出（17+18+19+20+21+22+23+24+25+26）	3 160 000.00
17	（一）非流动资产处置损失	0.00
18	（二）非货币性资产交换损失	0.00
19	（三）债务重组损失	0.00
20	（四）非常损失	0.00
21	（五）捐赠支出	3 160 000.00
22	（六）赞助支出	0.00
23	（七）罚没支出	0.00
24	（八）坏账损失	0.00
25	（九）无法收回的债券股权投资损失	0.00
26	（十）其他	0.00

　　填表说明：根据"总账汇总表"（见表 5-2）可知企业主营业务成本为 31 940 000.00，填入 A102010 表第 3 行，本表第 1、2 行数据自动带出；捐赠支出 3 160 000.00，填入 A102010 表第 21 行，本表第 16 行数据自动带出。

　　5. "期间费用明细表（A104000）"。根据企业实际情况进行相关信息的填写，如表 5-8 所示。

表 5-8　期间费用明细表（A104000）

行次	项目	销售费用	其中：境外支付	管理费用	其中：境外支付	财务费用	其中：境外支付
		1	2	3	4	5	6
1	一、职工薪酬	572 307.92	—	755 482.07	—	—	—
2	二、劳务费	—	—	—	—	—	—
3	三、咨询顾问费	—	—	—	—	—	—
4	四、业务招待费	—	—	687 000.00	—	—	—
5	五、广告费和业务宣传费	1 366 483.56	—	—	—	—	—
6	六、佣金和手续费	—	—	—	—	70 000.00	—
7	七、资产折旧摊销费	—	—	960 000.00	—	—	—
8	八、财产损失、盘亏及毁损损失	—	—	—	—	—	—
9	九、办公费	—	—	356 000.00	—	—	—
10	十、董事会费	—	—	—	—	—	—
11	十一、租债费	—	—	—	—	—	—
12	十二、诉讼费	—	—	—	—	—	—
13	十三、差旅费	809 208.52	—	538 517.93	—	—	—
14	十四、保险费	—	—	—	—	—	—
15	十五、运输、仓储费	—	—	—	—	—	—
16	十六、修理费	—	—	—	—	—	—
17	十七、包装费	—	—	—	—	—	—
18	十八、技术转让费	—	—	—	—	—	—
19	十九、研究费用	—	—	—	—	—	—
20	二十、各项税费	—	—	—	—	—	—
21	二十一、利息收支	—	—	—	—	1 600 000.00	—
22	二十二、汇兑差额	—	—	—	—	—	—
23	二十三、现金折扣	—	—	—	—	—	—
24	二十四、党组织工作经费	—	—	—	—	—	—
25	二十五、其他	—	—	—	—	—	—
26	合计（1+2+3+…25）	2 748 000.00	0.00	3 297 000.00	0.00	1 670 000.00	0.00

填表说明：根据"期间费用明细表"（见表 5-3）可知

（1）第 1 行第 1 栏销售费用中的职工薪酬 572 307.92，为销售费用中职工薪酬 400 000.00、职工福利费 95 000.00、职工教育经费 12 000.00、工会经费 9311.48、社会保险费 31 996.44、住房公积金 24 000.00 六个数据的金额合计。

（2）第 1 行第 3 栏管理费用中的职工薪酬 755 482.07，为管理费用中职工薪酬 560 000.00、职工福利费 82 000.00、职工教育经费 15 000.00、工会经费 13 036.07、社会保险费 61 446.00、住房公积金 24 000.00 六个数据的金额合计。

（3）第 5 行广告费和业务宣传费 1 336 483.56、第 6 行佣金和手续费 70 000.00、第 7 行资产折旧摊销费、第 9 行办公费 356 000.00、第 13 行差旅费 809 208.52 和 538 517.93、第 21 行利息收支 1 600 000.00 均为期间费用明细表所列示数据。

6. "职工薪酬支出及纳税调整明细表（A105050）"。根据企业实际情况进行相关信息的填写，如表 5-9 所示。

表 5-9　职工薪酬支出及纳税调整明细表（A105050）

行次	项目	账载金额	实际发生额	税收规定扣除率	以前年度累计结转扣除额	税收金额	纳税调整金额	累计结转以后年度扣除额
		1	2	3	4	5	6（1-5）	7（2+4+5）
1	一、工资薪金支出	1 220 000.00	1 220 000.00	—	—	1 220 000.00	0.00	—
2	其中：股权激励	—	—	—	—	0.00	0.00	—
3	二、职工福利费支出	207 000.00	207 000.00	14%	—	170 800.00	36 200.00	—
4	三、职工教育经费支出	37 000.00	37 000.00		0.00	37 000.00	0.00	0.00
5	其中：按税收规定比例扣除的职工教育经费	37 000.00	37 000.00	8%	—	37 000.00	0.00	0.00
6	按税收规定全额扣除的职工培训费用	—	—	%	—	—	0.00	—
7	四、工会经费支出	28 400.00	28 400.00	2%	—	24 400.00	4000.00	—
8	五、各类基本社会保障性缴款	141 603.12	141 603.12	—	—	141 603.12	0.00	—
9	六、住房公积金	81 600.00	81 600.00	—	—	81 600.00	0.00	—
10	七、补充养老保险	—	—	%	—	—	0.00	—
11	八、补充医疗保险	—	—	%	—	—	0.00	—
12	九、其他						0.00	

续表

行次	项目	账载金额	实际发生额	税收规定扣除率	以前年度累计结转扣除额	税收金额	纳税调整金额	累计结转以后年度扣除额
		1	2	3	4	5	6（1-5）	7（2+4+5）
13	合计（1+3+4+7+8+9+10+11+12）	1 715 603.12	1 715 603.12	—	0.00	1 675 403.12	40 200.00	0.00

填表说明：根据"总账汇总表"（见表5-2）可知

（1）第1行第1栏、第2栏分别为"应付职工薪酬-工资薪金"的本年贷方及借方累计金额1 220 000.00。第5栏数据填入1 220 000.00，第6栏数据自动带出。

（2）第3行第1栏、第2栏分别为"应付职工薪酬-职工福利费"的本年贷方及借方累计金额207 000.00。第5栏数据填入207 000.00，第6栏数据自动带出。

（3）第5行第1栏、第2栏分别为"应付职工薪酬-职工教育经费"的本年贷方及借方累计金额37 000.00。第5栏数据填入37 000.00，第6栏数据自动带出。第4行各栏次数据根据第5行数据自动带出。

（4）第7行第1栏、第2栏分别为"应付职工薪酬-工会经费"的本年贷方及借方累计金额28 400.00。根据规定工会经费税前扣除限额为工资薪金的2%，即24 400.00（1 220 000.00×2%）填入第5栏。超过扣除限额的部分4000.00（28 400.00-24 400.00）需要纳税调增，该数据在第5栏填写完毕后自动带出。

（5）第8行第1栏、第2栏分别为"应付职工薪酬-社会保险费"的本年贷方及借方累计金额141 603.12。第5栏填入141 603.12，第6栏数据自动带出。

（6）第9行第1栏、第2栏分别为"应付职工薪酬-住房公积金"的本年贷方及借方累计金额81 600.00。第5栏填入81 600.00，第6栏数据自动带出。

（7）第13行各栏数据随时根据1-12行填写情况自动带出。

7. "广告费和业务宣传费等跨年度纳税调整明细表（A105060）"。根据企业实际情况进行相关信息的填写，如表5-10所示。

表5-10　广告费和业务宣传费等跨年度纳税调整明细表（A105060）

行次	项目	广告费和业务宣传费	保险企业手续费及佣金支出
1	一、本年支出	1 366 483.56	0.00
2	减：不允许扣除的支出	0.00	0.00
3	二、本年符合条件的支出（1-2）	1 366 483.56	0.00
4	三、本年计算扣除限额的基数	45 800 000.00	0.00
5	乘：税收规定扣除率	15%	%
6	四、本企业计算的扣除限额（4×5）	6 870 000.00	0.00
7	五、本年结转以后年度扣除额（3>6，本行=3-6；3≤6，本行=0）	0.00	0.00

行次	项目	广告费和业务宣传费	保险企业手续费及佣金支出
8	加：以前年度累计结转扣除额	0.00	0.00
9	减：本年扣除的以前年度结转额 [3>6，本行＝0；3≤6，本行＝8 或（6-3）孰小值]	0.00	0.00
10	六、按照分摊协议归集至其他关联方的 （10≤3 或 6 孰小值）	0.00	*
11	按照分摊协议从其他关联方处归集至本企业的金额	0.00	*
12	七、本年支出纳税调整金额（3>6，本行＝2+3-6+10-11；3≤6，本行＝2+10-11-9）	0.00	0.00
13	八、累计结转以后年度扣除额（7+8-9）	0.00	0.00

填表说明：根据"期间费用明细表"（见表5-3）可知企业发生的广告费为1 336 483.56，业务宣传费为30 000.00，两者合计金额为1 366 483.56填入本表第1行。根据"总账汇总表"可知企业主营业务收入为45 800 000.00，该数据填入第4行。第5行数据填入15%后，第6行数据自动带出。

8."捐赠支出及纳税调整明细表（A105070）"。根据企业实际情况进行相关信息的填写，如表5-11所示。

表5-11　捐赠支出及纳税调整明细表（A105070）

行次	项目	账载金额	以前年度结转可扣除的捐赠额	按税收规定计算的扣除限额	税收金额	纳税调增金额	纳税调减金额	可结转以后年度扣除的捐赠额
		1	2	3	4	5	6	7
1	一、非公益性捐赠	3 160 000.00	—	—	—	3 160 000.00	—	—
2	二、限额扣除的公益性捐赠（3+4+5+6）	0.00	0.00	0.00	0.00	0.00	0.00	0.00
3	前三年度（　　年）	—	—	—	—	—	—	—
4	前二年度（　　年）	—	—	—	—	—	—	—
5	前一年度（　　年）	—	—	—	—	—	—	—
6	本年（　　年）	—	—	—	—	—	—	—
7	三、全额扣除的公益性捐赠	—	—	—	—	—	—	—
8	—	—	—	—	—	—	—	—
9	—	—	—	—	—	—	—	—
10	—	—	—	—	—	—	—	—

续表

行次	项目	账载金额	以前年度结转可扣除的捐赠额	按税收规定计算的扣除限额	税收金额	纳税调增金额	纳税调减金额	可结转以后年度扣除的捐赠额
		1	2	3	4	5	6	7
11	合计（1+2+7）	3 160 000. 00	0. 00	0. 00	0. 00	3 160 000. 00	0. 00	0. 00
附列资料	2015 年度至本年度发生的公益性扶贫捐赠合计金额	—	—	—	—	—	—	—

填表说明：根据“总账汇总表”（见表 5-2）及“关于捐赠的股东会决议”（见图 5-14）可知企业发生的非公益性捐赠为 3 160 000. 00，填入第 1 行第 1 栏及第 5 栏。第 11 行各栏数据自动带出。

9. “资产折旧、摊销及纳税调整明细表（A105080）”。根据企业实际情况进行相关信息的填写，如图 5-20 所示。

A105080

资产折旧、摊销及纳税调整明细表（A105080）

行次	项目		账载金额			税收金额					纳税调整金额
			资产原值	本年折旧、摊销额	累计折旧、摊销额	资产计税基础	税收折旧、摊销额	享受加速折旧政策的资产按税收一般规定计算的折旧、摊销额	加速折旧、摊销统计额	累计折旧、摊销额	
			1	2	3	4	5	6	7=5-6	8	9(2-5)
1	一、固定资产（2+3+4+5+6+7）		40100000. 00	3895000. 00	7790000. 00	40100000. 00	3895000. 00	- -	- -	7790000. 00	0. 00
2	所有固定资产	（一）房屋、建筑物	20000000. 00	950000. 00	1900000. 00	20000000. 00	950000. 00	- -	- -	1900000. 00	0. 00
3		（二）飞机、火车、轮船、机器、机械和生产设备	10000000. 00	950000. 00	1900000. 00	10000000. 00	950000. 00	- -	- -	1900000. 00	0. 00
4		（三）与生产经营活动有关的器具、工具、家具等	9000000. 00	1710000. 00	3420000. 00	9000000. 00	1710000. 00	- -	- -	3420000. 00	0. 00
5		（四）飞机、火车、轮船以外的运输工具	800000. 00	190000. 00	380000. 00	800000. 00	190000. 00	- -	- -	380000. 00	0. 00
6		（五）电子设备	300000. 00	95000. 00	190000. 00	300000. 00	95000. 00	- -	- -	190000. 00	0. 00
7		（六）其他						- -	- -		0. 00
8	其中：享受固定资产加速折旧及一次性扣除政策的资产加速折旧额大于一般折旧额的部分	（一）重要行业固定资产加速折旧（不含一次性扣除）							0. 00		- -
9		（二）其他行业研发设备加速折旧							0. 00		- -
10		（三）特定地区企业固定资产加速折旧（10.1+10.2）	0. 00	0. 00	0. 00	0. 00	0. 00	0. 00	0. 00	0. 00	- -
10.1		1.海南自由贸易港企业固定资产加速折旧							0. 00		- -
10.2		2.横琴粤澳深度合作区企业固定资产加速折旧							0. 00		- -
11		（四）500 万元以下设备器具一次性扣除（11.1+11.2）	0. 00	0. 00	0. 00	0. 00	0. 00	0. 00	0. 00	0. 00	- -
11.1		1.高新技术企业 2022 年第四季度(10 月-12 月）购置单价 500 万元以下设备器具一次性扣除							0. 00		- -
11.2		2.购置单价 500 万元以下设备器具一次性扣除(不包含高新技术企业 2022 年第四季度购置)							0. 00		- -
12		（五）500 万元以上设备器具一次性扣除（12.1+12.2+12.3+12.4）	0. 00	0. 00	0. 00	0. 00	0. 00	0. 00	0. 00	0. 00	- -
12.1		中小微企业购置单价 500 万元以上设备器具：1.最低折旧年限为 3 年的设备器具一次性扣除							0. 00		- -
12.2		2.最低折旧年限为 4、5 年的设备器具 50%部分一次性扣除							0. 00		- -
12.3		3.最低折旧年限为 10 年的设备器具 50%部分一次性扣除							0. 00		- -
12.4		4.高新技术企业 2022 年第四季度（10 月-12 月）购置单价 500 万元以上设备器具一次性扣除							0. 00		- -
13		（六）特定地区企业固定资产一次性扣除（13.1+13.2）	0. 00	0. 00	0. 00	0. 00	0. 00	0. 00	0. 00	0. 00	- -
13.1		1.海南自由贸易港企业固定资产一次性扣除							0. 00		- -
13.2		2.横琴粤澳深度合作区企业固定资产加速折旧							0. 00		- -
14		（七）技术进步、更新换代固定资产加速折旧							0. 00	- -	- -
15		（八）常年强震动、高腐蚀固定资产加速折旧							0. 00		- -
16		（九）外购软件加速折旧							0. 00		- -
17		（十）集成电路企业生产设备加速折旧							0. 00		- -
18	二、生产性生物资产（19+20）		0. 00	0. 00	0. 00	0. 00	0. 00	- -	- -	0. 00	0. 00
19	（一）林木类							- -	- -		0. 00
20	（二）畜类							- -	- -		0. 00
21	三、无形资产（22+23+24+25+26+27+28+29）		0. 00	0. 00	0. 00	0. 00	0. 00	- -	- -	0. 00	0. 00
22	所有无形资产	（一）专利权						- -	- -		0. 00
23		（二）商标权						- -	- -		0. 00
24		（三）著作权						- -	- -		0. 00
25		（四）土地使用权						- -	- -		0. 00
26		（五）非专利技术						- -	- -		0. 00
27		（六）特许权使用费						- -	- -		0. 00
28		（七）软件						- -	- -		0. 00
29		（八）其他							0. 00		0. 00
30	其中：享受无形资产加速摊销及一次性摊销政策的资产加速摊销额大于一般摊销额的部分	（一）企业外购软件加速摊销							0. 00		- -
31		（二）特定地区企业无形资产加速摊销（31.1+31.2）	0. 00	0. 00	0. 00	0. 00	0. 00	0. 00	0. 00	0. 00	- -
31.1		1.海南自由贸易港企业无形资产加速摊销							0. 00		- -
31.2		2.横琴粤澳深度合作区企业无形资产加速摊销							0. 00		- -
32		（三）特定地区企业无形资产一次性摊销（32.1+32.2）	0. 00	0. 00	0. 00	0. 00	0. 00	0. 00	0. 00	0. 00	- -
32.1		1.海南自由贸易港企业无形资产一次性摊销							0. 00		- -
32.2		2.横琴粤澳深度合作区企业无形资产一次性摊销							0. 00		- -
33	四、长期待摊费用（34+35+36+37+38）		0. 00	0. 00	0. 00	0. 00	0. 00	- -	- -	0. 00	0. 00
34	（一）已足额提取折旧的固定资产的改建支出							- -	- -		0. 00
35	（二）租入固定资产的改建支出							- -	- -		0. 00
36	（三）固定资产的大修理支出							- -	- -		0. 00
37	（四）开办费							- -	- -		0. 00
38	（五）其他							- -	- -		0. 00
39	五、油气勘探投资							- -	- -		0. 00
40	六、油气开发投资							- -	- -		0. 00
41	合计（1+18+21+33+39+40）		40100000. 00	3895000. 00	7790000. 00	40100000. 00	3895000. 00	0. 00	0. 00	7790000. 00	0. 00
附列资料	全民所有制企业公司制改制资产评估增值政策资产							- -	- -		0. 00

图 5-20

填表说明：根据"固定资产折旧汇总表"（见表 5-4）所给数据填写本表第 2、3、4、5、6 行的第 1、2、3 栏。根据"本年有关经营情况表"（见图 5-13）可知企业各类固定资产的折旧年限均符合《企业所得税》相关规定，没有发生税会差异。因此本图第 4、5、8 栏数据与同行第 1、2、3 栏数据一致。第 41 行各栏数据自动带出。

10. "纳税调整项目明细表（A105000）"。根据企业实际情况进行相关信息的填写，如表 5-12 所示。

表 5-12 纳税调整项目明细表（A105000）

行次	项目	账载金额	税收金额	调增金额	调减金额
		1	2	3	4
1	一、收入类调整项目（2+3+4+5+6+7+8+10+11）	—	—	0.00	0.00
2	（一）视同销售收入（填写 A105010）	—	0.00	0.00	—
3	（二）未按权责发生制原则确认的收入（填写 A105020）	0.00	0.00	0.00	0.00
4	（三）投资收益（填写 A105030）	0.00	0.00	0.00	0.00
5	（四）按权益法核算长期股权投资对初始投资成本调整确认收益	—	—	—	—
6	（五）交易性金融资产初始投资调整	—	—	—	—
7	（六）公允价值变动净损益	—	—	0.00	0.00
8	（七）不征税收入	—	—	—	—
9	其中：专项用途财政性资金（填写 A105040）	—	—	0.00	0.00
10	（八）销售折扣、折让和退回	—	—	0.00	0.00
11	（九）其他	—	—	0.00	0.00
12	二、扣除类调整项目（13+14+15+16+17+18+19+20+21+22+23+24+26+27+28+29+30）	—	—	3 658 200.00	0.00
13	（一）视同销售成本（填写 A105010）	—	0.00	—	0.00
14	（二）职工薪酬（填写 A105050）	1 715 603.12	1 675 403.12	40 200.00	0.00
15	（三）业务招待费支出	687 000.00	229 000.00	458 000.00	—
16	（四）广告费和业务宣传费支出（填写 A105060）	—	—	0.00	0.00
17	（五）捐赠支出（填写 A105070）	3 160 000.00	0.00	3 160 000.00	0.00
18	（六）利息支出	1 600 000.00	1 600 000.00	0.00	0.00
19	（七）罚金、罚款和被没收财物的损失	—	—	0.00	—
20	（八）税收滞纳金、加收利息	—	—	0.00	—
21	（九）赞助支出	—	—	0.00	—
22	（十）与未实现融资收益相关在当期确认的财务费用	—	—	0.00	0.00

续表

行次	项目	账载金额	税收金额	调增金额	调减金额
		1	2	3	4
23	（十一）佣金和手续费支出（保险企业填写A105060）	—	—	0.00	0.00
24	（十二）不征税收入用于支出所形成的费用	—	—	—	—
25	其中：专项用途财政性资金用于支出所形成的费用（填写A105040）	—	—	0.00	—
26	（十三）跨期扣除项目	—	—	0.00	0.00
27	（十四）与取得收入无关的支出	—	—	0.00	
28	（十五）境外所得分摊的共同支出	—	—		0.00
29	（十六）党组织工作经费	—	—	0.00	0.00
30	（十七）其他	—	—	0.00	0.00
31	三、资产类调整项目（32+33+34+35）			0.00	0.00
32	（一）资产折旧、摊销（填写A105080）	3 895 000.00	3 895 000.00		
33	（二）资产减值准备金	—	—	0.00	0.00
34	（三）资产损失（填写A105090）	—	—	0.00	0.00
35	（四）其他			0.00	0.00
36	四、特殊事项调整项目（37+38+39+40+41+42+43）	—	—	0.00	0.00
37	（一）企业重组及递延纳税事项（填写A105100）	0.00	0.00	0.00	0.00
38	（二）政策性搬迁（填写A105110）	—	—	0.00	0.00
39	（三）特殊行业准备金（39.1+39.2+39.4+39.5+39.6+39.7）			0.00	0.00
39.1	1. 保险公司保险保障基金	—	—	0.00	0.00
39.2	2. 保险公司准备金	—	—	0.00	0.00
39.3	其中：已发生未报案未决赔款准备金	—	—	0.00	0.00
39.4	3. 证券行业准备金	—	—	0.00	0.00
39.5	4. 期货行业准备金	—	—	0.00	0.00
39.6	5. 中小企业融资（信用）担保机构准备金	—	—	0.00	0.00
39.7	6. 金融企业、小额贷款公司准备金（填写A105120）	—	—	0.00	0.00
40	（四）房地产开发企业特定业务计算的纳税调整额（填写A105010）	—	0.00	0.00	0.00

续表

行次	项目	账载金额	税收金额	调增金额	调减金额
		1	2	3	4
41	（五）合伙企业法人合伙人应分得的应纳税所得额	—	—	0.00	0.00
42	（六）发行永续债利息支出	—	—	0.00	0.00
43	（七）其他	—	—	—	—
44	五、特别纳税调整应税所得	—	—	—	—
45	六、其他	—	—	—	—
46	合计（1+12+31+36+44+45）	—	—	3 658 200.00	0.00

填表说明：本企业的纳税调整事项需通过 A105000 表进行填报。本表部分数据因相关附表（A105050、A105060、A105070、A105080）填报后自动带出，还有部分数据需在本表直接填报。根据期间费用明细表可知企业发生业务招待费 687 000.00，根据规定业务招待费税前扣除限额为企业销售收入的 5‰即 229 000.00（45 800 000×5‰），且不得超过发生额的 60%即 412 200.00（687 000.00×60%）。因此本表第 15 行第 1 栏为 687 000.00，第 2 栏为 229 000.00，第 3 栏为 458 000.00。本表第 46 行数据自动带出。

11. "免税、减计收入及加计扣除优惠明细表（A107010）"。根据企业实际情况进行相关信息的填写，如表 5-13 所示。

表 5-13　免税、减计收入及加计扣除优惠明细表（A107010）

行次	项目	金额
1	一、免税收入（2+3+9+10+11+12+13+14+15+16）	373 000.00
2	（一）国债利息收入免征企业所得税	373 000.00
3	（二）符合条件的居民企业之间的股息、红利等权益性投资收益免征企业所得税（4+5+6+7+8）	0.00
4	1. 一般股息红利等权益性投资收益免征企业所得税（填写 A107011）	0.00
5	2. 内地居民企业通过沪港通投资且连续持有 H 股满 12 个月取得的股息红利所得免征企业所得税（填写 A107011）	0.00
6	3. 内地居民企业通过深港通投资且连续持有 H 股满 12 个月取得的股息红利所得免征企业所得税（填写 A107011）	0.00
7	4. 居民企业持有创新企业 CDR 取得的股息红利所得免征企业所得税（填写 A107011）	0.00
8	5. 符合条件的永续债利息收入免征企业所得税（填写 A107011）	0.00
9	（三）符合条件的非营利组织的收入免征企业所得税	0.00
10	（四）中国清洁发展机制基金取得的收入免征企业所得税	0.00
11	（五）投资者从证券投资基金分配中取得的收入免征企业所得税	0.00

行次	项目	金额
12	（六）取得的地方政府债券利息收入免征企业所得税	0.00
13	（七）中国保险保障基金有限责任公司取得的保险保障基金等收入免征企业所得税	0.00
14	（八）中国奥委会取得北京冬奥组委支付的收入免征企业所得税	0.00
15	（九）中国残奥委会取得北京冬奥组委分期支付的收入免征企业所得税	0.00
16	（十）其他（16.1+16.2）	0.00
16.1	1. 取得的基础研究资金收入免征企业所得税	0.00
16.2	2. 其他	0.00
17	二、减计收入（18+19+23+24）	0.00
18	（一）综合利用资源生产产品取得的收入在计算应纳税所得额时减计收入	0.00
19	（二）金融、保险等机构取得的涉农利息、保费减计收入（20+21+22）	0.00
20	1. 金融机构取得的涉农贷款利息收入在计算应纳税所得额时减计收入	0.00
21	2. 保险机构取得的涉农保费收入在计算应纳税所得额时减计收入	0.00
22	3. 小额贷款公司取得的农户小额贷款利息收入在计算应纳税所得额时减计收入	0.00
23	（三）取得铁路债券利息收入减半征收企业所得税	0.00
24	（四）其他（24.1+24.2）	0.00
24.1	1. 取得的社区家庭服务收入在计算应纳税所得额时减计收入	0.00
24.2	2. 其他	0.00
25	三、加计扣除（26+27+28+29+30）	0.00
26	（一）开发新技术、新产品、新工艺发生的研究开发费用加计扣除（填写A107012）	0.00
27	（二）科技型中小企业开发新技术、新产品、新工艺发生的研究开发费用加计扣除（填写A107012）	0.00
28	（三）企业为获得创新性、创意性、突破性的产品进行创意设计活动而发生的相关费用加计扣除（加计扣除比例及计算方法：110）	0.00
28.1	其中：第四季度相关费用加计扣除	0.00
28.2	前三季度相关费用加计扣除	0.00
29	（四）安置残疾人员所支付的工资加计扣除	0.00
30	（五）其他（30.1+30.2+30.3）	0.00
30.1	1. 企业投入基础研究支出加计扣除	0.00
30.2	2. 高新技术企业设备器具加计扣除	0.00
30.3	3. 其他	0.00
31	合计（1+17+25）	373 000.00

　　填表说明：根据企业"本年有关经营情况表"（见图 5-13）可知企业发生的债券投资收益全部为国债利息收入。另据"总账汇总表"（见表 5-2）可知投资收益为 373 000.00。将 373 000.00 填入本表第 2 行后，第 1 行及第 31 行数据自动带出。

　　12."企业所得税年度纳税申报表（A 类）（A100000）"。根据企业实际情况进行相关信息的填写，如表 5-14 所示。

表 5-14　企业所得税年度纳税申报表（A 类）（A100000）

纳税人识别号：911×××××××××××××××　　　　纳税人名称：涉税教学

所属时期：2022-01-01　至 2022-12-31　填表日期：2023-04-08　　金额单位：元（列至角分）

行次	类别	项目	金额
1	利润总额计算	一、营业收入（填写 A101010\101020\10300）	45 800 000.00
2		减：营业成本（填写 A102010\102020\103000）	31 940 000.00
3		减：税金及附加	280 000.00
4	利润总额计算	减：销售费用（填写 A104000）	2 748 000.00
5		减：管理费用（填写 A104000）	3 297 000.00
6		减：财务费用（填写 A104000）	1 670 000.00
7		减：资产减值损失	0.00
8		加：公允价值变动收益	0.00
9		加：投资收益	373 000.00
10		二、营业利润	6 238 000.00
11		加：营业外收入（填写 A101010\101020\103000）	0.00
12		减：营业外支出（填写 A102010\102020\103000）	3 160 000.00
13		三、利润总额（10+11-12）	3 078 000.00
14	应纳税所得额计算	减：境外所得（填写 A108010）	0.00
15		加：纳税调整增加额（填写 A105000）	3 658 200.00
16		减：纳税调整减少额（填写 A105000）	0.00
17		减：免税、减计收入及加计扣除（填写 A107010）	373 000.00
18		加：境外应税所得抵减境内亏损（填写 A108000）	0.00
19		四、纳税调整后所得（13-14+15-16-17+18）	6 363 200.00
20		减：所得减免（填写 A107020）	0.00
21		减：弥补以前年度亏损（填写 A106000）	0.00
22		减：抵扣应纳税所得额（填写 A107030）	0.00
23		五、应纳税所得额（19-20-21-22）	6 363 200.00
24	应纳税额计算	税率（25%）	25%
25		六、应纳所得税额（23×24）	1 590 800.00
26		减：减免所得税额（填写 A107040）	0.00

续表

行次	类别	项目	金额
27	应纳税额计算	减：抵免所得税额（填写 A107050）	0.00
28		七、应纳税额（25-26-27）	1 590 800.00
29		加：境外所得应纳所得税额（填写 A108000）	0.00
30		减：境外所得抵免所得税额（填写 A108000）	0.00
31		八、实际应纳所得税额（28+29-30）	1 590 800.00
32		减：本年累计实际已缴纳的所得税额	769 500.00
33		九、本年应补（退）所得税额（31-32）	821 300.00
34		其中：总机构分摊本年应补（退）所得税额（填写 A109000）	0.00
35		财政集中分配本年应补（退）所得税额（填写 A109000）	0.00
36		总机构主体生产经营部门分摊本年应补（退）所得税额（填写 A109000）	0.00
37	实际应纳税额计算	减：民族自治地区企业所得税地方分享部分：（□免征□ 减征：减征幅度____%）	0.00
38		十、本年实际应补（退）所得税额（33-37）	821 300.00

填表说明：本表部分数据因相关附表（A101010、A102010、A104000、A105000、A107010）填报后自动带出，还有部分数据需在本表直接填报。根据"利润表"（见表 5-5）可知企业的税金及附加 280 000.00，投资收益 373 000.00，营业利润 6 238 000.00 这 3 个数据分别填入本表第 3、9、10 行。第 25 行填企业所得税税率为 25%。根据"利润表"（见表 5-5）可知企业本年累计实际已缴纳的所得税额为 769 500.00 元，该数据填入第 32 行。这些自动带出数据及手动填写数据填好后其余相关数据根据表内行次间的计算关系自动带出。至此企业所得税年度纳税申报表全部数据填报完毕。

【第三步】所有表格填写完毕后，点击右上角"申报"。弹出"正式申报后将不允许修改已申报表单，确认申报？"对话框。如图 5-21 所示。

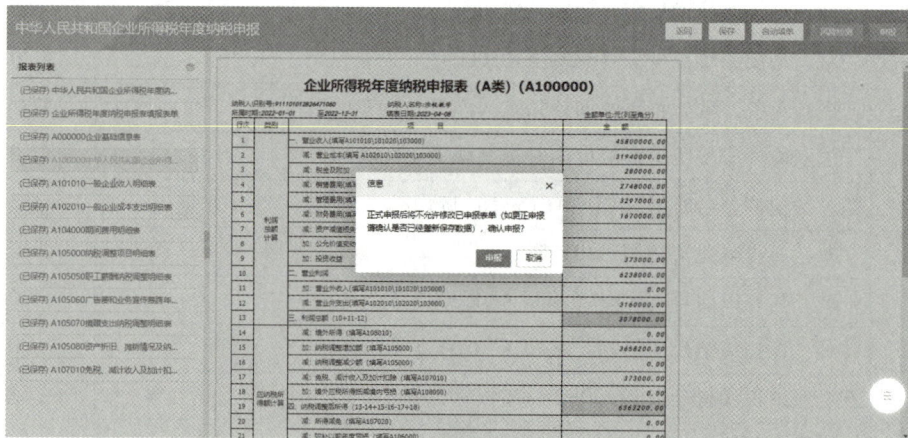

图 5-21

【第四步】点击"申报"后，弹出"申报反馈"，点击"确定"。如图 5-22 所示。

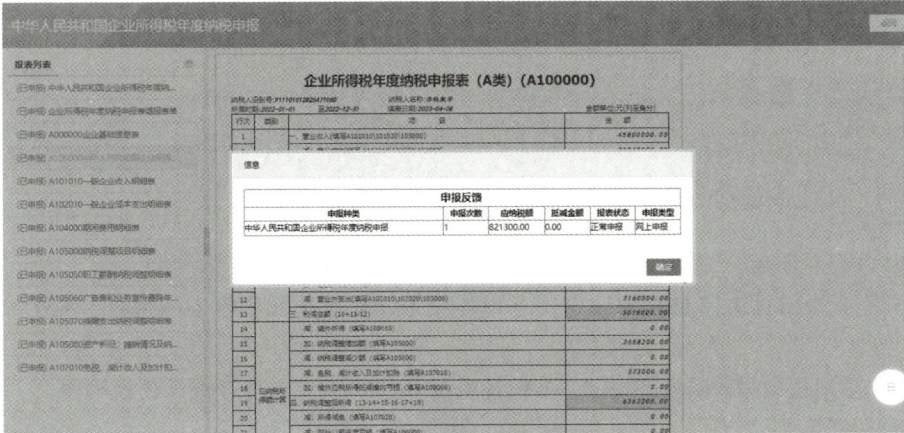

图 5-22

【第五步】完成申报后，弹出"申报成功！是否现在进入税款缴纳？"对话框，单击"是"。如图 5-23 所示。

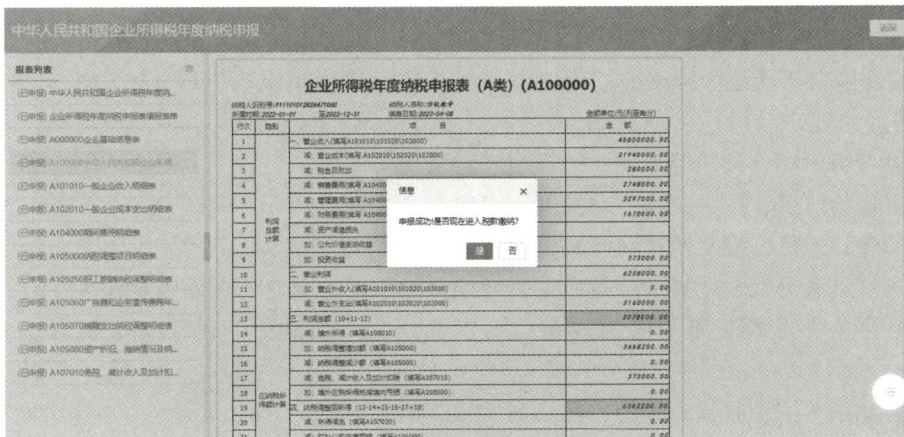

图 5-23

【第六步】进入"税款缴纳"页面，在需要缴纳税款记录的左侧进行框选确认，然后单击页面下方"立即缴款"后，提示"扣款成功"完成税款缴纳。如图 5-24 所示。

图 5-24

技能训练

一、单项选择题

1. 根据企业所得税法律制度的规定，下列企业和取得收入的组织中，（　　）不属于企业所得税纳税人。

A. 事业单位　　　　　　　　　　B. 个人独资企业

C. 民办非企业单位　　　　　　　D. 社会团体

2. 根据企业所得税法律制度的规定，下列各项中，属于不征税收入的是（　　）。

A. 租金收入　　　B. 财政拨款　　　C. 利息收入　　　D. 股息收入

3. 根据企业所得税法律制度的规定，下列各项中，（　　）不属于企业所得税纳税人。

A. 外商独资企业　　　　　　　　B. 一人有限责任公司

C. 社会团体　　　　　　　　　　D. 个人独资企业

4. 2024年9月甲电子公司销售一批产品，含增值税价格67.8万元。由于购买数量多，乙电子公司给予购买方8折优惠。已知增值税税率为13%，甲电子公司在计算企业所得税应纳税所得额时，应确认的产品销售收入为（　　）万元。

A. 65.8　　　　　B. 54.24　　　　　C. 48　　　　　D. 67.8

5. 根据企业所得税法律制度的规定，下列关于来源于中国境内、境外所得确定来源地的表述中，不正确的是（　　）。

A. 提供劳务所得，按照劳务发生地确定

B. 销售货物所得，按照交易活动发生地确定

C. 动产转让所得，按照转让动产发生地确定

D. 股息、红利等权益性投资收益所得，按照分配所得的企业所在地确定

6. 根据企业所得税法律制度的规定，关于确认收入实现时间的下列表述中，正确的是（　　）。

A. 销售商品采用预收款方式的，在收到货款时确认

B. 销售商品需要安装和检验的，在商品发出时确认

C. 销售商品采用托收承付方式的，在签订合同时确认

D. 销售商品采用支付手续费方式委托代销的，在收到代销清单时确认收入

7. 甲公司是一家居民企业，2023年计入成本、费用的实发工资总额为500万元，拨缴职工工会经费10万元，支出职工福利费65万元、职工教育经费30万元。已知，企业发生的职工福利费支出、职工教育经费支出、工会经费支出，分别按不超过工资、薪金总额14%、8%、2%的部分准予扣除。该公司2023年计算应纳税所得额时准予在税前扣除的工资和三项经费合计的下列算式中，正确的是（　　）万元。

A. 500+500×14%+500×2%+500×8%=620

B. 500+500×14%+10+30=610

C. 500+65+10+500×8%=615

D. 500+65+10+30=605

8. 根据企业所得税法律制度的规定，以下属于非居民企业的是（　　）。

A. 根据外国法律成立且实际管理机构在国外，在我国设立了机构场所

B. 根据我国企业法律制度成立，在国外设立了机构场所

C. 根据外国法律成立，实际管理机构在我国的甲公司

D. 根据我国法律成立，实际管理机构在我国的乙公司

9. 根据企业所得税法律制度的规定，下列企业发生的广告费和业务宣传费一律不得扣除的是（　　）。

A. 化妆品制造企业的化妆品广告费　　　　B. 医药制造企业的药品广告费

C. 烟草企业的烟草广告费　　　　　　　　D. 饮料制造企业的饮料广告费

10. 根据企业所得税法律制度的规定，下列各项中，（　　）属于特许权使用费收入。

A. 转让专利所有权取得的收入　　　　　　B. 提供专利使用权取得的收入

C. 提供运输工具使用权取得的收入　　　　D. 提供机器设备使用权取得的收入

11. 根据企业所得税法律制度的规定，下列各项中，（　　）属于不征税收入。

A. 财政拨款收入　　　B. 国债利息收入　　　C. 接受捐赠收入　　　　D. 转让股权收入

12. 根据企业所得税法律制度的规定，下列公司中，（　　）不属于企业所得税纳税人。

A. 有限责任公司　　B. 合伙独资企业　　C. 事业单位　　　　　　D. 股份有限公司

13. 根据企业所得税法律制度的规定，下列各项中，属于不征税收入的是（　　）。

A. 债务重组收入　　　　　　　　　　　　B. 特许权使用费收入

C. 逾期未退包装物押金收入　　　　　　　D. 依法收取并纳入财政管理的行政事业性收费

14. 根据企业所得税法律制度的规定，企业为员工缴纳的下列保险费，（　　）不得在企业所得税税前扣除。

A. 商业保险费

B. 基本医疗保险费

C. 补充养老保险费

D. 因公出差乘坐交通工具发生的人身意外保险费

15. 下列各项中，不属于职工福利费的是（　　）。

A. 丧葬补助费　　　B. 防暑降温费　　　C. 搬家费　　　　　　D. 年终奖金

16. 根据企业所得税法律制度的规定，下列各项中，（　　）应以同类固定资产的重置完全价值为计税基础。

A. 盘盈的固定资产　　　　　　　　　　　B. 自行建造的固定资产

C. 外购的固定资产　　　　　　　　　　　D. 通过捐赠取得的固定资产

17. 根据企业所得税法律制度的规定，下列关于企业销售货物收入确认的表述中，正确的是（　　）。

A. 销售商品采用支付手续费方式委托代销的，在收到货款时确认收入

B. 企业已经确认销售收入的售出商品发生销售折让，冲减当期销售商品收入

C. 销售商品以旧换新的，应当以扣除回收商品价值后的余额确定销售商品收入金额

D. 销售商品涉及现金折扣的，应当以扣除现金折扣后的金额确定销售商品收入金额

18. 甲公司 2023 年度发生合理的工资薪金支出 1200 万元，发生职工福利费支出 160 万元，拨缴工会经费 20 万元，发生职工教育经费支出 80 万元，上年度结转未扣除的职工教育经费支出 13 万元。已知公司发生的职工福利费支出、拨缴的工会经费支出、发生的职工教育经费支出分别在不超过工资薪金总额 14%、2%、8% 的部分，准予扣除。在计算甲公司 2023 年度企业所得税应纳税所得额时，准予扣除的职工福利费支出、工会经费支出和职工教育经费支出合计金额为（　　）万元。

A. 276　　　　　　　B. 273　　　　　　　C. 288　　　　　　　D. 285

19. 根据企业所得税法律制度的规定，关于确认收入实现时间的下列表述中，正确的是（　　）。

A. 接受捐赠收入，按照合同约定的捐赠日期确认收入的实现

B. 租金收入，按照出租人实际收到租金的日期确认收入的实现

C. 权益性投资收益，按照投资方实际收到利润的日期确认收入的实现

D. 利息收入，按照合同约定的债务人应付利息的日期确认收入的实现

20. 2023 年 5 月非金融企业甲公司向非关联关系的非金融企业乙公司借款 100 万元，用于生产经营，期限为半年，双方约定年利率为 8%，已知金融企业同期同类贷款年利率为 5.6%，甲公司在计算当年企业所得税应纳税所得额时，准予扣除利息费用的下列计算中，正确的是（　　）万元。

A. 100×5.6%×50% = 2.8

B. 100×8% = 8

C. 100×5.6% = 5.6

D. 100×8%×50% = 4

二、多项选择题

1. 根据企业所得税法律制度的规定，下列各项中，（　　）属于企业所得税纳税人。

A. 外国公司在中国境内的分公司　　　　B. 在中国境内注册成立的社会团体

C. 在中国境内注册成立的个人独资企业　D. 在中国境内注册成立的一人有限责任公司

2. 根据企业所得税法律制度的规定，下列所得中应当按照负担、支付所得的企业或者机构、场所所在地确定所得来源地的有（　　）。

A. 特许权使用费所得　　　　　　　　　B. 利息所得

C. 动产转让所得　　　　　　　　　　　D. 销售货物所得

3. 根据企业所得税法律制度的规定，下列固定资产中，在计算企业所得税应纳税所得额时不得计算折旧扣除的有（　　）。

A. 未投入使用的房屋　　　　　　　　　B. 以融资租赁方式租出的固定资产

C. 与经营活动无关的固定资产　　　　　D. 已足额提取折旧仍继续使用的固定资产

4. 根据企业所得税法律制度的规定，下列所得中，（　　）属于企业所得税征税对象。

A. 居民企业来源于中国境内的所得

B. 居民企业来源于中国境外的所得

C. 在中国境内未设立机构、场所的非居民企业来源于中国境外的所得

D. 在中国境内设立机构、场所的非居民企业，其机构、场所来源于中国境内的所得

5. 根据企业所得税法律制度的规定，下列各项中，属于生产性生物资产的有（　　）。

A. 薪炭林　　　　B. 经济林　　　　C. 产畜　　　　D. 役畜

6. 根据企业所得税法律制度的规定，下列关于不同销售方式销售收入确认中，正确的有（　　）。

A. 以现金折扣方式销售商品，应按扣除现金折扣后的金额确认销售收入

B. 以商业折扣方式销售商品，应按扣除商业折扣后的金额确认销售收入

C. 销售商品采用支付手续费方式委托代销的，在收到代销清单时确认收入

D. 以旧换新方式销售商品，销售的商品按照售价确认收入，回收的商品作为购进商品处理

7. 根据企业所得税法律制度的规定，企业从事下列项目取得的所得，免征企业所得税的有（　　）。

A. 家禽养殖　　　　B. 蔬菜种植　　　　C. 内陆养殖　　　　D. 林木的培育和种植

8. 根据企业所得税法律制度的规定，下列收入中，（　　　）应计入企业所得税收入总额。

A. 特许权使用费收入
B. 销售货物收入
C. 转让财产收入
D. 接受捐赠收入

9. 在计算企业所得税时，允许扣除的税金有（　　　）。

A. 个人所得税
B. 资源税
C. 消费税
D. 可以抵扣的增值税

10. 根据企业所得税法律制度的规定，下列各项中，属于视同销售货物的有（　　　）。

A. 将外购货物用于偿债
B. 将自产应税消费品用于广告
C. 将外购货物用于赞助
D. 将自产应税消费品用于对外捐赠

11. 根据企业所得税法律制度的规定，在中国境内未设立机构、场所的非居民企业取得的来源于中国境内的下列所得中，应以收入全额为应纳税所得额的有（　　　）。

A. 股息所得
B. 租金所得
C. 转让财产所得
D. 特许权使用费所得

12. 根据企业所得税法律制度的规定，下列各项中，在计算企业所得税应纳税所得额时，应计入收入总额的有（　　　）。

A. 企业资产溢余收入
B. 逾期未退包装物押金收入
C. 确实无法偿付的应付款项
D. 违约金收入

13. 根据企业所得税法律制度的规定，下列关于所得来源地的确定，表述正确的有（　　　）。

A. 销售货物所得，按照交易活动发生地确定
B. 不动产转让所得，按照不动产所在地确定
C. 权益性投资资产转让所得，按照投资企业所在地确定
D. 股息、红利等权益性投资所得，按照分配所得的企业所在地确定

14. 根据企业所得税法律制度的规定，下列各项中，属于长期待摊费用的有（　　　）。

A. 经营租入固定资产的改建支出
B. 融资租入固定资产的租赁费支出
C. 已足额提取折旧固定资产的改建支出
D. 固定资产的大修理支出

15. 根据企业所得税法律制度的规定，企业取得的下列收入中属于货币形式的有（　　　）。

A. 现金
B. 应收账款
C. 存货
D. 准备持有至到期的债券投资

三、判断题

1. 企业不征税收入用于支出所形成的固定资产，其对应的折旧可以在企业所得税税前计算扣除。（　　　）

2. 依照中国法律、行政法规成立的合伙独资企业，属于企业所得税纳税人。（　　　）

3. 企业对外投资期间，投资资产的成本在计算企业所得税应纳税所得额时不得扣除。（　　　）

4. 企业为促进商品销售，给予购买方的商业折扣应按扣除商业折扣后的余额确定销售收入，计算企业所得税应纳税额。（　　　）

5. 在中国境内设立机构、场所且取得的所得与其所设机构、场所有实际联系的非居民企业，应当就其来源于中国境内、境外的所得缴纳企业所得税，适用税率为10%。（　　　）

6. 企业向投资者支付的股息、红利等权益性投资收益款项，准予在计算企业所得税应纳税所得额时扣除。（　　　）

7. 企业接受捐赠收入，按照实际收到捐赠资产的日期确认企业所得税收入的实现。（　　　）

8. 居民企业在汇总计算缴纳企业所得税时，其境外营业机构的亏损不得抵减境内营业机构的盈利。（　　　）

9. 企业取得的利息收入按照实际收到利息的日期确认企业所得税收入的实现。（　　）

10. 非营利组织从事营利活动取得的收入，免征企业所得税。（　　）

11. 企业所得税非居民企业委托营业代理人在中国境内从事生产经营活动，包括委托单位或者个人经常代其签订合同，或者储存、交付货物等，该营业代理人视为非居民企业在中国境内设立的机构、场所。（　　）

12. 企业在转让或者处置投资资产时，投资资产的成本，准予扣除。（　　）

13. 计算企业所得税应纳税所得额时，企业当年发生的职工福利费超过法律规定扣除标准的部分，准予以后纳税年度结转扣除。（　　）

14. 企业职工因公出差乘坐交通工具发生的人身意外保险费支出，不得在计算企业所得税的应纳税所得额时扣除。（　　）

15. 企业已经作为损失处理的资产，在以后纳税年度又全部或者部分收回时，应当计入当期收入。（　　）

16. 企业在年度中间终止经营活动的，应当自实际经营终止之日起 60 日内，向税务机关办理当期企业所得税汇算清缴。（　　）

17. 居民企业在汇总计算缴纳企业所得税时，其境外营业机构的亏损可以抵减境内营业机构的盈利。（　　）

18. 计算企业所得税收入总额时，以分期收款方式销售货物的，以发货日期来确认收入。（　　）

19. 企业所得税按年计征，分月或者分季预缴，年终汇算清缴，多退少补。（　　）

20. 根据企业所得税法律制度的规定，未投入使用的房屋，准予在税前扣除折旧费用。（　　）

四、不定项选择题

1. 甲公司是一家居民企业，一般纳税人，主要从事机械设备的生产和销售业务，甲公司 2023 年度有关经营情况如下：

（1）机械设备销售收入 1250 万元，机械设备租赁收入 150 万元，银行存款利息收入 20 万元，从被投资的未上市居民企业乙公司取得股息 160 万元。

（2）与生产经营活动有关的业务招待费支出 40 万元。

（3）符合条件的广告费和业务宣传费支出 240 万元。

（4）4 月进口一台本公司生产用设备并投入使用，向海关缴纳关税及增值税，取得海关开具的海关进口增值税专用缴款书。11 月因经营业务调整，该设备处于闲置状态，甲公司于 12 月将该设备转让。

已知：企业发生的与生产经营活动有关的业务招待费支出，按照发生额的 60% 扣除，但最高不得超过当年销售（营业）收入的 5‰。企业发生的符合条件的广告费和业务宣传费支出，不超过当年销售（营业）收入 15% 的部分，准予扣除；取得的增值税扣税凭证符合规定，并于取得当月抵扣。

要求：

根据上述资料，不考虑其他因素，分析回答下列小题。

（1）甲公司 2023 年度取得的下列收入中，属于企业所得税免税收入的是（　　）。

A. 机械设备销售收入 1250 万元

B. 银行存款利息收入 20 万元

C. 机械设备租赁收入 150 万元

D. 从被投资的未上市居民企业乙公司取得股息 160 万元

（2）在计算甲公司2023年度企业所得税应纳税所得额时，允许扣除的业务招待费支出是（　　）万元。

A. 7　　　　　　　　B. 24　　　　　　　　C. 7. 1　　　　　　　　D. 7. 9

（3）在计算甲公司2023年度企业所得税应纳税所得额时，允许扣除的广告费和业务宣传费支出是（　　）万元。

A. 240　　　　　　　B. 213　　　　　　　C. 210　　　　　　　D. 237

（4）甲公司2023年进口及转让生产设备的下列税务处理中，正确的是（　　）。

A. 进口生产设备按组成计税价格和规定的税率计算向海关缴纳增值税

B. 进口生产设备由海关代征的增值税计入该设备的计税基础

C. 进口生产设备缴纳的关税计入该设备的计税基础

D. 转让生产设备按增值税简易计税方法计算应缴纳的增值税

2. 甲公司是一家居民企业，增值税一般纳税人，其注册地不在中关村国家自主创新示范区特定区域内，主要从事小汽车的生产和销售业务，该公司2023年度有关经营情况如下：

（1）销售小汽车取得含增值税销售额67 800万元。

（2）当年向税务机关缴纳增值税2400万元、消费税2800万元、城市维护建设税364万元、教育费附加156万元。

（3）取得符合条件的生产技术转让所得1500万元。

（4）发生未形成无形资产计入当期损益的新技术研究开发费用400万元。

（5）通过市政府向目标脱贫地区的扶贫捐赠支出180万元，直接向某大学捐款50万元。

（6）发生合理的工资、薪金支出3120万元，职工福利费支出430万元。

已知：研发费用在按照规定据实扣除的基础上，再按照实际发生额的100%在税前加计扣除；职工福利费支出不超过工资薪金总额14%部分，准予扣除。

要求：

根据上述资料，不考虑其他因素，分析回答下列小题。

（1）在计算甲公司2023年度企业所得税应纳税所得额时，向税务机关缴纳的下列税费中，允许扣除的是（　　）。

A. 城市维护建设税364万元　　　　　　B. 教育费附加156万元

C. 增值税2400万元　　　　　　　　　　D. 消费税2800万元

（2）在计算甲公司2023年度企业所得税应纳税所得额时，符合条件的生产技术转让所得应当纳税调减的金额是（　　）万元。

A. 1500　　　　　　B. 1000　　　　　　C. 500　　　　　　D. 1050

（3）在计算甲公司2023年度企业所得税应纳税所得额时，允许加计扣除的新技术研究开发费用是（　　）万元。

A. 240　　　　　　　B. 200　　　　　　C. 400　　　　　　D. 0

（4）下列各项中，在计算甲公司2023年度企业所得税应纳税所得额时，准予扣除的是（　　）。

A. 合理的工资、薪金支出3120万元

B. 直接向某大学捐款50万元

C. 职工福利费支出430万元

D. 通过市政府向目标脱贫地区的扶贫捐赠支出180万元

3. 甲公司是一家居民企业，增值税小规模纳税人，主要从事塑料制品生产和销售。2023年有关经营情况如下：

（1）取得塑料制品销售收入 600 万元，持有 2021 年发行地方政府债券取得利息收入 5 万元，取得国债利息收入 10 万元，接受捐赠收入 8 万元。

（2）因生产经营需要，2 月向银行借款 100 万元，年利率为 6%，3 月向非金融企业甲公司借款 200 万元，利率为 8%，两笔借款期限均为 6 个月，利息均已按约定时间支付并计入财务费用。

（3）从乙公司购入一台生产用机器设备，取得增值税普通发票注明金额 80 万元，税额 10.4 万元，向乙公司支付该设备安装费，取得增值税普通发票注明金额 1.2 万元，税额 0.156 万元。

（4）支付财产保险费 6 万元，合同违约金 3 万元，缴纳诉讼费用 2 万元，税收滞纳金 5 万元。已知金融企业同期同类贷款年利率为 6%。

要求：

根据上述资料，不考虑其他因素，分析回答下列问题。

（1）甲公司 2023 年度取得下列收入中，（　　）免征企业所得税。

A. 塑料制品销售收入 600 万元　　　　B. 国债利息收入 10 万元

C. 地方政府债券利息收入 5 万元　　　　D. 接受捐赠收入 8 万元

（2）在计算甲公司 2023 年度企业所得税应纳税所得额时，准予扣除的借款利息支出，下列算式中正确的是（　　）万元。

　　A.（100+200）×8%÷12×6 = 12

　　B. 100×6%÷12×6 = 3

　　C. 100×6%÷12×6+200×8%÷12×6 = 11

　　D.（100+200）×6%÷12×6 = 9

（3）计算甲公司 2023 年购入生产机器设备企业所得税计税基础，下列算式中正确的是（　　）万元。

　　A. 80+10.4+1.2+0.156 = 91.756　　　　B. 80+1.2 = 81.2

　　C. 80+10.4 = 90.4　　　　D. 80+10.4+1.2 = 91.6

（4）在计算甲公司 2023 年度企业所得税应纳税所得额时，下列各项中准予扣除的是（　　）万元。

　　A. 财产保险费 6　　　　B. 合同违约金 3

　　C. 诉讼费用 2　　　　D. 税收滞纳金 5

4. 甲公司是一家居民企业，主要从事服饰生产和销售业务。2023 年度有关经营情况如下：

（1）取得销售收入 8500 万元。

（2）发生与生产经营活动有关的业务招待费支出 60 万元，非广告性赞助费支出 56 万元。

（3）通过市体育局向体育事业捐款 80 万元，通过市民政局向目标脱贫地区捐款 40 万元用于扶贫，通过公益性社会组织向卫生事业捐款 6 万元。

（4）缴纳增值税 252 万元，缴纳城市维护建设税、教育费附加合计 25.2 万元。

（5）按规定缴纳财产保险费 145 万元。

（6）利润总额 600 万元。

已知：业务招待费支出，按照发生额的 60% 扣除，但最高不得超过当年销售（营业）收入的 5‰；公益性捐赠支出不超过年度利润总额 12% 的部分，准予在计算企业所得税应纳税所得额时扣除。

要求：

根据上述资料，不考虑其他因素，分析回答下列小题。

（1）在计算甲公司 2023 年度企业所得税应纳税所得额时，准予扣除的业务招待费支出是（　）万元。

A. 69.6 B. 36

C. 42.5 D. 116

（2）在计算甲公司 2023 年度企业所得税应纳税所得额时，准予扣除的公益性捐赠支出是（　）万元。

A. 40 B. 126

C. 86 D. 112

（3）在计算甲公司 2023 年度企业所得税应纳税所得额时，下列各项中，不得扣除的是（　）万元。

A. 缴纳的增值税 252

B. 非广告性赞助支出 56

C. 按规定缴纳的财产保险费 145

D. 缴纳的城市维护建设税、教育费附加合计 25.2

（4）计算甲公司 2023 年度企业所得税应纳税所得额的下列算式中，正确的是（　）万元。

A. $600+(60-60×60\%)+56+(80+6-600×12\%)=694$

B. $600+(60-60×60\%)+40-145=519$

C. $600+(60×60\%-8500×5‰)+25.2=618.7$

D. $600+(60-8500×5‰)+56+(80+40+6-600×12\%)+252=979.5$

项目六　个人所得税法与办税实务

个人所得税法是指国家制定的用以调整个人所得税征收与缴纳之间权利及义务关系的法律规范。1980年9月10日，第五届全国人民代表大会第三次会议通过了《个人所得税法》。多年来，《个人所得税法》经过了7次修正，目前适用的是2018年8月31日，由第十三届全国人民代表大会常务委员会第五次会议修改通过，并于2019年1月1日起施行的《个人所得税法》。

个人所得税主要是以自然人取得的各类应税所得为征税对象而征收的一种所得税，是政府利用税收对个人收入进行调节的一种手段。目前，我国个人所得税已初步建立分类与综合相结合的征收模式，即混合征收制，其在组织财政收入、提高公民纳税意识，尤其在调节个人收入分配差距方面具有重要作用。

任务一　个人所得税认知

◇ **任务引例**

中国公民张某，在某知名科技公司担任高级软件工程师，除了每月固定的工资薪金收入外，张某在2024年还经历了以下经济活动：通过股票交易获得股息收入20 000元，在某在线教育平台兼职授课获得劳务报酬所得50 000元，转让名下的一处房产获得财产转让所得800 000元（扣除相关税费后净收入），以及因参加某企业年会抽奖活动获得价值 10 000 元的奖品。

◇ 任务要求

1. 判断张某是否为个人所得税纳税人：

分析张某在 2024 年的各项收入是否属于个人所得税的应税范围。

综合判断张某是否需要就这些收入缴纳个人所得税。

2. 如果张某是个人所得税纳税人，计算张某应缴纳的税款：

分别计算张某从股息、劳务报酬、财产转让及偶然所得中应缴纳的个人所得税。

注意考虑各项收入的税率、速算扣除数及可能的税收优惠政策。

汇总计算张某全年应缴纳的个人所得税总额。

◇ 税海探知

一、个人所得税纳税人和扣缴义务人的确定

（一）个人所得税的纳税人

个人所得税的纳税人，包括个人、个体工商业户、个人独资企业投资者、合伙企业个人合伙人、在中国境内有所得的外籍个人（包括无国籍个人）。

依据住所和居住时间两个标准，将个人所得税的纳税人分为居民个人和非居民个人，各自承担不同的纳税义务。

1. 居民个人。居民个人是指在中国境内有住所，或者无住所而在一个纳税年度内在中国境内居住累计满 183 天的个人。居民个人承担无限纳税义务，其来源于中国境内和境外的应税所得，都要依照《个人所得税法》缴纳个人所得税。

在中国境内有住所，是指因户籍、家庭、经济利益关系，在中国境内习惯性居住。这里所说的习惯性居住，是判定纳税人属于居民个人还是非居民个人的一个重要依据。

一个纳税年度在境内居住累计满 183 天，是指在一个纳税年度（即公历 1 月 1 日起至 12 月 31 日止，下同）内，在中国境内居住累计满 183 天。

对于在中国境内无住所，但在一个纳税年度内在中国境内累计居住满 183 天的个人，制定了税收优惠政策：在中国境内无住所的个人，在中国境内居住累计满 183 天的年度连续不满 6 年的，经向主管税务机关备案，其来源于中国境外且由境外单位或者个人支付的所得，免予缴纳个人所得税；在中国境内居住累计满 183 天的任一年度中有一次离境超过 30 天的，其在中国境内居住累计满 183 天的年度的连续年限重新起算。

2. 非居民个人。非居民个人，是指在中国境内既无住所又不居住，或者无住所而在一个纳税年度内在境内居住累计不满 183 天的个人。其来源于中国境内的应税所得，依照《个人所得税法》缴纳个人所得税。

自 2019 年 1 月 1 日起，无住所个人一个纳税年度内在中国境内累计居住天数，按照个人在中国境内累计停留的天数计算。在中国境内停留的当天满 24 小时的，计入中国境内居住天数，在中国境内停留的当天不足 24 小时的，不计入中国境内居住天数。

在中国境内无住所，在一个纳税年度内在中国境内居住累计不超过 90 天的个人，其来源于中国境内的所得，由境外雇主支付并且不由该雇主在中国境内的机构、场所负担的部分，免予缴纳个人所得税。

【例 6-1】根据个人所得税法律制度的规定，下列在中国境内无住所的外籍人员中，属于 2024 年度居民个人的是（ ）。

A. 玛丽于 2024 年 8 月 1 日来到中国，2024 年 10 月 31 日离开中国

B. 汤姆于 2024 年 7 月 5 日来到中国，2025 年 1 月 5 日离开中国

C. 汉斯于 2024 年 3 月 1 日来到中国，2024 年 12 月 1 日离开中国

D. 乔治于 2023 年 9 月 1 日来到中国，2024 年 5 月 1 日离开中国

解析： 答案为 C。选项 ABD，2024 纳税年度内在中国境内居住累计不满 183 天，不属于居民个人。

（二）个人所得税的扣缴义务人

个人所得税以支付所得的单位或者个人为扣缴义务人。纳税人有中国公民身份号码的，以中国公民身份号码为纳税人识别号；纳税人没有中国公民身份号码的，由税务机关赋予其纳税人识别号。扣缴义务人扣缴税款时，纳税人应当向扣缴义务人提供纳税人识别号，扣缴义务人应当按照国家规定办理全员全额扣缴申报，并向纳税人提供其个人所得和已扣缴税款等信息。扣缴义务人向个人支付应税款项时，应当依照《个人所得税法》规定预扣或者代扣税款，按时缴库，并专项记载备查。扣缴义务人对纳税人的应扣未扣税款应由纳税人予以补缴。

二、个人所得税征税对象的确定

个人所得税的征税对象是个人取得的应税所得，具体包括：①工资、薪金所得；②劳务报酬所得；③稿酬所得；④特许权使用费所得；⑤经营所得；⑥利息、股息、红利所得；⑦财产租赁所得；⑧财产转让所得；⑨偶然所得。

居民个人取得上述第①项至第④项所得（以下称综合所得），按纳税年度合并计算个人所得税；非居民个人取得上述第①项至第④项所得，按月或者按次分项计算个人所得税。纳税人取得上述第⑤项至第⑨项所得，分别计算个人所得税。

个人所得的形式，包括现金、实物、有价证券和其他形式的经济利益。所得为实物的，应当按照取得的凭证上所注明的价格计算应纳税所得额；无凭证的实物或者凭证上所注明的价格明显偏低的，参照市场价格核定应纳税所得额。所得为有价证券的，根据票面价格和市场价格核定应纳税所得额。所得为其他形式的经济利益的，参照市场价格核定应纳税所得额。

（一）工资、薪金所得

工资、薪金所得，是指个人因任职或者受雇而取得的工资、薪金、奖金、年终加薪、劳动分红、津贴、补贴以及与任职或者受雇有关的其他所得。

年终加薪、劳动分红不分种类和取得情况，一律按工资、薪金所得课税。

下列项目不属于工资、薪金性质的补贴、津贴或者不属于纳税人本人工资、薪金所得项目的收入，不予征税。具体包括：

1. 独生子女补贴。

2. 执行公务员工资制度未纳入基本工资总额的补贴、津贴差额和家属成员的副食品补贴。

3. 托儿补助费。

4. 差旅费津贴、误餐补助。其中，误餐补助是指按照财政部规定，个人因公在城区、郊区工作，不能在工作单位或返回就餐的，根据实际误餐顿数，按规定的标准领取的误餐费。值得注意的是，单位以误餐补助名义发给职工的补助、津贴不能包括在内。

5. 外国来华留学生，领取的生活津贴费、奖学金，不属于工资、薪金范畴，不征收个人所得税。

退休人员再任职取得的收入，在减除按税法规定的费用扣除标准后，按工资、薪金所得项目缴纳个人所得税。

离退休人员除按规定领取离退休工资或养老金外，另从原任职单位取得的各类补贴、奖金、实物，不属于免税项目，应按工资、薪金所得应税项目的规定缴纳个人所得税。

对商品营销活动中，企业对营销业绩突出的雇员以培训班、研讨会、工作考察等名义组织旅游活动，通过免收差旅费、旅游费等对个人实行的营销业绩奖励（包括实物、有价证券等），应根据所发生费用的金额并入营销人员当期的工资、薪金所得，按照工资、薪金所得项目征收个人所得税。

公司职工取得的用于购买企业国有股权的劳动分红，按"工资、薪金所得"项目计征个人所得税；出租汽车经营单位对出租车驾驶员采取单车承包或承租方式运营，出租车驾驶员从事客货营运取得的收入，按"工资、薪金所得"项目征税。

个人因公务用车和通信制度改革而取得的公务用车、通信补贴收入，扣除一定标准的公务费用后，按照"工资、薪金所得"项目计征个人所得税。按月发放的，并入当月"工资、薪金所得"计征个人所得税；不按月发放的，分解到所属月份并与该月份"工资、薪金所得"合并后计征个人所得税。

【例6-2】 根据个人所得税法律制度的规定，下列各项中，应缴纳个人所得税的是（　　）。

A. 差旅费津贴　　　B. 托儿补助费　　　C. 年终加薪　　　D. 误餐补助

解析： 答案为C。

（二）劳务报酬所得

劳务报酬所得，是指个人独立从事各种非雇佣的各种劳务所取得的所得，包括从事设计、装潢、安装、制图、化验、测试、医疗、法律、会计、咨询、讲学、翻译、审稿、书画、雕刻、影视、录音、录像、演出、表演、广告、展览、技术服务、介绍服务、经纪服务、代办服务以及其他劳务取得的所得。

劳务报酬所得一般属于个人独立从事自由职业取得的所得或属于独立个人劳动所得。

区分劳务报酬所得和工资、薪金所得，主要看是否存在雇佣与被雇佣的关系。对于工资、薪金所得，单位与个人存在雇佣与被雇佣的关系，对于劳务报酬所得，单位与个人不存在雇佣与被雇佣的关系。

在校学生因参与勤工俭学活动（包括参与学校组织的勤工俭学活动）而取得属于《个人所得税法》规定的应税所得项目的所得，应依法缴纳个人所得税。

自2004年1月20日起，对商品营销活动中，企业和单位对其营销业绩突出的非雇员以培训班、研讨会、工作考察等名义组织旅游活动，通过免收差旅费、旅游费对个人实行的营销业绩奖励（包括实物、有价证券等），应根据所发生费用的全额作为该营销人员当期的劳务收入，按照"劳务报酬所得"项目征收个人所得税，并由提供上述费用的企业和单位代扣代缴。

个人由于担任董事职务所取得的董事费收入，属于劳务报酬所得性质，按照"劳务报酬所得"项目征收个人所得税，但仅适用于个人担任公司董事、监事，且不在公司任职、受雇的情形。个人在公司（包括关联公司）任职、受雇，同时兼任董事、监事的，应将董事费、监事费与个人工资收入合并，统一按"工资、薪金所得"项目缴纳个人所得税。

【例6-3】 根据个人所得税法律制度的规定，个人取得的下列收入中，应按照"劳务报酬所得"税目计缴个人所得税的有（　　）。

A. 工程师王某从非雇佣企业取得的咨询收入

B. 高校教师李某从任职学校领取的工资

C. 经济学家吴某从非雇佣企业取得的讲学收入

D. 职员赵某取得的本单位优秀员工奖金

解析：答案为 AC。选项 BD，按照"工资、薪金所得"征税。

（三）稿酬所得

稿酬所得，是指个人因其作品以图书、报刊形式出版、发表而取得的所得。作品包括文学作品、书画作品、摄影作品，以及其他作品。

作者去世后，财产继承人取得的遗作稿酬，也应征收个人所得税。

（四）特许权使用费所得

特许权使用费所得，是指个人提供专利权、商标权、著作权、非专利技术以及其他特许权的使用权取得的所得。提供著作权的使用权取得的所得，不包括稿酬所得。

对于作者将自己的文字作品手稿原件或复印件公开拍卖（竞价）取得的所得，属于提供著作权的使用权所得，应按特许权使用费所得项目征收个人所得税。

个人取得特许权的经济赔偿收入，应按特许权使用费所得项目缴纳个人所得税，税款由支付赔偿的单位或个人代扣代缴。

从 2002 年 5 月 1 日起，编剧从电视剧的制作单位取得的剧本使用费，不再区分剧本的使用方是否为其任职单位，统一按特许权使用费所得项目征收个人所得税。

【例 6-4】 根据个人所得税法律制度的规定，下列各项中，属于稿酬所得的是（　　　）。

A. 画家将书画作品以图书的形式出版取得的所得

B. 作者将自己的文字作品手稿原件拍卖取得的所得

C. 剧本作者从电视剧制作单位取得的剧本使用费

D. 科研工作者取得的专利赔偿所得

解析：答案为 A。选项 BCD，属于特许权使用费所得。

（五）经营所得

经营所得，是指：

1. 个体工商户从事生产、经营活动取得的所得，个人独资企业投资人、合伙企业的个人合伙人来源于境内注册的个人独资企业、合伙企业生产、经营的所得。

个体工商户以业主为个人所得税纳税人。

2. 个人依法从事办学、医疗、咨询以及其他有偿服务活动取得的所得。

3. 个人对企业、事业单位承包经营、承租经营以及转包、转租取得的所得。

4. 个人从事其他生产、经营活动取得的所得。

个体工商户、个人独资企业和合伙企业或个人从事种植业、养殖业、饲养业、捕捞业取得的所得，暂不征收个人所得税。

个体工商户和从事生产经营的个人，取得与生产、经营活动无关的其他各项应税所得，应分别按照有关规定，计算征收个人所得税。

出租车归属为个人的，属于经营所得，包括：从事个体出租车运营的出租车驾驶员取得的收入；出租车属个人所有，但挂靠出租汽车经营单位或企事业单位，驾驶员向挂靠单位缴纳管理费；出租汽车经营单位将出租车所有权转移给驾驶员，出租车驾驶员从事客货运营取得的收入。

出租汽车经营单位对出租车驾驶员采取单车承包或承租方式运营，出租车驾驶员从事客运取得的收入，按工资、薪金所得项目征收个人所得税。

个人独资企业、合伙企业的个人投资者以企业资金为本人、家庭成员及其相关人员支付与企业生产经营无关的消费性支出及购买汽车、住房等财产性支出，视为企业对个人投资者的利润分配，并入投资者个人的生产经营所得，依照"经营所得"项目计征个人所得税。

承包、承租人对企业经营成果不拥有所有权，仅是按合同（协议）规定取得一定所得的，其所得按"工资、薪金所得"项目征税。承包、承租人按合同（协议）的规定只向发包、出租方缴纳一定费用后，企业经营成果归其所有的，承包、承租人取得的所得，按"对企事业单位的承包经营、承租经营所得"项目征税。

（六）财产租赁所得

财产租赁所得，是指个人出租不动产、机器设备、车船以及其他财产取得的所得。

个人取得的财产转租收入，属于"财产租赁所得"的征税范围，由财产转租人缴纳个人所得税。

（七）财产转让所得

财产转让所得，是指个人转让有价证券、股权、合伙企业中的财产份额、不动产、机器设备、车船以及其他财产取得的所得。

从1997年1月1日起，对个人转让上市公司股票取得的所得继续暂免征收个人所得税。但从2010年1月1日起，对个人转让上市公司限售股征收个人所得税。转让境外上市公司股票所得按照财产转让所得缴纳个人所得税。

个人通过招标、竞拍或其他方式购置债权以后，通过相关司法或行政程序主张债权而取得的所得，应按照财产转让所得项目缴纳个人所得税。

个人通过网络收购玩家的虚拟货币，加价后向他人出售取得的收入，属于个人所得税应税所得，应按照财产转让所得项目计算缴纳个人所得税。

个人以非货币性资产投资，属于个人转让非货币性资产和投资同时发生。对个人转让非货币性资产的所得，应按照财产转让所得项目依法计算缴纳个人所得税。

集体所有制企业在改制为股份合作制企业时，对职工个人以股份形式取得的拥有所有权的企业量化资产，暂缓征收个人所得税；待个人将股份转让时，就其转让收入额，减除个人取得该股份时实际支付的费用支出和合理转让费用后的余额，按"财产转让所得"项目计征个人所得税。

（八）利息、股息、红利所得

利息、股息、红利所得，是指个人拥有债权、股权而取得的利息、股息、红利所得。

除个人独资企业、合伙企业以外的其他企业的个人投资者，以企业资金为本人、家庭成员及其相关人员支付与企业生产经营无关的消费性支出及购买汽车、住房等财产性支出，视为企业对个人投资者的红利分配，依照"利息、股息、红利所得"项目计征个人所得税。企业的上述支出不允许在所得税前扣除。

纳税年度内个人投资者从其投资企业（个人独资企业、合伙企业除外）借款，在该纳税年度终了后既不归还又未用于企业生产经营的，其未归还的借款可视为企业对个人投资者的红利分配，依照"利息、股息、红利所得"项目计征个人所得税。

企业为股东购买车辆并将车辆所有权办到股东个人名下，其实质为企业对股东进行了红利性质的实物分配，应按照"利息、股息、红利所得"项目征收个人所得税。考虑到该股东个人名下的车辆同时也为企业经营使用的实际情况，允许合理减除部分所得；减除的具体数额由主管税务机关根据车辆的实际使用情况合理确定。

自2015年9月8日起，个人从公开发行和转让市场取得的上市公司股票，持股期限超过1年的，股息、红利所得暂免征收个人所得税。自2015年9月8日起，个人从公开发行和转让市场取得的上市公司股票，持股期限在1个月以内（含1个月）的，其股息、红利所得全额计入应纳税所得额；持股期限在 1 个月以上至 1 年（含 1 年）的，暂减按 50% 计入应纳税所得额（上述所得统一适用 20% 的税率计征个人所得税）。

上述规定仅适用于个人从公开发行和转让市场取得的上市公司股票的股息、红利。

对个人持有的上市公司限售股，解禁后取得的股息、红利，按照上市公司股息、红利差别化个人所得税政策规定计算纳税，持股时间自解禁日起计算；解禁前取得的股息、红利继续暂减按 50% 计入应纳税所得额，适用 20% 的税率计征个人所得税。

（九）偶然所得

偶然所得，是指个人得奖、中奖、中彩以及其他偶然性质的所得。

偶然所得应缴纳的个人所得税税款，一律由发奖单位或机构代扣代缴。

个人为单位或他人提供担保获得收入，按照偶然所得项目计算缴纳个人所得税。

房屋产权所有人将房屋产权无偿赠与他人的，受赠人因无偿受赠房屋取得的受赠收入，按照偶然所得项目计算缴纳个人所得税。

企业对累积消费达到一定额度的顾客，给予额外抽奖机会，个人的获奖所得，按照偶然所得项目全额适用 20% 的税率缴纳个人所得税。

企业在业务宣传、广告等活动中，随机向本单位以外的个人赠送礼品（包括网络红包，下同），以及企业在年会、座谈会、庆典及其他活动中向本单位以外的个人赠送礼品，个人取得的礼品收入，按照偶然所得项目计算缴纳个人所得税，但企业赠送的具有价格折扣或折让性质的消费券、代金券、抵用券、优惠券等礼品除外。

个人取得单张有奖发票奖金所得不超过 800 元（含 800 元）的，暂免征收个人所得税；个人取得单张有奖发票奖金所得超过 800 元的，应全额按照偶然所得项目征收个人所得税，税务机关或其指定的有奖发票兑奖机构，是有奖发票奖金所得个人所得税的扣缴义务人。

个人取得的所得，难以界定应纳税所得项目的，由国务院税务主管部门确定。

三、所得来源地的确定

除国务院财政、税务主管部门另有规定外，下列所得，不论支付地点是否在中国境内，均为来源于中国境内的所得：

1. 因任职、受雇、履约等而在中国境内提供劳务取得的所得。

2. 将财产出租给承租人在中国境内使用而取得的所得。

3. 转让中国境内的不动产等财产或者在中国境内转让其他财产取得的所得。

4. 许可各种特许权在中国境内使用而取得的所得。

5. 从中国境内企业、事业单位、其他组织以及居民个人取得的利息、股息、红利所得。

【例 6-5】根据个人所得税法律制度的规定，下列所得中，不论支付地点是否在中国境内，均为来源于中国境内的所得的有（　　　）。

A. 将财产出租给承租人在中国境内使用而取得的所得

B. 许可各种特许权在中国境内使用而取得的所得

C. 因任职在中国境内提供劳务取得的所得

D. 转让中国境内的不动产取得的所得

解析： 答案为 ABCD。

四、个人所得税税率的判定

1. 工资、薪金所得，劳务报酬所得，稿酬所得，特许权使用费所得个人所得税的预扣率（预扣预缴）

（1）居民个人工资、薪金所得预扣预缴个人所得税的预扣率如表 6-1 所示。

表 6-1 居民个人工资、薪金所得预扣预缴个人所得税的预扣率表

级数	累计预扣预缴应纳税所得额	预扣率（%）	速算扣除数（元）
1	不超过 36 000 元	3	0
2	超过 36 000 元至 144 000 元的部分	10	2520
3	超过 144 000 元至 300 000 元的部分	20	16 920
4	超过 300 000 元至 420 000 元的部分	25	31 920
5	超过 420 000 元至 660 000 元的部分	30	52 920
6	超过 660 000 元至 960 000 元的部分	35	85 920
7	超过 960 000 元的部分	45	181 920

（2）居民个人劳务报酬所得预扣预缴个人所得税的预扣率如表 6-2 所示。

表 6-2 居民个人劳务报酬所得预扣预缴个人所得税的预扣率表

级数	预扣预缴应纳税所得额	预扣率（%）	速算扣除数（元）
1	不超过 20 000 元	20	0
2	超过 20 000 元至 50 000 元的部分	30	2000
3	超过 50 000 元的部分	40	7000

（3）居民个人稿酬所得、特许权使用费所得预扣预缴个人所得税适用 20% 的比例预扣率。

2. 工资、薪金所得，劳务报酬所得，稿酬所得，特许权使用费所得个人所得税的适用税率（非预扣预缴）

（1）居民个人综合所得个人所得税的适用税率（按年汇算清缴）。居民个人每一纳税年度内取得的综合所得包括：工资、薪金所得，劳务报酬所得，稿酬所得和特许权使用费所得。综合所得适用七级超额累进税率，税率为 3%~45%（见表 6-3）。

表 6-3 综合所得个人所得税税率表

级数	全年应纳税所得额	税率（%）	速算扣除数（元）
1	不超过 36 000 元的	3	0
2	超过 36 000 元至 144 000 元的部分	10	2520
3	超过 144 000 元至 300 000 元的部分	20	16 920
4	超过 300 000 元至 420 000 元的部分	25	31 920
5	超过 420 000 元至 660 000 元的部分	30	52 920
6	超过 660 000 元至 960 000 元的部分	35	85 920
7	超过 960 000 元的部分	45	181 920

注：本表所称全年应纳税所得额是指依照法律规定，居民个人取得综合所得以每一纳税年度收入额减除费用 6 万元以及专项扣除、专项附加扣除和依法确定的其他扣除后的余额。

（2）非居民个人工资、薪金所得，劳务报酬所得，稿酬所得，特许权使用费所得个人所得税的税率如表 6-4 所示（依照表 6-3 按月换算后）。

表 6-4　非居民个人工资、薪金所得，劳务报酬所得，稿酬所得，
特许权使用费所得个人所得税的税率表（按月）

级数	应纳税所得额	税率（%）	速算扣除数（元）
1	不超过 3000 元	3	0
2	超过 3000 元至 12 000 元的部分	10	210
3	超过 12 000 元至 25 000 元的部分	20	1410
4	超过 25 000 元至 35 000 元的部分	25	2660
5	超过 35 000 元至 55 000 元的部分	30	4410
6	超过 55 000 元至 80 000 元的部分	35	7160
7	超过 80 000 元的部分	45	15 160

注：居民个人取得全年一次性奖金，在 2027 年 12 月 31 日前，可以选择不并入当年综合所得，以全年一次性奖金收入除以 12 个月得到的数额，按照按月换算后的综合所得税率表（见表 6-4），确定适用税率和速算扣除数，单独计算纳税。

3. 经营所得的适用税率。经营所得适用五级超额累进税率，税率为 5%—35%（见表 6-5）。

表 6-5　经营所得个人所得税税率表（按年）

级数	全年应纳税所得额	税率（%）	速算扣除数（元）
1	不超过 30 000 元的	5	0
2	超过 30 000 元至 90 000 元的部分	10	1500
3	超过 90 000 元至 300 000 元的部分	20	10 500
4	超过 300 000 元至 500 000 元的部分	30	40 500
5	超过 500 000 元的部分	35	65 500

注：本表所称全年应纳税所得额是指以每一纳税年度的收入总额减除成本、费用以及损失后的余额。

4. 财产租赁所得，财产转让所得，利息、股息、红利所得和偶然所得适用比例税率，税率为 20%。

寻法溯源

任务二　应纳税额的计算

微课 6-1　个人
所得税概览

◇ 任务引例

王某，一位自由职业者，在 2024 年度主要从事写作和咨询服务。他的收入来源包括：从出版社获得的稿费收入共计 120 000 元，通过线上平台提供咨询服务获得的劳务报酬收入 40 000元，以及将一部早期创作的作品版权转让给影视公司获得的特许权使用费收入 30 000 元。此外，王某还购买了国债并获得了利息收入 5000 元，以及从个人出租的商铺中取得了租金收入 24 000 元。

◇　任务要求

　　请分别计算每项应税所得应缴纳的个人所得税额，并汇总王某全年应缴纳的个人所得税总额。

◇　税海探知

一、居民个人综合所得个人所得税的计算

　　居民个人综合所得，是指居民个人取得的工资、薪金所得，劳务报酬所得，稿酬所得，特许权使用费所得。按现行税法规定，扣缴义务人在向居民个人支付工资、薪金所得，劳务报酬所得，稿酬所得，特许权使用费所得时，应按规定分月或分次预扣预缴个人所得税；居民个人需要办理综合所得汇算清缴的，应当在取得所得的次年 3 月 1 日至 6 月 30 日办理汇算清缴。因此，居民个人综合所得个人所得税的计算方法包括预扣预缴税款的计算方法和综合所得汇算清缴的计算方法。

> **寻法溯源**

（一）居民个人综合所得预扣预缴个人所得税的计算

　　扣缴义务人向居民个人支付工资、薪金所得预扣预缴个人所得税的计算（居民个人取得工资、薪金所得的扣缴办法）。

　　1. 累计预扣法。扣缴义务人向居民个人支付工资、薪金所得时，应当按照累计预扣法计算预扣税款，并按月办理扣缴申报。

微课 6-2　综合所得项目

　　累计预扣法，是指扣缴义务人在一个纳税年度内预扣预缴税款时，以纳税人在本单位截至当前月份工资、薪金所得累计收入减除累计免税收入、累计减除费用、累计专项扣除、累计专项附加扣除和累计依法确定的其他扣除后的余额为累计预扣预缴应纳税所得额，适用《居民个人工资、薪金所得预扣预缴个人所得税的预扣率表》（见表 6-1），计算累计应预扣预缴税额，再减除累计减免税额和累计已预扣预缴税额，其余额为本期应预扣预缴税额。余额为负值时，暂不退税。纳税年度终了后余额仍为负值时，由纳税人通过办理综合所得年度汇算清缴，税款多退少补。

　　具体计算公式为：

$$本期应预扣预缴税额＝（累计预扣预缴应纳税所得额×预扣率-速算扣除数）-$$
$$累计减免税额-累计已预扣预缴税额$$
$$累计预扣预缴应纳税所得额＝累计收入-累计免税收入-累计减除费用-累计专项扣除-$$
$$累计专项附加扣除-累计依法确定的其他扣除$$

　　公式中，累计减除费用，按照 5000 元每月乘以纳税人当年截至本月在本单位的任职受雇月份数计算；专项扣除，包括居民个人按照国家规定的范围和标准缴纳的基本养老保险、基本医疗保险、失业保险等社会保险费和住房公积金等；专项附加扣除，包括 3 岁以下婴幼儿照护、子女教育、继续教育、大病医疗、住房贷款利息或者住房租金、赡养老人等支出，具体范围、标准和实施步骤由国务院确定，并报全国人民代表大会常务委员会备案；其他扣除，包括个人缴付符合国家规定的企业年金、职业年金，个人购买符合国家规定的商业健康保险、税收递延型商业养老保险的支出，以及国务院规定可以扣除的其他项目。

　　【例 6-6】 根据个人所得税法律制度的规定，下列各项中，不属于专项附加扣除的是（　　）。

　　A. 基本医疗保险　　　B. 子女教育　　　　C. 住房租金　　　　　　D. 大病医疗

　　解析：答案为 A。专项附加扣除包括：3 岁以下婴幼儿照护、子女教育、继续教育、大病医

疗、住房贷款利息、住房租金及赡养老人。选项A，属于专项附加扣除。

七项专项附加扣除中，除大病医疗之外，其他专项附加扣除可由纳税人选择在预扣预缴税款时进行扣除。纳税人在预扣预缴税款阶段享受专项附加扣除，以居民个人在取得工资、薪金所得时，向扣缴义务人提供的专项附加扣除信息为前提。居民个人向扣缴义务人提供有关信息并依法要求办理专项附加扣除的，扣缴义务人应当按照规定在工资、薪金所得按月预扣预缴税款时予以扣除，不得拒绝。纳税人同时从两处以上取得工资、薪金所得，并由扣缴义务人减除专项附加扣除的，对同一专项附加扣除项目，在一个纳税年度内只能选择从一处取得的所得中减除。

【例6-7】 中国公民吴某于2015年入职，2024年每月应发工资均为30 000元，每月减除费用5000元，"三险一金"等专项扣除为4500元，享受专项附加扣除共计2000元，没有减免收入及减免税额等情况，计算吴某工资、薪金所得前3个月各月应预扣预缴税额和全年累计预扣预缴税额。

解析：

1月份预扣预缴税额=（30 000-5000-4500-2000）×3%=555元。

2月份预扣预缴税额=（30 000×2-5000×2-4500×2-2000×2）×10%-2520-555=625元。

3月份预扣预缴税额=（30 000×3-5000×3-4500×3-2000×3）×10%-2520-555-625=1850元。

4-12月份：原理同上，略。

全年累计预扣预缴税额=（30 000×12-5000×12-4500×12-2000×12）×20%-16 920=27 480元

【例6-8】 居民个人李某2024年1-10月累计工资收入150 000元，累计专项扣除27 000元，累计专项附加扣除10 000元。李某1-9月工资、薪金所得累计已预扣预缴个人所得税税额3150元。已知，累计预扣预缴应纳税所得额超过36 000元至144 000元的部分，预扣率为10%，速算扣除数为2520。计算李某当年10月工资、薪金所得应预扣预缴个人所得税税额的下列算式中，正确的是（　　）元。

A.（150 000-10 000）×10%-2520-3150=8330

B.（150 000-5000×10-27 000-10 000）×10%-2520-3150=630

C.（150 000-5000×10-27 000-10 000）×10%-2520=3780

D.0

解析： 答案为B。本期应预扣预缴税额=（累计预扣预缴应纳税所得额×预扣率-速算扣除数）-累计减免税额-累计已预扣预缴税额；累计预扣预缴应纳税所得额=累计收入-累计免税收入-累计减除费用-累计专项扣除-累计专项附加扣除-累计依法确定的其他扣除。

自2020年7月1日起，对一个纳税年度内首次取得工资、薪金所得的居民个人，扣缴义务人在预扣预缴个人所得税时，可按照5000元每月乘以纳税人当年截至本月月份数计算累计减除费用。首次取得工资、薪金所得的居民个人，是指自纳税年度首月起至新入职时，未取得工资、薪金所得或者未按照累计预扣法预扣预缴过连续性劳务报酬所得个人所得税的居民个人。

自2021年1月1日起，对上一完整纳税年度内每月均在同一单位预扣预缴工资、薪金所得个人所得税且全年工资、薪金收入不超过6万元的居民个人，扣缴义务人在预扣预缴本年度工资、薪金所得个人所得税时，累计减除费用自1月份起直接按照全年6万元计算扣除。即在纳税人累计收入不超过6万元的月份，暂不预扣预缴个人所得税；在其累计收入超过6万元的当月及年内后续月份，再预扣预缴个人所得税。扣缴义务人应当按规定办理全员全额扣缴申报，并在个人所得税扣缴申报表相应纳税人的备注栏注明"上年各月均有申报且全年收入不超过6万元"字样。对按照累计预扣法预扣预缴劳务报酬所得个人所得税的居民个人，扣缴义务人比照上述规定执行。

寻法溯源

2. 专项附加扣除标准。专项附加扣除目前包括3岁以下婴幼儿照护、子女教育、继续教育、大病医疗、住房贷款利息、住房租金、赡养老人等7项支出，取得综合所得和经营所得的居民个人可以享受专项附加扣除。

微课 6-3 居民个人工资、薪金所得预扣预缴

第一，3岁以下婴幼儿照护。纳税人照护3岁以下婴幼儿子女的相关支出，按照每个婴幼儿每月2000元（每年24 000元）的标准定额扣除。父母可以选择由其中一方按扣除标准的100%扣除，也可以选择由双方分别按扣除标准的50%扣除，具体扣除方式在一个纳税年度内不能变更。计算时间认定：婴幼儿出生的当月至年满3周岁的前一个月。

第二，子女教育。纳税人年满3岁的子女接受学前教育和学历教育的相关支出，按照每个子女每月2000元（每年24 000元）的标准定额扣除。学前教育包括年满3岁至小学入学前教育；学历教育包括义务教育（小学、初中教育）、高中阶段教育（普通高中、中等职业、技工教育）、高等教育（大学专科、大学本科、硕士研究生、博士研究生教育）。父母可以选择由其中一方按扣除标准的100%扣除，也可以选择由双方分别按扣除标准的50%扣除，具体扣除方式在一个纳税年度内不能变更。纳税人子女在中国境外接受教育的，纳税人应当留存境外学校录取通知书、留学签证等相关教育的证明资料备查。计算时间认定：学前教育阶段，为子女年满3周岁当月至小学入学前一月。学历教育，为子女接受全日制学历教育入学的当月至全日制学历教育结束的当月。

第三，继续教育。纳税人在中国境内接受学历（学位）继续教育的支出，在学历（学位）教育期间按照每月400元（每年4800元）定额扣除。同一学历（学位）继续教育的扣除期限不能超过48个月（4年）。纳税人接受技能人员职业资格继续教育、专业技术人员职业资格继续教育支出，在取得相关证书的当年，按照3600元定额扣除。个人接受本科及以下学历（学位）继续教育，符合《个人所得税专项附加扣除暂行办法》规定扣除条件的，可以选择由其父母扣除，也可以选择由本人扣除。纳税人接受技能人员职业资格继续教育、专业技术人员职业资格继续教育的，应当留存相关证书等资料备查。计算时间认定：学历（学位）继续教育，为在中国境内接受学历（学位）继续教育入学的当月至学历（学位）继续教育结束的当月，同一学历（学位）继续教育的扣除期限最长不得超过48个月。技能人员职业资格继续教育、专业技术人员职业资格继续教育，为取得相关证书的当年。学历教育和学历（学位）继续教育的期间，包含因病或其他非主观原因休学但学籍继续保留的休学期间，以及施教机构按规定组织实施的寒暑假等假期。

第四，大病医疗。在一个纳税年度内，纳税人发生的与基本医保相关的医药费用支出，扣除医保报销后个人负担（指医保目录范围内的自付部分）累计超过15 000元的部分，由纳税人在办理年度汇算清缴时，在80 000元限额内据实扣除。纳税人发生的医药费用支出可以选择由本人或者其配偶扣除；未成年子女发生的医药费用支出可以选择由其父母一方扣除。纳税人及其配偶、未成年子女发生的医药费用支出，应按《个人所得税专项附加扣除暂行办法》第11条的规定分别计算扣除额。纳税人应当留存医药服务收费及医保报销相关票据原件（或者复印件）等资料备查。医疗保障部门应当向患者提供在医疗保障信息系统记录的本人年度医药费用信息查询服务。计算时间认定：为医疗保障信息系统记录的医药费用实际支出的当年。

第五，住房贷款利息。纳税人本人或配偶，单独或共同使用商业银行或住房公积金个人住房贷款，为本人或其配偶购买中国境内住房，发生的首套住房贷款利息支出，在实际发生贷款利息

的年度，按照每月 1000 元（每年 12 000 元）的标准定额扣除，扣除期限最长不超过 240 个月（20 年）。纳税人只能享受一次首套住房贷款利息扣除。所称首套住房贷款是指购买住房时享受首套住房贷款利率的住房贷款。经夫妻双方约定，可以选择由其中一方扣除，具体扣除方式确定后，在一个纳税年度内不得变更。夫妻双方婚前分别购买住房发生的首套住房贷款，其贷款利息支出，婚后可以选择其中一套购买的住房，由购买方按扣除标准的 100% 扣除，也可以由夫妻双方对各自购买的住房分别按扣除标准的 50% 扣除，具体扣除方式在一个纳税年度内不能变更。纳税人应当留存住房贷款合同、贷款还款支出凭证备查。计算时间认定：为贷款合同约定开始还款的当月至贷款全部归还或贷款合同终止的当月，扣除期限最长不得超过 240 个月。

第六，住房租金。纳税人在主要工作城市没有自有住房而发生的住房租金支出，可以按照以下标准定额扣除：直辖市、省会（首府）城市、计划单列市以及国务院确定的其他城市，扣除标准为每月 1500 元（每年 18 000 元）。除上述所列城市外，市辖区户籍人口超过 100 万的城市，扣除标准为每月 1100 元（每年 13 200 元）；市辖区户籍人口不超过 100 万的城市，扣除标准为每月 800 元（每年 9600 元）。市辖区户籍人口，以国家统计局公布的数据为准。所称主要工作城市是指纳税人任职受雇的直辖市、计划单列市、副省级城市、地级市（地区、州、盟）全部行政区域范围；纳税人无任职受雇单位的，为受理其综合所得汇算清缴的税务机关所在城市。夫妻双方主要工作城市相同的，只能由一方扣除住房租金支出。住房租金支出由签订租赁住房合同的承租人扣除。纳税人及其配偶在一个纳税年度内不得同时分别享受住房贷款利息专项附加扣除和住房租金专项附加扣除。纳税人应当留存住房租赁合同、协议等有关资料备查。计算时间认定：为租赁合同（协议）约定的房屋租赁期开始的当月至租赁期结束的当月。提前终止合同（协议）的，以实际租赁期限为准。

第七，赡养老人。纳税人赡养一位及以上被赡养人的赡养支出，统一按以下标准定额扣除：纳税人为独生子女的，按照每月 3000 元（每年 36 000 元）的标准定额扣除；纳税人为非独生子女的，由其与兄弟姐妹分摊每月 3000 元的扣除额度，每人分摊的额度最高不得超过每月 1500 元。可以由赡养人均摊或者约定分摊，也可以由被赡养人指定分摊。

约定或者指定分摊的须签订书面分摊协议，指定分摊优于约定分摊。具体分摊方式和额度在一个纳税年度内不得变更。

所称被赡养人是指年满 60 岁的父母，以及子女均已去世的年满 60 岁的祖父母、外祖父母。

计算时间认定：为被赡养人年满 60 周岁的当月至赡养义务终止的年末。

享受 3 岁以下婴幼儿照护、子女教育、继续教育、住房贷款利息或者住房租金、赡养老人专项附加扣除的纳税人，自符合条件开始，可以向支付工资、薪金所得的扣缴义务人提供上述专项附加扣除有关信息，由扣缴义务人在预扣预缴税款时，按其在本单位本年可享受的累计扣除额办理扣除；也可以在次年 3 月 1 日至 6 月 30 日内，向汇缴地主管税务机关办理汇算清缴申报时扣除。享受大病医疗专项附加扣除的纳税人，由其在次年 3 月 1 日至 6 月 30 日内，自行向汇缴地主管税务机关办理汇算清缴申报时扣除。

纳税人选择在扣缴义务人发放工资、薪金所得时享受专项附加扣除的，首次享受时应当填写并向扣缴义务人报送扣除信息表。纳税年度中间相关信息发生变化的，纳税人应当更新扣除信息表相应栏次，并及时报送给扣缴义务人。

更换工作单位的纳税人，需要由新任职、受雇扣缴义务人办理专项附加扣除的，应当在入职的当月，填写并向扣缴义务人报送扣除信息表。

纳税人次年需要由扣缴义务人继续办理专项附加扣除的，应当于每年 12 月对次年享受专项附加扣除的内容进行确认，并报送至扣缴义务人。纳税人未及时确认的，扣缴义务人于次年 1 月起暂停扣除，待纳税人确认后再行办理专项附加扣除。

扣缴义务人应当将纳税人报送的专项附加扣除信息，在次月办理扣缴申报时一并报送至主管税务机关。

纳税人选择在汇算清缴申报时享受专项附加扣除的，应当填写并向汇缴地主管税务机关报送扣除信息表。

纳税人同时从两处以上取得工资、薪金所得，并由扣缴义务人减除专项附加扣除的，对同一专项附加扣除项目，在一个纳税年度内只能选择从一处取得的所得中减除。

居民个人向扣缴义务人提供有关信息并依法要求办理专项附加扣除的，扣缴义务人应当按照规定在工资、薪金所得按月预扣预缴税款时予以扣除，不得拒绝。居民个人未取得工资、薪金所得，仅取得劳务报酬所得、稿酬所得、特许权使用费所得，需要享受专项附加扣除的，应当在次年3月1日至6月30日内，自行向汇缴地主管税务机关报送扣除信息表，并在办理汇算清缴申报时扣除。一个纳税年度内，纳税人在扣缴义务人预扣预缴税款环节未享受或未足额享受专项附加扣除的，可以在当年内向支付工资、薪金的扣缴义务人申请在剩余月份发放工资、薪金时补充扣除，也可以在次年3月1日至6月30日内，向汇缴地主管税务机关办理汇算清缴时申报扣除。

扣缴义务人办理工资、薪金所得预扣预缴税款时，应当根据纳税人报送的扣除信息表为纳税人办理专项附加扣除。

纳税人年度中间更换工作单位的，在原单位任职、受雇期间已享受的专项附加扣除金额，不得在新任职、受雇单位继续扣除。原扣缴义务人应当自纳税人离职不再发放工资薪金所得的当月起，停止为其办理专项附加扣除。

寻法溯源

微课6-4 专项附加扣除

◇ 思政园地

国务院关于提高个人所得税有关专项附加扣除标准的通知

2023年8月28日，国务院公布《国务院关于提高个人所得税有关专项附加扣除标准的通知》。为进一步减轻家庭生育养育和赡养老人的支出负担，依据《个人所得税法》有关规定，国务院决定，提高3岁以下婴幼儿照护等三项个人所得税专项附加扣除标准。现将有关事项通知如下：

一、3岁以下婴幼儿照护专项附加扣除标准，由每个婴幼儿每月1000元提高到2000元。

二、子女教育专项附加扣除标准，由每个子女每月1000元提高到2000元。

三、赡养老人专项附加扣除标准，由每月2000元提高到3000元。其中，独生子女按照每月3000元的标准定额扣除；非独生子女与兄弟姐妹分摊每月3000元的扣除额度，每人分摊的额度不能超过每月1500元。

四、3岁以下婴幼儿照护、子女教育、赡养老人专项附加扣除涉及的其他事项，按照《个人所得税专项附加扣除暂行办法》有关规定执行。

五、上述调整后的扣除标准自2023年1月1日起实施。

（《国务院关于提高个人所得税有关专项附加扣除标准的通知》，载https://www.gov.cn/zhengce/content/202308/content_6901206.htm，最后访问日期：2025年3月20日。）

（二）扣缴义务人向居民个人支付劳务报酬所得、稿酬所得、特许权使用费所得预扣预缴个人所得税的计算

劳务报酬所得、稿酬所得、特许权使用费所得，属于一次性收入的，以取得该项收入为一次；属于同一项目连续性收入的，以一个月内取得的收入为一次。

扣缴义务人向居民个人支付劳务报酬所得、稿酬所得、特许权使用费所得，以每次或每月收入额为预扣预缴应纳税所得额，分别适用三级超额累进预扣率（见表6-2）和20%的比例预扣率，按次或按月计算每项所得应预扣预缴的个人所得税。

劳务报酬所得应预扣预缴税额=预扣预缴应纳税所得额（收入额）×预扣率-速算扣除数

稿酬所得、特许权使用费所得应预扣预缴税额=预扣预缴应纳税所得额（收入额）×20%

1. 收入额：劳务报酬所得、稿酬所得、特许权使用费所得以收入减除费用后的余额为收入额。其中，稿酬所得的收入额减按70%计算。

2. 减除费用：劳务报酬所得、稿酬所得、特许权使用费所得每次收入不超过4000元的，减除费用按800元计算；每次收入4000元以上的，减除费用按收入的20%计算。

3. 预扣率：劳务报酬所得适用20%-40%的三级超额累进预扣率（见表6-2），稿酬所得、特许权使用费所得适用20%的比例预扣率。

【例6-9】中国公民宋某任职于国内某软件公司，2024年9月在某大学授课一次，取得劳务报酬所得3500元，自行负担交通费200元。已知，劳务报酬所得个人所得税预扣率为20%；每次收入不超过4000元的，减除费用按800元计算。计算宋某当月该笔劳务报酬所得应预扣预缴个人所得税税额的下列算式中，正确的是（   ）元。

A.（3500-200-800）×20%＝500   B. 3500×20%＝700

C.（3500-800）×20%＝540   D.（3500-200）×20%＝660

解析： 正确答案为C。劳务报酬所得预扣预缴时，不超过4000元的，减除费用800元，不能减除其他支出。

📚 寻法溯源

（三）居民个人综合所得汇算清缴个人所得税的计算

居民个人办理年度综合所得汇算清缴时，应当依法计算工资、薪金所得，劳务报酬所得，稿酬所得，特许权使用费所得的收入额，并入年度综合所得计算应纳税款，税款多退少补。具体而言，居民个人取得综合所得，以每年收入额减除费用60 000元以及专项扣除、专项附加扣除和依法确定的其他扣除后的余额，为应纳税所得额。

微课6-5 居民个人劳务报酬、稿酬、特许权使用费所得预扣预缴

居民个人综合所得汇算清缴的计算方法如下：

汇算清缴应退或应补税额=年应纳税所得额×适用税率-速算扣除数-已预缴税额

=[（每一纳税年度综合所得收入额-60 000元-"三险一金"等专项扣除-3岁以下婴幼儿照护等专项附加扣除-依法确定的其他扣除-符合条件的公益慈善事业捐赠）×适用税率-速算扣除数]-已预缴税额

1. 综合所得收入额的确定。综合所得收入额的确定：①工资、薪金所得，以年度工资、薪金收入减去不征税收入、免税收入的余额为收入额。②劳务报酬所得、稿酬所得、特许权使用费所得，以各自的收入减去20%的费用后的余额为收入额。其中，稿酬所得的收入额按70%计算。个人兼有不同的劳务报酬所得，应分别扣除费用，计算缴纳个人所得税。

2. 专项扣除、专项附加扣除，依法确定的其他扣除按前述规定处理。需要注意以下四点：①专项扣除、专项附加扣除和依法规定的其他扣除，以居民个人一个纳税年度的应纳税所得额为限额。一个纳税年度抵扣不完的，不得结转抵扣。②居民个人取得劳务报酬所得、稿酬所得、特许权使用费所得，应当在汇算清缴时向税务机关提供有关信息，减除专项附加扣除。③居民个人填报专项附加扣除信息存在明显错误，经税务机关通知，居民个人拒不更正或者不说明情况的，税务机关可暂停纳税人享受专项附加扣除。居民个人按规定更正相关信息或者说明情况后，经税务机关确认，居民个人可继续享受专项附加扣除，以前月份未享受扣除的，可按规定追补扣除。④汇算清缴时，可依法扣除的捐赠，是当年符合条件的公益慈善事业捐赠。

3. 适用税率和速算扣除数，根据年度应纳税所得额查找综合所得七级超额累进税率（见表6-3）确定。

这样，居民个人综合所得应纳税额的计算公式应为：

应纳税额＝全年应纳税所得额×适用税率−速算扣除数＝（全年收入额−60 000元−专项扣除−享受的专项附加扣除−享受的其他扣除）×适用税率−速算扣除数

【例6-10】中国公民吴某2023年收入情况如下：全年工资薪金收入36万元，"三险一金"等专项扣除为4500元每月，全年享受专项附加扣除共计2.4万元，全年取得劳务报酬收入3万元，稿酬收入2万元。已知吴某2023年工资薪金收入、劳务报酬收入、稿酬收入已分别预缴税额27 480元、5200元、2240元。不考虑其他因素，请计算吴某汇算清缴应退或应补税额。

解析：

（1）全年收入额＝36+3×（1−20%）+2×（1−20%）×70%＝39.52万元

（2）全年减除费用6万元，专项扣除＝0.45×12＝5.4万元，专项附加扣除＝2.4万元，扣除项合计＝6+5.4+2.4＝13.8万元

（3）应纳税所得额＝39.52−13.8＝25.72万元

（4）全年应纳个人所得税额＝257 200×20%−16 920＝34 520元

（5）汇算清缴应退或应补税额＝34 520−27 480−5200−2240＝−400元

所以汇算清缴时应退税400元。

微课6-6　综合所得年度汇算

寻法溯源

二、非居民个人工资、薪金所得，劳务报酬所得，稿酬所得，特许权使用费所得等个人所得税的计算

扣缴义务人向非居民个人支付工资、薪金所得，劳务报酬所得，稿酬所得和特许权使用费所得时，应当按以下方法按月或者按次代扣代缴个人所得税，不办理汇算清缴。

1. 非居民个人的工资、薪金所得，以每月收入额减除费用5000元后的余额为应纳税所得额。

2. 劳务报酬所得、稿酬所得、特许权使用费所得，以每次收入额为应纳税所得额，适用按月换算后的非居民个人月度税率（见表6-4）计算应纳税额。其中，劳务报酬所得、稿酬所得、特许权使用费所得以收入减除20%的费用后的余额为收入额。稿酬所得的收入额减按70%计算。

非居民个人工资、薪金所得，劳务报酬所得，稿酬所得，特许权使用费所得应纳税额的计算方法如下：

（1）非居民个人的工资、薪金所得适用七级超额累进税率（见表6-4），其应纳税额的计算公式为：

$$应纳个人所得税=月应纳税所得额×适用税率-速算扣除数$$

$$=（每月工资、薪金收入额-5000）×适用税率-速算扣除数$$

（2）非居民个人的劳务报酬所得适用七级超额累进税率（见表6-4），其应纳税额的计算公式为：

$$应纳个人所得税=应纳税所得额×适用税率-速算扣除数$$

$$=每次收入额×适用税率-速算扣除数$$

$$=劳务报酬收入×（1-20\%）×适用税率-速算扣除数$$

（3）非居民个人的稿酬所得适用七级超额累进税率（见表6-4），其应纳税额的计算公式为：

$$应纳个人所得税=应纳税所得额×适用税率-速算扣除数$$

$$=每次收入额×适用税率-速算扣除数$$

$$=稿酬收入×（1-20\%）×70\%×适用税率-速算扣除数$$

（4）非居民个人的特许权使用费所得适用七级超额累进税率（见表6-4），其应纳税额的计算公式为：

$$应纳个人所得税=应纳税所得额×适用税率-速算扣除数$$

$$=每次收入额×适用税率-速算扣除数$$

$$=特许权使用费收入×（1-20\%）×适用税率-速算扣除数$$

【例6-11】 非居民个人杰克取得稿酬所得10 000元，请代支付单位计算应扣缴的应纳个人所得税。

解析：

应纳个人所得税=10 000×（1-20%）×70%×10%-210=350元

三、经营所得个人所得税的计算

经营所得，以每一纳税年度的收入总额减除成本、费用以及损失后的余额，为应纳税所得额。

经营所得应纳税额的计算公式为：

$$应纳税额=全年应纳税所得额×适用税率-速算扣除数$$

$$=（全年收入总额-成本、费用、损失）×适用税率-速算扣除数$$

所称成本、费用，是指生产、经营活动中发生的各项直接支出和分配计入成本的间接费用以及销售费用、管理费用、财务费用；所称损失，是指生产、经营活动中发生的固定资产和存货的盘亏、毁损、报废损失，转让财产损失，坏账损失，自然灾害等不可抗力因素造成的损失以及其他损失。

取得经营所得的个人，没有综合所得的，在计算其每一纳税年度的应纳税所得额时，应当减除费用60 000元、专项扣除、专项附加扣除以及依法确定的其他扣除。专项附加扣除在办理汇算清缴时减除。

纳税人从事生产、经营活动，未提供完整、准确的纳税资料，不能正确计算应纳税所得额的，由主管税务机关核定其应纳税所得额或者应纳税额。

个人独资企业的投资者以全部生产经营所得为应纳税所得额，合伙企业的投资者按照合伙企业的全部生产经营所得和合伙协议约定的分配比例，确定应纳税所得额，合伙协议没有约定分配比例的，以全部生产经营所得和合伙人数量为标准平均计算每个投资者的应纳税所得额。

上述所称生产经营所得，包括企业分配给投资者个人的所得和企业当年留存的所得（利润）。

对个体工商户业主、个人独资企业和合伙企业自然人投资者的生产经营所得依法计征个人所得税时，个体工商户业主、个人独资企业和合伙企业自然人投资者本人的费用扣除标准统一确定为 60 000 元每年（5000 元每月）。

对企业事业单位的承包经营、承租经营所得，以每一纳税年度的收入总额，减除必要费用后的余额，为应纳税所得额。这里的每一纳税年度的收入总额，是指纳税人按照承包经营、承租经营合同规定分得的经营利润和工资、薪金性质的所得；这里减除必要费用，是指按年减除60 000 元。

（一）个体工商户应纳税额的计算

在计算应纳税所得额时，个体工商户会计处理办法与以下规定和财政部、国家税务总局相关规定不一致的，应当依照以下规定和财政部、国家税务总局的相关规定计算。

1. 计税基本规定。

（1）个体工商户的生产、经营所得，以每一纳税年度的收入总额，减除成本、费用、税金、损失、其他支出以及允许弥补的以前年度亏损后的余额，为应纳税所得额。

个体工商户从事生产经营以及与生产经营有关的活动（以下简称生产经营）取得的货币形式和非货币形式的各项收入，为收入总额。包括销售货物收入、提供劳务收入、转让财产收入、利息收入、租金收入、接受捐赠收入、其他收入。

其中：其他收入包括个体工商户资产溢余收入、逾期一年的未退包装物押金收入、确实无法偿付的应付款项、已作坏账损失处理后又收回的应收款项、债务重组收入、补贴收入、违约金收入、汇兑收益等。

成本，是指个体工商户在生产经营活动中发生的销售成本、销货成本、业务支出以及其他耗费。

费用，是指个体工商户在生产经营活动中发生的销售费用、管理费用和财务费用，已经计入成本的有关费用除外。

税金，是指个体工商户在生产经营活动中发生的除个人所得税和允许抵扣的增值税以外的各项税金及其附加。

损失，是指个体工商户在生产经营活动中发生的固定资产和存货的盘亏、毁损、报废损失，转让财产损失，坏账损失，自然灾害等不可抗力因素造成的损失以及其他损失。

个体工商户发生的损失，减除责任人赔偿和保险赔款后的余额，参照财政部、国家税务总局有关企业资产损失税前扣除的规定扣除。

个体工商户已经作为损失处理的资产，在以后纳税年度又全部收回或者部分收回时，应当计入收回当期的收入。

其他支出，是指除成本、费用、税金、损失外，个体工商户在生产经营活动中发生的与生产经营活动有关的、合理的支出。

个体工商户发生的支出应当区分收益性支出和资本性支出。收益性支出在发生当期直接扣除；资本性支出应当分期扣除或者计入有关资产成本，不得在发生当期直接扣除。

上述支出，是指与取得收入直接相关的支出。

除税收法律法规另有规定外，个体工商户实际发生的成本、费用、税金、损失和其他支出，不得重复扣除。

亏损，是指个体工商户依照规定计算的应纳税所得额小于 0 的数额。

（2）个体工商户的下列支出不得扣除：个人所得税税款，税收滞纳金，罚金、罚款和被没收财物的损失，不符合扣除规定的捐赠支出，赞助支出，用于个人和家庭的支出，与取得生产经营收入无关的其他支出，国家税务总局规定不准扣除的支出。

（3）个体工商户在生产经营活动中，应当分别核算生产经营费用和个人、家庭费用。对于因生产经营与个人、家庭生活混用难以分清的费用，其40%视为与生产经营有关的费用，准予扣除。

（4）个体工商户纳税年度发生的亏损，准予向以后年度结转，用以后年度的生产经营所得弥补，但结转年限最长不得超过5年。

（5）个体工商户使用或者销售存货，按照规定计算的存货成本，准予在计算应纳税所得额时扣除。

（6）个体工商户转让资产，该项资产的净值，准予在计算应纳税所得额时扣除。

（7）个体工商户与企业联营而分得的利润，按"利息、股息、红利所得"项目征收个人所得税。

（8）个体工商户和从事生产、经营的个人，取得与生产、经营活动无关的各项应税所得，应按规定分别计算征收个人所得税。

【例6-12】2023年张某设立的个体工商户在生产经营活动中发生下列支出：向金融企业借款利息支出12 000元，非广告性的赞助支出80 000元，张某本人的工资薪金支出270 000元，为员工购买劳保用品支出40 000元。在计算张某2023年度经营所得个人所得税应纳税所得额时，准予扣除的项目有（　　）。

A. 向金融企业借款利息支出12 000元　　B. 非广告性的赞助支出80 000元

C. 张某本人的工资薪金支出270 000元　　D. 购买劳保用品支出40 000元

解析：答案为AD。个体工商户下列支出不得扣除：①个人所得税税款；②税收滞纳金；③罚金、罚款和被没收财物的损失；④不符合扣除规定的捐赠支出；⑤赞助支出；⑥用于个人和家庭的支出；⑦与取得生产经营收入无关的其他支出；⑧个体工商户代其从业人员或者他人负担的税款；⑨国家税务总局规定不准扣除的支出。

2. 扣除项目及标准。个体工商户实际支付给从业人员的、合理的工资、薪金支出，准予扣除。个体工商户业主的费用扣除标准，确定为60 000元每年。个体工商户业主的工资、薪金支出不得税前扣除。

个体工商户按照国务院有关主管部门或者省级人民政府规定的范围和标准为其业主和从业人员缴纳的基本养老保险费、基本医疗保险费、失业保险费、生育保险费、工伤保险费和住房公积金，准予扣除。个体工商户为从业人员缴纳的补充养老保险费、补充医疗保险费，分别在不超过从业人员工资总额5%标准内的部分据实扣除；超过部分，不得扣除。个体工商户业主本人缴纳的补充养老保险费、补充医疗保险费，以当地（地级市）上年度社会平均工资的3倍为计算基数，分别在不超过该计算基数5%标准内的部分据实扣除；超过部分，不得扣除。

除个体工商户依照国家有关规定为特殊工种从业人员支付的人身安全保险费和财政部、国家税务总局规定可以扣除的其他商业保险费外，个体工商户业主本人或者为从业人员支付的商业保险费，不得扣除。

个体工商户在生产经营活动中发生的合理的不需要资本化的借款费用，准予扣除。

个体工商户为购置、建造固定资产、无形资产和经过12个月以上的建造才能达到预定可销售状态的存货发生借款的，在有关资产购置、建造期间发生的合理的借款费用，应当作为资本性支出计入有关资产的成本，依照规定扣除。

个体工商户在生产经营活动中发生的下列利息支出，准予扣除：向金融企业借款的利息支出；向非金融企业和个人借款的利息支出，不超过按照金融企业同期同类贷款利率计算的数额的部分。

个体工商户在货币交易中，以及纳税年度终了时将人民币以外的货币性资产、负债按照期末即期人民币汇率中间价折算为人民币时产生的汇兑损失，除已经计入有关资产成本部分外，准予扣除。

个体工商户向当地工会组织拨缴的工会经费、实际发生的职工福利费支出、职工教育经费支出分别在工资、薪金总额的 2%、14%、2.5% 的标准内据实扣除。工资、薪金总额是指允许在当期税前扣除的工资、薪金支出数额。职工教育经费的实际发生数额超出规定比例当期不能扣除的数额，准予在以后纳税年度结转扣除。个体工商户业主本人向当地工会组织缴纳的工会经费、实际发生的职工福利费支出、职工教育经费支出，以当地（地级市）上年度社会平均工资的 3 倍为计算基数，在上述规定的比例内据实扣除。

个体工商户发生的与生产经营活动有关的业务招待费，按照实际发生额的 60% 扣除，但最高不得超过当年销售（营业）收入的 5‰。业主自申请营业执照之日起至开始生产经营之日止所发生的业务招待费，按照实际发生额的 60% 计入个体工商户的开办费。

个体工商户每一纳税年度发生的与其生产经营活动直接相关的广告费和业务宣传费不超过当年销售（营业）收入 15% 的部分，可以据实扣除；超过部分，准予在以后纳税年度结转扣除。

个体工商户代其从业人员或者他人负担的税款，不得税前扣除。

个体工商户按照规定缴纳的摊位费、行政性收费、协会会费等，按实际发生数额扣除。

个体工商户根据生产经营活动的需要租入固定资产支付的租赁费，按照以下方法扣除：以经营租赁方式租入固定资产发生的租赁费支出，按照租赁期限均匀扣除；以融资租赁方式租入固定资产发生的租赁费支出，按照规定构成融资租入固定资产价值的部分应当提取折旧费用，分期扣除。

个体工商户参加财产保险，按照规定缴纳的保险费，准予扣除。

个体工商户发生的合理的劳动保护支出，准予扣除。

个体工商户自申请营业执照之日起至开始生产经营之日止所发生的符合规定的费用，除为取得固定资产、无形资产的支出，以及应计入资产价值的汇兑损益、利息支出外，作为开办费，个体工商户可以选择在开始生产经营的当年一次性扣除，也可自生产经营月份起在不短于 3 年期限内摊销扣除，但一经选定，不得改变。

开始生产经营之日为个体工商户取得第一笔销售（营业）收入的日期。

个体工商户通过公益性社会团体或者县级以上人民政府及其部门，用于《中华人民共和国公益事业捐赠法》规定的公益事业的捐赠，捐赠额不超过其应纳税所得额 30% 的部分可以据实扣除。

财政部、国家税务总局规定可以全额在税前扣除的捐赠支出项目，按有关规定执行。

个体工商户直接对受益人的捐赠不得扣除。

公益性社会团体的认定，按照财政部、国家税务总局、民政部的有关规定执行。

赞助支出，是指个体工商户发生的与生产经营活动无关的各种非广告性质支出。

个体工商户研究开发新产品、新技术、新工艺所发生的开发费用，以及研究开发新产品、新技术而购置单台价值在 10 万元以下的测试仪器和试验性装置的购置费准予直接扣除；单台价值在 10 万元以上（含 10 万元）的测试仪器和试验性装置，按固定资产管理，不得在当期直接扣除。

【例 6-13】个体工商户李某 2023 年度取得营业收入 200 万元，当年发生业务宣传费 25 万元，上年度结转未扣除的业务宣传费 15 万元。已知业务宣传费不得超过当年营业收入 15% 的部分，准予扣除，个体工商户李某在计算当年个人所得税应纳税所得额时，允许扣除的业务宣传费金额为（　　）万元。

A. 30　　　　　　　　B. 25　　　　　　　　C. 40　　　　　　　　D. 15

解析： 正确答案为 A。

（1）个体工商户每一纳税年度发生的与其生产经营活动直接相关的广告费和业务宣传费不超过当年销售（营业）收入 15%的部分，可以据实扣除；超过部分，准予在以后纳税年度结转扣除；

（2）200×15%＝30（万元）<25＋15＝40（万元），按照限额扣除，即允许扣除的业务宣传费金额为30万元。

纳税人取得经营所得，按年计算个人所得税，由纳税人在月度或季度终了后 15 日内，向经营管理所在地主管税务机关办理预缴纳税申报；在取得所得的次年 3 月 31 日前，向经营管理所在地主管税务机关办理汇算清缴。因此，按照税法规定，先计算全年应纳税所得额，再计算全年应纳税额，并根据全年应纳税额和当年已预缴税额计算出当年应补（退）税额。

〔寻法溯源〕

微课 6-7
经营所得

（二）个人独资企业和合伙企业应纳税额的计算

对个人独资企业和合伙企业生产经营所得，其个人所得税应纳税额的计算有以下两种方式：

1. 查账征税方式。自 2019 年 1 月 1 日起，个人独资企业和合伙企业投资者的生产经营所得依法计征个人所得税时，个人独资企业和合伙企业投资者本人的费用扣除标准统一确定为 60 000元每年，即 5000 元每月。投资者的工资不得在税前扣除。

投资者及其家庭发生的生活费用不允许在税前扣除。投资者及其家庭发生的生活费用与企业生产经营费用混合在一起，并且难以划分的，全部视为投资者个人及其家庭发生的生活费用，不允许在税前扣除。

企业生产经营和投资者及其家庭生活共用的固定资产，难以划分的，由主管税务机关根据企业的生产经营类型、规模等具体情况，核定准予在税前扣除的折旧费用的数额或比例。

企业向其从业人员实际支付的合理的工资、薪金支出，允许在税前据实扣除。

企业拨缴的工会经费、发生的职工福利费、职工教育经费支出分别在工资、薪金总额 2%、14%、2.5%的标准内据实扣除。

每一纳税年度发生的广告费和业务宣传费用不超过当年销售（营业）收入 15%的部分，可据实扣除；超过部分，准予在以后纳税年度结转扣除。

每一纳税年度发生的与其生产经营业务直接相关的业务招待费支出，按照发生额的 60%扣除，但最高不得超过当年销售（营业）收入的 5‰。

企业计提的各种准备金不得扣除。

投资者兴办两个或两个以上企业的，根据前述规定准予扣除的个人费用，由投资者选择在其中一个企业的生产经营所得中扣除。

企业的年度亏损，允许用本企业下一年度的生产经营所得弥补，下一年度所得不足弥补的，允许逐年延续弥补，但最长不得超过 5 年。

投资者兴办两个或两个以上企业的，企业的年度经营亏损不能跨企业弥补。

投资者来源于中国境外的生产经营所得，已在境外缴纳所得税的，可以按照《个人所得税法》的有关规定计算扣除已在境外缴纳的所得税。

自 2022 年 1 月 1 日起，持有股权、股票、合伙企业财产份额等权益性投资的个人独资企业、合伙企业，一律适用查账征收方式计征个人所得税。

2. 核定征收方式。核定征收方式，包括定额征收、核定应税所得率征收以及其他合理的征收方式。

有下列情形之一的，主管税务机关应当采取核定征收方式征收个人所得税：

（1）企业依照国家有关规定应当设置但未设置账簿的。

（2）企业虽设置账簿，但账目混乱或者成本资料、收入凭证、费用凭证等残缺不全，难以查账的。

（3）纳税人发生纳税义务后，未按照规定的期限办理纳税申报，经税务机关责令限期申报，逾期仍不申报的。

实行核定应税所得率征收方式的，应纳所得税额的计算公式为：

$$应纳所得税额=应纳税所得额×适用税率$$

$$应纳税所得额=收入总额×应税所得率$$

$$或：应纳税所得额=成本费用支出额÷（1-应税所得率）×应税所得率$$

应税所得率应按规定的标准执行见表6-6。

表6-6　个人所得税核定征收应税所得率表

行业	应税所得率（%）
工业、交通运输业、商业	5-20
建筑业、房地产开发业	7-20
饮食服务业	7-25
娱乐业	20-40
其他行业	10-30

企业经营多业的，无论其经营项目是否单独核算，均应根据其主营项目确定其适用的应税所得率。

实行核定征收的投资者，不能享受个人所得税的优惠政策。

实行查账征收方式的个人独资企业和合伙企业改为核定征收方式后，在查账征收方式下认定的年度经营亏损未弥补完的部分，不得再继续弥补。

取得经营所得的个人，没有综合所得的，计算其每一纳税年度的应纳税所得额时，应当减除费用60 000元、专项扣除、专项附加扣除以及依法确定的其他扣除，专项附加扣除在办理汇算清缴时减除。

需要注意的是，自2022年1月1日起，持有股权、股票、合伙企业财产份额等权益性投资的个人独资企业、合伙企业（以下简称独资合伙企业），一律适用查账征收方式计征个人所得税。独资合伙企业应自持有上述权益性投资之日起30日内，主动向税务机关报送持有权益性投资的情况。

3. 此外，对于无论是查账征收，还是核定征收的个人独资企业和合伙企业，税法规定如下：个人独资企业和合伙企业对外投资分回的利息或者股息、红利，不并入企业的收入，而应单独作为投资者个人取得的利息、股息、红利所得，按"利息、股息、红利所得"项目计算缴纳个人所得税。以合伙企业名义对外投资分回利息或者股息、红利的，应按个人独资企业的投资者以全部生产经营所得为应纳税所得额；合伙企业的投资者按照合伙企业的全部生产经营所得和合伙协议约定的分配比例确定应纳税所得额，合伙协议没有约定分配比例的，以全部生产经营所得和合伙人数量平均计算每个投资者的应纳税所得额，确定各个投资者的利息、股息、红利所得，分别按"利息、股息、红利所得"项目计算缴纳个人所得税。

残疾人员投资兴办或参与投资兴办个人独资企业和合伙企业的，残疾人员取得的经营所得，符合各省、自治区、直辖市人民政府规定的减征个人所得税条件的，经本人申请、主管税务机关审核批准，可按各省、自治区、直辖市人民政府规定减征的范围和幅度，减征个人所得税。

企业进行清算时，投资者应当在注销工商登记之前，向主管税务机关结清有关税务事宜。企业的清算所得应当视为年度生产经营所得，由投资者依法缴纳个人所得税。

所称清算所得，是指企业清算时的全部资产或者财产的公允价值扣除各项清算费用、损失、负债、以前年度留存的利润后，超过实缴资本的部分。

企业在纳税年度的中间开业，或者由于合并、关闭等原因，使该纳税年度的实际经营期不足12 个月的，应当以其实际经营期为一个纳税年度。

四、财产租赁所得个人所得税的计算

（一）应纳税所得额的计算

财产租赁所得，每次收入不超过 4000 元的，减除费用 800 元；4000 元以上的，减除 20%的费用，其余额为应纳税所得额。

财产租赁所得以 1 个月内取得的收入为一次。

应纳税所得额的计算公式为：

1. 每次（月）收入不超过 4000 元的：

应纳税所得额=每次（月）收入额-准予扣除项目-修缮费用（800 元为限）-800 元

2. 每次（月）收入超过 4000 元的：

应纳税所得额=［每次（月）收入额-准予扣除项目-修缮费用（800 元为限）］×（1-20%）

个人出租财产取得的财产租赁收入，在计算缴纳个人所得税时，应依次扣除以下费用：①准予扣除项目主要指财产租赁过程中缴纳的税费。②由纳税人负担的该出租财产实际开支的修缮费用。修缮费的扣除以每次 800 元为限，一次扣除不完的，准予在下一次继续扣除，直到扣完为止。③税法规定的费用扣除标准（即定额减除费用 800 元或定率减除 20%的费用）。

个人出租房屋的个人所得税应税收入不含增值税，计算房屋出租所得可扣除的税费不包括本次出租缴纳的增值税。个人转租房屋的，其向房屋出租方支付的租金及增值税税额，在计算转租所得时予以扣除，免征增值税的，确定计税依据时，租金收入不扣减增值税税额。

（二）应纳税额的计算

财产租赁所得适用 20%的比例税率。但对个人按市场价格出租居民住房取得的所得，自2001 年 1 月 1 日起暂减按 10%的税率征收个人所得税。其应纳税额的计算公式为：

应纳税额=应纳税所得额×适用税率

【例6-14】 周某出租住房取得租金收入 3800 元，财产租赁缴纳税费 152 元，修缮费 600 元，已知个人出租住房暂减按 10%征收个人所得税，收入不超过 4000 元，减除 800 元费用，下列关于周某当月租金收入应缴纳个人所得税税额的计算中，正确的是（   ）元。

A.（3800-152-600）×10%=304.8

B. 3800×10%=380

C.（3800-152-600-800）×10%=224.8

D.（3800-800）×10%=300

解析： 正确答案为 C。个人出租住房，每次（月）收入不足 4000 元的：应纳税额=［每次（月）收入额-财产租赁过程中缴纳的税费-由纳税人负担的租赁财产实际开支的修缮费用（800元为限）-800 元］×10%。

五、财产转让所得个人所得税的计算

（一）应纳税所得额的计算

财产转让所得，以转让财产的收入额减除财产原值和合理费用后的余额，为应纳税所得额。财产原值，按照下列方法计算：

1. 有价证券，为买入价以及买入时按照规定缴纳的有关费用。
2. 建筑物，为建造费或者购进价格以及其他有关费用。
3. 土地使用权，为取得土地使用权所支付的金额、开发土地的费用以及其他有关费用。
4. 机器设备、车船，为购进价格、运输费、安装费以及其他有关费用。
5. 其他财产，参照以上方法确定。

纳税人未提供完整、准确的财产原值凭证，不能正确计算财产原值的，由主管税务机关核定其财产原值。

合理费用，是指卖出财产时按照规定支付的有关费用。

个人转让房屋的个人所得税应税收入不含增值税，其取得房屋时所支付价款中包含的增值税计入财产原值，计算转让所得时可扣除的税费不包括本次转让缴纳的增值税。免征增值税的，确定计税依据时，转让房地产取得的收入不扣减增值税税额。

（二）应纳税额的计算

财产转让所得应纳税额的计算公式为：

$$应纳税额＝应纳税所得额×适用税率＝（收入总额－财产原值－合理费用）×20\%$$

【例 6-15】 2024 年 9 月，武某将一套三年前购入的普通住房出售，取得收入 160 万元，原值 120 万元，售房中发生合理费用 0.5 万元。已知财产转让所得个人所得税税率为 20%，计算武某出售该住房个人所得税应纳税额的下列算式中正确的是（　　）万元。

A.（160-120）×20%＝8
B.（160-0.5）×20%＝31.9
C.（160-120-0.5）×20%＝7.9
D. 160×（1-20%）×20%＝25.6

解析： 正确答案为 C。财产转让所得以一次转让财产收入额减去财产原值和合理费用后的余额为应纳税所得额，适用 20% 的税率计算缴纳个人所得税。

六、利息、股息、红利所得和偶然所得个人所得税的计算

利息、股息、红利所得和偶然所得，以每次收入额为应纳税所得额。不得从收入额中扣除任何费用。

利息、股息、红利所得和偶然所得应纳税额的计算公式为：

$$应纳税额＝应纳税所得额×适用税率＝每次收入额×20\%$$

【例 6-16】 2024 年 1 月中国公民钱某在境内公开发行和转让市场购入某上市公司股票，当年 7 月取得该上市公司分配的股息 4500 元，8 月将持有的股票全部卖出。已知，利息、股息红利所得个人所得税税率为 20%。计算钱某该笔股息所得应缴纳个人所得税税额的下列算式中，正确的是（　　）元。

A. 4500×（1-20%）×50%×20%＝360
B. 4500×（1-20%）×20%＝720
C. 4500×20%＝900
D. 4500×50%×20%＝450

解析： 正确答案为 D。利息股息、红利所得不得减除费用，以收入全额计税；对于个人持有的上市公司股票，持股期限大于 1 个月小于 1 年的，其股息红利所得暂减按 50% 计入应纳税所得额。

寻法溯源

◇ 思政园地 2

微课 6-8　利息、股息、红利、财产租赁、财产转让、偶然所得

权威专家：企业增利居民增收但税收下降"数"出有因

记者从国家税务总局了解到，2024 年上半年，税务部门组织的企业所得税、个人所得税收入分别为 25 371 亿元、7602 亿元，均同比下降 5.5%。而此前国家统计局公布的上半年国民经济运行情况显示，2024 年 1—6 月，全国规上工业企业实现利润总额 35 110.3 亿元，同比增长 3.5%；全国居民人均可支配收入 20 733 元，同比名义增长 5.4%，扣除价格因素实际增长 5.3%。这两组数据一降一增，产生一定"差异"，引发关注，这背后的原因是什么？

就此，国家税务总局税收科学研究所所长黄立新在接受《经济参考报》记者采访时表示，这主要与企业享受税费优惠政策减免税金额增长以及个人子女教育、赡养老人等三项专项附加扣除标准提高和股权、房屋等财产转让收入大幅下降带来的减收等因素有关。

（《权威专家：企业增利居民增收但税收下降"数"出有因》，载 https://www.gov.cn/yaowen/liebiao/202408/content_6968333.htm，最后访问日期：2025 年 3 月 20 日。）

七、个人所得税应纳税额计算的其他规定

（一）全年一次性奖金的计税规定

全年一次性奖金是指行政机关、企事业单位等扣缴义务人根据其全年经济效益和对雇员全年工作业绩的综合考核情况，向雇员发放的一次性奖金。一次性奖金也包括年终加薪、实行年薪制和绩效工资办法的单位根据考核情况兑现的年薪和绩效工资。

在 2027 年 12 月 31 日前，居民个人取得全年一次性奖金，符合《国家税务总局关于调整个人取得全年一次性奖金等计算征收个人所得税方法问题的通知》规定的，不并入当年综合所得，将居民个人取得的全年一次性奖金，除以 12 个月，按其商数依照按月换算后的综合所得税率表确定适用税率和速算扣除数（见表 6-4），单独计算纳税。

计算公式为：

$$应纳税额 = 全年一次性奖金收入 \times 适用税率 - 速算扣除数$$

在一个纳税年度内，对每一个纳税人，该计税办法只允许采用一次。

居民个人取得全年一次性奖金，也可以选择并入当年综合所得计算纳税。

居民个人取得除全年一次性奖金以外的其他各种名目奖金，如半年奖、季度奖、加班奖、先进奖、考勤奖等，一律与当月工资、薪金收入合并，按税法规定缴纳个人所得税。

【例 6-17】假定中国居民个人王某 2023 年在我国境内 1—12 月每月的税后工资为 5200 元，当年度 12 月 31 日又一次性领取年终含税奖金 60 000 元。请计算王某取得全年一次性奖金收入的应纳税额。

解析：

（1）年终奖金适用的税率和速算扣除数为：按 12 个月分摊后，每月的奖金 = 60 000÷12 = 5000 元，根据工资、薪金七级超额累进税率的规定，适用的税率和速算扣除数分别为 10%、210 元。

（2）应纳税额 = 全年一次性奖金收入 × 适用的税率 - 速算扣除数

$$= 60\ 000 \times 10\% - 210$$
$$= 6000 - 210$$
$$= 5790\ 元$$

（二）公益慈善事业的捐赠支出的扣除

个人将其所得对教育、扶贫、济困等公益慈善事业进行捐赠，捐赠额未超过纳税人申报的应纳税所得额30%的部分，可以从其应纳税所得额中扣除；国务院规定对公益慈善事业捐赠实行全额税前扣除的，从其规定。

所称个人将其所得对教育、扶贫、济困等公益慈善事业进行捐赠，是指个人将其所得通过中国境内的公益性社会组织、国家机关向教育、扶贫、济困等公益慈善事业的捐赠；所称应纳税所得额，是指计算扣除捐赠额之前的应纳税所得额。

个人发生公益捐赠，税前可全额扣除的：一是对特定事项的捐赠（大部分需通过非营利机构和国家机关），二是对特定公益组织的捐赠。

1. 对特定事项的捐赠。

（1）对公益性青少年活动场所的捐赠。企事业单位、社会团体和个人等社会力量，通过非营利性的社会团体和国家机关对公益性青少年活动场所（其中包括新建）的捐赠，税前准予全额扣除。

所称公益性青少年活动场所，是指专门为青少年学生提供科技、文化、德育、爱国主义教育、体育活动的青少年宫、青少年活动中心等校外活动的公益性场所。

（2）对老年服务机构的捐赠。企事业单位、社会团体和个人等社会力量，通过非营利性的社会团体和政府部门向福利性、非营利性的老年服务机构的捐赠，税前准予全额扣除。

所称老年服务机构，是指专门为老年人提供生活照料、文化、护理、健身等多方面服务的福利性、非营利性的机构，主要包括：老年社会福利院、敬老院（养老院）、老年服务中心、老年公寓（含老年护理院、康复中心、托老所）等。

（3）对农村义务教育的捐赠。个人通过非营利的社会团体和国家机关向农村义务教育的捐赠，准予在个人所得税前全额扣除。

农村义务教育的范围，是指政府和社会力量举办的农村乡镇（不含县和县级市政府所在地的镇）、村的小学和初中以及属于这一阶段的特殊教育学校。纳税人对农村义务教育与高中在一起的学校的捐赠，也享受本政策。

（4）对红十字事业的捐赠。个人通过非营利性的社会团体和国家机关（包括中国红十字会）向红十字事业的捐赠，在计算缴纳个人所得税时准予全额扣除。

（5）对非关联的科研机构和高等学校用于研发的捐赠。个人和个体工商户，资助非关联的科研机构和高等学校研究开发新产品、新技术、新工艺所发生的研究开发经费，经主管税务机关审核确定，其资助支出可以全额在当年度应纳税所得额中扣除。当年度应纳税所得额不足抵扣的，不得结转抵扣。

非关联的科研机构和高等学校，是指不是资助企业所属或投资的，并且其科研成果不是唯一提供给资助企业的科研机构和高等学校。向科研机构和高等学校资助研究开发经费，申请抵扣应纳税所得额时，须提供科研机构和高等学校开具的研究开发项目计划、资金收款证明及其他税务机关要求提供的相关资料，不能提供相关资料的，税务机关可不予受理。

（6）对其他特定事项的捐赠。除上述事项外，个人对于地震灾区、新冠疫情、重大体育赛事等临时性事件的捐赠，税法中也有可税前全额扣除的规定。鉴于这些规定大都具有临时、应急的特点，此处暂不一一列举。

2. 对特定公益组织的捐赠。对个人向中华健康快车基金会、孙冶方经济科学基金会、中华慈善总会、中国法律援助基金会、中华见义勇为基金会、宋庆龄基金会、中国福利会、中国残疾人福利基金会、中国扶贫基金会、中国煤矿尘肺病治疗基金会、中华环境保护基金会、中国老龄事业发展基金会、中国华文教育基金会、中国绿化基金会、中国妇女发展基金会、中国关心下一代健康体育基金会、中国生物多样性保护基金会、中国儿童少年基金会、中国光彩事业基金会、中国医药卫生事业发展基金会、中国教育发展基金会等单位的公益性捐赠，准予在个人所得税税前全额扣除。

【例 6-18】 中国公民李某取得财产转让收入 40 000 元，将其中 6000 元通过民政部门捐赠给贫困山区，该财产可以扣除的原值和相关税费 22 000 元，李某个人所得税应纳税额为（　　）元。

A. 2520　　　　　　B. 3808　　　　　　C. 4480　　　　　　D. 4760

解析：正确答案为 A。

捐赠扣除限额 =（40 000-22 000）×30% = 5400 元，实际捐赠额 6000 元大于捐赠限额，所以可以税前扣除的金额为 5400 元。

应纳税额 = [（40 000-22 000）-5400]×20% = 2520 元

（三）个人无偿受赠房屋有关个人所得税的计算

房屋产权所有人将房屋产权无偿赠与他人的，受赠人因无偿受赠房屋取得的受赠收入，按照"偶然所得"项目计算缴纳个人所得税。但对于以下情形的房屋产权无偿赠与，对当事双方不征收个人所得税：①房屋产权所有人将房屋产权无偿赠与配偶、父母、子女、祖父母、外祖父母、孙子女、外孙子女、兄弟姐妹；②房屋产权所有人将房屋产权无偿赠与对其承担直接抚养或者赡养义务的抚养人或者赡养人；③房屋产权所有人死亡，依法取得房屋产权的法定继承人、遗嘱继承人或者受遗赠人。

对受赠人无偿受赠房屋计征个人所得税时，其应纳税所得额为房地产赠与合同上标明的赠与房屋价值减除赠与过程中受赠人支付的相关税费后的余额。赠与合同标明的房屋价值明显低于市场价格或房地产赠与合同未标明赠与房屋价值的，税务机关可依据受赠房屋的市场评估价格或采取其他合理方式确定受赠人的应纳税所得额。

受赠人转让受赠房屋的，以其转让受赠房屋的收入减除原捐赠人取得该房屋的实际购置成本以及赠与和转让过程中受赠人支付的相关税费后的余额，为受赠人的应纳税所得额，依法计征个人所得税。受赠人转让受赠房屋价格明显偏低且无正当理由的，税务机关可以依据该房屋的市场评估价格或其他合理方式确定的价格核定其转让收入。

（四）两人以上共同取得一项收入个人所得税的计算

两人以上共同取得同一项收入的，应当对每个人取得的收入分别按照个人所得税法的规定计算纳税，即按"先分、后扣、再税"的办法计算各自应该缴纳的个人所得税。

（五）居民个人境外所得已纳税款抵免的计算

下列所得，均为来源于中国境外的所得：

1. 因任职、受雇、履约等在中国境外提供劳务取得的所得。

2. 中国境外企业以及其他组织支付且负担的稿酬所得。

3. 许可各种特许权在中国境外使用而取得的所得。

4. 在中国境外从事生产、经营活动而取得的与生产、经营活动相关的所得。

5. 从中国境外企业、其他组织以及非居民个人取得的利息、股息、红利所得。

6. 将财产出租给承租人在中国境外使用而取得的所得。

7. 转让中国境外的不动产、转让对中国境外企业以及其他组织投资形成的股票、股权以及其他权益性资产（以下称权益性资产）或者在中国境外转让其他财产取得的所得，但转让对中国境外企业以及其他组织投资形成的权益性资产，该权益性资产被转让前 3 年（连续 36 个公历月份）内的任一时间，被投资企业或其他组织的资产公允价值 50% 以上直接或间接来自位于中国境内的不动产的，取得的所得为来源于中国境内的所得。

8. 中国境外企业、其他组织以及非居民个人支付且负担的偶然所得。

9. 财政部、国家税务总局另有规定的，按照相关规定执行。

居民个人从中国境外取得的所得，可以从其应纳税额中抵免已在境外缴纳的个人所得税税额，但抵免额不得超过该纳税人境外所得依照我国《个人所得税法》规定计算的应纳税额。

已在境外缴纳的个人所得税税额，是指居民个人来源于中国境外的所得，依照该所得来源国家（地区）的法律应当缴纳并且实际已经缴纳的个人所得税税额。

居民个人从中国境内和境外取得的综合所得、经营所得，应当分别合并计算应纳税额；从中国境内和境外取得的其他所得，应当分别单独计算应纳税额。

纳税人境外所得依照税法规定计算的应纳税额，是居民个人抵免已在境外缴纳的综合所得、经营所得以及其他所得的所得税税额的限额（以下简称抵免限额）。除国务院财政、税务主管部门另有规定外，来源于中国境外一个国家（地区）的综合所得抵免限额、经营所得抵免限额以及其他所得抵免限额之和，为来源于该国家（地区）所得的抵免限额。

居民个人在中国境外一个国家（地区）实际已经缴纳的个人所得税税额，低于以上规定计算出的来源于该国家（地区）所得的抵免限额的，应当在中国缴纳差额部分的税款；超过来源于该国家（地区）所得的抵免限额的，其超过部分不得在本纳税年度的应纳税额中抵免，但是可以在以后纳税年度来源于该国家（地区）所得的抵免限额的余额中补扣，补扣期限最长不得超过5年。

居民个人申请抵免已在境外缴纳的个人所得税税额，应当提供境外税务机关出具的税款所属年度的有关纳税凭证。

（六）保险营销员、证券经纪人佣金收入的计税方法

保险营销员、证券经纪人取得的佣金收入，属于劳务报酬所得，以不含增值税的收入减除20%的费用后的余额为收入额，收入额减去展业成本以及附加税费后，并入当年综合所得，计算缴纳个人所得税。保险营销员、证券经纪人展业成本按照收入额的25%计算。

扣缴义务人向保险营销员、证券经纪人支付佣金收入时，应按照《个人所得税扣缴申报管理办法（试行）》规定的累计预扣法计算预扣税款。

【例6-19】2023年保险营销员张某取得不含税佣金收入37.5万元，无其他收入，假定不考虑其他附加税费、专项扣除和专项附加扣除，请计算该营销员2023年应缴纳个人所得税的应纳税所得额。

解析： 收入额=37.5×(1-20%)=30万元

展业成本=30×25%=7.5万元

应纳税所得额=30-7.5=22.5万元

（七）单位低价向职工出售住房的个人所得税政策

根据住房制度改革政策的有关规定，国家机关、企事业单位及其他组织（以下简称单位）在住房制度改革期间，按照所在地县级以上人民政府规定的房改成本价格向职工出售公有住房，职工因支付的房改成本价格低于房屋建造成本价格或市场价格而取得的差价收益，免征个人所得税。

除上述规定情形外，单位按低于购置或建造成本价格出售住房给职工，职工因此而少支出的差价部分，不并入当年综合所得，以差价收入除以12个月得到的数额，按照月度税率表（见表6-4）确定适用税率和速算扣除数，单独计算纳税。计算公式为：

应纳税额=职工实际支付的购房价款低于该房屋的购置或建造成本价格的差额×适用税率-速算扣除数

（八）解除劳动关系、提前退休、内部退养的一次性收入的个人所得税政策

1. 解除劳动关系一次性补偿收入的征税规定。个人与用人单位解除劳动关系取得一次性补

偿收入（包括用人单位发放的经济补偿金、生活补助费和其他补助费），在当地上年职工平均工资 3 倍数额以内的部分，免征个人所得税；超过 3 倍数额的部分，不并入当年综合所得，单独适用《综合所得个人所得税税率表》（见表 6-3），计算纳税。

【例 6-20】赵某 2024 年 1 月 31 日与企业解除劳动合同。其在企业工作年限为 10 年，领取经济补偿金 80 000 元，其所在地区上年职工平均工资为 12 000 元，计算赵某个人所得税应纳税额。

解析：应税部分 = 80 000-3×12 000 = 44 000 元

应纳税额 = 44 000×10%-2520 = 1880 元

2. 提前退休一次性补偿收入的征税规定。个人提前办理退休手续而取得的一次性补贴收入，应按照办理提前退休手续至法定退休年龄之间实际年度数平均分摊，确定适用税率和速算扣除数，单独适用综合所得个人所得税税率（见表 6-3），计算纳税。计算公式为：

应纳税额 = {[（一次性补贴收入÷办理提前退休手续至法定退休年龄的实际年度数）- 费用扣除标准]×适用税率-速算扣除数}×办理提前退休手续至法定退休年龄的实际年度数

3. 内部退养一次性收入的征税规定。实行内部退养的个人在其办理内部退养手续后至法定退休年龄之间，从原任职单位取得的工资、薪金，不属于离退休工资，应按"工资、薪金所得"项目计征个人所得税。个人在办理内部退养手续后从原任职单位取得的一次性收入，应按办理内部退养手续后至法定退休年龄之间的所属月份进行平均，并与领取当月的工资、薪金所得合并后减除当月费用扣除标准，以余额为基数确定适用税率，再将当月工资、薪金加上取得的一次性收入，减去费用扣除标准，按适用税率计征个人所得税。

个人在办理内部退养手续后至法定退休年龄之间重新就业取得的工资、薪金所得，应与其从原任职单位取得的同一月份的工资、薪金所得合并，并依法自行向主管税务机关申报缴纳个人所得税。

（九）个人领取企业年金、职业年金的征税规定

个人达到国家规定的退休年龄，领取的企业年金、职业年金，符合相关规定的，不并入综合所得，全额单独计算应纳税款。其中按月领取的，适用月度税率表计算纳税；按季领取的，平均分摊计入各月，按每月领取额适用月度税率表计算纳税；按年领取的，适用综合所得税率表计算纳税。

个人因出境定居而一次性领取的年金个人账户资金，或个人死亡后，其指定的受益人或法定继承人一次性领取的年金个人账户余额，适用综合所得税率表计算纳税。对个人除上述特殊原因外一次性领取年金个人账户资金或余额的，适用月度税率表（见表 6-4）计算纳税。

（十）个人取得公务交通、通讯补贴收入的征税规定

个人因公务用车和通讯制度改革而取得的公务用车、通讯补贴收入，扣除一定标准的公务费用后，按照"工资、薪金所得"项目计征个人所得税。

（十一）退休人员再任职取得收入的征税规定

退休人员再任职取得的收入，在减除按《个人所得税法》规定的费用扣除标准后，按"工资、薪金所得"应税项目缴纳个人所得税。

（十二）离退休人员从原任职单位取得各类补贴、奖金、实物的征税规定

离退休人员除按规定领取离退休工资或养老金外，另从原任职单位取得的各类补贴、奖金、实物，不属于免税的退休工资、离休工资、离休生活补助费，应在减除费用扣除标准后，按"工资、薪金所得"应税项目缴纳个人所得税。

（十三）基本养老保险费、基本医疗保险费、失业保险费、住房公积金的征税规定

企事业单位和个人超过规定的比例和标准缴付的基本养老保险费、基本医疗保险费和失业保险费，应将超过部分并入个人当期的工资、薪金收入，计征个人所得税。

单位和个人分别在不超过职工本人上一年度月平均工资 12% 的幅度内，其实际缴存的住房公积金，允许在个人所得税应纳税额中扣除。单位和职工个人缴存住房公积金的月平均工资不得超过职工工作地所在设区城市上一年度职工月平均工资的 3 倍，具体标准按照各地有关规定执行。单位和个人超过规定比例和标准缴付的住房公积金，应将超过部分并入个人当期的工资、薪金收入，计征个人所得税。

（十四）企业为员工支付保险金的征税规定

对企业为员工支付各项免税之外的保险金，应在企业向保险公司缴付时并入员工当期的工资收入，按"工资、薪金所得"项目计征个人所得税，税款由企业负责代扣代缴。

（十五）兼职律师从律师事务所取得工资、薪金性质所得的征税规定

兼职律师从律师事务所取得工资、薪金性质的所得，律师事务所在代扣代缴其个人所得税时，不再减除《个人所得税法》规定的费用扣除标准，以收入全额（取得分成收入的为扣除办理案件支出费用后的余额）直接确定适用税率，计算扣缴个人所得税。兼职律师应自行向主管税务机关申报两处或两处以上取得的工资、薪金所得，合并计算缴纳个人所得税。

兼职律师是指取得律师资格和律师执业证书，不脱离本职工作从事律师职业的人员。

（十六）从职务科技成果转化收入中给予科技人员的现金奖励的征税规定

依法批准设立的非营利性研究开发机构和高等学校根据《中华人民共和国促进科技成果转化法》规定，从职务科技成果转化收入中给予科技人员的现金奖励，可减按 50% 计入科技人员当月工资、薪金所得，依法缴纳个人所得税。

非营利性科研机构和高校包括国家设立的科研机构和高校、民办非营利性科研机构和高校。

（十七）个人投资者将企业原盈余积累转增股本的征税规定

一名或多名个人投资者以股权收购方式取得被收购企业 100% 股权，股权收购前，被收购企业原账面金额中的"资本公积、盈余公积、未分配利润"等盈余积累未转增股本，而在股权交易时将其一并计入股权转让价格并履行了所得税纳税义务。股权收购后，企业将原账面金额中的盈余积累向个人投资者（以下简称新股东）转增股本，有关个人所得税问题区分以下情形处理：

新股东以不低于净资产价格收购股权的，企业原盈余积累已全部计入股权交易价格，新股东取得盈余积累转增股本的部分，不征收个人所得税。

新股东以低于净资产价格收购股权的，企业原盈余积累中，对于股权收购价格减去原股本的差额部分已经计入股权交易价格，新股东取得盈余积累转增股本的部分，不征收个人所得税；对于股权收购价格低于原所有者权益的差额部分未计入股权交易价格，新股东取得盈余积累转增股本的部分，应按照"利息、股息、红利所得"项目征收个人所得税。

新股东以低于净资产价格收购企业股权后转增股本，应按照下列顺序进行，即：先转增应税的盈余积累部分，然后再转增免税的盈余积累部分。

（十八）个人取得上市公司股息红利所得的征税规定

个人从公开发行和转让市场取得的上市公司股票，持股期限在 1 个月以内（含 1 个月）的，其股息红利所得全额计入应纳税所得额；持股期限在 1 个月以上至 1 年（含 1 年）的，暂减按 50% 计入应纳税所得额；上述所得统一适用 20% 的税率计征个人所得税。

对个人持有的上市公司限售股，解禁后取得的股息红利，按照上市公司股息红利差别化个人所得税政策规定计算纳税，持股时间自解禁日起计算；解禁前取得的股息红利继续暂减按 50% 计入应纳税所得额，适用 20% 的税率计征个人所得税。

自 2024 年 7 月 1 日起至 2027 年 12 月 31 日，个人持有全国中小企业股份转让系统挂牌公司的股票，持股期限在 1 个月以内（含 1 个月）的，其股息红利所得全额计入应纳税所得额；持股

期限在1个月以上至1年（含1年）的，其股息红利所得暂减按50%计入应纳税所得额；上述所得统一适用20%的税率计征个人所得税。

对证券投资基金从挂牌公司取得的股息红利所得，按照上述规定计征个人所得税。

（十九）房屋买受人按照约定退房取得补偿款的征税规定

房屋买受人在未办理房屋产权证的情况下，按照与房地产公司约定条件（如对房屋的占有、使用、收益和处分权进行限制）在一定时期后无条件退房而取得的补偿款，应按照"利息、股息、红利所得"项目缴纳个人所得税，税款由支付补偿款的房地产公司代扣代缴。

（二十）个人转让限售股的征税规定

自2010年1月1日起，对个人转让限售股取得的所得，按照"财产转让所得"项目征收个人所得税。

个人转让限售股，以每次限售股转让收入，减除股票原值和合理税费后的余额，为应纳税所得额。即：

$$应纳税所得额＝限售股转让收入－（限售股原值＋合理税费）$$
$$应纳税额＝应纳税所得额×20\%$$

限售股转让收入，是指转让限售股股票实际取得的收入。限售股原值，是指限售股买入时的买入价及按照规定缴纳的有关费用。合理税费，是指转让限售股过程中发生的印花税、佣金、过户费等与交易相关的税费。

（二十一）出租车驾驶员收入的征税规定

出租汽车经营单位对出租车驾驶员采取单车承包或承租方式运营，出租车驾驶员从事客货营运取得的收入，按"工资、薪金所得"项目征税。

出租车属于个人所有，但挂靠出租汽车经营单位或企事业单位，驾驶员向挂靠单位缴纳管理费的，或出租汽车经营单位将出租车所有权转移给驾驶员的，出租车驾驶员从事客货运营取得的收入，比照"经营所得"项目征税。

从事个体出租车运营的出租车驾驶员取得的收入，按"经营所得"项目缴纳个人所得税。

（二十二）企业改组改制过程中个人取得量化资产的征税规定

根据国家有关规定，集体所有制企业在改制为股份合作制企业时，可以将有关资产量化给职工个人。为了支持企业改组改制的顺利进行，对于企业在改制过程中个人取得量化资产的征税问题，税法作出了如下规定：

对职工个人以股份形式取得的仅作为分红依据，不拥有所有权的企业量化资产，不征收个人所得税。

对职工个人以股份形式取得的拥有所有权的企业量化资产，暂缓征收个人所得税；待个人将股份转让时，就其转让收入额，减除个人取得该股份时实际支付的费用支出和合理转让费用后的余额，按"财产转让所得"项目计征个人所得税。

对职工个人以股份形式取得的企业量化资产参与企业分配而获得的股息、红利，应按"利息、股息、红利所得"项目征收个人所得税。

（二十三）企业为个人购房或其他财产的征税规定

符合以下情形的房屋或其他财产，不论所有权人是否将财产无偿或有偿交付企业使用，其实质均为企业对个人进行了实物性质的分配，应依法计征个人所得税。

1. 企业出资购买房屋及其他财产，将所有权登记为投资者个人、投资者家庭成员或企业其他人员的。

2. 企业投资者个人、投资者家庭成员或企业其他人员向企业借款用于购买房屋及其他财产，将所有权登记为投资者、投资者家庭成员或企业其他人员，且借款年度终了后未归还借款的。

3. 对个人独资企业、合伙企业的个人投资者或其家庭成员取得的上述所得，视为企业对个人投资者的利润分配，按照"经营所得"项目计征个人所得税；对除个人独资企业、合伙企业以外其他企业的个人投资者或其家庭成员取得的上述所得，视为企业对个人投资者的红利分配，按照"利息、股息、红利所得"项目计征个人所得税；对企业其他人员取得的上述所得，按照"综合所得"项目计征个人所得税。

2027 年 12 月 31 日前，居民个人取得股票期权、股票增值权、限制性股票、股权奖励等股权激励，符合规定的相关条件的，不并入当年综合所得，全额单独适用综合所得税率表，计算纳税。计算公式为：

$$应纳税额=股权激励收入×适用税率-速算扣除数$$

居民个人一个纳税年度内取得两次以上（含两次）股权激励的，应合并计算纳税。

（二十四）个人的外币收入折合成人民币的换算方法

1. 个人取得的收入和所得为美元、日元、港币的，统一使用中国人民银行公布的人民币对上述三种货币的基准汇价计税。

2. 个人取得的收入和所得为其他货币的，应当根据美元对人民币的基准汇价和国家外汇管理局提供的纽约外汇市场美元对主要外币的汇价进行套算，按照套算以后的汇价计税。套算公式为：

$$某种货币对人民币的汇价=美元对人民币的基准汇价÷纽约外汇市场美元对该种货币的汇价$$

3. 个人在报送纳税申报表时，应当附送汇价折算的计算过程。

4. 所得为人民币以外货币的，按照办理纳税申报或者扣缴申报的上一月最后一日人民币汇率中间价，折合成人民币计算应纳税所得额。年度终了后办理汇算清缴的，对已经按月、按季或者按次预缴税款的人民币以外货币所得，不再重新折算；对应当补缴税款的所得部分，按照上一纳税年度最后一日人民币汇率中间价，折合成人民币计算应纳税所得额。

任务三　个人所得税的税收优惠

◇ 任务引例

赵某，一位在北京工作的单亲妈妈，除了每月的工资薪金收入外，还通过业余时间在网上开设了一个手工艺品店铺，取得一定的经营所得。在 2023 年度，赵某面临以下情况：她全年工资薪金收入总计为 240 000 元；手工艺品店铺经营所得扣除成本后净收入为 80 000 元；同时，赵某还负担着一位正在上小学的女儿的教育费用，以及自己继续教育的学费支出。此外，赵某还参与了社会公益捐赠活动，捐赠金额达到 5000 元。

◇ 任务要求

1. 识别适用税收优惠政策的条件：分析赵某的个人情况，识别哪些条件符合个人所得税的税收优惠政策要求，如子女教育、继续教育专项附加扣除，以及公益捐赠的税前扣除等。

2. 计算税收优惠额度：根据税法规定，计算赵某可以享受的子女教育、继续教育专项附加扣除的具体金额。

评估赵某的公益捐赠是否满足税前扣除的条件，并计算可扣除的捐赠金额。

3. 调整应纳税所得额：将计算出的税收优惠额度应用于赵某的工资薪金所得和经营所得，调整其应纳税所得额。

4. 重新计算应缴税款：基于调整后的应纳税所得额，重新计算赵某应缴纳的个人所得税额。

◇ 税海探知

《个人所得税法》及《中华人民共和国个人所得税法实施条例》以及财政部、国家税务总局的若干规定等，都对个人所得项目给予了减税、免税的优惠，主要有：

一、法定免税项目

1. 省级人民政府、国务院部委和中国人民解放军军以上单位，以及外国组织、国际组织颁发的科学、教育、技术、文化、卫生、体育、环境保护等方面的奖金。

2. 国债和国家发行的金融债券利息。

3. 按照国家统一规定发给的补贴、津贴。这是指按照国务院规定发给的政府特殊津贴、院士津贴，以及国务院规定免予缴纳个人所得税的其他补贴、津贴。

4. 福利费、抚恤金、救济金。

5. 保险赔款。

6. 军人的转业费、复员费、退役金。

7. 按照国家统一规定发给干部、职工的安家费、退职费、基本养老金或者退休费、离休费、离休生活补助费。

8. 依照我国有关法律规定应予免税的各国驻华使馆、领事馆的外交代表、领事官员和其他人员的所得。

9. 中国政府参加的国际公约、签订的协议中规定免税的所得。

10. 国务院规定的其他免税所得。

【例6-21】 根据个人所得税法律制度的规定，个人取得的下列收入中，免征个人所得税的有（　　）。

A. 有奖竞猜获得的奖金　　　　　　B. 全年一次性奖金
C. 民政部门支付的救济金　　　　　D. 军人的退役金

解析：正确答案为CD。选项A，按照偶然所得缴纳个人所得税。

二、法定减税项目

有下列情形之一的，可以减征个人所得税，具体幅度和期限，由省、自治区、直辖市人民政府规定，并报同级人民代表大会常务委员会备案：

1. 残疾、孤老人员和烈属的所得。

2. 因自然灾害遭受重大损失的。

国务院可以规定其他减税情形，报全国人民代表大会常务委员会备案。

寻法溯源

三、其他免税和暂免征税项目

1. 外籍个人以非现金形式或实报实销形式取得的住房补贴、伙食补贴、搬迁费、洗衣费等。

微课6-9
税收优惠

2. 外籍个人按合理标准取得的境内、境外出差补贴。

3. 外籍个人取得的语言训练费、子女教育费等，经当地税务机关审核批准为合理的部分。

至2027年12月31日，外籍个人符合居民个人条件的，可以选择享受个人所得税专项附加扣除，也可以选择按照相关法律文件规定，享受住房补贴、语言训练费、子女教育费等津补贴免税优惠政策，但不得同时享受。外籍个人一经选择，在一个纳税年度内不得变更。

4. 外籍个人从外商投资企业取得的股息、红利所得。

5. 个人在上海、深圳证券交易所转让从上市公司公开发行和转让市场取得的股票，转让所得暂不征收个人所得税。

6. 自 2018 年 11 月 1 日（含 2018 年 11 月 1 日）起，对个人转让全国中小企业股份转让系统（以下简称新三板）挂牌公司非原始股取得的所得，暂免征收个人所得税。非原始股是指个人在新三板挂牌公司挂牌后取得的股票，以及由上述股票孳生的送、转股。

7. 个人转让自用达 5 年以上，并且是家庭唯一生活用房取得的所得。

8. 对个人购买福利彩票、赈灾彩票、体育彩票，一次中奖收入在 1 万元以下（含 1 万元）的，暂免征收个人所得税；超过 1 万元的，全额征收个人所得税。

9. 达到离休、退休年龄，但确因工作需要，适当延长离休、退休年龄的高级专家（指享受国家发放的政府特殊津贴的专家、学者），其在延长离休、退休期间的工资、薪金所得，视同离休、退休工资。

10. 对国有企业职工，因企业依法被宣告破产，从破产企业取得的一次性安置费收入。

11. 职工与用人单位解除劳动关系取得的一次性补偿收入（包括用人单位发放的经济补偿金、生活补助费和其他补助费用），在当地上年职工年平均工资 3 倍数额以内的部分，可免征个人所得税；超过该标准的一次性补偿收入，应按照国家有关规定征收个人所得税。

12. 城镇企业、事业单位及其职工个人按照《失业保险条例》规定的比例，实际缴付的失业保险费，均不计入职工个人当期的工资、薪金所得，免予征收个人所得税。

城镇企业、事业单位和职工个人超过上述规定的比例缴付失业保险费的，将其超过规定比例缴付的部分计入职工个人当期的工资、薪金所得，依法计征个人所得税。

13. 企业和个人按照国家或地方政府规定的比例，提取并向指定金融机构实际缴付的住房公积金、医疗保险金、基本养老保险金。

14. 个人领取原提存的住房公积金、医疗保险金、基本养老保险金，以及具备《失业保险条例》中规定条件的失业人员领取的失业保险金。

15. 自 2022 年 1 月 1 日起，对个人养老金实施递延纳税优惠政策。在缴费环节，个人向个人养老金资金账户的缴费，按照 12 000 元每年的限额标准，在综合所得或经营所得中据实扣除；在投资环节，计入个人养老金资金账户的投资收益暂不征收个人所得税；在领取环节，个人领取的个人养老金，不并入综合所得，单独按照 3% 的税率计算缴纳个人所得税，其缴纳的税款计入"工资、薪金所得"项目。个人缴费享受税前扣除优惠时，以个人养老金信息管理服务平台出具的扣除凭证为扣税凭据。取得工资薪金所得、按累计预扣法预扣预缴个人所得税劳务报酬所得的，其缴费可以选择在当年预扣预缴或次年汇算清缴时在限额标准内据实扣除。选择在当年预扣预缴的，应及时将相关凭证提供给扣缴单位。扣缴单位应按照本公告有关要求，为纳税人办理税前扣除有关事项。取得其他劳务报酬、稿酬、特许权使用费等所得或经营所得的，其缴费在次年汇算清缴时在限额标准内据实扣除。个人按规定领取个人养老金时，由开立个人养老金资金账户所在市的商业银行机构代扣代缴其应缴的个人所得税。

16. 个人取得的教育储蓄存款利息所得和按照国家或省级人民政府规定的比例缴付的住房公积金、医疗保险金、基本养老保险金、失业保险金存入银行个人账户所取得的利息所得。

17. 自 2008 年 10 月 9 日（含 2008 年 10 月 9 日）起，对储蓄存款利息所得暂免征收个人所得税。

18. 自 2024 年 7 月 1 日起至 2027 年 12 月 31 日，个人持有全国中小企业股份转让系统挂牌公司的股票，持股期限超过 1 年的，对股息、红利所得暂免征收个人所得税。

19. 个体工商户、个人独资企业和合伙企业或个人从事种植业、养殖业、饲养业和捕捞业取得的所得。

20. 个人举报、协查各种违法、犯罪行为而获得的奖金。

21. 被拆迁人按照国家有关城镇房屋拆迁管理办法规定的标准取得的拆迁补偿款。

22. 企业在销售商品（产品）和提供服务过程中向个人赠送礼品，属于下列情形之一的，不征收个人所得税。

（1）企业通过价格折扣、折让方式向个人销售商品（产品）和提供服务。

（2）企业在向个人销售商品（产品）和提供服务的同时给予赠品，如通信企业对个人购买手机赠话费、入网费，或者购话费赠手机等。

（3）企业对累积消费达到一定额度的个人按消费积分反馈礼品。

23. 自 2024 年 1 月 1 日至 2027 年 12 月 31 日，广东省、深圳市按内地与香港个人所得税负差额，对在大湾区工作的境外高端人才和紧缺人才给予补贴，该补贴免征个人所得税。在大湾区工作的境外高端人才和紧缺人才的认定和补贴办法，按照广东省、深圳市的有关规定执行。以上规定适用范围包括广东省广州市、深圳市、珠海市、佛山市、惠州市、东莞市、中山市、江门市和肇庆市等大湾区珠三角九市。

24. 自 2020 年 1 月 1 日至 2024 年 12 月 31 日，对在海南自由贸易港工作的高端人才和紧缺人才，其个人所得税实际税负超过 15% 的部分，予以免征。

享受上述优惠政策的所得包括来源于海南自由贸易港的综合所得（包括工资薪金、劳务报酬、稿酬、特许权使用费四项所得）、经营所得以及经海南省认定的人才补贴性所得。

纳税人在海南省办理个人所得税年度汇算清缴时享受上述优惠政策。

对享受上述优惠政策的高端人才和紧缺人才实行清单管理，由海南省商财政部、税务总局制定具体管理办法。

25. 自 2024 年 1 月 1 日至 2027 年 12 月 31 日，一个纳税年度内在船航行时间累计满 183 天的远洋船员，其取得的工资薪金收入减按 50% 计入应纳税所得额，依法缴纳个人所得税。

远洋船员是指海事管理部门依法登记注册的国际航行船舶船员和在渔业管理部门依法登记注册的远洋渔业船员。

在船航行时间是指远洋船员在国际航行或作业船舶和远洋渔业船舶上的工作天数。一个纳税年度内的在船航行时间为一个纳税年度内在船航行时间的累计天数。

远洋船员可选择在当年预扣预缴税款或者次年个人所得税汇算清缴时享受上述优惠政策。

26. 自 2023 年 1 月 1 日起至 2027 年 12 月 31 日，对个体工商户年应纳税所得额不超过 200 万元的部分，减半征收个人所得税。个体工商户在享受现行其他个人所得税优惠政策的基础上，可叠加享受本条优惠政策。个体工商户不区分征收方式，均可享受。

27. 自 2022 年 1 月 1 日起，对法律援助人员按照《中华人民共和国法律援助法》规定获得的法律援助补贴，免征增值税和个人所得税。法律援助机构向法律援助人员支付法律援助补贴时，应当为获得补贴的法律援助人员办理个人所得税劳务报酬所得免税申报。

28. 自 2024 年 1 月 1 日至 2025 年 12 月 31 日，对出售自有住房并在现住房出售后 1 年内在市场重新购买住房的纳税人，对其出售现住房已缴纳的个人所得税予以退税优惠。其中，新购住房金额大于或等于现住房转让金额的，全部退还已缴纳的个人所得税；新购住房金额小于现住房转让金额的，按新购住房金额占现住房转让金额的比例退还出售现住房已缴纳的个人所得税。享受上述规定优惠政策的纳税人须同时满足以下条件：①纳税人出售和重新购买的住房应在同一城市范围内。同一城市范围是指同一直辖市、副省级城市、地级市（地区、州、盟）所辖全部行政区划范围。②出售自有住房的纳税人与新购住房之间须直接相关，应为新购住房产权人或产权人之一。另外，对于出售多人共有住房或新购住房为多人共有的，应按照纳税人所占产权份额确定该纳税人现住房转让金额或新购住房金额。

【例 6-22】 根据个人所得税法律制度的规定，下列各项中，暂免征收个人所得税的有（　　）。

A. 周某转让自用满 10 年，并且是唯一的家庭生活用房取得的所得 500 000 元

B. 武某获得兼职所得 1000 元

C. 郑某取得的储蓄存款利息 1500 元

D. 王某因举报某公司违法行为获得的奖金 20 000 元

解析： 答案为 ACD。选项 A，个人转让自用达 5 年以上，并且是唯一的家庭生活用房取得的所得，暂免征收个人所得税；选项 C，自 2008 年 10 月 9 日（含 2008 年 10 月 9 日）起，对储蓄存款利息所得暂免征收个人所得税；选项 D，个人举报、协查各种违法、犯罪行为而获得的奖金，暂免征收个人所得税；选项 B，按照"劳务报酬所得"，缴纳个人所得税。

任务四　个人所得税征收管理认知

◇ 任务引例

李某是一位成功的企业家，在多个领域均有投资，包括一家上市公司、几家初创企业和一些不动产。在 2023 年度，李某的收入来源多样，包括工资薪金、股息红利、股权转让所得、租金收入以及个人劳务报酬等。由于业务繁忙，李某雇佣了一名税务顾问来处理其个人税务事务。然而，随着税务政策的不断更新和税务稽查的加强，李某开始关注个人所得税的征收管理问题，特别是如何确保自己的税务申报准确无误，避免税务风险。

◇ 任务要求

1. 了解个人所得税征收管理的基本流程：研究并阐述个人所得税征收管理的主要环节，包括税务登记、纳税申报、税款缴纳、税务稽查和争议解决等。

2. 分析李某的税务管理现状：评估李某当前税务管理的有效性，包括税务顾问的工作质量、税务信息的准确性和及时性、以及税务风险的识别和控制等方面。

3. 制定改进方案：针对李某税务管理中的不足之处，提出具体的改进建议，如加强税务培训、优化税务信息系统、建立税务风险评估机制等。

◇ 税海探知

我国个人所得税的纳税方法，有自行申报纳税和全员全额扣缴申报两种。对于可以在应税所得的支付环节扣缴个人所得税的，均由扣缴义务人履行代扣代缴义务；对于没有扣缴义务人的，以及取得综合所得（含工资、薪金所得，劳务报酬所得，稿酬所得和特许权使用费所得）需要办理汇算清缴的，由纳税人自行申报纳税和年终汇算清缴。此外，对其他不便于扣缴税款的，亦规定由纳税人自行申报纳税。

一、扣缴申报个人所得税

税法规定，个人所得税以所得人为纳税人，以支付所得的单位或者个人为扣缴义务人。

扣缴义务人向个人支付应税款项时，应当依照《个人所得税法》及相关规定预扣或者代扣税款，按时缴库，并专项记载备查。上述所称支付，包括现金支付、汇拨支付、转账支付和以有

价证券、实物以及其他形式的支付。

居民个人取得综合所得，按年计算个人所得税；有扣缴义务人的，由扣缴义务人按月或按次预扣预缴税款；需要办理汇算清缴的，应当在取得所得的次年 3 月 1 日至 6 月 30 日内办理汇算清缴。预扣预缴办法由国务院税务主管部门制定。

（一）实行全员全额扣缴申报的应税所得范围

按照《个人所得税法》规定，扣缴义务人应当按照国家规定办理全员全额扣缴申报，并向纳税人提供其个人所得和已扣缴税款等信息。

全员全额扣缴申报，是指扣缴义务人应当在代扣税款的次月 15 日内，向主管税务机关报送其支付所得的所有个人的有关信息、支付所得数额、扣除事项和数额、扣缴税款的具体数额和总额以及其他相关涉税信息资料。

实行个人所得税全员全额扣缴申报的应税所得包括：

1. 工资、薪金所得。

2. 劳务报酬所得。

3. 稿酬所得。

4. 特许权使用费所得。

5. 利息、股息、红利所得。

6. 财产租赁所得。

7. 财产转让所得。

8. 偶然所得。

（二）扣缴义务人的法定义务

1. 扣缴义务人每月或者每次预扣、代扣的税款，应当在次月 15 日内缴入国库，并向税务机关报送《个人所得税扣缴申报表》。

2. 扣缴义务人首次向纳税人支付所得时，应当按照纳税人提供的纳税人识别号等基础信息，填写《个人所得税基础信息表（A 表）》，并于次月扣缴申报时向税务机关报送。扣缴义务人对纳税人向其报告的相关基础信息变化情况，应当于次月扣缴申报时向税务机关报送。

3. 扣缴义务人向居民个人支付工资、薪金所得时，应当按照累计预扣法计算预扣税款，并按月办理扣缴申报。

4. 居民个人向扣缴义务人提供有关信息并依法要求办理专项附加扣除的，扣缴义务人应当按照规定在工资、薪金所得按月预扣预缴税款时予以扣除，不得拒绝。

5. 扣缴义务人向居民个人支付劳务报酬所得、稿酬所得、特许权使用费所得时，应当按照有关方法按次或者按月预扣预缴税款。

6. 扣缴义务人向非居民个人支付工资、薪金所得，劳务报酬所得，稿酬所得和特许权使用费所得时，应当按照有关方法按月或者按次代扣代缴税款。

7. 扣缴义务人支付利息、股息、红利所得，财产租赁所得，财产转让所得或者偶然所得时，应当依法按次或者按月代扣代缴税款。

8. 纳税人需要享受税收协定待遇的，应当在取得应税所得时主动向扣缴义务人提出，并提交相关信息、资料，扣缴义务人代扣代缴税款时按照享受税收协定待遇有关办法办理。

9. 支付工资、薪金所得的扣缴义务人应当于年度终了后两个月内，向纳税人提供其个人所得和已扣缴税款等信息。纳税人年度中间需要提供上述信息的，扣缴义务人应当提供。

10. 纳税人取得除工资、薪金所得以外的其他所得，扣缴义务人应当在扣缴税款后，及时向纳税人提供其个人所得和已扣缴税款等信息。

11. 扣缴义务人应当按照纳税人提供的信息计算税款、办理扣缴申报，不得擅自更改纳税人提供的信息。

扣缴义务人发现纳税人提供的信息与实际情况不符的，可以要求纳税人修改。纳税人拒绝修改的，扣缴义务人应当报告税务机关，税务机关应当及时处理。

纳税人发现扣缴义务人提供或者扣缴申报的个人信息、支付所得、扣缴税款等信息与实际情况不符的，有权要求扣缴义务人修改。扣缴义务人拒绝修改的，纳税人应当报告税务机关，税务机关应当及时处理。

12. 扣缴义务人对纳税人提供的《个人所得税专项附加扣除信息表》，应当按照规定妥善保存备查。

13. 扣缴义务人应当依法对纳税人报送的专项附加扣除等相关涉税信息和资料保密。

14. 扣缴义务人依法履行代扣代缴义务，纳税人不得拒绝。纳税人拒绝的，扣缴义务人应当及时报告税务机关。

15. 扣缴义务人有未按照规定向税务机关报送资料和信息、未按照纳税人提供信息虚报虚扣专项附加扣除、应扣未扣税款、不缴或少缴已扣税款、借用或冒用他人身份等行为的，依照《税收征收管理法》等相关法律、行政法规处理。

（三）代扣代缴税款的手续费

自 2023 年 10 月 1 日起，法律、行政法规规定的代扣代缴税款，税务机关按不超过代扣税款的 0.5% 支付手续费，且支付给单个扣缴义务人年度最高限额 70 万元，超过限额部分不予支付。对于法律、行政法规明确规定手续费比例的，按规定比例执行。

二、自行纳税申报管理

自行申报纳税，是指在税法规定的纳税期限内，由纳税人自行向税务机关申报取得的应税所得项目和数额，如实填写个人所得税纳税申报表，并按税法规定计算应纳税额，据此缴纳个人所得税的一种纳税方法。

（一）应办理自行申报纳税的情形

根据《个人所得税法》第 10 条第 1 款的规定，有下列情形之一的，纳税人应当依法办理纳税申报：

1. 取得综合所得需要办理汇算清缴。
2. 取得应税所得没有扣缴义务人。
3. 取得应税所得，扣缴义务人未扣缴税款。
4. 取得境外所得。
5. 因移居境外注销中国户籍。
6. 非居民个人在中国境内从两处以上取得工资、薪金所得。
7. 国务院规定的其他情形。

【例 6-23】根据个人所得税法律制度的规定，下列情形中，纳税人应当依法办理纳税申报的有（　　）。

A. 取得境外所得的　　　　　　　　　B. 取得应税所得没有扣缴义务人的

C. 因移居境外注销中国户籍的　　　　D. 取得应税所得，扣缴义务人未扣缴税款的

解析：正确答案为 ABCD。有下列情形之一的，纳税人应当依法办理纳税申报：①取得综合所得需要办理汇算清缴；②取得应税所得没有扣缴义务人；③取得应税所得，扣缴义务人未扣缴税款；④取得境外所得；⑤因移居境外注销中国户籍；⑥非居民个人在中国境内从两处以上取得工资、薪金所得；⑦国务院规定的其他情形。

（二）取得综合所得需要办理年度汇算清缴的纳税申报

取得综合所得且符合下列情形之一的，纳税人需办理年度汇算：

1. 从两处以上取得综合所得，且综合所得年收入额减除专项扣除后的余额超过60 000元。

2. 取得劳务报酬所得、稿酬所得、特许权使用费所得中一项或者多项所得，且综合所得年收入额减除专项扣除的余额超过 60 000 元。

3. 纳税年度内预缴税额低于应纳税额。

4. 纳税人申请退税。

需要办理汇算清缴的纳税人，应当在取得所得的次年 3 月 1 日至 6 月 30 日内，向任职、受雇单位所在地主管税务机关办理纳税申报，并报送《个人所得税年度自行纳税申报表》。纳税人有两处以上任职、受雇单位的，选择向其中一处任职、受雇单位所在地主管税务机关办理纳税申报；纳税人没有任职、受雇单位的，向户籍所在地或经常居住地主管税务机关办理纳税申报。

纳税人办理综合所得汇算清缴，应当准备与收入、专项扣除、专项附加扣除、依法确定的其他扣除、捐赠、享受税收优惠等相关的资料，并按规定留存备查或报送。

纳税人办理汇算清缴退税或者扣缴义务人为纳税人办理汇算清缴退税的，税务机关审核后，按照国库管理的有关规定办理退税。

纳税人申请退税时提供的汇算清缴信息有错误的，税务机关应当告知其更正；纳税人更正的，税务机关应当及时办理退税。

纳税人申请退税，应当提供其在中国境内开设的银行账户，并在汇算清缴地就地办理税款退库。

至 2027 年 12 月 31 日，居民个人取得的综合所得，年度综合所得收入不超过 120 000 元且需要汇算清缴补税的，或者年度汇算清缴补税金额不超过 400 元的，居民个人可免于办理个人所得税综合所得汇算清缴。居民个人取得综合所得时存在扣缴义务人未依法预扣预缴税款的情形除外。

（三）取得经营所得的纳税申报

实行查账征收和核定征收的个体工商户业主、个人独资企业投资者、合伙企业个人合伙人、承包承租经营者个人以及其他从事生产、经营活动的个人取得经营所得，按年计算个人所得税，由纳税人在月度或季度终了后 15 日内，向经营管理所在地主管税务机关办理预缴纳税申报，并报送《个人所得税经营所得纳税申报表（A 表）》。在取得所得的次年 3 月 31 日前，向经营管理所在地主管税务机关办理汇算清缴，并报送《个人所得税经营所得纳税申报表（B 表）》；从两处以上取得经营所得的，选择向其中一处经营管理所在地主管税务机关办理年度汇总申报，并报送《个人所得税经营所得纳税申报表（C 表）》。

（四）取得应税所得，扣缴义务人未扣缴税款的纳税申报

纳税人取得应税所得，扣缴义务人未扣缴税款的，应当区别以下情形办理纳税申报：

1. 居民个人取得综合所得的，按照前述"（二）取得综合所得需要办理年度汇算的纳税申报"相关规定办理。

2. 非居民个人取得工资、薪金所得，劳务报酬所得，稿酬所得，特许权使用费所得的，应当在取得所得的次年 6 月 30 日前，向扣缴义务人所在地主管税务机关办理纳税申报，并报送《个人所得税自行纳税申报表（A 表）》。有两个以上扣缴义务人均未扣缴税款的，选择向其中一处扣缴义务人所在地主管税务机关办理纳税申报。

非居民个人在次年 6 月 30 日前离境（临时离境除外）的，应当在离境前办理纳税申报。

3. 纳税人取得利息、股息、红利所得，财产租赁所得，财产转让所得和偶然所得的，应当在取得所得的次年 6 月 30 日前，按相关规定向主管税务机关办理纳税申报，并报送《个人所得

税自行纳税申报表（A 表）》。

税务机关通知限期缴纳的，纳税人应当按照期限缴纳税款。

（五）取得境外所得的纳税申报

居民个人从中国境外取得所得的，应当在取得所得的次年 3 月 1 日至 6 月 30 日内，向中国境内任职、受雇单位所在地主管税务机关办理纳税申报；在中国境内没有任职、受雇单位的，向户籍所在地或中国境内经常居住地主管税务机关办理纳税申报；户籍所在地与中国境内经常居住地不一致的，选择其中一地主管税务机关办理纳税申报；在中国境内没有户籍的，向中国境内经常居住地主管税务机关办理纳税申报。

（六）申报纳税方式

纳税人可以采用远程办税端、邮寄等方式申报，也可以直接到主管税务机关申报。

任务五　个人所得税纳税申报

一、个人所得税的代扣代缴

我国实行个人所得税代扣代缴和个人自行申报纳税相结合的征收管理制度。税法规定，个人所得税以支付所得的单位或者个人为扣缴义务人。扣缴义务人向个人支付应税款项时，应当依照《个人所得税法》的规定预扣或者代扣税款，按时缴库，并专项记载备查。

扣缴义务人每月或者每次预扣、代扣的税款，应当在次月 15 日内缴入国库，并向税务机关报送扣缴个人所得税申报表。

扣缴义务人代扣代缴个人所得税时，应当填报《个人所得税基础信息表（A 表）》或《个人所得税基础信息表（B 表）》或《个人所得税扣缴申报表》。

二、个人所得税的自行申报

纳税人符合个人所得税自行申报范围的，应当依法办理纳税申报。纳税人根据不同情况应当分别填报《个人所得税年度自行纳税申报表（A 表）》《个人所得税经营所得纳税申报表》等。

三、综合所得预扣预缴申报案例

◇ 申报演示

◇ 工作情景

　　企业名称：涉税教学

　　企业信用代码：911××××××××××××××

　　法定代表人：陈某某

　　注册地址：北京市东城区坛山街道永康路××××号

视频　个人所得税综合所得预扣预缴申报

◇ 任务目标

请登录自然人"电子税务局"（扣缴端），完成信息采集，综合所得预扣预缴申报。

◇ 实操引领

【申报案例】综合所得预扣预缴相关资料如下：

表6-7 工资薪金表

单位：元

工号	姓名	*证照类型	*证照号码	*本期收入	本期免税收入	基本养老保险费	基本医疗保险费	失业保险费	住房公积金	子女教育支出	继续教育支出	住房贷款利息支出	住房租金支出	赡养老人支出
ssjx-001	黄某某	居民身份证	110×××××××××××××××	15000.00	0.00	676.80	169.20	16.92	507.60	1000.00	0.00	1000.00	0.00	0.00
ssjx-002	周某某	居民身份证	110×××××××××××××××	7900.00	0.00	676.80	169.20	16.92	507.60	1000.00	0.00	0.00	1500.00	0.00
ssjx-003	吴某某	居民身份证	110×××××××××××××××	9800.00	0.00	676.80	169.20	16.92	507.60	1000.00	0.00	0.00	1500.00	0.00
ssjx-004	徐某某	居民身份证	110×××××××××××××××	5000.00	0.00	676.80	169.20	16.92	507.60	1000.00	0.00	0.00	1500.00	0.00

人员入职信息

工号：ssjx-007
姓名：赵某某
证件类型：居民身份证
证件号码：110XXXXXXXXXXXXXX
性别：女
出生年月：19XX-XX-XX
国籍（地区）：中国
民族：汉
户口性质：城镇
家庭地址：北京市东城区城乡路XXX号X楼
联系电话：150XXXXXXXX
参保人员身份：本市职工
任职岗位：其他人员
任职职业：其他从业人员
入职时间：2021-04-01
上年度月平均工资：8100.00
当前年度月平均工资：8600.00
工资：7500.00

图 6-1　人员入职信息

人员离职信息

工号：ssjx-004
姓名：徐某
证件类型：居民身份证
证件号码：110XXXXXXXXXXXXXX
性别：女
出生年月：19XX-XX-XX
国籍（地区）：中国
民族：汉
户口性质：城镇
家庭地址：北京市大兴区青礼路82号
联系电话：138XXXXXXXX
参保人员身份：本市职工
任职岗位：其他人员
任职职业：其他从业人员
离职时间：2021-04-01
减退原因：减退

图 6-2　人员离职信息

子女教育专项附加扣除信息

工号：ssjx-007
姓名：赵某某
证件类型：居民身份证
证件号码：110XXXXXXXXXXXXXX
子女姓名：赵某 （子）
证件类型：居民身份证
证件号码：110XXXXXXXXXXXXXX
当前受教育阶段：学前教育阶段
受教育日期起：20XX-XX-XX
就读学校名称：北京实验小学
本人扣除比例：100%

图 6-3　子女教育专项附加扣除信息

表 6-8　特许权使用费所得

工号	姓名	*证照类型	*证照号码	*本期收入	备注
ssjx-001	黄某某	居民身份证	110××××××××××××××××	6000.00	
ssjx-002	周某某	居民身份证	110××××××××××××××××	5500.00	
ssjx-003	吴某某	居民身份证	110××××××××××××××××	5200.00	
ssjx-004	徐某	居民身份证	110××××××××××××××××	5100.00	

表 6-9　稿酬所得

工号	姓名	*证照类型	*证照号码	*本期收入	备注	事项	性质
ssjx-002	周某某	居民身份证	110××××××××××××××××	6800.00		其他	其他
ssjx-004	徐某	居民身份证	110××××××××××××××××	8200.00		其他	其他

【实操指导】个人所得税预扣预缴时，需进入自然人"电子税务局"（扣缴端）如图 6-4 所示。

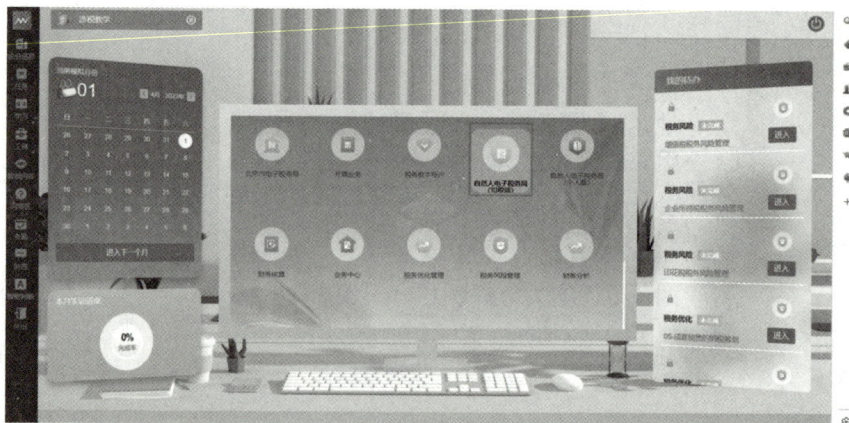

图 6-4

首页功能菜单下点击"综合所得申报",进入综合所得预扣预缴表页面,页面上方为申报主流程导航栏,如图 6-5 所示。

图 6-5

根据"1 收入及减除填写""2 税款计算""3 附表填写"和"4 申报表报送"四步流程完成综合所得预扣预缴申报,如图 6-6 所示。

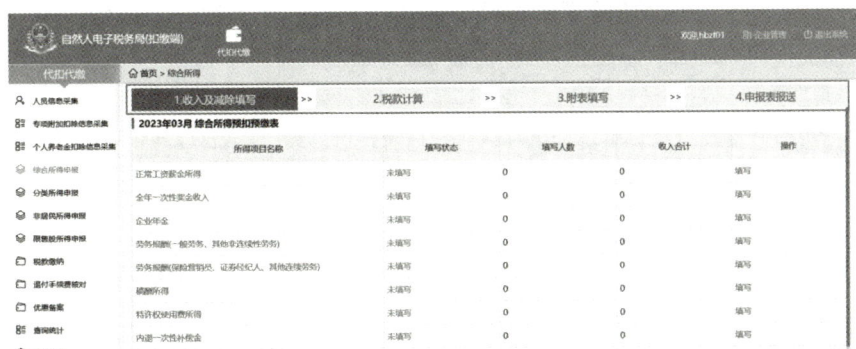

图 6-6

【第一步】收入及减除填写。用于录入综合所得各项目的收入及减除项数据,所得项目包括"正常工资薪金所得""全年一次性奖金收入""企业年金""劳务报酬所得""稿酬所得"和"特许权使用费所得"。点击界面下方"综合所得申报表名称"或"填写"进入表单,即可进行数据的录入,可选择使用单个添加,或下载模板批量导入,如图 6-7 所示。

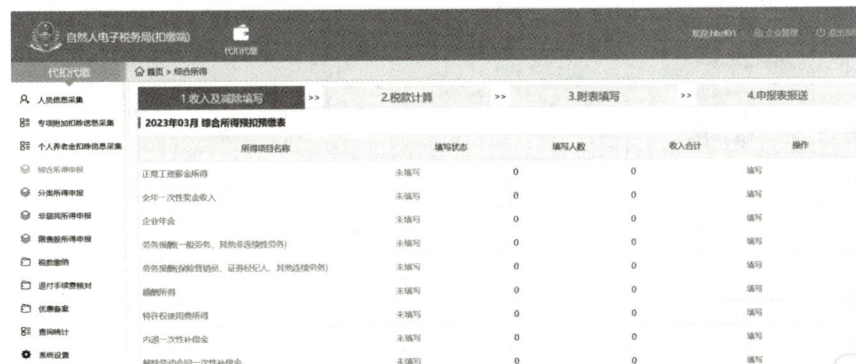

图 6-7

点击"正常工资薪金所得",进入"正常工资薪金所得"界面,如图 6-8 所示。

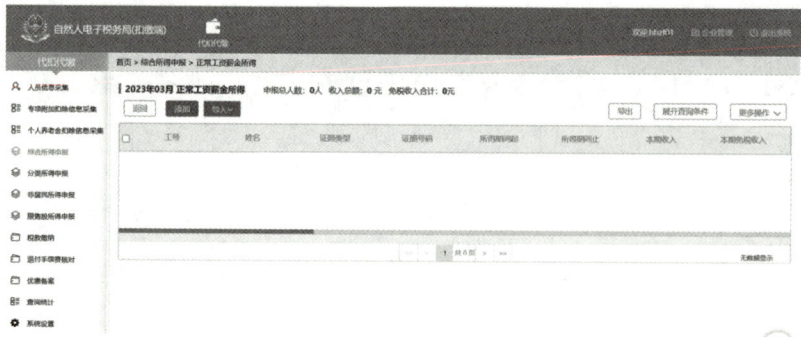

图 6-8

点击"导入"→"模板下载"下载标准模板,录入数据后,点击"导入数据"→"标准模板导入"选择模板文件批量导入数据,如图 6-9 所示。

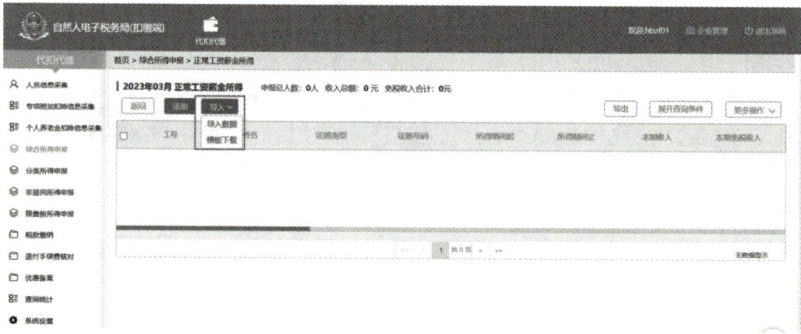

图 6-9

点击"添加"弹出"正常工资薪金所得 新增"界面,进行单个数据录入,如图 6-10 所示。

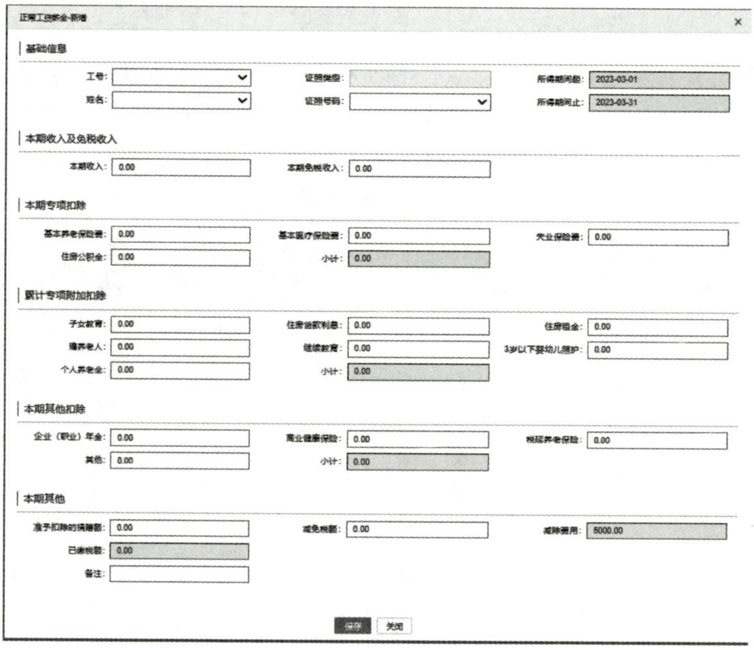

图 6-10

"本期收入"：取得的全部收入，默认保留两位小数。

"基本养老保险费""基本医疗保险费""失业保险费""住房公积金"：按国家有关规定缴纳的三险一金，填写个人承担且不超过当地规定限额的部分。

"子女教育""住房贷款利息""住房租金""赡养老人""继续教育""3 岁以下婴幼儿照护"：根据国家有关规定填写相关的可扣除的专项附加扣除。

"企业（职业）年金"：个人根据国家有关政策规定缴付的年金个人缴费部分，在不超过本人缴费工资计税基数的4%标准内的部分，暂从个人当期的应纳税所得额中扣除。

"商业健康保险"：填写按税法规定允许税前扣除的商业健康保险支出金额，扣除限额为2400元每年（200元每月）。

"税延养老保险"：填写按税法规定允许税前扣除的税延商业养老保险支出金额，扣除限额为年度收入总额的6%与12 000元之间的孰小值。仅试点地区显示。按照《财政部、税务总局关于个人养老金有关个人所得税政策的公告》规定，上海市、福建省、苏州工业园区等已实施个税递延型养老保险试点的地区，自2022年1月1日起统一按照公告相关规定执行，即个人购买个税递延型养老保险的支出和向个人养老金资金账户的缴费支出，合计可在每年12 000元的限额标准内，在个人所得税综合所得或经营所得中据实扣除。

"准予扣除的捐赠额"：按照税法规定，个人将其所得对教育、扶贫、济困等公益慈善事业进行捐赠，捐赠额未超过纳税人申报的应纳税所得额30%的部分，可以从其应纳税所得额中扣除；国务院规定对公益慈善事业捐赠实行全额税前扣除的，从其规定。

其他综合所得项目"全年一次性奖金收入"（见图6-11）、"企业年金"（见图6-12）、"劳务报酬所得"（见图6-13）、"稿酬所得"（见图6-14）和"特许权使用费所得（见图6-15）"的数据采集方式基本一致，各自界面如下：

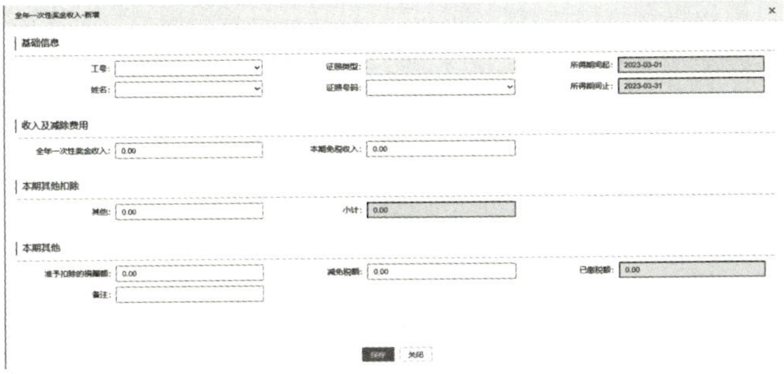

图 6-11

"月工资薪金与减除费用标准差额"：（月减除费用标准-本期收入+本期免税收入，0）取大值，系统自动带出。其中本期收入与本期免税收入是指正常工资薪金所得中该人员填写的数据。

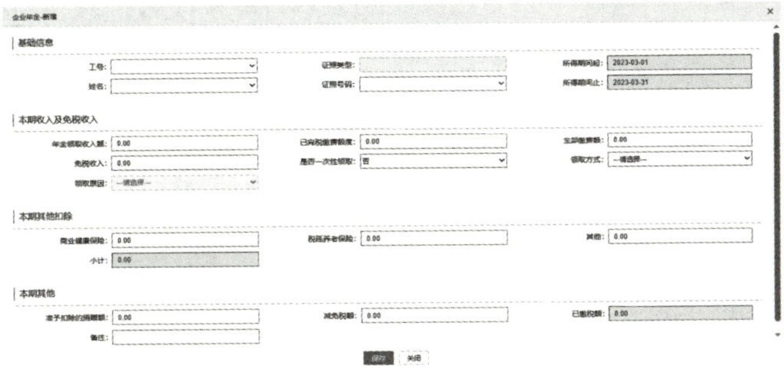

图 6-12

"年金领取收入额"：本次领取年金的金额。

"已完税缴费额"：指在《财政部、人力资源社会保障部、国家税务总局关于企业年金、职业年金个人所得税有关问题的通知》实施之前缴付的年金单位缴费和个人缴费且已经缴纳个人所得税的部分，通常指的是 2014 年前的年金已完税缴费额。

"全部缴费额"：账户中实际年金缴纳部分。

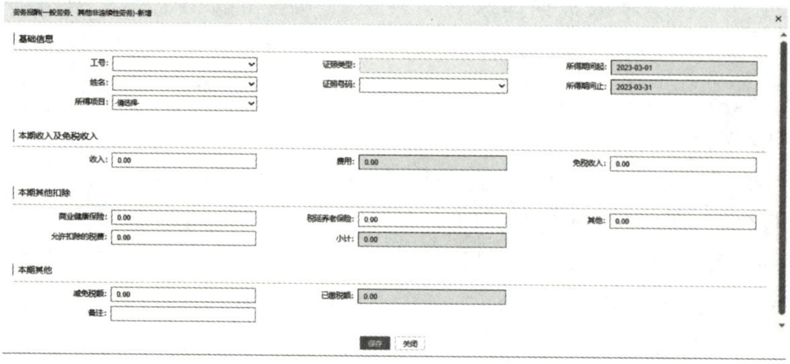

图 6-13

"所得项目"：包含"一般劳务报酬所得""保险营销员劳务报酬所得""证券经纪人劳务报酬所得""其他劳务报酬所得"。

"费用"：每次收入不超过 4000 元的，费用按 800 元计算；每次收入 4000 元以上的，费用按 20%计算。

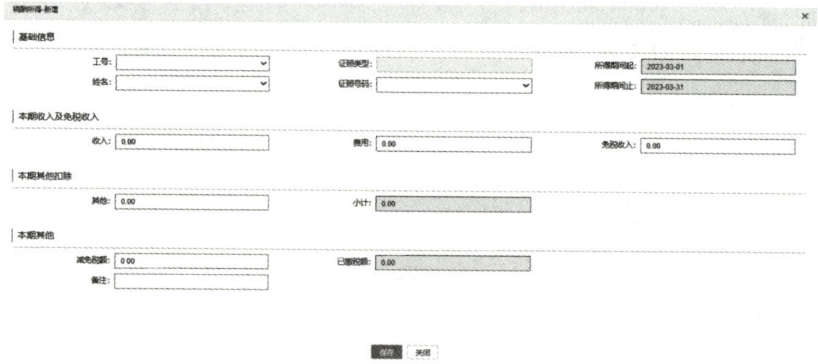

图 6-14

"本期免税收入"：稿酬所得的收入额减按 70%计算（30%做免税收入处理），即显示本期收入减除费用后的 30%部分，可修改。

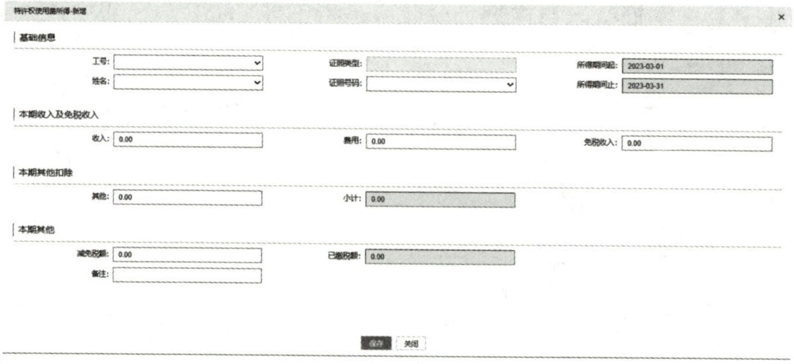

图 6-15

注意事项：预扣预缴申报时全年一次性奖金收入、企业年金、劳务报酬、稿酬所得和特许权使用费所得没有专项扣除和专项附加扣除填写项。

【第二步】点击"税款计算"，系统自动统计"收入及减除填写"模块中填写的数据进行计税，其中工资薪金所得从局端下载往期计税数据并与当期申报数据合并累计计税。

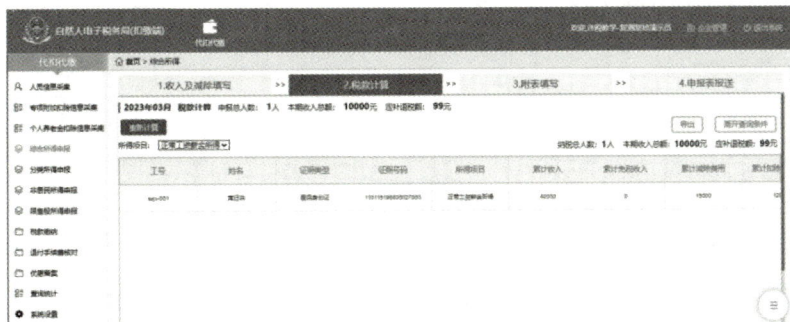

图 6-16

"税款计算"页面上会分所得项目显示对应项目的明细数据和合计数据，右上角显示综合所得的合计数据，包括申报总人数、收入总额、应纳税额和应补退税额，如图 6-16 所示。

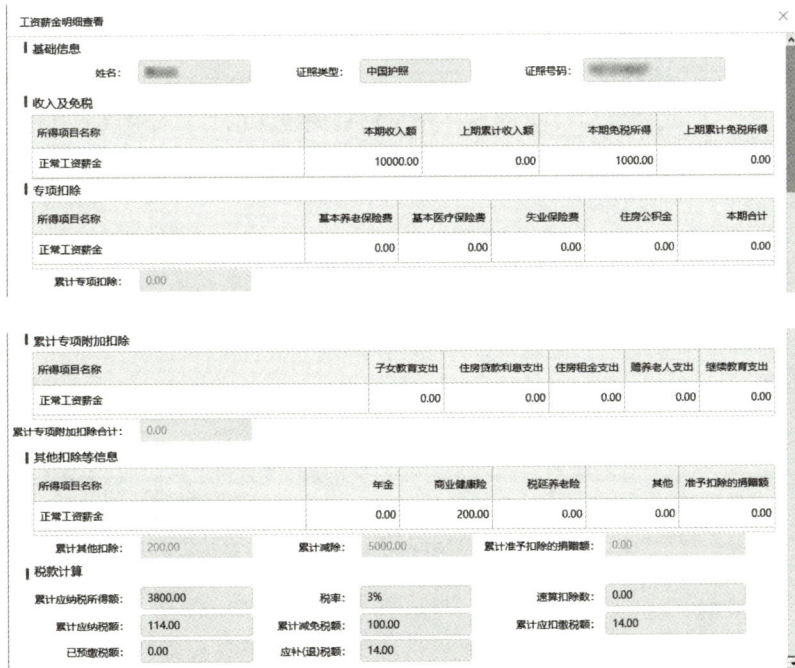

图 6-17

双击其中一条数据行，可以查看该行人员具体的计税项，包括当期各类明细数据和年内累计数据。明细查看页面，只允许查看数据，不允许修改，如图 6-17 所示。

【第三步】附表填写。在收入及减除中填写了减免税额、商业健康保险、税延养老保险的情况下，需要在相应附表里面完善减免信息，如减免事项、减免性质、减免税额等，如图 6-18所示。

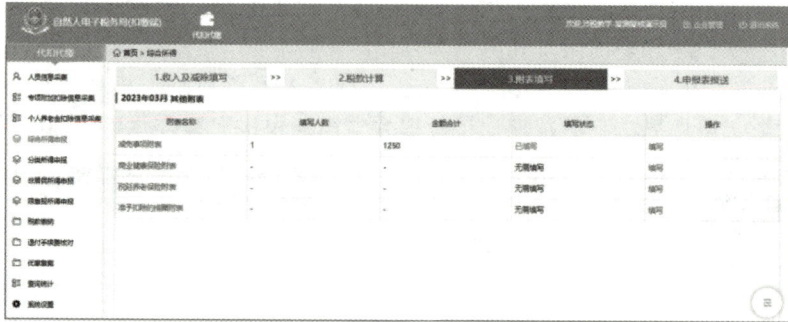

图 6-18

1. "减免事项附表"。用于补充减免税额对应的具体减免事项信息，如图 6-19 所示。

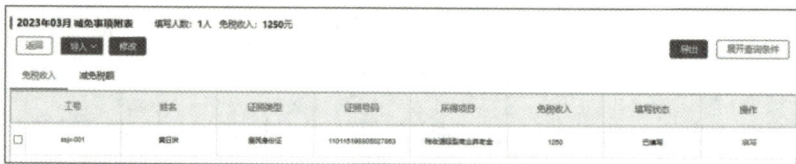

图 6-19

综合所得中填写过减免税额的人员，系统会自动在减免事项附表界面生成一条该人员本次填写的减免税数据，双击该条记录补充完善对应的减免税事项名称等内容。减免税额等于综合所得中减免税额之和，"减税事项"页签下补充完善减免税额信息，如图 6-20 所示。

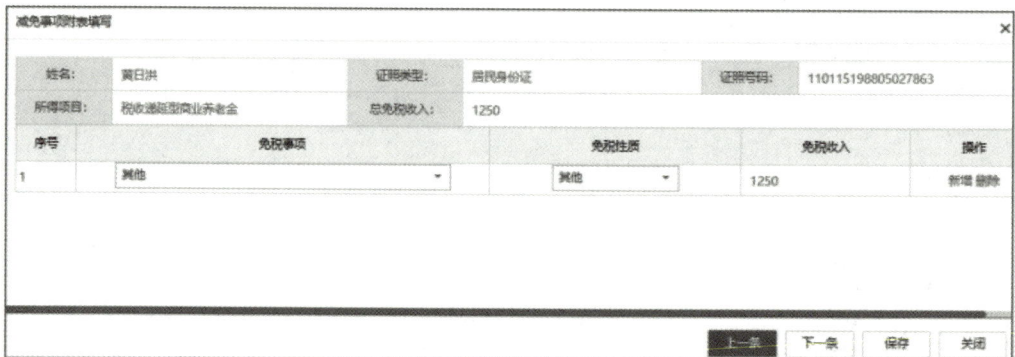

图 6-20

"所得项目"：根据综合所得中填写的所得项目自动带出。

"总减免税额"：根据综合所得项目中该人员填写的减免税额自动合计得出。

"减免事项"：下拉选择人员可享受的减免税对应事项。

"减免性质"：根据选择的减免税事项自动匹配对应的减免性质。

2. "商业健康保险附表"。根据税法规定，对个人购买或单位统一购买符合规定的商业健康保险产品的支出，允许税前扣除，扣除限额为 2400 元每年（200 元每月）。在综合所得预扣预缴申报表里录入了商业健康保险数据的人员，应报送"商业健康保险税前扣除情况明细表"，如图 6-21 所示。

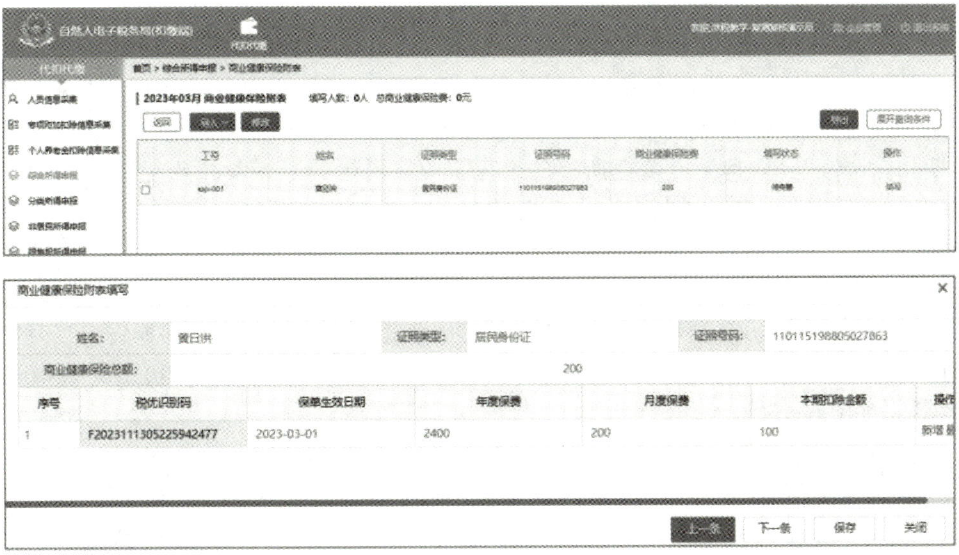

图 6-21

"税优识别码"：为确保税收优惠商业健康保险保单的唯一性、真实性和有效性，由商业健康保险信息平台按照"一人一单一码"的原则进行核发，填写个人保单凭证上打印的数字识别码。

"保单生效日期"：该商业健康保险保单生效的日期。

"年度保费"：商业健康保险保单年度内该保单的总保费。

"月度保费"：按月缴费的保单填写每月所缴保费，按年一次性缴费的保单填写年度保费除以 12 后的金额。

"本期扣除金额"：根据国家有关政策对个人购买或单位统一购买符合规定的商业健康保险产品的支出，扣除限额为 2400 元每年（200 元每月）。

3. "税延养老保险附表"。自 2018 年 5 月 1 日起，在上海市、福建省（含厦门市）和苏州工业园区实施个人税收递延型商业养老保险试点。对试点地区个人通过个人商业养老资金账户购买符合规定的商业养老保险产品的支出，允许在一定标准内税前扣除。在综合所得中填写税延养老保险支出税前扣除申报的人员，应报送"税延型商业养老保险税前扣除情况明细表"，如图 6-22 所示。

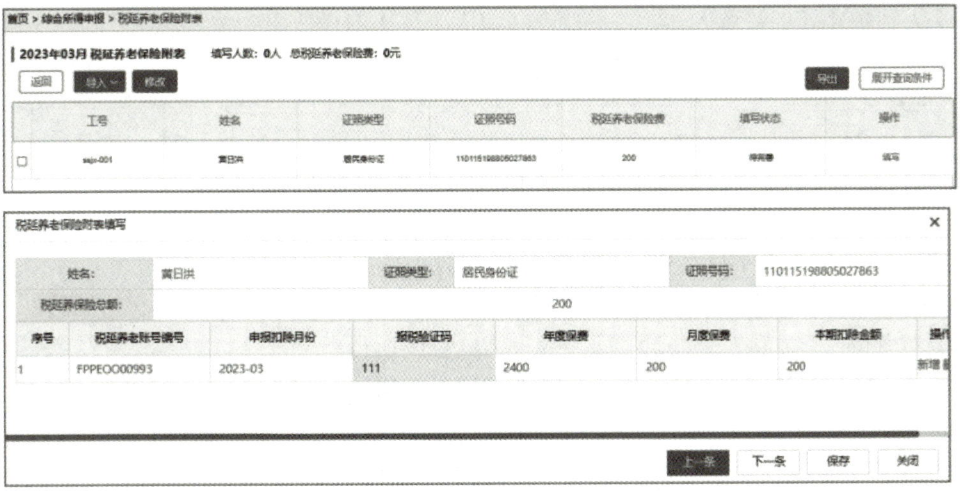

图 6-22

"税延养老账户编号""报税校验码"：按照中国保险信息技术管理有限责任公司相关信息平台出具的"个人税收递延型商业养老保险扣除凭证"载明的对应项目填写。

"月度保费"：取得工资薪金所得、连续性劳务报酬所得（特定行业除外）的个人，填写"个人税收递延型商业养老保险扣除凭证"载明的月度保费金额，一次性缴费的保单填写月平均保费金额。

"本期扣除金额"：取得工资薪金所得的个人，应按税延养老保险扣除凭证记载的当月金额和扣除限额孰低的方法计算可扣除额。扣除限额按照申报扣除当月的工资薪金的 6% 和 1000 元孰低的办法确定。

【第四步】申报表报送。申报表填写、税款计算完成后，点击"申报表报送"进入报表申报界面。该界面可完成综合所得预扣预缴的正常申报、更正申报以及作废申报操作。当月第一次申报发送时，进入"申报表报送"界面，默认申报类型为正常申报，申报状态为未申报，显示"发送申报"，如图 6-23 所示。

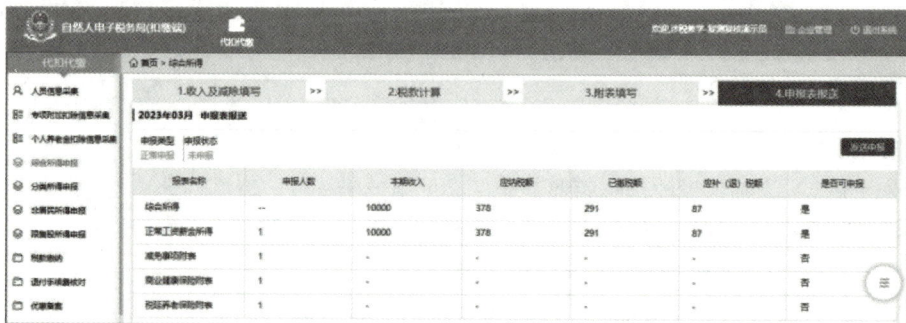

图 6-23

注意事项："申报表报送"需在法定申报期间内才可点击进入申报界面。当年 1 月税款所属期报表需在当年 2 月时才可点击操作。

技能训练

一、单项选择题

1. 根据个人所得税法律制度的规定，下列主体中，不属于个人所得税纳税人的是（　　）。

A. 合伙企业的个人合伙人　　　　　　　B. 一人有限责任公司

C. 个人独资企业的投资人　　　　　　　D. 个体工商户业主

2. 根据个人所得税法律制度的规定，下列在中国境内无住所的外籍人员中，属于 2024 年度居民个人的是（　　）。

A. 汤姆 2024 年 8 月 1 日来到中国，2024 年 10 月 31 日离开中国

B. 玛丽 2023 年 7 月 5 日来到中国，2024 年 1 月 5 日离开中国

C. 汉斯 2024 年 3 月 1 日来到中国，2024 年 12 月 1 日离开中国

D. 乔治 2023 年 9 月 1 日来到中国，2024 年 5 月 1 日离开中国

3. 根据个人所得税法律制度的规定，下列各项中，不属于综合所得的是（　　）。

A. 偶然所得　　　　　　　　　　　　　B. 稿酬所得

C. 特许权使用费所得　　　　　　　　　D. 劳务报酬所得

4. 根据个人所得税法律制度的规定，下列各项中，应征收个人所得税的是（　　）。

A. 差旅费津贴　　　　　　　　　　　　B. 误餐补助

C. 季度奖金　　　　　　　　　　　　　D. 独生子女补贴

5. 根据个人所得税法律制度的规定，下列应按"工资、薪金所得"税目，征收个人所得税的是（　　）。

A. 国债利息所得
B. 参加商场活动中奖
C. 出租闲置房屋取得的所得
D. 单位全勤奖

6. 根据个人所得税法律制度的规定，下列各项中，应按照"劳务报酬所得"税目计缴个人所得税的是（　　）。

A. 兼职律师从律师事务所取得的工资性质的所得
B. 个人因与用人单位解除劳动关系而取得的一次性补偿收入
C. 退休人员从原任职单位取得的补贴
D. 证券经纪人从证券公司取得的佣金收入

7. 根据个人所得税法律制度的规定，下列不属于"特许权使用费"所得的是（　　）。

A. 作者将自己的文字作品手稿原件拍卖取得的所得
B. 演员许可企业在平面广告中使用其肖像取得的所得
C. 画家将自己的书画作品发表在报纸上取得的所得
D. 剧本作者从所任职的电视剧制作单位取得的剧本使用费

8. 大学教授张某取得的下列收入中，应按"稿酬所得"税目计缴个人所得税的是（　　）。

A. 审稿收入
B. 学术报告收入
C. 出版书画作品收入
D. 作品参展收入

9. 中国居民马某 2023 年度从任职单位甲公司取得工资 198 700 元；出版专业书籍一本，取得稿酬 7000 元；全年按照国家规定的标准和范围缴纳社会保险费、住房公积金合计为 47 688 元。已知个人所得税综合所得减除费用为每年 60 000 元；稿酬所得以收入减除 20% 的费用后的余额为收入额，稿酬所得的收入额减按 70% 计算；全年应纳税所得额超过 36 000 元至 144 000 元的部分，税率为 10%，速算扣除数为 2520。马某 2023 年度已预扣预缴个人所得税税额 7365.2 元。计算马某 2023 年度综合所得汇算清缴应退（补）个人所得税税额的下列算式中，正确的是（　　）元。

A. ［198 700+7000×（1−20%）−60 000−47 688］×10%−2520＝7141.2
B. ［198 700+7000×（1−20%）×70%−60 000−47 688］×10%−2520＝6973.2
C. （198 700+7000×70%−60 000−47 688）×10%−7365.2＝2226
D. ［198 700+7000×（1−20%）×70%−60 000−47 688］×10%−2520−7365.2＝−392

10. 2024 年 1 月中国居民张某将一项专利的使用权提供给甲公司，取得收入 50 000 元，已知特许权使用费所得个人所得税预扣税率为 20%；每次收入 4000 元以上的，减除费用按 20% 计算，张某该笔所得应预扣预缴个人所得税税额为（　　）元。

A. 7360
B. 8000
C. 12 500
D. 9200

二、多项选择题

1. 根据个人所得税法律制度的规定，下列各项中，属于个人所得税纳税人的有（　　）。

A. 个体工商户
B. 个人独资企业投资人
C. 合伙企业自然人合伙人
D. 一人有限责任公司

2. 根据个人所得税法律制度的规定，下列外籍人员中，属于 2023 年度居民个人的有（　　）。

A. 在中国境内无住所但 2023 年度在中国境内居住累计 180 天的约翰
B. 在中国境内既无住所又不居住的玛丽

C. 在中国境内有住所的乔治

D. 在中国境内无住所但 2023 年度在中国境内居住累计 270 天的汤姆

3. 根据个人所得税法律制度的规定，下列所得中，属于来源于中国境内所得的有（　　）。

A. 将财产出租给承租人在中国境内使用取得的所得

B. 许可特许权在中国境内使用而取得的所得

C. 转让在中国境内的不动产而取得的所得

D. 因受雇在中国境内提供劳务的所得

4. 根据个人所得税法律制度的规定，下列所得中，属于综合所得的有（　　）。

A. 财产租赁所得　　　　　　　　　　B. 劳务报酬所得

C. 工资、薪金所得　　　　　　　　　　D. 财产转让所得

5. 根据个人所得税法律制度的规定，个人因任职取得的下列收入中，应缴纳个人所得税的有（　　）。

A. 劳动分红　　　B. 年终加薪　　　C. 季度奖金　　　D. 托儿补助费

6. 根据个人所得税法律制度的规定，下列各项中，属于"劳务报酬所得"的有（　　）。

A. 教师出版专著取得的收入

B. 证券经纪人取得的佣金收入

C. 律师以个人名义应邀到某中学作法治讲座取得的报酬

D. 个体工商户从事经营活动取得的收入

7. 下列所得中，应按劳务报酬所得项目计征个人所得税的有（　　）。

A. 剧本作者从其非任职单位取得剧本使用费

B. 医院医护人员应学校邀请提供急救知识讲座取得的报酬

C. 画家的书画作品在报纸上发表取得的报酬

D. 高校教师应出版社邀请审稿取得的报酬

8. 根据个人所得税法律制度的规定，下列各项中，应按照"劳务报酬所得"税目计缴个人所得税的有（　　）。

A. 作者将自己的文字作品手稿原件公开拍卖取得的所得

B. 证券经纪人从证券公司取得的佣金收入

C. 个人取得特许权的经济赔偿收入

D. 个人兼职取得的收入

9. 根据个人所得税法律制度的规定，下列各项中，应按照"特许权使用费所得"税目计缴个人所得税的有（　　）。

A. 专利权人许可他人使用自己的专利取得的收入

B. 编辑在自己所任职的出版社出版专著所取得的收入

C. 作家公开拍卖自己的小说手稿原件取得的收入

D. 商标权人许可他人使用其商标取得的收入

10. 根据个人所得税法律制度的规定，下列收入中，按照"特许权使用费所得"税目缴纳个人所得税的有（　　）。

A. 转让著作权收入　　　　　　　　　　B. 转让专利权收入

C. 转让商标权收入　　　　　　　　　　D. 转让工艺设计收入

三、判断题

1. 合伙企业的自然人合伙人，为个人所得税纳税人。（　　）

2. 在中国境内有住所，或者无住所而一个纳税年度内在境内居住累计满 183 天的个人，属于我国个人所得税的居民纳税人。（　　　）

3. 中国居民武某，在境外工作，只就来源于中国境外的所得征收个人所得税。（　　　）

4. 韩国公民金某在中国无固定居住场所，在 2023 年 7 月 1 日来中国出差，在 2024 年 2 月 27 日完成工作返回韩国，在 2023 年度金某属于个人所得税的居民纳税人。（　　　）

5. 某外籍个人 2024 年 2 月 1 日入境，2024 年 12 月 31 日离境，除此之外本年度无其他离境情况，则该外籍个人 2024 年度为我国个人所得税居民纳税人。（　　　）

6. 退休人员再任职取得的收入，在减除税法规定的费用扣除标准后，按工资、薪金所得应税项目缴纳个人所得税。（　　　）

7. 个人出版书画作品取得的所得，应按"劳务报酬所得"税目计缴个人所得税。（　　　）

8. 赵某将自己收藏的古籍拍卖取得的所得，应按"特许权使用费所得"征收个人所得税。（　　　）

9. 个人取得的专利赔偿所得，应按"偶然所得"项目缴纳个人所得税。（　　　）

10. 作者去世后其财产继承人的遗作稿酬免征个人所得税。（　　　）

四、不定项选择题

1. 中国居民王某为境内甲科技公司工程师。王某有一女儿，正就读高中二年级。王某为独生子，其父母均已年过 60 岁。2023 年王某有关收支情况如下：

（1）全年工资 280 000 元，全年专项扣除 56 250 元，支付首套住房贷款利息 68 700 元；子女教育专项附加扣除、住房贷款利息专项附加扣除，由王某按照扣除标准的 100% 扣除；1—11 月工资、薪金所得累计已预扣预缴个人所得税税款 5312 元。

（2）3 月出版一部专业著作取得稿酬 80 000 元，将其中的 10 000 元直接捐赠给贫困学生王某。

（3）4 月从上市公司公开发行和转让市场购入境内甲上市公司股票，8 月从甲上市公司取得非限售股股息 5000 元，并于当月将股票全部转让。

（4）9 月获得省人民政府颁发的科技方面的奖金 20 000 元。

（5）10 月在乙电信公司累积消费达到规定额度，取得按消费积分反馈的价值 100 元的保温杯一个。

（6）11 月参加丙保险公司二十周年庆典，获赠价值 200 元的茶叶一盒。

（7）12 月领取原提存的住房公积金 100 000 元。

已知：工资、薪金所得预扣预缴个人所得税减除费用为 5000 元每月；子女教育专项附加扣除按照每个子女每月 2000 元的标准定额扣除；赡养老人专项附加扣除标准为 3000 元每月；稿酬所得个人所得税预扣率为 20%，每次收入 4000 元以上的，减除费用按 20% 计算，收入额减按 70% 计算。利息、股息、红利所得个人所得税税率为 20%。

要求：

根据上述资料，不考虑其他因素，分析回答下列小题。

（1）计算王某 12 月份工资应预扣预缴个人所得税税额的下列算式中，正确的是（　　　）元。

A. (280 000−5000×12−56 250−1000×12−2000×12−3000×12)×10%−2520−5312＝1343

B. (280 000−5000×12−56 250−1000×12−2000×12−3000×12−68 700)×3%＝691.5

C. (280 000−56 250−2000×12−3000×12)×20%−16 920＝15 830

D. (280 000−5000×12−2000×12−3000×12−68 700)×10%−2520−5312＝1298

（2）计算王某 3 月出版专业著作取得的稿酬应预扣预缴个人所得税税额的下列算式中，正确的是（　　）元。

A.（80 000−10 000）×（1−20%）×20% = 11 200

B. 80 000−10 000×70%×20% = 78 600

C. 80 000×（1−20%）×20% = 12 800

D. 80 000×（1−20%）×70%×20% = 8960

（3）计算王某 8 月取得非限售股股息应缴纳个人所得税税额的下列算式中，正确的是（　　）元。

A. 5000×（1−20%）×20% = 800　　　　　　　B. 5000×50%×（1−20%）×20% = 400

C. 5000×20% = 1000　　　　　　　　　　　　D. 5000×50%×20% = 500

（4）王某 2023 年取得的下列收入中，免予征收或不征收个人所得税的是（　　）。

A. 乙电信公司按消费积分反馈的价值 100 元的保温杯

B. 省人民政府颁发的科技方面的奖金 20 000 元

C. 领取的原提存的住房公积金 100 000 元

D. 丙保险公司赠送的价值 200 元的茶叶

2. 中国公民孙某为境内甲公司研发人员，其独生子正在读小学。2023 年孙某有关收支情况如下：

（1）每月工资、薪金所得 20 000 元，每月缴纳的基本养老保险费、基本医疗保险费、失业保险费、住房公积金 3900 元。1−11 月工资、薪金所得累计已预扣预缴个人所得税税额 8590 元。

（2）为乙公司提供技术服务，取得一次性劳务报酬 5000 元。

（3）购买福利彩票，取得一次中奖收入 3000 元。

（4）网约车充值获赠价值 2500 元的返券。

（5）储蓄存款利息收入 1750 元。

（6）将一套住房出租，全年租金收入 37 200 元。

已知：工资、薪金所得预扣预缴个人所得税减除费用为 5000 元每月；综合所得减除费用为 60 000 元；子女教育专项附加扣除标准为 2000 元每月，由王某按扣除标准的 50% 扣除；劳务报酬所得个人所得税扣除率为 20%，每次收入 4000 元以上的，减除费用按 20% 计算；劳务报酬所得以收入减除 20% 的费用后的余额为收入额。

要求：

根据上述资料，不考虑其他因素，分析回答下列小题。

（1）计算孙某 12 月份工资、薪金所得应预扣预缴个人所得税税额的下列算式中，正确的是（　　）元。

A.（20 000−5000−3900−1000）×3% = 303

B.（20 000−5000）×3% = 450

C.（20 000×12−5000×12−3900×12−1000×12）×10%−2520−8590 = 1010

D.（20 000−5000−3900）×3% = 333

（2）计算孙某一次性劳务报酬应预扣预缴个人所得税税额的下列算式中，正确的是（　　）元。

A. 5000÷（1−20%）×20% = 1250

B. 5000×（1−20%）×20% = 800

C. 5000×20% = 1000

D. 5000×20%×20% = 200

（3）计算孙某 2023 年综合所得应缴纳个人所得税税额的下列算式中，正确的是（　　）元。

A.（20 000×12+5000−60 000−3900×12）×10%−2520 = 11 300

B.（20 000×12+5000−60 000−3900×12−1000×12）×10%−2520＝10 100

C.［20 000×12+5000×（1−20%）−60 000−3900×12−1000×12］×10%−2520＝10 000

D.［20 000×12+5000×（1−20%）−60 000］×20%−16 920＝19 880

（4）孙某取得的下列所得中，不需要缴纳个人所得税的是（　　　）。

A. 储蓄存款利息收入 1750 元

B. 出租住房全年租金收入 37 200 元

C. 网约车充值获赠价值 2500 元的返券

D. 购买福利彩票一次中奖收入 3000 元

3. 中国公民马某为国内某大学教授。2023 年 1-4 月有关收支情况如下：

（1）1 月转让一套住房，取得含增值税销售收入 945 000 元。该套住房原值 840 000 元，系陈某 2021 年 8 月购入。本次转让过程中，发生合理费用 5000 元。

（2）2 月获得当地教育部门颁发的区（县）级教育方面的奖金 10 000 元。

（3）3 月转让从公开发行市场购入的上市公司股票 6000 股，取得股票转让所得 120 000 元。

（4）4 月在甲电信公司购话费获赠价值 390 元的手机一部；获得乙保险公司支付的保险赔款 30 000 元。

假设马某 2023 年其他收入及相关情况如下：

（1）工资、薪金所得 190 000 元，专项扣除 40 000 元。

（2）劳务报酬所得 8000 元，稿酬所得 5000 元。

已知：财产转让所得个人所得税税率为 20%；个人将购买不足 2 年的住房对外出售的，按照 5% 的征收率全额缴纳增值税。综合所得，每一纳税年度减除费用 60 000 元；劳务报酬所得、稿酬所得以收入减除 20% 的费用后的余额为收入额；稿酬所得的收入额减按 70% 计算。

要求：

根据上述资料，不考虑其他因素，分析回答下列小题。

（1）计算马某 1 月转让住房应缴纳个人所得税税额的下列计算中，正确的是（　　　）元。

A.（945 000−840 000−5000）×20%＝20 000

B.［945 000÷（1+5%）−840 000］×20%＝12 000

C.（945 000−840 000）×20%＝21 000

D.［945 000÷（1+5%）−840 000−5000］×20%＝11 000

（2）计算马某 1 月转让住房应缴纳增值税税额的下列算式中，正确的是（　　　）元。

A. 945 000÷（1+5%）×5%＝45 000

B.（945 000−840 000）÷（1+5%）×5%＝5000

C. 945 000×5%＝47 250

D.（945 000−840 000）×5%＝5250

（3）马某的下列所得中，不缴纳个人所得税的是（　　　）。

A. 区（县）级教育方面的奖金 10 000 元　　B. 获赠价值 390 元的手机

C. 获得的保险赔款 30 000 元　　　　　　　D. 股票转让所得 120 000 元

（4）计算马某 2023 年综合所得应缴纳个人所得税税额的下列算式中，正确的是（　　　）元。

A.（190 000−60 000−40 000）×10%−2520+8000×（1−20%）×3%+5000×（1−20%）×70%×3%＝6756

B.（190 000−60 000−40 000）×10%−2520+8000×（1−20%）×3%+5000×70%×3%＝6777

C.［190 000+8000×（1−20%）+5000×（1−20%）×70%−60 000−40 000］×10%−2520＝7400

D.（190 000+8000+5000×70%-60 000-40 000）×10%-2520=7630

4. 中国公民钱某为国内某大学教授。2024 年 9 月收支情况如下：

（1）取得基本工资 6000 元，岗位补贴 1950 元，托儿补助费 40 元，职务津贴 1800 元。

（2）在某杂志发表一篇学术论文，取得收入 3000 元。

（3）在境内市场公开拍卖一部自己的小说手稿原件，取得收入 60 000 元。

（4）取得某项专利权经济赔偿收入 2000 元。

（5）领取原提存住房公积金 15 000 元。

（6）领取甲上市公司非限售股股息 1600 元，随后将该股票转让取得收入 30 000 元。该股票于 2019 年 1 月购入。

已知：稿酬所得，特许权使用费每次收入不超过 4000 元的，减除费用 800 元；每次收入 4000 元以上的，减除 20%的费用。

稿酬所得、特许权使用费所得个人所得税税率为 20%。

要求：根据上述资料，不考虑其他因素，分析回答下列小题：

（1）钱某的下列各项收入中，应按照"工资、薪金所得"计算个人所得税的是（　　　）。

A. 托儿补助费 40 元　　　　　　　　　B. 职务津贴 1800 元

C. 岗位补贴 1950 元　　　　　　　　　D. 基本工资 6000 元

（2）计算钱某当月发表学术论文取得收入应预缴个人所得税税额的下列算式中，正确的是（　　　）元。

A.（3000-800）×20%＝440　　　　　　B. 3000×20%＝600

C. 3000×70%×20%＝420　　　　　　　D.（3000-800）×70%×20%＝308

（3）计算钱某当月公开拍卖手稿原件取得收入应预缴个人所得税税额的下算式中，正确的是（　　　）元。

A. 60 000×70%×20%＝8400

B. 60 000×（1-20%）×70%×20%＝6720

C. 60 000×（1-20%）×20%＝9600

D. 60 000×20%＝12 000

（4）钱某当月的下列收入中，不缴纳个人所得税的是（　　　）。

A. 专利权经济赔偿收入 2000 元

B. 甲上市公司非限售股股息 1600 元

C. 甲上市公司非限售股股票转让收入 30 000 元

D. 领取原提存住房公积金 15 000 元

项目七　关税法

技能目标

1. 能正确理解关税的纳税义务人。
2. 能准确判断进口货物的原产地。
3. 能正确运用进口税则的各栏税率。
4. 能根据业务资料计算关税的完税价格。
5. 能正确计算进出口货物和物品关税应纳税额。
6. 能正确运用关税的税收优惠政策。

思政目标

1. 强化国家主权观念，理解关税的经济屏障作用。
2. 培养税收法治思维，遵守国际贸易规则。
3. 拓宽国际视野，理解关税对全球贸易的影响。
4. 激发爱国情怀，支持国家经济安全与发展。
5. 树立公平贸易理念，促进贸易平衡与可持续发展。
6. 增强社会责任感，参与构建和谐的国际经济秩序。

任务一　关税认知

◇ 任务引例

李某是一位来自法国的时尚设计师，她于 2024 年 9 月 1 日携带一批自己设计的高档服装进入中国进行为期一个月的展示和销售活动，这批服装的总价值为 10 万欧元。活动结束后，李某于 2024 年 11 月 30 日离开中国，并计划在未来几年内不定期地回到中国进行类似的商业活动。

◇ 任务要求

1. 请根据李某的情况，分析她是否需要就携带进入中国的这批高档服装缴纳关税，并简述理由。

2. 探讨李某是否有资格享受任何可能的关税减免或优惠待遇。

◇ 税海探知

关税是海关依法对进出境的货物、物品征收的一种税。所谓"境"是指关境，又称"海关境域"或"关税领域"，是《海关法》全面实施的领域。通常情况下，一国的关境与其国境的范围是一致的，包括国家全部的领土、领海、领空。然而，由于自由港、自由贸易区和

285

关税同盟的存在，关境与国境有时并不完全一致。例如，根据《中华人民共和国香港特别行政区基本法》和《中华人民共和国澳门特别行政区基本法》，香港和澳门保持自由港地位，是我国单独的关税地区，即单独关境区。这些单独关境区并不完全适用该国的海关法律、法规或实施单独的海关管理制度。

关税一般分为进口关税、出口关税和过境关税。我国目前对进出境货物征收的关税主要分为进口关税和出口关税两类。

我国现行关税法律规范主要以《海关法》为法律依据，该法于2021年4月由全国人民代表大会修正颁布。同时，《中华人民共和国关税法》（以下简称《关税法》）由第十四届全国人民代表大会常务委员会第九次会议审议通过，自2024年12月1日起施行。《中华人民共和国进出口税则（2025）》（以下简称《税则》）是《关税法》的附件，包括规则与说明、进口税则、出口税则三个部分。国务院关税税则委员会负责定期编纂、发布，解释税目、税率。2024年，由国务院关税税则委员会公告发布，2025年施行。关税政策制定和征收管理的主管部门会依据这些基本法规拟订具体的管理办法和实施细则。

一、关税征税对象

我国关税征税对象是准许进出关境的货物和物品。其中，货物是指贸易性商品；物品是指入境旅客随身携带的行李物品、个人邮递物品、各种运输工具上的服务人员携带进口的自用物品、馈赠物品以及其他方式进境的个人物品。

凡准许进出口的货物，除国家另有规定的以外，均应由海关征收进口关税或出口关税。同时，对从境外采购进口的原产于中国境内的货物，也应按规定征收进口关税。

二、关税纳税人

关税纳税人是指进口货物的收货人、出口货物的发货人、进境物品的携带人或者收件人。

从事跨境电子商务零售进口的电子商务平台经营者、物流企业和报关企业，以及法律、行政法规规定负有代扣代缴、代收代缴关税税款义务的单位和个人，是关税的扣缴义务人。

个人合理自用的进境物品，按照简易征收办法征收关税。超过个人合理自用数量的进境物品，按照进口货物征收关税。

个人合理自用的进境物品，在规定数额以内的免征关税。

进境物品关税简易征收办法和免征关税数额由国务院规定，报全国人民代表大会常务委员会备案。

三、进出口税则

进出口税则是一国政府根据国家关税政策和经济政策，主要对关税的税目、税率以及税目、税率的适用规则作出规定。它是海关凭以征收关税的法律依据，也是关税政策的具体体现。

《税则》作为《关税法》的附件，是《关税法》的组成部分，它包括三个主要部分：规则与说明、进口税则、出口税则。

进口税则包括税目税率表与归类总规则、类注、章注、子目注释、本国子目注释。税目税率表设置序号、税则号列、货品名称、最惠国税率、协定税率、特惠税率、普通税率等栏目。

出口税则包括税目税率表与归类总规则、类注、章注、子目注释、本国子目注释。税目税率表设置序号、税则号列、货品名称、出口税率等栏目。

任务二　关税税率的判定

◇ **任务引例**

甲进出口公司 2024 年 10 月进口放像机、广播用录像机和摄像机各一批。乙出口公司 2024 年 10 月进口白酒、啤酒等酒类产品各一批。

◇ **任务要求**

请判断上述两家进出口公司各项进口货物适用何种关税税率？

◇ **税海探知**

一、关税税目和税率

关税税目由税则号列和目录条文等组成。关税税目适用规则包括归类规则等。进出口货物的商品归类，应当按照《税则》规定的目录条文和归类总规则、类注、章注、子目注释、本国子目注释，以及其他归类注释确定，并归入相应的税则号列。

根据实际需要，国务院关税税则委员会可以提出调整关税税目及其适用规则的建议，报国务院批准后发布执行。

进口关税设置最惠国税率、协定税率、特惠税率、普通税率。出口关税设置出口税率。对实行关税配额管理的进出口货物，设置关税配额税率。对进出口货物在一定期限内可以实行暂定税率。

关税税率的适用应当符合相应的原产地规则。完全在一个国家或者地区获得的货物，以该国家或者地区为原产地；两个以上国家或者地区参与生产的货物，以最后完成实质性改变的国家或者地区为原产地。国务院根据我国缔结或者共同参加的国际条约、协定对原产地的确定另有规定的，依照其规定。进口货物原产地的具体确定，依照《关税法》和国务院及其有关部门的规定执行。

二、进口关税税率

我国进口税则设有最惠国税率、协定税率、特惠税率、普通税率、配额税率等税率形式，对进口货物在一定期限内可以实行暂定税率。

1. 最惠国税率。最惠国税率适用于原产于共同适用最惠国待遇条款的世界贸易组织成员的进口货物，原产于与我国缔结或者共同参加含有相互给予最惠国待遇条款的国际条约、协定的国家或者地区的进口货物，以及原产于我国境内的进口货物。

2. 协定税率。协定税率适用原产于与我国缔结或者共同参加含有关税优惠条款的国际条约、协定的国家或者地区且符合国际条约、协定有关规定的进口货物。

3. 特惠税率。特惠税率适用于原产于我国并给予特殊关税优惠安排的国家或者地区且符合国家原产地管理规定的进口货物。

4. 普通税率。普通税率适用于原产于上述国家或地区以外的其他国家或地区的进口货物，以及原产地不明的进口货物。

5. 暂定税率。适用最惠国税率的进口货物有暂定税率的，适用暂定税率。适用协定税率的进口货物有暂定税率的，从低适用税率；其最惠国税率低于协定税率且无暂定税率的，适用最惠国税率。适用特惠税率的进口货物有暂定税率的，从低适用税率。适用普通税率的进口货物，不适用暂定税率。

6. 配额税率。实行关税配额管理的进出口货物，关税配额内的适用关税配额税率，有暂定税率的适用暂定税率；关税配额外的，按不同情况分别适用于最惠国税率、协定税率、特惠税率或普通税率。

7. 特别关税税率。依法对进口货物征收反倾销税、反补贴税、保障措施关税的，其税率的适用按照有关反倾销、反补贴和保障措施的法律、行政法规的规定执行。

任何国家或者地区不履行与我国缔结或者共同参加的国际条约、协定中的最惠国待遇条款或者关税优惠条款，国务院关税税则委员会可以提出按照对等原则采取相应措施的建议，报国务院批准后执行。

任何国家或者地区违反与我国缔结或者共同参加的国际条约、协定，对我国在贸易方面采取禁止、限制、加征关税或者其他影响正常贸易的措施的，对原产于该国家或者地区的进口货物可以采取征收报复性关税等措施。

征收报复性关税的货物范围、适用国别或者地区、税率、期限和征收办法，由国务院关税税则委员会提出建议，报国务院批准后执行。

涉及上述规定措施的进口货物，纳税人未提供证明材料，或者提供了证明材料但经海关审核仍无法排除该货物原产于被采取规定措施的国家或者地区的，对该货物适用下列两项税率中较高者：

（1）因采取规定措施对相关货物所实施的最高税率与按照《关税法》规定适用最惠国税率、协定税率、特惠税率、普通税率、暂定税率或配额税率相加后的税率。

（2）普通税率。

【例7-1】根据关税法律制度的规定，进口货物原产于与我国签订含有特殊关税优惠条款的是（　）。

A. 特惠税率　　　B. 最惠国税率　　　C. 普通税率　　　D. 协定税率

解析：答案为A。选项B，对原产于与我国共同适用最惠国条款的世界贸易组织成员进口货物，原产于与我国签订含有相互给予最惠国待遇的双边贸易协定的国家或者地区的进口货物，以及原产于我国的进口货物，按照最惠国税率征税；选项D，对原产于与我国签订含有关税优惠条款的区域性贸易协定的国家或地区的进口货物，按协定税率征税。

三、出口关税税率

我国出口税则为一栏税率，即出口税率。我国对出口货物征收关税的项目较少，仅对少数资源性产品及易于竞相杀价、盲目进口、需要规范出口秩序的半制成品征收出口关税。需要说明的是，适用出口税率的出口货物在一定期限内存在暂定税率的，应当适用暂定税率。

根据《国务院关税税则委员会关于2024年关税调整方案的公告》，自2024年1月1日起，继续对铬铁等107项商品征收出口关税，对其中68项商品实施出口暂定税率。

四、进出口货物税率适用规则

进出口货物、进境物品，应当适用纳税人、扣缴义务人完成申报之日实施的税率。

进口货物到达前，经海关核准先行申报的，应当适用装载该货物的运输工具申报进境之日实施的税率。

有下列情形之一的，应当适用纳税人、扣缴义务人办理纳税手续之日实施的税率：

1. 保税货物不复运出境，转为内销。

2. 减免税货物经批准转让、移作他用或者进行其他处置。

3. 暂时进境货物不复运出境或者暂时出境货物不复运进境。

4. 租赁进口货物留购或者分期缴纳税款。

补征或者退还关税税款，应当按照上述规定确定适用的税率。因纳税人、扣缴义务人违反规定需要追征税款的，应当适用违反规定行为发生之日实施的税率；行为发生之日不能确定的，适用海关发现该行为之日实施的税率。

🔖 **寻法溯源**

任务三 关税完税价格的确定

微课 7-1
关税概览

◇ 任务引例

张某是一家总部位于英国的电子产品制造商的代表，他于 2024 年 9 月代表公司与中国的一家科技公司签订了一份价值 50 万美元的智能手机进口合同。根据合同，该批智能手机将于 2024 年 10 月从英国运抵中国港口。在报关过程中，海关发现合同价格中未明确包含运费、保险费和一定的技术服务费用，这些费用共计 5 万美元，由买方即中国科技公司实际支付。

◇ 任务要求

请根据上述情境，分析并计算该批智能手机的关税完税价格。考虑合同价格、运费、保险费及其他由买方实际支付且应计入完税价格的费用。

◇ 税海探知

《海关法》第 55 条第 1 款规定："进出口货物的完税价格，由海关以该货物的成交价格为基础审查确定。成交价格不能确定时，完税价格由海关依法估定。"

一、一般进口货物的完税价格

进口货物的完税价格包括货物的货价、货物运抵我国境内输入地点起卸前的运输及其相关费用、保险费。进口货物完税价格的确定方法可以分为两种：成交价格估价方法和进口货物海关估价方法。

（一）成交价格估价方法

成交价格估价方法是以进口货物的成交价格为基础进行调整，从而确定进口货物完税价格的估价方法。通常情况下，采用此方法。进口货物的成交价格，是指卖方向我国境内销售该货物时买方为进口该货物向卖方实付、应付的，并且按照《中华人民共和国海关审定进出口货物完税价格办法》（以下简称《完税价格办法》）有关规定调整后的价款总额，包括直接支付的价款和间接支付的价款。

1. 应计入完税价格的调整项目。采用成交价格估价方法，以成交价格为基础审查确定进口货物的完税价格时，未包括在该货物实付、应付价格中的下列费用或者价值应当计入完税价格：

（1）由买方负担的除购货佣金以外的佣金和经纪费。"购货佣金"是指买方为购买进口货物向自己的采购代理人支付的劳务费用。"经纪费"是指买方为购买进口货物向代表买卖双方利益的经纪人支付的劳务费用。

（2）由买方负担的与该货物视为一体的容器费用。

（3）由买方负担的包装材料费用和包装劳务费用。

（4）与进口货物的生产和向中国境内销售有关的，由买方以免费或者以低于成本的方式提供，并且可以按适当比例分摊的料件、工具、模具、消耗材料及类似货物的价款，以及在境外开发、设计等相关服务的费用。

（5）与该货物有关并作为卖方向我国销售该货物的一项条件，应当由买方向卖方或者有关方直接或间接支付的特许权使用费。

（6）卖方直接或间接从买方对该货物进口后销售、处置或使用所得中获得的收益。

纳税人应当向海关提供上列所述费用或者价值的客观量化数据资料。如果纳税人不能提供，海关与纳税人进行价格磋商后，按照《完税价格办法》列明的海关估价方法审查确定完税价格。

2. 不计入完税价格的调整项目。进口货物的价款中单独列明的下列税收、费用，不计入该货物的完税价格：

（1）厂房、机械、设备等货物进口后进行建设、安装、装配、维修和技术服务的费用，但保修费用除外。

（2）进口货物运抵中国境内输入地点起卸后的运输及其相关费用、保险费。

（3）进口关税及国内税收。

（4）为在境内复制进口货物而支付的费用。

（5）境内外技术培训及境外考察费用。

（6）同时符合下列条件的利息费用：利息费用是买方为购买进口货物而融资所产生的。有书面的融资协议的。利息费用是单独列明的。纳税人可以证明有关利率不高于在融资当时当地此类交易通常应当具有的利率水平，且没有融资安排的相同或者类似进口货物的价格与进口货物的实付、应付价格非常接近的。

另外，买方为购买进口货物向自己的采购代理人支付的劳务费用，即购货佣金，不计入完税价格。

3. 进口货物完税价格中的运输及相关费用、保险费的确定。

（1）进口货物的运输及相关费用，应当按照由买方实际支付或者应当支付的费用计算。如果进口货物的运输及其相关费用无法确定的，海关应当按照该货物进口同期的正常运输成本审查确定。

运输工具作为进口货物，利用自身动力进境的，海关在审查确定完税价格时，不再另行计入运输及其相关费用。

（2）进口货物的保险费，应当按照实际支付的费用计算。如果进口货物的保险费无法确定或者未实际发生，海关应当按照"货价加运费"两者总额的3‰，计算保险费，其计算公式为：

$$保险费 = （货价+运费）\times 3‰$$

（3）邮运进口的货物，应当以邮费作为运输及其相关费用、保险费。

【例7-2】甲公司将一台设备运往境外修理，出境前向海关报关出口并在海关规定期限内复运进境，该设备经修理后的市场价格为500万元，经海关审定的修理费和料件费分别为15万元和20万元，计算该公司该设备复运进境时进口关税完税价格的下列算式中，正确的是（　）万元。

A. 500+15+20 = 535 　　　　　　　B. 500−15−20 = 465

C. 500−15 = 485 　　　　　　　　　D. 15+20 = 35

解析：答案为D。出境时已向海关报明并在海关规定期限内复运进境的，以经海关审定的修理费和料件费作为完税价格。本题完税价格 = 15+20 = 35万元。

（二）进口货物海关估价方法

进口货物海关估价方法是在进口货物的成交价格不符合规定条件或者成交价格不能确定的情况下，海关用以审查确定进口货物完税价格的估价方法。

进口货物的成交价格不符合规定条件或者成交价格不能确定的，海关经了解有关情况，并且与纳税人进行价格磋商后，依次以下列价格估定该货物的计税价格：

1. 与该货物同时或者大约同时向中国境内销售的相同货物的成交价格。

2. 与该货物同时或者大约同时向中国境内销售的类似货物的成交价格。

3. 与该货物进口的同时或者大约同时，将该进口货物、相同或者类似进口货物在中国境内第一级销售环节销售给无特殊关系买方最大销售总量的单位价格，但应当扣除下列项目：

（1）同等级或者同种类货物在中国境内第一级销售环节销售时通常的利润和一般费用以及通常支付的佣金。

（2）进口货物运抵中国境内输入地点起卸后的运输及其相关费用、保险费。

（3）进口关税及国内税收。

4. 按照下列各项总和计算的价格：生产该货物所使用的料件成本和加工费用，向中国境内销售同等级或者同种类货物通常的利润和一般费用，该货物运抵中国境内输入地点起卸前的运输及其相关费用、保险费。

5. 以合理方法估定的价格。纳税人可以向海关提供有关资料，申请调整上述第 3 项和第 4 项的适用次序。

二、出口货物的完税价格

（一）以成交价格为基础的完税价格

出口货物的完税价格，由海关以该货物的成交价格为基础审查确定，并且应当包括货物运至我国境内输出地点装载前的运输及其相关费用、保险费。

出口货物的成交价格，是指该货物出口销售时，卖方为出口该货物应当向买方直接收取和间接收取的价款总额。下列税收、费用不计入出口货物的完税价格：

1. 出口关税。

2. 在货物价款中单独列明的货物运至我国境内输出地点装载后的运输及其相关费用、保险费。

（二）出口货物海关估价方法

出口货物的成交价格不能确定时，海关经了解有关情况，并且与纳税人进行价格磋商后，依次以下列价格估定该货物的计税价格：

1. 与该货物同时或者大约同时向同一国家或者地区出口的相同货物的成交价格。

2. 与该货物同时或者大约同时向同一国家或者地区出口的类似货物的成交价格。

3. 按照下列各项总和计算的价格：我国境内生产相同或者类似货物的料件成本、加工费用，通常的利润和一般费用，境内发生的运输及其相关费用、保险费。

4. 以合理方法估定的价格。海关可以依申请或者依职权，对进出口货物、进境物品的计税价格、商品归类和原产地依法进行确定。

必要时，海关可以组织化验、检验，并将海关认定的化验、检验结果作为确定计税价格、商品归类和原产地的依据。

◇ 思政园地

2023 年全国海关税收入库 2.21 万亿元

2023 年，全国海关坚持依法治税、综合治税，加强科学征管，全年海关税收入库 2.21 万亿元。

全国海关坚决贯彻落实党中央、国务院稳增长政策措施，认真执行减税、进口税收优惠政策和自贸协定关税减让等措施，其中落实《2023 年关税调整方案》减税措施，减征税款 767.9 亿元；推进《区域全面经济伙伴关系协定》（RCEP）等 22 个优惠贸易安排原产地规则和关税减让措施落地见效，享惠进口货值 1.22 万亿元，税款减让 1062.6 亿元。

2024 年，海关将继续坚持依法科学征管，充分发挥综合治税机制作用，提高征管质量，努力实现应收尽收，同时认真落实各项减税降税政策措施，不断优化税收服务，确保应惠尽惠。

（《2023 年全国海关税收入库 2.21 万亿元》，载 https://www.gov.cn/lian-bo/bumen/202401/content_6927858.htm，最后访问日期：2025 年 3 月 20 日。）

任务四　关税应纳税额的计算

◇ 任务引例

2024 年 9 月某公司进口一批货物，海关核定的货价 100 万元，货物运抵我国关境内输入地点起卸前的运费 9 万元、保险费 3 万元。已知关税税率为 8%。

◇ 任务要求

请计算该公司当期应缴纳的关税。

◇ 税海探知

一、从价税应纳税额的计算

从价税是最普遍的关税计征方法，货物进口时，以海关审定的实际进口货物完税价格为计税依据，以应征税额占货物完税价格的百分比为税率。计算公式为：

$$关税税额 = 应税进（出）口货物数量 × 单位完税价格 × 比例税率$$

【例 7-3】2024 年 9 月甲公司进口一批货物，海关审定的成交价格为 1100 万元，货物运抵我国境内输入地点起卸前的运费为 96 万元，保险费 4 万元。已知关税税率为 10%。计算甲公司该笔业务应缴纳的关税税额的下列算式中，正确的是（　　）万元。

A.（1100+96）×10%=119.6　　　　B.（1100+4）×10%=110.4

C. 1100×10%=110　　　　D.（1100+96+4）×10%=120

解析：答案为 D。进口环节，关税完税价格包括货价以及货物运抵我国关境内输入地点起卸前的包装费、运费、保险费和其他劳务费等费用。

二、从量税应纳税额的计算

从量税以货物的数量、重量、体积、容量等计量单位为计税依据，以每计量单位货物的应征税额为税率。我国目前对原油、啤酒和胶卷等进口商品征收从量税。计算公式为：

$$关税税额 = 应税进（出）口货物数量 × 单位货物税额$$

【例 7-4】甲石油公司从沙特阿拉伯进口一批原油，共计 5000 桶，每桶原油的进口关税税率为 50 元人民币。请计算该批原油的关税税额。

该批原油的关税税额 = 5000×50 = 250 000 元

解析：在此题中，原油的进口数量（桶数）为 5000 桶，这是关税从量税计算中的计税依据。从量税的特点是直接以货物的数量或重量等物理单位作为计税基础。

三、复合税应纳税额的计算

复合税是对某种货物订立从价、从量两种税率，采用从价税率和从量税率合并计征关税的方法。我国目前仅对录像机、放像机、摄像机、数字照相机和摄录一体机等进口商品征收复合税。计算公式为：

关税税额＝应税进（出）口货物数量×单位货物税额＋应税进（出）口货物数量×单位完税价格×比例税率

【例7-5】甲公司从日本进口一批数字照相机，共计100台，每台完税价格为8000元人民币。该批数字照相机的从价关税税率为12%，此外，根据海关规定，该批货物还需按每台100元人民币的标准缴纳从量税。请问该批数字照相机的关税税额是多少？

解析：

该批数字照相机的关税税额＝8000×100×12%＋100×100＝106 000元

我国目前仅对录像机、放像机、摄像机、数字照相机和摄录一体机等进口商品征收复合税。计算公式为：关税税额＝应税进（出）口货物数量×单位货物税额＋应税进（出）口货物数量×单位完税价格×比例税率。

四、滑准税应纳税额的计算

滑准税是指关税的税率随着进口商品价格的变动而反方向变动的一种税率形式，即价格越高，税率越低。税率为比例税率。因此，对实行滑准税率的进口商品应纳关税税额的计算方法与从价税的计算方法相同。计算公式为：

关税税额＝应税进（出）口货物数量×单位完税价格×滑准税税率

【例7-6】某国对进口大豆实行滑准税政策，税率根据进口价格的不同而有所调整。具体规定如下：当进口价格高于或等于每吨3000美元时，税率为3%；当进口价格低于每吨3000美元但高于或等于2000美元时，每降低100美元，税率增加0.5个百分点，但最高不超过20%。现有一批进口大豆，其CIF（到岸价）为每吨2500美元，请计算该批大豆的关税税额（假设关税完税价格与CIF价格相同，且不考虑其他税费）。

解析：

首先，确定该批大豆的进口价格区间，即低于每吨3000美元但高于或等于2000美元，因此适用滑准税税率调整规则。

其次，计算税率调整值。由于进口价格为每吨2500美元，与3000美元的基准价格相差500美元，每降低100美元税率增加0.5个百分点，因此税率调整值为500÷100×0.5%＝2.5%。

再次，根据规定，最高税率不超过20%，而基准税率（即进口价格不低于3000美元时的税率）为3%。由于3%＋2.5%＝5.5%，未超过20%，因此实际税率为5.5%。

最后，计算应缴纳的滑准税税额。关税完税价格与CIF价格相同，为每吨2500美元，假设汇率为1美元＝7人民币（仅为示例，实际汇率可能不同），则关税完税价格为每吨2500×7＝17 500元人民币。

该批大豆的关税税额＝关税完税价格×税率＝17 500元×5.5%＝962.5元

因此，该批大豆应缴纳的滑准税关税税额为每吨962.5元人民币（假设只进口1吨，若进口多吨则相应增加）。

另外，关税的计征方法还有选择税。选择税是对于一种进口货物同时定有从价和从量两种税率，在征税时由海关选择其中一种税率来计征关税的方法。海关一般选择税额较高的那种税率进行征税，但有时为了鼓励某种商品进口，也会选择其中税额较低的那种税率进行征收。

任务五　关税优惠政策的运用

微课 7-2　关税应纳税额的计算

◇ **任务引例**

国内甲高校从美国购入一台先进的设备用于科研项目，该设备目前在中国尚无生产。

◇ **任务要求**

1. 购入该设备可以享受到哪些税收优惠政策？

2. 该设备需要缴纳关税吗？

◇ **税海探知**

关税的减税、免税包括法定减免税、特定减免税、暂时免税和临时减免税。《海关法》规定，除法定减免税外的临时减征或者免征关税，均由国务院决定。

一、法定减免税

《海关法》和《关税法》中规定的减免税，称为法定性减免税。

（一）免征关税

下列进出口货物、进境物品，免征关税。

1. 国务院规定的免征额度内的一票货物。

2. 无商业价值的广告品和货样。

3. 进出境运输工具装载的途中必需的燃料、物料和饮食用品。

4. 在海关放行前损毁或者灭失的货物、进境物品。

5. 外国政府、国际组织无偿赠送的物资。

6. 中国缔结或者共同参加的国际条约、协定规定免征关税的货物、进境物品。

7. 依照有关法律规定免征关税的其他货物、进境物品。

（二）减征关税

下列进出口货物、进境物品，减征关税：

1. 在海关放行前遭受损坏的货物、进境物品，应当根据海关认定的受损程度办理减征关税手续。

2. 中国缔结或者共同参加的国际条约、协定规定减征关税的货物、进境物品。

3. 依照有关法律规定减征关税的其他货物、进境物品。

【例 7-7】下列各项中，属于关税法定性减免税的有（　　）。

A. 国际组织无偿赠送的物资　　　　　　B. 外国企业无偿赠送的物资

C. 无商业价值的广告品及货样　　　　　D. 进出境运输工具装载的途中必需的燃料

解析：答案为 ACD。选项 ACD，均属于关税法定性减免税。

二、特定减免税

特定减免税也称政策性减免税。在法定减免税之外，国家按照国际通行规则和我国实际情况，制定发布的有关进出口货物减免关税的政策，称为特定或政策性减免税。特定减免税货物一般有地区、企业和用途的限制，海关需要进行后续管理，也需要进行减免税统计。

关税的特定减免包括对科教用品、残疾人专用品、慈善捐赠物资、重大技术装备、集成电路产业和软件产业、科普用品、国家综合性消防救援队伍进口消防救援设备等的减免。

三、暂时免税

暂时进境或者暂时出境的下列货物、物品，可以依法暂不缴纳关税，但该货物、物品应当自进境或者出境之日起 6 个月内复运出境或者复运进境；需要延长复运出境或者复运进境期限的，应当根据海关总署的规定向海关办理延期手续：

1. 在展览会、交易会、会议以及类似活动中展示或者使用的货物、物品。
2. 文化、体育交流活动中使用的表演、比赛用品。
3. 进行新闻报道或者摄制电影、电视节目使用的仪器、设备及用品。
4. 开展科研、教学、医疗卫生活动使用的仪器、设备及用品。
5. 在上述第 1 项至第 4 项所列活动中使用的交通工具及特种车辆。
6. 货样。
7. 供安装、调试、检测设备时使用的仪器、工具。
8. 盛装货物的包装材料。
9. 其他用于非商业目的的货物、物品。

上述所列货物、物品在规定期限内未复运出境或者未复运进境的，应当依法缴纳关税。

上述规定以外的其他暂时进境的货物、物品，应当根据该货物、物品的计税价格和其在境内滞留时间与折旧时间的比例计算缴纳进口关税；该货物、物品在规定期限届满后未复运出境的，应当补足依法应缴纳的关税。

上述规定以外的其他暂时出境货物，在规定期限届满后未复运进境的，应当依法缴纳关税。

四、临时减免税

临时减免税是指以上法定和特定减免税以外的其他减免税，即由国务院根据《海关法》和《关税法》对某个单位、某类商品、某个项目或某批进出口货物的特殊情况，给予特别照顾，一案一批，专文下达的减免税。一般受单位、品种、期限、金额或数量等限制，不能比照执行。

任务六　关税征收管理认知

◇ 任务引例

王某是一家跨国公司的进口部经理，负责从多个国家采购原材料和零部件。近期，公司计划从德国进口一批精密仪器用于生产线升级，货物预计将于 2024 年 9 月到达中国港口。由于这批仪器属于高科技产品，涉及复杂的关税分类和可能的反倾销税或反补贴税调查。此外，公司还需要确保遵守所有关于进口许可、检验检疫和关税支付的相关规定。

◇ 任务要求

1. 研究并确定这批精密仪器的正确关税分类，以及对应的关税税率。考虑是否存在任何优惠税率或特殊关税安排，如自由贸易协定下的优惠待遇。
2. 评估该批货物可能面临的反倾销税或反补贴税风险，进行必要的合规审查，确保公司进口活动符合国内外相关法律法规要求。
3. 了解并准备所需的进口许可证、检验检疫证明等文件，确保货物能够顺利通过海关检验并进入中国市场。

◇ 税海探知

一、关税缴纳

关税征收管理可以实施货物放行与税额确定相分离的模式。关税征收管理应当适应对外贸易新业态新模式发展需要，提升信息化、智能化、标准化、便利化水平。

进出口货物的纳税人、扣缴义务人可以按照规定选择海关办理申报纳税。

纳税人、扣缴义务人应当按照规定的期限和要求如实向海关申报税额，并提供相关资料。必要时，海关可以要求纳税人、扣缴义务人补充申报。

进出口货物的纳税人、扣缴义务人应当自完成申报之日起 15 日内缴纳税款；符合海关规定条件并提供担保的，可以于次月第 5 个工作日结束前汇总缴纳税款。因不可抗力或者国家税收政策调整，不能按期缴纳的，经向海关申请并提供担保，可以延期缴纳，但最长不得超过 6 个月。

二、关税的强制执行

关税的强制执行措施主要包括征收关税滞纳金和强制征收。

纳税人、扣缴义务人未在规定的纳税期限内缴纳税款的，自规定的期限届满之日起，按日加收滞纳税款万分之五的滞纳金。

税款尚未缴纳，纳税人、扣缴义务人依照有关法律、行政法规的规定申请提供担保要求放行货物的，海关应当依法办理担保手续。

进出口货物的纳税人在规定的纳税期限内有转移、藏匿其应税货物以及其他财产的明显迹象，或者存在其他可能导致无法缴纳税款风险的，海关可以责令其提供担保；纳税人不提供担保的，经直属海关关长或者其授权的隶属海关关长批准，海关可以实施下列强制措施：

1. 书面通知银行业金融机构冻结纳税人金额相当于应纳税款的存款、汇款。

2. 查封、扣押纳税人价值相当于应纳税款的货物或者其他财产。

纳税人在规定的纳税期限内缴纳税款的，海关应当立即解除强制措施。

三、关税的退还

海关发现多征税款的，应当及时通知纳税人办理退还手续。

纳税人发现多缴税款的，可以自缴纳税款之日起 3 年内，向海关书面申请退还多缴的税款。海关应当自受理申请之日起 30 日内查实并通知纳税人办理退还手续，纳税人应当自收到通知之日起 3 个月内办理退还手续。

有下列情形之一的，纳税人自缴纳税款之日起 1 年内，可以向海关申请退还关税：

1. 已征进口关税的货物，因品质、规格原因或者不可抗力，1 年内原状复运出境。

2. 已征出口关税的货物，因品质、规格原因或者不可抗力，1 年内原状复运进境，并已重新缴纳因出口而退还的国内环节有关税收。

3. 已征出口关税的货物，因故未装运出口，申报退关。

申请退还关税应当以书面形式提出，并提供原缴款凭证及相关资料。海关应当自受理申请之日起 30 日内查实并通知纳税人办理退还手续。纳税人应当自收到通知之日起 3 个月内办理退还手续。

按照其他有关法律、行政法规规定应当退还关税的，海关应当依法予以退还。

按照规定退还关税的，应当加算银行同期活期存款利息。

四、关税的补征和追征

关税的补征和追征是指海关在纳税人按海关核定的税额缴纳关税后，发现实际征收税额少于应当征收的税额（称为短征关税）时，责令纳税人补缴所差税款的一种行政行为。根据短征关税的原因，将海关征收原短征关税的行为分为补征和追征两种。非因纳税人违反海关规定造成短征关税的，称为补征；由于纳税人违反海关规定造成短征关税的，称为追征。

（一）关税的补征

自纳税人、扣缴义务人缴纳税款或者货物放行之日起 3 年内，海关有权对纳税人、扣缴义务人的应纳税额进行确认。

海关确认的应纳税额与纳税人、扣缴义务人申报的税额不一致的，海关应当向纳税人、扣缴义务人出具税额确认书。纳税人、扣缴义务人应当按照税额确认书载明的应纳税额，在海关规定的期限内补缴税款或者办理退税手续。

经海关确认应纳税额后需要补缴税款但未在规定的期限内补缴的，自规定的期限届满之日起，按日加收滞纳税款 0.5‰的滞纳金。

（二）关税的追征

因纳税人、扣缴义务人违反规定造成少征或者漏征税款的，海关可以自缴纳税款或者货物放行之日起 3 年内追征税款，并自缴纳税款或者货物放行之日起，按日加收少征或者漏征税款 0.5‰的滞纳金。

对走私行为，海关追征税款、滞纳金的，不受前条规定期限的限制，并有权核定应纳税额。

海关发现海关监管货物因纳税人、扣缴义务人违反规定造成少征或者漏征税款的，应当自纳税人、扣缴义务人应缴纳税款之日起 3 年内追征税款，并自应缴纳税款之日起按日加收少征或者漏征税款 0.5‰的滞纳金。

对走私行为，海关追征税款、滞纳金的，不受前条规定期限的限制，并有权核定应纳税额。

海关发现海关监管货物因纳税人、扣缴义务人违反规定造成少征或者漏征税款的，应当自纳税人、扣缴义务人应缴纳税款之日起 3 年内追征税款，并自应缴纳税款之日起按日加收少征或者漏征税款 0.5‰的滞纳金。

海关可以对纳税人、扣缴义务人欠缴税款的情况予以公告。

纳税人未缴清税款、滞纳金且未向海关提供担保的，经直属海关关长或者其授权的隶属海关关长批准，海关可以按照规定通知移民管理机构对纳税人或者其法定代表人依法采取限制出境措施。

纳税人、扣缴义务人未按照规定的期限缴纳或者解缴税款的，由海关责令其限期缴纳；逾期仍未缴纳且无正当理由的，经直属海关关长或者其授权的隶属海关关长批准，海关可以实施下列强制执行措施：

1. 书面通知银行业金融机构划拨纳税人、扣缴义务人金额相当于应纳税款的存款、汇款。

2. 查封、扣押纳税人、扣缴义务人价值相当于应纳税款的货物或者其他财产，依法拍卖或者变卖所查封、扣押的货物或者其他财产，以拍卖或者变卖所得抵缴税款，剩余部分退还纳税人、扣缴义务人。

海关实施强制执行时，对未缴纳的滞纳金同时强制执行。

◇ 思政园地

海关将强化税收征管

新华社北京 2 月 16 日电（记者 邹多为）海关总署负责人日前表示，今年海关将强化税收征管，全力以赴完成税收预算目标。

据介绍，2024 年，海关将继续坚持依法科学征管，充分发挥综合治税机制作用，提高征管质量，努力实现应收尽收，同时认真落实各项减税降税政策措施，不断优化税收服务，确保应惠尽惠。

2023 年，全年海关税收入库 2.21 万亿元，为保障中央财政收入作出积极贡献。与此同时，全国海关积极推进《区域全面经济伙伴关系协定》（RCEP）等 22 个优惠贸易安排原产地规则和关税减让措施落地见效，享惠进口货值 1.22 万亿元，税款减让 1062.6 亿元。

（《海关将强化税收征管》，载 https://www.gov.cn/lianbo/bumen/202402/content_6931584.htm，最后访问日期：2025 年 3 月 20 日。）

技能训练

一、单项选择题

1. 根据关税法律制度的规定，对原产于与我国签订含有特殊关税优惠条款的贸易协定的国家或地区的进口货物，适用特定的关税税率。该税率为（　　）。

A. 普通税率　　　　B. 协定税率　　　　C. 特惠税率　　　　D. 最惠国税率

2. 根据关税法律制度的规定，下列应纳税额计算方法中，税率随着进口商品价格的变动而呈反方向变动的是（　　）。

A. 滑准税计算方法　　　　　　　　B. 复合税计算方法
C. 从量税计算方法　　　　　　　　D. 从价税计算方法

3. 根据关税法律制度的规定，原产地不明的进口货物适用的关税税率是（　　）。

A. 协定税率　　　　B. 最惠国税率　　　　C. 特惠税率　　　　D. 普通税率

4. 下列各项中，由海关负责征收的税种有（　　）。

A. 船舶吨税　　　　B. 车辆购置税　　　　C. 进口环节消费税　　　　D. 进口环节增值税

5. 根据关税法律制度的规定，进口货物原产于与我国签订含有特殊关税优惠条款的是（　　）。

A. 协定税率　　　　B. 最惠国税率　　　　C. 特惠税率　　　　D. 普通税率

6. 根据关税法律制度的规定，进出口货物完税后，如因收发货人违反规定而造成少征或漏征税款，海关在一定期限内可以追缴。该期限为（　　）。

A. 3 年　　　　B. 6 年　　　　C. 4 年　　　　D. 5 年

7. 某公司将一台设备运往境外修理，出境前向海关报关出口并在海关规定期限内复运进境，该设备经修理后的市场价格为 800 万元，经海关审定的修理费和料件费分别为 15 万元和 20 万元，计算该公司该设备复运进境时进口关税完税价格的下列算式中，正确的是（　　）万元。

A. 800+15+20 = 835　　　　　　　　B. 15+20 = 35
C. 800−15 = 785　　　　　　　　　　D. 800−15−20 = 765

二、多项选择题

1. 根据关税法律制度相关规定，下列各项进口货物中，实行从价加从量复合计税的有（　　）。

A. 啤酒　　　　B. 放像机　　　　C. 广播用录像机　　　　D. 摄影机

2. 下列进口货物中，实行从量计征进口关税的有（　　）。

A. 啤酒　　　　B. 汽车　　　　C. 高档手表　　　　D. 原油

3. 下列各项中，属于关税计税方法的有（　　）。

A. 从价税计算法　　　B. 从量税计算法　　　C. 复合税计算法　　　D. 滑准税计算法

4. 下列各项中,应计入进口货物关税完税价格的有（ ）。

A. 货物运抵我国关境内输入地点起卸后的运费、保险费

B. 货物运抵我国关境内输入地点起卸前的运费、保险费

C. 向境外采购代理人支付的买方佣金

D. 支付给卖方的佣金

5. 下列各项中,经海关审查无误,可以免征关税的有（ ）。

A. 进出境运输工具装载的途中必需的燃料、物料和饮食用品

B. 无商业价值的广告品

C. 外国政府无偿赠送的物资

D. 无商业价值的货样

三、判断题

1. 对从境外采购进口的原产于中国境内的货物不征收进口关税。（ ）

2. 对海关进口产品征收的增值税、消费税,不征收教育费附加。（ ）

3. 通过租赁方式进口的货物,海关以货物的租金作为关税完税价格。（ ）

4. 在进口货物成交过程中,卖方付给进口人的正常回扣,在计算进口货物完税价格时不得从成交价格中扣除。（ ）

5. 因故退还的中国出口货物,可免征进口关税。（ ）

四、不定项选择题

1. 甲进出口公司,2024 年 9 月发生如下业务:

（1）8 日进口一批汽酒,已知该批汽酒的关税完税价格 10 800 元;消费税税率 10%,关税税率 14%。

（2）19 日进口一批货物,海关审定的成交价格为 1100 万元,货物运抵我国境内输入地点起卸前的运费 96 万元,保险费 4 万元。已知关税税率为 10%。

（3）24 日进口一批奶粉,海关审定的成交价格为 1100 万元,货物运抵我国境内输入地点起卸前的运费 96 万元,保险费 4 万元。已知关税税率为 10%。

要求:

根据上述资料,不考虑其他因素,分析回答下列小题。

（1）该批汽酒进口环节应缴纳消费税税额的下列计算中正确的是（ ）元。

A. 10 800×10% = 1080

B. 10 800×(1+14%)×10% = 1231. 2

C. 10 800×14%×10% = 151. 2

D. 10 800×(1+14%)÷(1−10%)×10% = 1368

（2）该批汽酒进口环节应缴纳关税税额的下列计算中正确的是（ ）元。

A. 10 800×(1+14%)×14% = 1723.68

B. 10 800×14% = 1512

C. 10 800×(1+14%)÷(1−10%)×14% = 1915. 2

D. 10 800×14%×14% = 211. 68

（3）下列各项中,应计入进口货物关税完税价格的有（ ）。

A. 货物运抵我国关境内输入地点起卸前的运费、保险费

B. 货物运抵我国关境内输入地点起卸后的运费、保险费

C. 支付给卖方的佣金

D. 向境外采购代理人支付的买方佣金

（4）计算进口奶粉应缴纳的关税税额的下列算式中，正确的是（　　）万元。

A. （1100+96+4）×10% = 120

B. （1100+4）×10% = 110.4

C. 1100×10% = 110

D. （1100+96）×10% = 119.6

2. 2024 年 9 月，甲珠宝厂进口钻石一批，海关核定的关税完税价格为 85.5 万元，缴纳关税 2.565 万元；进口红宝石一批，海关核定的关税完税价格为 179.55 万元，缴纳关税 7.182 万元。已知消费税税率为 10%。

2024 年 10 月，甲珠宝厂进口一辆小汽车自用，支付买价 17 万元，货物运抵我国关境内输入地点起卸前的运费和保险费共计 3 万元，货物运抵我国关境内输入地点起卸后的运费和保险费共计 2 万元，另向境外采购代理人支付买方佣金 1 万元，已知关税税率为 20%，消费税税率为 25%，城市维护建设税税率为 7%，教育费附加征收率为 3%。

要求：

根据上述资料，不考虑其他因素，分析回答下列小题。

（1）计算甲珠宝厂进口钻石和红宝石应缴纳消费税税额的下列算式中，正确的是（　　）万元。

A. （85.5+2.565+179.55+7.182）÷（1-10%）×10% = 30.53

B. （179.55+7.182）×10% = 18.67

C. （85.5+179.55）÷（1-10%）×10% = 29.45

D. （179.55+7.182）÷（1-10%）×10% = 20.75

（2）下列关于甲珠宝厂进口小汽车相关税金的计算，正确的是（　　）。

A. 应纳进口关税 4.2 万元

B. 应纳进口环节消费税 8 万元

C. 应纳进口环节增值税 4.08 万元

D. 应纳城市维护建设税和教育费附加 1.34 万元

（3）下列各项中，经海关审查无误，可以免征关税的有（　　）。

A. 进出境运输工具装载的途中必需的燃料、物料和饮食用品

B. 外国政府无偿赠送的物资

C. 无商业价值的广告品

D. 无商业价值的货样

（4）下列关于出口货物关税完税价格的计算公式中，正确的是（　　）。

A. 关税完税价格 = 离岸价格÷（1-出口税率）

B. 关税完税价格 = 离岸价格÷（1+出口税率）

C. 关税完税价格 = 离岸价格×（1-出口税率）

D. 关税完税价格 = 离岸价格×（1+出口税率）

项目八　其他税种税法与办税实务

技能目标

1. 能辨别资源税、城镇土地使用税、房产税、耕地占用税、土地增值税、契税、车船税、车辆购置税、印花税、环境保护税的纳税人。

2. 能判断资源税、城镇土地使用税、房产税、耕地占用税、土地增值税、契税、车船税、车辆购置税、印花税、环境保护税的适用税率。

3. 能正确计算资源税、城镇土地使用税、房产税、耕地占用税、土地增值税、契税、车船税、车辆购置税、印花税、环境保护税等应纳税额。

4. 正确运用资源税、城镇土地使用税、房产税、耕地占用税、土地增值税、契税、车船税、车辆购置税、印花税、环境保护税的税收优惠政策。

思政目标

1. 落实税收优惠政策，助力企业向新向优。
2. 树立绿色税收思想，助力生态文明建设。
3. 领会守护绿水青山，赋能社会高质量发展。

任务一　资源税法

◇ **任务引例**

甲能源有限责任公司为增值税一般纳税人，2024年9月份业务情况如下：

1. 5日，销售原油50 000吨，取得不含增值税的销售额为150万元。

2. 9日，销售天然气100 000立方米，取得不含增值税的销售额为60万元。

3. 公司开采原油过程中用于加热、修井自用原油500吨，非生产自用原油1200吨。

◇ **任务要求**

请根据资源税法的相关规定，计算该公司2024年9月份的资源税应纳税额？

◇ **税海探知**

一、资源税的发展历程

资源税是对在中华人民共和国领域和中华人民共和国管辖的其他海域开发应税资源的单位和个人征收的一种税。1984年9月18日，国务院公布《中华人民共和国资源税条例（草案）》（已失效），自1984年10月1日起，对在中华人民共和国境内开发原油、天然气、煤炭、金属矿产品和其他非金属矿产品资源的单位和个人征收资源税。1993年12月25日，国务院公布《中华人民共和国资源税暂行条例》（已失效），自 1994 年 1 月 1 日起施行，将资源税的征税范围扩大为原油、天然气、煤炭、其他非金属矿原矿、黑色金属矿原矿、有色金属矿原矿、盐（固体盐、液体盐）。2011 年 9 月 30 日，修订《中华人民共和国资源税暂行条例》（已失效），自 2011 年 11 月 1 日起施行，主要修改了资源税应纳税额的计算方法，纳税人按照从价定率或者从量定额的办法，分别以应税产品的销售额乘以适用的比例税率或者以应税产品的销售数量乘以适用的定额税率计算缴纳资源税。2016 年全面推进资源税改革，在实施资源税从价计征改革的同时，将全部资源品目矿产资源补偿费费率降为零，停止征收价格调节基金，矿产资源补偿费等收费基金适当并入资源税。2019 年 8 月 26 日第十三届全国人民代表大会常务委员会第十二次会议通过《中华人民共和国资源税法》（以下简称《资源税法》），自 2020 年 9 月 1 日起施行。

二、资源税的纳税人、税目和税率

（一）纳税人

在中华人民共和国领域和中华人民共和国管辖的其他海域开发应税资源的单位和个人，为资源税的纳税人。

开采海洋或陆上油气资源的中外合作油气田，在 2011 年 11 月 1 日前已签订的合同继续缴纳矿区使用费，不缴纳资源税；自 2011 年 11 月 1 日起新签订的合同缴纳资源税，不再缴纳矿区使用费。

（二）税目

根据《资源税法》所附的《资源税税目税率表》，资源税共设有 5 个一级税目，17 个二级税目。具体情况如下：

1. 能源矿产。在能源矿产一级税目下设有 7 个二级税目：

（1）原油。

（2）天然气、页岩气、天然气水合物。

（3）煤。

（4）煤成（层）气。

（5）铀、钍。

（6）油页岩、油砂、天然沥青、石煤。

（7）地热。

2. 金属矿产。在金属矿产一级税目下设有 2 个二级税目：

（1）黑色金属，包括铁、锰、铬、钒、钛。

（2）有色金属，包括铜、铅、锌、锡、镍、锑、镁、钴、铋、汞、铝土矿、钨、钼、金、银、铂、钯、钌、锇、铱、铑、轻稀土、中重稀土、铍、锂、锆、锶、铷、铯、铌、钽、锗、镓、铟、铊、铪、铼、镉、硒、碲。

3. 非金属矿产。在非金属矿产一级税目下设有 3 个二级税目：

（1）矿物类，包括高岭土、石灰岩、磷、石墨、萤石、硫铁矿、自然硫、天然石英砂、脉石英、粉石英、水晶、工业用金刚石、冰洲石、蓝晶石、硅线石（矽线石）、长石、滑石、刚玉、菱镁矿、颜料矿物、天然碱、芒硝、钠硝石、明矾石、砷、硼、碘、溴、膨润土、硅藻土、陶瓷土、耐火粘土、铁矾土、凹凸棒石粘土、海泡石粘土、伊利石粘土、累托石粘土、叶蜡石、硅灰石、透辉石、珍珠岩、云母、沸石、重晶石、毒重石、方解石、蛭石、透闪石、工业用电气石、白垩、石棉、蓝石棉、红柱石、石榴子石、石膏、其他粘土。

（2）岩石类，包括大理岩、花岗岩、白云岩、石英岩、砂岩、辉绿岩、安山岩、闪长岩、板岩、玄武岩、片麻岩、角闪岩、页岩、浮石、凝灰岩、黑曜岩、霞石正长岩、蛇纹岩、麦饭石、泥灰石、含钾岩石、含钾砂页岩、天然油石、橄榄岩、松脂岩、粗面岩、辉长岩、辉石岩、正长岩、火山灰、火山渣、泥炭、砂石。

（3）宝玉石类，包括宝石、玉石、宝石级金刚石、玛瑙、黄玉、碧玺。

4. 水气矿产。在水气矿产一级税目下设有2个二级税目：

（1）二氧化碳气、硫化氢气、氦气、氡气。

（2）矿泉水。

5. 盐类。在盐类一级税目下设有3个二级税目：

（1）钠盐、钾盐、镁盐、锂盐。

（2）天然卤水。

（3）海盐。

（三）税率

资源税实行从价计征或者从量计征。具体税率见表8-1。

表8-1　资源税税目税率表

税目		征税对象	税率
能源矿产	原油	原矿	6%
	天然气、页岩气、天然气水合物	原矿	6%
	煤	原矿或者选矿	2%-10%
	煤成（层）气	原矿	1%-2%
	铀、钍	原矿	1%-2%
	油页岩、油砂、天然沥青、石煤	原矿或者选矿	1%-4%
	地热	原矿	1%-20%或者每立方米1-30元
金属矿产	黑色金属	铁、锰、铬、钒、钛	原矿或者选矿	1%-9%
	有色金属	铜、铅、锌、锡、镍、锑、镁、钴、铋、汞	原矿或者选矿	2%-10%
		铝土矿	原矿或者选矿	2%-9%
		钨	选矿	6.5%
		钼	选矿	8%
		金、银	原矿或者选矿	2%-6%
		铂、钯、钌、锇、铱、铑	原矿或者选矿	5%-10%
		轻稀土	选矿	7%-12%
		中重稀土	选矿	20%
		铍、锂、锆、锶、铷、铯、铌、钽、锗、镓、铟、铊、铪、铼、镉、硒、碲	原矿或者选矿	2%-10%

税目			征税对象	税率
非金属矿产	矿物类	高岭土	原矿或者选矿	1%-6%
		石灰岩	原矿或者选矿	1%-6%或者每吨（或者每立方米）1-10元
		磷	原矿或者选矿	3%-8%
		石墨	原矿或者选矿	3%-12%
		萤石、硫铁矿、自然硫	原矿或者选矿	1%-8%
		天然石英砂、脉石英、粉石英、水晶、工业用金刚石、冰洲石、蓝晶石、硅线石（矽线石）、长石、滑石、刚玉、菱镁矿、颜料矿物、天然碱、芒硝、钠硝石、明矾石、砷、硼、碘、溴、膨润土、硅藻土、陶瓷土、耐火粘土、铁矾土、凹凸棒石粘土、海泡石沾土、伊利石粘土、累托石粘土	原矿或者选矿	1%-12%
		叶蜡石、硅灰石、透辉石、珍珠岩、云母、沸石、重晶石、毒重石、方解石、蛭石、透闪石、工业用电气石、白垩、石棉、蓝石棉、红柱石、石榴子石、石膏	原矿或者选矿	2%-12%
		其他粘土（铸型用粘土、砖瓦用粘土、陶粒用粘土、水泥配料用粘土、水泥配料用红土、水泥配料用黄土、水泥配料用泥岩、保温材料用粘土）	原矿或者选矿	1%-5%或者每吨（或者每立方米）0.1-5元

税目			征税对象	税率
	岩石类	大理岩、花岗岩、白云岩、石英岩、砂岩、辉绿岩、安山岩、闪长岩、板岩、玄武岩、片麻岩、角闪岩、页岩、浮石、凝灰岩、黑曜岩、霞石正长岩、蛇纹岩、麦饭石、泥灰岩、含钾岩石、含钾砂页岩、天然油石、橄榄岩、松脂岩、粗面岩、辉长岩、辉石岩、正长岩、火山灰、火山渣、泥炭	原矿或者选矿	1%-10%
		砂石	原矿或者选矿	1%-5%或者每吨（或者每立方米）0.1-5元

续表

税目		征税对象	税率
宝玉石类	宝石、玉石、宝石级金刚石、玛瑙、黄玉、碧玺	原矿或者选矿	4%-20%
水气矿产	二氧化碳气、硫化氢气、氦气、氡气	原矿	2%-5%
	矿泉水	原矿	1%-20%或者每立方米1-30元
盐	钠盐、钾盐、镁盐、锂盐	选矿	3%-15%
	天然卤水	原矿	3%-15%或者每吨（或者每立方米）1-10元
	海盐		2%-5%

《资源税税目税率表》中规定实行幅度税率的，其具体适用税率由省、自治区、直辖市人民政府统筹考虑该应税资源的品位、开采条件以及对生态环境的影响等情况，在《资源税税目税率表》规定的税率幅度内提出，报同级人民代表大会常务委员会决定，并报全国人民代表大会常务委员会和国务院备案。《资源税税目税率表》中规定征税对象为原矿或者选矿的，应当分别确定具体适用税率。

《资源税税目税率表》中规定可以选择实行从价计征或者从量计征的，具体计征方式由省、自治区、直辖市人民政府提出，报同级人民代表大会常务委员会决定，并报全国人民代表大会常务委员会和国务院备案。

三、税收优惠

（一）免征资源税

有下列情形之一的，免征资源税：

1. 开采原油以及在油田范围内运输原油过程中用于加热的原油、天然气。

2. 煤炭开采企业因安全生产需要抽采的煤成（层）气。

（二）减征资源税

有下列情形之一的，减征资源税：

1. 从低丰度油气田开采的原油、天然气，减征20%资源税。

2. 高含硫天然气、三次采油和从深水油气田开采的原油、天然气，减征30%资源税。

3. 稠油、高凝油减征40%资源税。

4. 从衰竭期矿山开采的矿产品，减征30%资源税。

根据国民经济和社会发展需要，国务院对有利于促进资源节约集约利用、保护环境等情形可以规定免征或者减征资源税，报全国人民代表大会常务委员会备案。

5. 为促进页岩气开发利用，有效增加天然气供给，在2027年12月31日之前，继续对页岩气资源税减征30%。

6. 自2023年1月1日至2027年12月31日，对增值税小规模纳税人、小型微利企业和个体工商户减半征收资源税（不含水资源税）。

（三）省、自治区、直辖市决定免征或者减征资源税

1. 纳税人在开采或者生产应税产品过程中，因意外事故或者自然灾害等原因遭受重大损失。

2. 纳税人开采共伴生矿、低品位矿、尾矿。

上述免征或者减征资源税的具体办法，由省、自治区、直辖市人民政府提出，报同级人民代表大会常务委员会决定，并报全国人民代表大会常务委员会和国务院备案。

四、资源税应纳税额的计算

资源税实行从价计征或者从量计征。实行从价计征的，应纳税额按照应税资源产品（以下简称应税产品）的销售额乘以具体适用税率计算。实行从量计征的，应纳税额按照应税产品的销售数量乘以具体适用税率计算。应税产品为矿产品的，包括原矿和选矿产品。

（一）从价定率征收方式下应纳税额的计算

1. 应税产品销售额的一般规定。应税产品的销售额，按照纳税人销售应税产品向购买方收取的全部价款确定，不包括增值税税款。计入销售额中的相关运杂费用，凡取得增值税发票或者其他合法有效凭证的，准予从销售额中扣除。相关运杂费用是指应税产品从坑口或者洗选（加工）地到车站、码头或者购买方指定地点的运输费用、建设基金以及随运销产生的装卸、仓储、港杂费用。

$$应纳税额 = 销售额 × 适用税率$$

2. 应税产品销售额的特殊规定。纳税人申报的应税产品销售额明显偏低且无正当理由的，或者有自用应税产品行为而无销售额的，主管税务机关可以按下列方法和顺序确定其应税产品销售额：

（1）按纳税人最近时期同类产品的平均销售价格确定。

（2）按其他纳税人最近时期同类产品的平均销售价格确定。

（3）按后续加工非应税产品销售价格，减去后续加工环节的成本利润后确定。

（4）按应税产品组成计税价格确定。

$$组成计税价格 = 成本 × （1+成本利润率）÷ （1-资源税税率）$$

上述公式中的成本利润率由省、自治区、直辖市税务机关确定。

【例 8-1】某铜矿开采企业 2024 年 9 月开采并销售铜矿原矿，开具增值税专用发票，注明金额 4800 万元、税额 642 万元；销售铜矿选矿取得不含增值税销售额 4500 万元。当地省人民政府规定，铜矿原矿资源税税率为 4%，铜矿选矿资源税税率为 3%。请计算该企业 2024 年 9 月的资源税应纳税额。

解析：

该企业 2024 年 9 月的资源税应纳税额 = 4800×4%+4500×3% = 327 万元

【例 8-2】2024 年 9 月，某锡矿开采企业开采锡矿原矿 1000 吨。本月销售锡矿原矿 700 吨，取得不含税销售额 3500 万元；剩余锡矿原矿 300 吨移送加工选矿 240 吨，本月全部销售，取得不含税销售额 720 万元。锡矿原矿和锡矿选矿资源税税率分别为 5% 和 4.5%。请计算该企业本月的资源税应纳税额。

解析：

（1）锡矿原矿为资源税的应税产品，开采销售锡矿原矿时应计算销售锡矿原矿的资源税应纳税额。

销售锡矿原矿的资源税应纳税额 = 3500×5% = 175 万元

（2）将锡矿原矿移送加工选矿，不征收资源税，生产销售的锡矿选矿属于资源税应税产品，应计算销售锡矿选矿的资源税应纳税额。

销售锡矿选矿的资源税应纳税额 = 720×4.5% = 32.4 万元

（3）该企业本月的资源税应纳税额＝175+32.4＝207.4万元

（二）从量定额征收方式下应纳税额的计算

应税产品的销售数量，包括纳税人开采或者生产应税产品的实际销售数量和自用于应当缴纳资源税情形的应税产品数量。

$$应纳税额＝销售数量×单位税额$$

【例8-3】 某矿泉水生产企业2024年9月开发生产矿泉水8900立方米，本月销售8000立方米。该企业所在省政府规定，矿泉水实行定额征收资源税，资源税税率为5元每立方米。请计算该企业2024年9月的资源税应纳税额。

解析：

该企业2024年9月的资源税应纳税额＝5×8000＝40 000元

五、开采或者生产同一税目不同税率及不同税目应税产品资源税的规定

（一）开采或者生产同一税目不同税率应税产品资源税的规定

纳税人开采或者生产同一税目下适用不同税率应税产品的，应当分别核算不同税率应税产品的销售额或者销售数量；未分别核算或者不能准确提供不同税率应税产品的销售额或者销售数量的，从高适用税率。

（二）开采或者生产不同税目应税产品资源税的规定

纳税人开采或者生产不同税目应税产品的，应当分别核算不同税目应税产品的销售额或者销售数量；未分别核算或者不能准确提供不同税目应税产品的销售额或者销售数量的，从高适用税率。

六、自用应税产品资源税的规定

纳税人开采或者生产应税产品自用的，应当缴纳资源税；但是，自用于连续生产应税产品的，不缴纳资源税。纳税人自用应税产品应当缴纳资源税的情形，包括纳税人以应税产品用于非货币性资产交换、捐赠、偿债、赞助、集资、投资、广告、样品、职工福利、利润分配或者连续生产非应税产品等。

七、外购应税产品的购进金额或数量准予扣除的规定

纳税人外购应税产品与自采应税产品混合销售或者混合加工为应税产品销售的，在计算应税产品销售额或者销售数量时，准予扣减外购应税产品的购进金额或者购进数量；当期不足扣减的，可结转下期扣减。纳税人应当准确核算外购应税产品的购进金额或者购进数量，未准确核算的，一并计算缴纳资源税。

纳税人核算并扣减当期外购应税产品购进金额、购进数量，应当依据外购应税产品的增值税发票、海关进口增值税专用缴款书或者其他合法有效凭据。

八、征收管理

（一）纳税义务发生时间

纳税人销售应税产品，纳税义务发生时间为收讫销售款或者取得索取销售款凭据的当日；自用应税产品的，纳税义务发生时间为移送应税产品的当日。

（二）纳税期限

资源税按月或者按季申报缴纳；不能按固定期限计算缴纳的，可以按次申报缴纳。纳税人按月或者按季申报缴纳的，应当自月度或者季度终了之日起15日内，向税务机关办理纳税申报并缴纳税款；按次申报缴纳的，应当自纳税义务发生之日起15日内，向税务机关办理纳税申报并缴纳税款。

（三）纳税地点

纳税人应当向应税产品开采地或者生产地的税务机关申报缴纳资源税。

📘 **技能训练**

一、单项选择题

1. 根据资源税法律制度的规定，下列各项中，不属于资源税征税范围的是（   ）。

A. 石灰岩　　　　　　B. 海盐　　　　　　C. 原油　　　　　　D. 人造石油

2. 下列行为，应同时征收增值税和资源税的是（   ）。

A. 生产销售人造石油　　　　　　B. 开采原油过程中用于加热的原油

C. 将自产的海盐连续生产应税产品的　　　　D. 将开采的天然气用于职工食堂

3. 甲煤矿（一般纳税人）2024年9月开采原煤1000吨，将其中的600吨对外销售，含增值税单价452元每吨；其他原煤移送生产部门用于加工为精煤，当月未销售精煤。已知增值税税率为13%，原煤资源税率为8%。计算甲煤矿当月上述业务应缴纳资源税税额的下列算式中正确的是（   ）。

A. 1000×452×8%＝36 160元　　　　　　B. 1000×452÷（1+13%）×8%＝32 000元

C. 600×452×8%＝21 696元　　　　　　D. 600×452÷（1+13%）×8%＝19 200元

4. 2024年9月，甲矿厂销售自采锡矿原矿取得不含增值税销售额900万元，销售自产锡矿原矿加工的精矿取得不含增值税销售额1500万元。已知锡矿原矿适用的资源税税率为6%，选矿适用的资源税税率为4%，计算甲矿厂当月应缴纳资源税税额的下列算式中，正确的是（   ）万元。

A. （900+1500）×4%＝96　　　　　　B. （900+1500）×6%＝144

C. 900×6%+1500×4%＝114　　　　　　D. 900×4%+1500×6%＝126

5. 甲砂石企业开采砂石1000吨，对外销售800吨，移送50吨砂石继续精加工并于当月销售。已知砂石的资源税税率为4元每吨，甲企业应当缴纳的资源税的下列计算中，正确的是（   ）元。

A. （800+50）×4＝3400　　　　　　B. 800×4＝3200

C. 1000×4＝4000　　　　　　D. 50×4＝200

6. 根据资源税法律制度的规定，纳税人按月或者按季申报缴纳的，应当自月度或者季度终了之日起一定期限内，向税务机关办理纳税申报并缴纳税款，该期限为（   ）日。

A. 10　　　　　　B. 15　　　　　　C. 20　　　　　　D. 25

7. 下列各项中，不属于资源税征税范围的是（   ）。

A. 海盐　　　　　　B. 石灰岩　　　　　　C. 地热　　　　　　D. 柴油

8. 甲煤矿为增值税一般纳税人，2024年9月销售原煤取得不含增值税价款435万元，其中包含从坑口到码头的运输费用10万元、随运销产生的装卸费用5万元，均取得增值税发票。已知资源税税率为2%。甲煤矿当月应缴纳资源税税额为（   ）万元。

A. 8.7　　　　　　B. 9　　　　　　C. 8.9　　　　　　D. 8.4

9. 根据资源税法律制度的规定，下列单位和个人的生产经营行为不缴纳资源税的是（   ）。

A. 进口金属矿石的冶炼企业　　　　　　B. 中外合作开采天然气

C. 在我国境内开采销售原煤的公司　　　　D. 国有企业开采石油

10. 根据资源税法律制度的规定，下列单位和个人的生产经营行为应缴纳资源税的有（   ）。

A. 私营企业进口金矿　　　　　　B. 股份制企业开采硒矿

C. 个体工商户销售食盐　　　　　　D. 国有企业生产人造石油

二、多项选择题

1. 根据资源税法律制度的规定，下列情形中，应缴纳资源税的有（　　　）。

A. 煤矿开采原煤用于职工福利　　　B. 天然气公司开采天然气对外销售

C. 贸易公司进口原油　　　　　　　D. 超市销售食盐

2. 根据资源税法律制度的规定，下列各项中，不征收资源税的有（　　　）。

A. 石油公司销售自产原油　　　　　B. 加油站销售柴油

C. 贸易公司进口铁矿　　　　　　　D. 超市销售精盐

3. 根据资源税法律制度的规定，下列各项中属于资源税征税范围的有（　　　）。

A. 石灰岩　　　　B. 硫化氢气体　　　C. 原油　　　　　　　D. 砂石

4. 下列各项中，属于资源税征税范围的有（　　　）。

A. 原油　　　　　B. 人造石油　　　　C. 海盐　　　　　　　D. 轻稀土选矿

5. 下列各项中免缴纳资源税的有（　　　）。

A. 进口的原油

B. 销售开采的原油

C. 在油田范围内运输原油过程中用于加热的天然气

D. 在油田范围内运输原油过程中用于加热的原油

三、判断题

1. 企业进口原油应缴纳资源税。（　　　）

2. 企业将开采的资源税应税产品自用于连续生产应税产品的，不缴纳资源税。（　　　）

3. 海盐属于资源税征税范围。（　　　）

4. 纳税人开采或者生产不同税目应税产品的，未分别核算或者不能准确提供不同税目应税产品的销售额或者销售数量的，从高适用税率。（　　　）

5. 煤炭开采企业因安全生产需要抽采的煤成（层）气免征资源税。（　　　）

6. 煤炭开采企业应当在煤炭的开采地缴纳资源税。（　　　）

7. 纳税人销售应税产品，纳税义务发生时间为收讫销售款或者取得索取销售款凭据的当日。（　　　）

8. 人造石油属于资源税的征税范围。（　　　）

9. 开采原油以及在油田范围内运输原油过程中用于加热的原油、天然气，应缴纳资源税。（　　　）

10. 资源税实行从价计征或者从量计征。以纳税人开发应税产品的销售额或者销售数量为计税依据。（　　　）

任务二　城镇土地使用税法

◇ 任务引例

甲机械制造有限责任公司是一家机械制造企业，地处石家庄市黄河路××号，主要生产A、B两种产品。公司2024年年初实际占用土地面积25 000平方米，经税务机关认定，公司无偿提供给当地派出所使用的房屋占地300平方米。且该房屋用地与公司其他用地有明确区分。当地政府规定的城镇土地使用税为15元每平方米，并采取按年计征，分季度缴纳方式征收。

1. 计算该公司 2024 年全年应纳城镇土地使用税。
2. 填报 2024 年第四季度城镇土地使用税税源明细表。

◇ 税海探知

一、城镇土地使用税的发展历程

城镇土地使用税，是指国家在城市、县城、建制镇、工矿区范围内，对使用土地的单位和个人，以其实际占用的土地面积为计税依据，按照规定的税额计算征收的一种税。1951 年 8 月，公布《中华人民共和国城市房地产税暂行条例》（已失效），规定在城市中合并征收房产税和地产税，称为城市房地产税。1973 年简化税制时，把对国内企业征收的房地产税并入工商税。1984 年工商税制改革时，设立了土地使用税。1988 年，国务院公布了《中华人民共和国城镇土地使用税暂行条例》，对节约用地和调节土地级差收入起到了一定作用。2006 年，修订《中华人民共和国城镇土地使用税暂行条例》，主要是提高城镇土地税标准，将征税范围扩大到外商投资企业和外国企业，自 2007 年 1 月 1 日起施行。此后，2011 年、2013 年、2019 年又先后进行了修订。

二、城镇土地使用税的纳税人、征税范围和税率

（一）纳税人

在城市、县城、建制镇、工矿区范围内使用土地的单位和个人，为城镇土地使用税的纳税人。单位，包括国有企业、集体企业、私营企业、股份制企业、外商投资企业、外国企业以及其他企业和事业单位、社会团体、国家机关、军队以及其他单位；所称个人，包括个体工商户以及其他个人。关于纳税人的确定，具体规定如下：

1. 城镇土地使用税由拥有土地使用权的单位或个人缴纳。
2. 拥有土地使用权的纳税人不在土地所在地的，由代管人或实际使用人纳税。
3. 土地使用权未确定或权属纠纷未解决的，由实际使用人纳税。
4. 土地使用权共有的，由共有各方分别纳税。

（二）征税范围

城镇土地使用税的征税范围为城市、县城、建制镇、工矿区范围内土地，包括国家所有和集体所有的土地。城市是指经国务院批准设立的市。县城是指县人民政府所在地。建制镇是指经省、自治区、直辖市人民政府批准设立的建制镇。

工矿区是指工商业比较发达，人口比较集中，符合国务院规定的建制镇标准，但尚未设立镇建制的大中型工矿企业所在地。工矿区须经省、自治区、直辖市人民政府批准。

（三）税率

城镇土地使用税采用定额税率计税。根据土地所处地区不同实行分级幅度税额。城镇土地使用税每平方米年税额如下：

1. 大城市 1.5 元至 30 元。
2. 中等城市 1.2 元至 24 元。
3. 小城市 0.9 元至 18 元。
4. 县城、建制镇、工矿区 0.6 元至 12 元。

省、自治区、直辖市人民政府，应当在规定的税额幅度内，根据市政建设状况、经济繁荣程度等条件，确定所辖地区的适用税额幅度。市、县人民政府应当根据实际情况，将本地区土地划

分为若干等级，在省、自治区、直辖市人民政府确定的税额幅度内，制定相应的适用税额标准，报省、自治区、直辖市人民政府批准执行。经省、自治区、直辖市人民政府批准，经济落后地区土地使用税的适用税额标准可以适当降低，但降低额不得超过规定最低税额的30%。经济发达地区土地使用税的适用税额标准可以适当提高，但须报经财政部批准。

三、税收优惠

（一）减免税基本规定

下列土地免缴土地使用税：

1. 国家机关、人民团体、军队自用的土地。国家机关、人民团体、军队自用的土地，是指这些单位本身的办公用地和公务用地。人民团体是指经国务院授权的政府部门批准设立或登记备案并由国家拨付行政事业费的各种社会团体。

2. 由国家财政部门拨付事业经费的单位自用的土地。由国家财政部门拨付事业经费的单位，是指由国家财政部门拨付经费、实行全额预算管理或差额预算管理的事业单位。不包括实行自收自支、自负盈亏的事业单位。

3. 宗教寺庙、公园、名胜古迹等自用的土地。宗教寺庙自用的土地，是指举行宗教仪式等的用地和寺庙内的宗教人员生活用地。公园、名胜古迹自用的土地，是指供公共参观游览的用地及其管理单位的办公用地。

4. 市政街道、广场、绿化地带等公共用地。

5. 直接用于农、林、牧、渔业的生产用地。直接用于农、林、牧、渔业的生产用地，是指直接用于种植、养殖、饲养的专业用地，不包括农副产品加工场地和生活、办公用地。

6. 经批准开山填海整治的土地和改造的废弃土地，从使用的月份起免缴土地使用税5年至10年。开山填海整治的土地和改造的废弃土地，以土地管理机关出具的证明文件为依据确定；具体免税期限由各省、自治区、直辖市税务局在土地使用税暂行条例规定的期限内自行确定。

7. 由财政部另行规定免税的能源、交通、水利设施用地和其他用地。

（二）减免税特殊规定

1. 对免税单位无偿使用纳税单位的土地（如公安、海关等单位使用铁路、民航等单位的土地），免征城镇土地使用税。

2. 对于各类危险品仓库、厂房所需的防火、防爆、防毒等安全防范用地，可由各省、自治区、直辖市税务局确定，暂免征收城镇土地使用税。

3. 对企业的铁路专用线、公路等用地，除另有规定者外，在企业厂区（包括生产、办公及生活区）以内的，应照章征收城镇土地使用税；在厂区以外，与社会公用地段未加隔离的，暂免征收城镇土地使用税。

4. 对企业厂区（包括生产、办公及生活区）以内的绿化用地，应照章征收城镇土地使用税，厂区以外的公共绿化用地和向社会开放的公园用地，暂免征收城镇土地使用税。

5. 对国家拨付事业经费和企业办的各类学校、托儿所、幼儿园自用的土地，免征城镇土地使用税。

6. 对商品储备管理公司及其直属库自用的承担商品储备业务的土地，免征城镇土地使用税。

7. 2027年12月31日之前对向居民供热收取采暖费的供热企业，为居民供热所使用的土地免征城镇土地使用税。

8. 2027年12月31日之前对城市公交站场、道路客运站场、城市轨道交通系统运营用地，免征城镇土地使用税。

9. 2027 年 12 月 31 日之前对农产品批发市场、农贸市场（包括自有和承租，下同）专门用于经营农产品的土地，暂免征收城镇土地使用税。

10. 2027 年 12 月 31 日之前对饮水工程运营管理单位自用的生产、办公用房产、土地，免征房产税、城镇土地使用税。

11. 2027 年 12 月 31 日之前对国家级、省级科技企业孵化器、大学科技园和国家备案众创空间自用以及无偿或通过出租等方式提供给在孵对象使用的土地，免征城镇土地使用税。

12. 2027 年 12 月 31 日之前对纳税人从事空载重量大于 45 吨的民用客机研制项目及其全资子公司自用的科研、生产、办公土地，免征城镇土地使用税。

13. 对保障性住房项目建设用地免征城镇土地使用税。

14. 2025 年 12 月 31 日之前对公租房建设期间用地及公租房建成后占地，免征城镇土地使用税。

15. 自 2023 年 1 月 1 日至 2027 年 12 月 31 日，对增值税小规模纳税人、小型微利企业和个体工商户减半征收城镇土地使用税。

16. 自 2023 年 1 月 1 日起至 2027 年 12 月 31 日止，对物流企业自有（包括自用和出租）或承租的大宗商品仓储设施用地，减按所属土地等级适用税额标准的 50% 计征城镇土地使用税。

◇ 思政园地

惠农税费支持政策精准落地 助力抢农时备春耕

春耕备耕事关农业稳产增产、农民稳步增收、农村稳定安宁，稳住"粮袋子"才能确保把粮食安全的主动权牢牢掌握在自己手中。

为推动税费惠农政策精准落地、将税惠服务向"三农"领域全面延伸，各地税务部门以精细服务助力涉农企业和农民抢农时、备春耕。

甘薯一头向上翘起，搭在上一排甘薯上，另一头成为下一排甘薯的"垫头石"……在河北省秦皇岛市卢龙县陈官屯镇八家寨村的龙北甘薯种植专业合作社大棚，工人们正在进行排薯作业。不久后，这些甘薯种薯将孕育出密密麻麻的脱毒秧苗，并以订单式种植方式供应给种植户。

"最近几年，我们利用脱毒培育技术进一步优化了甘薯种植，秧苗优质率更高，种植效益也更好。"该合作社理事长李宝新介绍。据了解，为助力甘薯种植走好科技创新之路，秦皇岛市税务部门积极组建"税农帮"助农服务队走进涉农企业，为其量身定制个性化服务套餐，帮助企业用好用足税费优惠政策。

"税收政策精准滴灌，'菜篮子'工程愈发稳定。"邵阳一家农业发展有限公司负责人姚作飞表示，近年来，公司在邵阳税务部门点对点"送惠进棚"的服务下，农业机械化程度越来越高。据介绍，今年初大棚扩建急需流动资金，税务部门主动上门辅导，帮助企业办理"税银贷"100多万元，大棚建设顺利推进。

"我种了 3 棚土豆、6 棚早熟卷心菜，别的大棚准备倒茬种黄瓜、西红柿等。"在拉萨，丰收稳农种植专业合作社负责人扎西曲达告诉记者，这几年，他经营的合作社享受了免征增值税、城镇土地使用税，减半征收企业所得税等多项税收优惠政策。去年一年下来光净收入就有 13 万余元，减免收入 5 万余元，还用减免的税款购置了许多高品质的优质苗子。

（车柯蒙：《惠农税费支持政策精准落地 助力抢农时备春耕》，载 http://finance.people.com.cn/n1/2024/0403/c1004-40209419.html，最后访问日期：2025 年 3 月 20 日。）

四、城镇土地使用税应纳税额的计算

城镇土地使用税以纳税人实际占用的土地面积为计税依据，依照规定税额计算征收。土地占用面积的组织测量工作，由省、自治区、直辖市人民政府根据实际情况确定。纳税人实际占用的土地面积，是指由省、自治区、直辖市人民政府确定的单位组织测定的土地面积。尚未组织测量，但纳税人持有政府部门核发的土地使用证书的，以证书确认的土地面积为准；尚未核发土地使用证书的，应由纳税人据实申报土地面积。土地使用权共有的各方，应按其实际使用的土地面积占总面积的比例，分别计算缴纳土地使用税。

$$年应纳税额 = 实际占用的土地面积 × 单位税额$$

【例8-4】S市甲商场坐落在市中心繁华地段，企业土地使用权证书记载占用土地的面积为5000平方米，经确定属一等地段；该商场另设五个统一核算的分店均坐落在市区三等地段，共占地8000平方米；一座仓库位于市郊，属五等地段，占地面积为2000平方米。假设商场所在地一等地段城镇土地使用税年税额4元每平方米、三等地段城镇土地使用税年税额2元每平方米，请计算该商场全年城镇土地使用税应纳税额。

解析：

（1）商场占地应纳税额 = 5000×4 = 20 000 元

（2）分店占地应纳税额 = 8000×2 = 16 000 元

（3）仓库占地应纳税额 = 2000×1 = 2000 元

（4）该商场全年城镇土地使用税应纳税额 = 20 000+16 000+2000 = 38 000 元

五、征收管理

（一）纳税义务发生时间

1. 征收的耕地，自批准征收之日起满1年时开始缴纳城镇土地使用税。

2. 征收的非耕地，自批准征收次月起缴纳城镇土地使用税。

3. 购置新建商品房，自房屋交付使用之次月起计征城镇土地使用税。

4. 购置存量房，自办理房屋权权属转移、变更登记手续，房地产权属登记机关签发房屋权属证书之次月起计征城镇土地使用税。

5. 出租、出借房产，自交付出租、出借房产之次月起计征城镇土地使用税。

6. 房地产开发企业自用、出租、出借本企业建造的商品房，自房屋使用或交付之次月起计征城镇土地使用税。

7. 以出让或转让方式有偿取得土地使用权的，应由受让方从合同约定交付土地时间的次月起缴纳城镇土地使用税；合同未约定交付土地时间的，由受让方从合同签订的次月起缴纳城镇土地使用税。

（二）纳税期限

城镇土地使用税按年计算、分期缴纳。缴纳期限由省、自治区、直辖市人民政府确定。

（三）纳税地点

城镇土地使用税由土地所在地的税务机关征收。土地管理机关应当向土地所在地的税务机关提供土地使用权属资料。

纳税人使用的土地不属于同一省（自治区、直辖市）管辖范围的，应由纳税人分别向土地所在地的税务机关缴纳土地使用税。

在同一省（自治区、直辖市）管辖范围内，纳税人跨地区使用的土地，如何确定纳税地点，由各省、自治区、直辖市税务局确定。

技能训练

一、单项选择题

1. 根据城镇土地使用税法律制度的规定，下列关于城镇土地使用税纳税人的表述中，不正确的是（   ）。

A. 土地使用权未确定或权属纠纷未解决的，由实际使用人缴纳

B. 拥有土地使用权的纳税人不在土地所在地的，暂不缴纳

C. 土地使用权共有的，各方均为纳税人，由共有各方分别缴纳

D. 城镇土地使用税由拥有土地使用权的单位或个人缴纳

2. 根据城镇土地使用税法律制度的规定，下列土地中，不征收城镇土地使用税的是（   ）。

A. 位于农村的集体所有土地　　　　　B. 位于工矿区的集体所有土地

C. 位于县城的国家所有土地　　　　　D. 位于城市的公园内索道公司经营用地

3. 甲公司购入一宗土地，取得政府部门核发的土地使用证书注明的该宗土地面积为 1800 平方米。甲公司在该土地上建造办公楼，楼座占地面积为 1200 平方米，建筑面积 5000 平方米。甲公司该宗土地应缴纳城镇土地使用税的土地面积为（   ）平方米。

A. 5000　　　　　B. 1200　　　　　C. 8000　　　　　D. 1800

4. 某林场占地面积 100 万平方米，其中森林公园占地 58 万平方米，防火设施占地 17 万平方米，办公用地占地 10 万平方米，生活区用地占地 15 万平方米，该林场需要缴纳城镇土地使用税的面积为（   ）万平方米。

A. 58　　　　　B. 100　　　　　C. 42　　　　　D. 25

5. 甲物流公司位于郊区，2024 年度实际占地 3000 平方米，其中大宗商品仓储设施用地 2000 平方米，办公生活区用地 1000 平方米。已知城镇土地使用税每平方米年税额为 3 元。计算甲物流公司该年城镇土地使用税应纳税额的下列算式中，正确的是（   ）元。

A. 3000×3 = 9000　　　　　B. 3000×3×50% = 4500

C. 2000×3×50%＋1000×3 = 6000　　　　　D. 1000×3 = 3000

6. 甲盐矿为增值税一般纳税人，其占用土地中，矿井用地 450 000 平方米，生产厂房用地 40 000 平方米，办公用地 5000 平方米。已知城镇土地使用税适用税率为每平方米年税额 2 元。甲盐矿全年城镇土地使用税应纳税额为（   ）元。

A. 910 000　　　　　B. 900 000

C. 90 000　　　　　D. 990 000

7. 甲公司 2024 年实际占地面积 15 000 平方米，其中生产区占地 10 000 平方米，生活区占地 3000 平方米，对外出租 2000 平方米。已知城镇土地使用税适用税率为每平方米年税额 2 元。计算甲公司全年城镇土地使用税应纳税额的下列算式中，正确的是（   ）元。

A. 15 000×2 = 30 000　　　　　B. (10 000＋3000)×2 = 26 000

C. 10 000×2 = 20 000　　　　　D. (10 000＋2000)×2 = 24 000

8. 甲商贸公司位于市区，实际占用面积为 5000 平方米，其中办公区占地 4000 平方米，生活区占地 1000 平方米，甲商贸公司还有一个位于农村的仓库，租给公安局使用，实际占用面积为 15 000 平方米，已知城镇土地使用税适用税率为每平方米税额为 5 元，计算甲商贸公司城镇土地使用税应纳税额的下列算式中，正确的是（   ）元。

A. 5000×5 = 25 000　　　　　B. (5000＋15 000)×5 = 100 000

C. 4000×5＝20 000　　　　　　D.（4000＋15 000）×5＝95 000

9. 2024年甲服装公司（位于某县城）实际占地面积30 000平方米，其中办公楼占地500平方米，厂房仓库占地面积22 000平方米，厂区内铁路专用线、公路等用地7500平方米。已知当地规定的城镇土地使用税每平方米年税额为5元。甲服装公司当年城镇土地使用税应纳税额的下列计算中，正确的是（　　）元。

A. 30 000×5＝150 000　　　　　B.（30 000－7500）×5＝112 500

C.（30 000－500）×5＝147 500　　D.（30 000－22 000）×5＝40 000

10. 根据城镇土地使用税法律制度的规定，下列土地中，不应免征城镇土地使用税的是（　　）。

A. 物流企业办公用地　　　　　B. 宗教寺庙自用土地

C. 国家机关自用土地　　　　　D. 市政街道公共用地

二、多项选择题

1. 根据城镇土地使用税法律制度的规定，下列各项中，可以作为城镇土地使用税计税依据的有（　　）。

A. 省政府确定的单位测定的面积

B. 土地使用证书确认的面积

C. 以纳税人申报的面积为准，核发土地使用证后作调整

D. 税务部门规定的面积

2. 根据城镇土地使用税法律制度的规定，关于城镇土地使用税纳税义务发生时间的下列表述中，正确的有（　　）。

A. 纳税人新征用的非耕地，自批准征用当月起缴纳城镇土地使用税

B. 纳税人出租房产，自交付出租房产当月起，缴纳城镇土地使用税

C. 纳税人购置存量房，自房地产权属登记机关签发房屋权属证书之次月起，缴纳城镇土地使用税

D. 纳税人购置新建商品房，自房屋交付使用之次月起，缴纳城镇土地使用税

3. 甲、乙两家企业共有一项土地使用权，土地面积为1500平方米，甲、乙两家企业的实际占用比例为3：2。已知该土地适用的城镇土地使用税税额为每平方米5元，关于甲、乙企业共有该土地应缴纳的城镇土地使用税，下列处理正确的有（　　）元。

A. 甲企业应缴纳的城镇土地使用税＝1500×3÷5×5＝4500

B. 甲企业应缴纳的城镇土地使用税＝1500×5＝7500

C. 乙企业应缴纳的城镇土地使用税＝1500×2÷5×5＝3000

D. 乙企业应缴纳的城镇土地使用税＝1500×5＝7500

4. 根据城镇土地使用税法律制度的相关规定，下列各项中属于城镇土地使用税的征收范围有（　　）。

A. 集体所有的建制镇土地　　　B. 集体所有的城市土地

C. 集体所有的农村土地　　　　D. 国家所有的工矿区土地

5. 根据城镇土地使用税法律制度的规定。下列城市用地中，应缴纳城镇土地使用税的有（　　）。

A. 民航机场场内道路用地　　　B. 商业企业经营用地

C. 火电厂厂区围墙内的用地　　D. 市政街道公共用地

三、判断题

1. 拥有土地使用权的纳税人不在土地所在地的，由代管人或实际使用人缴纳城镇土地使用税。（　　）

2. 对免税单位无偿使用纳税单位的土地，应征收城镇土地使用税。（　　）

3. 公园内的索道公司经营用地，不缴纳城镇土地使用税。（　　）

4. 城镇土地使用税可按月计算，一次性缴纳。（　　）

5. 纳税人购置新建商品房，自房屋交付使用当月起缴纳城镇土地使用税。（　　）

6. 甲公司购买一幢旧办公楼，2024 年 5 月 12 日签订合同并付讫全部款项，2024 年 6 月 3 日入驻办公楼，2024 年 7 月 2 日办理完权属变更登记。甲公司持有该办公楼城镇土地使用税的纳税义务发生时间为 2024 年 6 月。（　　）

7. 根据城镇土地使用税法律制度的规定，民航机场工作区用地免征城镇土地使用税。（　　）

8. 农村的土地属于城镇土地使用税的征税范围。（　　）

9. 纳税人不在土地所在地，代管人或实际使用人为城镇土地使用税的纳税人。（　　）

10. 市政街道、广场、绿化地带等公共用地，不免征城镇土地使用税。（　　）

任务三　房产税法与办税实务

◇ 任务引例

甲公司 2020 年 6 月购入土地使用权，委托施工企业建造相同的办公楼 A、B、C、D 四栋及与之相连的地下车库、1 个生产车间、1 个用于储存物资的独立仓库，2022 年 12 月 1 日完成竣工结算，土地及房产原值（均为不含税）如下：

表 8-2　土地及房产原值统计表

项目	占地/建筑面积（平方米）	原值（万元）
土地	10 000	5000
办公楼 A	5000	4800
办公楼 B	4500	4300
办公楼 C	5500	5200
办公楼 D	3000	2800
生产车间	8000	6000
仓库	2000	1800

其中办公楼 A、B、C、生产车间及仓库均为自用。办公楼 D 打算出租。2024 年 1 月 1 日甲公司与乙公司签订租赁合同，将办公楼 D 出租给乙公司使用，合同约定年租金为 40 万元，租赁期为 3 年，自 2024 年 1 月 1 日至 2026 年 12 月 31 日。已知，当地政府规定计算房产余值的扣除比例为 30%。

◇ 任务要求

计算 2024 年甲公司应缴纳的房产税。

◇ 税海探知

一、房产税的发展历程

房产税是以坐落在城市、县城、建制镇和工矿区的房产为征税对象，向房屋产权所有人征收的一种税。房产税于 1950 年成为全国开征的独立税种；1951 年房产税、地产税合并为城市房地产税，在核准的城市范围内征收；1984 年拆分为房产税和城镇土地使用税；1986 年颁布《房产税暂行条例》成为目前房产税的征收依据；2011 年 1 月 8 日，中华人民共和国国务院令第 588 号对《房产税暂行条例》进行了修订。

寻法溯源

微课 8-1
房产税概览

二、房产税的纳税人、征税范围和税率

（一）纳税人

房产税由产权所有人缴纳。产权属于全民所有的，由经营管理的单位缴纳。产权出典的，由承典人缴纳。产权所有人、承典人不在房产所在地的，或者产权未确定及租典纠纷未解决的，由房产代管人或者使用人缴纳。

（二）征税范围

房产税在城市、县城、建制镇和工矿区征收。关于城市、县城、建制镇、工矿区的具体解释如下：

1. 城市是指经国务院批准设立的市。
2. 县城是指未设立建制镇的县人民政府所在地。
3. 建制镇是指经省、自治区、直辖市人民政府批准设立的建制镇。
4. 工矿区是指工商业比较发达，人口比较集中，符合国务院法规的建制镇标准，但尚未设立建制镇的大中型工矿企业所在地。开征房产税的工矿区须经省、自治区、直辖市人民政府批准。

城市的征税范围为市区、郊区和市辖县县城。不包括农村。建制镇的征税范围为镇人民政府所在地。不包括所辖的行政村。凡在房产税征收范围内的具备房屋功能的地下建筑，包括与地上房屋相连的地下建筑以及完全建在地面以下的建筑、地下人防设施等，均应当依照有关规定征收房产税。对于与地上房屋相连的地下建筑，如房屋的地下室、地下停车场、商场的地下部分等，应将地下部分与地上房屋视为一个整体按照地上房屋建筑的有关规定计算征收房产税。

（三）税率

房产税的税率，依照房产余值计算缴纳的，税率为 1.2%；依照房产租金收入计算缴纳的，税率为 12%。

三、税收优惠

（一）减免税基本规定

下列房产免纳房产税：

1. 国家机关、人民团体、军队自用的房产。国家机关、人民团体、军队自用的房产，是指这些单位本身的办公用房和公务用房。

2. 由国家财政部门拨付事业经费的单位自用的房产。事业单位自用的房产，是指这些单位本身的业务用房。

3. 宗教寺庙、公园、名胜古迹等自用的房产。宗教寺庙自用的房产，是指举行宗教仪式等的房屋和宗教人员使用的生活用房屋。公园、名胜古迹自用的房产，是指供公共参观游览的房屋及其管理单位的办公用房屋。

4. 个人所有非营业用的房产。个人所有的非营业用的房产免征房产税。因此，对个人所有的居住用房，不论面积多少，均免征房产税。个人出租房屋，应按房屋租金收入征税。

（二）减免税特殊规定

1. 对国家拨付事业经费和企业办的各类学校、托儿所、幼儿园自用的房产、土地，免征房产税、城镇土地使用税。

2. 凡是在基建工地为基建工地服务的各种工棚、材料棚、休息棚和办公室、食堂、茶炉房、汽车房等临时性房屋，不论是施工企业自行建造还是由基建单位出资建造交施工企业使用的，在施工期间，一律免征房产税。但是，如果在基建工程结束以后，施工企业将这种临时性房屋交还或者估价转让给基建单位的，应当从基建单位接收的次月起，依照法规征收房产税。

3. 对商品储备管理公司及其直属库自用的承担商品储备业务的房产，免征房产税。

4. 由财政部门拨付事业经费的文化单位转制为企业，自转制注册之日起五年内对其自用房产免征房产税。

5. 2027 年 12 月 31 日之前对高校学生公寓免征房产税。

6. 2027 年 12 月 31 日之前对饮水工程运营管理单位自用的生产、办公用房，免征房产税。

7. 2027 年 12 月 31 日之前对农产品批发市场、农贸市场（包括自有和承租，下同）专门用于经营农产品的房产，暂免征收房产税。对同时经营其他产品的农产品批发市场和农贸市场使用的房产，按其他产品与农产品交易场地面积的比例确定征免房产税。

8. 2027 年 12 月 31 日之前对向居民供热收取采暖费的供热企业，为居民供热所使用的厂房免征房产税。

9. 2024 年 1 月 1 日至 2027 年 12 月 31 日对国家级、省级科技企业孵化器、大学科技园和国家备案众创空间自用以及无偿或通过出租等方式提供给在孵对象使用的房产，免征房产税。

10. 2025 年 12 月 31 日之前对公租房免征房产税。

11. 对纳税人从事大型民用客机发动机、中大功率民用涡轴涡桨发动机研制项目及其全资子公司从事大型民用客机发动机、中大功率民用涡轴涡桨发动机研制项目自用的科研、生产、办公房产，免征房产税。对纳税人从事空载重量大于 45 吨的民用客机研制项目及其全资子公司自用的科研、生产、办公房产，免征房产税。

12. 自 2023 年 1 月 1 日至 2027 年 12 月 31 日，对增值税小规模纳税人、小型微利企业和个体工商户减半征收房产税。

四、房产税应纳税额的计算

（一）依照房产余值计算

房产税依照房产原值一次减除 10% 至 30% 后的余值计算缴纳，依照房产余值计算缴纳的，税率为 1.2%。具体减除幅度，由省、自治区、直辖市人民政府规定。没有房产原值作为依据的，由房产所在地税务机关参考同类房产核定。有关房产原值的规定如下：

1. 房产原值是指纳税人按照会计制度法规，在账簿"固定资产"科目中记载的房屋原价。对纳税人未按会计制度法规记载的，在计征房产税时，应按法规调整房产原值，对房产原值明显不合理的，应重新予以评估。

2. 房产原值应包括与房屋不可分割的各种附属设备或一般不单独计算价值的配套设施。主要有：暖气、卫生、通风、照明、煤气等设备；各种管线，如蒸气、压缩空气、石油、给水排水等管道及电力、电讯、电缆导线；电梯、升降机、过道、晒台等。属于房屋附属设备的水管、下水道、暖气管、煤气管等从最近的探视井或三通管算起，电灯线、照明线从进线盒联接管算起。

3. 对按照房产原值计税的房产，无论会计上如何核算，房产原值均应包含地价，包括为取得土地使用权支付的价款、开发土地发生的成本费用等。宗地容积率低于 0.5 的，按房产建筑面积的 2 倍计算土地面积并据此确定计入房产原值的地价。

（二）依照房产租金收入计算

房产出租的，以房产租金收入为房产税的计税依据。依照房产租金收入计算缴纳的，税率为 12%。

对出租房产，租赁双方签订的租赁合同约定有免收租金期限的，免收租金期间由产权所有人按照房产原值缴纳房产税。

【例 8-5】 H 省 S 市一企业 2024 年度自有房屋 13 栋，其中 10 栋用于经营生产，房产原值 2000 万元，不计算在房屋原值内的与房屋不可分割的各种附属冷暖通风设备 100 万元；3 栋房屋租给某公司作经营用房，年租金收入 100 万元（不含增值税）。已知 H 省按房产原值一次扣除 30% 后的余值计税，请计算该企业 2024 年的房产税应纳税额。

解析：

（1）自用房产应纳税额 =［（2000+100）×（1-30%）］×1.2 % = 17.64 万元

（2）租金收入应纳税额 = 100×12% = 12 万元

（3）该企业 2024 年的房产税应纳税额 = 17.64+12 = 29.64 万元

【例 8-6】 甲煤机设备制造有限公司 2024 年 1 月 1 日账面房产原值共计 9000 万元，其中，职工宿舍用房原值 200 万元，幼儿园用房原值 400 万元。6 月 30 日甲煤机设备制造有限公司与某公司签订租赁合同，将自用原值 500 万元的仓库从 7 月 1 日起出租给该公司使用，租期 3 年，每月租金 5 万元，当年收取 7-12 月的租金 30 万元；8 月 6 日外购商品房用于经营使用，当月 27 日交付使用，会计入账房产原值为 400 万元。假设该企业所在地计算房产余值的扣除比例为 30%，请计算该企业 2024 年的房产税应纳税额。

解析：

（1）该企业幼儿园用房原值 400 万元，按照规定应免征房产税。

（2）将原值 500 万元的仓库从 7 月 1 日出租给其他公司使用，按照规定 1-6 月自用的仓库应按余值征收房产税，7-12 月应按租金征收房产税。

（3）8 月外购并交付使用的办公用房，按规定应从 9 月开始征收房产税。

（4）该企业 2024 年按房产余值的房产税应纳税额 =（9000-400）×（1-30%）×1.2%-500×（1-30%）×1.2%÷12×6+400×（1-30%）×1.2%÷12×4 = 72.24-2.1+1.12 = 71.26 万元

（5）该企业 2024 年按房产租金的房产税应纳税额 = 30×12% = 3.6 万元

（6）该企业 2024 年的房产税应纳税额 = 72.26+3.6 = 75.86 万元

五、征收管理

（一）纳税义务发生时间

1. 纳税人自建的房屋，自建成之次月起征收房产税。

2. 纳税人委托施工企业建设的房屋，从办理验收手续之次月起征收房产税。

3. 纳税人在办理验收手续前已使用或出租、出借的新建房屋，应按法规征收房产税。

4. 购置新建商品房，自房屋交付使用之次月起计征房产税和城镇土地使用税。

5. 购置存量房，自办理房屋权属转移、变更登记手续，房地产权属登记机关签发房屋权属证书之次月起计征房产税和城镇土地使用税。

6. 出租、出借房产，自交付出租、出借房产之次月起计征房产税和城镇土地使用税。

7. 房地产开发企业自用、出租、出借本企业建造的商品房，自房屋使用或交付之次月起计征房产税。

（二）纳税期限

房产税按年征收、分期缴纳。纳税期限由省、自治区、直辖市人民政府规定。

（三）纳税地点

房产税由房产所在地的税务机关征收。

六、房产税和城镇土地使用税纳税申报

（一）房产税和城镇土地使用税纳税申报规定

房产税和城镇土地使用税全年税额分两次缴纳，纳税期限为每年 4 月、10 月（具体以当年征期时间为准），4 月征期申报 1-6 月税款，10 月征期申报 7-12 月税款；也可在 4 月份一次性申报全年 1-12 月税款。

（二）房产税和城镇土地使用税纳税申报案例

◇ 工作情景

涉税教学为增值税一般纳税人，纳税人识别号为 911××××××××××××××。城镇土地使用税、房产税税源采集信息已采集无需再登记。企业不适用六税两费减征政策。

◇ 任务目标

请登录该公司"电子税务局"，进行房产税和城镇土地使用税纳税申报。

◇ 实操引领

【申报案例】进行房产税和城镇土地使用税纳税申报，相关资料如下：

房屋应税信息（从价）					
房产原值	20000000	其中：出租房产原值（元）	5000000	其中：出租房产面积（m²）	200
计税比例	0.7	纳税义务有效期起	2020-01-01	纳税义务有效期止	2099-12-31

图 8-1

房产证信息					
纳税人类型	01产权所有人	所有权人纳税人识别号（统一社会信用代码）	911XXXXXXXXXXXXX	所有权人名称	涉税教学
不动产权证号	SS159XXXX	房产名称	涉税教学1#	房产用途	02商业及办公
房产取得时间	2020-01-01	建筑面积	1200	不动产单元代码	请输入

房屋坐落信息					
房屋坐落地址（行政区划）	北京市东城区	房屋坐落地（所属街道）	坛山街道	房屋坐落详细地址	永通路XXXX号
房屋所属主管税务所（科、分局）	国家税务总局北京市税务局	房屋所在土地编号		查询	

图 8-2

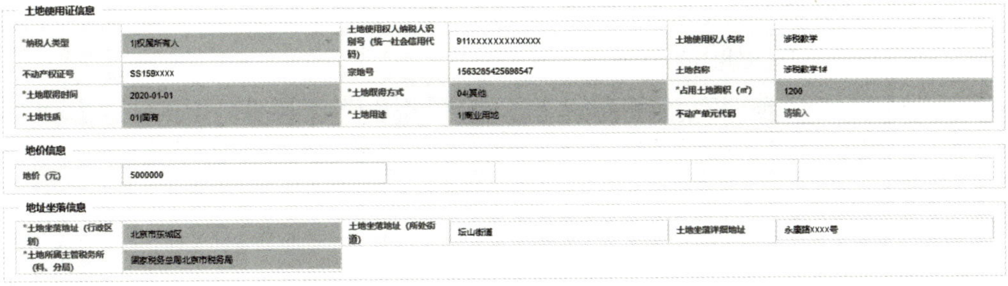

图 8-3

【实操指导】进行城镇土地使用税、房产税纳税申报时，需进入"电子税务局"。

【第一步】登录"电子税务局"后，进入税费申报页面，点击左侧"其他申报"，然后点击财产和行为税税源信息右侧的填写申报表。如图 8-4 所示。

图 8-4

【第二步】点击"房产税"或者"城镇土地使用税"右侧的"税源采集"，均可进入"城镇土地使用税 房产税税源采集"页面。如图 8-5 所示。

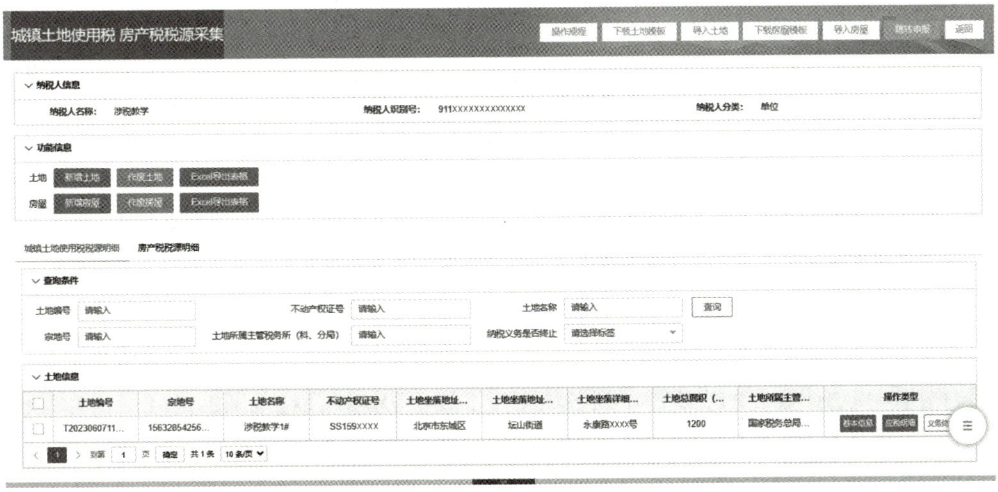

图 8-5

【第三步】 在"城镇土地使用税税源明细"标签下，勾选土地信息。点击"房产税税源明细"标签，勾选房屋信息。如图 8-6 所示。

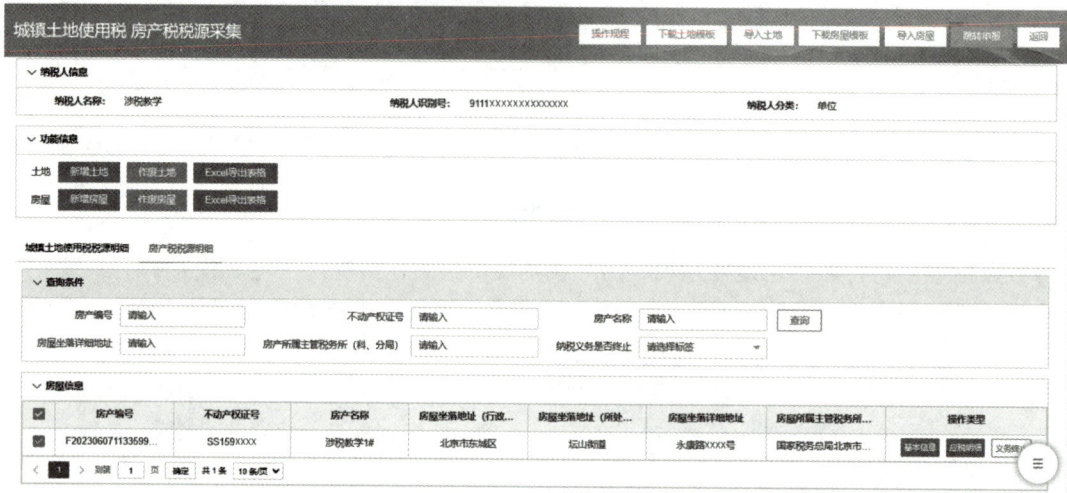

图 8-6

【第四步】 税源信息勾选完毕后点击右上角"跳转申报"，进入"财产和行为税合并纳税申报"页面，如图 8-7 所示。

在财产和行为税合并纳税申报页面，勾选要申报的税种后进入合并申报。

图 8-7

技能训练

一、单项选择题

1. 以下要征收房产税的是（ ）。

A. 菜窖   B. 水塔   C. 围墙   D. 室内游泳池

2. 根据房产税法律制度的规定，下列各项中，不属于房产税征税范围的是（ ）。

A. 农村村民的住宅   B. 县城工业企业的办公楼

C. 建制镇工业企业的厂房   D. 市区商场的地下停车场

3. 根据房产税法律制度的规定，下列各项中，不属于房产税征税范围的是（   ）。

A. 建制镇物流企业的仓库 　　　　B. 农村村民的住宅

C. 市区工业企业的厂房 　　　　D. 县城商贸企业的办公楼

4. 甲公司一处自用房产原值 800 000 元，已知房产的原值减除比例为 30%，房产税从价计征税率为 1.2%，计算甲公司该房产全年的房产税应纳税额的下列算式中正确的是（   ）元。

A. 800 000×1.2%×30% = 2880

B. 800 000×1.2% = 9600

C. 800 000×（1+30%）×1.2% = 12 480

D. 800 000×（1-30%）×1.2% = 6720

5. 甲公司厂房原值 500 万元，已提折旧 200 万元，已知房产原值减除比例为 30%，房产税从价计征税率为 1.2%，计算甲公司年度的房产税应纳税额的下列算式中，正确的是（   ）万元。

A. 200×(1-30%)×1.2% = 1.68

B. 500×1.2% = 6

C. (500-200)×(1-30%)×1.2% = 2.52

D. 500×(1-30%)×1.2% = 4.2

6. 甲公司为增值税一般纳税人，2024 年 12 月在原值 1000 万元的厂房里安装了一台价值 80 万元的电梯，已通过验收并投入使用，该电梯与厂房不可分割。已知，房产税从价计征税率为 1.2%，当地规定的房产原值扣除比例为 30%。甲公司 2024 年度该厂房的房产税应纳税额为（   ）万元。

A. 12.96　　　　B. 9.072　　　　C. 12　　　　D. 8.4

7. 甲企业厂房原值 2000 万元，2023 年 11 月对该厂房进行扩建，2023 年底扩建完工并办理验收手续，增加房产原值 500 万元，已知房产税的原值扣除比例为 30%，房产税比例税率为 1.2%。计算甲企业 2024 年的房产税应纳税额的下列算式中，正确的是（   ）万元。

A. 2000×(1-30%)×1.2%+500×1.2% = 22.8

B. (2000+500)×(1-30%)×1.2% = 21

C. 2000×1.2%+ 500×(1-30%)×1.2% = 28.2

D. 2000×(1-30%)×1.2% = 16.8

8. 2024 年甲公司将一幢办公楼出租，取得含增值税租金 92.43 万元。已知增值税征收率为 5%。房产税从租计征的税率为 12%，下列关于甲公司 2024 年出租办公楼的房产税应纳税额的计算中正确的是（   ）万元。

A. 92.43÷(1+5%)×12% = 10.56

B. 92.43÷(1+5%)÷(1-12%)×12% = 12

C. 92.43÷(1-12%)×12% = 12.6

D. 92.43×12% = 11.0916

9. 2024 年 7 月 1 日，甲公司出租商铺，租期半年，一次性收取含增值税租金 126 000 元。已知增值税征收率为 5%，房产税从租计征的税率为 12%。计算甲公司出租商铺的房产税应纳税额的下列算式中，正确的是（   ）元。

A. 126 000÷(1+5%)×(1-30%)×12% = 10 080

B. 126 000÷(1+5%)×12% = 14 400

C. 126 000×(1-30%)×12% = 10 584

D. 126 000×12% = 15 120

10. 张某 2024 年年初拥有一栋自有住房，房产原值 200 万元，3 月 31 日将其对外出租，租期 1 年，每月按照市场价格收取租金 1 万元。已知当地规定的计算房产余值的减除比例为 30%，对个人出租住房，不区分用途，按 4% 的税率征收房产税。则张某 2024 年的房产税应纳税额的下列计算中，正确的是（　　）万元。

A. $1×9×4\% = 0.36$

B. $1×10×4\% = 0.4$

C. $200×(1-30\%)×1.2\%×3÷12+1×9×4\% = 0.78$

D. $200×(1-30\%)×1.2\%×2÷12+1×10×4\% = 0.68$

二、多项选择题

1. 根据房产税法律制度的规定，下列房产中，属于房产税征税范围的有（　　）。

A. 位于县城的企业生产用房屋
B. 市区的室内游泳池
C. 农村的菜窖
D. 市郊公园中的饭店

2. 根据房产税法律制度的规定，下列各项中，不符合房产税纳税义务发生时间规定的有（　　）。

A. 纳税人将原有房产用于生产经营，从生产经营之次月起，缴纳房产税

B. 纳税人自行新建房屋用于生产经营，从建成之次月起，缴纳房产税

C. 纳税人委托施工企业建设的房屋，从办理验收手续之月起，缴纳房产税

D. 纳税人购置新建商品房，自房屋交付使用之次月起，缴纳房产税

3. 根据房产税法律制度的规定，不免征房产税的是（　　）。

A. 个人营业用房
B. 公园内照相馆用房
C. 公立医院住院大楼
D. 高校内超市经营用房

4. 根据房产税法律制度的规定，下列房产中，属于房产税免税项目的是（　　）。

A. 个人出租的住房
B. 军队自用的房产
C. 高校学生公寓
D. 宗教寺庙自用的房产

5. 根据房产税法律制度的规定，下列各项中，不属于免征房产税的是（　　）。

A. 国家机关用于出租的房产
B. 公立学校附设招待所使用的房产
C. 公立幼儿园自用的房产
D. 公园附设饮食部使用的房产

三、判断题

1. 对以房产投资联营、投资者参与利润分红、共担风险的，以房产余值作为计税依据计缴房产税。（　　）

2. 房产税从价计征，是以房产原值为计税依据。（　　）

3. 名胜古迹自用的房产免征房产税。（　　）

4. 房地产开发企业建造的商品房，出售前，一律不征收房产税。（　　）

5. 产权未确定以及租典纠纷未解决的房屋，暂不征收房产税。（　　）

6. 房地产开发企业建造的商品房在出售前已经使用或出租、出借的，不缴纳房产税。（　　）

7. 房屋产权出租的房产税纳税人是承租人。（　　）

8. 个人出租住房，不区分用途，按 4% 的税率征收房产税。（　　）

9. 融资租赁由承租人按照房产原值缴纳房产税。（　　）

10. 国家机关、人民团体、军队自用的房产免征房产税。（　　）

任务四 耕地占用税法

◇ **任务引例**

2024 年 9 月 1 日，甲公司成立。其财务人员张某致电当地税务机关，询问：我公司占用草地，建设后进行奶牛饲养，是否需要缴纳耕地占用税？

◇ **任务要求**

假如你是税务工作人员，如何回答张某的问题？

◇ **税海探知**

一、耕地占用税的发展历程

耕地占用税是对在中华人民共和国境内占用耕地建设建筑物、构筑物或者从事非农业建设的单位和个人征收的一种税。1987 年国务院公布施行《中华人民共和国耕地占用税暂行条例》（已失效）。2008 年开始施行修订后的《中华人民共和国耕地占用税暂行条例》（已失效）。2018 年 12 月 29 日第十三届全国人民代表大会常务委员会第七次会议通过《中华人民共和国耕地占用税法》，自 2019 年 9 月 1 日起实施。

二、耕地占用税的纳税人、征税范围和税率

（一）纳税人

在中华人民共和国境内占用耕地建设建筑物、构筑物或者从事非农业建设的单位和个人，为耕地占用税的纳税人，应当依照本法规定缴纳耕地占用税。耕地，是指用于种植农作物的土地。占用耕地建设农田水利设施的，不缴纳耕地占用税。

单位，包括国有企业、集体企业、私营企业、股份制企业、外商投资企业、外国企业以及其他企业和事业单位、社会团体、国家机关、部队以及其他单位；所称个人，包括个体工商户以及其他个人。

经批准占用耕地的，纳税人为农用地转用审批文件中标明的建设用地人；农用地转用审批文件中未标明建设用地人的，纳税人为用地申请人，其中用地申请人为各级人民政府的，由同级土地储备中心、自然资源主管部门或政府委托的其他部门、单位履行耕地占用税申报纳税义务。

未经批准占用耕地的，纳税人为实际用地人。

（二）征税范围

1. 耕地。占用耕地建设建筑物、构筑物或者从事非农业建设的，按规定缴纳耕地占用税。耕地，是指用于种植农作物的土地。纳税人因建设项目施工或者地质勘查临时占用耕地，应当依照规定缴纳耕地占用税。纳税人在批准临时占用耕地期满之日起 1 年内依法复垦，恢复种植条件的，全额退还已经缴纳的耕地占用税。

2. 园地、林地、草地、农田水利用地、养殖水面、渔业水域滩涂以及其他农用地。占用园地、林地、草地、农田水利用地、养殖水面、渔业水域滩涂以及其他农用地建设建筑物、构筑物或者从事非农业建设的，按规定缴纳耕地占用税。具体规定如下：

（1）园地，包括果园、茶园、橡胶园、其他园地。其他园地包括种植桑树、可可、咖啡、油棕、胡椒、药材等其他多年生作物的园地。

（2）林地，包括乔木林地、竹林地、红树林地、森林沼泽、灌木林地、灌丛沼泽、其他林地，不包括城镇村庄范围内的绿化林木用地，铁路、公路征地范围内的林木用地，以及河流、沟

渠的护堤林用地。其他林地包括疏林地、未成林地、迹地、苗圃等林地。

（3）草地，包括天然牧草地、沼泽草地、人工牧草地，以及用于农业生产并已由相关行政主管部门发放使用权证的草地。

（4）养殖水面，包括人工开挖或者天然形成的用于水产养殖的河流水面、湖泊水面、水库水面、坑塘水面及相应附属设施用地。

（5）渔业水域滩涂，包括专门用于种植或者养殖水生动植物的海水潮浸地带和滩地，以及用于种植芦苇并定期进行人工养护管理的苇田。

3. 草地、苇田。用于农业生产并已由相关行政主管部门发放使用权证的草地，以及用于种植芦苇并定期进行人工养护管理的苇田，属于耕地占用税的征税范围。对占用上述草地、苇田建房或从事非农业建设的单位和个人，应征收耕地占用税。

因挖损、采矿塌陷、压占、污染等损毁耕地属于税法所称的非农业建设，应依照税法规定缴纳耕地占用税。

以下行为不征收耕地占用税：

第一，占用耕地建设农田水利设施的，不缴纳耕地占用税。

第二，占用园地、林地、草地、农田水利用地、养殖水面、渔业水域滩涂以及其他农用地建设直接为农业生产服务的生产设施的，不缴纳耕地占用税。

直接为农业生产服务的生产设施，是指直接为农业生产服务而建设的建筑物和构筑物。具体包括：储存农用机具和种子、苗木、木材等农业产品的仓储设施；培育、生产种子、种苗的设施；畜禽养殖设施；木材集材道、运材道；农业科研、试验、示范基地；野生动植物保护、护林、森林病虫害防治、森林防火、木材检疫的设施；专为农业生产服务的灌溉排水、供水、供电、供热、供气、通讯基础设施；农业生产者从事农业生产必需的食宿和管理设施；其他直接为农业生产服务的生产设施。

（三）税率

1. 基本规定。耕地占用税实行定额税率，具体规定如下：

（1）人均耕地不超过1亩的地区（以县、自治县、不设区的市、市辖区为单位，下同），每平方米为10元至50元。

（2）人均耕地超过1亩但不超过2亩的地区，每平方米为8元至40元。

（3）人均耕地超过2亩但不超过3亩的地区，每平方米为6元至30元。

（4）人均耕地超过3亩的地区，每平方米为5元至25元。

各地区耕地占用税的适用税额，由省、自治区、直辖市人民政府根据人均耕地面积和经济发展等情况，在规定的税额幅度内提出，报同级人民代表大会常务委员会决定，并报全国人民代表大会常务委员会和国务院备案。各省、自治区、直辖市耕地占用税适用税额的平均水平，不得低于《各省、自治区、直辖市耕地占用税平均税额表》规定的平均税额。《各省、自治区、直辖市耕地占用税平均税额表》见表8-3。

表8-3 各省、自治区、直辖市耕地占用税平均税额表

省、自治区、直辖市	平均税额（元/平方米）
上海	45
北京	40

续表

省、自治区、直辖市	平均税额 （元/平方米）
天津	35
江苏、浙江、福建、广东	30
辽宁、湖北、湖南	25
河北、安徽、江西、山东、河南、重庆、四川	22.5
广西、海南、贵州、云南、陕西	20
山西、吉林、黑龙江	17.5
内蒙古、西藏、甘肃、青海、宁夏、新疆	12.5

2. 特殊规定。

（1）在人均耕地低于零点五亩的地区，省、自治区、直辖市可以根据当地经济发展情况，适当提高耕地占用税的适用税额，但提高的部分不得超过适用税额的50%。

（2）占用基本农田的，应当按照当地适用税额，加按150%征收。

基本农田，是指依据《基本农田保护条例》划定的基本农田保护区范围内的耕地。

（3）占用园地、林地、草地、农田水利用地、养殖水面、渔业水域滩涂以及其他农用地的，适用税额可以适当低于本地区的适用税额，但降低的部分不得超过50%。具体适用税额由省、自治区、直辖市人民政府提出，报同级人民代表大会常务委员会决定，并报全国人民代表大会常务委员会和国务院备案。

三、税收优惠

1. 军事设施、学校、幼儿园、社会福利机构、医疗机构占用耕地，免征耕地占用税。

2. 铁路线路、公路线路、飞机场跑道、停机坪、港口、航道、水利工程占用耕地，减按每平方米2元的税额征收耕地占用税。

3. 农村居民在规定用地标准以内占用耕地新建自用住宅，按照当地适用税额减半征收耕地占用税；其中农村居民经批准搬迁，新建自用住宅占用耕地不超过原宅基地面积的部分，免征耕地占用税。

4. 农村烈士遗属、因公牺牲军人遗属、残疾军人以及符合农村最低生活保障条件的农村居民，在规定用地标准以内新建自用住宅，免征耕地占用税。

5. 铁路线路、公路线路、飞机场跑道、停机坪、港口、航道、水利工程占用耕地，减按每平方米2元的税额征收耕地占用税。

6. 农村居民在规定用地标准以内占用耕地新建自用住宅，按照当地适用税额减半征收耕地占用税；其中农村居民经批准搬迁，新建自用住宅占用耕地不超过原宅基地面积的部分，免征耕地占用税。

7. 自2023年1月1日至2027年12月31日，由省、自治区、直辖市人民政府根据本地区实际情况，对增值税小规模纳税人、小型微利企业和个体工商户减半征收耕地占用税。增值税小规模纳税人、小型微利企业和个体工商户已依法享受耕地占用税其他优惠政策的，可叠加享受本项优惠政策。

四、耕地占用税应纳税额的计算

耕地占用税以纳税人实际占用的耕地面积为计税依据，按照规定的适用税额一次性征收，应纳税额为纳税人实际占用的耕地面积（平方米）乘以适用税额。

应纳税额=实际占用的耕地面积×单位税额

【例8-7】某市土地储备中心收储60 000平方米耕地用于招拍挂，该处耕地适用的定额税率为20元每平方米。计算该土地储备中心的耕地占用税应纳税额。

解析：

该土地储备中心的耕地占用税应纳税额=60 000×20=1 200 000元

五、征收管理

（一）纳税义务发生时间

1. 耕地占用税的纳税义务发生时间为纳税人收到自然资源主管部门办理占用耕地手续的书面通知的当日。纳税人应当自纳税义务发生之日起30日内申报缴纳耕地占用税。

2. 自然资源主管部门凭耕地占用税完税凭证或者免税凭证和其他有关文件发放建设用地批准书。

3. 因挖损、采矿塌陷、压占、污染等损毁耕地的纳税义务发生时间为自然资源、农业农村等相关部门认定损毁耕地的当日。

（二）纳税期限

纳税人应当自纳税义务发生之日起30日内申报缴纳耕地占用税。

（三）纳税地点

纳税人占用耕地，应当在耕地所在地申报纳税。

（四）信息共享和工作配合机制

税务机关应当与相关部门建立耕地占用税涉税信息共享机制和工作配合机制。

县级以上地方人民政府自然资源、农业农村、水利等相关部门应当定期向税务机关提供农用地转用、临时占地等信息，协助税务机关加强耕地占用税征收管理。县级以上地方人民政府自然资源、农业农村、水利、生态环境等相关部门向税务机关提供的农用地转用、临时占地等信息，包括农用地转用信息、城市和村庄集镇按批次建设用地转而未供信息、经批准临时占地信息、改变原占地用途信息、未批先占农用地查处信息、土地损毁信息、土壤污染信息、土地复垦信息、草场使用和渔业养殖权证发放信息等。

税务机关发现纳税人的纳税申报数据资料异常或者纳税人未按照规定期限申报纳税的，可以提请相关部门进行复核，相关部门应当自收到税务机关复核申请之日起30日内向税务机关出具复核意见。

各省、自治区、直辖市人民政府应当建立健全本地区跨部门耕地占用税部门协作和信息交换工作机制。

纳税人占地类型、占地面积和占地时间等纳税申报数据材料以自然资源等相关部门提供的相关材料为准；未提供相关材料或者材料信息不完整的，经主管税务机关提出申请，由自然资源等相关部门自收到申请之日起30日内出具认定意见。

技能训练

一、单项选择题

1. 耕地占用税是对在中华人民共和国境内占用（　　）建设建筑物、构筑物或者从事非农业建设的单位和个人征收的一种税。

A. 土地　　　　　　B. 山地　　　　　　C. 耕地　　　　　　D. 湿地

2. 耕地占用税的纳税人应当自纳税义务发生之日起（　　）日内申报缴纳耕地占用税。

A. 7　　　　　　　　B. 15　　　　　　　　C. 30　　　　　　　　D. 60

3. 纳税人占用耕地，应当在（　　）申报纳税。

A. 耕地所在地　　　B. 机构所在地　　　C. 住所地　　　　　D. 居住地

4. （　　）地方人民政府自然资源、农业农村、水利等相关部门应当定期向税务机关提供农用地转用、临时占地等信息，协助税务机关加强耕地占用税征收管理。

A. 镇级以上　　　　B. 县级以上　　　　C. 市级以上　　　　D. 省级以上

5. 税务机关发现纳税人的纳税申报数据资料异常或者纳税人未按照规定期限申报纳税的，可以提请相关部门进行复核，相关部门应当自收到税务机关复核申请之日起（　　）日内向税务机关出具复核意见。

A. 120　　　　　　　B. 90　　　　　　　C. 60　　　　　　　D. 30

二、多项选择题

1. 缴纳耕地占用税的单位包括（　　）。

A. 国有企业　　　　B. 集体企业　　　　C. 私营企业　　　　D. 股份制企业

2. 耕地占用税的征税范围包括（　　）。

A. 耕地　　　　　　B. 园地　　　　　　C. 林地　　　　　　D. 草地

3. （　　）占用耕地的，免征耕地占用税。

A. 军事设施　　　　B. 学校、幼儿园　　C. 社会福利机构　　D. 科研机构

4. 县级以上地方人民政府（　　）等相关部门向税务机关提供的农用地转用、临时占地等信息。

A. 自然资源　　　　B. 农业农村　　　　C. 水利　　　　　　D. 生态环境

5. （　　），在规定用地标准以内新建自用住宅，免征耕地占用税。

A. 农村烈士遗属　　　　　　　　　　B. 因公牺牲军人遗属

C. 残疾军人　　　　　　　　　　　　D. 符合农村最低生活保障条件的农村居民

三、判断题

1. 经批准占用耕地的，纳税人为农用地转用审批文件中标明的建设用地人。（　　）

2. 纳税人在批准临时占用耕地期满之日起3年内依法复垦，恢复种植条件的，全额退还已经缴纳的耕地占用税。（　　）

3. 占用耕地建设农田水利设施的，不缴纳耕地占用税。（　　）

4. 因挖损、采矿塌陷、压占、污染等损毁耕地的纳税义务发生时间为自然资源、农业农村等相关部门认定损毁耕地的次日。（　　）

5. 纳税人占地类型、占地面积和占地时间等纳税申报数据材料以自然资源等相关部门提供的相关材料为准。（　　）

任务五　土地增值税法

◇ 任务引例

甲公司为某市一家工业企业（非房地产企业），属于增值税小规模纳税人。2024年9月，转让一处2017年5月购入的仓库，取得转让总收入800万元，其外购时增值税普通发票上注明价税合计金额480万元，但是现在不能确认评估价格。

◇ **任务要求**

甲公司上述业务需要缴纳多少土地增值税？

◇ **税海探知**

一、土地增值税的发展历程

土地增值税是以纳税人转让国有土地使用权、地上的建筑物及其附着物（以下简称转让房地产）所取得的增值额为征税对象，依照规定税率征收的一种税。为了规范土地、房地产市场交易秩序，合理调节土地增值收益，维护国家权益，1993 年 12 月 13 日国务院公布《中华人民共和国土地增值税暂行条例》，自 1994 年 1 月 1 日起开始实施。1995 年 1 月 27 日财政部发布的《中华人民共和国土地增值税暂行条例实施细则》。2011 年修订《中华人民共和国土地增值税暂行条例》。

二、土地增值税的纳税人、征税范围和税率

（一）纳税人

转让国有土地使用权、地上的建筑物及其附着物并取得收入的单位和个人，为土地增值税的纳税义务人（以下简称纳税人）。单位，是指各类企业单位、事业单位、国家机关和社会团体及其他组织。个人，包括个体经营者。

（二）征税范围

1. 征税范围的一般规定。土地增值税的征税范围包括转让国有土地使用权、地上的建筑物及其附着物并取得收入的行为。

转让国有土地使用权、地上的建筑物及其附着物并取得收入，是指以出售或者其他方式有偿转让房地产的行为。不包括以继承、赠与方式无偿转让房地产的行为。

国有土地，是指按国家法律规定属于国家所有的土地。

地上的建筑物，是指建于土地上的一切建筑物，包括地上地下的各种附属设施。

附着物，是指附着于土地上的不能移动，一经移动即遭损坏的物品。

收入，包括转让房地产的全部价款及有关的经济收益。纳税人转让房地产所取得的收入，包括货币收入、实物收入和其他收入。

2. 征税范围的具体判断。在实际工作中，准确掌握土地增值税的征税范围十分重要，下面是具体业务的判定：

（1）合作建房。对于一方出地，一方出资金，双方合作建房，建成后按比例分房自用的，暂免征收土地增值税；建成后转让的，应征收土地增值税。

（2）房地产出租。房地产的出租是指房产所有者或土地使用权人，将房产或土地使用权租赁给承租人使用并由承租人向出租人支付租金的行为。房地产出租人虽然取得了收入，但没有发生房产产权、土地使用权的转让，因此，不属于土地增值税的征税范围。

（3）房地产的抵押。房地产的抵押是指房产所有者或土地使用权人作为债务人或第三人向债权人提供不动产作为清偿债务的担保而不转移权属的法律行为。在抵押期间房产的产权、土地使用权并没有发生权属的变更，因此对房地产的抵押，在抵押期间不征收土地增值税。如抵押期满，以房地产抵债而发生房地产产权转让的，属于土地增值税的征税范围。

（4）代建房。代建房是指房地产开发公司代客户进行房地产的开发，开发完成后向客户收取代建房收入的行为。对于房地产开发公司而言，虽然取得了收入，但其收入属于劳务收入性质，故不在土地增值税征税范围。代建房的权属始终是客户的，并未发生转移。

（5）房地产评估增值。房地产评估增值，是在经济活动中，对房地产进行重新评估而产生的评估增值，因其没有发生房地产权属的转移，房产产权人、土地使用权人也未取得收入，所以不属于土地增值税征税范围。

（6）房地产的继承。房地产的继承，是指房产的原产权所有人、土地使用权人死亡以后，由其继承人依法承受死者房产产权和土地使用权的民事法律行为。这种行为虽然发生了房地产的权属变更，但原房产产权人、土地使用权人（即被继承人）并没有因为权属变更而取得任何收入。因此，这种房地产的继承不属于土地增值税的征税范围。

（7）房地产的赠与。房地产的赠与，是指房产所有人、土地使用权人将自己所拥有的房地产无偿地交给其他单位与个人的行为。房地产的赠与不属于土地增值税的征税范围。房地产的赠与虽发生了房地产的权属变更，但作为房产所有人、土地使用权的所有人并没有因为权属的转让而取得任何收入。但这种赠与，仅限以下两种情形：①房产所有人、土地使用权所有人将房屋产权、土地使用权赠与直系亲属或承担直接赡养义务人的。②房产所有人、土地使用权所有人通过中国境内非营利的社会团体、国家机关将房屋产权、土地使用权赠与教育、民政和其他社会福利、公益事业的。

上述社会团体是指中国青少年发展基金会、希望工程基金会、宋庆龄基金会、减灾委员会、中国红十字会、中国残疾人联合会、全国老年基金会、老区促进会以及经民政部门批准成立的其他非营利的公益性组织。

（8）关于个人互换住房的征免税问题。对个人之间互换自有居住用房地产的，经当地税务机关核实，可以免征土地增值税。

（9）转让码头泊位、机场跑道等基础设施性质的建筑物。对转让码头泊位、机场跑道等基础设施性质的建筑物行为，应当征收土地增值税。

（10）企业改制重组。①企业按照《中华人民共和国公司法》有关规定整体改制，包括非公司制企业改制为有限责任公司或股份有限公司，有限责任公司变更为股份有限公司，股份有限公司变更为有限责任公司，对改制前的企业将国有土地使用权、地上的建筑物及其附着物（以下简称房地产）转移、变更到改制后的企业，暂不征收土地增值税。整体改制是指不改变原企业的投资主体，并承继原企业权利、义务的行为。②按照法律规定或者合同约定，两个或两个以上企业合并为一个企业，且原企业投资主体存续的，对原企业将房地产转移、变更到合并后的企业，暂不征收土地增值税。③按照法律规定或者合同约定，企业分设为两个或两个以上与原企业投资主体相同的企业，对原企业将房地产转移、变更到分立后的企业，暂不征收土地增值税。④单位、个人在改制重组时以房地产作价入股进行投资，对其将房地产转移、变更到被投资的企业，暂不征收土地增值税。

该政策执行至 2027 年 12 月 31 日。上述改制重组有关土地增值税政策不适用于房地产转移任意一方为房地产开发企业的情形。

此外，土地使用者转让、抵押或置换土地，无论其是否取得了该土地的使用权属证书，无论其在转让、抵押或置换土地过程中是否与对方当事人办理了土地使用权属证书变更登记手续，只要土地使用者享有占有、使用、收益或处分该土地的权利，且有合同等证据表明其实质转让、抵押或置换了土地并取得了相应的经济利益，土地使用者及其对方当事人应当依照税法规定缴纳土地增值税。

（三）税率

土地增值税实行四级超率累进税率：

增值额未超过扣除项目金额 50% 的部分，税率为 30%。

增值额超过扣除项目金额 50%、未超过扣除项目金额 100% 的部分，税率为 40%。

增值额超过扣除项目金额 100%、未超过扣除项目金额 200% 的部分，税率为 50%。

增值额超过扣除项目金额 200% 的部分，税率为 60%。

三、土地增值税的计税依据

纳税人转让房地产所取得的收入减除按规定可以扣除的项目金额后的余额，为增值额。这个增值额即为土地增值税的计税依据。确定土地增值额时，需要先确定收入和扣除项目的金额。

（一）收入额的确定

纳税人转让房地产所取得的收入，包括货币收入、实物收入和其他收入。

货币收入，是指纳税人转让房地产取得的现金、银行存款、支票、银行本票、汇票等各种信用票据和国库券、金融债券、企业债券、股票等有价证券。实物收入，是指纳税人转让房地产取得的各种实物形态的收入。其他收入，是指纳税人转让房地产取得的无形资产收入或其他具有财产价值的权利，如专利权、商标权、著作权、专有技术使用权、土地使用权、商誉权等。纳税人取得实物收入及其他收入时，需要对这类收入进行估价，按估价后的金额确定收入额。

纳税人转让房地产的土地增值税应税收入不含增值税。适用增值税一般计税方法的纳税人，其转让房地产的土地增值税应税收入不含增值税销项税额；适用简易计税方法的纳税人，其转让房地产的土地增值税应税收入不含增值税应纳税额。

对于取得的收入为外国货币的，依照规定，以取得收入当天或当月 1 日国家公布的市场汇价折合人民币，据以计算土地增值税税额。对于以分期收款形式取得的外币收入，也应按实际收款日或收款当月 1 日国家公布的市场汇价折合人民币。

（二）扣除项目金额的确定

在计算增值额时，允许按照规定扣除下列项目金额。

1. 取得土地使用权所支付的金额。取得土地使用权所支付的金额，是指纳税人为取得土地使用权所支付的地价款和按国家统一法规缴纳的有关费用。具体为：以出让方式取得土地使用权的，为支付的土地出让金；以行政划拨方式取得土地使用权的，为转让土地使用权时按规定补交的出让金；以转让方式取得土地使用权的，为支付的地价款。

2. 房地产开发成本。房地产开发成本是开发土地和新建房及配套设施发生的成本。包括土地征用及拆迁补偿费、前期工程费、建筑安装工程费、基础设施费、公共设施配套费、开发间接费用。这些成本允许按实际发生额扣除。

土地征用及拆迁补偿费，包括土地征用费、耕地占用税、劳动力安置费及有关地上、地下附着物拆迁补偿的净支出、安置动迁用房支出等。

前期工程费，包括规划、设计、项目可行性研究和水文、地质、勘察、测绘、"三通一平"等支出。

建筑安装工程费，是指以出包方式支付给承包单位的建筑安装工程费，以自营方式发生的建筑安装工程费。

基础设施费，包括开发小区内道路、供水、供电、供气、排污、排洪、通讯、照明、环卫、绿化等工程发生的支出。

公共配套设施费，包括不能有偿转让的开发小区内公共配套设施发生的支出。

开发间接费用，是指直接组织、管理开发项目发生的费用，包括工资、职工福利费、折旧费、修理费、办公费、水电费、劳动保护费、周转房摊销等。

3. 房地产开发费用。房地产开发费用是开发土地和新建房及配套设施发生的费用。包括销售费用、管理费用、财务费用。具体来讲，房地产开发费用的扣除分两种情况：

（1）财务费用中的利息支出能够按房地产项目计算分摊，并提供金融机构证明。财务费用中的利息支出，凡能够按转让房地产项目计算分摊，并提供金融机构证明的，允许据实扣除，但最高不能超过按商业银行同类同期贷款利率计算的金额。除利息支出以外的房地产开发费用按取得土地使用权所支付的金额及房地产开发成本之和的5%以内予以扣除。

（2）财务费用中的利息支出不能按房地产项目计算分摊，或者不能提供金融机构证明。凡不能提供金融机构证明的，利息不单独扣除，三项费用的扣除按取得土地使用权所支付的金额及房地产开发成本的10%以内计算扣除。

计算扣除项目金额中的利息支出时的注意事项：

第一，利息的上浮幅度按国家的有关规定执行，超过上浮幅度的部分不允许扣除。

第二，对于超过贷款期限的利息部分和加罚的利息不允许扣除。

第三，土地增值税清算时，已经计入房地产开发成本的利息支出，应调整至财务费用中计算扣除。

4. 与转让房地产有关的税金。与转让房地产有关的税金。这是指在转让房地产时缴纳的城市维护建设税、印花税。因转让房地产缴纳的教育费附加，也可视同税金予以扣除。

营改增后，房地产开发企业实际缴纳的城市维护建设税、教育费附加，凡能够按清算项目准确计算的，允许据实扣除。凡不能按清算项目准确计算的，则按该清算项目预缴增值税时实际缴纳的城市维护建设税、教育费附加扣除。其他转让房地产行为的城市维护建设税、教育费附加扣除比照上述规定执行。

对于个人购入房地产再转让的，其在购入时已缴纳的契税，在旧房及建筑物的评估价中已包括了此项因素，在计征土地增值税时，不另作为"与转让房地产有关的税金"予以扣除。

5. 财政部规定的其他扣除项目。从事房地产开发的纳税人可以按照取得土地使用权所支付的金额与房地产开发成本两项金额之和，加计扣除20%。非从事房地产开发的纳税人不得加计扣除。

6. 旧房及建筑物的评估价格。

（1）转让旧房及建筑物能够取得评估价格。转让旧房及建筑物能够取得评估价格，应按房屋及建筑物的评估价格、取得土地使用权所支付的地价款和按国家统一规定缴纳的有关费用以及在转让环节缴纳的税金作为扣除项目金额计征土地增值税。对取得土地使用权时未支付地价款或不能提供已支付的地价款凭据的，不允许扣除取得土地使用权时所支付的金额。

旧房及建筑物的评估价格是指在转让已使用的房屋及建筑物时，由政府批准设立的房地产评估机构评定的重置成本价乘以成新度折扣率后的价值，并由当地税务机关参考评估机构的评估而确认的价格。转让旧房及建筑物的，在计算其增值额时，允许扣除由税务机关参照评估价格确定的扣除项目金额（即房屋及建筑物的重置成本价乘以成新度折扣率后的价值），以及在转让时缴纳的有关税金。这主要是考虑到如果按原成本价作为扣除项目金额，不尽合理。而采用评估的重置成本价能够相对消除通货膨胀因素的影响，比较合理。

纳税人转让旧房及建筑物时因计算纳税的需要而对房地产进行评估，其支付的评估费用允许在计算增值额时予以扣除。但是，对纳税人因隐瞒、虚报房地产成交价格等情形而按房地产评估价格计算征收土地增值税时所发生的评估费用，则不允许在计算土地增值税时予以扣除。

（2）转让旧房及建筑物不能取得评估价格，但能提供购房发票。纳税人转让旧房及建筑物，凡不能取得评估价格，但能提供购房发票的，经当地税务部门确认，取得土地使用权所支付的金额及旧房及建筑物的评估价格，可按发票所载金额并从购买年度起至转让年度止每年加计5%计算。对纳税人购房时缴纳的契税，凡能提供契税完税凭证的，准予作为"与转让房地产有关的税金"予以扣除，但不作为加计5%的基数。

（3）转让旧房及建筑物既不能取得评估价格，又不能提供购房发票。对于转让旧房及建筑物，既没有评估价格，又不能提供购房发票的，税务机关可以根据规定，实行核定征收。

除另有规定外，扣除取得土地使用权所支付的金额、房地产开发成本、费用及与转让房地产有关税金，须提供合法有效凭证；不能提供合法有效凭证的，不予扣除。

四、税收优惠

1. 纳税人建造普通标准住宅出售，其增值率未超过20%的，免征土地增值税。普通标准住宅是指按照所在地一般民用住宅标准建造的居住用住宅。对纳税人既建普通标准住宅，又建造其他房地产开发的，应分别核算增值额；不分别核算增值额或不能准确核算增值额的，其建造的普通标准住宅不适用该免税规定。

普通标准住宅应同时满足：住宅小区建筑容积率在1.0以上；单套建筑面积在120平方米以下；实际成交价格低于同级别土地上住房平均交易价格1.2倍以下。各省、自治区、直辖市对普通住房的具体标准可以适当上浮，但不超过上述标准的20%。

2. 因国家建设需要依法征用、收回的房地产，免征土地增值税。

3. 企事业单位、社会团体以及其他组织转让旧房作为改造安置住房房源且增值额未超过扣除项目金额20%的，免征土地增值税。

4. 2025年12月31日之前，对企事业单位、社会团体以及其他组织转让旧房作为公租房房源，且增值额未超过扣除项目金额20%的，免征土地增值税。

5. 自2023年10月1日起，企事业单位、社会团体以及其他组织转让旧房作为保障性住房房源且增值额未超过扣除项目金额20%的，免征土地增值税。

6. 对个人之间互换自有居住用房地产的，经当地税务机关核实，可以免征土地增值税。

7. 对个人销售住房暂免征收土地增值税。

五、土地增值税应纳税额的计算

（一）增值额的计算

增值税的计算取决于房地产转让收入和扣除项目金额两个因素。其计算公式如下：

$$增值额 = 转让房地产取得的收入 - 扣除项目金额$$

如果不能准确提供房地产转让价格或扣除项目金额，继而无法准确确定房地产转让的增值额，则影响应纳土地增值税的计算和缴纳。因此，纳税人有下列情形之一的，按照房地产评估价格计算征收：

1. 隐瞒、虚报房地产成交价格。隐瞒，虚报房地产成交价格，是指纳税人不报或有意低报转让土地使用权、地上建筑物及其附着物价款的行为。

2. 提供扣除项目金额不实。提供扣除项目金额不实的，是指纳税人在纳税申报时不据实提供扣除项目金额的行为。

3. 转让房地产的成交价格低于房地产评估价格，又无正当理由。成交价格低于房地产评估价格，又无正当理由的，是指纳税人申报的转让房地产的实际成交价低于房地产评估机构评定的交易价，纳税人又不能提供凭据或无正当理由的行为。

隐瞒、虚报房地产成交价格，应由评估机构参照同类房地产的市场交易价格进行评估。税务机关根据评估价格确定转让房地产的收入。

提供扣除项目金额不实的，应由评估机构按照房屋重置成本价乘以成新度折扣率计算的房屋成本价和取得土地使用权时的基准地价进行评估。税务机关根据评估价格确定扣除项目金额。

转让房地产的成交价格低于房地产评估价格，又无正当理由的，由税务机关参照房地产评估价格确定转让房地产的收入。

纳税人成片受让土地使用权后，分期分批开发、转让房地产的，其扣除项目金额的确定。可按转让土地使用权的面积占总面积的比例计算分摊，或按建筑面积计算分摊，也可按税务机关确认的其他方式计算分摊。

（二）应纳税额的计算

土地增值税实行超率累进税率，因此在确定适用税率之前需要先确定增值额与扣除项目金额增值的比率，根据增值额与扣除项目金额增值的比率确定适用土地增值税税率。因为是超率累进税率，所以可以借助速算扣除系数的方法进行简便计算。土地增值税税率及对应的速算扣除系数见表 8-4。

表 8-4　土地增值税四级超率累进税率表

单位：%

级数	增值额与扣除项目金额的比率	税率	速算扣除系数
1	未超过 50% 的部分	30	
2	超过 50% 未超过 100% 的部分	40	5
3	超过 100% 未超过 200% 的部分	50	15
4	超过 200% 的部分	60	35

四级超率累进税率，每级"增值额未超过扣除项目金额"的比例，均包括本比例数。

计算土地增值税税额，可按增值额乘以适用的税率减去扣除项目金额乘以速算扣除系数的简便方法计算，具体公式如下：

1. 增值额未超过扣除项目金额 50%：

$$土地增值税税额 = 增值额 \times 30\%$$

2. 增值额超过扣除项目金额 50%，未超过 100%：

$$土地增值税税额 = 增值额 \times 40\% - 扣除项目金额 \times 5\%$$

3. 增值额超过扣除项目金额 100%，未超过 200%：

$$土地增值税税额 = 增值额 \times 50\% - 扣除项目金额 \times 15\%$$

4. 增值额超过扣除项目金额 200%：

土地增值税税额 = 增值额 × 60% - 扣除项目金额 × 35% 公式中的 5%、15%、35% 为速算扣除系数。

【例 8-8】2024 年甲房地产开发公司出售一幢已竣工验收的商务写字楼，应税收入总额为 12 000 万元。开发该写字楼有关支出如下：支付地价款及各种费用 1100 万元；房地产开发成本 3200 万元；财务费用中的利息支出为 500 万元（可按开发项目计算分摊并提供金融机构证明）；转让环节缴纳的有关税费共计 570 万元；该单位所在地政府规定的其他房地产开发费用计算扣除比例为 5%。请计算该房地产开发公司出售该写字楼的土地增值税税额。

解析：

（1）取得土地使用权支付的地价款及有关费用为 1100 万元。

（2）房地产开发成本为 3200 万元。

（3）房地产开发费用 =500+（1100+3200）×5%=715 万元。

（4）允许扣除的税费为 570 万元。

（5）从事房地产开发的纳税人加计扣除 20%。

加计扣除额 =（1100+3200）×20%=860 万元

（6）扣除项目金额 =1100+3200+715+570+860=6 445 万元。

（7）增值额 =12 000-6445=5555 万元。

（8）增值率 =5555÷6445×100%=86.19% 。

（9）该房地产开发公司出售该写字楼的土地增值税税额 =5555×40%-6445×5%=1899.75 万元。

寻法溯源

微课 8-2　案例解析土地增值税应纳税额的计算

六、征收管理

（一）纳税义务发生时间

根据规定，税务机关可以对纳税人在项目全部竣工结算前转让房地产取得的收入预征土地增值税。具体办法由各省、自治区、直辖市地方税务局根据当地情况制定。因此，对纳税人预售房地产所取得的收入，当地税务机关规定预征土地增值税纳税人应当到主管税务机关办理纳税申报，并按规定比例预缴、待办理决算后，多退少补；当地税务机关规定不预征土地增值税的，也应在取得收入时先到税务机关登记或备案。

（二）纳税期限

纳税人应在转让房地产合同签订后的 7 日内，到房地产所在地主管税务机关办理纳税申报、并向税务机关提交房屋及建筑物产权、土地使用权证书，土地转让、房产买卖合同，房地产评估报告及其他与转让房地产有关的资料。

纳税人因经常发生房地产转让而难以在每次转让后申报的，经税务机关审核同意后，可以定期进行纳税申报，具体期限由税务机关根据情况确定。

税务机关核定的纳税期限，应在纳税人签订房地产转让合同之后、办理房地产权属转让（即过户及登记）手续之前。

（三）纳税地点

土地增值税的纳税人应向房地产所在地主管税务机关办理纳税申报，并在税务机关核定的期限内缴纳土地增值税。房地产所在地，是指房地产的坐落地。纳税人转让房地产坐落在两个或两个以上地区的，应按房地产所在地分别申报纳税。

技能训练

一、单项选择题

1、根据土地增值税法律制度的规定，下列各项中，属于土地增值税纳税人的是（　　）。

A. 出售房屋的企业　　　　　　　　B. 购买房屋的个人

C. 出租房屋的个人　　　　　　　　D. 购买房屋的企业

2. 根据土地增值税法律制度的规定，下列各项中，属于土地增值税纳税人的是（　　）。

A. 出售厂房的工厂　　　　　　　　B. 受赠房屋的学校

C. 承租商铺的个体工商户　　　　　D. 出让国有土地使用权的市人民政府

3. 下列各项中，属于土地增值税征税范围的是（　　）。

A. 出租房屋　　　　　　　　　　B. 企业之间交换房屋

C. 代建房屋　　　　　　　　　　D. 评估房屋

4. 根据土地增值税法律制度的规定，下列行为中，应缴纳土地增值税的是（　　）。

A. 国有土地使用权的转让　　　　B. 房地产的出租

C. 国有土地使用权的出让　　　　D. 房地产的继承

5. 根据土地增值税法律制度的规定，下列各项中，属于土地增值税征税范围的是（　　）。

A. 房地产的出租　　　　　　　　B. 企业间房地产的交换

C. 房地产的代建　　　　　　　　D. 房地产的抵押

6. 计税依据时，不允许从房地产转让收入额中减除的是（　　）。

A. 在转让房地产时缴纳的城市维护建设税

B. 为取得土地使用权所支付的地价款

C. 超过贷款期限的利息部分

D. 开发房地产款项实际发生的土地征用费

7. 2024 年 9 月甲房地产开发公司销售自行开发的一处住宅项目，取得不含增值税价款 8000 万元，扣除项目金额 5000 万元。已知，土地增值税税率为 40%，速算扣除系数为 5%。计算甲房地产开发公司销售该住宅项目应缴纳土地增值税税额的下列算式中，正确的是（　　）万元。

A. $8000 \times 40\% = 3200$

B. $(8000 - 5000) \times (40\% - 5\%) = 1050$

C. $(8000 - 5000) \times 40\% \times 5\% = 60$

D. $(8000 - 5000) \times 40\% - 5000 \times 5\% = 950$

8. 2024 年 9 月，某国有企业转让 2015 年 5 月在市区购置的一栋办公楼，取得收入 10 000 万元，签订产权转移书据，相关税费 115 万元，2015 年购买时支付价款 8000 万元，办公楼经税务机关认定的重置成本价为 12 000 万元，成新率 70%。该企业在缴纳土地增值税时计算的增值额为（　　）万元。

A. 400　　　　　　B. 1485　　　　　　C. 1490　　　　　　D. 200

9. 根据土地增值税法律制度的规定，下列各项中，不属于土地增值税免税项目的是（　　）。

A. 个人转让住房

B. 因国家建设需要被政府批准收回的土地使用权

C. 企业出售闲置办公用房

D. 因城市规划需要被政府批准征用的房产

10. 纳税人建造普通标准住宅出售，增值额未超过扣除项目金额一定比例的，免征土地增值税，该比例是（　　）。

A. 5%　　　　　　B. 10%　　　　　　C. 20%　　　　　　D. 30%

二、多项选择题

1. 根据土地增值税法律制度的规定，下列行为中应征收土地增值税的有（　　）。

A. 个人出租不动产　　　　　　　B. 企业出售不动产

C. 企业转让国有土地使用权　　　D. 政府出让国有土地使用权

2. 甲商业企业在转让其自用的办公楼时产生的下列各项税费中，在计算土地增值税时可以扣除的有（　　）。

A. 增值税　　　　　　　　　　　B. 城市维护建设税

C. 教育费附加   D. 印花税

3. 根据土地增值税法律制度的规定，下列各项中，在计算土地增值税时，应计入房地产开发成本的有（　　）。

A. 公共配套设施费   B. 建筑安装工程费

C. 取得土地使用权所支付的地价款   D. 土地征用及拆迁补偿费

4. 根据土地增值税法律制度的规定，转让旧房及建筑物，在计算土地增值额时，允许扣除的项目有（　　）。

A. 转让环节的税金   B. 取得土地的地价款

C. 评估价格   D. 重置成本

5. 根据土地增值税法律制度的规定，下列情形中，应予缴纳土地增值税的有（　　）。

A. 纳税人进行其他房地产开发的同时建造普通标准住宅，不能准确核算增值额的

B. 企事业单位转让旧房作为公共租赁住房房源且增值额未超过扣除项目金额 20% 的

C. 纳税人建造高级公寓出售，增值额未超过扣除项目金额 20% 的

D. 因国家建设需要依法征用、收回的房地产

三、判断题

1. 双方合作建商品房，建成后转让的，应征收土地增值税。（　　）

2. 张某因父亲死亡继承其房屋，该行为应缴纳土地增值税。（　　）

3. 土地增值税实行四级超率累进税率。（　　）

4. 纳税人隐瞒、虚报房地产成交价格的，按照房产的购置原价计算征收土地增值税。（　　）

5. 房地产开发项目中同时包含普通住宅和非普通住宅的，应分别计算土地增值税的税额。（　　）

6. 房地产开发企业取得房地产销售许可证满 3 年仍未销售完毕的，主管税务机关可要求纳税人进行土地增值税清算。（　　）

7. 已竣工验收的房地产开发项目，已转让的房地产建筑面积占整个项目可售建筑面积的比例在 75％ 以上，或该比例虽未超过 75%，但剩余的可售建筑面积已经出租或自用的，主管税务机关可要求纳税人进行土地增值税清算。（　　）

8. 将房屋产权、土地使用权赠与直系亲属或承担直接赡养义务人的行为，属于土地增值税的征税范围。（　　）

9. 政府出让国有土地使用权，应征收土地增值税。（　　）

10. 建造普通标准住宅出售，且增值率未超过 20% 的，免征收土地增值税。（　　）

任务六　契税法

◇ **任务引例**

甲企业 2024 年 9 月因无力偿还乙企业已到期的债务 4000 万元，经双方协商甲企业同意以自有房产偿还债务，该房产的原值 4600 万元，净值 2000 万元，评估现值 7000 万元。乙企业支付了差价款 3000 万元，双方办理了产权过户手续。已知当地契税税率为 5%。

◇ **任务要求**

1. 上述业务中哪家企业需要缴纳契税？

2. 请计算上述业务中契税的应纳税额？

◇　税海探知

一、契税的发展历程

契税是在中华人民共和国境内转移土地、房屋权属，向承受土地、房屋权属的单位和个人征收的一种税。我国最早的契税法律法规是1950年原政务院颁布的《契税暂行条例》（已失效），里面规定有买契税、典契税、赠与契税。在1997年国务院颁布了《中华人民共和国契税暂行条例》（已失效），同时废止《契税暂行条例》（已失效），规定房屋买卖、赠与、交换需要缴纳契税。1997年10月28日，财政部公布《中华人民共和国契税暂行条例细则》（已失效）。2019年3月2日，中华人民共和国国务院令第709号修订了《中华人民共和国契税暂行条例》。2020年8月11日，《中华人民共和国契税法》（以下简称《契税法》）由第十三届全国人民代表大会常务委员会第二十一次会议通过，自2021年9月1日起施行。

二、契税的纳税人、征税范围和税率

（一）纳税人

凡在我国境内转移土地、房屋权属，承受的单位和个人为契税的纳税人。境内是指中华人民共和国实际税收行政管辖范围内。土地、房屋权属是指土地使用权和房屋所有权。承受是指以受让、购买、受赠、交换等方式取得土地、房屋权属的行为。单位是指企业单位、事业单位、国家机关、军事单位和社会团体以及其他组织。个人是指个体经营者及其他个人，包括中国公民和外籍人员。

（二）征税范围

契税的征税范围是转移土地、房屋权属的行为，具体为下列行为：

1. 土地使用权出让。

2. 土地使用权转让，包括出售、赠与、互换。

土地使用权转让，不包括土地承包经营权和土地经营权的转移。

3. 房屋买卖、赠与、互换。

4. 以作价投资（入股）、偿还债务、划转、奖励等方式转移土地、房屋权属的。

5. 下列情形发生土地、房屋权属转移的，承受方应当依法缴纳契税：

（1）因共有不动产份额变化的。

（2）因共有人增加或者减少的。

（3）因人民法院、仲裁委员会的生效法律文书或者监察机关出具的监察文书等因素，发生土地、房屋权属转移的。

（三）税率

契税实行比率税率，税率为3%至5%。契税的具体适用税率，由省、自治区、直辖市人民政府在前款规定的税率幅度内提出，报同级人民代表大会常务委员会决定，并报全国人民代表大会常务委员会和国务院备案。

省、自治区、直辖市可以依照前款规定的程序对不同主体、不同地区、不同类型的住房的权属转移确定差别税率。

三、税收优惠

（一）减免税基本规定

1. 有下列情形之一的，免征契税。

（1）国家机关、事业单位、社会团体、军事单位承受土地、房屋权属用于办公、教学、医疗、科研、军事设施。

（2）非营利性的学校、医疗机构、社会福利机构承受土地、房屋权属并用于办公、教学、医疗、科研、养老、救助等。

（3）承受荒山、荒地、荒滩等土地使用权用于农、林、牧、渔业生产。

（4）婚姻关系存续期间夫妻之间变更土地、房屋权属。

（5）法定继承人通过继承承受土地、房屋权属。

（6）依照法律规定应当予以免税的外国驻华使馆、领事馆和国际组织驻华代表机构承受土地、房屋权属。

根据国民经济和社会发展的需要，国务院对居民住房需求保障、企业改制重组、灾后重建等情形可以规定免征或者减征契税，报全国人民代表大会常务委员会备案。

2. 省、自治区、直辖市可以决定对下列情形免征或者减征契税。

（1）因土地、房屋被县级以上人民政府征收、征用，重新承受土地、房屋权属。

（2）因不可抗力灭失住房，重新承受住房权属。

上述规定的免征或者减征契税的具体办法，由省、自治区、直辖市人民政府提出，报同级人民代表大会常务委员会决定，并报全国人民代表大会常务委员会和国务院备案。

纳税人改变有关土地、房屋的用途，或者有其他不再属于免征、减征契税情形的，应当缴纳已经免征、减征的税款。

（二）减免税特殊规定

1. 自 2023 年 10 月 1 日，保障性住房经营管理单位回购保障性住房继续作为保障性住房房源的，免征契税。

2. 2027 年 12 月 31 日之前对饮水工程运营管理单位为建设饮水工程而承受土地使用权，免征契税。

3. 2024 年 1 月 1 日至 2027 年 12 月 31 日企业、事业单位改制重组涉及的契税按照下列政策执行：

（1）企业改制。企业按照《中华人民共和国公司法》有关规定整体改制，包括非公司制企业改制为有限责任公司或股份有限公司，有限责任公司变更为股份有限公司，股份有限公司变更为有限责任公司，原企业投资主体存续并在改制（变更）后的公司中所持股权（股份）比例超过75%，且改制（变更）后公司承继原企业权利、义务的，对改制（变更）后公司承受原企业土地、房屋权属，免征契税。

（2）事业单位改制。事业单位按照国家有关规定改制为企业，原投资主体存续并在改制后企业中出资（股权、股份）比例超过50%的，对改制后企业承受原事业单位土地、房屋权属，免征契税。

（3）公司合并。两个或两个以上的公司，依照法律规定、合同约定，合并为一个公司，且原投资主体存续的，对合并后公司承受原合并各方土地、房屋权属，免征契税。

（4）公司分立。公司依照法律规定、合同约定分立为两个或两个以上与原公司投资主体相同的公司，对分立后公司承受原公司土地、房屋权属，免征契税。

（5）企业破产。企业依照有关法律法规规定实施破产，债权人（包括破产企业职工）承受破产企业抵偿债务的土地、房屋权属，免征契税；对非债权人承受破产企业土地、房屋权属，凡按照《中华人民共和国劳动法》等国家有关法律法规政策妥善安置原企业全部职工规定，与原企业全部职工签订服务年限不少于 3 年的劳动用工合同的，对其承受所购企业土地、房屋权属，免征契税；与原企业超过 30% 的职工签订服务年限不少于 3 年的劳动用工合同的，减半征收契税。

（6）资产划转。对承受县级以上人民政府或国有资产管理部门按规定进行行政性调整、划转国有土地、房屋权属的单位，免征契税。

同一投资主体内部所属企业之间土地、房屋权属的划转，包括母公司与其全资子公司之间，同一公司所属全资子公司之间，同一自然人与其设立的个人独资企业、一人有限公司之间土地、房屋权属的划转，免征契税。

母公司以土地、房屋权属向其全资子公司增资，视同划转，免征契税。

（7）债权转股权。经国务院批准实施债权转股权的企业，对债权转股权后新设立的公司承受原企业的土地、房屋权属，免征契税。

（8）划拨用地出让或作价出资。以出让方式或国家作价出资（入股）方式承受原改制重组企业、事业单位划拨用地的，不属上述规定的免税范围，对承受方应按规定征收契税。

（9）公司股权（股份）转让。在股权（股份）转让中，单位、个人承受公司股权（股份），公司土地、房屋权属不发生转移，不征收契税。

4. 从 2023 年 8 月 1 日至 2027 年 12 月 31 日，对银行业金融机构、金融资产管理公司接收抵债资产免征契税。

5. 在 2025 年 12 月 31 日之前对公租房经营管理单位购买住房作为公租房，免征契税。

6. 夫妻因离婚分割共同财产发生土地、房屋权属变更的，免征契税。

7. 城镇职工按规定第一次购买公有住房的，免征契税。

8. 外国银行分行按照《中华人民共和国外资银行管理条例》等相关规定改制为外商独资银行（或其分行），改制后的外商独资银行（或其分行）承受原外国银行分行的房屋权属的，免征契税。

9. 军建离退休干部住房及附属用房移交地方政府管理的，免征契税。

10. 对廉租住房经营管理单位购买住房作为廉租住房、经济适用住房经营管理单位回购经济适用住房继续作为经济适用住房房源的，免征契税。

11. 对个人购买经济适用住房，在法定税率基础上减半征收契税。

12. 对金融租赁公司开展售后回租业务，承受承租人房屋、土地权属的，照章征税。对售后回租合同期满，承租人回购原房屋、土地权属的，免征契税。

13. 对经营管理单位回购已分配的改造安置住房继续作为改造安置房源的，免征契税。

14. 个人首次购买 90 平方米以下改造安置住房，按 1% 的税率计征契税；购买超过 90 平方米，但符合普通住房标准的改造安置住房，按法定税率减半计征契税。

15. 个人因房屋被征收而取得货币补偿并用于购买改造安置住房，或因房屋被征收而进行房屋产权调换并取得改造安置住房，按有关规定减免契税。

16. 对个人购买家庭唯一住房（家庭成员范围包括购房人、配偶以及未成年子女，下同），面积为 90 平方米及以下的，减按 1% 的税率征收契税；面积为 90 平方米以上的，减按 1.5% 的税率征收契税。

17. 对个人购买家庭第二套改善性住房，面积为 90 平方米及以下的，减按 1% 的税率征收契税；面积为 90 平方米以上的，减按 2% 的税率征收契税。

家庭第二套改善性住房是指已拥有一套住房的家庭，购买的家庭第二套住房。（北京市、上海市、广州市、深圳市不实施该项，采用当地规定的契税税率 3%）

18. 对进行股份合作制改革后的农村集体经济组织承受原集体经济组织的土地、房屋权属，免征契税。

19. 对农村集体经济组织以及代行集体经济组织职能的村民委员会、村民小组进行清产核资并收回集体资产而承受土地、房屋权属，免征契税。

20. 对农村集体土地所有权、宅基地和集体建设用地使用权及地上房屋确权登记，不征收契税。

21. 对易地扶贫搬迁贫困人口按规定取得的安置住房，免征契税。

22. 对易地扶贫搬迁项目实施主体（以下简称项目实施主体）取得用于建设安置住房的土地，免征契税

23. 在商品住房等开发项目中配套建设安置住房的，按安置住房建筑面积占总建筑面积的比例，计算应予免征的安置住房用地相关的契税。

24. 对项目实施主体购买商品住房或者回购保障性住房作为安置住房房源的，免征契税。

25. 2025 年 12 月 31 日之前承受房屋、土地用于提供社区养老、托育、家政服务的，免征契税。

四、契税应纳税额的计算

契税的应纳税额按照计税依据乘以具体适用税率计算。计算公式为：

$$应纳税额 = 计税依据 × 适用税率$$

关于契税的计税依据，有关规定如下：

1. 土地使用权出让、出售，房屋买卖，为土地、房屋权属转移合同确定的成交价格，包括应交付的货币以及实物、其他经济利益对应的价款。

2. 土地使用权互换、房屋互换，为所互换的土地使用权、房屋价格的差额。

3. 土地使用权赠与、房屋赠与以及其他没有价格的转移土地、房屋权属行为，为税务机关参照土地使用权出售、房屋买卖的市场价格依法核定的价格。

纳税人申报的成交价格、互换价格差额明显偏低且无正当理由的，由税务机关依照《税收征收管理法》的规定核定。

4. 以划拨方式取得的土地使用权，经批准改为出让方式重新取得该土地使用权的，应由该土地使用权人以补缴的土地出让价款为计税依据缴纳契税。

5. 先以划拨方式取得土地使用权，后经批准转让房地产，划拨土地性质改为出让的，承受方应分别以补缴的土地出让价款和房地产权属转移合同确定的成交价格为计税依据缴纳契税。

6. 先以划拨方式取得土地使用权，后经批准转让房地产，划拨土地性质未发生改变的，承受方应以房地产权属转移合同确定的成交价格为计税依据缴纳契税。

7. 土地使用权及所附建筑物、构筑物等（包括在建的房屋、其他建筑物、构筑物和其他附着物）转让的，计税依据为承受方应交付的总价款。

8. 土地使用权出让的，计税依据包括土地出让金、土地补偿费、安置补助费、地上附着物和青苗补偿费、征收补偿费、城市基础设施配套费、实物配建房屋等应交付的货币以及实物、其他经济利益对应的价款。

9. 房屋附属设施（包括停车位、机动车库、非机动车库、顶层阁楼、储藏室及其他房屋附属设施）与房屋为同一不动产单元的，计税依据为承受方应交付的总价款，并适用与房屋相同的税率；房屋附属设施与房屋为不同不动产单元的，计税依据为转移合同确定的成交价格，并按当地确定的适用税率计税。

10. 承受已装修房屋的，应将包括装修费用在内的费用计入承受方应交付的总价款。

11. 土地使用权互换、房屋互换，互换价格相等的，互换双方计税依据为零；互换价格不相

等的，以其差额为计税依据，由支付差额的一方缴纳契税。

12. 契税的计税依据不包括增值税。

【例 8-9】 居民张某有两套住房，将一套出售给李某，成交价格为 120 000 元；将另一套两室住房与王某的住房进行交换，并支付换房差价款 50 000 元。请计算张某、李某、王某的契税应纳税额。（假定税率为 3%，所有金额均不含增值税）

解析：

（1）张某的契税应纳税额 = 50 000×3% = 1500 元。

（2）李某的契税应纳税额 = 120 000×3% = 3600 元。

（3）王某不缴纳契税。

【例 8-10】 居民吴某名下拥有三套住房，将一套价值 270 万元的住房与居民刘某交换一套价值 200 万元的住房，收取刘某支付的差额 70 万元；因无力偿还债务，将一套住房折价抵偿居民李某债务 200 万元。假设当地适用的契税税率为 4%，请计算吴某、刘某、李某的契税应纳税额。

解析：

（1）吴某不缴纳契税。

（2）刘某的契税应纳税额 = 700 000×4% = 28 000 元。

吴某将一套价值 270 万元的住房与居民刘某交换一套价值 200 万元的住房，收取刘某支付的差价 70 万元，按规定，吴某不缴纳契税，刘某的契税应纳税额 2.8 万元（70×4%）。

（3）李某的契税应纳税额 = 2 000 000×4% = 80 000 元。

吴某将一套住房折价抵偿居民李某债务 200 万元，按规定，吴某不缴纳契税，李某的契税应纳税额 8 万元（200×4%）。

五、征收管理

（一）纳税义务发生时间

1. 契税的纳税义务发生时间，为纳税人签订土地、房屋权属转移合同的当日，或者纳税人取得其他具有土地、房屋权属转移合同性质凭证的当日。

2. 因人民法院、仲裁委员会的生效法律文书或者监察机关出具的监察文书等发生土地、房屋权属转移的，纳税义务发生时间为法律文书等生效当日。

3. 因改变土地、房屋用途等情形应当缴纳已经减征、免征契税的，纳税义务发生时间为改变有关土地、房屋用途等情形的当日。

4. 因改变土地性质、容积率等土地使用条件需补缴土地出让价款，应当缴纳契税的，纳税义务发生时间为改变土地使用条件当日。

发生上述情形，按规定不再需要办理土地、房屋权属登记的，纳税人应自纳税义务发生之日起 90 日内申报缴纳契税。

（二）纳税期限

纳税人应当在依法办理土地、房屋权属登记手续前申报缴纳契税。

纳税人缴纳契税后发生下列情形，可依照有关法律法规申请退税：

1. 因人民法院判决或者仲裁委员会裁决导致土地、房屋权属转移行为无效、被撤销或者被解除，且土地、房屋权属变更至原权利人的。

2. 在出让土地使用权交付时，因容积率调整或实际交付面积小于合同约定面积需退还土地出让价款的。

3. 在新建商品房交付时，因实际交付面积小于合同约定面积需返还房价款的。

4. 在依法办理土地、房屋权属登记前，权属转移合同、权属转移合同性质凭证不生效、无效、被撤销或者被解除的。

（三）纳税地点

纳税人应当在依法办理土地、房屋权属登记手续前申报缴纳契税。

📋 技能训练

一、单项选择题

1. 2011 年陈某继承父母的一套住房，当年与王某结婚并在不动产权证书上增加王某的姓名。2024 年陈某与王某将该套住房转让给李某，随后李某将该套住房出租给郑某。上述事项中，契税的纳税人是（　　）。

　　A. 李某　　　　　　　B. 王某　　　　　　C. 陈某　　　　　　　D. 郑某

2. 根据契税法律制度的规定，下列各项中，属于契税纳税人的是（　　）。

　　A. 继承父母车辆的子女　　　　　　B. 转让土地使用权的企业

　　C. 出租自有住房的个人　　　　　　D. 受赠房屋权属的个体工商户

3. 根据契税法律制度的规定，下列各项中，属于契税纳税人的是（　　）。

　　A. 抵押商铺的李某　　　　　　　　B. 转让国有土地使用权的乙公司

　　C. 出租住房的王某　　　　　　　　D. 受让国有土地使用权的甲公司

4. 下列各项中，属于契税纳税人的是（　　）。

　　A. 获得住房奖励的个人　　　　　　B. 转让土地使用权的企业

　　C. 继承父母汽车的子女　　　　　　D. 出售房屋的个体工商户

5. 根据契税法律制度的规定，下列各项中，属于契税征税范围的是（　　）。

　　A. 房屋赠与　　　　　　　　　　　B. 房屋出租

　　C. 房屋典当　　　　　　　　　　　D. 房屋抵押

6. 根据契税法律制度的规定，下列行为中，应征收契税的是（　　）。

　　A. 李某将商铺抵押　　　　　　　　B. 乙公司受让国有土地使用权

　　C. 王某将土地使用权典当　　　　　D. 甲商场出租摊位

7. 根据契税法律制度的规定，下列行为中，应征收契税的是（　　）。

　　A. 甲公司出租地下停车场　　　　　B. 丁公司购买办公楼

　　C. 乙公司将房屋抵押给银行　　　　D. 丙公司承租仓库

8. 2024 年 9 月，甲广告公司从乙公司购入一处写字楼，支付不含增值税价款 500 万元。该写字楼乙公司账面原值 300 万元，已提折旧 75 万元。已知，契税税率为 4%。计算甲广告公司当月该笔业务的契税应纳税额的下列算式中，正确的是（　　）万元。

　　A. 300×4%＝12　　　　　　　　　B. 500×4%＝20

　　C.［500-(300-75)］×4%＝11　　D.(300-75)×4%＝9

9. 2024 年 9 月，张某获得县人民政府奖励住房一套，经税务机关核定该住房价值 80 万元。张某对该住房进行装修，支付装修费用 5 万元。已知契税适用税率为 3%。计算张某的契税应纳税额的下列算式中，正确的是（　　）万元。

　　A.(80+5)×3%＝2.55　　　　　　B. 80×3%＝2.4

　　C.(80+5)×(1+3%)×3%＝2.6265　D.(80-5)×3%＝2.25

10. 甲企业将价值 400 万元的房屋与乙企业价值 500 万元的土地使用权进行互换，并向乙企业支付 100 万元差价。已知契税适用税率为 3%。计算甲企业该笔业务的契税应纳税额的下列算式中，正确的是（　　）万元。

A. 400×3% = 12

B. 500×3% = 15

C. 100×3% = 3

D.（400+500）×3% = 27

二、多项选择题

1. 根据契税法律制度的规定，下列各项中，属于契税纳税人的有（　　）。

A. 房屋买卖的出售方

B. 房屋赠与的受赠方

C. 房屋互换支付差价方

D. 房屋租赁的承租方

2. 根据契税法律制度的规定，下列各项中，属于契税征税范围的有（　　）。

A. 房屋赠与

B. 土地使用权转让

C. 土地使用权出让

D. 房屋抵押

3. 根据契税法律制度的规定，下列各项中免征契税的有（　　）。

A. 国家机关承受房屋用于办公

B. 纳税人承受荒山土地使用权用于农业生产

C. 军事单位承受土地用于军事设施

D. 城镇居民购买商品房用于居住

三、判断题

1. 张某转让位于市区的一套自有房产，该交易涉及的契税应由张某申报缴纳。（　　）

2. 房屋典当不需要交契税。（　　）

3. 甲企业承受李某作价投资（入股）的房屋权属，不缴纳契税。（　　）

4. 国有土地使用权出让不属于契税征税范围。（　　）

5. 土地承包经营权的转让不缴纳契税。（　　）

6. 李某的住房在地震中灭失，在他重新购买住房时，税务机关可酌情准予减征或者免征契税。（　　）

任务七　车船税法

◇ **任务引例**

甲商贸企业为增值税一般纳税人。2024 年 9 月，甲公司购买一辆燃油载货汽车用于经营，取得机动车销售统一发票。支付含税款项 25.9 万元，该载货汽车的整备质量为 11 吨。已知载货汽车车船税年税额 60 元每吨。

◇ **任务要求**

请计算甲公司 2024 年应缴纳多少车船税？

◇ **税海探知**

一、车船税的发展历程

车船税是指以车船为特征对象，向车辆、船舶的所有人或者管理人征收的一种税车船税开征的历史比较悠久，最早可以追溯到 1951 年。1951 年 9 月原政务院公布了《中华人民共和国车船使用牌照税暂行条例》（已失效），在全国部分地区开征。1986 年国务院公布了《中华人民共和国车船使用税暂行条例》(已失效),决定从 1986 年 10 月 1 日起在全国开征车船使用税,但对外商投资企业、外国企业及外籍个人仍征收车船使用牌照税。各省、自治区、直辖市人民政府根据《中华人民共和国车船使用税暂行条例》(已失效)规定,先后制定了施行细则。2006 年 12 月,国务院公布了《中华人民共和国车船税暂行条例》(已失效),将车船使用税及车船使用牌照税统一为车船税,并征收至今。2011 年 2 月 25 日,第十一届全国人民代表大会常务委员会第十九次会议通过《车船税法》,自 2012 年 1 月 1 日起施行。2011 年 12 月 5 日,中华人民共和国国务院令第 611 号公布了《中华人民共和国车船税法实施条例》(以下简称《车船税法实施条例》),自 2012 年 1 月 1 日起施行。2019 年 4 月 23 日,第十三届全国人民代表大会常务委员会第十次会议修正了《车船税法》,2019 年 3 月 2 日,中华人民共和国国务院令第 709 号修订了《车船税法实施条例》。

二、车船税的纳税人、征税范围和税率

(一) 纳税人

在中华人民共和国境内属于《车船税税目税额表》规定的车辆、船舶(以下简称车船)的所有人或者管理人,为车船税的纳税人。

(二) 征税范围

车船税的征税范围是指在中华人民共和国境内属于《车船税法》所附《车船税税目税额表》规定的车辆、船舶。车辆、船舶包括以下两类:

1. 依法应当在车船登记管理部门登记的机动车辆和船舶。

2. 依法不需要在车船登记管理部门登记的在单位内部场所行驶或者作业的机动车辆和船舶。境内单位和个人租入外国籍船舶的,不征收车船税。

(三) 税率

车船税适用定额幅度税率。具体车船的适用税额依照《车船税法》所附《车船税税目税额表》(见表 8-5)执行。车辆的具体适用税额由省、自治区、直辖市人民政府依照《车船税法》所附《车船税税目税额表》规定的税额幅度和国务院的规定确定。船舶的具体适用税额由国务院在《车船税法》所附《车船税税目税额表》规定的税额幅度内确定。省、自治区、直辖市人民政府根据车船税法所附《车船税税目税额表》确定车辆具体适用税额,应当遵循以下原则:

1. 乘用车依排气量从小到大递增税额。

2. 客车按照核定载客人数 20 人以下和 20 人(含 20 人)以上两档划分,递增税额。

省、自治区、直辖市人民政府确定的车辆具体适用税额,应当报国务院备案。

表 8-5　车船税税目税额表

税　目		计税单位	年基准税额	备　注
乘用车(按发动机气缸)容量(排气量)分档	1.0 升(含 1.0 升)以下的	每辆	60 元至 360 元	核定载客人数 9 人(含 9 人)以下
	1.0 升以上至 1.6 升(含 1.6 升)的		300 元至 540 元	
	1.6 升以上至 2.0 升(含 2.0 升)的		360 元至 660 元	
	2.0 升以上至 2.5 升(含 2.5 升)的		660 元至 1200 元	
	2.5 升以上至 3.0 升(含 3.0 升)的		1200 元至 2400 元	
	3.0 升以上至 4.0 升(含 4.0 升)的		2400 元至 3600 元	
	4.0 升以上的		3600 元至 5400 元	

续表

税　目		计税单位	年基准税额	备　注
商用车	客车	每辆	480元至1440元	核定载客人数9人以上，包括电车
	货车	整备质量每吨	16元至120元	包括半挂牵引车、三轮汽车和低速载货汽车等
挂车		整备质量每吨	按照货车税额的50%计算	
其他车辆	专用作业车	整备质量每吨	16元至120元	不包括拖拉机
	轮式专用机械车		16元至120元	
摩托车		每辆	36元至180元	
船舶	机动船舶	净吨位每吨	3元至6元	拖船、非机动驳船分别按照机动船舶税额的50%计算
	游艇	艇身长度每米	600元至200元	

3. 机动船舶具体适用税额为：

（1）净吨位不超过200吨的，每吨3元。

（2）净吨位超过200吨但不超过2000吨的，每吨4元。

（3）净吨位超过2000吨但不超过10 000吨的，每吨5元。

（4）净吨位超过10 000吨的，每吨6元。

拖船按照发动机功率每1千瓦折合净吨位0.67吨计算征收车船税。

4. 游艇具体适用税额为：

（1）艇身长度不超过10米的，每米600元。

（2）艇身长度超过10米但不超过18米的，每米900元。

（3）艇身长度超过18米但不超过30米的，每米1300元。

（4）艇身长度超过30米的，每米2000元。

（5）辅助动力帆艇，每米600元。

5. 车船税法及其条例所涉及的排气量、整备质量、核定载客人数、净吨位、千瓦、艇身长度，以车船登记管理部门核发的车船登记证书或者行驶证所载数据为准。依法不需要办理登记的车船和依法应当登记而未办理登记或者不能提供车船登记证书、行驶证的车船，以车船出厂合格证明或者进口凭证标注的技术参数、数据为准；不能提供车船出厂合格证明或者进口凭证的，由主管税务机关参照国家相关标准核定，没有国家相关标准的参照同类车船核定。

6. 专用作业车的认定。对于在设计和技术特性上用于特殊工作，并装置有专用设备或器具的汽车，应认定为专用作业车，如汽车起重机、消防车、混凝土泵车、清障车、高空作业车、洒水车、扫路车等。以载运人员或货物为主要目的的专用汽车，如救护车，不属于专用作业车。

7. 税务机关核定客货两用车的征税问题。客货两用车，又称多用途货车，是指在设计和结构上主要用于载运货物，但在驾驶员座椅后带有固定式或折叠式座椅，可运载 3 人以上乘客的货车。客货两用车依照货车的计税单位和年基准税额计征车船税。

三、税收优惠

（一）减免税基本规定

1. 捕捞、养殖渔船。捕捞、养殖渔船，是指在渔业船舶登记管理部门登记为捕捞船或者养殖船的船舶。

2. 军队、武装警察部队专用的车船。军队、武装警察部队专用的车船，是指按照规定在军队、武装警察部队车船登记管理部门登记，并领取军队、武警牌照的车船。

3. 警用车船。警用车船，是指公安机关、国家安全机关、监狱、劳动教养管理机关和人民法院、人民检察院领取警用牌照的车辆和执行警务的专用船舶。

4. 依照法律规定应当予以免税的外国驻华使领馆、国际组织驻华代表机构及其有关人员的车船。

5. 对受地震、洪涝等严重自然灾害影响纳税困难以及其他特殊原因确需减免税的车船，可以在一定期限内减征或者免征车船税。具体减免期限和数额由省、自治区、直辖市人民政府确定，报国务院备案。

6. 省、自治区、直辖市人民政府根据当地实际情况，可以对公共交通车船，农村居民拥有并主要在农村地区使用的摩托车、三轮汽车和低速载货汽车定期减征或者免征车船税。

（二）减免税特殊规定

1. 国家综合性消防救援车辆由部队号牌改挂应急救援专用号牌的，一次性免征改挂当年车船税。

2. 临时入境的外国车船和香港特别行政区、澳门特别行政区、台湾地区的车船，不征收车船税。

3. 按照规定缴纳船舶吨税的机动船舶，自《车船税法》实施之日起 5 年内免征车船税。

4. 依法不需要在车船登记管理部门登记的机场、港口内部行驶或作业的车船，自《车船税法》实施之日起 5 年内免征车船税。

5. 对节能汽车，减半征收车船税。

（1）减半征收车船税的节能乘用车应同时符合以下标准：①获得许可在中国境内销售的排量为 1.6 升以下（含 1.6 升）的燃用汽油、柴油的乘用车（含非插电式混合动力、双燃料和两用燃料乘用车）。②综合工况燃料消耗量应符合标准。

（2）减半征收车船税的节能商用车应同时符合以下标准：①获得许可在中国境内销售的燃用天然气、汽油、柴油的轻型和重型商用车（含非插电式混合动力、双燃料和两用燃料轻型和重型商用车）。②燃用汽油、柴油的轻型和重型商用车综合工况燃料消耗量应符合标准。

6. 对新能源车船，免征车船税。

（1）免征车船税的新能源汽车是指纯电动商用车、插电式（含增程式）混合动力汽车、燃料电池商用车。纯电动乘用车和燃料电池乘用车不属于车船税征税范围，对其不征车船税。

（2）免征车船税的新能源汽车应同时符合以下标准：①获得许可在中国境内销售的纯电动商用车、插电式（含增程式）混合动力汽车、燃料电池商用车。②符合新能源汽车产品技术标准。③通过新能源汽车专项检测，符合新能源汽车产品标准。④新能源汽车生产企业或进口新能源汽车经销商在产品质量保证、产品一致性、售后服务、安全监测、动力电池回收利用等方面符合相关要求。

四、车船税应纳税额的计算

购置的新车船，购置当年的应纳税额自纳税义务发生的当月起按月计算。应纳税额为年应纳税额除以 12 再乘以应纳税月份数。计算公式：

$$应纳税额 =（年应纳税额 ÷12）× 应纳税月份数$$

在计算车船税应纳税额时，车船税法及其实施条例涉及的整备质量、净吨位、艇身长度等计税单位，有尾数的一律按照含尾数的计税单位据实计算车船税应纳税额。计算得出的应纳税额小数点后超过两位的可四舍五入保留两位小数。

乘用车以车辆登记管理部门核发的机动车登记证书或者行驶证书所载的排气量毫升数确定税额区间。

【例 8-11】 甲运输公司拥有载货汽车 25 辆（每辆货车整备质量为 15 吨），乘人大客车 30 辆，小客车 15 辆。请计算该公司的车船税应纳税额。（注：载货汽车每吨年税额 100 元，乘人大客车每辆年税额 1400 元，小客车每辆年税额 500 元）

解析：

（1）载货汽车应纳税额 =25×15×100=37 500 元

（2）大客车应纳税额 =30×1400=42 000 元

（3）小客车应纳税额 =15×500=7500 元

（4）该公司的车船税应纳税额 =37 500+42 000+7500=87 000 元

五、征收管理

（一）纳税义务发生时间

车船税纳税义务发生时间为取得车船所有权或者管理权的当月。

（二）纳税期限

车船税按年申报缴纳。具体申报纳税期限由省、自治区、直辖市人民政府规定。

已经缴纳车船税的车船，因质量原因，车船被退回生产企业或者经销商的，纳税人可以向纳税所在地的主管税务机关申请退还自退货月份起至该纳税年度终了期间的税款。退货月份以退货发票所载日期的当月为准。

纳税人在购买"交强险"时，由扣缴义务人代收代缴车船税的，凭注明已收税款信息的"交强险"保险单，车辆登记地的主管税务机关不再征收该纳税年度的车船税。再次征收的，车辆登记地主管税务机关应予退还。

在一个纳税年度内，已完税的车船被盗抢、报废、灭失的，纳税人可以凭有关管理机关出具的证明和完税凭证，向纳税所在地的主管税务机关申请退还自被盗抢、报废、灭失月份起至该纳税年度终了期间的税款。

（三）纳税地点

车船税的纳税地点为车船的登记地或者车船税扣缴义务人所在地。依法不需要办理登记的车船，车船税的纳税地点为车船的所有人或者管理人所在地。

（四）代收代缴

保险机构应当在收取机动车第三者责任强制保险费时依法代收车船税，并将注明已收税款信息的机动车第三者责任强制保险单及保费发票作为代收税款凭证。

保险机构应当按照本地区车船税代收代缴管理办法规定的期限和方式，及时向保险机构所在地的税务机关办理申报、结报手续，报送代收代缴税款报告表和投保机动车缴税的明细信息。

对已经向主管税务机关申报缴纳车船税的纳税人，保险机构在销售机动车第三者责任强制保险时，不再代收车船税，但应当根据纳税人的完税凭证原件，将车辆的完税凭证号和出具该凭证的税务机关名称录入交强险业务系统。

对出具税务机关减免税证明的车辆，保险机构在销售机动车第三者责任强制保险时，不代收车船税，保险机构应当将减免税证明号和出具该证明的税务机关名称录入交强险业务系统。

纳税人对保险机构代收代缴税款数额有异议的，可以直接向税务机关申报缴纳，也可以在保险机构代收代缴税款后向税务机关提出申诉，税务机关应在接到纳税人申诉后按照本地区代收代缴管理办法规定的受理程序和期限进行处理。

税务机关可以根据有利于税收管理和方便纳税的原则，委托交通运输部门的海事管理机构等单位在办理车船登记手续或受理车船年度检验信息报告时代征车船税，同时向纳税人出具代征税款凭证。

代征单位应当根据委托代征协议约定的方式、期限及时将代征税款解缴入库，并向税务机关提供代征车船明细信息。

代征单位对出具税务机关减免税证明或完税凭证的车船，不再代征车船税。代征单位应当记录上述凭证的凭证号和出具该凭证的税务机关名称，并将上述凭证的复印件存档备查。

代征单位依法履行委托代征税款职责时，纳税人不得拒绝。纳税人拒绝的，代征单位应当及时报告税务机关。

技能训练

一、单项选择题

1. 根据车船税法律制度的规定，下列车辆中，不属于车船税征税范围的是（　　）。

A. 挂车
B. 低速载货汽车
C. 三轮汽车
D. 拖拉机

2. 根据车船税法律制度的规定，下列各项中，不属于车船税征税范围的是（　　）。

A. 自行车
B. 乘用车
C. 商用车
D. 摩托车

3. 我国车船税的税率形式是（　　）。

A. 地区差别比例税率
B. 有幅度的比例税率
C. 有幅度的定额税率
D. 全国统一的定额税率

4. 根据车船税法律制度的规定，下列车船中，以净吨位数为计税依据的是（　　）。

A. 机动船舶
B. 轮式专用机械车
C. 挂车
D. 商用客车

5. 根据车船税法律制度的规定，下列车船中，以整备质量吨位数为计税依据的是（　　）。

A. 商用客车
B. 机动船舶
C. 游艇
D. 商用货车

6. 根据车船税法律制度的规定，下列各项中，属于商用货车车船税计税依据的是（　　）。

A. 辆数
B. 整备质量吨位数
C. 发动机气缸容量
D. 车身长度

7. 2024 年 9 月甲公司购进净吨位 900 吨的拖船 1 艘。已知机动船舶车船税适用年基准税额为每吨 4 元。计算甲公司 2024 年度该艘拖船的车船税应纳税额的下列算式中，正确的是（　　）元。

A. 900×4 = 3600
B. 900×4÷12×9 = 2700

C. 900×4×50% = 1800　　　　　　　　　D. 900×4×50% ÷12×9 = 1350

8. 甲公司 2024 年拥有机动船舶 10 艘，每艘净吨位为 150 吨，非机动驳船 5 艘，每艘净吨位为 80 吨，已知机动船舶适用年基准税额为每吨 3 元，计算甲公司当年的车船税应纳税额的下列算式中，正确的是（　　　）元。

A.（10×150+5×80）×3 = 5700　　　　　B. 10×150×3×50%+5×80×3 = 3450

C.（10×150+5×80）×3×50% = 2850　　　D. 10×150×3+5×80×3×50% = 5100

9. 甲公司购置了商用货车、半挂牵引车、三轮汽车、纯电动乘用车各 1 辆，其中不属于车船税征税范围的是（　　　）。

A. 商用货车　　　　　　　　　　　　　B. 三轮汽车

C. 半挂牵引车　　　　　　　　　　　　D. 纯电动乘用车

10. 根据车船税法律制度的规定，下列车船中，不属于车船税免税项目的是（　　　）。

A. 养殖渔船　　　　　　　　　　　　　B. 商用货车

C. 警用车船　　　　　　　　　　　　　D. 捕捞渔船

二、多项选择题

1. 根据车船税法律制度的规定，下列各项中，属于车船税征税范围的有（　　　）。

A. 地铁列车　　　　　　　　　　　　　B. 游艇

C. 两轮摩托车　　　　　　　　　　　　D. 拖拉机

2. 根据车船税法律制度规定，以下属于车船税征税范围的有（　　　）。

A. 用于耕地的拖拉机　　　　　　　　　B. 用于接送员工的客车

C. 用于休闲娱乐的游艇　　　　　　　　D. 供企业经理使用的小汽车

3. 应按整备质量每吨计算车船税的有（　　　）。

A. 机动船舶　　　　　　　　　　　　　B. 挂车

C. 专用作业车　　　　　　　　　　　　D. 商务客车

4. 下列各项中，不免征车船税的是（　　　）。

A. 建筑公司专用作业车　　　　　　　　B. 人民法院警务用车

C. 商场管理部门用车　　　　　　　　　D. 物流公司货车

5. 下列关于车船税的规定，表述正确的是（　　　）。

A. 购置的新车船，购置当年的应纳税额自纳税义务发生的次月起按月计算

B. 车船税按年申报，分月计算，一次性缴纳

C. 捕捞、养殖渔船，免征车船税

D. 纯电动乘用车和燃料电池乘用车，属于车船税征税范围

三、判断题

1. 纯电动乘用车属于车船税征税范围。（　　　）

2. 扣缴义务人代收代缴车船税的，纳税地点为扣缴义务人所在地。（　　　）

3. 公共交通车船，农村居民拥有并主要在农村地区使用的摩托车、三轮汽车和低速载货汽车应按规定征收车船税。（　　　）

4. 已办理退税的被盗抢车船失而复得的，自公安机关出具相关证明的当月起计算车船税。（　　　）

5. 挂车按货车税额 60% 计算车船税。（　　　）

6. 车船税的纳税人为境内车辆、船舶的所有人或管理人。（　　　）

7. 商用客车以整备质量吨位数为车船税的计税依据。（　　　）

8. 依法不需要在车船登记管理部门登记的在单位内部场所行驶或者作业的机动车辆和船舶，不征收车船税。（　　　）

9. 年度内已完税车船被盗抢、报废、灭失的，可申请退还自被盗抢、报废、灭失月份起至该纳税年度终了期间的税款。（　　　）

10. 临时入境的外国车船和港、澳、台的车船属于车船税的征税范围。（　　　）

任务八　车辆购置税法

◇ **任务引例**

2024 年 9 月，中国公民张某在 4S 店购买了一台国产自用小轿车供自己使用，机动车统一销售发票注明的含税金额为 47.8 万元；此外 4S 店代收保险费 2 万元，由保险公司开具发票。已知车辆购置税税率为 10%。

◇ **任务要求**

请计算张某应当缴纳多少车辆购置税？

◇ **税海探知**

一、车辆购置税的发展历程

车辆购置税是由车辆购置附加费演变而来。为了筹集公路建设资金，1985 年 4 月，国务院公布《国务院关于发布〈车辆购置附加费征收办法〉的通知》（已失效），决定从 1985 年 5 月 1 日开始在全国范围内征收车辆购置附加费。至 1993 年，车辆购置附加费均以代征方式进行征收，具体表现为：进口车辆由海关部门代征，本土车辆由生产厂商代征。在 1994 年–2000 年期间，车辆购置附加费从代征转变为由交通部门直接征收，即消费者在购买车辆后主动向当地征费管理机构进行报备，由交通部门统一收取后纳入国库。2000 年 10 月 22 日，国务院公布《中华人民共和国车辆购置税暂行条例》（已失效），决定从 2001 年 1 月 1 日起开征车辆购置税，取代车辆购置附加费。2018 年 12 月 29 日，第十三届全国人民代表大会常务委员会第七次会议通过了《中华人民共和国车辆购置税法》，决定自 2019 年 7 月 1 日起实施，原《中华人民共和国车辆购置税暂行条例》同时废止。

二、车辆购置税的纳税人、征税范围和税率

（一）纳税人

在中华人民共和国境内购置汽车、有轨电车、汽车挂车、排气量超过 150 毫升的摩托车（以下统称应税车辆）的单位和个人，为车辆购置税的纳税人。

（二）征税范围

车辆购置税的征税范围为在中华人民共和国境内购置应税车辆的行为。购置，是指以购买、进口、自产、受赠、获奖或者其他方式取得并自用应税车辆的行为。车辆包括汽车、有轨电车、汽车挂车、排气量超过 150 毫升的摩托车。

地铁、轻轨等城市轨道交通车辆，装载机、平地机、挖掘机、推土机等轮式专用机械车，以及起重机（吊车）、叉车、电动摩托车，不属于应税车辆。

车辆购置税实行一次性征收。购置已征车辆购置税的车辆，不再征收车辆购置税。

（三）税率

车辆购置税实行比例税率，税率为 10%。

三、税收优惠

（一）减免税基本规定

下列车辆免征车辆购置税：

1. 依照法律规定应当予以免税的外国驻华使馆、领事馆和国际组织驻华机构及其有关人员自用的车辆。

2. 中国人民解放军和中国人民武装警察部队列入装备订货计划的车辆。

3. 悬挂应急救援专用号牌的国家综合性消防救援车辆。

4. 设有固定装置的非运输专用作业车辆。设有固定装置的非运输专用作业车辆，是指采用焊接、铆接或者螺栓连接等方式固定安装专用设备或者器具，不以载运人员或者货物为主要目的，在设计和制造上用于专项作业的车辆。

5. 城市公交企业购置的公共汽电车辆。城市公交企业购置的公共汽电车辆免征车辆购置税中的城市公交企业，是指由县级以上（含县级）人民政府交通运输主管部门认定的，依法取得城市公交经营资格，为公众提供公交出行服务，并纳入《城市公共交通管理部门与城市公交企业名录》的企业；公共汽电车辆是指按规定的线路、站点票价营运，用于公共交通服务，为运输乘客设计和制造的车辆，包括公共汽车、无轨电车和有轨电车。

根据国民经济和社会发展的需要，国务院可以规定减征或者其他免征车辆购置税的情形，报全国人民代表大会常务委员会备案。

（二）减免税特殊规定

1. 继续对购置挂车减半征收车辆购置税。挂车，是指由汽车牵引才能正常使用且用于载运货物的无动力车辆。

2. 对购置日期在 2024 年 1 月 1 日至 2025 年 12 月 31 日期间的新能源汽车免征车辆购置税，其中，每辆新能源乘用车免税额不超过 3 万元；对购置日期在 2026 年 1 月 1 日至 2027 年 12 月 31 日期间的新能源汽车减半征收车辆购置税，其中，每辆新能源乘用车减税额不超过 1.5 万元。

销售方销售"换电模式"新能源汽车时，不含动力电池的新能源汽车与动力电池分别核算销售额并分别开具发票的，依据购车人购置不含动力电池的新能源汽车取得的机动车销售统一发票载明的不含税价作为车辆购置税计税价格。

"换电模式"新能源汽车应当满足换电相关技术标准和要求，且新能源汽车生产企业能够自行或委托第三方为用户提供换电服务。

3. 回国服务的在外留学人员用现汇购买 1 辆个人自用国产小汽车和长期来华定居专家进口 1 辆自用小汽车免征车辆购置税。

4. 防汛部门和森林消防部门用于指挥、检查、调度、报汛（警）、联络的由指定厂家生产的设有固定装置的指定型号的车辆免征车辆购置税。

5. 中国妇女发展基金会"母亲健康快车"项目的流动医疗车免征车辆购置税。

6. 原公安现役部队和原武警黄金、森林、水电部队改制后换发地方机动车牌证的车辆（公安消防、武警森林部队执行灭火救援任务的车辆除外），一次性免征车辆购置税。

7. 防汛部门和森林消防部门购置用于指挥、检查、调度、报汛（警）、联络的由指定厂家生产的设有固定装置的指定型号的车辆免征车辆购置税。防汛部门和森林消防部门用于指挥、检查、调度、报汛（警）、联络的车辆是指由指定厂家生产的设有固定装置的指定型号的车辆。

8. 回国服务的在外留学人员用现汇购买 1 辆个人自用国产小汽车免征车辆购置税。

9. 长期来华定居专家进口 1 辆自用小汽车免征车辆购置税。

四、车辆购置税应纳税额的计算

（一）应纳税额的一般计算

车辆购置税的应纳税额按照应税车辆的计税价格乘以税率计算。计算公式为：

$$应纳税额=计税价格×税率$$

应税车辆的计税价格，按照下列规定确定：

1. 纳税人购买自用应税车辆的计税价格，为纳税人实际支付给销售者的全部价款，不包括增值税税款。纳税人购买自用应税车辆实际支付给销售者的全部价款，依据纳税人购买应税车辆时相关凭证载明的价格确定，不包括增值税税款。

2. 纳税人进口自用应税车辆的计税价格，为关税完税价格加上关税和消费税。纳税人进口自用应税车辆，是指纳税人直接从境外进口或者委托代理进口自用的应税车辆，不包括在境内购买的进口车辆。

3. 纳税人自产自用应税车辆的计税价格，按照纳税人生产的同类应税车辆的销售价格确定，不包括增值税税款。纳税人自产自用应税车辆的计税价格，按照同类应税车辆（即车辆配置序列号相同的车辆）的销售价格确定，不包括增值税税款；没有同类应税车辆销售价格的，按照组成计税价格确定。组成计税价格计算公式如下：

$$组成计税价格=成本×(1+成本利润率)$$

属于应征消费税的应税车辆，其组成计税价格中应加计消费税税额。

上述公式中的成本利润率，由国家税务总局各省、自治区、直辖市和计划单列市税务局确定。

4. 纳税人以受赠、获奖或者其他方式取得自用应税车辆的计税价格，按照购置应税车辆时相关凭证载明的价格确定，不包括增值税税款。

5. 纳税人申报的应税车辆计税价格明显偏低，又无正当理由的，由税务机关依照《税收征收管理法》的规定核定其应纳税额。

纳税人以外汇结算应税车辆价款的，按照申报纳税之日的人民币汇率中间价折合成人民币计算缴纳税款。

【例 8-12】张某于 2024 年 9 月 8 日从 4S 店（增值税一般纳税人）购买一辆轿车自用，取得机动车销售统一发票，注明含增值税车价款 226 000 元。另支付车辆装饰费 1500 元，取得增值税普通发票。请计算张某的车辆购置税应纳税额。

解析：纳税人购买自用的应税车辆，计税价格为纳税人购买应税车辆而实际支付给销售者的全部价款，不包含增值税税款。支付的车辆装饰费为价外费用，不计入计税价格。

组成计税价格 = 226 000÷(1+13%) = 200 000 元

张某的车辆购置税应纳税额 = 200 000×10% = 20 000 元

（二）应纳税额的特殊计算

1. 已经办理免税、减税手续的车辆因转让、改变用途时应纳税额的计算。已经办理免税、减税手续的车辆因转让、改变用途等原因不再属于免税、减税范围的，纳税人、纳税义务发生时间、应纳税额按以下规定执行：

（1）发生转让行为的，受让人为车辆购置税纳税人；未发生转让行为的，车辆所有人为车辆购置税纳税人。

（2）纳税义务发生时间为车辆转让或者用途改变等情形发生之日。

（3）应纳税额计算公式如下：

应纳税额=初次办理纳税申报时确定的计税价格×（1-使用年限×10%）×10%-已纳税额

应纳税额不得为负数。

使用年限的计算方法是，自纳税人初次办理纳税申报之日起，至不再属于免税、减税范围的情形发生之日止。使用年限取整计算，不满1年的不计算在内。

2. 免税、减税车辆因转让、改变用途时应纳税额的计算。免税、减税车辆因转让、改变用途等原因不再属于免税、减税范围的，纳税人应当在办理车辆转移登记或者变更登记前缴纳车辆购置税。计税价格以免税、减税车辆初次办理纳税申报时确定的计税价格为基准，每满1年扣减10%。

应纳税额=初次办理纳税申报时确定的计税价格×（1-使用年限×10%）×10%

3. 纳税人将已征车辆购置税的车辆退回车辆生产企业或者销售企业时应退税额的计算。纳税人将已征车辆购置税的车辆退回车辆生产企业或者销售企业的，可以向主管税务机关申请退还车辆购置税。退税额以已缴税款为基准，自缴纳税款之日至申请退税之日，每满1年扣减10%。

已征车辆购置税的车辆退回车辆生产或销售企业，纳税人申请退还车辆购置税的，应退税额计算公式如下：

应退税额=已纳税额×（1-使用年限×10%）

应退税额不得为负数。

使用年限的计算方法是，自纳税人缴纳税款之日起，至申请退税之日止。

五、征收管理

（一）纳税义务发生时间

车辆购置税的纳税义务发生时间以纳税人购置应税车辆所取得的车辆相关凭证上注明的时间为准。具体按照下列情形确定：

1. 购买自用应税车辆的日期为购买之日，即车辆相关价格凭证的开具日期。

2. 进口自用应税车辆的为进口之日，即《海关进口增值税专用缴款书》或者其他有效凭证的开具日期。

3. 自产、受赠、获奖或者以其他方式取得并自用应税车辆的为取得之日，即合同、法律文书或者其他有效凭证的生效或者开具日期。

（二）纳税期限

纳税人应当自纳税义务发生之日起60日内申报缴纳车辆购置税。

纳税人应当在向公安机关交通管理部门办理车辆注册登记前，缴纳车辆购置税。

（三）纳税地点

购置应税车辆的纳税人，应当到下列地点申报纳税：

1. 需要办理车辆登记的，向车辆登记地的主管税务机关申报纳税。

2. 不需要办理车辆登记的，单位纳税人向其机构所在地的主管税务机关申报纳税，个人纳税人向其户籍所在地或者经常居住地的主管税务机关申报纳税。

技能训练

一、单项选择题

1. （　　）属于应税车辆。

A. 汽车　　　　　　　　　　　　B. 起重机

C. 叉车　　　　　　　　　　　　D. 推土机

2. 车辆购置税实行比例税率，税率为（　　　）。

A. 1%   B. 3%

C. 5%   D. 10%

3. 对购置挂车（　　　）征收车辆购置税。

A. 免于   B. 减半

C. 正常   D. 不征

4. 纳税人以外汇结算应税车辆价款的，按照（　　　）之日的人民币汇率中间价折合成人民币计算缴纳税款。

A. 报关进口   B. 签订采购合同

C. 申报纳税   D. 付款

5. 长期来华定居专家进口（　　　）辆自用小汽车免征车辆购置税。

A. 1   B. 2

C. 3   D. 4

二、多项选择题

1. 在中华人民共和国境内购置（　　　）的单位和个人，为车辆购置税的纳税人。

A. 汽车   B. 有轨电车

C. 汽车挂车   D. 排气量超过 150 毫升的摩托车

2. 购置，是指以（　　　）获奖或者其他方式取得并自用应税车辆的行为。

A. 购买   B. 进口

C. 自产   D. 受赠

3. （　　　）不属于车辆购置税的应税车辆。

A. 地铁   B. 轻轨

C. 装载机   D. 挖掘机

4. （　　　）车辆免征车辆购置税。

A. 中国人民解放军和中国人民武装警察部队列入装备订货计划的车辆

B. 悬挂应急救援专用号牌的国家综合性消防救援车辆

C. 设有固定装置的非运输专用作业车辆

D. 城市公交企业购置的公共汽电车辆

5. 防汛部门和森林消防部门用于（　　　）、联络的由指定厂家生产的设有固定装置的指定型号的车辆免征车辆购置税。

A. 指挥   B. 检查

C. 调度   D. 报汛（警）

三、判断题

1. 纳税人购买自用应税车辆的计税价格，为纳税人实际支付给销售者的全部价款和增值税税款。（　　　）

2. 纳税人进口自用应税车辆的计税价格，为关税完税价格加上关税和消费税。（　　　）

3. 纳税人自产自用应税车辆的计税价格，按照纳税人生产的同类应税车辆的销售价格确定，不包括增值税税款。（　　　）

4. 纳税人以受赠、获奖或者其他方式取得自用应税车辆的计税价格，按照购置应税车辆时相关凭证载明的价格确定，包括增值税税款。（　　　）

5. 车辆购置税的纳税义务发生时间以纳税人购置应税车辆所取得的车辆相关凭证上注明的时间为准。(　　)

任务九　印花税法与办税实务

◇ **任务引例**

2024 年 6 月 1 日至 9 月 30 日，甲机械制造有限责任公司签订合同情况如下：

1. 销售合同 30 份，不含增值税销售额 3000 万元。
2. 购进合同 33 份，不含增值税价款 1800 万元。
3. 财税咨询合同 1 份，不含增值税金额 10 万元。
4. 加工合同 5 份，不含增值税金额 75 万元。
5. 与银行签订借款合同 1 份，借款金额 1000 万元，利息 15 万元。
6. 与乙公司签订借款合同 1 份，借款金额 100 万元，利息 2 万元。

◇ **任务要求**

请判断上述哪些合同需要缴纳印花税？

◇ **税海探知**

一、印花税的发展历程

印花税是对在中华人民共和国境内书立应税凭证、进行证券交易的单位和个人征收的一种税。1950 年 1 月，原政务院发布《关于统一全国税政的决定》(已失效)，附发《全国税政实施要则》(已失效)，暂定 14 个税种为中央和地方税，其中包括印花税。同年 12 月 19 日，原政务院发布《印花税暂行条例》(已失效)，即日起施行，各地有关印花税的单行办法一律废止，实现了中华人民共和国印花税制度的统一。1988 年 8 月 6 日，国务院公布《中华人民共和国印花税暂行条例》(已失效)，自当年 10 月 1 日起施行。2021 年 6 月 10 日，第十三届全国人民代表大会常务委员会第二十九次会议审议并通过了《中华人民共和国印花税法》(以下简称《印花税法》)，当日中华人民共和国主席令第 89 号公布，自 2022 年 7 月 1 日起施行，《中华人民共和国印花税暂行条例》(已失效)同时废止。

寻法溯源

微课 8-3
印花税概览

二、印花税的纳税人、征税范围和税率

(一) 纳税人

在中华人民共和国境外书立在境内使用的应税凭证的单位和个人，为印花税的纳税人。具体来说印花税的纳税人包括以下两类：一是在中华人民共和国境内书立应税凭证、进行证券交易的单位和个人；二是在中华人民共和国境外书立在境内使用的应税凭证的单位和个人。

关于纳税人的具体情形的规定：

1. 书立应税凭证的纳税人，为对应税凭证有直接权利义务关系的单位和个人。
2. 采用委托贷款方式书立的借款合同纳税人，为受托人和借款人，不包括委托人。
3. 按买卖合同或者产权转移书据税目缴纳印花税的拍卖成交确认书纳税人，为拍卖标的的产权人和买受人，不包括拍卖人。

（二）征税范围

为在中华人民共和国境内书立应税凭证和进行证券交易的行为为印花税的征税范围。应税凭证，是指《印花税法》所附《印花税税目税率表》列明的合同、产权转移书据和营业账簿。证券交易，是指转让在依法设立的证券交易所、国务院批准的其他全国性证券交易场所交易的股票和以股票为基础的存托凭证。证券交易印花税对证券交易的出让方征收，不对受让方征收。

1. 征税范围的一般规定。

（1）书面合同。书面合同是平等主体的自然人、法人、其他组织之间，经协商一致，以文字表达形式，设立、变更、终止各方民事权利、义务关系的协议。属于印花税征税范围内的合同有11类，具体见《印花税税目税率表》。

（2）产权转移数据。产权转移即财产权利关系的变更行为，表现为产权主体发生变更。产权转移书据是在产权的买卖、交换、继承、赠与、分割等产权主体变更过程中，由产权出让人与受让人之间所订立的民事法律文书。

（3）营业账簿。印花税税目中的营业账簿归属于财务会计账簿，是按照财务会计制度的要求设置的，反映生产经营活动的账册。按照营业账簿反映的内容不同，在税目中分为记载资金的账簿（以下简称资金账簿）和其他营业账簿两类。按照《印花税法》规定，目前只对资金账簿反映生产经营单位"实收资本"和"资本公积"的金额征收印花税，对其他营业账簿不征收印花税。

（4）证券交易。证券交易，是指证券持有人依照交易规则，将证券转让给其他投资者的行为。证券交易一般分为两种形式：一种形式是上市交易，是指证券在证券交易所集中交易并挂牌买卖。另一种形式是上柜交易，是指公开发行但未达上市标准的证券在证券柜台交易。对社保基金持有的证券，在社保基金证券账户之间的划拨过户，不属于印花税的征税范围，不征收印花税。

2. 关于应税凭证的具体情形。

（1）在中华人民共和国境外书立并在境内使用的应税凭证，应当按规定缴纳印花税。包括以下几种情形：①应税凭证的标的为不动产的，该不动产在境内；②应税凭证的标的为股权的，该股权为中国居民企业的股权；③应税凭证的标的为动产或者商标专用权、著作权、专利权、专有技术使用权的，其销售方或者购买方在境内，但不包括境外单位或者个人向境内单位或者个人销售完全在境外使用的动产或者商标专用权、著作权、专利权、专有技术使用权；④应税凭证的标的为服务的，其提供方或者接受方在境内，但不包括境外单位或者个人向境内单位或者个人提供完全在境外发生的服务。

（2）企业之间书立的确定买卖关系、明确买卖双方权利义务的订单、要货单等单据，且未另外书立买卖合同的，应当按规定缴纳印花税。

（3）发电厂与电网之间、电网与电网之间书立的购售电合同，应当按买卖合同税目缴纳印花税。

（4）下列情形的凭证，不属于印花税征收范围：①人民法院的生效法律文书，仲裁机构的仲裁文书，监察机关的监察文书。②县级以上人民政府及其所属部门按照行政管理权限征收、收回或者补偿安置房地产书立的合同、协议或者行政类文书。③总公司与分公司、分公司与分公司之间书立的作为执行计划使用的凭证。

（三）税率

我国印花税采用比例税率。具体税率见表8-6：

表 8-6　印花税税目税率表

税目		税率	备注
合同（指书面合同）	借款合同	借款金额的万分之零点五	指银行业金融机构、经国务院银行业监督管理机构批准设立的其他金融机构与借款人（不包括同业拆借）的借款合同
	融资租赁合同	租金的万分之零点五	
	买卖合同	价款的万分之三	指动产买卖合同（不包括个人书立的动产买卖合同）
	承揽合同	报酬的万分之三	
	建设工程合同	价款的万分之三	
	运输合同	运输费用的万分之三	指货运合同和多式联运合同（不包括管道运输合同）
	技术合同	价款、报酬或者使用费的万分之三	不包括专利权、专有技术使用权转让书据
	租赁合同	租金的千分之一	
	保管合同	保管费的千分之一	
	仓储合同	仓储费的千分之一	
	财产保险合同	保险费的千分之一	不包括再保险合同
产权转移书据	土地使用权出让书据	价款的万分之五	
	土地使用权、房屋等建筑物和构筑物所有权转让书据（不包括土地承包经营权和土地经营权转移）	价款的万分之五	转让包括买卖（出售）、继承、赠与、互换、分割
	股权转让书据（不包括应缴纳证券交易印花税的）	价款的万分之五	
	商标专用权、著作权、专利权、专有技术使用权转让书据	价款的万分之三	
营业账簿		实收资本（股本）、资本公积合计金额的万分之二点五	
证券交易		成交金额的千分之一	

三、税收优惠

（一）减免税基本规定

下列凭证免征印花税：

1. 应税凭证的副本或者抄本。

2. 依照法律规定应当予以免税的外国驻华使馆、领事馆和国际组织驻华代表机构为获得馆舍书立的应税凭证。

3. 中国人民解放军、中国人民武装警察部队书立的应税凭证。

4. 农民、家庭农场、农民专业合作社、农村集体经济组织、村民委员会购买农业生产资料或者销售农产品书立的买卖合同和农业保险合同。享受印花税免税优惠的家庭农场，具体范围为以家庭为基本经营单元，以农场生产经营为主业，以农场经营收入为家庭主要收入来源，从事农业规模化、标准化、集约化生产经营，纳入全国家庭农场名录系统的家庭农场。

5. 无息或者贴息借款合同、国际金融组织向中国提供优惠贷款书立的借款合同。

6. 财产所有权人将财产赠与政府、学校、社会福利机构、慈善组织书立的产权转移书据。享受印花税免税优惠的学校，具体范围为经县级以上人民政府或者其教育行政部门批准成立的大学、中学、小学、幼儿园，实施学历教育的职业教育学校、特殊教育学校、专门学校，以及经省级人民政府或者其人力资源社会保障行政部门批准成立的技工院校。

享受印花税免税优惠的社会福利机构，具体范围为依法登记的养老服务机构、残疾人服务机构、儿童福利机构、救助管理机构、未成年人救助保护机构。

享受印花税免税优惠的慈善组织，具体范围为依法设立、符合《中华人民共和国慈善法》规定，以面向社会开展慈善活动为宗旨的非营利性组织。

7. 非营利性医疗卫生机构就采购药品或者卫生材料书立的买卖合同。享受印花税免税优惠的非营利性医疗卫生机构，具体范围为经县级以上人民政府卫生健康行政部门批准或者备案设立的非营利性医疗卫生机构。

8. 个人与电子商务经营者订立的电子订单。享受印花税免税优惠的电子商务经营者，具体范围按《中华人民共和国电子商务法》有关规定执行。

对应税凭证适用印花税减免优惠的，书立该应税凭证的纳税人均可享受印花税减免政策，明确特定纳税人适用印花税减免优惠的除外。

根据国民经济和社会发展的需要，国务院对居民住房需求保障、企业改制重组、破产、支持小型微型企业发展等情形可以规定减征或者免征印花税，报全国人民代表大会常务委员会备案。

（二）减免税特殊规定

1. 对注册登记在中国（上海）自由贸易试验区及临港新片区的企业开展离岸转手买卖业务书立的买卖合同，免征印花税。

离岸转手买卖，是指居民企业从非居民企业购买货物，随后向另一非居民企业转售该货物，且该货物始终未实际进出我国关境的交易。

2. 对保障性住房经营管理单位与保障性住房相关的印花税，以及保障性住房购买人涉及的印花税予以免征。

3. 在2024年1月1日至2027年12月31日期间，对商品储备管理公司及其直属库营业账簿免征印花税；对其承担商品储备业务过程中书立的买卖合同免征印花税，对合同其他各方当事人应缴纳的印花税照章征收。

4. 在2027年12月31日之前，对与高校学生签订的高校学生公寓租赁合同，免征印花税。

5. 在2027年12月31日之前，对饮水工程运营管理单位为建设饮水工程取得土地使用权而签订的产权转移书据，以及与施工单位签订的建设工程合同，免征印花税。

6. 在2027年12月31日之前，对保险保障基金公司下列应税凭证，免征印花税：

（1）新设立的营业账簿。

（2）在对保险公司进行风险处置和破产救助过程中签订的产权转移书据。

（3）在对保险公司进行风险处置过程中与中国人民银行签订的再贷款合同。

（4）以保险保障基金自有财产和接收的受偿资产与保险公司签订的财产保险合同。

对与保险保障基金公司签订上述产权转移书据或应税合同的其他当事人照章征收印花税。

7. 自 2023 年 8 月 28 日起，证券交易印花税实施减半征收。

8. 在上海证券交易所、深圳证券交易所转让创新企业境内发行存托凭证，按照实际成交金额，由出让方按 1‰ 的税率缴纳证券交易印花税。

9. 对银行业金融机构、金融资产管理公司接收、处置抵债资产过程中涉及的合同、产权转移书据和营业账簿免征印花税。

10. 在 2025 年 12 月 31 日之前，对公租房经营管理单位免征建设、管理公租房涉及的印花税。

11. 自 2023 年 1 月 1 日至 2027 年 12 月 31 日，对增值税小规模纳税人、小型微利企业和个体工商户减半征收印花税（不含证券交易印花税）。

12. 在 2027 年 12 月 31 日之前，对金融机构与小型企业、微型企业签订的借款合同免征印花税。

13. 为了支持农村保险事业的发展，减轻农牧业生产的负担，对农林作物、牧业畜类保险合同暂不贴花。

14. 各类发行单位之间，以及发行单位与订阅单位或个人之间书立的征订凭证，暂免征印花税。

15. 由外国运输企业运输进出口货物的，外国运输企业所持的 1 份运费结算凭证免纳印花税。

16. 军事物资运输凭证免征印花税。

凡附有军事运输命令或使用专用的军事物资运费结算凭证，免纳印花税。

17. 抢险救灾物资运输凭证免征印花税。

18. 凡附有县级以上（含县级）人民政府抢险救灾物资运输证明文件的运费结算凭证，免纳印花税。

19. 对被撤销金融机构接收债权、清偿债务过程中签订的产权转移书据，免征印花税。

20. 关于企业改制过程中的印花税。

（1）实行公司制改造的企业在改制过程中成立的新企业（重新办理法人登记的），其新启用的资金账簿记载的资金或因企业建立资本纽带关系而增加的资金，凡原已贴花的部分可不再贴花，未贴花的部分和以后新增加的资金按规定贴花。

公司制改造包括国有企业依《中华人民共和国公司法》整体改造成国有独资有限责任公司；企业通过增资扩股或者转让部分产权，实现他人对企业的参股，将企业改造成有限责任公司或股份有限公司；企业以其部分财产和相应债务与他人组建新公司；企业将债务留在原企业，而以其优质财产与他人组建的新公司。

（2）以合并或分立方式成立的新企业，其新启用的资金账簿记载的资金，凡原已贴花的部分可不再贴花，未贴花的部分和以后新增加的资金按规定贴花。合并包括吸收合并和新设合并。分立包括存续分立和新设分立。

（3）企业债权转股权新增加的资金按规定贴花。

（4）企业改制中经评估增加的资金按规定贴花。

（5）企业其他会计科目记载的资金转为实收资本或资本公积的资金按规定贴花。

（6）企业改制前签订但尚未履行完的各类应税合同，改制后需要变更执行主体的，对仅改变执行主体、其余条款未作变动且改制前已贴花的，不再贴花。

（7）企业因改制签订的产权转移书据免予贴花。

21. 对经国务院和省级人民政府决定或批准进行的国有（含国有控股）企业改组改制而发生的上市公司国有股权无偿转让行为，暂不征收证券（股票）交易印花税。

22. 股权分置改革过程中因非流通股股东向流通股股东支付对价而发生的股权转让，暂免征收印花税。

23. 关于信贷资产证券化的印花税政策。

（1）发起机构、受托机构在信贷资产证券化过程中，与资金保管机构（指接受受托机构委托，负责保管信托项目财产账户资金的机构，下同）、证券登记托管机构（指中央国债登记结算有限责任公司）以及其他为证券化交易提供服务的机构签订的其他应税合同，暂免征收发起机构、受托机构应缴纳的印花税。

（2）受托机构发售信贷资产支持证券以及投资者买卖信贷资产支持证券暂免征收印花税。

（3）发起机构、受托机构因开展信贷资产证券化业务而专门设立的资金账簿暂免征收印花税。

24. 关于证券投资者保护基金有关印花税政策。

（1）对保护基金公司新设立的资金账簿免征印花税。

（2）对保护基金公司与中国人民银行签订的再贷款合同、与证券公司行政清算机构签订的借款合同，免征印花税。

（3）对保护基金公司接收被处置证券公司财产签订的产权转移书据，免征印花税。

（4）对保护基金公司以保护基金自有财产和接收的受偿资产与保险公司签订的财产保险合同，免征印花税。

25. 对廉租住房、经济适用住房经营管理单位与廉租住房、经济适用住房相关的印花税以及廉租住房承租人、经济适用住房购买人涉及的印花税予以免征。

26. 对个人出租、承租住房签订的租赁合同，免征印花税。

27. 对个人销售或购买住房暂免征收印花税。

28. 对有关国有股东按照《境内证券市场转持部分国有股充实全国社会保障基金实施办法》向全国社会保障基金理事会转持国有股，免征证券（股票）交易印花税。

29. 对改造安置住房经营管理单位、开发商与改造安置住房相关的印花税以及购买安置住房的个人涉及的印花税予以免征。

在商品住房等开发项目中配套建造安置住房的，依据政府部门出具的相关材料、房屋征收（拆迁）补偿协议或棚户区改造合同（协议），按改造安置住房建筑面积占总建筑面积的比例免征印花税。

30. 在融资性售后回租业务中，对承租人、出租人因出售租赁资产及购回租赁资产所签订的合同，不征收印花税。

31. 对香港市场投资者通过沪股通和深股通参与股票担保卖空涉及的股票借入、归还，暂免征收证券（股票）交易印花税。

32. 对因农村集体经济组织以及代行集体经济组织职能的村民委员会、村民小组进行清产核资收回集体资产而签订的产权转移书据，免征印花税。

33. 对社保基金会、社保基金投资管理人管理的社保基金转让非上市公司股权，免征社保基金会、社保基金投资管理人应缴纳的印花税。

34. 对社保基金会及养老基金投资管理机构运用养老基金买卖证券应缴纳的印花税实行先征后返，养老基金持有的证券，在养老基金证券账户之间的划拨过户，不属于印花税的征收范围，不征收印花税。

35. 在 2025 年 12 月 31 日之前，关于易地扶贫搬迁安置住房印花税政策。

（1）对易地扶贫搬迁项目实施主体取得用于建设安置住房的土地，免征印花税。

（2）对安置住房建设和分配过程中应由项目实施主体、项目单位缴纳的印花税，予以免征。

（3）在商品住房等开发项目中配套建设安置住房的，按安置住房建筑面积占总建筑面积的比例，计算应予免征的项目实施主体、项目单位相关的印花税。

（4）对项目实施主体购买商品住房或者回购保障性住房作为安置住房房源的，免征印花税。

印花税法实施后，纳税人享受印花税优惠政策，继续实行"自行判别、申报享受、有关资料留存备查"的办理方式。纳税人对留存备查资料的真实性、完整性和合法性承担法律责任。

◇ 思政园地

印花税优惠政策激发离岸贸易活力

离岸贸易需要在岸企业分别与离岸的货物供应商以及离岸的货物需求商签订合同，合同签订量比普通的贸易形式多。探索实践离岸贸易税收支持政策，不仅能够有效降低企业的运营成本，更能有力助推自贸区国际化进程，有助于进一步提升自贸区的竞争力。

2024 年 4 月 1 日起，离岸贸易印花税优惠政策在上海自贸试验区及临港新片区正式试点。2024 年 2 月 6 日，正式公布《财政部、税务总局关于在中国（上海）自由贸易试验区及临港新片区试点离岸贸易印花税优惠政策的通知》（以下简称《通知》）。《通知》明确，自 2024 年 4 月 1 日至 2025 年 3 月 31 日，对注册登记在中国（上海）自由贸易试验区及临港新片区的企业开展离岸转手买卖业务书立的买卖合同，免征印花税。这是我国针对离岸业务发布实施的第一条税收优惠政策，在上海先行先试意味着我国对离岸税制的探索和实践迈出了实质性的第一步。

根据《印花税法》的相关规定，企业从事离岸转手买卖，在企业采购、销售两道环节需对书立的合同按照合同金额的万分之三征收买卖合同印花税。

"离岸贸易与普通的贸易形式不同，离岸贸易需要在岸企业分别与离岸的货物供应商以及离岸的货物需求商签订合同，合同签订量比普通的贸易形式多。"上海财经大学公共政策与治理研究院副院长田志伟介绍，对离岸贸易印花税进行免税，可以减轻离岸贸易的税收成本，有利于我国本土离岸贸易企业的发展，也有利于吸引其他国家的离岸贸易公司到我国注册开展业务，具有重要的现实意义。

"受益于离岸转手买卖合同免征印花税优惠政策，预计一年我们就能享受税收优惠 800 万元左右。"益海嘉里金龙鱼粮油食品股份有限公司税务总监付铁说，这项政策降低了经营成本，让我们对扎根自贸区、奋力谋发展更有信心。

这项优惠政策的出台也增强了新落户离岸贸易企业的发展信心。信金企业发展（上海）有限公司是一家今年年初新注册登记在临港新片区的离岸贸易企业。"离岸贸易印花税优惠政策，为公司开展离岸贸易业务注入了动力，让我们有信心持续提升公司离岸贸易交易规模和水平。"信金企业发展（上海）有限公司财务负责人赖豪生说。

据了解，政策出台后，上海税务部门一方面及时制定本市征管公告以及后续管理方案，梳理自贸试验区及临港新片区从事离岸贸易企业的概况和交易规模，摸清企业适用政策的难点堵点，畅通企业诉求反馈机制。另一方面会同市财政、市外汇管理部门、相关自贸区管委会等有关部门，综合运用多种形式开展政策解读，打出宣传组合拳，扩大政策知晓面，加力推进政策直达快享。

（《印花税优惠政策激发离岸贸易活力》，载 www.ce.cn/xwzx/gnsz/gdxw/202404/16/t20240416_38970855.shtml，最后访问日期：2025 年 3 月 20 日。）

四、印花税应纳税额的计算

印花税的应纳税额按照计税依据乘以适用税率计算，计算公式为：

$$应纳税额＝应税凭证和证券交易计税金额×适用税率$$

（一）关于对借款合同贴花问题的具体规定

1. 凡一项信贷业务既签订借款合同又一次或分次填开借据的，只就借款合同按所载借款金额计税贴花；凡只填开借据并作为合同使用的，应按照借据所载借款金额计税，在借据上贴花。

2. 关于对流动资金周转性借款合同的贴花问题。借贷双方签订的流动资金周转性借款合同，一般按年（期）签订，规定最高限额，借款人在规定的期限和最高限额内随借随还。为此，在签订流动资金周转借款合同时，应按合同规定的最高借款限额计税贴花。以后，只要在限额内随借随还，不再签新合同的，就不另贴印花。

3. 关于对抵押贷款合同的贴花问题。借款方以财产作抵押，与贷款方签订的抵押借款合同，属于资金信贷业务，借贷双方应按"借款合同"计税贴花。因借款方无力偿还借款而将抵押财产转移给贷款方，应就双方书立的产权转移书据，按"产权转移书据"计税贴花。

4. 关于对融资租赁合同的贴花问题。银行及其金融机构经营的融资租赁业务，是一种以融物方式达到融资目的的业务，实际上是分期偿还的固定资金借款。因此，对融资租赁合同，根据合同所载的租金总额暂按"借款合同"计税贴花。

5. 关于借款合同中既有应税金额又有免税金额的计税贴花问题。有些借款合同，借款总额中既有应免税的金额，也有应纳税的金额。对这类"混合"借款合同，凡合同中能划分免税金额与应税金额的，只就应税金额计税贴花；不能划分清楚的，应按借款总金额计税贴花。

6. 关于对借款方与银团"多头"签订借款合同的贴花问题。在有的信贷业务中，贷方是由若干银行组成的银团，银团各方均承担一定的贷款数额，借款合同由借款方与银团各方共同书立，各执一份合同正本。对这类借款合同，借款方与贷款银团各方应分别在所执合同正本上按各自的借贷金额计税贴花。

7. 关于对基建贷款中，先签订分合同，后签订总合同的贴花问题。有些基本建设贷款，先按年度用款计划分年签订借款分合同，在最后1年按总概算签订借款总合同，总合同的借款金额中包括各分合同的借款金额。对这类基建借款合同，应按分合同分别贴花，最后签订的总合同，只就借款总额扣除分合同借款金额后的余额计税贴花。

（二）关于对技术合同贴花问题的具体规定

对各类技术合同，应当按合同所载价款、报酬、使用费的金额作为计税依据。

（三）关于计税依据、补税和退税的具体情形

1. 同一应税合同、应税产权转移书据中涉及两方以上纳税人，且未列明纳税人各自涉及金额的，以纳税人平均分摊的应税凭证所列金额（不包括列明的增值税税款）确定计税依据。

2. 应税合同、应税产权转移书据所列的金额与实际结算金额不一致，不变更应税凭证所列金额的，以所列金额为计税依据；变更应税凭证所列金额的，以变更后的所列金额为计税依据。已缴纳印花税的应税凭证，变更后所列金额增加的，纳税人应当就增加部分的金额补缴印花税；变更后所列金额减少的，纳税人可以就减少部分的金额向税务机关申请退还或者抵缴印花税。

3. 纳税人因应税凭证列明的增值税税款计算错误导致应税凭证的计税依据减少或者增加的，纳税人应当按规定调整应税凭证列明的增值税税款，重新确定应税凭证计税依据。已缴纳印花税的应税凭证，调整后计税依据增加的，纳税人应当就增加部分的金额补缴印花税；调整后计税

依据减少的，纳税人可以就减少部分的金额向税务机关申请退还或者抵缴印花税。

4. 纳税人转让股权的印花税计税依据，按照产权转移书据所列的金额（不包括列明的认缴后尚未实际出资权益部分）确定。

5. 应税凭证金额为人民币以外的货币的，应当按照凭证书立当日的人民币汇率中间价折合人民币确定计税依据。

6. 境内的货物多式联运，采用在起运地统一结算全程运费的，以全程运费作为运输合同的计税依据，由起运地运费结算双方缴纳印花税；采用分程结算运费的，以分程的运费作为计税依据，分别由办理运费结算的各方缴纳印花税。

7. 未履行的应税合同、产权转移书据，已缴纳的印花税不予退还及抵缴税款。

8. 纳税人多贴的印花税票，不予退税及抵缴税款。

【例8-13】 甲设备销售有限公司2024年第三季度发生如下业务：

（1）与乙公司签订一份买卖合同，销售货物一批不含税金额400万元、增值税销项税额52万元。

（2）与丙公司签订一份运输合同，运费不含税金额100万元、增值税税额9万元。

（3）通过竞拍取得一宗土地使用权，受让土地使用权出让书据记载金额30 000万元。

（4）将一栋空闲厂房出租给丁公司使用，双方签订的房屋租赁合同，约定每月不含税租金20万元，租期1年，合同记载不含税租金240万元。

（5）向银行签订一份借款合同，借款金额4000万元，借款期限6个月，年利率7%。

（6）为了扩大经营规模，增加实收资本5000万元。

要求：计算该公司2024年第三季度的印花税应纳税额。（不考虑其他因素）

解析：

（1）买卖合同的印花税应纳税额=400×0.03%×10 000=1200元

（2）运输合同的印花税应纳税额=100×0.03%×10 000=300元

（3）受让土地使用权的印花税应纳税额=30 000×0.05%×10 000=150 000元

（4）出租厂房的印花税应纳税额=240×0.1%×10 000=2400元

（5）向银行借款的印花税应纳税额=4000×0.005%×10 000=2000元

（6）增加实收资本的印花税应纳税额=4000×0.025%×10 000=10 000元

该公司2024年第三季度的印花税应纳税额=1200+300+150 000+2400+2000+10 000=165 900元

五、征收管理

（一）纳税义务发生时间

1. 印花税的纳税义务发生时间为纳税人书立应税凭证或者完成证券交易的当日。

2. 证券交易印花税扣缴义务发生时间为证券交易完成的当日。

（二）纳税期限

印花税按季、按年或者按次计征。实行按季、按年计征的，纳税人应当自季度、年度终了之日起15日内申报缴纳税款；实行按次计征的，纳税人应当自纳税义务发生之日起15日内申报缴纳税款。

应税合同、产权转移书据印花税可以按季或者按次申报缴纳，应税营业账簿印花税可以按年或者按次申报缴纳，具体纳税期限由各省、自治区、直辖市、计划单列市税务局结合征管实际确定。

证券交易印花税按周解缴。证券交易印花税扣缴义务人应当自每周终了之日起5日内申报解缴税款以及银行结算的利息。

应税合同、产权转移书据未列明金额，在后续实际结算时确定金额的，纳税人应当于书立应税合同、产权转移书据的首个纳税申报期申报应税合同、产权转移书据书立情况，在实际结算后下一个纳税申报期，以实际结算金额计算申报缴纳印花税。

境外单位或者个人的应税凭证印花税可以按季、按年或者按次申报缴纳，具体纳税期限由各省、自治区、直辖市、计划单列市税务局结合征管实际确定。

纳税人为境外单位或者个人，在境内有代理人的，以其境内代理人为扣缴义务人。境外单位或者个人的境内代理人应当按规定扣缴印花税，向境内代理人机构所在地（居住地）主管税务机关申报解缴税款。

（三）纳税地点

纳税人为单位的，应当向其机构所在地的主管税务机关申报缴纳印花税；纳税人为个人的，应当向应税凭证书立地或者纳税人居住地的主管税务机关申报缴纳印花税。

不动产产权发生转移的，纳税人应当向不动产所在地的主管税务机关申报缴纳印花税。

纳税人为境外单位或者个人，在境内有代理人的，以其境内代理人为扣缴义务人；在境内没有代理人的，纳税人应当自行申报缴纳印花税。境外单位或者个人可以向资产交付地、境内服务提供方或者接受方所在地（居住地）、书立应税凭证境内书立人所在地（居住地）主管税务机关申报缴纳；涉及不动产产权转移的，应当向不动产所在地主管税务机关申报缴纳。

证券登记结算机构为证券交易印花税的扣缴义务人，应当向其机构所在地的主管税务机关申报解缴税款以及银行结算的利息。

六、印花税纳税申报

（一）印花税纳税申报规定

企业签订应税合同、取得产权转移书据需要申报印花税。应税合同及产权转移书据一般实行按季申报，于季度终了15日内在"电子税务局"进行申报。

（二）印花税纳税申报案例

◇ 申报演示

◇ 工作情景

涉税教学为增值税一般纳税人，纳税人识别号为911×××××××××××××××。不适用增值税小规模纳税人减征政策。

视频 财产和行为
税纳税申报

◇ 任务目标

请登录该公司"电子税务局"，进行印花税纳税申报。

◇ 实操引领

【申报案例】进行印花税纳税申报，相关资料如下：

表8-7 企业合同登记统计表

序号	应税凭证名称	申报期限类型	应税凭证数量	合同金额（元）	应税凭证书立日期
001	买卖合同	正常申报	5	850 000.00	2023-03-01
002	土地使用权转让合同	正常申报	1	18 000 000.00	2023-03-01

【实操指导】纳税人进行印花税纳税申报时，需进入"电子税务局"。

【第一步】登录"电子税务局"后，进入税费申报页面，点击左侧"其他申报"，然后点击财产和行为税税源信息右侧的填写申报表，如图8-8所示。

图8-8

【第二步】在"财产和行为税税源信息报告"页面，点击印花税右侧的"税源采集"，进入"印花税税源采集"页面。如图8-9所示。

图8-9

在印花税税源采集页面，点击"新增税源"。在弹出的对话框中，点击"增加一行"。根据"企业合同登记统计表"信息，选择和填写税源信息。采集完毕后，点击右上角"保存"。如图8-10所示。

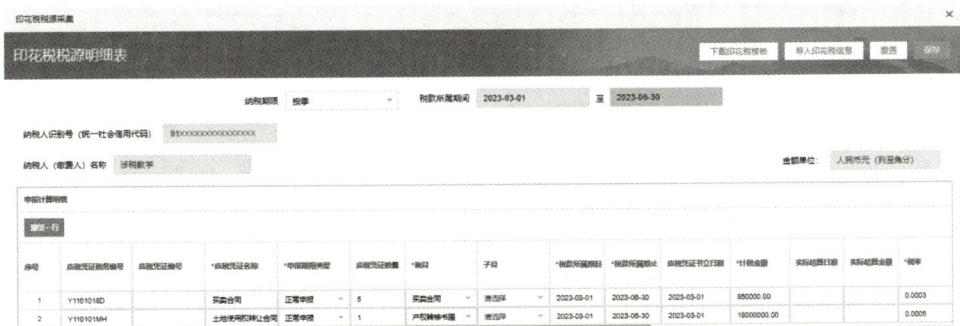

图8-10

保存成功后，点击"跳转申报"，回到"财产和行为税合并纳税申报"页面。在此页面勾选企业本期已完成税源采集的全部税种。然后点击右上角"下一步"。如图8-11所示。

财产和行为税合并纳税申报

财产和行为税税源信息报告　下一步　返回

纳税人基本信息

纳税人名称	涉税教学	纳税人识别号	9111xxxxxxxxxxxxxx
纳税期限	按季申报		
税款所属期起	2023-01-01	税款所属期止	2023-03-31

申报表信息

序号	是否申报	申报日期
1	☑	印花税
2	☑	城镇土地使用税
3	☑	房产税
4	☑	土地增值税
5	☑	资源税（不含水资源税）
6	☑	环境保护税
7	☑	契税
8	☑	车船税（自行申报，不含代收、代缴车船税）
9	☐	耕地占用税
10	☐	烟叶税

图 8-11

【**第三步**】在“财产和行为税纳税申报”页面，先点击进入“财产和行为税减免税明细申报附表”，核对无误后点击“保存”。如图 8-12 所示。

财产和行为税纳税申报

财产和行为税减免税明细申报附表

纳税人识别号	9111xxxxxxxxxxxxxx	纳税人名称	涉税教学	申报类型	正常申报
申报日期	2023-04-08	税款所属期起	2023-01-01	税款所属期止	2023-03-31
本期是否适用小微企业“六税两费”减征政策		适用减征政策起始时间		适用减征政策终止时间	
减征政策适用主体	增值税小规模纳税人：☐ 是 ☑ 否		增值税一般纳税人：☐ 个体工商户 ☐ 小型微利企业		
合计减免税额					1716.16

城镇土地使用税

序号	土地编号	税款所属期起	税款所属期止	减免性质代码和项目名称	减免税额
小计	--	--	--	--	0.00

房产税

序号	房产编号	税款所属期起	税款所属期止	减免性质代码和项目名称	减免税额
小计	--	--	--	--	0.00

车船税

序号	车辆识别代码/船舶识别码	税款所属期起	税款所属期止	减免性质代码和项目名称	减免税额
小计	--	--	--	--	0.00

印花税

序号	税目	税款所属期起	税款所属期止	减免性质代码和项目名称	减免税额
小计	--	--	--	--	0.00

资源税

序号	税目	子目	税款所属期起	税款所属期止	减免性质代码和项目名称	减免税额
小计	--	--		--	--	0.00

耕地占用税

序号	税源编号	税款所属期起	税款所属期止	减免性质代码和项目名称	减免税额
小计	--	--	--	--	0.00

契税

序号	税源编号	税款所属期起	税款所属期止	减免性质代码和项目名称	减免税额
小计	--	--	--	--	0.00

土地增值税

序号	项目编号	税款所属期起	税款所属期止	减免性质代码和项目名称	减免税额
小计	--	--	--	--	0.00

环境保护税

序号	税源编号	污染物类别	污染物名称	税款所属期起	税款所属期止	减免性质代码和项目名称	减免税额
1	nA8734663761	大气污染物	二氧化硫（气）	2023-01-01	2023-03-31	0016064007|纳税人排放应税大气污染	596.30
2	iw6538334177	大气污染物	一氧化碳（气）	2023-01-01	2023-03-31	0016064007|纳税人排放应税大气污染	452.91
3	JJ5087613868	大气污染物	氮氧化物（气）	2023-01-01	2023-03-31	0016064007|纳税人排放应税大气污染	164.19
4	0q8603199072	水污染物	悬浮物(SS)（水）	2023-01-01	2023-03-31	0016064007|纳税人排放应税大气污染	165.98
5	dX0608484457	大气污染物	烟尘（气）	2023-01-01	2023-03-31	0016064007|纳税人排放应税大气污染	336.78
小计	--	--	--	--	--	--	1716.16

图 8-12

再点击进入"财产和行为税纳税申报表",核对无误后点击"保存"。如图 8-13 所示。

财产和行为税纳税申报表

序号	税种	税目	税款所属期起	税款所属期止	计税依据	税率	应纳税额	减免税额	已缴税额	应补退税额
1	城镇土地使用税	一级土地	2023-01-01	2023-03-31	1200	10	3000.00	0.00	0.00	3000.00
2	资源税	原油	2023-01-01	2023-03-31	84100000	0.06	5046000.00	0.00	0.00	5046000.00
3	资源税	天然气	2023-01-01	2023-03-31	33750000	0.06	2025000.00	0.00	0.00	2025000.00
4	土地增值税	普通住宅（预征）	2023-01-01	2023-03-31	5300000	0.02	106000.00	0.00	0.00	106000.00
5	契税		2023-03-01	2023-03-31	11000000	0.03	330000.00	0.00	0.00	330000.00
6	印花税	买卖合同	2023-03-01	2023-03-31	850000	0.0003	255.00	0.00	0.00	255.00
7	印花税	产权转移书据	2023-03-01	2023-03-31	18000000	0.0005	9000.00	0.00	0.00	9000.00
8	环境保护税	二氧化硫（气）	2023-01-01	2023-03-31	134	8.9	1192.60	596.30	0.00	596.30
9	环境保护税	一氧化碳（气）	2023-01-01	2023-03-31	116.13	7.8	905.81	452.91	0.00	452.90
10	环境保护税	氮氧化物（气）	2023-01-01	2023-03-31	96.58	3.4	328.37	164.19	0.00	164.18
11	环境保护税	悬浮物(SS)（水）	2023-01-01	2023-03-31	73.77	4.5	331.97	165.98	0.00	165.99
12	环境保护税	烟尘（气）	2023-01-01	2023-03-31	120.28	5.6	673.57	336.78	0.00	336.79
13	环境保护税	炉渣（固）	2023-01-01	2023-03-31	500	25	12500.00	0.00	0.00	12500.00
14	环境保护税	噪声	2023-01-01	2023-03-31	30	2800	4200.00	0.00	0.00	4200.00
15	车船税	1.0升以上至1.6升(含)的乘	2023-01-01	2023-12-31	1	300	300.00	0.00	0.00	300.00
16	车船税	净吨位超过2000吨但不超过	2023-01-01	2023-12-31	5000	5	25000.00	0.00	0.00	25000.00
17	车船税	净吨位超过200吨但不超过20	2023-01-01	2023-12-31	984.9	2	1969.80	0.00	0.00	1969.80
18	房产税	从价计征	2023-01-01	2023-03-31	10500000	0.012	31500.00	0.00	0.00	31500.00
19	房产税	从租计征	2023-01-01	2023-03-31	360000	0.12	43200.00	0.00	0.00	43200.00
										0.00
										0.00
合计	—	—	—	—	163868256.66		7641357.12	1716.16	0.00	7639640.96

图 8-13

【第四步】在"财产和行为税纳税申报"页面,点击"申报"后,弹出"正式申报后将不允许修改已申报表单,确认申报?"对话框。如图 8-14 所示。

图 8-14

点击确定后，弹出"申报反馈"对话框，核对无误后，点击"确定"。如图 8-15 所示。

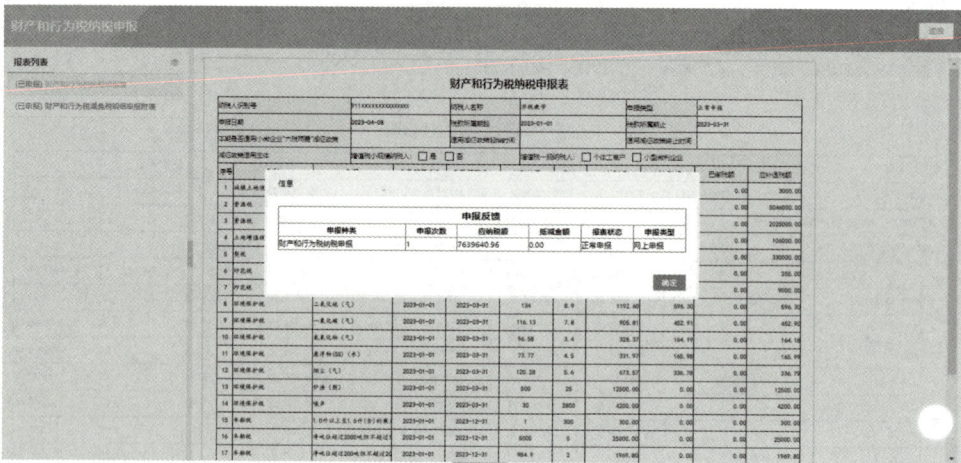

图 8-15

确定后弹出"申报成功！是否现在进入纳税申报？"如图 8-16 所示。

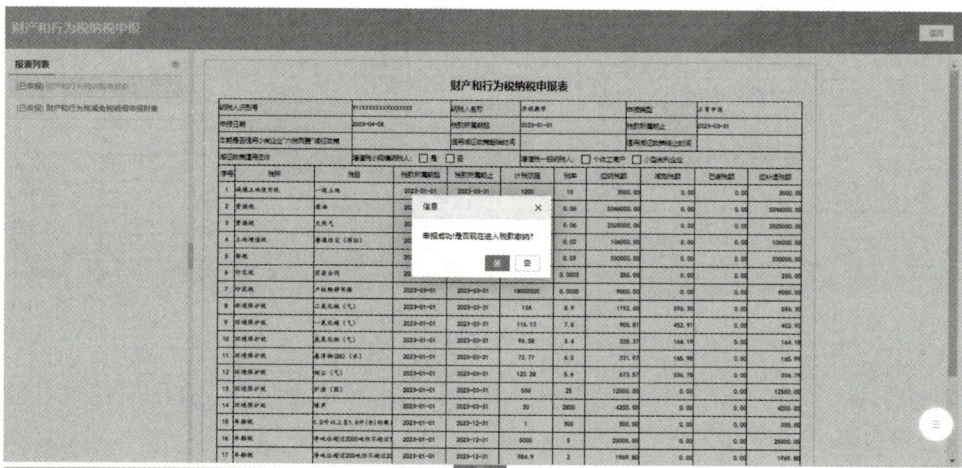

图 8-16

点击"是"后进入"税费缴纳"页面，在该页面勾选需要缴纳税款的税种信息，然后点击"立即缴款"，即完成本期全部财产和行为税的纳税申报及缴费。如图 8-17 所示。

图 8-17

技能训练

一、单项选择题

1. 根据印花税法律制度的规定，下列合同中，不需要缴纳印花税的是（　　）。
A. 房屋租赁合同　　　　　　　　　B. 车辆租赁合同
C. 设备租赁合同　　　　　　　　　D. 企业与主管部门签订的租赁承包合同

2. 根据印花税法律制度的规定，下列合同中，应征收印花税的是（　　）。
A. 会计咨询合同　　B. 审计咨询合同　　C. 法律咨询合同　　D. 技术咨询合同

3. 根据印花税法律制度的规定，下列合同中，不征收印花税的是（　　）。
A. 运输合同　　　　B. 承揽合同　　　　C. 审计咨询合同　　D. 财产保险合同

4. 下列各项中，应当征收印花税的是（　　）。
A. 甲公司与乙公司签订的货物运输合同　　B. 会计咨询合同
C. 企业与主管部门签订的租赁承包合同　　D. 电网与用户之间签订的供用电合同

5. 下列各项中，应缴纳印花税的是（　　）。
A. 财产所有权人将财产赠与社会福利机构书立的产权转移书据
B. 建设工程合同
C. 个人与电子商务经营者订立的电子订单
D. 应税凭证的副本

二、多项选择题

1. 根据印花税法律制度的规定，下列各项中，属于印花税纳税人的有（　　）。
A. 立据人　　　　　B. 使用人　　　　　C. 立合同人　　　　D. 拍卖人

2. 根据印花税法律制度的规定，下列各项中，属于印花税征收范围的有（　　）。
A. 审计咨询合同　　B. 财产保险合同　　C. 技术中介合同　　D. 建筑工程分包合同

3. 根据印花税法律制度规定，下列合同中，应该缴纳印花税的有（　　）。
A. 购销合同　　　　B. 技术合同　　　　C. 运输合同　　　　D. 财产保险合同

4. 下列选项中，属于印花税征税范围的有（　　）。
A. 借款合同　　　　B. 承揽合同　　　　C. 仓储保管合同　　D. 买卖合同

5. 根据印花税法律制度的规定，下列合同和凭证中，免征印花税的有（　　）。
A. 武警部队订立的应税凭证　　　　　B. 保管合同
C. 财产保险合同　　　　　　　　　　D. 农民销售自产农产品订立的农业保险合同

三、判断题

1. 财产所有人将财产赠给政府所立的书据免征印花税。（　　）

2. 同一应税凭证载有两个或者两个以上的经济事项未分别列明金额的，按税率高的计算应纳印花税税额。（　　）

3. 应税合同及产权转移书据的印花税计税依据，均不包括单独列明的增值税税款。（　　）

4. 采用委托贷款方式书立的借款合同印花税纳税人，为受托人和借款人，包括委托人。（　　）

5. 在境外书立但在境内使用的应税凭证的单位和个人，不应当缴纳印花税。（　　）

任务十　环境保护税法

◇ **任务引例**

甲公司是一家大型水泥生产企业，主要生产各种水泥制品。公司 2024 年 9 月向大气直接排放二氧化硫、氟化物各 10 千克，一氧化碳、氯化氢各 100 千克，假设大气污染物每污染当量税额按环境保护税税目税额表最低标准 1.2 元计算，该企业只有一个排放口。

◇ **任务要求**

请计算该公司 2024 年 9 月因排放大气污染物而应缴纳的环境保护税。

◇ **税海探知**

一、环境保护税的发展历程

环境保护税是向在中华人民共和国领域和中华人民共和国管辖的其他海域，直接向环境排放应税污染物的企业事业单位和其他生产经营者征收的一种税。我国的环保税制度可以追溯到 1978 年 12 月，中共中央原国务院环境保护领导小组《环境保护工作汇报要点》，首次提出实行"排放污染物收费制度"的建议。1979 年的《中华人民共和国环境保护法（试行）》（已失效）明确了排污收费制度。1982 年国务院正式公布《征收排污费暂行办法》（已失效），标志着排污收费制度正式建立，在全国实施排污收费。2016 年，国务院办公厅公布《控制污染物排放许可制实施方案》，提出至 2020 年完成对所有固定污染源的排污许可证核发工作，并通过向排污单位授权排污许可证的方式限制、规范管理排污单位同时进行有效监管。党的十八届三中全会、四中全会提出了"推动环境保护费费改税"用严格的法律制度保护生态环境，推进了我国排污费"费改税"。2016 年 12 月 25 日第十二届全国人民代表大会常务委员会第二十五次会议审议通过《环境保护税法》，于 2018 年 1 月 1 日起正式施行。2017 年 12 月 25 日，《中华人民共和国环境保护税法实施条例》公布，自 2018 年 1 月 1 日起施行。

◇ **思政园地**

青海："绿"税添彩生态新画卷

生态文明福万民，青山绿水满城新。国家税务总局青海省税务局充分发挥绿色税制杠杆作用，以生态优先、绿色发展为导向，积极推进绿色税制体系建设和政策落实，引导企业走节能减排、健康发展道路，以精准高效的税费服务助力企业向绿而生、逐绿而行、因绿而兴，助力绘就绿水青山新画卷。

精准宣传 税惠政策稳落实

绿色发展路上，税惠政策如影随形。青海税务部门聚焦新能源产业发展实际，提升服务质效，精准落实税费优惠政策，为企业发展蓄力赋能。

祁连县税务局聚焦县域内新能源、风力发电等重点行业和重点企业，通过制作操作指南、视频培训、直播讲堂、实地走访等多种途径，就企业关心、关注的减税降费政策、报表填报等难点、热点涉税问题，整理成"绿色税费大礼包"，分类向县域内适用环境保护税、资源税、耕地占用税的纳税人进行全覆盖宣传推送。

精诚共治 绿色发展见实效

聚焦部门协同共治，牢固树立和践行"绿水青山就是金山银山"的理念。

祁连县税务局着重关注县域内供热、采矿等企业发展，以环境保护税、资源税、耕地占用税为重点，积极与环保、自然资源等部门协同联动，建立数据共享机制和协作管理机制，指导企业用足用好、依法合规享受税费政策，发挥绿色税制正向激励作用，助推企业绿色发展，构建绿色税收共治新模式。

泽库县税务局联合县财政局、自然资源局、乡村振兴局等部门成立绿色税收生态保护联盟，利用税收大数据分析，实时掌握企业环保设备改造、环保数据提取、环境保护税申报等情况，在政策落实、强化调控、优化服务等方面下功夫，加强协同共治，为高质量发展厚植绿色底色。

（《青海："绿"税添彩生态新画卷》，载 https://www. chinatax. gov. cn/chinatax/n810219/n810739/c5233951/content. html，最后访问日期：2025 年 3 月 20 日。）

二、环境保护税的纳税人、征税对象和税率

（一）环境保护税的纳税人

环境保护税的纳税人，是指在中华人民共和国领域和中华人民共和国管辖的其他海域，直接向环境排放应税污染物的企业事业单位和其他生产经营者为环境保护税的纳税人。

企业事业单位和其他生产经营者贮存或者处置固体废物不符合国家和地方环境保护标准的，应当缴纳环境保护税。

依法设立的城乡污水集中处理场所、生活垃圾集中处理场所超过国家和地方规定的排放标准向环境排放应税污染物的，应当缴纳环境保护税。

达到省级人民政府确定的规模标准并且有污染物排放口的畜禽养殖场，应当依法缴纳环境保护税；依法对畜禽养殖废弃物进行综合利用和无害化处理的，不属于直接向环境排放污染物，不缴纳环境保护税。

有下列情形之一的，不属于直接向环境排放污染物，不缴纳相应污染物的环境保护税：

1. 企业事业单位和其他生产经营者向依法设立的污水集中处理、生活垃圾集中处理场所排放应税污染物的；

2. 企业事业单位和其他生产经营者在符合国家和地方环境保护标准的设施、场所贮存或者处置固体废物的。

城乡污水集中处理场所，是指为社会公众提供生活污水处理服务的场所，不包括为工业园区、开发区等工业聚集区域内的企业事业单位和其他生产经营者提供污水处理服务的场所，以及企业事业单位和其他生产经营者自建自用的污水处理场所。

（二）环境保护税的征税对象及税率

环境保护税的征税对象是纳税人直接向环境排放的应税污染物，包括大气污染物、水污染物、固体废物和噪声。具体税目、计量单位及单位税额见《环境保护税法》所附《环境保护税税目税额表》（见表 8-8）、《应税污染物和当量值表》（见表 8-9）。

表 8-8 环境保护税税目税额表

税目		计税单位	税额	备注
大气污染物		每污染当量	1. 2 元至 12 元	
水污染物		每污染当量	1. 4 元至 14 元	
固体废物	煤矸石	每吨	5 元	
	尾矿	每吨	15 元	
	危险废物	每吨	1000 元	

续表

税目		计税单位	税额	备注
固体废物	冶炼渣、粉煤灰、炉渣、其他固体废物（含半固态、液态废物）	每吨	25元	
噪声	工业噪声	超标1~3分贝	每月350元	1. 一个单位边界上有多处噪声超标，根据最高一处超标声级计算应纳税额；当沿边界长度超过100米有两处以上噪声超标，按照两个单位计算应纳税额。 2. 一个单位有不同地点作业场所的，应当分别计算应纳税额，合并计征。 3. 昼、夜均超标的环境噪声，昼、夜分别计算应纳税额，累计计征。 4. 声源一个月内超标不足15天的，减半计算应纳税额。 5. 夜间频繁突发和夜间偶然突发厂界超标噪声，按等效声级和峰值噪声两种指标中超标分贝值高的一项计算应纳税额。
		超标4~6分贝	每月700元	
		超标7~9分贝	每月1400元	
		超标10~12分贝	每月2800元	
		超标13~15分贝	每月5600元	
		超标16分贝	每月11 200元	

表8-9 应税污染物和当量值表

一、第一类水污染物污染当量值

污染物	污染当量值（千克）
1. 总汞	0.0005
2. 总镉	0.005
3. 总铬	0.04
4. 六价铬	0.02
5. 总砷	0.02
6. 总铅	0.025
7. 总镍	0.025
8. 苯并（a）芘	0.000 000 3
9. 总铍	0.01
10. 总银	0.02

二、第二类水污染物污染当量值

污染物	污染当量值（千克）	备注
11. 悬浮物（SS）	4	
12. 生化需氧量（BOD_s）	0.5	同一排放口中的化学需氧量、生化需氧量和总有机碳，只征收一项。
13. 化学需氧量（CODcr）	1	
14. 总有机碳（TOC）	0.49	
15. 石油类	0.1	
16. 动植物油	0.16	
17. 挥发酚	0.08	
18. 总氰化物	0.05	
19. 硫化物	0.125	
20. 氨氮	0.8	
21. 氟化物	0.5	
22. 甲醛	0.125	
23. 苯胺类	0.2	
24. 硝基苯类	0.2	
25. 阴离子表面活性剂（LAS）	0.2	
26. 总铜	0.1	
27. 总锌	0.2	
28. 总锰	0.2	
29. 彩色显影剂（CD-2）	0.2	
30. 总磷	0.25	
31. 单质磷（以 P 计）	0.05	
32. 有机磷农药（以 P 计）	0.05	
33. 乐果	0.05	
34. 甲基对硫磷	0.05	
35. 马拉硫磷	0.05	
36. 对硫磷	0.05	
37. 五氯酚及五氯酚钠（以五氯酚计）	0.25	
38. 三氯甲烷	0.04	
39. 可吸附有机卤化物（AOX）（以 C1 计）	0.25	
40. 四氯化碳	0.04	
41. 三氯乙烯	0.04	
42. 四氯乙烯	0.04	

污染物	污染当量值（千克）	备注
43. 苯	0.02	
44. 甲苯	0.02	
45. 乙苯	0.02	
46. 邻—二甲苯	0.02	
47. 对—二甲苯	0.02	
48. 间—二甲苯	0.02	
49. 氯苯	0.02	
50. 邻二氯苯	0.02	
51. 对二氯苯	0.02	
52. 对硝基氯苯	0.02	
53. 2，4—二硝基氯苯	0.02	
54. 苯酚	0.02	
55. 间—甲酚	0.02	
56. 2，4—二氯酚	0.02	
57. 2，4，6—三氯酚	0.02	
58. 邻苯二甲酸二丁酯	0.02	
59. 邻苯二甲酸二辛酯	0.02	
60. 丙烯腈	0.125	
61. 总硒	0.02	

三、pH 值、色度、大肠菌群数、余氯量水污染物污染当量值

污染物		污染当量值	备注
1. pH 值	1. 0-1，13-14 2. 1-2，12-13 3. 2-3，11-12 4. 3-4，10-11 5. 4-5，9-10 6. 5-6	0.06 吨污水 0.125 吨污水 0.25 吨污水 0.5 吨污水 1 吨污水 5 吨污水	pH 值 5-6 指大于等于 5，小于 6；pH 值 9-10 指大于 9，小于等于 10，其余类推。
2. 色度		5 吨水·倍	
3. 大肠菌群数（超标）		3.3 吨污水	大肠菌群数和余氯量只征收一项。
4. 余氯量（用氯消毒的医院废水）		3.3 吨污水	

四、禽畜养殖业、小型企业和第三产业水污染物污染当量值（本表仅适用于计算无法进行实际监测或者物料衡算的禽畜养殖业、小型企业和第三产业等小型排污者的水污染物污染当量数）

类型		污染当量值	备注
禽畜养殖场	1. 牛	0.1 头	对存栏规模大于 50 头牛、500 头猪、5000 羽鸡鸭等的禽畜养殖场征收。
	2. 猪	1 头	
	3. 鸡、鸭等家禽	30 羽	
4. 小型企业		1.8 吨污水	
5. 饮食娱乐服务业		0.5 吨污水	
6. 医院	消毒	0.14 床	医院病床数大于 20 张的按照本表计算污染当量数。
		2.8 吨污水	
	不消毒	0.07 床	
		1.4 吨污水	

五、大气污染物污染当量值

污染物	污染当量值（千克）
1. 二氧化硫	0.95
2. 氮氧化物	0.95
3. 一氧化碳	16.70
4. 氯气	0.34
5. 氯化氢	10.75
6. 氟化物	0.87
7. 氰化氢	0.005
8. 硫酸雾	0.60
9. 铬酸雾	0.0007
10. 汞及其化合物	0.0001
11. 一般性粉尘	4.00
12. 石棉尘	0.53
13. 玻璃棉尘	2.13
14. 碳黑尘	0.59
15. 铅及其化合物	0.02
16. 镉及其化合物	0.03
17. 铍及其化合物	0.0004
18. 镍及其化合物	0.13
19. 锡及其化合物	0.27
20. 烟尘	2.18

污染物	污染当量值（千克）
21. 苯	0.05
22. 甲苯	0.18
23. 二甲苯	0.27
24. 苯并（a）芘	0.000 002
25. 甲醛	0.09
26. 乙醛	0.45
27. 丙烯醛	0.06
28. 甲醇	0.67
29. 酚类	0.35
30. 沥青烟	0.19
31. 苯胺类	0.21
32. 氯苯类	0.72
33. 硝基苯	0.17
34. 丙烯腈	0.22
35. 氯乙烯	0.55
36. 光气	0.04
37. 硫化氢	0.29
38. 氨	9.09
39. 三甲胺	0.32
40. 甲硫醇	0.04
41. 甲硫醚	0.28
42. 二甲二硫	0.28
43. 苯乙烯	25.00
44. 二硫化碳	20.00

三、环境保护税的税收优惠

（一）免征环境保护税

下列情形，暂予免征环境保护税：

1. 农业生产（不包括规模化养殖）排放应税污染物的。

2. 机动车、铁路机车、非道路移动机械、船舶和航空器等流动污染源排放应税污染物的。

3. 依法设立的城乡污水集中处理、生活垃圾集中处理场所排放相应应税污染物，不超过国家和地方规定的排放标准的。

4. 纳税人综合利用的固体废物，符合国家和地方环境保护标准的。

5. 国务院批准免税的其他情形。

（二）减征环境保护税

1. 纳税人排放应税大气污染物或者水污染物的浓度值低于国家和地方规定的污染物排放标准30%的，减按75%征收环境保护税。

2. 纳税人排放应税大气污染物或者水污染物的浓度值低于国家和地方规定的污染物排放标准50%的，减按50%征收环境保护税。

3. 纳税人噪声声源一个月内累计昼间超标不足15昼或者累计夜间超标不足15夜的，分别减半计算应纳税额。

寻法溯源

四、环境保护税的计税依据和应纳税额的计算

（一）环境保护税的计税依据

应税污染物种类不同，计税依据确定方法也不相同。具体规定如下：

微课8-4　环境保护税税收优惠

1. 应税大气污染物按照污染物排放量折合的污染当量数确定。
2. 应税水污染物按照污染物排放量折合的污染当量数确定。
3. 应税固体废物按照固体废物的排放量确定。
4. 应税噪声按照超过国家规定标准的分贝数确定。

污染当量，是指根据污染物或者污染排放活动对环境的有害程度以及处理的技术经济性，衡量不同污染物对环境污染的综合性指标或者计量单位。同一介质相同污染当量的不同污染物，其污染程度基本相当。

应税大气污染物、水污染物的污染当量数，以该污染物的排放量除以该污染物的污染当量值计算。

每一排放口或者没有排放口的应税大气污染物，按照污染当量数从大到小排序，对前三项污染物征收环境保护税。

每一排放口的应税水污染物，按照《应税污染物和当量值表》，区分第一类水污染物和其他类水污染物，按照污染当量数从大到小排序，对第一类水污染物按照前五项征收环境保护税，对其他类水污染物按照前三项征收环境保护税。

从两个以上排放口排放应税污染物的，对每一排放口排放的应税污染物分别计算征收环境保护税；纳税人持有排污许可证的，其污染物排放口按照排污许可证载明的污染物排放口确定。

省、自治区、直辖市人民政府根据本地区污染物减排的特殊需要，可以增加同一排放口征收环境保护税的应税污染物项目数，报同级人民代表大会常务委员会决定，并报全国人民代表大会常务委员会和国务院备案。

（二）应税污染物的排放量

1. 确定应税污染物排放量的一般规定。应税大气污染物、水污染物、固体废物的排放量和噪声的分贝数，按照下列方法和顺序计算：

（1）纳税人安装使用符合国家规定和监测规范的污染物自动监测设备的，按照污染物自动监测数据计算。

（2）纳税人未安装使用污染物自动监测设备的，按照监测机构出具的符合国家有关规定和监测规范的监测数据计算。

（3）因排放污染物种类多等原因不具备监测条件的，按照国务院环境保护主管部门规定的排污系数、物料衡算方法计算。

（4）不能按照第一项至第三项规定的方法计算的，按照省、自治区、直辖市人民政府环境保护主管部门规定的抽样测算的方法核定计算。

（5）应税固体废物的计税依据，按照固体废物的排放量确定。固体废物的排放量为当期应税固体废物的产生量减去当期应税固体废物的贮存量、处置量、综合利用量的余额。固体废物的贮存量、处置量，是指在符合国家和地方环境保护标准的设施、场所贮存或者处置的固体废物数量；固体废物的综合利用量，是指按照国务院发展改革、工业和信息化主管部门关于资源综合利用要求以及国家和地方环境保护标准进行综合利用的固体废物数量。

属于上述第二种规定情形的纳税人，自行对污染物进行监测所获取的监测数据，符合国家有关规定和监测规范的，视同监测机构出具的监测数据。

2. 确定应税大气污染物、水污染物排放量的特殊规定。纳税人有下列情形之一的，以其当期应税大气污染物、水污染物的产生量作为污染物的排放量：

（1）未依法安装使用污染物自动监测设备或者未将污染物自动监测设备与环境保护主管部门的监控设备联网。

（2）损毁或者擅自移动、改变污染物自动监测设备。

（3）篡改、伪造污染物监测数据。

（4）通过暗管、渗井、渗坑、灌注或者稀释排放以及不正常运行防治污染设施等方式违法排放应税污染物。

（5）进行虚假纳税申报。

3. 确定应税固体废物排放量的特殊规定。纳税人有下列情形之一的，以其当期应税固体废物的产生量作为固体废物的排放量：

（1）非法倾倒应税固体废物。

（2）进行虚假纳税申报。

（三）污染当量

污染当量，是指根据污染物或者污染排放活动对环境的有害程度以及处理的技术经济性，衡量不同污染物对环境污染的综合性指标或者计量单位。每种应税大气污染物、水污染物的具体污染当量值，依照《应税污染物和当量值表》执行。

【例8-14】H省C市Q县甲企业2024年9月向水体直接排放第一类水污染物总汞、总镉、总铬、六价铬、总砷、总铅各1千克。排放其他类水污染物悬浮物（SS）、生化需氧量、总有机碳、氨氮、挥发酚各20千克。已知：第一类水污染物的污染当量值分别为：0.0005、0.005、0.04、0.02、0.02、0.025；第二类水污染物的污染当量值分别为4、0.5、0.49、0.8、0.08（单位：千克）。

计算B企业2024年9月水污染物的污染当量数。

解析：

第一类水污染物的污染当量数（单位：千克）并排序：

总汞：$1 \div 0.0005 = 2000$

总镉：$1 \div 0.005 = 200$

总铬：$1 \div 0.04 = 25$

六价铬：$1 \div 0.02 = 50$

总砷：$1 \div 0.02 = 50$

总铅：$1 \div 0.025 = 40$

总汞（2000）>总镉（200）>六价铬（50）=总砷（50）>总铅（40）>总铬（25）

第二类水污染物的污染当量数（单位：千克）并排序：

悬浮物（SS）：20÷4＝5

生化需氧量：20÷0.5＝40

总有机碳：20÷0.49＝40.82

氨氮：20÷0.8＝25

挥发酚：20÷0.08＝250

挥发酚（250）＞总有机碳（40.82）＞生化需氧量（40）＞氨氮（25）＞悬浮物（SS）（5）

因《应税污染物和当量值表》中，对同一排放口中的化学需氧量、生化需氧量和总有机碳，只征收一项，按三者中污染当量数最高的一项收取。因此其他类水污染物按照挥发酚、总有机碳、氨氮征收环境保护税。

（四）环境保护税应纳税额的计算

环境保护税应纳税额按照下列方法计算：

1. 应税大气污染物的应纳税额为污染当量数乘以具体适用税额。

2. 应税水污染物的应纳税额为污染当量数乘以具体适用税额。

3. 应税固体废物的应纳税额为固体废物排放量乘以具体适用税额。

4. 应税噪声的应纳税额为超过国家规定标准的分贝数对应的具体适用税额。

【例8-15】H省T市甲水泥有限责任公司2024年9月向大气中排放二氧化硫10千克，氮氧化物20千克，一氧化碳300千克，汞及其化合物1千克。相应污染物的污染当量值分别为0.95、0.95、16.7和0.0001（单位：千克）；已知该地区大气污染物环境保护税单位税额为4.8元每当量。

甲水泥有限责任公司只有一个排放口，计算该企业2024年9月大气污染物的污染当量数及2024年9月环境保护税应纳税额。

解析：

1. 各污染物的污染当量数（单位：千克）：

二氧化硫：10÷0.95＝10.53

氮氧化物：20÷0.95＝21.05

一氧化碳：300÷16.7＝17.96

汞及其化合：1÷0.0001＝10 000

2. 按污染当量数排序：

汞及其化合物（10 000）＞氮氧化物（21.05）＞一氧化碳（17.96）＞二氧化硫（10.53）

根据《环境保护税法》规定每一排放口的应税大气污染物，按照污染当量数从大到小排序，对前三项污染物征收环境保护税。因此甲水泥有限责任公司应就汞及其化合物、氮氧化物、一氧化碳三种大气污染物缴纳环境保护税。

汞及其化合物：10 000×4.8＝48 000元

氮氧化物：21.05×4.8＝101.04元

一氧化碳：17.96×4.8＝86.21元

该企业2024年9月环境保护税应纳税额＝48 000＋101.04＋86.21＝48 187.25元。

【例8-16】H省T市甲造纸有限责任公司2024年9月向水体直接排放第一类水污染物总汞、总镉、总铬、六价铬、总砷、总铅各1千克。排放其他类水污染物悬浮物（SS）、生化需氧量、总有机碳、氨氮、挥发酚各20千克。已知：第一类水污染物的污染当量值分别为：0.0005、0.005、0.04、0.02、0.02、0.025；第二类水污染物的污染当量值分别为4、0.5、0.49、0.8、

0.08（单位：千克）该地区水污染物适用税额为每污染当量 5.6 元。

要求：计算该公司当月水污染物的环境保护税应纳税额。

解析：

先计算第一类水污染物的污染当量数（单位：千克）并排序：

总汞：1÷0.0005＝2000

总镉：1÷0.005＝200

总铬：1÷0.04＝25

六价铬：1÷0.02＝50

总砷：1÷0.02＝50

总铅：1÷0.025＝40

总汞（2000）＞总镉（200）＞六价铬（50）＝总砷（50）＞总铅（40）＞总铬（25）

根据规定，只对第一类水污染物按照前五项征收环境保护税。因此，第一类水污染物应纳税额计算如下：

总汞：2000×5.6＝11 200 元

总镉：200×5.6＝1120 元

六价铬：50×5.6＝280 元

总砷：50×5.6＝280 元

总铅：40×5.6＝224 元

再计算第二类水污染物的污染当量数（单位：千克）并排序：

悬浮物（SS）：20÷4＝5

生化需氧量：20÷0.5＝40

总有机碳：20÷0.49＝40.82

氨氮：20÷0.8＝25

挥发酚：20÷0.08＝250

挥发酚（250）＞总有机碳（40.82）＞生化需氧量（40）＞氨氮（25）＞悬浮物（SS）（5）

根据规定，对其他类水污染物按照前三项征收环境保护税。同时，《应税污染物和当量值表》中，对同一排放口中的化学需氧量、生化需氧量和总有机碳，只征收一项，按三者中污染当量数最高的一项收取。因此其他类水污染物按照挥发酚、总有机碳、氨氮征收环境保护税。因此，其他类水污染物应纳税额计算如下：

挥发酚：250×5.6＝1400

总有机碳：40.82×5.6＝228.59

氨氮：25×5.6＝140

该公司当月水污染物的环境保护税应纳税额＝11 200＋1120＋280＋280＋224＋1400＋228.59＋140＝14 872.59 元。

【例 8-17】 S 省一煤炭开采企业 2024 年 9 月产生煤矸石 1000 吨，其中综合利用的煤矸石 200 吨（符合国家和地方环境保护标准），在符合国家和地方环境保护标准的设施贮存 300 吨，计算该企业 2024 年 9 月煤矸石的环境保护税应纳税额。

解析：

该企业 2024 年 9 月煤矸石的环境保护税应纳税额＝（1000－200－300）×5＝2500元

【例 8-18】 H 省甲钢铁有限责任公司在生产过程中直接排放大气污染物，是环境保护税纳税人。该公司仅有 1 个废气排放口，该公司使用符合规范的在线监测仪器监测污染物排放数据。监测数据显示，2024年9月份，该排放口共排放大气污染物1000万立方米，其中，应税污染物浓度为：二氧化硫120毫克每立方米；氮氧化物40毫克每立方米。（按照GB 13223-2001的排放标准限值，二氧化硫为200毫克每立方米，氮氧化物为100毫克每立方米；该公司所在省的大气污染物税率为4.8元每污染当量）。试计算该公司当月的环境保护税应纳税额。

解析：

该公司当月二氧化硫的排放量=10 000 000×120÷1 000 000=1200千克

该公司当月氮氧化物的排放量=10 000 000×40÷1 000 000=400千克

该公司当月二氧化硫的污染当量=1200÷0.95=1263.16千克

该公司当月氮氧化物的污染当量=400÷0.95=421.05千克

根据规定，纳税人排放应税大气污染物或者水污染物的浓度值低于国家和地方规定的污染物排放标准30%的，减按75%征收环境保护税。

（200-120）÷200=40%

纳税人排放二氧化硫的浓度值低于国家规定的污染物排放标准的30%，因此可以减按75%征收排放二氧化硫的环境保护税。

排放二氧化硫的环境保护税应纳税额=1263.16×4.8×75%=4547.38元

根据规定，纳税人排放应税大气污染物或者水污染物的浓度值低于国家和地方规定的污染物排放标准50%的，减按50%征收环境保护税。

（100-40）÷100=60%

纳税人排放氮氧化物的浓度值低于国家规定的污染物排放标准的50%，因此可以减按50%征收排放氮氧化物的环境保护税。

排放氮氧化物的环境保护税应纳税额=421.05×4.8×50%=1010.52元

该公司当月的环境保护税应纳税额=4547.38+1010.52=5557.90元

五、环境保护税的征收管理

（一）纳税义务发生时间

纳税义务发生时间为纳税人排放应税污染物的当日。

（二）纳税期限

纳税人按季申报缴纳的，应当自季度终了之日起15日内，向税务机关办理纳税申报并缴纳税款。纳税人按次申报缴纳的，应当自纳税义务发生之日起15日内，向税务机关办理纳税申报并缴纳税款。

纳税人应当依法如实办理纳税申报，对申报的真实性和完整性承担责任。

（三）纳税地点

纳税人应当向应税污染物排放地的税务机关申报缴纳环境保护税，具体规定如下：

1. 应税大气污染物、水污染物排放口所在地。

2. 应税固体废物产生地。

3. 应税噪声产生地。

纳税人跨区域排放应税污染物，税务机关对税收征收管辖有争议的，由争议各方按照有利于征收管理的原则协商解决；不能协商一致的，报请共同的上级税务机关决定。

（四）征管模式

环境保护税实行"企业申报、税务征收、环保监管、政府协调、信息共享"的征管模式。

1. 企业申报。纳税人应当向应税污染物排放地的税务机关申报缴纳环境保护税。纳税人跨区域排放应税污染物，税务机关对税收征收管辖有争议的，由争议各方按照有利于征收管理的原则协商解决；不能协商一致的，报请共同的上级税务机关决定。

纳税义务发生时间为纳税人排放应税污染物的当日。纳税人申报缴纳时，应当向税务机关报送所排放应税污染物的种类、数量，大气污染物、水污染物的浓度值，以及税务机关根据实际需要要求纳税人报送的其他纳税资料。

环境保护税按月计算，按季申报缴纳。不能按固定期限计算缴纳的，可以按次申报缴纳。

纳税人按季申报缴纳的，应当自季度终了之日起15日内，向税务机关办理纳税申报并缴纳税款。

纳税人按次申报缴纳的，应当自纳税义务发生之日起15日内，向税务机关办理纳税申报并缴纳税款。

纳税人应当依法如实办理纳税申报，对申报的真实性和完整性承担责任。纳税人应当按照税收征收管理的有关规定，妥善保管应税污染物监测和管理的有关资料。

纳税人从事海洋工程向中华人民共和国管辖海域排放应税大气污染物、水污染物或者固体废物，申报缴纳环境保护税的具体办法，由国务院税务主管部门会同国务院海洋主管部门规定。

2. 税务征管。环境保护税由税务机关依照有关规定征收管理。税务机关应当将纳税人的纳税申报数据资料与环境保护主管部门交送的相关数据资料进行比对。

税务机关发现纳税人的纳税申报数据资料异常或者纳税人未按照规定期限办理纳税申报的，可以提请环境保护主管部门进行复核，环境保护主管部门应当自收到税务机关的数据资料之日起15日内向税务机关出具复核意见。税务机关应当按照环境保护主管部门复核的数据资料调整纳税人的应纳税额。

税务机关应当依据环境保护主管部门交送的排污单位信息进行纳税人识别。

在环境保护主管部门交送的排污单位信息中没有对应信息的纳税人，由税务机关在纳税人首次办理环境保护税纳税申报时进行纳税人识别，并将相关信息交送环境保护主管部门。

3. 环保监管。环境保护主管部门依照有关规定负责对污染物的监测管理。税务机关、环境保护主管部门应当无偿为纳税人提供与缴纳环境保护税有关的辅导、培训和咨询服务。税务机关依法实施环境保护税的税务检查，环境保护主管部门予以配合。

4. 政府协调。县级以上地方人民政府应当建立税务机关、环境保护主管部门和其他相关单位分工协作工作机制，加强环境保护税征收管理，保障税款及时足额入库。

5. 信息共享。环境保护主管部门和税务机关应当建立涉税信息共享平台和工作配合机制。国务院税务、环境保护主管部门制定涉税信息共享平台技术标准以及数据采集、存储、传输、查询和使用规范。

环境保护主管部门应当将排污单位的排污许可、污染物排放数据、环境违法和受行政处罚情况等环境保护相关信息，定期交送税务机关。

税务机关应当将纳税人的纳税申报、税款入库、减免税额、欠缴税款以及风险疑点等环境保护税涉税信息，定期交送环境保护主管部门。

环境保护主管部门应当通过涉税信息共享平台向税务机关交送在环境保护监督管理中获取的下列信息：

第一，排污单位的名称、统一社会信用代码以及污染物排放口、排放污染物种类等基本信息。

第二，排污单位的污染物排放数据（包括污染物排放量以及大气污染物、水污染物的浓度值等数据）。

第三，排污单位环境违法和受行政处罚情况。

第四，对税务机关提请复核的纳税人的纳税申报数据资料异常或者纳税人未按照规定期限办理纳税申报的复核意见。

第五，与税务机关商定交送的其他信息。

税务机关应当通过涉税信息共享平台向环境保护主管部门交送下列环境保护税涉税信息：

第一，纳税人基本信息。

第二，纳税申报信息。

第三，税款入库、减免税额、欠缴税款以及风险疑点等信息。

第四，纳税人涉税违法和受到行政处罚情况。

第五，纳税人的纳税申报数据资料异常或者纳税人未按照规定期限办理纳税申报的信息。

第六，与环境保护主管部门商定交送的其他信息。

技能训练

一、单项选择题

1. 根据环境保护税法律制度的规定，下列各项中，不属于环境保护税征税范围的是（　　）。

A. 工业噪声　　　　　B. 电磁辐射　　　　　C. 尾矿　　　　　D. 冶炼渣

2. 根据环境保护税法律制度的规定，下列情形中，应缴纳环境保护税的是（　　）。

A. 小区物业公司维修下水道产生的噪声

B. 热电厂在符合国家和地方环境保护标准的场所储存固体废物

C. 运输车辆排放不超过国家规定标准的尾气

D. 依法设立的城乡污水集中处理场所超过国家和地方规定的排放标准向环境排放应税污染物

3. 根据环境保护税法律制度的规定，下列各项中，不属于环境保护税征税范围的是（　　）。

A. 噪声　　　　　B. 固体废物　　　　　C. 光污染　　　　　D. 水污染物

4. 2024 年 9 月甲公司产生炉渣 400 吨，其中 80 吨贮存在符合国家和地方环境保护标准的设施中，100 吨综合利用且符合国家和地方环境保护标准，其余的直接倒弃于周边空地。已知，炉渣环境保护税税率为 25 元每吨。计算甲公司当月所产生炉渣的环境保护税应纳税额的下列算式中，正确的是（　　）元。

A.（400−80−100）×25 = 5500　　　　　B. 400×25 = 10 000

C.（400−100）×25 = 7500　　　　　D.（400−80）×25 = 8000

5. 根据环境保护税法律制度的规定，下列关于环境保护税的表述中，正确的是（　　）。

A. 环境保护税实行定额税率

B. 规模化养殖排放应税污染物暂免征收

C. 环境保护税按月计算，按年申报缴纳

D. 纳税义务发生时间为纳税人排放应税污染物的当月

二、多项选择题

1. 根据环境保护税法律制度的规定，下列各项中，属于环境保护税征税范围的有（　　）。

A. 工业噪声　　　　　　　　　　B. 固体废物

C. 大气污染物　　　　　　　　　D. 水污染物

2. 根据环境保护税法律制度的规定，下列关于环境保护税计税依据的表述中，正确的有

（　　　）。

 A. 应税水污染物按照污染物排放量折合的污染当量数确定

 B. 应税固体废物按照固体废物的排放量确定

 C. 应税噪声按照超过国家规定标准的分贝数确定

 D. 应税大气污染物按照污染物排放量折合的污染当量数确定

3. 下列说法中属于环境保护税特点的有（　　　）。

A. 征税项目为 4 种重点污染源

B. 纳税人主要是企事业单位和其他经营者

C. 直接排放应税污染物是必要条件

D. 税额为统一定额税和浮动定额税相结合

4. 下列情形中免征环境保护税的是（　　　）。

A. 规模化养殖直接排放的应税污染物

B. 航空器排放应税污染物

C. 纳税人综合利用的固体废物，符合环境保护标准

D. 建筑噪声

5. 下列关于环境保护税的说法中，正确的有（　　　）。

A. 环境保护税的征税环节是生产销售环节

B. 应税水污染物的具体适用税额由省级税务机关确定

C. 对机动车排放废气暂免征收环境保护税

D. 对航空器排放废气暂免征收环境保护税

三、判断题

1. 大气污染物和水污染物按照污染范围计征环境保护税。（　　　）

2. 机动车排放应税污染物应征收环境保护税。（　　　）

3. 事业单位和其他生产经营者向依法设立的污水集中处理、生活垃圾集中处理场所排放应税污染物的，不缴纳相应污染物的环境保护税。（　　　）

4. 农业生产（不包括规模化养殖）排放应税污染物的，暂予免征环境保护税。（　　　）

5. 机动车排放应税污染物的，暂予免征环境保护税。（　　　）

6. 企业直接向环境排放应税污染物，应当向其机构所在地的税务机关申报缴纳环境保护税。（　　　）

7. 环境保护税的纳税义务发生时间为纳税人排放应税污染物的当日。（　　　）

8. 环境保护税纳税地点为应税污染物排放地。（　　　）

9. 环境保护税应当自季度终了（按次纳税的，自纳税义务发生）之日起 10 日内申报缴纳。（　　　）

10. 纳税人综合利用的固体废物符合国家和地方环境保护标准的，暂免征收环境保护税。（　　　）

项目九　税务行政法治

技能目标

1. 掌握税务处罚程序，确保合法合规操作。
2. 熟练运用复议技巧，有效维护合法权益。
3. 分析税收法律责任，规避法律风险。
4. 撰写行政复议申请，清晰阐述诉求。
5. 理解税务处罚标准，合理评估处罚影响。
6. 运用法律工具，解决税收争议问题。

思政目标

1. 树立依法治税理念，增强法律权威意识。
2. 明确税收法律责任，增强公民纳税自觉性。
3. 确保税务行政处罚公正合理，维护纳税人合法权益。
4. 鼓励合法复议，保障纳税人救济途径畅通。
5. 通过行政复议优化税务管理，提升行政效率与公信力。
6. 倡导诚信纳税，构建税收信用体系，促进社会诚信建设。

任务一　税务行政处罚

◇ **任务引例**

　　某市税务稽查局在对甲企业进行税务检查时，发现甲企业存在以下问题：一是未如实申报2023年度的销售收入，导致少缴企业所得税50万元；二是在过去两年内，该企业未按规定代扣代缴其员工个人所得税共计12万元。针对上述情况，税务稽查局决定对甲企业实施税务行政处罚。

◇ **任务要求**

　　判断税务行政处罚的适用性：

　　1. 分析甲企业的行为是否违反了税收法律法规，是否构成税务违法行为。

　　判断税务稽查局对甲企业实施税务行政处罚是否符合相关法律法规的规定。

　　2. 根据甲企业的具体违法情况，分析可能适用的税务行政处罚种类（如罚款、没收违法所得、吊销税务登记证等）。

　　参照《税收征收管理法》等相关规定，估算甲企业因未如实申报销售收入和未代扣代缴个人所得税而应缴纳的罚款金额。注意考虑是否有从轻、减轻或加重处罚的情节。

◇ 税海探知

一、税务行政处罚的认知

税务行政处罚是指公民、法人或者其他组织有违反税收征收管理秩序的违法行为，尚未构成犯罪，依法应当承担行政责任的，由税务机关给予行政处罚。

税务行政处罚是行政处罚的重要组成部分。《行政处罚法》多年来经过两次修正和一次修订，目前适用的基本规范是 2021 年 1 月 22 日，由第十三届全国人民代表大会常务委员会第二十五次会议修订通过，于 2021 年 7 月 15 日起施行的《行政处罚法》。为了贯彻实施《行政处罚法》，规范税务行政处罚的实施，保护纳税人和其他税务当事人的合法权益，1996 年 9 月 28 日国家税务总局公布了《税务行政处罚听证程序实施办法（试行）》，并于 1996 年 10 月 1 日施行。随着《行政处罚法》的修正与修订，该办法也进行了相应的调整和完善。

二、税务行政处罚的原则

（一）处罚法定原则

处罚法定原则是最基本的税务行政处罚原则，包括"依据、设定权、主体和程序"四项内容法定。

1. 税务行政处罚依据法定。对公民和组织实施税务行政处罚必须有法定依据，无明文规定不得处罚。

2. 税务行政处罚设定权法定。税务行政处罚必须由法定的国家机关在其职权范围内设定。

3. 税务行政处罚主体法定。税务行政处罚必须由法定的税务机关在其职权范围内实施。

4. 税务行政处罚程序法定。税务行政处罚必须由税务机关按照法定程序实施。

（二）处罚公正、公开原则

公正，就是要防止偏听偏信，要使当事人了解其违法行为的性质，并给其申辩的机会。

公开，一是指税务行政处罚的规定要公开，凡是需要公开的法律规范都要事先公布；二是指处罚程序要公开，如依法举行听证会等。

（三）以事实为依据原则

任何法律规范的适用必然基于一定的法律行为和事件，法律事实不清或者脱离了法律事实，法律的适用就不可能准确，法律对各种社会关系的调整功能就不可能有效发挥。

因此，税务行政处罚必须以事实为依据，以法律为准绳。

（四）过罚相当原则

过罚相当是指在税务行政处罚的设定和实施方面，都要根据税务违法行为的性质、情节、社会危害性的大小而定，防止畸轻畸重或者"一刀切"的行政处罚现象。

（五）处罚与教育相结合原则

税务行政处罚的目的是纠正违法行为，教育公民自觉守法，处罚只是手段。因此，税务机关在实施行政处罚时，要责令当事人改正或者限期改正违法行为，对情节轻微的违法行为也不一定都实施处罚。

（六）监督、制约原则

对税务机关实施行政处罚实行两方面的监督制约。一是内部的监督，如对违法行为的调查与处罚决定的分开，决定罚款的机关与收缴的机构分离，当场作出的处罚决定向所属行政机关备案等。二是外部的监督，包括税务系统上下级之间的监督制约和司法监督，具体体现主要是税务行政复议和诉讼。

三、税务行政处罚的设定和种类

（一）税务行政处罚的设定

税务行政处罚的设定是指由特定的国家机关通过一定形式独立规定公民、法人或者其他组织的行为规范，并规定违反该行为规范的行政制裁措施。现行我国税收法治的原则是税权集中、税法统一，税收的立法权主要集中在中央。

1. 全国人民代表大会及其常务委员会可以通过法律的形式设定各种税务行政处罚。

2. 国务院可以通过行政法规的形式设定除限制人身自由以外的税务行政处罚。

3. 尚未制定法律、行政法规的，国家税务总局可通过规章的形式设定警告、通告批评或一定数额的行政处罚。罚款的限额由国务院规定。尚未制定法律、行政法规，因行政管理迫切需要依法先以部门规章设定罚款的，设定的罚款数额最高不得超过 10 万元，且不得超过法律、行政法规对相似违法行为的罚款数额，涉及公民生命健康安全、金融安全且有危害后果的，设定的罚款数额最高不得超过 20 万元；超过上述限额的，要报国务院批准。

税务局及其以下各级税务机关制定的税收法律、法规、规章以外的规范性文件，在税收法律、法规、规章规定给予行政处罚的行为、种类和幅度的范围内作出具体规定，是一种执行税收法律、法规、规章的行为，不是对税务行政处罚的设定。因此，这类规范性文件与行政处罚法规定的处罚设定原则并不矛盾，是有效的，是可以执行的。

（二）税务行政处罚的种类

根据税务行政处罚的设定原则，税务行政处罚的种类是可变的，它将随着税收法律、法规、规章设定的变化而变化或者增减。根据税法的规定，现行税务行政处罚主要有：①罚款；②没收财物和违法所得；③停止出口退税权；④ 法律、法规和规章规定的其他行政处罚。

四、税务行政处罚的主体与管辖

（一）主体

税务行政处罚的实施主体主要是县以上的税务机关。税务机关是指能够独立行使税收征收管理职权，具有法人资格的行政机关。我国税务机关的组织构成包括国家税务总局；省、自治区、直辖市税务局；地（市、州、盟）税务局；县（市、旗）税务局四级。这些税务机关都具有税务行政处罚主体资格。

各级税务机关的内设机构、派出机构不具有处罚主体资格，不能以自己的名义实施税务行政处罚。但是税务所可以实施罚款金额在 2000 元以下的税务行政处罚。这是《税收征收管理法》对税务所的特别授权。

（二）管辖

根据《行政处罚法》和《税收征收管理法》的规定，税务行政处罚由当事人税收违法行为发生地的县（市、旗）以上税务机关管辖。这一管辖原则有以下几层含义：

1. 从税务行政处罚的地域管辖来看，税务行政处罚实行行为发生地原则。只有当事人违法行为发生地的税务机关才有权对当事人实施处罚，其他地方的税务机关则无权实施。

2. 从税务行政处罚的级别管辖来看，必须是县（市、旗）以上的税务机关。法律特别授权的税务所除外。

3. 从税务行政处罚的管辖主体的要求来看，必须有税务行政处罚权。

五、税务行政处罚的简易程序

税务行政处罚的简易程序，是指税务机关及其执法人员对于公民、法人或者其他组织违反税收征收管理秩序的行为，当场作出税务行政处罚决定的行政处罚程序。简易程序的适用条件：

一是案情简单、事实清楚、违法后果比较轻微且有法定依据应当给予处罚的违法行为；二是给予的处罚较轻，仅适用于对公民处以50元以下和对法人或者其他组织处以1000元以下罚款的违法案件。

符合上述条件，税务行政执法人员当场作出税务行政处罚决定应当按照下列程序进行：

1. 向当事人出示税务行政执法身份证件。

2. 告知当事人受到税务行政处罚的违法事实、依据和陈述申辩权。

3. 听取当事人陈述申辩意见。

4. 填写具有预定格式、编有号码的税务行政处罚决定书，并当场交付当事人。

税务行政处罚决定书应当包括下列事项：

（1）税务机关名称。

（2）编码。

（3）当事人姓名（名称）、住址等。

（4）税务违法行为事实、依据。

（5）税务行政处罚种类、罚款数额。

（6）作出税务行政处罚决定的时间、地点。

（7）罚款代收机构名称、地址。

（8）缴纳罚款期限。

（9）当事人逾期缴纳罚款是否加处罚款。

（10）当事人不服税务行政处罚的复议权和起诉权。

（11）税务行政执法人员签字或者盖章。

税务行政执法人员当场制作的税务行政处罚决定书，应当报所属税务机关备案。

自2017年11月1日起，税务机关依法对公民、法人或者其他组织当场作出行政处罚决定的，使用修订后的《税务行政处罚决定书（简易）》，不再另行填写《陈述申辩笔录》和《税务文书送达回证》。

六、税务行政处罚的听证

为了规范税务行政处罚听证程序的实施，保护公民、法人和其他组织的合法权益，根据《行政处罚法》，国家税务总局制定了税务行政处罚听证程序实施办法。税务行政处罚的听证，遵循合法、公正、公开、及时和便民的原则。

1. 税务机关对公民作出2000元以上（含2000元）罚款或者对法人或者其他组织作出1万元以上（含1万元）罚款的行政处罚之前，应当向当事人送达《税务行政处罚事项告知书》，告知当事人已经查明的违法事实、证据、行政处罚的法律依据和拟将给予的行政处罚，并告知当事人有要求举行听证的权利。

2. 要求听证的当事人，应当在《税务行政处罚事项告知书》送达后3日内向税务机关书面提出听证申请；逾期不提出的，视为放弃听证权利。当事人要求听证的，税务机关应当组织听证。

3. 税务机关应当在收到当事人听证要求后15日内举行听证，并在举行听证的7日前将《税务行政处罚听证通知书》送达当事人，通知当事人举行听证的时间、地点、听证主持人的姓名及有关事项。

当事人由于不可抗力或者其他特殊情况而耽误提出听证期限的，在障碍消除后5日以内，可以申请延长期限。申请是否准许，由组织听证的税务机关决定。

4. 当事人提出听证后，税务机关发现自己拟作的行政处罚决定对事实认定有错误或者偏差，应当予以改变，并及时向当事人说明。

5. 税务行政处罚的听证，由税务机关负责人指定的非本案调查机构的人员主持，当事人、本案调查人员及其他有关人员参加。

听证主持人应当依法行使职权，不受任何组织和个人的干涉。

6. 当事人可以亲自参加听证，也可以委托 1 至 2 人代理。当事人委托代理人参加听证的，应当向其代理人出具代理委托书。代理委托书应当注明有关事项，并经税务机关或者听证主持人审核确认。

7. 当事人认为听证主持人与本案有直接利害关系的，有权申请回避。回避申请，应当在举行听证的 3 日前向税务机关提出，并说明理由。

听证主持人是本案当事人的近亲属，或者认为自己与本案有直接利害关系或其他关系可能影响公正听证的，应当自行提出回避。

8. 听证主持人的回避，由组织听证的税务机关负责人决定。

对驳回申请回避的决定，当事人可以申请复核 1 次。

9. 税务行政处罚听证应当公开进行。但是涉及国家秘密、商业秘密或者个人隐私的，听证不公开进行。

对公开听证的案件，应当先期公告当事人和本案调查人员的姓名、案由和听证的时间、地点。

公开进行的听证，应当允许群众旁听。经听证主持人许可，旁听群众可以发表意见。

对不公开听证的案件，应当宣布不公开听证的理由。

10. 当事人或者其代理人应当按照税务机关的通知参加听证，无正当理由不参加的，视为放弃听证权利。听证应当予以终止。

本案调查人员有前款规定情形的，不影响听证的进行。

11. 听证开始时，听证主持人应当首先声明并出示税务机关负责人授权主持听证的决定，然后查明当事人或者其代理人、本案调查人员、证人及其他有关人员是否到场，宣布案由；宣布听证会的组成人员名单；告知当事人有关的权利义务。记录员宣读听证会场纪律。

12. 听证过程中，由本案调查人员就当事人的违法行为予以指控，并出示事实证据材料，提出行政处罚建议。当事人或者其代理人可以就所指控的事实及相关问题进行申辩和质证。

听证主持人可以对本案所涉及事实进行询问，保障控辩双方充分陈述事实，发表意见，并就各自出示的证据的合法性、真实性进行辩论。辩论先由本案调查人员发言，再由当事人或者其代理人答辩，然后双方相互辩论。

辩论终结，听证主持人可以再就本案的事实、证据及有关问题向当事人或者其代理人、本案调查人员征求意见。当事人或者其代理人有最后陈述的权利。

13. 听证主持人认为证据有疑问无法听证辨明，可能影响税务行政处罚的准确公正的，可以宣布中止听证，由本案调查人员对证据进行调查核实后再行听证。

当事人或者其代理人可以申请对有关证据进行重新核实，或者提出延期听证；是否准许，由听证主持人或者税务机关作出决定。

14. 听证过程中，当事人或者其代理人放弃申辩和质证权利，声明退出听证会；或者不经听证主持人许可擅自退出听证会的，听证主持人可以宣布听证终止。

15. 听证过程中，当事人或者其代理人、本案调查人员、证人及其他人员违反听证秩序，听证主持人应当警告制止；对不听制止的，可以责令其退出听证会场。

当事人或者其代理人有前款规定严重行为致使听证无法进行的，听证主持人或者税务机关可以终止听证。

16. 听证的全部活动，应当由记录员写成笔录，经听证主持人审阅并由听证主持人和记录员签名后，封卷上交税务机关负责人审阅。

听证笔录应交当事人或者其代理人、本案调查人员、证人及其他有关人员阅读或者向他们宣读，他们认为有遗漏或者有差错的，可以请求补充或者改正。他们在承认没有错误后，应当签字或者盖章。拒绝签名或者盖章的，应记明情况并附卷。

17. 听证结束后，听证主持人应当将听证情况和处理意见报告税务机关负责人。

18. 对应当进行听证的案件，税务机关不组织听证，行政处罚决定不能成立；当事人放弃听证权利或者被正当取消听证权利的除外。

19. 听证费用由组织听证的税务机关支付，不得由要求听证的当事人承担或者变相承担。

七、税务行政处罚的执行

税务机关作出行政处罚决定后，应当依法送达当事人执行。

税务行政处罚的执行，是指履行税务机关依法作出的行政处罚决定的活动。税务机关依法作出行政处罚决定后，当事人应当在行政处罚决定规定的期限内，予以履行。当事人在法定期限内不申请复议又不起诉，并且在规定期限内又不履行的，税务机关可以依法强制执行或者申请法院强制执行。

税务机关对当事人作出罚款行政处罚决定的，当事人应当在收到行政处罚决定书之日起 15 日内缴纳罚款，到期不缴纳的，税务机关可以对当事人每日按罚款数额的 3% 加处罚款。

（一）税务机关行政执法人员当场收缴罚款

税务机关对当事人当场作出行政处罚决定，具有依法给予 20 元以下罚款或者不当场收缴罚款事后难以执行情形的，税务机关行政执法人员可以当场收缴罚款。

税务机关行政执法人员当场收缴罚款的，必须向当事人出具合法罚款收据，并应当自收缴罚款之日起 2 日内将罚款交至税务机关。税务机关应当在 2 日内将罚款交付指定的银行或者其他金融机构。

（二）税务行政罚款决定与罚款收缴分离

除了依法可以当场收缴罚款的情形以外，税务机关作出罚款的行政处罚决定的执行，自 1998 年 1 月 1 日起，应当按照国务院制定的《罚款决定与罚款收缴分离实施办法》的规定，实行作出罚款决定的税务机关与收缴罚款的机构分离。

税务机关作出的罚款处罚决定，代收罚款的银行或其他金融机构（代收机构）由国家税务总局与财政部、中国人民银行研究决定。各级地方税务机关的代收机构也可以由各地税务局与当地财政部门、中国人民银行分支机构研究确定。

自代收罚款协议签订之日起 15 日内，税务机关应当将代收罚款协议报上一级税务机关和同级财政部门备案；代收机构应当将代收罚款协议报中国人民银行或当地分支机构备案。

代收机构代收罚款，应当向当事人出具财政部规定的罚款收据。

八、税务行政处罚裁量权行使规则

为了规范税务行政处罚裁量权行使，保护纳税人、扣缴义务人及其他涉税当事人（以下简称当事人）合法权益，根据《行政处罚法》《税收征收管理法》及其实施细则等法律法规，以及《法治政府建设实施纲要（2015-2020 年）》《国家税务总局关于规范税务行政裁量权工作的指导意见》要求，国家税务总局制定了税务行政处罚裁量权行使规则。

税务行政处罚裁量权，是指税务机关根据法律、法规和规章的规定，综合考虑税收违法行为的事实、性质、情节及社会危害程度，选择处罚种类和幅度并作出处罚决定的权力。

（一）行使税务行政处罚裁量权应当遵循的原则

1. 合法原则。在法律、法规、规章规定的种类和幅度内，依照法定权限，遵守法定程序，保障当事人合法权益。

2. 合理原则。符合立法目的，考虑相关事实因素和法律因素，作出的行政处罚决定与违法行为的事实、性质、情节、社会危害程度相当，与本地的经济社会发展水平相适应。

3. 公平公正原则。对事实、性质、情节及社会危害程度等因素基本相同的税收违法行为，所适用的行政处罚种类和幅度应当基本相同。

4. 公开原则。按规定公开行政处罚依据和行政处罚信息。

5. 程序正当原则。依法保障当事人的知情权、参与权和救济权等各项法定权利。

6. 信赖保护原则。非因法定事由并经法定程序，不得随意改变已经生效的行政行为。

7. 处罚与教育相结合原则。预防和纠正涉税违法行为，引导当事人自觉守法。

（二）行政处罚裁量基准制定

税务行政处罚裁量基准，是税务机关为规范行使行政处罚裁量权而制定的细化量化标准。税务行政处罚裁量基准，应当包括违法行为、处罚依据、裁量阶次、适用条件和具体标准等内容。

1. 税务行政处罚裁量基准应当在法定范围内制定，并符合以下要求：

（1）法律、法规、规章规定可予以行政处罚的，应当明确是否予以行政处罚的适用条件和具体标准。

（2）法律、法规、规章规定可以选择行政处罚种类的，应当明确不同种类行政处罚的适用条件和具体标准。

（3）法律、法规、规章规定行政处罚幅度的，应当根据违法事实、性质、情节、社会危害程度等因素确定适用条件和具体标准。

（4）法律、法规、规章规定可以单处也可以并处行政处罚的，应当明确单处或者并处行政处罚的适用条件和具体标准。

2. 制定税务行政处罚裁量基准，参照下列程序进行：

（1）确认行政处罚裁量依据。

（2）整理、分析税务行政处罚典型案例，为细化量化税务行政处罚裁量权提供参考。

（3）细化量化税务行政处罚裁量权，拟订税务行政处罚裁量基准。

税务行政处罚裁量基准应当以规范性文件形式发布，并结合税收行政执法实际及时修订。

（三）行政处罚裁量规则适用

1. 法律、法规、规章规定可以给予行政处罚，当事人首次违反且情节轻微，并在税务机关发现前主动改正的或者在税务机关责令限期改正的期限内改正的，不予行政处罚。

2. 税务机关应当责令当事人改正或者限期改正违法行为的，除法律、法规、规章另有规定外，责令限期改正的期限一般不超过 30 日。

3. 对当事人的同一个税收违法行为不得给予两次以上罚款的行政处罚。当事人同一个税收违法行为违反不同行政处罚规定且均应处以罚款的，应当选择适用处罚较重的条款。

4. 当事人有下列情形之一的，不予行政处罚：

（1）违法行为轻微并及时纠正，没有造成危害后果的。

（2）不满 14 周岁的人有违法行为的。

（3）精神病人在不能辨认或者不能控制自己行为时有违法行为的。

（4）其他法律规定不予行政处罚的。

5. 当事人有下列情形之一的，应当依法从轻或者减轻行政处罚：

（1）主动消除或者减轻违法行为危害后果的。

（2）受他人胁迫有违法行为的。

（3）配合税务机关查处违法行为有立功表现的。

（4）其他依法应当从轻或者减轻行政处罚的。

6. 违反税收法律、行政法规应当给予行政处罚的行为在 5 年内未被发现的，不再给予行政处罚。

7. 行使税务行政处罚裁量权应当依法履行告知义务。在作出行政处罚决定前，应当告知当事人作出行政处罚决定的事实、理由、依据及拟处理结果，并告知当事人依法享有的权利。

8. 税务机关行使税务行政处罚裁量权涉及法定回避情形的，应当依法告知当事人享有申请回避的权利。税务人员存在法定回避情形的，应当自行回避或者由税务机关决定回避。

9. 当事人有权进行陈述和申辩。税务机关应当充分听取当事人的意见，对其提出的事实、理由或者证据进行复核，陈述申辩事由成立的，税务机关应当采纳；不采纳的，应予说明理由。税务机关不得因当事人的申辩而加重处罚。

10. 税务机关对公民作出 2000 元以上罚款或者对法人或者其他组织作出 1 万元以上罚款的行政处罚决定之前，应当告知当事人有要求举行听证的权利；当事人要求听证的，税务机关应当组织听证。

11. 对情节复杂、争议较大、处罚较重、影响较广或者拟减轻处罚等税务行政处罚案件，应当经过集体审议决定。

12. 税务机关按照一般程序实施行政处罚，应当在执法文书中对事实认定、法律适用、基准适用等说明理由。省税务机关应当积极探索建立案例指导制度，通过案例指导规范税务行政处罚裁量权。

◇ 思政园地

国务院税务总局 2024 年首场新闻发布会披露打击涉税违法犯罪重磅信息

国家税务总局办公厅主任黄运在回答提问时对 2023 年税务部门打击涉税违法犯罪的工作成果情况披露了详细的数据："2023 年，税务部门共依法查处涉嫌违法纳税人 13.5 万户，挽回各类税款损失 1810 亿元，配合公安部门对 8228 名犯罪嫌疑人采取了强制措施，539 名犯罪嫌疑人投案自首，有力维护了法治公平的经济税收秩序。"

回顾 2023 年 1 月 31 日国家税务总局新闻发布会披露的 2022 年数据，全国税务稽查部门累计查实 7813 户涉嫌骗取或违规取得留抵退税企业，共计挽回留抵退税及各类税款损失 155 亿元。"两个年度的数据对比后可以看到，2023 年税务部门挽回的各类税款损失是 2022 年度的十倍有余，查处涉税违法纳税人的数量与 2022 年相较更是不可同日而语，可见，2023 年税务部门对涉税违法行为的打击力度空前强化。一方面，税务部门配合公安部门对 8228 名犯罪嫌疑人采取了强制措施，涉嫌税收违法的纳税人面临的刑事风险有了具象、直观的数据表现，粗略计算，每查处 50 户纳税人，就有 3 名犯罪嫌疑人被移送司法追诉，刑事风险的提高需要纳税人加以重视。另一方面，2023 年税务部门挽回各类税款损失 1810 亿元，这既是税务部门追赃挽损、打击涉税违法犯罪行为的勋章，同时也是广大纳税人的警钟。税收来源于纳税人，以此次新闻发布会公布的数据粗略估计来看，平均每户纳税人须承担的税款已逾百万，再加上滞纳金、罚款，纳税人的经济负担将更重。在如此严厉的税收监管环境下，对于求生存、谋发展的民营企业而言更要警惕涉税违法风险，强化税务合规，避免行政、刑事责任的追究。

（《国务院税务总局 2024 首场新闻发布会披露打击涉税违法犯罪重磅信息》，载 https://baijiahao.baidu.com/s? id=1788511573262256949，最后访问日期：2025 年 3 月 20 日。）

任务二　税务行政复议

◇ 任务引例

某省一家中小型企业甲，在接到当地税务局下发的一份关于其 2023 年度增值税申报存在重大错误，需补缴税款及滞纳金共计 50 万元的通知后，企业负责人认为税务局的认定存在事实不清、证据不足的问题。甲企业认为其在该年度的增值税申报过程中已尽到合理注意义务，且部分涉税业务处理符合当时的税收政策解释，因此决定对税务局的处理决定提起税务行政复议。

◇ 任务要求

1. 判断甲企业提出的税务行政复议申请是否符合《中华人民共和国行政复议法》及其实施条例中关于行政复议受理的条件。

分析甲企业提出的复议理由是否充分，是否属于行政复议的受案范围。

2. 指导甲企业准备并提交税务行政复议申请书，包括申请人的基本情况、被申请人的具体行政行为、复议请求及理由、相关证据材料等。

强调证据材料的重要性，提示企业收集并提交能证明其主张的证据，如税收政策文件、财务报表、业务合同等。

◇ 税海探知

一、税务行政复议的概念

税务行政复议，是指纳税人和其他税务当事人对税务机关的税务具体行政行为不服，依法请求上一级税务机关（复议机关）对原行政行为的合理性、合法性作出审议，复议机关依法对原行政行为的合理性、合法性作出维持、变更、撤销等决定的行政司法活动。

根据《中华人民共和国行政复议法》《税收征收管理法》和其他有关规定，国家税务总局制定的《税务行政复议规则》已于 2009 年 12 月 15 日由国家税务总局第 2 次局务会议审议通过，自 2010 年 4 月 1 日起施行。2015 年 12 月 28 日和 2018 年 6 月 15 日国家税务总局对该规则进行了修正。有效地防止和纠正了税务机关违法或者不当的具体行政行为，监督和保障税务机关依法行使职权，保护纳税人和其他税务当事人的合法权益。

二、税务行政复议范围

纳税人及其他当事人（以下简称申请人）认为税务机关（以下简称被申请人）的行政行为侵犯其合法权益，可依法向税务行政复议机关申请行政复议。税务行政复议机关（以下简称复议机关），是指依法受理税务行政复议申请，对行政行为进行审查并作出行政复议决定的税务机关。税务行政复议机构（以下简称复议机构）是指税务行政复议机关办理行政复议事项的机构。

（一）可以申请税务行政复议的行政行为

申请人对被申请人下列行政行为不服的，可以提出税务行政复议申请：

1. 征税行为，包括确认纳税主体、征税对象、征税范围、减税、免税、退税、抵扣税款、适用税率、计税依据、纳税环节、纳税期限、纳税地点和税款征收方式等行政行为，征收税款、加收滞纳金，扣缴义务人、受税务机关委托的单位和个人作出的代扣代缴、代收代缴、代征行为等。

2. 行政许可、行政审批行为。

3. 发票管理行为，包括发售、收缴、代开发票等。

4. 税收保全措施、强制执行措施。

5. 行政处罚行为：①罚款；②没收非法财物和违法所得；③停止出口退税权。

6. 不依法履行下列职责的行为：①开具、出具完税凭证；② 行政赔偿；③行政奖励；④ 其他不依法履行职责的行为。

7. 资格认定行为。

8. 不依法确认纳税担保行为。

9. 政府公开信息工作中的行政行为。

10. 纳税信用等级评定行为。

11. 通知出入境管理机关阻止出境行为。

12. 其他行政行为。

（二）可以一并申请税务行政复议的规范性文件

申请人认为被申请人的行政行为所依据的下列规范性文件（不含规章）不合法，对行政行为申请行政复议时，可以一并向复议机关提出对该规范性文件的附带审查申请：

（1）国家税务总局和国务院其他部门的规范性文件。

（2）其他各级税务机关的规范性文件。

（3）地方各级人民政府的规范性文件。

（4）地方各级人民政府工作部门的规范性文件。

申请人对行政行为提出行政复议申请时不知道该行政行为所依据的规范性文件的，可以在复议机关作出行政复议决定以前提出对该规范性文件的附带审查申请。

【例 9-1】 根据税收征收管理法律制度的规定，纳税人对税务机关的下列具体行政行为不服时，应当先向复议机关申请行政复议的有（　　　）。

A. 发票管理行为　　　　B. 加收滞纳金　　　　C. 停止出口退税权　　　　D. 确认适用税率

解析： 答案为 BD。选项 AC，属于非征税行为，应当"或议或诉"；选项 BD，属于征税行为，应当"先议后诉"。

三、税务行政复议管辖

（一）复议管辖的一般规定

1. 对各级税务局的行政行为不服的，向其上一级税务局申请行政复议。

2. 对计划单列市税务局的行政行为不服的，向国家税务总局申请行政复议。

3. 对税务所（分局）、各级税务局的稽查局的行政行为不服的，向其所属税务局申请行政复议。

4. 对国家税务总局的行政行为不服的，向国家税务总局申请行政复议。对行政复议决定不服的，申请人可以向人民法院提起行政诉讼，也可以向国务院申请裁决。国务院的裁决为最终裁决。

（二）复议管辖的特殊规定

1. 对两个以上税务机关以共同的名义作出的行政行为不服的，向共同上一级税务机关申请行政复议；对税务机关与其他行政机关以共同的名义作出的行政行为不服的，向其共同上一级行政机关申请行政复议。

2. 对被撤销的税务机关在撤销以前所作出的行政行为不服的，向继续行使其职权的；税务机关的上一级税务机关申请行政复议。

3. 对税务机关作出逾期不缴纳罚款加处罚款的决定不服的，向作出行政处罚决定的税务机关申请行政复议，但是对已处罚款和加处罚款都不服的，一并向作出行政处罚决定的税务机关的上一级税务机关申请行政复议。

【例9-2】 王某对 A 市 N 县税务局作出的行政处罚行为不服后申请行政复议，下列各项中有权受理王某行政复议申请的是（   ）。

A. A 市人民政府   B. N 县税务局   C. A 市税务局   D. N 县人民政府

解析： 答案为 C。对各级税务局的行政行为不服的，向其上一级税务局申请行政复议。

四、税务行政复议申请与受理

（一）税务行政复议申请

申请人可以在知道或者应当知道税务机关作出行政行为之日起 60 日内提出行政复议申请。因不可抗力或者其他正当理由耽误法定申请期限的，申请期限自障碍清除之日起继续计算。

申请人对复议范围中征税行为不服的，应当先向复议机关申请行政复议，对行政复议决定不服的，可以再向人民法院提起行政诉讼。

申请人按前述规定申请行政复议的，必须依照税务机关根据法律、行政法规确定的税额、期限，先行缴纳或者解缴税款及滞纳金，或者提供相应的担保，才可以在实际缴清税款和滞纳金后或者所提供的担保得到作出行政行为的税务机关确认之日起 60 日内提出行政复议申请。

申请人对复议范围中税务机关作出的征税行为以外的其他行政行为不服的，可以申请行政复议，也可以直接向人民法院提起行政诉讼。

申请人对税务机关作出逾期不缴纳罚款加处罚款的决定不服的，应当先缴纳罚款和加处罚款，再申请行政复议。

申请人申请行政复议，可以书面申请；书面申请有困难的，也可以口头申请。书面申请的，可以采取当面递交、邮寄、传真或者通过复议机关指定的互联网渠道等方式提出行政复议申请。口头申请的，复议机关应当当场制作行政复议申请笔录，交申请人核对或者向申请人宣读，并由申请人确认。

（二）税务行政复议受理

复议机关收到行政复议申请后，应当在 5 个工作日内进行审查，决定是否受理。对符合规定的行政复议申请，复议机关应当予以受理；对不符合规定的行政复议申请，决定不予受理并说明理由；对不属于本机关管辖的，应当告知申请人有管辖权的复议机关。

行政复议申请的审查期限届满，复议机关未作出不予受理决定的，审查期限届满之日起视为受理。

对应当先向复议机关申请行政复议，对行政复议决定不服再向人民法院提起行政诉讼的行政行为，复议机关决定不予受理，驳回申请或者受理以后超过行政复议期限不作答复的，申请人可以自收到决定书之日起或者行政复议期满之日起 15 日内，依法向人民法院提起行政诉讼。

申请人向复议机关申请行政复议，复议机关已经受理的，在法定行政复议期限内申请人不得向人民法院提起行政诉讼；申请人向人民法院提起行政诉讼，人民法院已经依法受理的，不得申请行政复议。

行政复议期间行政行为不停止执行，但有下列情形之一的，应当停止执行：①被申请人认为需要停止执行的;②复议机关认为需要停止执行的;③申请人、第三人申请停止执行,复议机关认为其要求合理,决定停止执行的;④法律、法规、规章规定停止执行的。

【例9-3】 根据税收征收管理法律制度的规定,下列情形中,属于行政复议期间行政行为可以停止执行的情形有( )。

A. 法律规定停止执行的   B. 人民法院认为需要停止执行的

C. 行政复议机关认为需要停止执行的   D. 被申请人认为需要停止执行的

解析: 答案为ACD。行政复议期间行政行为不停止执行,但有下列情形之一的,可以停止执行:①被申请人认为需要停止执行的;②行政复议机关认为需要停止执行的;③申请人、第三人申请停止执行,行政复议机关认为其要求合理,决定停止执行的;④法律、法规、规章规定停止执行的。

五、税务行政复议审理和决定

(一)税务行政复议审理

复议机关审理税务行政复议案件,应当由2名以上行政复议工作人员参加。行政复议工作人员应当具备与履行行政复议职责相适应的品行、专业知识和业务能力。税务机关中初次从事行政复议的人员,应当通过国家统一法律职业资格考试取得法律职业资格。

行政复议应当当面或者通过互联网、电话等方式听取当事人的意见,并将听取的意见记录在案;因当事人原因不能听取意见的,可以书面审理。审理重大、疑难、复杂的案件应当组织听证;复议机构认为有必要听证,或者申请人请求听证的,复议机构可以组织听证。听证由1名行政复议人员任主持人,2名以上行政复议人员任听证员,1名记录员制作听证笔录。

复议机关应当全面审查被申请人的行政行为所依据的事实证据、法律程序、法律依据和设定的权利义务内容的合法性、适当性。

复议机关审查被申请人的行政行为时,认为其依据不合法,本机关有权处理的,应当在30日内依法处理;无权处理的,应当在7个工作日内转送有权处理的国家机关依法处理。

(二)税务行政复议决定

复议机关审理税务行政复议案件,由复议机构对行政行为进行审查,提出意见,经复议机关的负责人同意或者集体讨论通过后,以复议机关的名义作出行政复议决定。经过听证的税务行政复议案件,复议机关应当根据听证笔录、审查认定的事实和证据,作出行政复议决定。

复议机关应当自受理申请之日起60日内作出行政复议决定。情况复杂、不能在规定期限内作出行政复议决定的,经复议机构负责人批准,可以适当延期,并书面告知当事人,但延期不得超过30日。

复议机关作出行政复议决定,应当制作行政复议决定书,并加盖复议机关印章。行政复议决定书一经送达,即发生法律效力。

寻法溯源

任务三 税收法律责任

微课9-1 税务
行政复议

◇ **任务引例**

张某,一名自由职业者,主要从事设计服务。在2024年度,张某因疏忽大意,未按时向税务机关申报其全年设计服务收入,导致少缴个人所得税共计8万元。税务机关在后续核查中发现此情况，随即向张某发出税务处理决定书，要求其补缴税款、滞纳金，并告知将依法追究其税收法律责任。张某对此感到焦虑，希望了解可能面临的税收法律责任及相应的法律后果。

◇ 任务要求

1. 列举并解释张某可能面临的税收法律责任种类，包括但不限于行政责任（如罚款、没收违法所得）、刑事责任（如逃税罪）等。

分析每种责任类型的具体适用条件和法律后果。

2. 根据张某的实际情况（如未按时申报、少缴税款金额等），评估其可能面临的具体法律责任及处罚幅度。

考虑是否有从轻、减轻处罚的情节，如张某是否配合税务机关调查、主动补缴税款等。

◇ 税海探知

一、税务管理相对人税收违法行为的法律责任

（一）违反税务管理规定的法律责任

1. 纳税人有下列行为之一的，由税务机关责令限期改正，可以处 2000 元以下的罚款；情节严重的，处 2000 元以上 1 万元以下的罚款：

（1）未按照规定设置、保管账簿或者保管记账凭证和有关资料的。

（2）未按照规定将财务、会计制度或者财务、会计处理办法和会计核算软件报送税务机关备查的。

（3）未按照规定将其全部银行账号向税务机关报告的。

（4）未按照规定安装、使用税控装置，或者损毁、擅自改动税控装置的。

2. 扣缴义务人未按照规定设置、保管代扣代缴、代收代缴税款账簿或者保管代扣代缴、代收代缴税款记账凭证及有关资料的，由税务机关责令限期改正，可以处 2000 元以下的罚款；情节严重的，处 2000 元以上 5000 元以下的罚款。

3. 纳税人未按照规定的期限办理纳税申报和报送纳税资料的，或者扣缴义务人未按照规定的期限向税务机关报送代扣代缴、代收代缴税款报告表和有关资料的，由税务机关责令限期改正，可以处 2000 元以下的罚款；情节严重的，处 2000 元以上 1 万元以下的罚款。

4. 纳税人、扣缴义务人编造虚假计税依据的，由税务机关责令限期改正，并处 5 万元以下的罚款。

5. 非法印制、转借、倒卖、变造或者伪造完税凭证的，由税务机关责令改正，处 2000 元以上 1 万元以下的罚款；情节严重的，处 1 万元以上 5 万元以下的罚款；构成犯罪的，依法追究刑事责任。

6. 银行和其他金融机构未依照《税收征收管理法》的规定在从事生产、经营的纳税人的账户中登录税务登记证件号码，或者未按规定在税务登记证件中登录从事生产、经营的纳税人的账户账号的，由税务机关责令其限期改正，处 2000 元以上 2 万元以下的罚款；情节严重的，处 2 万元以上 5 万元以下的罚款。

7. 扣缴义务人应扣未扣、应收而不收税款的，由税务机关向纳税人追缴税款，对扣缴义务人处应扣未扣、应收未收税款 50% 以上 3 倍以下的罚款。

8. 税务代理人违反税收法律、行政法规，造成纳税人未缴或者少缴税款的，除由纳税人缴纳或者补缴应纳税款、滞纳金外，对税务代理人处纳税人未缴或者少缴税款 50% 以上 3 倍以下的罚款。

（二）首违不罚制度

首违不罚是行政处罚中设定的一项制度，依据《行政处罚法》第 33 条第 1 款，初次违法且危害后果轻微并及时纠正的，可以不予行政处罚。为了进一步推进税务领域"放管服"改革，更好地服务市场主体，根据《行政处罚法》《税收征收管理法》等法律法规，国家税务总局推广"首违不罚"清单制度，制定并发布全国统一的《税务行政处罚"首违不罚"事项清单》（见表 9-1）。

表 9-1　税务行政处罚"首违不罚"事项清单

序号	事项
1	纳税人未按照税收征收管理法及实施细则等有关规定将其全部银行账号向税务机关报送
2	纳税人未按照税收征收管理法及实施细则等有关规定设置、保管账簿或者保管记账凭证和有关资料
3	纳税人未按照税收征收管理法及实施细则等有关规定的期限办理纳税申报和报送纳税资料
4	纳税人使用税控装置开具发票，未按照税收征收管理法及实施细则、发票管理办法等有关规定的期限向主管税务机关报送开具发票的数据且没有违法所得
5	纳税人未按照税收征收管理法及实施细则、发票管理办法等有关规定取得发票，以其他凭证代替发票使用且没有违法所得
6	纳税人未按照税收征收管理法及实施细则、发票管理办法等有关规定缴销发票且没有违法所得
7	扣缴义务人未按照税收征收管理法及实施细则等有关规定设置、保管代扣代缴、代收代缴税款账簿或者保管代扣代缴、代收代缴税款记账凭证及有关资料
8	扣缴义务人未按照税收征收管理法及实施细则等有关规定的期限报送代扣代缴、代收代缴税款有关资料
9	扣缴义务人未按照《税收票证管理办法》的规定开具税收票证
10	境内机构或个人向非居民发包工程作业或劳务项目，未按照《非居民承包工程作业和提供劳务税收管理暂行办法》的规定向主管税务机关报告有关事项
11	纳税人使用非税控电子器具开具发票，未按照税收征收管理法及实施细则、发票管理办法等有关规定将非税控电子器具使用的软件程序说明资料报主管税务机关备案且没有违法所得
12	纳税人未按照税收征收管理法及实施细则、税务登记管理办法等有关规定办理税务登记证件验证或者换证手续
13	纳税人未按照税收征收管理法及实施细则、发票管理办法等有关规定加盖发票专用章且没有违法所得
14	纳税人未按照税收征收管理法及实施细则等有关规定将财务、会计制度或者财务、会计处理办法和会计核算软件报送税务机关备查

自 2021 年 4 月 1 日起，对当事人首次发生清单中所列事项且危害后果轻微，在税务机关发现前主动改正或者在税务机关责令限期改正的期限内改正的，不予行政处罚。税务违法行为造成不可挽回的税费损失或者较大社会影响的，不能认定为"危害后果轻微"。

适用税务行政处罚"首违不罚"的，主管税务机关应及时作出不予行政处罚决定，充分保障当事人合法权益。对适用税务行政处罚"首违不罚"的当事人，主管税务机关应采取签订承诺书等方式教育、引导、督促其自觉守法，对再次违反的当事人应严格按照规定予以行政处罚。税务机关应将税务行政处罚"首违不罚"风险防范措施嵌入信息系统，依托信息系统开展"首违不罚"预警提醒、违法阻止和分析评估，定期对"首违不罚"施行情况进行总结，取得"事前放、事中管、事后评"效果。

【例9-4】请判断：扣缴义务人首次未按照规定开具税收票证的，考虑其后果轻微，不予行政处罚。（　　）

解析：答案为错。对于首次发生扣缴义务人未按照《税收票证管理办法》的规定开具税收票证事项且危害后果轻微，在税务机关发现前主动改正或者在税务机关责令限期改正的期限内改正的，不予行政处罚。

（三）偷税（逃税）行为的法律责任

偷税（逃税）行为，是指纳税人采取欺骗、隐瞒手段进行虚假纳税申报或者不申报，逃避缴纳税款的行为。

纳税人采取伪造、变造、隐匿、擅自销毁账簿、记账凭证，或者在账簿上多列支出或者不列、少列收入，或者经税务机关通知申报而拒不申报或者进行虚假的纳税申报的手段，不缴或者少缴应纳税款的，由税务机关追缴其不缴或者少缴的税款、滞纳金，并处不缴或者少缴的税款50%以上5倍以下的罚款。

纳税人采取欺骗、隐瞒手段进行虚假纳税申报或者不申报，逃避缴纳税款数额较大并且占应纳税额10%以上的，处3年以下有期徒刑或者拘役，并处罚金；数额巨大并且占应纳税额30%以上的，处3年以上7年以下有期徒刑，并处罚金。对多次实施前述行为，未经处理的，按照累计数额计算。

有上述行为，经税务机关依法下达追缴通知后，补缴应纳税款，缴纳滞纳金，已受行政处罚的，不予追究刑事责任，但是，5年内因逃避缴纳税款受过刑事处罚或者被税务机关给予两次以上行政处罚的除外。

扣缴义务人采取上述手段，不缴或者少缴已扣、已收税款，由税务机关追缴其不缴或者少缴的税款、滞纳金，并处不缴或者少缴的税款50%以上5倍以下的罚款；构成犯罪的，依法追究刑事责任。

（四）欠税行为的法律责任

欠税行为，是指纳税人欠缴应纳税款，采取转移或者隐匿财产的手段，妨碍税务机关追缴欠缴的税款的行为。

纳税人欠税的，由税务机关追缴欠缴的税款、滞纳金，并处欠缴税款50%以上5倍以下的罚款；构成犯罪的，依法追究刑事责任。

（五）抗税行为的法律责任

抗税行为，是指纳税人、扣缴义务人以暴力、威胁方法拒不缴纳税款的行为。

对抗税行为，除由税务机关追缴其拒缴的税款、滞纳金外，依法追究刑事责任。情节轻微、未构成犯罪的，由税务机关追缴其拒缴的税款、滞纳金，并处拒缴税款1倍以上5倍以下的罚款。

（六）骗税行为的法律责任

骗税行为，是指纳税人以假报出口或者其他欺骗手段，骗取国家出口退税款的行为。

纳税人有骗税行为，由税务机关追缴其骗取的退税款，并处骗取税款1倍以上5倍以下的罚款；构成犯罪的，依法追究刑事责任。

对骗取国家出口退税款的行为，税务机关可以在规定期间内停止为其办理出口退税。

为纳税人、扣缴义务人非法提供银行账户、发票、证明或者其他方便，骗取国家出口退税款的，税务机关除没收其违法所得外，可以处未缴、少缴或者骗取的税款1倍以下的罚款。

（七）纳税人、扣缴义务人不配合税务检查的法律责任

税务检查期间，纳税人、扣缴义务人发生不配合税务机关进行税务检查的下列行为，由税务机关责令改正，可以处1万元以下的罚款；情节严重的，处1万元以上5万元以下的罚款。

1. 逃避、拒绝或者以其他方式阻挠税务机关检查的。

2. 提供虚假资料，不如实反映情况，或者拒绝提供有关资料的。

3. 拒绝或者阻止税务机关记录、录音、录像、照相和复制与案件有关的情况和资料的。

4. 转移、隐匿、销毁有关资料的。

5. 有不依法接受税务检查的其他情形的。

二、税务行政主体税收违法行为的法律责任

（一）渎职行为的法律责任

1. 税务人员徇私舞弊，对依法应当移交司法机关追究刑事责任的不移交，情节严重的，依法追究刑事责任。

2. 税务人员利用职务上的便利，收受或者索取纳税人、扣缴义务人财物或者谋取其他不正当利益，构成犯罪的，依法追究刑事责任；未构成犯罪的，依法给予行政处分。

3. 税务人员徇私舞弊或者玩忽职守，不征或者少征应征税款，致使国家税收遭受重大损失，构成犯罪的，依法追究刑事责任；未构成犯罪的，依法给予行政处分。

4. 税务人员滥用职权，故意刁难纳税人、扣缴义务人的，调离税收工作岗位，并依法给予行政处分。

5. 税务人员对控告、检举税收违法行为的纳税人、扣缴义务人以及其他检举人进行打击报复的，依法给予行政处分；构成犯罪的，依法追究刑事责任。

（二）其他违法行为的法律责任

1. 税务机关违反规定擅自改变税收征收管理范围和税款入库预算级次的，责令限期改正，对直接负责的主管人员和其他直接责任人员依法给予降级或者撤职的行政处分。

2. 税务人员在征收税款或者查处税收违法案件时，未按照《税收征收管理法》的规定进行回避的，对直接负责的主管人员和其他直接责任人员，依法给予行政处分。未按照《税收征收管理法》的规定为纳税人、扣缴义务人、检举人保密的，对直接负责的主管人员和其他直接责任人员，由所在单位或者有关单位依法给予行政处分。

3. 税务人员与纳税人、扣缴义务人勾结，唆使或者协助纳税人、扣缴义务人实施税收违法行为，构成犯罪的，依法追究刑事责任；未构成犯罪的，依法给予行政处分。

4. 税务人员私分扣押、查封的商品、货物或者其他财产，情节严重、构成犯罪的，依法追究刑事责任；未构成犯罪的，依法给予行政处分。

5. 违反法律、行政法规的规定提前征收、延缓征收或者摊派税款的，由其上级机关或者行政监察机关责令改正，对直接负责的主管人员和其他直接责任人员依法给予行政处分。

6. 违反法律、行政法规的规定，擅自作出税收的开征、停征或者减税、免税、退税、补税以及其他同税收法律、行政法规相抵触的决定的，除按《税收征收管理法》的规定撤销其擅自作出的决定外，补征应征未征税款，退还不应征收而征收的税款，并由上级机关追究直接负责的主管人员和其他直接责任人员的行政责任；构成犯罪的，依法追究刑事责任。

◇ 思政园地

安徽曲旅金文化旅游发展有限公司被罚 38 207 879.36 元

"合税三稽罚（2024）39 号"行政处罚决定书显示：

《税收征收管理法》第 63 条第 1 款规定："纳税人伪造、变造、隐匿、擅自销毁帐簿、记帐凭证，或者在帐簿上多列支出或者不列、少列收入，或者经税务机关通知申报而拒不申报或者进行虚假的纳税申报，不缴或者少缴应纳税款的，是偷税。对纳税人偷税的，由税务机关追缴其不缴或者少缴的税款、滞纳金，并处不缴或者少缴的税款百分之五十以上五倍以下的罚款；构成犯罪的，依法追究刑事责任。"

对安徽曲旅金文化旅游发展有限公司上述违法行为，从轻处以少申报缴纳印花税 164 354.60 元、企业所得税 76 251 404.10 元，共计 76 415 758.70 元 50%的罚款，罚款金额 38 207 879.36 元。

（《安徽 4 家企业 2 名个人税务违法！一公司被罚近 4 千万元》，载 https://baijiahao.baidu.com/s? id = 1806812749569715352，最后访问日期：2025 年 3 月 20 日。）

技能训练

一、单项选择题

1. 下列关于税务行政处罚设定的表述中，符合法律规定的是（   ）。

A. 全国人大可通过法律的形式设定各种税务行政处罚

B. 财政部可通过行政法规的形式设定各种税务行政处罚

C. 国家税务总局可通过规章的形式设定各种税务行政处罚

D. 省级税务机关可通过规范性文件的形式设定各种税务行政处罚

2. 下列税收违法行为当事人中，税务机关不应依法从轻处罚的有（   ）。

A. 受他人胁迫的当事人

B. 不满 14 周岁的当事人

C. 主动消除违法行为危害后果的当事人

D. 配合税务机关查处违法行为有立功表现的当事人

3. 根据税收征收管理法律制度的规定，税务机关作出的下列行政行为中，不属于税务行政复议范围的是（   ）。

A. 调整税收优惠政策   B. 不予颁发税务登记证

C. 不予出具完税凭证   D. 确认纳税环节

4. 根据税收征收管理法律制度的规定，下列关于税务行政复议管辖的表述中，不正确的是（   ）。

A. 对国家税务总局的行政行为不服的，向国家税务总局申请行政复议

B. 对市辖区税务局的行政行为不服的，向市税务局申请行政复议

C. 对税务局的稽查局的行政行为不服的，向其所属税务局申请行政复议

D. 对计划单列市税务局的行政行为不服的，向其所在省的省税务局申请行政复议

5. 甲公司对 M 省 N 市税务局稽查局作出的行政行为不服，拟申请行政复议。下列各项中，符合行政复议管辖规定的是（   ）。

A. 甲公司应向 N 市税务局申请行政复议

B. 甲公司应向 M 省税务局申请行政复议

C. 甲公司应向 N 市税务局稽查局申请行政复议

D. 甲公司应向 M 省税务局稽查局申请行政复议

6. 根据税收征收管理法律制度的规定，税务机关作出的下列行政行为中，申请人不服，应当先向复议机关申请行政复议，对行政复议决定不服的，可以再向人民法院提起行政诉讼的是（　　）。

A. 征收税款行为　　　　　　　　B. 税收保全行为

C. 发票管理行为　　　　　　　　D. 行政处罚行为

7. 根据税收征收管理法律制度的规定，税务机关作出的下列具体行政行为中，纳税人不服时可以选择申请税务行政复议或者直接提起行政诉讼的是（　　）。

A. 征收税款　　　　　　　　　　B. 加收滞纳金

C. 确认纳税主体　　　　　　　　D. 没收财物和违法所得

8. 根据税收征收管理法律制度的规定，纳税人申请税务行政复议的法定期限是（　　）。

A. 在税务机关作出行政行为之日起 60 日内

B. 在税务机关作出行政行为之日起 3 个月内

C. 在知道税务机关作出行政行为之日起 3 个月内

D. 在知道税务机关作出行政行为之日起 60 日内

二、多项选择题

1. 根据税收征收管理法律制度的规定，纳税人对税务机关作出的下列行政行为不服时，可以申请行政复议的有（　　）。

A. 加收滞纳金　　　　　　　　　B. 发票管理行为

C. 不依法确认纳税担保行为　　　D. 纳税信用等级评定行为

2. 根据税收征收管理法律制度的规定，纳税人对税务机关的下列行政行为不服，可以直接起诉的有（　　）。

A. 税务机关加收滞纳金的行为

B. 税务机关将纳税人纳税信用等级由 A 级降为 B 级

C. 税务机关扣押、查封纳税人的财产

D. 纳税人依照法律规定提供了纳税担保，税务机关不依法确认纳税担保

3. 根据税收征收管理法律制度的规定，纳税人对税务机关的下列行政行为不服时，可以申请行政复议的有（　　）。

A. 罚款　　　　　　　　　　　　B. 确认适用税率

C. 加收滞纳金　　　　　　　　　D. 制定具体贯彻落实税收法规的规定

4. 根据税收征收管理法律制度的规定，对下列税务机关作出的行政处罚不服的，向国家税务总局申请行政复议的有（　　）。

A. 计划单列市的税务局　　　　　B. 省级税务局

C. 省级税务局的稽查局　　　　　D. 国家税务总局

5. 根据税收征收管理法律制度的规定，纳税人提出税务行政复议书面申请可以采取的方式有（　　）。

A. 邮寄　　　　　　　　　　　　B. 邮件

C. 当面递交　　　　　　　　　　D. 传真

6. 根据税收征收管理法律制度的规定，税务行政复议机构认为被审查的行政行为符合法定情形时，可以决定撤销、变更或者确认该具体行政行为违法。该法定情形有（　　）。

A. 适用依据错误的　　　　　　　　　B. 滥用职权的

C. 违反法定程序的　　　　　　　　　D. 主要事实不清，证据不足的

7. 根据税收征收管理法律制度的规定，下列情形中，属于行政复议期间行政行为可以停止执行的情形有（　　）。

A. 人民法院认为需要停止执行的　　　B. 法律规定需要停止执行的

C. 被申请人认为需要停止执行的　　　D. 复议机关认为需要停止执行的

8. 税务机关对公民罚款 3000 元，下列应该告知当事人的有（　　）。

A. 所行使行政处罚的法律依据　　　　B. 听证的权利

C. 违法事实　　　　　　　　　　　　D. 拟给予的行政处罚

三、判断题

1. 复议期间，行政行为一律不停止执行。（　　）

2. 税务行政复议决定，自作出之日起发生法律效力。（　　）

3. 申请人申请税务行政复议，不得采取口头申请的形式。（　　）

4. 纳税人对税务机关作出逾期不缴纳罚款加处罚款的决定不服的，应当先缴纳罚款和加处罚款，再申请行政复议。（　　）

5. 对国家税务总局作出的行政行为不服提起行政复议，复议机关是国务院。（　　）

6. 纳税人对税务机关作出的征税行为不服的，可以直接向人民法院提起行政诉讼。（　　）

7. 扣缴义务人首次未按照规定开具税收票证的，考虑其后果轻微，不予行政处罚。（　　）

8. 纳税人有骗税行为，由税务机关追缴其骗取的退税款并按照规定处以罚款，构成犯罪的依法追究刑事责任。（　　）